Ensayo

Biografía

Paul Preston (Liverpool, 1946) es catedrático de Historia contemporánea española y director del Centro Cañada Blanch para el estudio de la España contemporánea de la London School of Economics & Political Science. Educado en Liverpool y en la Universidad de Oxford, de 1973 a 1991 fue sucesivamente profesor de Historia en la Universidad de Reading; en el Centro de Estudios Mediterráneos, en Roma; y en el Queen Mary College de la Universidad de Londres, donde ganó la cátedra de Historia contemporánea en 1985. En 1991 pasó a la London School. Analista de asuntos españoles en radio y televisión tanto en Gran Bretaña como en España, colaborador de diversos periódicos y revistas, entre sus libros destacan *España en crisis: evolución y decadencia del régimen franquista* (1978); *La destrucción de la democracia en España* (1978); *El triunfo de la democracia en España* (1986); *Franco, Caudillo de España* (1994); *La política de la venganza: el fascismo y el militarismo en la España del siglo XX* (1997); *Palomas de guerra* (2001); la edición actualizada de *La guerra civil española* (2006); *Idealistas bajo las balas* (2007); *El holocausto español* (2011); la edición actualizada de *Juan Carlos. El rey de un pueblo* (2012); *El zorro rojo. La vida de Santiago Carrillo* (2013); *El final de la guerra* (2014); *Un pueblo traicionado* (2019); *Arquitectos del terror* (2021), y *El gran manipulador* (2022). En 1986 le fue otorgada la Encomienda de la Orden del Mérito Civil, y en 2007 la Gran Cruz de la Orden de Isabel la Católica. En 1994 fue elegido miembro de la Academia Británica, y en 2006 miembro de la Academia Europea de Yuste, con la cátedra Marcel Proust. En 1998 ganó el I Premio Así Fue con su obra *Las tres Españas del 36*, que fue un gran éxito de crítica y público; y en 2006 le otorgaron el Premio Trías Fargas por el ensayo *Idealistas bajo las balas*, que trata sobre los corresponsales extranjeros durante la Guerra Civil.

Paul Preston

Juan Carlos

El rey de un pueblo

Edición actualizada

Traducción de
Eva Rodríguez Halffter
Gabriel Vázquez

DEBOLS!LLO

Papel certificado por el Forest Stewardship Council®

MIXTO
Papel | Apoyando la silvicultura responsable
FSC® C117695

Penguin Random House Grupo Editorial

Primera edición con esta encuadernación: febrero de 2024
Primera reimpresión: marzo de 2025

Printed in Spain – Impreso en España

ISBN: 978-84-663-7753-9
Depósito legal: B-3.028-2024

Compuesto en M. I. Maquetación, S. L.

Impreso en Liberdúplex
Sant Llorenç d'Hortons (Barcelona)

P377539

A la memoria de José María Coll Comín

ÍNDICE

Agradecimientos 11

1. En busca de una Corona perdida, 1931-1954 . . 13
2. El peón sacrificado, 1949-1955 71
3. Las tribulaciones de un joven soldado, 1955-1960. 119
4. Una vida vigilada, 1960-1966 175
5. Con la meta a la vista, 1966-1969 235
6. Bajo sospecha, 1969-1974 281
7. En el poder, 1974-1976 337
8. Jugándose la Corona, 1976-1977 393
9. Más responsabilidad, menos poder: la Corona y el golpismo, 1977-1980 439
10. Luchando por la democracia, 1980-1981 489
11. La larga sombra del éxito, 1981-2002 537
12. Los peligros de la rutina o el auge del fénix . . . 571

Notas 601
Bibliografía 665
Índice alfabético 687

AGRADECIMIENTOS

La preparación de este libro me ha llevado mucho tiempo. Durante los numerosos años que he pasado planeándolo, investigándolo y escribiéndolo he podido aprovechar la disponibilidad de numerosas personas a hablarme de sus experiencias. Por ello me gustaría comenzar expresando mi agradecimiento a quienes, de maneras diferentes, han iluminado diversas partes de este libro: Alfonso Armada, Alberto Aza Arias, Anna Balletbò, Carlos Blanco Escolá, Rafael Calvo Serer, Santiago Carrillo, Su Majestad el rey Constantino de Grecia, Antonio Elorza, Fabián Estapé, Sabino Fernández Campo, Antonio Fontán, Felipe González, Laureano López Rodó, Rodolfo Martín Villa, Francisco José Mayans, Gregorio Peces-Barba, Miguel Primo de Rivera y Urquijo, José Joaquín Puig de la Bellacasa, Miquel Roca, Ana Romero, Jorge Semprún, Narcís Serra, Herbert Spencer y José Utrera Molina.

Igualmente quisiera reconocer mi deuda con Gerald Howson, Mariano Sanz González y Chon Tejedor Palau, que me han ayudado a localizar documentación esencial para la redacción del libro.

También he sacado enorme provecho de conversaciones con muchos amigos que amablemente han intercambiado conmigo ideas y diferentes interpretaciones. Por ello va mi agradecimiento a Luis Aznar, Nicolás Belmonte, Rafael Borràs, Fernando Coca Vañó, Miguel Dols, Sheelagh Ellwood, Francisco Espinosa Maestre, Helen Graham, Angela Jackson, Jacobo Olalla Marañón y Fernando Serrano Suñer y Polo. Me gustaría resaltar especialmente la ayuda de Lala Isla, por sus continuos ánimos y su detallada lectura de los borradores de los capítulos; de Gabriel Cardona, por el humor y la generosidad con la que ha contestado mis innumerables preguntas sobre cuestiones militares, y de mi mujer, Gabrielle, por su ayuda con las interpretaciones psicológicas y por su constante apoyo moral e intelectual.

Este libro está dedicado a la memoria de mi amigo José María Coll Comín. Pepe me apoyó en el comienzo. Ojalá hubiera podido estar para verlo terminado.

1

EN BUSCA DE UNA CORONA PERDIDA, 1931-1954

Hay dos misterios centrales en la vida de Juan Carlos, uno personal, el otro político. La clave de ambos reside en la definición que hace él mismo de su papel: «Para un político, el oficio de Rey es una vocación, ya que le gusta el Poder. Para un hijo de Rey, como yo, es otro asunto distinto. No se trata de saber si me gusta o no me gusta. Nací para ello. Y desde mi infancia, mis maestros me han enseñado a hacer también cosas que no me gustan. En casa de los Borbones, ser Rey es un oficio».[1] En estas palabras radica la explicación de lo que es esencialmente una vida de considerables sacrificios. ¿Cómo explicar de otro modo la aparente serenidad con que Juan Carlos aceptó que su padre le entregara, a todos los efectos, atado de pies y manos al régimen? En 1948, con objeto de conservar la posibilidad de una restauración borbónica en la agenda de Franco, su padre, don Juan, permitió que Juan Carlos fuera llevado a España para ser educado a voluntad del Caudillo. En una familia normal, este acto se habría considerado una especie de crueldad o, en el mejor de los casos, una desaprensiva irresponsabilidad. Es evidente que la familia Borbón no era «normal», y la decisión de enviar a Juan Carlos a España respondía a una «superior» lógica dinástica. Pese a ello, la tensión entre las necesidades del ser humano y las necesidades de la dinastía late en el fondo de la historia de la distancia que separa a Juanito de Borbón, el niño alegre, y al príncipe Juan Carlos, un tanto rígido, con esa mirada perpetuamente triste del comensal que no está seguro de haber sido invitado a la cena. El segundo misterio, algo más impenetrable, es cómo un príncipe salido de una familia con tradiciones considerablemente autoritarias, obligado a actuar dentro de unas «normas» inventadas por el general Franco, y educado para ser piedra angular de un complejo plan para la continuidad de la dictadura, se comprometió firmemente con la democracia.

La misión para la que había nacido, y que tendría prioridad sobre su vida personal, era rectificar el desastre acaecido a su familia en 1931. Cuando Alfonso XIII conoció los resultados de las elecciones municipales del 12 de abril de 1931, entregó una nota a su presidente del gobierno, el almirante Aznar:

> Las elecciones celebradas el domingo me revelan claramente que no tengo hoy el amor de mi pueblo. Mi conciencia me dice que ese desvío no será definitivo, porque procuré siempre servir a España, puesto el único afán en el interés público hasta en las más críticas coyunturas. Un Rey puede equivocarse, y sin duda erré yo alguna vez; pero sé bien que nuestra Patria se mostró en todo momento generosa ante las culpas sin malicia. Soy Rey de todos los españoles, y también un español. Hallaría medios sobrados para mantener mis regias prerrogativas, en eficaz forcejeo con quienes los combaten. Pero, resueltamente, quiero apartarme de cuanto sea lanzar a un compatriota contra otro en fratricida guerra civil. No renuncio a ninguno de mis derechos, porque más que míos son depósito acumulado por la Historia, de cuya custodia ha de pedirme un día cuenta rigurosa. Espero a conocer la auténtica y adecuada expresión de la conciencia colectiva, y mientras habla la nación suspendo deliberadamente el ejercicio del Poder Real y me aparto de España, reconociéndola así como única señora de sus destinos. También ahora creo cumplir el deber que me dicta mi amor a la Patria. Pido a Dios que tan hondo como yo, lo sientan y lo cumplan los demás españoles.[2]

En ese mensaje puede percibirse lejanamente el proceso mediante el cual España perdió una monarquía, padeció una dictadura y recuperó la monarquía. A este respecto, las palabras clave son «Rey de todos los españoles». Estas serían utilizadas con frecuencia por el hijo y heredero de Alfonso, don Juan, y darían pie a la jocosidad sarcástica del dictador. Volverían también a ser utilizadas el día de la coronación del rey Juan Carlos.

El 14 de abril de 1931, el rey salió en su doloroso viaje desde Madrid, vía Cartagena, al exilio en Francia, acompañado por su primo, Alfonso de Orleáns Borbón. Su mujer, Victoria Eugenia, nieta de la reina Victoria de Inglaterra, fue escoltada al exilio por la mujer de Alfonso de Orleáns Borbón, su prima, la princesa Beatriz de Sajonia-Coburgo.[3] El gobierno de la República se apresuró a publicar un decreto que despojaba al rey exiliado de la ciudadanía española y a la familia real de sus posesiones en España. Sin el decorado del palacio y el elenco de cortesanos para llenarlo, se hizo cada vez más manifiesta la vaciedad de la relación entre la real pareja. Tras una estancia breve en el hotel Meurice de la rue de Rivoli de París, la familia real se trasladó a una casa en Fontainebleau. Allí, Alfonso XIII recibía delegaciones de conspiradores contra la República a las que prestaba aprobación y aliento.[4]

Además del golpe del exilio, Alfonso XIII sufrió una gran tristeza personal. Una de las razones del largo deterioro de su relación con Victoria Eugenia era que ella había llevado la hemofilia a la familia, pero había otras. No mucho después de instalarse en Fontainebleau, el rey reprochó a la reina la intimidad de su relación con el duque y la duquesa de Lécera, que la habían acompañado al exilio. El matrimonio del duque, Jaime de Silva Mitjans, con la lesbiana duquesa, Rosario Agrelo de Silva, era una farsa, pero lo mantuvieron porque ambos estaban enamorados de la reina. No obstante los persistentes rumores, que mortificaban a Alfonso XIII, la reina negó siempre con vehemencia que ella y el duque hubieran sido amantes. Sin embargo, cuando el aburrido Alfonso XIII inició una nueva relación amorosa en París y la reina se lo reprochó, intentó desviar el ataque echándole en cara su presunta relación con Lécera. Ella la negó pero, al ir caldeándose el ambiente, Alfonso le exigió que eligiera entre él y el duque. Temiendo perder el apoyo de los duques, del que había llegado a depender, la reina respondió, según propio testimonio, con las fatídicas palabras: «Los elijo a ellos y no quiero volver a ver tu fea cara en la vida».[5] Nunca se retractó.

El primogénito del rey, Alfonso, era de salud peligrosamente delicada. Era hemofílico y, según su hermana, la infanta doña Cristina: «Con cualquier golpe tenía unos dolores terribles y se le paralizaba parte del cuerpo». A menudo no podía caminar sin ayuda y vivía en constante temor de algún golpe mortal. Cuando Emilio Mola, recientemente nombrado director general de Seguridad, hizo una visita de cortesía a palacio en febrero de 1930, se quedó impresionado: «También visité al príncipe de Asturias y entonces comprendí toda la tragedia íntima de la familia real y encontré justificado el rostro de dolor de la Reina. Me recibió de pie y quiso tener la deferencia de hacerme sentar; luego intentó levantarse para despedirme, y no le fue posible: una ráfaga, mezcla de angustia y resignación, pasó por su semblante».[6] Alfonso había renunciado oficialmente al trono el 11 de junio de 1933 a cambio del permiso de su padre para contraer matrimonio morganático con una muchacha cubana, atractiva pero frívola, que había conocido en la clínica de Lausana donde recibía tratamiento. Edelmira Sampedro y Robato tenía veintiséis años y era hija de un rico terrateniente cubano.

Inmediatamente después de la renuncia de su hijo primogénito a sus derechos dinásticos, Alfonso XIII dispuso que una serie de prominentes monárquicos exhortaran a su segundo hijo, don Jaime, a que siguiera el ejemplo de su hermano. Don Jaime era sordomudo a consecuencia de una malograda operación a la que fue sometido a los cuatro años. Aislado del mundo exterior, tanto en virtud de su categoría regia como de su sordera, era un joven singularmente inmaduro. El líder monárquico José Calvo Sotelo le convenció de que su incapacidad para utilizar el teléfono disminuía considerablemente su posibilidad de participar en conspiraciones antirrepublicanas.[7] Alfonso se casó con Edelmira en Lausana en presencia de su madre y sus dos hermanas. Ni su padre ni sus tres hermanos se dignaron asistir. El mismo día, 21 de junio de 1933, en Fontainebleau, don Jaime, que estaba todavía soltero, accedió finalmente a renunciar a sus derechos al trono, así como los de sus futuros herederos. La renuncia era totalmente irrevocable y sería ratificada el 23 de julio de 1945, no obstante lo cual, don Jaime disputaría posteriormente la validez de su renuncia complicando con ello la subida al trono de Juan Carlos.[8]

En su carta de 1933 a su padre, escribía don Jaime:

> Señor. La determinación de mi hermano primogénito de renunciar por sí y su descendencia a sus derechos en la sucesión a la Corona, me ha llevado a medir por mi parte, las obligaciones que, al recaer de manera inmediata en mí el llamamiento que las leyes antiguas, y la Constitución de 1876 contenían a favor de aquel, me estarían trazadas por el amor al pueblo español, y por el interés de que a este, tan necesitado del restablecimiento de la Monarquía, para su paz y prosperidad, le alcance con las mayores seguridades de sucesión idónea. Inspirado en esos sentimientos de que Vuestra Majestad nos ha dado tan altos ejemplos, he decidido, como hago por el presente documento, formal y explícita renuncia, por mí, y por los descendientes que pudiera llegar a tener, a cuantos derechos me asistieran a la sucesión en el Trono de nuestra Patria. Al poner en las augustas manos de Vuestra Majestad esta renuncia, le renuevo, Señor, la expresión del respeto con que soy su amante hijo. Jaime de Borbón. Fontainebleau, 21 de junio de 1933.[9]

Don Jaime habría perdido, en cualquier caso, sus derechos cuando en 1935 se casó también morganáticamente con una italiana, Emmanuela Dampierre Ruspoli, que aun perteneciendo a una aristocracia menor, no era de sangre real. No fue una unión por amor y terminaría mal.[10]

En el verano de 1933, durante unas vacaciones de esquí en Istria, el cuarto hijo de Alfonso XIII, Gonzalo —también hemofílico—, sufrió un accidente automovilístico y murió por una hemorragia interna.[11] El primogénito no tendría mejor suerte. Después de que su asignación económica fuera drásticamente reducida por el exiliado rey, el matrimonio de Alfonso y Edelmira no duró mucho. Se divorciaron en mayo de 1937. Dos meses después Alfonso se casó con otra cubana, Marta Rocafort y Altuzarra, una hermosa modelo. Este matrimonio apenas sobrevivió seis meses y se divorciaron también en enero de 1938. Enamorado de Mildred Gaydon, vendedora de cigarrillos en un club nocturno de Miami, Alfonso estaba a punto de casarse por tercera vez cuando la tragedia volvió a golpear a la familia Borbón. En la noche del 6 de septiembre de 1938, tras salir del club donde trabajaba Mildred, Alfonso sufrió un accidente de coche y, como su hermano Gonzalo, murió de hemorragia interna.[12]

Debido a las sucesivas renuncias de Alfonso y Jaime, el título de Príncipe de Asturias recayó en el tercer hijo de Alfonso XIII, don Juan, que tenía entonces veinte años. Cuando este recibió el telegrama de su padre informándole a este respecto, don Juan servía como oficial en el crucero *Enterprise* de la Royal Navy británica, anclado en Bombay. Don Juan aceptó tras algunas vacilaciones, pues comprendió que ello le obligaría a abandonar su amada profesión naval. En mayo de 1934 don Juan fue ascendido a alférez de navío y en septiembre se incorporó al acorazado británico *Iron Duke*. En marzo de 1935 aprobó los exámenes de artillería naval y navegación, lo cual le permitió ascender a teniente y poder aspirar a capitán de fragata. Esto implicaría renunciar a su nacionalidad española, algo que no estaba dispuesto a hacer. Su tío, el rey Jorge V, le concedió el rango de teniente honorario de la Royal Navy.[13]

Don Juan no emuló los desastrosos matrimonios de sus hermanos mayores. El 13 de enero de 1935, en una fiesta ofrecida por los reyes de Italia en vísperas de la boda de la infanta doña Beatriz con el príncipe Alessandro Torlonia, don Juan había conocido a María de las Mercedes Borbón Orleáns, que tenía entonces veinticuatro años. Habiendo tenido que enfrentarse al problema del impropio matrimonio de su primogénito, Alfonso XIII se alegró mucho de que don Juan se hubiera enamorado de una princesa que era descendiente de las casas reales de España, Francia, Italia y Austria. Se casaron el 12 de octubre de 1935 en una ceremonia que devino en reunión simbólica de monárquicos españoles, varios miles de los cuales viajaron a la capital italiana. Por entonces, la reina Victoria Eugenia hacía ya tiempo que no vivía con Alfonso y se negó a ir a Roma para la boda. El recién designado Príncipe de Asturias y su esposa se instalaron en la Villa Saint Blaise de Cannes, al sur de Francia.[14]

Allí, don Juan entró pronto en contacto con los principales políticos monárquicos implicados en conspiraciones antirrepublicanas.

Como cabía esperar, cuando en la noche del 17 de julio de 1936 se sublevaron contra la República algunas unidades del ejército español de Marruecos, el golpe de Estado fue acogido con entusiasmo tanto por don Juan como por su padre. Ambos siguieron ávidamente por la radio el avance de los militares sublevados, particularmente los comunicados del general Queipo de Llano. Un grupo de seguidores de don Juan, que habían conspirado activamente contra la República, entre ellos Eugenio Vegas Latapié, Jorge Vigón, el conde de Ruiseñada y el marqués de la Eliseda, consideraron que sería políticamente prudente que aquel apareciera luchando en el lado nacional. Don Juan había ya hablado del asunto con su ayuda de campo, el capitán Juan Luis Roca de Togores, vizconde de Rocamora, y marchó por primera vez el 31 de julio de 1936, no obstante el hecho de que el día anterior su esposa María de las Mercedes había dado a luz a su primer descendiente, una niña, Pilar. La madre de don Juan, la reina Victoria Eugenia, estaba presente, habiendo ido a Cannes para el parto. Para deleite de los seguidores de su hijo, declaró: «Me parece muy bien que mi hijo vaya a la guerra. En situaciones extremas, como la actual, solo se me ocurren las palabras de un proverbio inglés: "Las mujeres a rezar, los hombres a luchar"». Gratamente sorprendidos por esta reacción, los juanistas estaban, sin embargo, preocupados por la posible reacción de Alfonso XIII, que estaba de vacaciones en Checoslovaquia. Pero, cuando don Juan le telefoneó, también él se mostró entusiasmado, diciendo: «Me alegro de todo corazón. ¡Ve, hijo mío, y que Dios te ayude!».

Al día siguiente, 1 de agosto, don Juan, un hombre alto y campechano, cruzó efectivamente la frontera francesa y entró en España en un Bentley conducido por su chófer y seguido por una pequeña escolta de coches que transportaba a sus seguidores. Don Juan llegó a Burgos con la determinación de luchar en el bando nacional. El comandante de los sublevados en la zona norte, el general Emilio Mola, ordenó a la Guardia Civil que se encargara de que saliera de España de inmediato. El hecho de que lo hiciera de forma tan brusca y sin consultar a los demás generales revelaba tanto la falta de delicadeza de Mola como sus sentimientos antimonárquicos. Este incidente contribuyó a que los oficiales más monárquicos transfirieran sus perdurables lealtades políticas a Franco.[15]

Tras regresar a Cannes, la presencia de importantes partidarios del alzamiento militar español atrajo la atención de personas de izquierdas residentes en la localidad. Grupos de militantes del Frente Popular empezaron a congregarse ante la Villa Saint Blaise todas las noches y a gritar consignas prorrepublicanas. Temiendo por la seguridad de su familia —su mujer estaba otra vez embarazada— don Juan decidió trasladarse a Italia. Su padre ya era residente allí y las autoridades fascistas le garantizaban que no se produjeran hechos desagradables como los que habían alterado su estancia en Francia. En un principio vivieron en el hotel Eden hasta que, a comienzos de 1937, se mudaron al último piso del Palazzo Torlonia en via Bocca di Leone. Este palacio era la residencia de la hermana de don Juan, Beatriz, casada con Alessandro Torlonia, príncipe de Civitella Cesi.[16]

A comienzos de enero de 1938, doña María de las Mercedes se acercaba a la culminación de su embarazo. Sin embargo, cuando don Juan recibió una invitación para una cacería, el médico le aseguró que podía ir tranquilo porque el bebé tardaría al menos otras tres semanas en nacer. Doña María se encontraba en el cine con su tío, Alfonso XIII, cuando empezaron los dolores de parto. Juan Carlos nació prematuramente el 5 de enero de 1938 a las dos y media de la tarde en el Hospital Anglo-Americano de Roma, con un mes de adelanto. Cuando doña María de las Mercedes era transportada al hospital, su dama de honor, Angelita Martínez Campos, vizcondesa de Rocamora, pidió a don Juan que volviera a Roma con un telegrama que rezaba: «*Bambolo natto*» («El niño ha nacido»). Al recibirlo, se puso en marcha de inmediato conduciendo tan frenéticamente que rompió un cojinete del Bentley. Alfonso XIII, que había llegado antes que su hijo le gastó una broma, recibiendo a don Juan con un bebé chino en los brazos, hijo de una secretaria de la embajada china nacido en la habitación contigua. Don Juan supo de inmediato que ese no era su hijo, pero cuando vio al suyo confesó posteriormente que, por un instante, casi habría preferido al bebé chino. A doña María de las Mercedes, a diferencia de la mayoría de las madres, no le pareció que su niño fuera la criatura más bonita del mundo. Más adelante recordaba que «el pobre nació ochomesino y tenía los ojos saltones. Era feo, feo ¡como un dolor! ¡Era horrible! Menos mal que enseguida se arregló». El bebé rubio pesó tres kilos. Las primeras fotos de Juan Carlos no se hicieron al nacer, sino cuando tenía ya cinco meses.[17] Pese a la alarma inicial de su madre, Juan Carlos no siguió siendo «feo» mucho tiempo. Su buena presencia fue siempre una gran baza a su favor; de hecho, sería un factor decisivo para ganarse posteriormente la aprobación de la reina Federica de Grecia, su futura suegra.[18]

El 26 de enero de 1938, Juan Carlos fue bautizado en la capilla del Gran Maestrazgo de Malta de la via Condotti de Roma. La elección del lugar se hizo por razones prácticas de proximidad al Palazzo Torlonia, donde se celebró la recepción. La ceremonia bautismal estuvo oficiada por el cardenal Eugenio Pacelli, a la sazón secretario de Estado del Vaticano y futuro Pío XII. En el bautizo, la madrina del niño fue su abuela paterna, la reina Victoria Eugenia de Battenberg. Su padrino en *absentia* fue el infante Carlos de Borbón-Dos Sicilias, su abuelo materno que, siendo general del ejército nacional, que por entonces libraba la batalla de Teruel, no pudo viajar a Roma. En representación suya asistió el hermano de don Juan, don Jaime, segundo hijo de Alfonso XIII. Muy pocos españoles pudieron ir a Roma para la ocasión y el nacimiento del príncipe pasó prácticamente inadvertido en España incluso en zona nacional.[19]

El niño fue bautizado con los nombres de Juan, por su padre; Alfonso, por su abuelo paterno, el exiliado rey Alfonso XIII, y Carlos, por su abuelo materno, Carlos de Borbón-Dos Sicilias. Sin embargo, la familia y los amigos de Juan Carlos le llamarían habitualmente Juanito, en un principio porque era pequeño y después para diferenciarlo de su padre. Fue solo tras su aparición como figura pública cuando empezó a utilizar el nombre de Juan Carlos. Había, naturalmente, razones políticas tras la elección del nombre público del príncipe. Don Juan de Borbón le dijo a su consejero de toda la vida, el intelectual monárquico Pedro Sainz Rodríguez, que la decisión había sido de Franco. Quizá la idea surgiera del marqués de Casa Oriol, José María Oriol, aunque el futuro rey no lo recordaba con claridad.[20] El nombre de «Juan Carlos» distinguiría al príncipe de su padre, don Juan, y quizá le congraciara con los ultraconservadores monárquicos carlistas cuyo pretendiente siempre había llevado el nombre de Carlos. La eliminación de su segundo nombre, Alfonso, habría sin duda complacido a Franco, dado que uno de los elementos centrales de la retórica del Caudillo era que había sido el equivocado liberalismo de Alfonso XIII el que había hecho inevitable la guerra civil española.

Don Juan de Borbón seguía deseoso de participar en el esfuerzo bélico nacional. Escribió por ello al Generalísimo el 7 de diciembre de 1936 solicitando respetuosamente permiso para unirse a la tripulación del acorazado *Baleares* que estaba por entonces a punto de ser terminado: «Ya que he realizado mis estudios en la Escuela Naval Británica, he navegado dos años y medio en el crucero *Enterprise* de la cuarta escuadra, he seguido luego un curso especial de artillería en el acorazado *Iron Duke*, y, por último, antes de abandonar la Marina Inglesa, con la graduación de teniente de navío, estuve tres meses en el destructor *Winchester*». Aunque el joven príncipe prometía no hacerse notar, no bajar a tierra en ningún puerto español y abstenerse de cualquier contacto político, Franco comprendió al punto los peligros tanto inmediatos como futuros.[21] Si don Juan luchaba en el lado nacional, pronto se convertiría, deliberadamente o no, en figura simbólica para el gran número de monárquicos alfonsistas, especialmente del Ejército, que, por el momento, se conformaban con dejar a Franco el mando mientras esperaban la victoria y una posterior restauración. Y había peligro de que los alfonsistas se constituyeran en grupo diferenciado además de los falangistas y los carlistas, añadiendo una voz más a la diversidad política que empezaba a aflorar en la zona nacional. Franco acababa de librarse del problema del líder falangista José Antonio Primo de Rivera, al que habían fusilado en una cárcel republicana, y estaba en proceso de deshacerse del jefe carlista Manuel Fal Conde. Por todo ello, no era muy probable que Franco acogiera a don Juan de Borbón con los brazos abiertos.

Su respuesta fue una obra maestra de duplicidad. Esperó unas semanas antes de contestar a don Juan. «Hubiera sido para mí muy grato el haber podido acceder a vuestro deseo, tan español como legítimo, de combatir en nuestra marina por la causa de España; pero la seguridad de vuestra persona no permitiría el que pudierais vivir bajo el sencillo título de oficial, pues el entusiasmo de unos y las oficiosidades de otros habrían de dificultar tan nobles propósitos; sin contar con que el lugar que ocupáis en el orden dinástico y las obligaciones que de él derivan, imponen a todos, y exigen de vuestra parte, sacrificar anhelos tan patrióticos como nobles y sentidos, al propio interés de la Patria ... no me es posible seguir los dictados de mi corazón de soldado aceptando vuestro ofrecimiento.»[22] Así pues, con aparente gentileza, rechazó una oferta peligrosa, y disipó la amenaza.

Ahora bien, consiguió también extraer un considerable capital político de su acción pues hizo correr rumores en los círculos falangistas de que había impedido que el heredero de la Corona entrara en España por su propio compromiso con la futura revolución falangista. Dio también publicidad a lo que había hecho y adujo razones cuyo fin era consolidar su propia posición entre los monárquicos: «Mi responsabilidad es muy grande y tengo el deber de no poner en peligro una vida que un día puede sernos preciosa ... si alguna vez en la cumbre del Estado vuelve a haber un Rey, tendría que venir con el carácter de pacificador y no debe contarse en el número de vencedores».[23] El cinismo de estas palabras solo se advertiría después de pasados casi cuatro decenios durante los cuales Franco dedicó sus esfuerzos a institucionalizar la división de España entre vencedores y vencidos, y no restauró la monarquía. Cuando el *Baleares* fue hundido el 6 de marzo de 1938, se dice que Franco comentó con una sonrisa irónica, «y don Juan de Borbón quiso servir a bordo del *Baleares*».[24]

Entretanto, en el otoño de 1936, creyendo que el alzamiento militar, si salía victorioso, culminaría en la restauración de la monarquía, Alfonso XIII había telegrafiado a Franco felicitándole por sus éxitos. En su suite del Gran Hotel de Roma, el rey había colocado un enorme mapa de España con pequeñas banderas con las que seguía obsesivamente el avance de las tropas rebeldes en los diversos frentes.[25] Al confiar en que Franco devolvería anteriores favores restaurando la monarquía, Alfonso erró el juicio sobre este hombre. De haber sido él y su hijo algo más suspicaces, acaso se habrían alarmado al advertir que el recién nombrado jefe del Estado había empezado ya a comportarse como si fuera rey en lugar de simplemente un guardia pretoriano responsable de traer otra vez la monarquía. Con la ayuda de la Iglesia católica, que había dado su bendición a la lucha del lado nacional calificándola de cruzada religiosa, Franco empezó a presentarse como defensor de España y defensor de la fe universal, funciones ambas generalmente asociadas a los grandes reyes del pasado; empleó rituales religiosos para legitimar su poder como habían hecho los reyes medievales; y el ceremonial y la iconografía de su régimen le presentaron como un santo cruzado, tenía un capellán personal y usurpó la prerrogativa regia de entrar y salir de las iglesias bajo palio.

La seguridad en sí mismo y en su autoridad que generaban este tipo de ceremonias se vio claramente cuando Franco celebró el primer aniversario de su «Movimiento». Según su primo, escribió personalmente todo su discurso radiofónico, hablando en unos términos de los que parecía desprenderse que se veía en un lugar muy superior al de la familia Borbón, considerándose una figura providencial, encarnación misma del espíritu de la España eterna. Así, se atribuyó el mérito de haber salvado «la España Imperial, la que engendró naciones y dio leyes al mundo».[26] Ese mismo día se publicó una entrevista con el Caudillo concedida al marqués de Luca de Tena, director del periódico monárquico *ABC*. En ella anunció la inminente formación de su primer gobierno. Al preguntarle si sus referencias a la grandeza histórica de España implicaban una restauración monárquica, respondió verazmente mientras conseguía producir la impresión de que esa era su intención: «Sobre este tema mis preferencias son conocidas de muy antiguo, pero ahora no cabe pensar más que en terminar la Guerra; luego habrá que liquidarla; después construir el Estado sobre bases firmes ... Entretanto, yo no puedo ser un poder interino».

Para Franco, y realmente para muchos de sus partidarios de la zona nacional, la monarquía de Alfonso XIII estaba irrevocablemente estigmatizada por su asociación con la monarquía parlamentaria constitucional. En esta entrevista, Franco declaró que «si el momento de la Restauración llegara, la nueva Monarquía tendría que ser, desde luego, muy distinta de la que cayó el 14 de abril de 1931: distinta o diferente en el contenido y, aunque nos duela a muchos, pero hay que atenerse a la realidad, hasta en la Persona que la encarne». Esto significaba una profunda humillación para Alfonso XIII, tanto más porque provenía de un hombre cuya carrera militar había él promovido asiduamente.[27]

La actitud del Caudillo hacia el rey exiliado, y por implicación hacia la familia Borbón, se manifestó en una carta áspera y desdeñosa que escribió a Alfonso XIII el 4 de diciembre de 1937. El rey, habiendo donado recientemente un millón de pesetas a la causa nacional, había escrito a Franco expresándole su preocupación porque la restauración de la monarquía parecía tener un lugar muy bajo en su lista de prioridades. El Generalísimo respondió con frialdad, insinuando que los problemas que habían originado la guerra civil eran obra del rey y exponiendo tanto los logros de los nacionales como las tareas que habría que cumplir después de la guerra. Abundando en su entrevista de *ABC*, el Caudillo dejaba claro que Alfonso XIII no podía esperar participación alguna en ese futuro: «La nueva España que hoy forjamos, tiene tan poco en común con la liberal y constitucional en que reinasteis que habrá de constituir para los españoles un motivo de preocupación y recelos vuestra formación y las obligadas prácticas políticas de antaño». La carta terminaba con una petición de que el rey cuidara la preparación de su heredero, «cuya meta presentimos pero que por lo lejana no vislumbramos todavía».[28] Este era hasta el momento el indicio más claro de que Franco no tenía la menor intención de ceder el poder, no obstante lo cual la relación epistolar entre Franco y el rey exiliado siguió siendo sorprendentemente cordial. Tanto es así que en diciembre de 1938 Franco revocó el edicto republicano que privaba al rey de la ciudadanía española y a la familia real de sus propiedades. Durante toda la guerra, después de cada victoria, el

Generalísimo había enviado un telegrama a Alfonso XIII y, a su vez, recibido mensajes de felicitación tanto del rey exiliado como de su hijo. Pero Franco no lo hizo tras la toma de Madrid. El indignado Alfonso XIII entendió con razón que esto significaba que Franco no tenía intención de restaurar la monarquía.[29]

Durante los primeros cuatro años y medio de su vida, Juan Carlos vivió con sus padres en Roma. Poco después de su nacimiento su familia se trasladó desde su modesta residencia en los altos del Palazzo Torlonia, en via Bocca di Leoni, a Villa Gloria, una casa de cuatro pisos en el 112 del Viale dei Parioli en el elegante barrio periférico romano de Parioli.[30] Este fue un período feliz para los Borbón, un tiempo durante el cual era posible vivir como una familia normal, no como una familia real. La hermana menor de Juan Carlos, Margarita, nació el 6 de marzo de 1939. Con todo, el grado de afecto familiar era limitado. Los tres niños estaban al cuidado de dos institutrices suizas, mademoiselle Modou y mademoiselle Any, supervisadas estas no por su madre sino por la vizcondesa de Rocamora. El joven príncipe salía a pasear con frecuencia con sus padres o sus niñeras, a veces hasta el Palazzo Torlonia, otras al parque particular de la familia Pamphili o al parque de Villa Borghese. Don Juan era muy afectuoso con su hijo mayor, al que a menudo llevaba en sus brazos, cuando visitaban al abuelo del niño, Alfonso XIII, en el Gran Hotel.

Pero el joven príncipe pronto empezó a ser instruido en la dura lección de que su finalidad esencial era cumplir la misión de devolver a la familia Borbón al trono de España. Don Juan había empezado ya a exigir a Juan Carlos cosas difíciles de cumplir para un niño. Miguel Sánchez del Castillo (un actor de cine que trabajaba en Roma en aquel entonces) recuerda que, en una ocasión, la señora Valdecasa le presentó a Juan Carlos un uniforme de caballería, regalo de varias aristócratas españolas. «Durante más de una hora, un fotógrafo italiano estuvo haciéndole fotografías. Don Juan Carlos, que era un niño de cuatro años, aguantó a pie firme subido a aquella mesa, y cuando le llevaron al *office* una de las institutrices le quitó las botas: tenía los pies en carne viva, porque le venían pequeñas. Entonces fue cuando, tímidamente, se echó a llorar. Luego supe que su padre, don Juan, le había inculcado desde pequeñito que *un Borbón no llora más que en su cama.*»[31]

Pronto, sin embargo, dos acontecimientos vinieron a perturbar la tranquilidad de la familia real: el primero fue la marcha de Roma de la reina Victoria Eugenia; la otra, la muerte de Alfonso XIII. Victoria Eugenia había pasado temporadas cada vez más largas en Roma. Cuando Italia entró en la guerra el 9 de junio de 1940, se complicó su situación como inglesa y dividió su tiempo entre Lausana, en la neutral Suiza, y las afueras de Roma. Ella y su marido habían estado separados de hecho durante más de un decenio pero, a medida que la salud del rey fue deteriorándose, empezaron a pasar más tiempo juntos. En 1941 la reina se trasladó temporalmente a Roma con objeto de cuidar de su marido enfermo de muerte, instalándose en el cercano hotel Excelsior.[32]

Alfonso XIII murió el 28 de febrero de 1941. Unas semanas antes, el 15 de enero, había abdicado en su hijo y heredero, don Juan. Hablando con el periodista norteamericano John T. Whitaker, poco tiempo antes de morir, el rey exiliado dijo: «Yo destaqué a Franco cuando no era nadie, y me ha traicionado y engañado a cada paso».[33] Alfonso tenía razón. Durante su agonía, el rey no cesó de preguntar si Franco se había interesado por su salud. Unos días antes de su muerte, su familia, apenada por su desesperada insistencia, le mintió diciéndole que el Generalísimo había enviado efectivamente un telegrama pidiendo noticias. En realidad, Franco no mostró el más leve interés. Junto al lecho de Alfonso XIII, don Juan le hizo la solemne promesa de que se ocuparía de que fuera enterrado en el Panteón de Reyes de El Escorial. Pero esto no se haría mientras vivió Franco. Los restos de Alfonso XIII permanecieron en Roma hasta su traslado a El Escorial a comienzos de 1981. Franco se resistió incluso a anunciar un período de luto nacional por el rey, y accedió a hacerlo a regañadientes cuando súbitamente aparecieron colgaduras negras en los balcones de las calles de Madrid. Él se limitó a enviar una corona roja y gualda para el funeral. Entre las múltiples coronas que adornaron el funeral de Alfonso XIII el

3 de marzo de 1941 había una de Juan Carlos. Era una sencilla combinación de flores blancas, amarillas y rojas atadas con un lazo negro en el que alguien había bordado con hilo amarillo la dedicatoria: «Para el abuelito».[34]

La muerte de Alfonso XIII pareció, en sentidos muy diversos, dejar a Franco en libertad para revelar sus propias pretensiones monárquicas. Así, insistió en ejercer el derecho a nombrar obispos, en que se interpretara la marcha real cada vez que él y su mujer llegaban a una ceremonia oficial y abrigó el plan, hasta que su cuñado le disuadió de hacerlo, de instalar su residencia en el inmenso Palacio de Oriente de Madrid. En virtud de la Ley de la Jefatura del Estado publicada el 8 de agosto de 1939, Franco había asumido «el poder supremo para dictar leyes de carácter general» y para emitir determinados decretos y leyes sin someterlos previamente al gobierno «cuando así lo aconsejan razones urgentes». Según los exegetas de la prensa oficiosa, el «jefe supremo» no hacía con ello más que asumir unos poderes necesarios para permitirle cumplir su destino histórico de reconstrucción nacional. Solo los reyes de la España medieval habían gozado anteriormente de semejante poder.[35]

A los veintisiete años, pues, don Juan —entonces rey Juan III a ojos de muchos monárquicos— tomó el título de conde de Barcelona, prerrogativa del rey de España. Se enfrentaba a toda una vida de lucha por el poder con Franco, que tenía prácticamente todos los triunfos en la mano. Para la tarea de apresurar la restauración monárquica solo contaba con cierto grado de apoyo entre unos pocos altos oficiales del Ejército. Como representante suyo en España eligió al general Juan Vigón Suerodíaz. La Falange, no obstante, era ferozmente contraria a la vuelta de la monarquía y el propio Franco no tenía intención alguna de ceder su poder absoluto. A raíz de la guerra civil, muchos conservadores que en principio habrían apoyado a don Juan fueron reacios a enfrentarse a los riesgos que implicaba tener que quitar a Franco. En consecuencia, don Juan empezó a buscar ayuda exterior. Con una madre inglesa y su servicio en la Royal Navy, todo inclinaba al conde de Barcelona a mirar hacia Gran Bretaña. Pero don Juan era residente en la Italia fascista y el Tercer

Reich avanzaba a grandes pasos de triunfo en triunfo. Por todo ello, su consejero más cercano, Pedro Sainz Rodríguez, le presionó para que buscara el apoyo de Berlín o al menos se asegurara su benevolente neutralidad hacia la restauración monárquica de España.[36] El 16 de abril de 1941, Ribbentrop encargó al embajador alemán en España, Eberhard von Stohrer, que informara a Franco —no fuera a enterarse por otros canales— de que don Juan de Borbón había intentado ponerse en contacto con los alemanes a través de un intermediario con el fin de obtener su apoyo para una restauración monárquica. El intermediario se había dirigido al periodista alemán Karl Megerle el 7 de abril y otra vez el 11 de abril de 1941. Al comenzar el verano de 1941, el embajador italiano en España, Francesco Lequio, comentaba el rumor que circulaba por Madrid de que don Juan estaba a punto de ser invitado a Berlín para hablar de la restauración. Lequio informaba que la intensificación de los esfuerzos para acelerar la restauración emanaban de la madre de don Juan, «intrigante, *ambiziosissima*».[37]

Para responder a las gestiones de los partidarios de don Juan junto a los alemanes, Franco escribió una carta impenetrablemente enrevesada a don Juan a finales de septiembre de 1941. El tono era profundamente condescendiente: «Mucho siento que la distancia me prive de la satisfacción del frecuente diálogo en que poder ilustraros de la real situación de nuestra Patria». El meollo era un resumen tendencioso de la historia reciente de España que permitía a Franco unir el gesto aparentemente conciliatorio de reconocer los derechos de don Juan al trono con la amenaza de que no tendría parte alguna en el futuro del régimen si no se abstenía de presionar a favor de la restauración. Lo que estaba muy claro era la total identificación de Franco con la causa del Tercer Reich, refiriéndose inequívocamente a Gran Bretaña y Rusia cuando hablaba de «cuantos fueron en la cruzada nuestros enemigos ... las naciones que ayer jugaron contra nosotros y hoy luchan contra Europa». Advirtiendo a don Juan contra cualquier acción que pudiera menoscabar la unidad española (es decir, amenazar la estabilidad de la posición de Franco), hablaba de la necesidad de «que se desarraiguen para siempre las causas que produjeron la progresiva desestabilización de España», una astuta alusión a los errores del régimen de Alfonso XIII. Esta tarea solo podía cumplirla el Movimiento.

Don Juan quedaba advertido de que solo si se abstenía de hacerle olas a Franco podría, «algún día», ser llamado a poner broche de oro al trabajo del Caudillo con la instauración —no la restauración— de la forma tradicional de gobierno en España: «El único camino por el que, en el día que el servicio de España os llame, para que coronemos la obra con la instauración del Régimen Tradicional del que para mí sois el único y legítimo representante». Con ello ofrecía a don Juan la zanahoria de afirmar que era el único representante legítimo de la monarquía, mientras blandía el palo al referirse a «la ceguera y la torpeza de muchos de los que titulándose monárquicos confunden vuestro interés y el de España con su pasión bastarda y su interés privado», es decir, los partidarios de don Juan empeñados en la restauración de la monarquía borbónica (en lugar de la instauración de una monarquía de nuevo cuño).[38]

Don Juan dejó pasar tres semanas antes de contestar. Este aplazamiento pudo deberse al hecho de que, el 3 de octubre de 1941, había nacido su segundo hijo, al que llamaron Alfonso en recuerdo del abuelo recientemente fallecido y que pronto sería el ojo derecho de su padre. En su carta al Caudillo, don Juan aprovechaba el reconocimiento de sus legítimos derechos al trono para proponer a Franco que convirtiera su régimen en una regencia como vía hacia la restauración de la monarquía.[39] Después de esto, un grupo de generales españoles, comprendiendo que Franco no iba a hacer nada para acelerar este proceso y como parte de su continuada lucha de poder con la Falange, envió un mensaje a Göring en las primeras semanas de 1942 solicitando su ayuda para llevar a don Juan al trono de Madrid a cambio de comprometerse a que España mantuviera su política pro Eje. La presión sobre Franco se mantuvo a comienzos de la primavera de 1942 cuando, invitado por el ministro de Exteriores italiano, conde Galeazzo Ciano, don Juan asistió a una cacería en Albania donde fue recibido por las autoridades italianas con suntuosa hospitalidad y todos los honores. En mayo, incluso se rumoreó en Madrid que el propio Göring había hecho una visita a don Juan en Lausana para expresarle su apoyo a sus aspiraciones. El ministro de Exteriores de Franco, Ramón Serrano Suñer, era cada vez más favorable a la restauración monárquica en la persona de don Juan. Johannes Bernhardt, representante extraoficial de Göring en España, dispuso a finales de mayo que el general Juan Vigón fuera invitado a Berlín para hablar sobre este asunto. En junio de 1942 Serrano Suñer le dijo a Ciano en Roma que, en su opinión, las potencias del Eje debían expresar su respaldo a la restauración monárquica en España con objeto de neutralizar la ayuda británica. Se decía que Serrano Suñer estaba a punto de visitar a don Juan en Lausana. Franco ordenó que se cancelaran las visitas de Vigón a Berlín y de Serrano a Lausana.[40] A partir de ese momento finalizó el breve coqueteo monárquico con el Eje. Era evidente que los intereses de la monarquía estarían mejor servidos alineándola con Gran Bretaña.

Poco después de la muerte de su esposo, Victoria Eugenia había regresado a su casa de Lausana, La Vieille Fontaine. En el verano de 1942, don Juan trasladaría también allí a su familia. El conde de Barcelona pronto designó un primer preceptor para Juan Carlos. Su extraña elección fue el intelectual ultraconservador español Eugenio Vegas Latapié. En 1931, consternado por la proclamación de la Segunda República, Vegas Latapié, para quien democracia equivalía a bolchevismo, había sido la luminaria de una asociación que se propuso fundar una «escuela de pensamiento moderno contrarrevolucionario». Esta adoptó la forma del grupo de extrema derecha Acción Española, cuya revista suministraba la justificación teórica de la violencia contra la República mientras que su bien equipado cuartel general en Madrid servía como centro conspiratorio.[41] Poco después de la creación de Acción Española, Eugenio Vegas Latapié había escrito a don Juan, que se encontraba en la India, y había surgido una relación de amistad entre ellos. Profundamente reaccionario y autoritario, Vegas Latapié era un hombre de aguda inteligencia pero del todo inapropiado para ser preceptor de un niño. Él había sido uno de los teóricos que habían contribuido a elaborar la idea de que la vieja monarquía constitucional era corrupta y debía ser sustituida por un nuevo estilo de monarquía militar dinámica; esta fue la concepción utilizada por Franco para justificar sus interminables aplazamientos en la restauración de la monarquía borbónica. Irónicamente, tanto se indignó por ello Vegas Latapié, que había servido con las fuerzas nacionales durante la guerra civil, que le convirtió en enemigo de Franco.

En abril de 1942 don Juan había pedido a Vegas que se uniera a un comité secreto con la misión de preparar la restauración de la monarquía. Cuando Franco se enteró de ello ordenó el exilio en Canarias tanto de Vegas como de Sainz Rodríguez. Este último fijó su residencia en Portugal y Vegas huyó a Suiza, donde pasó a ser secretario político de don Juan. En el otoño de 1942, don Juan le pidió que diera clases de español a Juan Carlos porque el chico hablaba este idioma con alguna dificultad, tenía acento francés y utilizaba muchos galicismos. Cuando Juan Carlos cumplió los cinco años empezó a asistir a clase en la escuela Rolle de Lausana. Eugenio Vegas Latapié le acompañaba al colegio por la mañana y le recogía por la tarde, utilizando los viajes de ida y vuelta para dar al niño su visión reaccionaria de la historia de España.[42]

En realidad, el modo en que evolucionaba la relación entre su padre y Franco iba a dictar la trayectoria de la infancia, adolescencia y edad adulta del pequeño príncipe. En respuesta a las gestiones de don Juan y sus partidarios junto a los alemanes, el 12 de mayo de 1942 Franco escribió una carta de tono condescendiente basada en su pintoresca interpretación de la historia de España. En ella negaba la idea de que hubiera apoyo en España para una restauración y reiteraba su rechazo a todo lo relacionado con la monarquía constitucional que había caído en 1931. Vinculando la grandeza de la España imperial al fascismo vigente, declaraba que la única monarquía permisible era una autoritaria de índole similar a la que él asociaba con Isabel la Católica. Dejaba claro que no habría restauración en el futuro próximo y no la habría en modo alguno si el aspirante no expresaba su compromiso con el partido único de España, FET y de las JONS.[43]

Hasta pasados diez meses don Juan no respondió a Franco.

Su principal consejero, Pedro Sainz Rodríguez, creía que el Eje sería vencido y Franco, desbancado. El estallido de violentos choques entre monárquicos y falangistas —y la consiguiente destitución de Ramón Serrano Suñer—, a mediados de agosto de 1942, reforzó el optimismo de don Juan. Después del desembarco aliado en el norte de África el 8 de noviembre de 1942, don Juan quedó convencido de que lo más conveniente para la restauración monárquica era distanciarse de Franco y persuadir a los aliados de que, después de la guerra, la monarquía traería tanto estabilidad como reconciliación nacional. El grado en que el avance de los aliados dio aliento a los monárquicos se hizo patente el 11 de noviembre de 1942, apenas tres días después de los desembarcos. El partidario más poderoso de don Juan, Alfredo Kindelán, el general de mayor antigüedad en el servicio activo y capitán general de Barcelona, se trasladó a Madrid. Tras comentar los últimos acontecimientos con el resto del alto mando, Kindelán informó al Caudillo en términos inequívocos de que si había comprometido a España oficialmente con el Eje tendría que ser sustituido como jefe del Estado. En todo caso, aconsejó a Franco que declarara a España una monarquía y se proclamara regente de la misma. Franco se tragó su ira y respondió en tono conciliatorio... y falso. Negó cualquier compromiso formal con el Eje, insinuó que estaba deseando entregar el poder y comunicó que quería que don Juan fuera su sucesor definitivo. No obstante su aceptación aparentemente cordial de lo que allí se dijo, Franco estaba furioso. Tras un intervalo prudente de tres meses, sustituyó a Kindelán en la Capitanía General de Cataluña por el pro falangista Moscardó.[44]

Cuando don Juan respondió al fin a la carta de Franco de mayo de 1942, su tono era mucho más polémico de lo que había sido anteriormente. Ponía en cuestión el derecho de Franco a estar en el poder, transmitiéndole su alarma por que el poder estuviera en manos de un hombre sin ninguna formación institucional o jurídica, por las continuas divisiones dentro de España y por la situación internacional. Decía además a Franco con toda firmeza que su deber patriótico era «abandonar el actual régimen transitorio y unipersonal para instalar definitiva y permanentemente el que, según reiterada frase de V.E., forjó la grandeza histórica de nuestra Patria». Afirmaba don Juan con bastante agresividad que consideraba enteramente inaceptable la vaguedad con que Franco formulaba la vuelta de la monarquía una vez estuviera cumplido su trabajo. Y aún con más rotundidad, en términos que tuvieron que horrorizar a Franco, rechazaba la exigencia del Caudillo de que se identificara con la Falange, afirmando que cualquier vinculación con una ideología específica «implicaría una patente negativa de la esencia misma de la virtud monárquica —radicalmente adversa al fomento de las escisiones partidistas y a la dominación de castas políticas; expresión máxima del común denominador de todos los intereses nacionales y árbitro supremo de las inevitables tendencias antagónicas».

En su carta, don Juan esbozaba la formulación apropiada para la posterior restauración de una monarquía democrática en España sobre la base de la reconciliación nacional, aunque no pudo haber imaginado que tardaría otros treinta y dos años en producirse. Recordando la declaración de Alfonso XIII en 1931 de que era «Rey de todos los españoles», don Juan daba a Franco una bofetada por la que nunca sería perdonado: «Precisamente, mi advenimiento al Trono después de la cruenta guerra civil debería, por el contrario, aparecer a los ojos de todos los españoles —y este es justamente el trascendental servicio que la Monarquía y nadie más que ella puede prestarles— no como gobierno oportunista de un momento histórico o de ideologías exclusivas y cambiantes, sino como símbolo excelso de una realidad nacional permanente y garantía de la reconstrucción, por la concordia, de la España integral y eterna».[45]

La indignación de Franco puede advertirse en la (para él) desacostumbrada rapidez (diecinueve días) con que respondió y en el desdén apenas disimulado de su tono: «Otras personas pueden hablaros con la sumisión que su celo dinástico o su conveniencia cortesana les dicte; yo cuando os escribo no puedo prescindir de hacerlo como jefe del Estado de la nación española que se dirige al pretendiente al trono». Pasaba después a atribuir condescendientemente a la ignorancia la postura de don Juan y le exponía una petulante lista de lo que él consideraba sus logros.[46]

Dado el triunfo de los aliados en la expulsión de las fuerzas del Eje del norte de África en junio de 1943, don Juan persistió en su estrategia. Aumentaba su confianza el hecho de que los monárquicos del régimen empezaban a temer por su propio futuro. A finales de junio, un grupo de veintisiete procuradores de las Cortes franquistas apelaron al Caudillo para que zanjara la cuestión constitucional restableciendo la monarquía católica tradicional española antes de que la guerra finalizara con una inevitable victoria aliada. La implicación clara de su petición era que solo la monarquía podía evitar el castigo aliado por la postura pro Eje de Franco durante la guerra. Los firmantes pertenecían a todo el espectro franquista, con representantes de los bancos, las fuerzas armadas, los monárquicos y hasta de la Falange. El Caudillo reaccionó sin tardanza a este reto. Incluso antes de publicarse el manifiesto, había ordenado la detención del marqués de la Eliseda, que era quien estaba reuniendo las firmas. En cuanto fue publicado, demostrando su escaso interés en el tan cacareado «contraste de pareceres» (su versión de política democrática), Franco destituyó de inmediato a todos los firmantes de sus escaños en las Cortes y expulsó a cinco de ellos que eran también miembros del Consejo Nacional del Movimiento.[47]

La impresión del Caudillo de estar cercado por don Juan se intensificó con la caída de Mussolini el 25 de julio de 1943. Aprovechando esta ocasión, don Juan envió a Franco un telegrama recomendándole la restauración de la monarquía como único modo en que podía evitar el destino del Duce. Esta carta agrió aún más la constante tensión que había entre ellos. Es más, don Juan creía que Franco no le había perdonado nunca: «Él me la tenía guardada desde el telegrama aquel». Es un indicio pintoresco de la alta consideración en que Franco se tenía a sí mismo que calificara la acción de don Juan de alta traición.[48] Mortificado, pero guardándose su resentimiento para mejor momento, Franco contestó con una apelación al patriotismo de don Juan, rogándole que no hiciera ninguna declaración pública que pudiera debilitar el régimen.[49] El Caudillo tenía razones sobradas para estar preocupado: sus generales de más antigüedad estaban situándose cada vez más tras la causa juanista. Pedro Sainz Rodríguez fue informado de que una serie de generales estaban dispuestos a sublevarse para restaurar la monarquía, siempre que pudiera garantizarse el inmediato reconocimiento de don Juan por parte de los aliados. La preocupación del Caudillo —y su resentimiento contra don Juan— se exacerbaron cuando se descubrió en el transcurso del verano que sus tenientes generales estaban conspirando. Estos, a instancias del representante de don Juan en España, el príncipe Alfonso de Orleáns Borbón, se reunieron en Sevilla el 8 de septiembre de 1943 para hablar sobre la situación y redactar un documento invitando a Franco a entrar en acción para restaurar la monarquía.[50]

Firmada por ocho tenientes generales —Kindelán, Varela, Orgaz, Ponte, Dávila, Solchaga, Saliquet y Monasterio—, la carta fue entregada al Caudillo por el general Varela en El Pardo el 15 de septiembre. En realidad, Franco había sido ya alertado sobre su contenido por Rafael Calvo Serer, un joven intelectual del Opus Dei, de talento pero algo errático. Calvo Serer se había introducido en el círculo íntimo de Alfonso de Orleáns y cuando se hizo con el documento se apresuró a marchar a la residencia veraniega de Franco, el Pazo de Meirás, en Galicia. Lo cierto es que la carta, respetuosamente formulada, «redactada en términos de vil adulación» según José María Gil Robles, uno de los principales consejeros de don Juan, era más irritante que amenazadora para Franco. Huelga decir que no favoreció precisamente su actitud hacia don Juan.[51]

Al finalizar 1943 don Juan escribió una carta a uno de sus más prominentes partidarios, el conde de Fontanar. Su incendiario texto calificaba a Franco de «usurpador ilegítimo» y pedía a Fontanar que rompiera públicamente con el régimen. Esta carta cayó en manos de Franco: don Juan había elegido a Calvo Serer como intermediario. Este era un monárquico convencido pero tenía también un puesto elevado en el Opus Dei. Posteriormente, don Juan quedó convencido, erróneamente, de que Calvo Serer había entregado la carta a su padre espiritual, Josemaría Escrivá de Balaguer, fundador del Opus Dei, que a su vez la había hecho llegar a Franco. También se ha especulado con que la carta en cuestión fuera entregada por Calvo Serer al subsecretario de la Presidencia, el capitán Luis Carrero Blanco, con la petición de que se atribuyera su «intercepción» a los servicios de inteligencia del régimen, pero parece que Calvo Serer vio por primera vez a Carrero en 1945. Sin embargo, es posible que las especulaciones se hayan basado en la sospecha de que monseñor Escrivá estaba por entonces deseoso de establecer buenas relaciones con el Caudillo y afianzar la posición del Opus Dei dentro del régimen, y mantenía estrechos contactos con Franco, para el cual empezó a organizar ejercicios espirituales en El Pardo desde 1944. Todo esto le procuraría un fácil acceso a los consejeros del dictador. Mirando al futuro, Escrivá de Balaguer procuró también mantener buenas relaciones con don Juan dado que, como muchos franquistas conservadores, tenía esperanzas de que la dictadura fuera en algún momento sustituida por la monarquía.[52]

El Caudillo respondió a don Juan con imperioso desdén. Tras una mentira poco creíble de que la carta había caído en manos de un agente enemigo «del que pudimos rescatarla», adoptaba un tono condescendiente con el conde de Barcelona en términos ofensivos. El objetivo de su carta era dejar brutalmente claro que su propio derecho a gobernar España era infinitamente superior al de don Juan: «Entre los títulos que dan origen a una autoridad soberana sabéis se encuentran: la ocupación y la conquista; no digamos el que engendra salvar a una sociedad». Con el fin de desvirtuar los derechos de don Juan, Franco alegaba que el alzamiento militar de 1936 no era específicamente monárquico sino en general «español y católico» y que su régimen no tenía, por consiguiente, obligación alguna de restaurar la monarquía, lo cual se compadecía mal con la justificación que públicamente había dado para impedir que don Juan luchara en el lado nacional en 1937. Para mayor defensa de su propia legitimidad, Franco citaba sus méritos, acumulados durante una vida de sacrificios, su prestigio entre todos los sectores de la sociedad y la aceptación pública de su autoridad. A continuación sostenía que lo verdaderamente ilegítimo era lo que hacía don Juan porque estaba obstruyendo la restauración monárquica a la que él en realidad aspiraba, y terminaba recomendándole que le dejara cumplir, sin límite de tiempo, su tarea de preparar el terreno para una posterior restauración.

La respuesta de don Juan fue, en comparación, un modelo de franqueza y no carente de matices irónicos. En respuesta a la insinuación de Franco de que no estaba al corriente de la situación real de España, apuntaba que en trece años de exilio había aprendido más que si hubiera estado viviendo en un palacio donde, dijo con una clara indirecta a la vida en El Pardo, la atmósfera de adulación enturbiaba con tanta frecuencia la visión de los poderosos. En cuanto a sus respectivos análisis de la situación internacional, don Juan señalaba que Franco era una de las pocas personas que en 1943 creía en la estabilidad a largo plazo del Estado Nacional-Sindicalista, y declaraba abiertamente su convicción de que Franco y su régimen no sobrevivirían al final de la guerra. Para evitar una dura alternativa entre el totalitarismo de Franco y una vuelta a la república, don Juan apelaba al patriotismo del Caudillo para que restaurara la monarquía. Una vez más, repetía su argumento —anatema para Franco— de que la monarquía era un régimen para todos los españoles y que, por esa razón, siempre había rehusado las invitaciones de Franco a expresar solidaridad con la Falange.[53] La cristalina carta de don Juan rezumaba la lógica, el sentido común y el patriotismo de los que carecía el intrincado esfuerzo de la carta de Franco. Sin embargo, el Caudillo era quien ocupaba la silla y estaba resuelto a que no se la movieran, confiando en que los Aliados tuvieran otras muchas cosas de las que ocuparse. Su optimismo se nutría de la convicción de que los norteamericanos le consideraban una mejor apuesta para la estabilidad anticomunista de España que la oposición republicana y que don Juan.

No obstante su confianza prácticamente ilimitada en su propia superioridad frente a la casa de Borbón, y su creencia en la legitimidad de su poder en virtud del derecho de conquista, Franco se sintió seriamente amenazado por el llamado Manifiesto de Lausana, publicado por don Juan cuando su fe en una victoria del Eje empezó por fin a flaquear. Estando Pedro Sainz Rodríguez y José María Gil Robles en Portugal y siendo las comunicaciones con Suiza extremadamente difíciles, el documento fue en buena medida redactado por el propio don Juan con ayuda de Eugenio Vegas Latapié. Su texto era una denuncia de los orígenes fascistas y el carácter totalitario del régimen franquista: emitido por la BBC el 19 de marzo de 1945, pedía a Franco que se retirase y dejara paso a una monarquía moderada, democrática y constitucional. El documento enfureció a Franco y dio carácter irrevocable a su determinación de que don Juan no fuera nunca rey de España. Solo un escaso puñado de monárquicos respondieron a la llamada del manifiesto para que dimitieran de sus cargos en el régimen.[54] Para muchos monárquicos, la estabilidad franquista había llegado a significar más que las incertidumbres de una restauración. Temerosos de que la confianza de don Juan en la ayuda aliada presagiara el derrocamiento de la dictadura y el posible regreso de la izquierda exiliada, no eran proclives a unirse activamente en pro de su causa.

La eminencia gris de Franco, el capitán de navío Luis Carrero Blanco, le previno en contra de un contraataque inmediato a don Juan. Por el contrario, aconsejó un curso de acción mediante el cual el pretendiente sería apartado de sus colaboradores más radicales y atraído al redil del Movimiento. Su memorándum a Franco —si es auténtico, según la versión de Laureano López Rodó— era asombrosamente profético:

> Hay que poner a Don Juan en el camino de que cambie radicalmente y pasados los años pueda reinar, o que se resigne a que sea su hijo el que reine. Además, es preciso pensar ya en la preparación para ser Rey del Príncipe niño. Hoy tiene seis o siete años y al parecer buena salud y constitución física; bien formado, principalmente en su moral cristiana y en sus sentimientos patrióticos, podrá ser un buen Rey con la ayuda de Dios, pero empezando ya a abordar este problema. De momento parece prudente: no reaccionar con violencia contra Don Juan, ni desahuciarle, aunque se piense que él ya no puede ser Rey, pues no convienen nuevas estridencias, que nunca habrían de producir beneficio. Que unos cuantos monárquicos de confianza se vayan a Lausana. Que se ponga el mayor cuidado en la elección del preceptor y que se le envíe perfectamente aleccionado. Abordar ya decididamente el problema de las Leyes Fundamentales que faltan, y definir el régimen de España. En orden a lo que debe

> ser el régimen definitivo, como las naciones no pueden ser más que Repúblicas o Monarquías, y en España hay que desechar la República como sinónimo de desastre, el régimen tiene que ser Monarquía.[55]

Como primer paso en el cumplimiento de este programa de acción, dos prominentes católicos del régimen, Alberto Martín Artajo, presidente de Acción Católica, y Joaquín Ruiz-Giménez, fueron enviados a comunicar a don Juan que la Iglesia, el Ejército y el grueso del campo monárquico seguían siendo leales a Franco. No tuvieron necesidad de decirle que la Falange era profundamente contraria a la restauración.[56] Sin apoyo militar de los Aliados y sin el previo acuerdo de la cúpula militar y la jerarquía eclesiástica, don Juan estaba ingenuamente confiado en que Franco se retiraría obedeciendo a un sentimiento de decoro y buen juicio. La determinación del Caudillo de no hacerlo jamás se manifestó en su comentario al general Alfredo Kindelán: «Mientras yo viva, nunca seré una reina madre».[57]

Con todo, y a pesar de los consejos de moderación de Carrero, Franco estaba hondamente ofendido por el manifiesto de Lausana. Consciente de la hostilidad de las potencias democráticas y de las ambiciones monárquicas de sus propios generales, empezó a tomar medidas prácticas para dar sustancia a sus pretensiones de ser la esperanza más sólida para la monarquía. Así, montó sin tardanza una operación para neutralizar cualquier reaparición de sentimientos monárquicos en la cúpula militar. Convocó a los generales del Consejo Superior del Ejército a una reunión que permaneció en sesión durante tres días, del 20 al 22 de marzo, en el curso de la cual desestimó una petición de Kindelán a favor de la restauración e hizo frenéticos esfuerzos para justificar el no estar haciendo nada para facilitar la vuelta de la monarquía. Informó a sus generales con todo descaro que eran tales el orden y contento reinantes en España que otros países, entre ellos Estados Unidos, iban a adoptar pronto su sistema falangista. Intentó también alejar a sus generales de cualquier conspiración monárquica agitando el espantajo del comunismo del que hacía responsable a Gran Bretaña, la mejor baza de ayuda internacional para don Juan. Aludiendo al republicanismo del general Mola afirmó, con total desfachatez, que solo gracias a sus propios esfuerzos había entrado la restauración monárquica en los planes para el futuro. Solo Kindelán cuestionó el absurdo de algunas de estas afirmaciones, con comentarios despectivos de Franco por única respuesta. No era buen augurio para la familia Borbón que la mayoría de los restantes generales parecieran dispuestos a aceptar las extravagantes declaraciones del Caudillo.[58] Los actos de celebración de la victoria en la guerra civil se organizaron con los ojos puestos en la creciente oposición. La prensa elogió a Franco por haber salvado al pueblo español del «martirio y la persecución», con la implicación de que este era el destino al que le habían expuesto los fallos de la monarquía.[59] Este ataque encubierto a don Juan se publicó también en la prensa oficiosa, que dedicó aún mayor espacio del acostumbrado al desfile de la Victoria, que conmemoraba el sexto aniversario del final de la guerra civil, con serviles tributos al triunfo de Franco sobre los «ladrones», «asesinos» y comunistas de la Segunda República, siendo el mensaje apenas disimulado que estos mismos criminales —y con ellos don Juan— estaban conspirando para volver con ayuda de los Aliados.[60]

La inminente derrota final del Tercer Reich, junto a las presiones de don Juan, impulsaron a Franco a hacer un gesto descarnadamente cínico cuyo fin era minar la posición del pretendiente entre los monárquicos dentro de España. A lo largo de varios días en la primera mitad de abril de 1945, discutió sobre la idea de adoptar una «forma monárquica de gobierno». A los monárquicos dentro del campo franquista se les ofrecía con ello la posibilidad de acallar sus conciencias, además de asegurarles que no tenían necesidad de hacer frente a los riesgos de un cambio inmediato de régimen. Al mismo tiempo, este cambio cosmético pretendía inducir a los Aliados a olvidar que el régimen franquista se había creado con abundante ayuda del Eje. Para determinar la sucesión se crearía un nuevo Consejo del Reino. Ampulosamente presentado como supremo cuerpo consultivo del régimen, su función era simplemente asesorar a Franco, que no estaba obligado a escuchar sus consejos. Además, la vacuidad de este gesto quedó manifiesta con el anuncio de que Franco permanecería como jefe del Estado, y el rey designado por el Consejo no accedería al trono hasta que Franco muriera o abandonara el poder voluntariamente. Se anunció también la próxima aparición de la pseudoconstitución conocida como Fuero de los Españoles.

La implicación del informe de Carrero Blanco sobre el manifiesto de Lausana era que, con objeto de garantizar que Juan Carlos recibiera la instrucción, o indoctrinación, política apropiada, era esencial la aquiescencia de don Juan. Por consiguiente, había que evitar contrariarle excesivamente. El 1 de mayo, cuando Martín Artajo, un hombre de figura rechoncha, hubo regresado de Lausana, Franco le acribilló a preguntas sobre su conversación con don Juan durante dos horas y media. Martín Artajo le ofreció la colaboración de los católicos a los que representaba y de la poderosa red de prensa católica, que podía defender la causa del régimen en el exterior. A cambio, querían que el régimen perviviera con un rostro más católico y menos falangista y, lo antes posible, evolucionara hacia una restauración monárquica. Todavía furioso por el manifiesto de Lausana, Franco se negó a que Martín Artajo actuara como interlocutor de don Juan, exclamando con brusquedad: «Don Juan es un pretendiente. Yo soy el que tiene que decidir». El Caudillo dejó meridianamente claro que no creía en uno de los principios esenciales del monarquismo: la continuidad de la línea dinástica. Con lenguaje zafio que debió de escandalizar al mojigato Martín Artajo, descalificó lo que él consideraba decadente monarquía constitucional aludiendo a la conocida inmoralidad de la reina Isabel II, diciendo que «no podía ser padre de un rey el último con quien se acostaba doña Isabel. Lo que salga del vientre de la reina, ver si es apto». Evidentemente, Franco no creía que don Juan de Borbón fuera apto para ser rey. Hizo algunos comentarios críticos sobre su vida personal y desestimó los esfuerzos de Martín Artajo para defenderle: «No hay nada que hacer... No tiene carácter; se aviene a todo». Franco iba a redactar una ley que convertía a España en reino pero de la cual no se deducía necesariamente la vuelta de los Borbones. Habría restauración monárquica, declaró, «cuando el Caudillo decida y el pretendiente jure las Leyes Fundamentales».[61]

Dada su visión mesiánica de su propio derecho divino a gobernar España, Franco no podía perdonar a don Juan que intentara aprovechar la situación internacional para acelerar la restauración monárquica. Estaba convencido de que, si podía ganar tiempo frente a sus enemigos extranjeros y sus rivales monárquicos con cambios cosméticos del régimen, el final de la guerra dejaría al descubierto, para propio beneficio, el conflicto subyacente entre los Aliados occidentales y la Unión Soviética. Su confianza era muy fundada. El 19 de junio, en la primera conferencia de las Naciones Unidas, reunidas en sesión en San Francisco desde el 25 de abril, la delegación mexicana propuso la exclusión de cualquier país cuyo régimen se hubiera constituido con ayuda de las fuerzas armadas de los estados que habían luchado contra las Naciones Unidas. La resolución mexicana, redactada en colaboración con republicanos españoles exiliados, solo podía ser aplicable a la España de Franco. La moción fue aprobada por aclamación.[62] En el ámbito del régimen todos creyeron que ahora se iniciarían negociaciones para la restauración monárquica.[63] Sin embargo, a sabiendas de que en Washington y Londres había quienes temían que una actitud dura contra el régimen pudiera alentar el comunismo en España, Franco y sus portavoces sencillamente se negaron a aceptar que la resolución de San Francisco tuviera alguna relevancia para España, negando de la forma más cínicamente descarada que el régimen se hubiera creado con ayuda del Eje.[64] Poco después, Franco adoptó una estrategia que no auguraba nada bueno para don Juan: su pseudoconstitución, el Fuero de los Españoles, fue presentada con un discurso que daba a entender a españoles y diplomáticos occidentales por igual que cualquier intento de eliminar o modificar el régimen abriría las puertas al comunismo.[65] En el plazo de un mes había remodelado el gobierno con objeto de eliminar a los ministros más marcados por el estigma del Eje e introducir en él a una serie de cristianodemócratas profundamente conservadores. Estos, y en especial el más prominente de ellos —Alberto Martín Artajo en el Ministerio de Asuntos Exteriores— permitieron a Franco proyectar una nueva imagen de sí mismo como gobernante católico autoritario más que como lacayo del Eje.[66]

Martín Artajo debía su nombramiento a la recomendación del capitán Carrero Blanco, con quien había pasado casi seis meses, entre octubre de 1936 y marzo de 1937, escondido en la embajada mexicana de Madrid. Aceptó el puesto tras consultar con el primado de España, cardenal Pla y Deniel, y ambos creyeron ingenuamente que podría contribuir a facilitar la transición a la monarquía de don Juan.[67] Franco no tenía inconveniente en dejarles creerlo pero tenía intención de mantener un control férreo sobre la política exterior. Artajo sería simplemente utilizado como cara aceptable del régimen para consumo internacional. Este le dijo a José María Pemán que hablaba por teléfono con Franco al menos una hora al día y utilizaba unos auriculares especiales que le dejaban las manos libres para tomar notas. Pemán escribió maliciosamente en su diario: «Franco lleva la política internacional y Artajo es el ministro taquígrafo». En la primera reunión del nuevo gabinete el 21 de julio, Franco dijo a sus ministros que se harían concesiones al mundo exterior solo en asuntos no esenciales y cuando el régimen lo creyera oportuno.[68]

Pese a su desconcierto por la clara evidencia de que Franco no tenía intenciones inmediatas de restaurar la monarquía, animó a don Juan el nombramiento de Martín Artajo, al que creía partidario suyo. Fue el comienzo de un proceso mediante el cual don Juan iba ser hábilmente neutralizado por Franco. Como parte de un plan para introducir una cuña entre don Juan y sus más abiertos consejeros, Gil Robles, Sainz Rodríguez y Vegas Latapié, Franco alentó a los monárquicos conservadores de probada lealtad a su régimen a que se aproximaran al campo monárquico. Uno de los más oportunistas entre estos fue José María de Areilza, un monárquico vasco íntimamente ligado a la Falange en los años treinta. Areilza había adquirido el título de conde de Motrico por matrimonio y sus impecables credenciales franquistas habían sido recompensadas cuando fue nombrado alcalde de Bilbao tras la toma de la ciudad en junio de 1937. En 1941 escribió junto a Fernando María Castiella el texto ferozmente imperialista de *Reivindicaciones de España*, y fue aspirante al cargo de embajador en la Italia fascista. Después de la guerra se mudó otra vez al campo monárquico profranquista y en mayo de 1947 sería nombrado embajador en Buenos Aires. Sus visitas a don Juan eran obedientemente informadas a la embajada británica para producir la impresión de que Franco estaba negociando las condiciones de una restauración y ganar tiempo con ello.[69]

La eficacia de esta política, y el debilitamiento de las perspectivas de don Juan, quedaron ambos de relieve en la relativamente inocua declaración de Potsdam, en la que se reiteró la exclusión de España de Naciones Unidas pero no se hizo propuesta alguna de intervención contra Franco. Las declaraciones del gobierno laborista británico en el sentido de que nada se haría que pudiera fomentar la guerra civil en España alentaron aún más al Caudillo.[70] Don Juan se habría sentido todavía más desanimado si hubiera conocido el informe sobre la supervivencia del régimen elaborado en aquel momento por un colaborador de Franco, el cada vez más influyente Carrero Blanco. Era este un documento profundamente cínico que descansaba en la seguridad de que, después de Potsdam, Gran Bretaña y Francia no se arriesgarían nunca a abrir las puertas al comunismo en España apoyando a los republicanos exiliados. Por consiguiente, «la única fórmula para nosotros no puede ser otra que: *orden, unidad y aguantar*. Buena acción policial para prevenir cualquier subversión; enérgica represión si se produce, sin temor a las críticas de fuera, pues más vale castigar duramente una vez que no dejar de corregir el mal». En este futuro no había sitio para don Juan.[71] El 25 de agosto de 1945 Franco destituyó a Kindelán como director de la Escuela Superior del Ejército por un discurso ardientemente monárquico en que pronosticó que el Pretendiente estaría pronto en el trono con pleno respaldo del Ejército.[72]

Deseoso, por tanto, de afianzar su control sobre don Juan, en el otoño de 1945 Franco sugirió mediante intermediarios que si el heredero de la Corona establecía su residencia en España se le suministraría una Casa Civil digna de un futuro rey. El mensaje, transmitido por Miguel Mateu Pla, embajador español en París, dejaba claro que Franco no tenía pensado ningún cambio repentino, sino que simplemente buscaba un modo de apaciguar tanto a las grandes potencias como a los conspiradores monárquicos del Ejército. Pero don Juan no tenía la menor intención de convertirse en marioneta del Caudillo y no había perdido esperanzas de una acción militar para desbancar al régimen. En consecuencia, rechazó la oferta de plano, comentando: «Soy el Rey y he de entrar en España por la puerta grande». También le comunicó a Mateu Pla su confianza en que Kindelán y otros generales se levantaran contra Franco en razón de que este había sido elegido por sus iguales solo para la duración de la guerra civil. Mateu no transmitió esta parte a Franco. Don Juan corroboró su negativa cuando dijo a *La Gazette* de Lausana que la necesidad de «reparar el daño hecho a España por Franco» era uno de los factores que hacían de la restauración de la monarquía una necesidad urgente. Denunciaba el régimen de Franco por estar «inspirado por las potencias totalitarias del Eje» y hablaba de su intención de restablecer la monarquía dentro de un sistema democrático similar a los de Gran Bretaña, Estados Unidos, Escandinavia y Holanda.[73]

Que Franco no tenía intención alguna de dejar paso a don Juan se hizo patente cuando le dijo al general Martínez Campos (duque de la Torre) que «yo no haré la tontería que hizo Primo de Rivera. Yo no dimito. De aquí, al cementerio».[74] El 2 de febrero de 1946, don Juan y su mujer se trasladaron a Estoril, un centro vacacional costero, elegante pero aletargado, al oeste de Lisboa. Zona de espléndidas mansiones construidas para banqueros y armadores millonarios de la cercana capital, su tranquilo aislamiento solo era perturbado por el leve resonar de las fichas sobre las mesas de los casinos. Para su considerable tristeza, Juan Carlos, a los ocho años, quedó solo en Suiza para continuar su educación con los padres marianistas de Friburgo. Durante los dos primeros meses en Portugal, su familia vivió en Villa Papoila, una casa prestada por los marqueses de Pelayo, donde permanecieron hasta 1947 cuando se mudaron a Casa da Rocha, hasta que finalmente en febrero de 1949 establecieron su residencia en Villa Giralda. En 1946, a ojos de muchos partidarios de don Juan, esta proximidad a España pareció acortar la distancia que le separaba del trono. Su mera presencia en la península ibérica desató una ola de entusiasmo monárquico. El Ministerio de Asuntos Exteriores español se inundó de solicitudes de visado de monárquicos distinguidos que querían ir a presentar sus respetos a don Juan. Franco se enfureció especialmente por una carta colectiva de recepción, conocida como «el Saluda», firmada por 458 de las figuras más importantes del *establishment* español, entre ellos veinte ex ministros, los presidentes de los cinco mayores bancos, muchos aristócratas y catedráticos prominentes. En ella expresaban su deseo de ver una restauración monárquica «encarnada en V.M.».[75]

El embajador de Franco en Portugal, su hermano Nicolás, estableció sin tardanza lo que no pasaría nunca de ser una relación superficialmente cordial con don Juan. Sin embargo, cuando le propuso llevarle en coche a Madrid para una entrevista secreta con el Caudillo, Gil Robles, su principal consejero, se mostró firme: «Vuestra Majestad no puede ir a ver al Generalísimo Franco a territorio español, pues entonces iría como súbdito». Por entonces, don Juan abrigaba todavía esperanzas de que los Aliados forzaran la salida de Franco y facilitaran su regreso a España como rey.[76]

Previendo tensiones con Franco, don Juan había decidido que quizá fuera mejor que Juan Carlos permaneciera en Suiza. La prudencia de su decisión quedó manifiesta cuando el Caudillo arremetió en respuesta a la publicación del «Saluda», la acogida monárquica a don Juan, el 13 de febrero. Franco reaccionó como si se enfrentara a un motín de subordinados en lugar de un intento de acelerar el proceso con el que públicamente se había dicho comprometido. En un consejo de ministros del día 15 dijo: «Esto es una declaración de guerra. Hay que aplastarlos como gusarapos». Con una frase increíble, declaró: «El régimen tiene que defenderse y clavar los dientes hasta el alma». Y no cedió hasta que Martín Artajo, el general Dávila y otros le hubieron recordado las perjudiciales repercusiones internacionales de semejante actitud. A continuación, Franco repasó la lista de firmantes especificando el mejor modo de castigar a cada uno de ellos, con retiradas de pasaporte, inspecciones fiscales o destituciones de sus cargos. Pese a todo, decidido a vengarse, declaró que Kindelán era el cabecilla y ordenó su encarcelamiento inmediato. Solo después de los ruegos de Dávila alegando la edad y mala salud de Kindelán, accedió a que fuera deportado a Canarias. Sabiendo que había muchos militares que apoyaban la causa de don Juan, aun si no tenían valor para declararlo, Franco había sido durante mucho tiempo comedido en su reacción a los informes de la policía secreta sobre las actividades de Kindelán. Ahora, la escala del respaldo a la restauración le indujo a hacer un ejemplo con Kindelán. El hecho de que su acción no provocara más que alguna protesta sorda entre un número halagadoramente pequeño de generales, no hizo más que confirmar su mala opinión de los monárquicos. Ninguno estuvo dispuesto a compartir la humillación de Kindelán.[77]

Mientras se sucedían estas sordideces de alta política, el Príncipe era enviado con ocho años al internado de los padres marianistas de Ville Saint-Jean en Friburgo. Juan Carlos recordaría posteriormente su tristeza por tener que separarse de su familia: «Al principio fui bastante desgraciado allí, tenía la impresión de que los míos me habían abandonado, de que mi madre y mi padre se habían olvidado de mí». Todos los días esperaba una llamada telefónica de su madre que nunca llegaba. La situación debió de ser más difícil de soportar aún por la sospecha de Juan Carlos de que el predilecto de sus padres era su hermano menor Alfonso, que vivía en casa con ellos. Hasta más adelante no descubrió que su padre había prohibido a su madre llamarle diciendo: «María, tienes que ayudarle a que se endurezca». Tiempo después, Juan Carlos explicaba así la actuación de su padre: «No era crueldad por su parte, y menos todavía falta de sensibilidad. Pero mi padre sabía, como yo mismo lo supe más tarde, que los príncipes deben ser educados a las duras si se quiere hacer de ellos hombres responsables capaces de soportar algún día el peso del Estado». El precio que tuvo que pagar Juan Carlos fue la terrible carga de la soledad «en Friburgo, lejos de mi padre y de mi madre, aprendí que la soledad es un fardo muy duro de soportar».

Al querer explicar con posterioridad los motivos de su padre, Juan Carlos ilustraba así la dureza de su infancia: «Mi padre tenía un profundo sentido de la realeza. Veía en mí no solamente a un hijo, sino al heredero de una dinastía, y como tal debía yo prepararme para hacer frente a mis responsabilidades».[78] Pese a racionalizarlo de esta manera, es evidente que a Juan Carlos le resultaba difícil reconciliarse con esta temprana separación. (Su propio hijo, Felipe, no sería enviado a un internado a tan corta edad y no abandonó el hogar por primera vez hasta los dieciséis años con objeto de pasar su último curso escolar en el Lockfield College School de Toronto, Canadá.) En efecto, en una entrevista de 1978 concedida al periódico conservador alemán *Welt am Sonntag*, Juan Carlos describía su marcha a Ville Saint-Jean en términos más fuertes y más emotivos: «Mi ingreso en el internado fue el adiós a la niñez, a un mundo sin preocupaciones lleno de calor familiar. Mi padre prohibió a mi madre que me llamara por teléfono en los primeros 14 días. Yo tuve que superar solo esa primera etapa difícil de separación de mi familia».[79]

Incluso cuando don Juan permitió finalmente las llamadas, estas fueron, durante mucho tiempo, escasas y muy espaciadas entre sí. Este silencio de sus padres debió de ser insoportable puesto que a Juan Carlos no le dieron ninguna explicación al respecto hasta mucho después. No es de extrañar que creyera que sus padres simplemente se habían olvidado de él. Su tristeza en Ville Saint-Jean se intensificó por el hecho de que pronto chocó con la rígida disciplina de la escuela. Sus profesores en Ville Saint-Jean le recordaban como un chico de ocho años guapo pero indisciplinado, de inteligencia normal y con un alegre sentido del humor; su opinión era que había estado muy mimado por institutrices demasiado indulgentes: «Estas le habían permitido prácticamente todo, de modo que se consideraba como dueño y señor allí donde caía». El padre Julio de Hoyos, uno de los profesores de Juan Carlos, recuerda que el Príncipe se negó a asistir a su primera clase en el colegio; tuvo que llevar físicamente al niño hasta el aula y después darle una bofetada para que se sentara callado y prestara atención. Nadie parece haber tenido en cuenta que el comportamiento del niño y sus malos resultados escolares eran síntoma de su desesperada infelicidad por haber sido alejado de sus padres.[80]

En noviembre de 1980 Juan Carlos relató al biógrafo inglés

de su abuela sus vívidos recuerdos de la gran importancia que tuvo para él Victoria Eugenia en este período. Esta le visitaba con frecuencia en el colegio y, aunque plenamente consciente de las responsabilidades de la realeza, mantenía una relación cariñosa con él. Recordando sus propias dificultades con la lengua española cuando llegó a Madrid a comienzos del siglo, estaba decidida a que Juan Carlos no sufriera ni vergüenza ni críticas por su acento extranjero. Habiéndose criado en Italia y Suiza, este hablaba inglés y francés además de español, y tenía un perceptible acento, sobre todo en la esencial pronunciación de la «r». La mayoría de los alumnos de Ville Saint-Jean eran franceses y todas las clases eran en francés. Victoria Eugenia le enseñó a hacer vibrar la «r» al modo español, olvidando esa «r» explosiva francesa que tan cómica suena a los españoles.[81]

Al comenzar las vacaciones de Navidad de 1946, Victoria Eugenia acompañó a Juan Carlos en su viaje de vuelta a Estoril. Al llegar, le asignaron a Eugenio Vegas Latapié, secretario político de don Juan, como preceptor para instruirle en sus futuras responsabilidades. Increíblemente, Vegas le daba un cachete al príncipe cuando se portaba mal, aunque sin hacerle daño. Entre ellos surgió una relación afectuosa pero Vegas Latapié, un personaje de gran capacidad intelectual y bastante austero, no era precisamente el compañero más indicado para un niño. Además de la insistencia en las antiguas glorias imperiales de España, entre las cosas que le enseñó estaba el «Himno a la Legión», que a partir de entonces sería siempre profundamente emocionante para Juan Carlos.[82] En un momento dado, el padre Carles Cardó, el distinguido teólogo catalán exiliado en Suiza, le dijo a don Juan: «Señor, tenga cuidado con Eugenio Vegas, no vaya a hacer del príncipe un nuevo Felipe II». Ya por entonces Juan Carlos empezaba a mostrar una emotiva (si bien ingenuamente expresada) preocupación por los asuntos internos de España. Vegas Latapié recuerda que un día el Príncipe le dijo que había «prometido a Dios no volver a tomar bombones de chocolate hasta que en España se produzca un importante acontecimiento político». Vegas le respondió que le parecía una promesa un tanto excesiva para un niño y que quizá no pudiera comer bombones durante mucho tiempo si la cumplía. Cuando Juan Carlos le preguntó qué debía hacer, Vegas Latapié le contestó que debía confesarse. A continuación le absolvió de su promesa y le prohibió hacer promesas similares en el futuro.[83]

La ira de Franco ante el entusiasmo monárquico despertado por la llegada de don Juan a Portugal siguió enconándose. Pidió que los militantes del falangista Sindicato Español Universitario perturbaran las clases de los profesores que habían firmado el saludo colectivo; y envió una nota a don Juan rompiendo relaciones con él, alegando que solo había dado permiso al pretendiente para que hiciera una visita de dos semanas a Portugal, no obstante lo cual don Juan y sus consejeros estaban fomentando una conspiración monárquica contra él. Franco actuó por resentimiento, pero en su reacción había un fuerte elemento de cálculo. Los monárquicos más atrevidos empezaron a buscar contactos con la izquierda, pero muchos de los conservadores más oportunistas que habían firmado la carta se apresuraron a volver junto a Franco.[84] Como respuesta, don Juan procuró buscar más respaldo para su causa dentro de España.

A finales de febrero de 1946, en un intento de ganarse a un amplio abanico de la opinión pública española, entre otros la de los ultraconservadores carlistas, don Juan emitió otro manifiesto, conocido como las Bases de Estoril. Eran estas un proyecto de constitución para la monarquía preparado por un grupo de consejeros en el que figuraban distinguidos carlistas como el conde de Rodezno, así como Vegas Latapié, Gil Robles y Sainz Rodríguez. Las *Bases* diferían del anterior manifiesto de Lausana en que prometían una suerte de corporativismo católico. Las Bases de Estoril no consiguieron convencer a los carlistas, pero sí suscitaron la hostilidad de los monárquicos más liberales.[85] De hecho, no todo iba bien en el campo juanista. Vegas Latapié tendía a depositar muchas esperanzas en una intervención aliada para restaurar la monarquía. El 4 de marzo de 1946, una Declaración Tripartita de Estados Unidos, Gran Bretaña y Francia anunció que «mientras el general Franco mantenga el mando en España, el pueblo español no puede esperar una plena y cordial asociación con las naciones del mundo que, mediante un común esfuerzo, han causado la derrota del nazismo alemán y el fascismo italiano, los cuales contribuyeron a llevar al poder al actual régimen español y en los cuales se inspira dicho régimen». Pedro Sainz Rodríguez, sin embargo, sostuvo vehementemente que el verdadero significado de la Declaración radicaba en la frase: «No hay intención de intervenir en los asuntos internos de España. Son los propios españoles los que a la larga deben disponer su propio destino». Sainz Rodríguez insistía, frente a la opinión de Vegas Latapié y Gil Robles, en que don Juan debía buscar alguna forma de acercamiento al Caudillo.[86]

La conciencia de don Juan de la hostilidad que emanaba de Franco y la Falange bastó para que se pidiera a los tutores de Juan Carlos en Ville Saint-Jean que destruyeran cualquier regalo o golosina, bombones y demás, enviados al Príncipe por simpatizantes, por temor a algún intento de envenenamiento. Con el tiempo, empezó a inquietar a don Juan la idea de dejar a Juan Carlos en Suiza y finalmente, en abril de 1946, pidió que su hijo se reuniera con la familia en Estoril. Esto inició un período de normalidad en el que el niño asistió al colegio de la localidad —el Amor de Deus, donde hizo muchos amigos— que le permitió además estar junto a su familia y practicar aficiones como montar a caballo, navegar y jugar al fútbol.[87] Los estudios de Juan Carlos en Estoril seguían estando supervisados por Vegas Latapié, que le acompañó desde Suiza a Portugal. No obstante el rígido conservadurismo de este y su insistencia en la disciplina y el protocolo, el joven príncipe fue encariñándose cada vez más con él, describiéndole posteriormente como «un hombre maravilloso». Según el propio Juan Carlos, Vegas Latapié creía que el heredero del trono «tenía que ser educado sin ninguna concesión a las debilidades que parecen normales a la gente común. Por eso me educaba de forma que comprendiera que yo era un ser aparte, con muchos más deberes y responsabilidades que los demás».[88]

A principios de diciembre de 1946 las Naciones Unidas denunciaron los vínculos de Franco con el Eje y le invitaron a «entregar los poderes de gobierno». Era evidente que no iba a producirse una intervención aliada contra el Caudillo, pese a lo cual Franco respondió como si dicha amenaza existiera en efecto, organizando una inmensa concentración popular en la plaza de Oriente el 9 de diciembre. El 12 de diciembre, una sesión plenaria de la Asamblea General de Naciones Unidas resolvió excluir a España de todos sus organismos dependientes, solicitó al Consejo de Seguridad que estudiara las medidas a adoptar si, en un plazo de tiempo razonable, España seguía teniendo un gobierno carente de refrendo popular; y pidió a las naciones miembro que retirasen a sus embajadores.[89] En el consejo de ministros del 13 de diciembre, Franco dijo muy ufano que Naciones Unidas estaba «herida de muerte».[90]

Con todo, dedicó considerables esfuerzos a hacer su régimen más aceptable a las democracias occidentales. El 31 de diciembre de 1946 Carrero Blanco redactó un memorándum instando a Franco a institucionalizar su régimen en forma de monarquía y a dotarla de un barniz de legitimidad «democrática» con un plebiscito. Partiendo de las ideas discutidas primeramente en consejo de ministros en abril de 1945, este era claramente un intento de contrarrestar el peligro de don Juan según lo percibía Franco. No podía haber ninguna otra interpretación del argumento central de que las «deficiencias personales» de cualquier monarca hereditario podían neutralizarse si Franco permanecía en la jefatura del Estado y el rey se sometía al asesoramiento de un insustancial cuerpo consultivo, el Consejo del Reino, compuesto de personas leales nombradas por Franco. El Caudillo sabía que una solución aún más sencilla era no restaurar la monarquía mientras él viviera. El documento de Carrero fue por tanto reelaborado en un segundo borrador presentado el 22 de marzo de 1947, donde se sugería que Franco nombrara a su propio sucesor.[91]

Franco llevó inmediatamente a la práctica los planes de Carrero para dar al régimen los ornamentos de aceptabilidad. Las ideas de Carrero Blanco formaron la base de un proyecto de Ley de Sucesión y fueron debatidas en el consejo de ministros del 28 de marzo de 1947. El primer artículo declaraba: «España, como unidad política, es un Estado católico, social y representativo que, de acuerdo con su tradición, se declara constituida en Reino». El segundo artículo decía que «la Jefatura del Estado corresponde al Caudillo de España y de la Cruzada, Generalísimo de los Ejércitos, don Francisco Franco Bahamonde».[92] A las relaciones del régimen con el Eje se les dio simplemente un barniz monárquico. La declaración enfática de que Franco gobernaría hasta que la incapacidad o la muerte se lo impidieran, el derecho del Caudillo a nombrar su propio sucesor dentro de la familia real, el silenciamiento manifiesto de los derechos de sucesión dinástica de dicha familia, la estipulación de que el futuro rey debía someterse a las leyes fundamentales del régimen y podía ser destituido si no lo hacía, todo ello demostraba que solo la etiqueta había cambiado.

El objeto de esta complicada falsificación era ganar tiempo ante los aliados occidentales así como ante los monárquicos del interior, y su éxito dependía de que don Juan actuara de acuerdo con el guion y no denunciara la maniobra. Esta parte del espectáculo se gestionó con notable torpeza. Un día antes de que se hiciera pública la Ley de Sucesión, Carrero Blanco apareció en Estoril. Llevaba un mensaje conciliatorio para don Juan cuya implicación era que si se identificaba con el régimen y era paciente podía ser el heredero de Franco. Este había dado órdenes a Carrero de que solicitara audiencia precisamente para el 31 de marzo, con el fin de impedir a don Juan la posibilidad de hacer nada que pudiera obstaculizar el proyecto que iba a ser anunciado ese día. Creyendo que le consultaba sobre un proyecto de ley, don Juan le dijo abiertamente a Carrero que Franco mal podía pretender ser el restaurador de la monarquía cuando estaba prohibiendo toda actividad monárquica. En cuanto a la cuestión de identificarse con el régimen, le comunicó al emisario de Franco su determinación de ser rey de todos los españoles. Esto indujo a Carrero a una brusca declaración de la visión política franquista: «En España se abrió el año 1936 una trinchera y hay que estar de este lado de la trinchera o enfrente ... S.A. debe pensar que puede ser Rey de España, pero de la España del Movimiento Nacional, católica, anticomunista, antiliberal y rabiosamente libre de toda influencia extranjera en orden a su política».[93] Al despedirse, Carrero se calló cuando don Juan prometió leer el texto de la Ley de Sucesión y darle su opinión al día siguiente.

Cuando don Juan se había retirado a sus habitaciones, Carrero volvió discretamente a Villa Giralda y dejó a un funcionario de la casa real el mensaje de que Franco iba a anunciar por radio aquella noche el texto definitivo de la nueva ley. Después se marchó apresuradamente antes de que le entregaran el mensaje a don Juan. En una cena a la que asistieron algunos miembros de la embajada española en Lisboa, don Juan dio rienda suelta a su ira contra Carrero Blanco diciendo: «ese cabrón de Carrero ha estado aquí para ver si me callo». Este comentario fue rápidamente comunicado a Madrid y aseguró el eterno resentimiento de Carrero hacia el pretendiente. A medio plazo, esta artera maniobra inclinó a don Juan y sus consejeros a fortalecer sus vínculos con la oposición antifranquista de izquierdas.[94]

El 7 de abril de 1947, don Juan hizo público el Manifiesto de Estoril en el que denunciaba la ilegalidad de la ley de sucesión dado que se proponía alterar el carácter de la monarquía sin consultar ni al heredero del trono ni al pueblo. Franco, Artajo y Carrero coincidieron en que, con aquello, don Juan se había eliminado como posible sucesor del Caudillo.

El 13 de abril, los periódicos *The Observer* y *The New York Times*, y la BBC publicaron unas declaraciones de don Juan —redactadas por Eugenio Vegas Latapié y Gil Robles, en colaboración con el intelectual español exiliado Rafael Martínez Nadal— en el sentido de que estaba dispuesto a llegar a un acuerdo con Franco siempre que el entendimiento al que se llegara se limitara a los detalles de una transferencia de poder pacífica e incondicional. Declarándose don Juan favorable a una monarquía democrática, a la legalización de partidos políticos y sindicatos, a cierto grado de descentralización regional, a la libertad religiosa e incluso a una amnistía parcial, Franco estaba furibundo. Posteriormente le dijo a Pacón que estas declaraciones habían sido las que le habían impulsado a pensar en Juan Carlos como posible sucesor. El manifiesto y la entrevista desataron una feroz campaña de prensa contra don Juan en la que fue tachado de instrumento de la masonería y el comunismo internacionales. Esto intensificó las discrepancias dentro del grupo de consejeros de don Juan, y confirmó a Sainz Rodríguez en su defensa de la táctica de moderación con Franco. Consternado por el clamor levantado, don Juan empezó a inclinarse hacia la opinión de Sainz Rodríguez. En el otoño de 1947 Eugenio Vegas Latapié dimitió como secretario.[95]

La Ley de Sucesión recibió la aprobación de las Cortes en junio y fue refrendada mediante un referéndum cuidadosamente orquestado el 6 de julio de 1947.[96] Mucho antes de este plebiscito, Franco había estado actuando, a todos los efectos, como si fuera rey de España, usurpando reales prerrogativas como entrar y salir de la iglesia bajo palio. Pronto empezó también a conceder títulos nobiliarios. Irónicamente, como parte de la campaña del referéndum se hizo una espectacular propaganda a costa de la visita a España de la sugerente María Eva Duarte de Perón (Evita) en junio de 1947. La publicidad dada a esta visita implicaba que Evita había venido simplemente para ver a Franco y la prensa del Movimiento olvidó mencionar que también iba a visitar Portugal, Italia, el Vaticano, Suiza y Francia. En Portugal, Evita hizo una visita a don Juan. Saludándole con efusión —según José María Pemán le besó ambas manos y parte del antebrazo— no vaciló en darle un pequeño consejo sobre la Ley de Sucesión: «Tómele la corona a cualquiera que se la ofrezca —le dijo—, tiempo tiene Vuestra Majestad de darle luego una patada en el trasero». Cuando don Juan dejó de reír, contestó: «Hay cosas que una señora puede decir y un Rey no puede hacer».[97]

Juan Carlos exhibía una precoz preocupación por las cosas de España. En enero de 1947, poco después de su primera comunión, don Juan había propuesto a uno de los monárquicos que había llegado de España, José María Cervera, que hiciera al Príncipe una breve exposición sobre la guerra civil. Juan Carlos reaccionó preguntando: «¿Y por qué Franco, que ha sido tan bueno en la guerra, se mete ahora tanto con nosotros?».[98] Sin embargo, don Juan comprendió que el esporádico contacto con monárquicos, por fascinante que pudiera ser para el joven príncipe, mal podía considerarse una educación. Por consiguiente, envió otra vez a Juan Carlos a Ville Saint-Jean a finales de 1947, también bajo la vigilancia de Vegas Latapié.

La promulgación de la Ley de Sucesión, y la posible exclusión permanente de su familia del trono español, indujo a don Juan a una serie de esfuerzos para garantizar un amplio apoyo antifranquista a la restauración. En Londres, para la boda de la princesa Elizabeth con el teniente Philip Mounbatten el 20 de noviembre de 1947, don Juan mantuvo una breve entrevista con Ernest Bevin, ministro de Exteriores británico. Se reunió también con funcionarios del Departamento de Estado norteamericano en Washington en la primavera de 1948. Era evidente que, en el contexto de la guerra fría, las potencias occidentales no tenían muchas ganas de eliminar a Franco. En un esfuerzo para convencerlos de que la salida del dictador no produciría otra guerra civil, durante los primeros ocho meses de 1948 Gil Robles y Sainz Rodríguez intentaron negociar un pacto con el líder socialista Indalecio Prieto. El 24 de agosto se alcanzó finalmente un acuerdo en San Juan de Luz. El texto fue enviado a Estoril para ser sometido a la aprobación de don Juan pero pasaron los días y no se recibía respuesta. Entonces, para consternación tanto de Prieto como de los negociadores monárquicos, llegó la noticia de que don Juan se había reunido con Franco el 25 de agosto. Prieto dijo: «Ante mi partido quedo como un perfecto cabrón. Tengo tales cuernos que no sé cómo voy a poder salir por esa puerta».[99]

Don Juan, sin embargo, había quedado lo bastante impresionado por la fortaleza de la posición de Franco para considerar alguna forma de reconciliación. El Caudillo, por su parte, jugaba con la idea de preparar a Juan Carlos como posible sucesor. Aunque la tensión entre ambos no interesaba a ninguno de los dos, las ventajas eran todas para Franco. Sabía que Estados Unidos no se arriesgaría a provocar la caída de su régimen mediante un bloqueo económico por si el beneficiario de ello pudiera ser la izquierda en lugar de don Juan. Asimismo, a mediados de enero de 1948 se enviaron mensajes a don Juan instándole a llegar a algún tipo de acuerdo con Franco.[100] Desde Madrid presionaron también algunos de los juanistas más conservadores, como su representante en España, José María Oriol, duque de Sotomayor, y el conde de Vallellano y Julio Danvila Rivera, dos monárquicos autoritarios profundamente reaccionarios que habían militado en Renovación Española, la organización monárquica de ultraderecha, durante la República. Estos, sin ninguna consideración hacia Juan Carlos, estaban intentando negociar utilizando al niño como un peón.

Alejado de su familia, el peso de la soledad de Juan Carlos no se aligeró precisamente con la compañía de Eugenio Vegas Latapié, no obstante su cariñosa atención. En febrero de 1948, el sentimiento de haber sido abandonado se intensificó cuando sus padres se marcharon a un largo viaje a Cuba como invitados del rey Leopoldo de Bélgica. Juan Carlos empezó a padecer dolores de cabeza y de oídos. No sería la única vez en que su pena por la separación de sus padres se manifestara en forma de enfermedad. Vegas Latapié le llevó a una clínica donde le diagnosticaron una otitis, una fuerte inflamación del oído interno que requería una pequeña intervención para perforar el tímpano. Siendo totalmente imposible ponerse en contacto con los padres de Juan Carlos, esto significaba una gran responsabilidad para Vegas Latapié. Con enormes dificultades, este consiguió al fin hablar con la reina Victoria Eugenia que dio permiso para que se hiciera la operación. Los oídos le supuraban tanto a Juan Carlos que hubo que cambiarle la almohada varias veces durante la primera noche. El príncipe pasó doce días en la clínica, siendo su única compañía habitual Eugenio Vegas. Su abuela le visitó un día. Es posible hacerse una idea de la tristeza del niño por su afán de complacer. Vegas Latapié le había hablado de la virtud de comer lo que le ponían delante aun si no era exactamente lo que a él le gustaba, y le encontró comiéndose con gran dificultad un plato de raviolis secos e indigestos. Cuando Vegas le preguntó por qué, Juan Carlos contestó: «Te había prometido tomarlos».[101]

Entretanto, a lo largo de 1948 Danvila y Sotomayor mantuvieron contactos con Franco, sugiriéndole las múltiples ventajas que se derivarían de que Juan Carlos estuviera en España. Las noticias sobre las negociaciones monárquicas con el PSOE impulsaron a Franco a intensificar sus esfuerzos para disponer un encuentro con don Juan en su yate, el *Azor*. En un principio, precisamente a causa de las negociaciones con los socialistas en Francia, don Juan rechazó varias invitaciones discretas transmitidas por los cortesanos de Madrid. Sin embargo, comprendía la difícil situación en que se encontraba la causa monárquica y estaba también preocupado por la educación de su hijo. Danvila le visitó en Estoril y finalmente el pretendiente accedió a entrevistarse con el Caudillo en el golfo de Vizcaya el 25 de agosto de 1948.[102] Don Juan tomó la decisión de verle sin informar siquiera a sus consejeros políticos más próximos, incluido Gil Robles.

Cuando don Juan subió a bordo del *Azor*, Franco le saludó efusivamente y, para desconcierto del pretendiente, derramó profusas lágrimas. A continuación hablaron solos en la cabina principal durante tres horas. Aparte del breve comunicado oficial dado a la prensa española, la única información pormenorizada proviene de las diversas descripciones de don Juan. Una vez pasada la explosión emotiva, Franco produjo enseguida en don Juan la impresión de que le tenía por un idiota, enteramente en manos de consejeros resentidos, y totalmente ignorante de España. No permitiéndole apenas meter baza, el Caudillo le aconsejó paciencia y tranquilizó alegremente al conde de Barcelona en el sentido de que gozaba de una salud espléndida y esperaba gobernar España al menos otros veinte años. Para consternación de don Juan, Franco habló de su devoción por Alfonso XIII y volvió a llorar. Después declaró que en España no había entusiasmo ni por la monarquía ni por la república aunque se jactó de que, si él quería, podía hacer popular a don Juan en quince días. Se quedó desconcertado cuando don Juan le preguntó por qué, si era tan fácil crear popularidad, recurría constantemente a la hostilidad popular como excusa para no restaurar la monarquía. La única razón que pudo darle el Caudillo fue su temor a que esta no tuviera la firmeza de mando necesaria. A diferencia de lo que debió de suponer que era costumbre de don Juan, Franco declaró: «Yo no admito que los ministros me discutan. Los mando y obedecen». La entrevista se tornó fuertemente agria cuando don Juan, exasperado por las condescendientes distorsiones históricas de Franco, le recordó que en 1942 había prometido defender Berlín con un millón de soldados españoles. A medida que el ambiente iba caldeándose, Franco le miraba fijamente con frío aborrecimiento.

En realidad, había muchas razones por las que Franco había eliminado ya a don Juan como posible sucesor. Su verdadero motivo para disponer el encuentro entre ambos afloró finalmente cuando expresó su inmenso interés en que el príncipe Juan Carlos, que tenía entonces diez años, terminara sus estudios en España. Las ventajas para Franco eran inequívocas: Juan Carlos sería un rehén cuya presencia en España daría un barniz de aprobación regia a que Franco asumiera indefinidamente la función de regente, y facilitaría que los Aliados aceptaran que las cosas estaban cambiando en España. Además, en manos de Franco, el Príncipe sería también instrumento para controlar las actividades de don Juan y la total dirección política de cualquier futura restauración monárquica. Hablando con su habitual mezcla de astucia y prejuicio, Franco instruyó en tono paternalista a don Juan sobre los peligros que corrían los príncipes «extranjerizados». Don Juan apuntó que era imposible que su hijo fuera a España mientras siguiera siendo una ofensa gritar «¡Viva el Rey!» y los monárquicos declarados fueran sometidos a multas y vigilancia policial. Franco se ofreció a hacer que todo eso cambiara. No se llegó a ningún acuerdo en firme sobre la futura educación de Juan Carlos.[103]

Don Juan había accedido a entrevistarse con Franco porque había llegado a la conclusión de que el Caudillo iba a sobrevivir y que una futura restauración monárquica solo sería posible con su aprobación. Don Juan le dijo a un funcionario de la embajada americana en Lisboa que, antes de su reunión en el *Azor*, sus relaciones con Franco estaban en punto muerto y que ahora había «metido el pie por la puerta». El precio fue un serio debilitamiento de su posición. Para deleite de Franco, unos informes de la policía secreta revelaron que muchos partidarios de don Juan estaban indignados por lo que consideraban una traición a la monarquía y eran proclives a abandonar su causa.[104] Sea como fuere, Franco tenía cada vez más metidos en el bolsillo a los representantes más prominentes de don Juan en España. El duque de Sotomayor y Julio Danvila, actuando como intermediarios de El Pardo, presionaron a don Juan para que tomara una decisión sobre la educación de Juan Carlos. Don Juan se negó alegando que cualquier anuncio sobre esta cuestión sería utilizado por Franco para implicar que él había abdicado.

Cuando don Juan se mostró inamovible, Sotomayor dimitió como su representante.

Juan Carlos estaba alegremente ignorante de que todas estas cosas estaban teniendo lugar. Anhelaba volver a casa para las vacaciones de verano y divertirse con sus amigos, jugando en la playa y montando a caballo. No tenía ninguna gana de regresar al internado de Friburgo y se mostró, por tanto, encantado cuando le permitieron quedarse en Estoril. Dado que se habían iniciado los preparativos para enviarle a España, don Juan no veía sentido a que volviera al colegio. Juan Carlos estaba ajeno a todo, pero feliz de estar con sus padres. A comienzos de octubre, Vegas Latapié advirtió a don Juan que esta situación suponía hacerle el juego a Franco porque hacía patente que el muchacho sería finalmente enviado a España. En un plazo de doce horas se tomaron las medidas pertinentes para el rápido, y presumiblemente perturbador, regreso de Juan Carlos a Friburgo acompañado por Vegas Latapié. En el fondo, el conde de Barcelona estaba convencido de que no podía haber restauración contra la voluntad de Franco. Sabía que la situación internacional favorecía totalmente al Caudillo. Así pues, se subordinaron los intereses del niño al imperativo de un gesto político menor.[105]

Las ventajas de un incómodo entendimiento entre el dictador y el conde de Barcelona eran enteramente unilaterales. Un beneficio inmenso para Franco fue que las negociaciones entre monárquicos y socialistas perdieron todo sentido. El llamado Pacto de San Juan de Luz, tan laboriosamente construido a todo lo largo de 1948 y finalmente firmado en octubre por Indalecio Prieto y Gil Robles, constituía el primer intento serio de reconciliación nacional desde la guerra civil. Ahora este quedó abortado. La entrevista en el *Azor* desacreditó totalmente a la alternativa monárquica democrática por la que socialistas y republicanos habían roto con el Partido Comunista y la izquierda socialista. La lectura de una carta interceptada por los servicios secretos franquistas en que Prieto se refería a «el pitusín de Estoril» debió producirle intensa alegría a Franco.[106] A cambio, este ofreció a don Juan un respeto superficial y una puñalada por la espalda. Los efectos desestabilizadores en Juan Carlos —educativos y emotivos— no figuraron en las consideraciones de ninguno de los actores de este particular drama.

Con ocasión de las bodas de plata de Franco, y recordando que Alfonso XIII había sido padrino de sus nupcias, si bien *in absentia*, don Juan envió un mensaje de felicitación y aprovechó la ocasión para decir que había decidido dejar a Juan Carlos en el internado de Suiza hasta que estuviera todo dispuesto para su marcha a España. Mencionaba también «el vivo interés que tenía su abuela la Reina Victoria Eugenia de tenerlo antes de una larga separación». Lo extraordinario es que los padres del niño no parecieran sentir necesidad de pasar algún tiempo con él antes de una larga separación. El Caudillo respondió una semana después con una carta de agradecimiento manuscrita que empezaba: «Mi estimado Príncipe», y declaraba el gran honor que había supuesto para él y su esposa recibir su felicitación, y que debían su felicidad al padre de don Juan. La carta terminaba con «la expresión sincera de mi lealtad y afecto».[107]

El verdadero significado del encuentro en el *Azor* se hizo brutalmente manifiesto el 26 de octubre cuando Franco dispuso que se filtraran noticias de que Juan Carlos iba a educarse en España. Sin otra concesión de Franco que una promesa de que el diario *ABC* funcionara libremente y cesaran las restricciones de las actividades monárquicas, don Juan capituló.[108] El 27 de octubre mandó un telegrama a Eugenio Vegas Latapié: «Es urgente vengas con el Príncipe cuanto antes. Stop. Hay aviones SAS y KLM directos a Lisboa. Stop. A vuestra llegada te explicaré motivos. Stop». Vegas Latapié mandó un cable a Estoril señalando que podían ahorrarse un día o más si tomaban un vuelo a Madrid y allí cambiaban para Lisboa, pero don Juan envió categóricas instrucciones de que no regresaran vía España. Así pues, Juan Carlos, algo desconcertado, hizo el viaje y después esperó inquieto en Estoril. Le afligió mucho conocer los planes para su educación en España y le alteró especialmente saber que no iba a estar acompañado por su preceptor Eugenio Vegas Latapié. El hecho era que el Caudillo, con el afanoso respaldo del duque de Sotomayor y de Danvila, consejeros de don Juan y entusiastas franquistas, no quería que Vegas Latapié tuviera la menor influencia sobre la educación del Príncipe en España. En cierto momento, Juan Carlos le dijo a Vegas: «¡Estoy triste porque no vienes a España conmigo!». Antes de que Vegas pudiera contestar, don Juan, con mala conciencia por lo que le estaba haciendo a su hijo, interrumpió bruscamente: «¡No digas tonterías, Juanito!». Doña María de las Mercedes era agudamente consciente de hasta qué punto iba a afectar a su hijo la separación de su querido preceptor. Don Juan sugirió con poca convicción que Vegas Latapié regresara a España a título personal con objeto de pasar los domingos con el Príncipe, a lo que Vegas respondió con tristeza que a un niño de diez años no se le podía exigir que renunciara a su tiempo libre para dar paseos con un vejestorio.[109]

Vegas Latapié se despidió de Juan Carlos el 6 de noviembre como si fuera a verle al día siguiente, y regresó a Suiza el 7 de noviembre. En el aeropuerto de Lisboa dio a Pedro Sainz Rodríguez una carta para entregarla al Príncipe:

> Mi queridísimo Señor: Perdón por no haberle dicho que me iba. El beso que anoche le di al marcharme era de despedida. Muchas veces le he repetido que los hombres no lloran, y para que no me viera llorar he decidido regresar a Suiza la víspera de su posible marcha a España. Si alguien se atreviera a decir a Vuestra Alteza que le he abandonado, sepa que no es verdad. No han querido que yo siguiera a su lado y me tengo que resignar. Cuando vuelva yo a España para quedarme allí para siempre iré a visitar a V.A. Que sea muy bueno, que Dios le bendiga y que alguna vez rece por mí, desea y le pide su fiel servidor que le quiere con toda el alma, Eugenio Vegas Latapié.[110]

Que un personaje tan austero e inflexible como Vegas se sintiera movido a escribir carta tan triste y tierna es claro testimonio de su cariño hacia el Príncipe.

Y ello sirve para subrayar que, aunque había muchas razones políticas por las que Juan Carlos debía ser educado en España, todo este episodio podría haberse llevado con mayor sensibilidad hacia sus necesidades emocionales. Gil Robles escribió en su diario: «¡Vegas puede tener defectos —¿quién está libre de ellos?— pero nadie le supera en lealtad, firmeza de ideas, desinterés y cariño al Príncipe. Y, a pesar de todo, se le abandona con fría indiferencia. ¡Qué grave cosa es la ingratitud, sobre todo en los reyes!».[111]

Es un comentario revelador sobre la actitud de don Juan hacia lo que estaba a punto de ocurrir que no pasara el día anterior al viaje junto a su hijo. Perplejo, Gil Robles escribió en su diario: «Se ha marchado de caza, como si nada ocurriese».[112] Para evitar posibles manifestaciones de monárquicos juanistas se tomó la decisión de que el Príncipe no saliera de la estación central de Lisboa. Así que fue en Entroncamento, un gran enlace ferroviario a cierta distancia al norte de la capital, donde el lloroso Juan Carlos, a sus diez años, abordó el coche cama del *Lusitania Express* en la noche del 8 de noviembre. Haciendo un inmenso esfuerzo para no exteriorizar su emoción, se despidió de sus padres entristecidos y callados. Si algo había que podía aliviar la tristeza de un niño de diez años al separarse de sus padres esto era la posibilidad de conducir un tren. Sin embargo, este placer fue monopolizado por un grande de España, el duque de Zaragoza, vestido con un mono azul. Para su viaje hacia lo desconocido, el joven príncipe iba acompañado por dos sombríos señores, el duque de Sotomayor, como jefe de la Casa Real, y Juan Luis Roca de Togores, vizconde de Rocamora, como mayordomo mayor.

Al principio Juan Carlos se adormiló con un sueño intranquilo pero después se durmió, mientras el tren avanzaba pesadamente atravesando las sierras resecas de Extremadura. Al entrar en Castilla la Nueva cuando empezaba ya a clarear, el duque de Sotomayor le despertó. Ardiendo en curiosidad por esa tierra misteriosa de la que tanto había oído hablar pero que no conocía, apretó la cara contra el cristal de la ventanilla. Lo que vio no tenía parecido ninguno con los verdes intensos de Portugal. Juan Carlos se quedó algo desconcertado por aquel paisaje árido y severo. Los austeros olivares alternaban con terrenos de monte bajo punteados de afloramientos rocosos. Al aproximarse a Madrid, las impresiones del niño sobre la empobrecida llanura castellana no fueron menos deprimentes. Si antes había abrigado alguna duda, entonces debió de creer que había dicho adiós a su infancia. Lo que le esperaba a la mañana siguiente no podía ser más intimidante. El tren fue detenido a las afueras de la capital en la pequeña estación de Villaverde por temor a que se produjeran choques entre monárquicos y falangistas. Al bajar del tren, temblando bajo los efectos del cortante frío castellano, debió de caérsele el alma a los pies cuando vio el sombrío comité de recepción: un grupo de hombres mayores, con expresión seria y abrigos negros, le observaban bajo el ala del sombrero. El duque de Sotomayor se los presentó: Julio Danvila, el conde de Fontanar; José María Oriol, el conde de Rodezno, y cada vez que el chico levantaba la mano para estrechar la que le ofrecían oía vacuas expresiones de cortesía: «¿Ha tenido Vuestra Alteza buen viaje?» «¿No está Vuestra Alteza demasiado fatigado?». La rigidez de sus modales era evidentemente en parte consecuencia de que los hombres maduros tienen poco en común con niños de diez años, pero acaso también reflejara sus confusos sentimientos respecto a la rivalidad entre Franco y don Juan. El príncipe llegó de Portugal profundamente consciente de su soledad. Rodeado de estos monárquicos conservadores, aparentemente partidarios de don Juan, intuyendo que sus privilegios sociales y económicos estaban estrechamente ligados a la supervivencia del régimen autoritario de Franco, no pudo sino sentirse aún más solo.

El grado en que él era simplemente un actor en una obra teatral montada en beneficio de otras personas pronto se le hizo evidente. A la salida de la estación de Villaverde esperaba una larga cola de coches negros, los automóviles de miembros de la aristocracia llegados para saludar al Príncipe y asistir a la ceremonia que siguió. Sin inquirir una sola vez sobre sus propias preferencias, el duque de Sotomayor le invitó a entrar en el primer coche y toda la cola se trasladó unos kilómetros hasta el Cerro de los Ángeles, considerado el centro geográfico de España. Allí, su abuelo, Alfonso XIII, había consagrado España al Sagrado Corazón en 1919. Para conmemorar este hecho, se había construido un convento carmelita en aquel punto. Julio Danvila, asegurándose de que no quedara en el niño ninguna duda sobre lo que Franco había hecho por España, se apresuró a contarle que la estatua de Cristo que domina el cerro había sido «condenada a muerte» y «ejecutada» por milicianos republicanos en 1936. Aún sin desayunar, el niño, temblando de frío, entró en el convento para asistir a una misa que le pareció interminable. Cuando esta hubo concluido, su ordalía continuó. En una ceremonia simbólica le pidieron que leyera en voz alta el texto del discurso de su abuelo en 1919. Nervioso y helado, lo hizo con voz vacilante. Solo entonces fue llevado a Las Jarillas, una casa de campo que había puesto a su disposición Alfonso Urquijo, un amigo de su padre.[113]

Fue un momento difícil pues, la misma noche en que Juan Carlos había salido de Lisboa, había muerto en la cárcel de Madrid un joven monárquico, Carlos Méndez. Un grupo nutrido de monárquicos que habían asistido a su funeral en el cementerio de la Almudena fue a Las Jarillas para saludar al príncipe. Muchos monárquicos estaban desmoralizados por lo que consideraban la capitulación de don Juan ante Franco. Los límites del compromiso de este con la restauración borbónica se hicieron meridianamente claros para don Juan cuando Franco se negó a permitir que el pequeño utilizara el título de Príncipe de Asturias, habitualmente concedido al heredero del trono de España. Al pequeño príncipe le asignaron un grupo de tutores de firmes lealtades franquistas. Juan Carlos esperaba ser recibido por Franco el 10 de noviembre en El Pardo pero, debido a la situación provocada por la muerte de Carlos Méndez, la visita fue aplazada, produciéndose finalmente el 24 de noviembre. El niño se enfrentó a esta entrevista con considerable zozobra. Como él mismo dijo: «no comprendía gran cosa de todo lo que se tramaba en torno a él, pero sabía muy bien que Franco era ese hombre que causaba tantas preocupaciones a mi padre, que le impedía regresar a España y que permitía que se hablara tan mal de él en los periódicos». Antes de salir de Portugal, don Juan había dado a su hijo instrucciones precisas: «Cuando te encuentres con Franco, escucha bien lo que te diga, pero habla lo menos posible. Sé cortés y responde con brevedad a sus preguntas. En boca cerrada no entran moscas».

El 24 de noviembre de 1948 fue un día de frío helador y la sierra norte de Madrid estaba cubierta de nieve. La visita se organizó con gran discreción, llevando Danvila y Sotomayor a Juan Carlos a El Pardo en el coche particular del primero y sin escolta policial. Al Príncipe le impresionó el palacio de El Pardo, con su Guardia Mora espléndidamente uniformada a la puerta. Nunca había visto tantas personas de uniforme. El personal del palacio atestaba los pasillos, hablando siempre en voz baja como si estuvieran en la iglesia. Tras un largo trayecto a través de muchos salones sombríos, el Príncipe fue finalmente recibido por Franco. Le sorprendió el rollizo Caudillo, mucho más bajo y más panzudo de lo que parecía en las fotos. La sonrisa del dictador le pareció forzada, nada natural. Le preguntó al niño por el conde de Barcelona, al que, para su sorpresa, llamaba «Su Alteza» y no «Su Majestad», el tratamiento que tenía costumbre de oír Juan Carlos cuando se referían a su padre. Para irritación de Franco, el niño respondió que «el Rey está muy bien, gracias». Después inquirió sobre los estudios de Juan Carlos y le invitó a una cacería de faisanes. En realidad, el joven príncipe no estaba prestando mucha atención pues estaba petrificado ante la vista de un ratoncito que correteaba entre las patas de la silla de Franco. Este, según Danvila, quedó «encantado con el Príncipe».

Cuando la entrevista llegaba a su fin, Sotomayor preguntó astutamente a Franco si Juan Carlos podía conocer a su esposa. Doña Carmen apareció casi de inmediato, habiendo estado esperando a que le dieran entrada. Tras las presentaciones, el Príncipe fue acompañado por Franco a un recorrido de El Pardo, mostrándole, entre otras cosas, la alcoba en que había dormido la reina Victoria Eugenia en la víspera de su boda, y que se había conservado casi intacta desde entonces. Franco le regaló una escopeta y a continuación Juan Carlos se despidió. Cuando se marchaba de El Pardo, «un viejísimo criado de palacio reconocido por Sotomayor» tomó la mano del Príncipe y, con lágrimas resbalándole por las mejillas, la besó repetidamente. Según Danvila, en el coche de vuelta a Las Jarillas Juan Carlos le dijo a él y a Sotomayor: «Este señor es realmente muy simpático, y la señora también, aun cuando es algo menos». El Príncipe por su parte afirmó posteriormente que el encuentro no le había dejado la menor impresión. Es improbable que el joven príncipe pudiera encontrar «simpático» a Franco, como alegó Danvila tras esta primera visita. La familia de Juan Carlos había hablado a menudo del Caudillo en presencia suya, y «no siempre en términos afectuosos». De hecho, como más tarde recordaría la madre de Juan Carlos, muchas veces se referían al Generalísimo como «el tenientecillo» en su casa.[114]

La publicidad dada a esta visita fue manipulada de modo que produjera la impresión de que la monarquía estaba subordinada al dictador. Esto, junto al torpedeo de las negociaciones monárquico-socialistas, había sido el principal objetivo que orientó toda la operación *Azor*.[115] Prácticamente sin coste alguno, Franco había dejado a la oposición moderada sumida en un enconado desorden y había introducido una cuña entre don Juan y sus partidarios más fervientes y leales.[116] Danvila recordaría posteriormente la enfurecida reacción en Estoril cuando don Juan se enteró del primer encuentro entre Juan Carlos y Franco. Danvila recibió órdenes a partir de entonces de no permitir que el Príncipe realizara visitas o asistiera a actos que pudieran ser en algún modo considerados políticos. Que la idea misma de enviar al Príncipe a España era un riesgo para la familia se hizo patente en una carta que Victoria Eugenia escribió a Danvila: «Me dio mucha pena separarme de este nieto que tanto quiero, pero desde el momento que mi hijo había tomado la decisión de mandarlo a España, acaté sin reservas su voluntad ... Apruebo el buscar un rumbo nuevo en la política, pues lo anterior no había tenido éxito, y para mí el que arriesga nada no gana nada. Pido a Dios que ese sacrificio que hace mi hijo, tenga un resultado satisfactorio».[117] No podía haber evidencia más lacerante de que en la familia Borbón el sentido de misión estaba muy por encima de principios políticos y consideraciones sentimentales.

Franco había creado una situación en que muchos miembros influyentes del entorno conservador que habían vacilado desde 1945 se inclinaron otra vez a favor de su causa. La prensa del régimen recibió orden de mantener al mínimo las referencias a la monarquía. En términos internacionales, el Caudillo había conseguido un nuevo plazo de vida para el régimen. En un informe al que se dio mucha publicidad sobre una conversación con el diputado laborista de Loughborough, M. Follick, Franco declaró que tenía intención de restaurar la monarquía aunque eludió la cuestión de cuándo.[118] En un contexto de creciente tensión internacional, la aparente «normalización» de la política española fue ávidamente acogida por las potencias occidentales. Antes de transcurrido un año, don Juan, profundamente desilusionado, ordenaría el fin de la política de conciliación.[119] Por entonces era ya demasiado tarde, habiendo extraído Franco de la aparente amistad entre ellos todos los beneficios posibles.

2

EL PEÓN SACRIFICADO, 1949-1955

El nuevo hogar de Juan Carlos era Las Jarillas, una magnífica casa de estilo andaluz a diecisiete kilómetros de Madrid en la carretera de Colmenar Viejo. Una de las razones para la elección de Las Jarillas era su cercanía tanto a El Pardo como al campamento militar de El Goloso. En casa de Danvila se instaló una línea telefónica directa con la residencia por si se producían manifestaciones falangistas contra el Príncipe. Semejante atrevimiento habría sido improbable en la España de Franco y a lo máximo que llegó la oposición pública fue a cantar una letrilla cuyo estribillo decía: «El que quiera una corona / que se la haga de cartón / que la Corona de España / no es para ningún Borbón». Poco después de su llegada, el niño contrajo la gripe, quizá otra ocasión en que la pena de la separación de sus padres se manifestó físicamente.[1] Acostumbrado a vivir alejado de su familia, Juan Carlos se adaptó relativamente pronto al colegio que improvisaron para él en Las Jarillas. Aunque cercana a Madrid, esta finca no había sido todavía absorbida por la expansión urbana de Madrid y conservaba un aire de tranquilidad rural. Sus cien hectáreas de terreno permitían la caza, principalmente de conejo. Cuando se hizo evidente que el Príncipe disfrutaba mucho con este deporte, empezó a recibir invitaciones para monterías de caza mayor como ciervos e incluso jabalíes.

Don Juan, con el visto bueno de Franco, había elegido cuidadosamente un grupo de preceptores y ocho alumnos. Cuatro habían sido seleccionados entre las principales familias aristocráticas y otros cuatro entre la próspera clase media alta: Alonso Álvarez de Toledo (hijo del marqués de Valdueza que, al hacerse mayor, sería una importante figura del mundo financiero español); Carlos de Borbón-Dos Sicilias (primo hermano de Juan Carlos); Jaime Carvajal y Urquijo (hijo del conde de Fontanar); Fernando Falcó (después marqués de Cubas); Agustín Carvajal Fernández de Córdoba (que se hizo piloto civil); Alfredo Gómez Torres (un valenciano que sería después ingeniero agrónomo); Juan José Macaya (de Barcelona, posteriormente consejero económico y financiero), y José Luis Leal Maldonado (hijo de un oficial de Marina amigo de don Juan, posteriormente presidente de la Asociación Española de Banca Privada y ministro de Economía en el gobierno de Adolfo Suárez desde abril de 1979 hasta junio de 1980).

Juan Carlos se llevaba especialmente bien con su primo, Carlos de Borbón-Dos Sicilias, y el hecho de que les permitieran compartir habitación le quitó hierro a su inicial soledad. Durante las vacaciones de Navidad tras el primer trimestre en Las Jarillas, el Príncipe tuvo que escribir una redacción sobre su colegio. Este reveló algo más que su indiferencia a la puntuación: «El día que llegué estaban los chicos en la puerta esperándome, y yo con mucha vergüenza fui con la tía Alicia y entonces subimos era un cuarto muy bonito dormíamos mi primo Carlos de Borbón que es muy simpático porque siempre está diciendo tonterías a todas horas».[2]

En esta redacción, Juan Carlos se quejaba de cuánto le obligaban a estudiar. Don Juan había dado instrucciones de que el trabajo que le pusieran en Las Jarillas fuera abundante y duro. Años después, Juan Carlos comentaría: «No creas que nos trataban a cuerpo de rey. De hecho nos hacían estudiar mucho más que en un colegio ordinario, pues "dado quiénes éramos teníamos que dar ejemplo"». Desde luego, don Juan quiso asegurarse de que el rendimiento académico de su hijo fuera evaluado con toda la imparcialidad posible. Y, en efecto, a final de curso los chicos tenían que presentarse, en el Instituto San Isidro de Madrid, a los mismos exámenes que hacían los alumnos en los centros normales. Juan Carlos pronto cobró particular afecto a dos de sus preceptores: José Garrido Casanova, director del colegio de Las Jarillas y fundador del hospicio de Nuestra Señora de la Paloma, y Heliodoro Ruiz Arias, profesor de educación física de los chicos. Garrido, un granadino bueno y ecuánime de ideas liberales, era un brillante profesor y un ser humano cariñoso y comprensivo que tuvo un profundo impacto en el Príncipe. Tanto es así que posteriormente este dijo: «A veces, cuando tengo que tomar determinadas decisiones, todavía me pregunto lo que él me hubiera aconsejado hacer». Heliodoro había sido entrenador personal de José Antonio Primo de Rivera, fundador de la Falange, en los años treinta; supo percibir el gran potencial atlético del Príncipe y se impuso la labor de convertirlo en un gran deportista.[3]

Jaime Carvajal llegó más adelante a la conclusión de que el director fue «clave en la formación de la personalidad de don Juan Carlos, después de su padre o, incluso, al mismo nivel que don Juan». Era inevitable que, habiendo sido enviado lejos por su propio padre, el niño se aferrara a una figura paterna apropiada. Garrido tuvo sensibilidad para comprender que el Príncipe estaría desorientado y confuso tras su brusca separación de su familia y, en consecuencia, trató a Juan Carlos con auténtico afecto. Todas las noches iba a comprobar que se encontraba bien, le hacía la señal de la cruz en la frente y, tras preguntarle si necesitaba algo, apagaba la luz. Pronto pudo comprender la tristeza que sentía el niño debido a su situación. Su padre le había dado una carta para entregarla a Garrido. En ella, daba al profesor instrucciones sobre el modo en que deseaba que fuera educado su hijo. La leyeron juntos y, cuando llegaron a la parte en que don Juan hablaba de la responsabilidad del Príncipe como representante de la familia, aparecieron lágrimas en los ojos de Juan Carlos: era un brutal recordatorio de que su posición oficial como príncipe tenía prioridad sobre las necesidades de un niño que se esforzaba en ser valiente. Garrido advertía con frecuencia que Juan Carlos miraba tristemente al infinito y después, como si comprendiera que no tenía derecho a la nostalgia, se ponía en pie súbitamente y se iba a montar en bicicleta o desahogaba su malestar en el fútbol.

El Príncipe se esforzó siempre en ocultar sus sentimientos, pero Garrido recordaba después cuánto disfrutó Juan Carlos leyendo el *Platero y yo* de Juan Ramón Jiménez, libro que llevaba siempre consigo durante sus primeros meses en el colegio. Una noche, el niño recitó de memoria un pasaje del libro mientras contemplaban la puesta de sol, y sorprendió a Garrido diciéndole: «Detrás está mami». Garrido se emocionó y llegó a tenerle mucho cariño, comentando años después: «Irradiaba ternura este niño al que solo se le hablaba de deberes y responsabilidades». Garrido se tomó especial interés en garantizar que las relaciones del Príncipe con sus compañeros y con el servicio y los jardineros fueran todo lo naturales posible. En 1969, cuando Juan Carlos fue nombrado sucesor por Franco, escribió a Garrido Casanova la siguiente nota: «Te recuerdo con el mayor afecto y todos los días me permiten medir mejor lo que te debo. Me has ayudado mucho con tu ejemplo y tus consejos. Y los que me diste fueron tan buenos como numerosos».[4]

Por el contrario, Juan Carlos admitió con posterioridad su aversión al inflexible padre Ignacio de Zulueta, un autoritario sacerdote vasco que iba a Las Jarillas tres veces a la semana para supervisar la educación ética y religiosa de los alumnos. Alto y adusto, como salido de un cuadro de El Greco, Zulueta era una figura que imponía. El duque de Sotomayor y Danvila se lo habían recomendado a don Juan como preceptor porque representaba la línea más conservadora del pensamiento franquista. Profundamente reaccionario, obsesionado por el protocolo, Zulueta insistía en que toda la clase se dirigiera al joven príncipe con el tratamiento de «Alteza».[5] Juan Carlos, ansioso de ser tratado de igual a igual por sus compañeros, prefería que le llamaran «Juanito» y le trataran de tú. Por tanto, las instrucciones de Zulueta solían ser desoídas por los chicos.[6]

Los compañeros de curso de Juan Carlos en Las Jarillas le recuerdan como un niño amante de las diversiones, que trabajaba mucho para sus tareas colegiales, un alumno de rendimiento normal que se distinguía en los deportes y era abierto y generoso.[7] A consecuencia de todo ello, Juan Carlos hizo amistades muy sólidas en su nuevo colegio, algo que se advierte claramente en el hecho de que ninguno de los alumnos de Las Jarillas intentara explotar posteriormente su relación con el Rey en beneficio propio. Se aprecia también en el afecto con que seguían hablando de Juan Carlos cincuenta años después. En 1998, con ocasión del 60 cumpleaños de Juan Carlos, una revista española entrevistó a sus antiguos compañeros de Las Jarillas. Alonso Álvarez de Toledo recordaba que, pese a tener conciencia en el momento de la importancia de Juan Carlos (aunque solo fuera porque a menudo recibía visitantes ilustres), pronto le aceptaron como uno más del grupo. Jaime Carvajal y Urquijo coincidía, describiendo al pequeño Juan Carlos como «un chico normal, alegre, travieso, todo corazón, excelente compañero». El primo de Juan Carlos, Carlos de Borbón, recordaba su sorpresa de entonces ante las agudas intuiciones de Juan Carlos y su sentido de la responsabilidad, fuertemente desarrollado. También recordaba el poco tiempo libre que les quedaba en Las Jarillas, pues pasaban la mayor parte de las horas estudiando y practicando deportes. Según Carlos de Borbón, Juan Carlos y Jaime de Carvajal eran los mejores deportistas, siendo este último el estudiante mejor dotado del grupo.[8]

El día comenzaba en Las Jarillas con una misa en la que Juan Carlos ayudaba con frecuencia de monaguillo. A esto seguía el ritual de izar la bandera española. Aunque las clases respondían al programa de estudios oficial español, había —como cabía esperar en un colegio cuyos profesores eran todos fervientes monárquicos— cierto grado de laxitud en lo que hacía a las clases de formación política, que no eran otra cosa que indoctrinación franquista. Fernando Falcó y Fernández de Córdoba recordaban que, cuando hicieron el examen de lo que el régimen llamaba «Formación del Espíritu Nacional», ninguno de los niños de la clase sabía de memoria el «Cara al sol», el himno de la Falange. Para evitar el escándalo que esto pudiera suscitar en la España de Franco, esta pregunta del examen fue sustituida por otra como por encanto. A los niños se les ofrecía también la oportunidad de experimentar algunos aspectos de la vida común y corriente en Las Jarillas. José Luis Leal Maldonado rememoraba que el equipo de fútbol de Las Jarillas siempre perdía con el equipo visitante del colegio Las Palomas. El catalán Juan José Macaya recordaba que, pese a —o acaso como reacción a— la disciplina impuesta en el colegio, cuando un día descubrieron un gallinero en los terrenos de la finca los chicos se dedicaron a matar varias gallinas.[9]

No obstante el aparente contento de Juan Carlos, algunos aspectos de su nueva vida en España tenían que resultarle difíciles. Fuera del ambiente monárquico, su llegada a España había sido acogida con animadversión en determinados círculos. Con la excepción del periódico monárquico *ABC*, la prensa oficiosa del Movimiento había recibido su venida con una serie de artículos que contenían comentarios maliciosos y lacónicos sobre el joven príncipe, así como fotografías cuidadosamente elegidas, en su mayoría borrosas, en las que parecía «un golfillo».[10] Circularon rumores en el sentido de que el Príncipe era un sádico que regaba las plantas de Las Jarillas con cal con objeto de matarlas.[11] Ya a los diez años estaba obligado a dedicar muchas horas a responder a las muchas tarjetas y cartas que le llegaban. Además, se sometió al aprendizaje del tedioso asunto de las audiencias oficiales concedidas a una serie interminable de monárquicos que, tras el debido permiso concedido por el duque de Sotomayor, deseaban visitarle. Entre estas personas se encontraba el inefable general José Millán Astray, que llegó acompañado de su escolta permanente de legionarios, y que sobresaltó al Príncipe gritando: «¡Alteza! ¡Que la Virgen nos proteja!». Llegaban también incesantes regalos, que iban desde cajas de bombones a un magnífico coche eléctrico.[12]

Una semana antes de terminar el primer cuatrimestre, Juan Carlos recibió la visita del general monárquico Antonio Aranda. Este tomó notas de su conversación:

> El niño es simpatiquísimo, muy vivo e inteligente. Me dejó encantado, pues yo creí que tendría otro carácter más adusto; pero es todo lo contrario. Me estuvo preguntando cosas militares y de aviación. Esto le entusiasma y cuando le explicaba todo con detalle, se ponía contentísimo. En esto, desde el salón del piso bajo, donde estábamos, vimos llegar por el jardín a un grupo de señores y señoras muy peripuestos, y entonces el Príncipe, con toda sinceridad y franqueza dijo: «¡Qué fastidio! Ya vienen a in-

terrumpirnos. ¿Verdad, mi general, que tú estabas muy bien conmigo contándome cosas? Pues yo también oyéndote. ¿Por qué no se van esos señores?».

El duque de Sotomayor entró ceremoniosamente para informar al Príncipe de que tenía que recibir a otras personas. Es indicio de las ambiguas lealtades de los que en teoría eran partidarios de don Juan que las notas de Aranda pronto llegaran a la mesa de Franco.[13]

Al finalizar el cuatrimestre, Juan Carlos regresó a Estoril para las vacaciones de Navidad. A finales de diciembre, José María Gil Robles llevó a sus hijos y a Juan Carlos al zoológico de Lisboa. Mostrando una notable sensibilidad, este reflexionó sobre la lucha de poder entre don Juan y Franco, en la que el Príncipe era objeto de regateo. Gil Robles se quedó impresionado por la actitud algo apagada y taciturna de Juan Carlos:

> Sigue siendo un verdadero niño en todas sus simpáticas reacciones, pero le encuentro prematuramente serio y hasta levemente triste. Parece como si se diera cuenta de la batalla que en torno a él se está librando. Viéndole ayer jugar en el parque y luego en casa, no podía yo sustraerme a un sentimiento de dolor. Es un niño que se hace querer enseguida. Cuando pienso en su futuro me produce compasión. ¿Qué reservará el porvenir a esta criatura que a los diez años es ya objeto de aguda pugna?[14]

En enero de 1949 Juan Carlos regresó a Las Jarillas. Su estancia allí dependía, sin embargo, de que se mantuviera la tregua entre su padre y el dictador. Una vez más eran inminentes las hostilidades. Gil Robles se quejó amargamente de que Franco no estaba cumpliendo ninguna de las promesas hechas al conde de Barcelona en el *Azor*. Se había dado orden de que toda referencia a don Juan se hiciera con el tratamiento de «Su Alteza el Conde de Barcelona», lo cual consternó a los monárquicos que se referían a él como Su Majestad el rey Juan III. A Juan Carlos se le negó el derecho a utilizar su título correspondiente de Príncipe de Asturias que habían llevado siempre los herederos de la Corona, y era tratado como «Su Alteza Real el Príncipe Juan

Carlos».[15] A lo largo de 1949 fueron deteriorándose las relaciones entre Franco y don Juan, siendo Juan Carlos la víctima de todo ello. Gil Robles y Sainz Rodríguez no cesaban de instar a don Juan a que reconociera que Franco no iba a dejar nunca paso a la monarquía pero, bajo la influencia de los halagos de Danvila, él seguía teniendo esperanzas.

El Caudillo hacía algún que otro gesto simbólico para congraciarse con los monárquicos, produciendo la impresión de que estaba consagrado a su causa. Aunque resuelto a no ceder jamás el poder a don Juan, Franco quería conservar la credibilidad que le daba su vinculación con él. A finales de febrero, por ejemplo, asistió a una misa en El Escorial por el aniversario de la muerte de Alfonso XIII, y se mostró sumamente deseoso de contar con la presencia de Juan Carlos en el desfile de la Victoria que conmemoraba el triunfo nacional en la guerra civil. Según Gil Robles, «desea a todo trance que asista el Príncipe en una tribuna especial, aunque en un plano inferior al suyo. A las tropas se daría orden de rendir honores al niño». Respondiendo a la fuerte presión de Gil Robles, don Juan informó al decepcionado Danvila que su hijo no asistiría al desfile.[16] El 18 de mayo de 1949, como si fuera en represalia, Franco pronunció en la apertura de las Cortes un discurso largo, deslavazado y autocongratulatorio que, de pasada, incluía comentarios derogatorios sobre Alfonso XIII y su madre la reina María Cristina.[17] A consecuencia de ello, los partidarios más radicales de don Juan pidieron el inmediato regreso de Juan Carlos a Estoril.

Ignorante de la tormenta que se avecinaba, Juan Carlos volvió a Estoril a finales de mayo de 1949 para sus vacaciones de verano, que durarían casi diecisiete meses. A principios de julio don Juan escribió a Vegas Latapié invitándole a Portugal y comentando: «Juanito ha vuelto radiante de España ... siempre se acuerda de ti con gran cariño». El propio Juan Carlos escribió a Vegas Latapié el 17 de julio repitiendo la invitación. Después de un crucero por el Mediterráneo con toda la familia, don Juan marchó a una cacería en Escocia el 23 de agosto. Vegas llegó también por entonces y pasó casi un mes con Juan Carlos, llevándole un día al médico porque le dolía un dedo. Cuando le preguntaron cómo se lo había roto, el chico contestó: «Dando un puñetazo a mi hermana Pilar».[18] En contra del parecer de Gil Robles y Sainz Rodríguez, la madre de don Juan, la reina Victoria Eugenia, creía que Juan Carlos debía regresar a Las Jarillas después de las vacaciones de verano. Esto acaso se debiera a cierta preocupación porque la vida del niño no diera otro vuelco más. Con todo, en su determinación de que su familia volviera a ocupar el trono en Madrid, también se inclinaba a creer con Danvila que había que apaciguar a Franco a todo trance. Entre las presiones de Danvila y Sotomayor, don Juan no sabía qué hacer.

Sin embargo, muchos de sus seguidores, entre ellos el duque de Alba, expresaron su indignación por que Franco estuviera aprovechándose de su buena fe. Gil Robles y Sainz Rodríguez se esforzaron para convencer a don Juan de que prescindiera de un hombre de dos caras como Danvila y se negara a permitir la vuelta de Juan Carlos a España. Tras una larga y franca conversación con Gil Robles el 26 de septiembre de 1949, don Juan se decidió al fin. Procurando infundir valor a su jefe, Gil Robles dijo taxativamente que la colaboración con Franco había socavado gravemente su credibilidad. El mismo hombre que se había conmovido ante la tristeza de Juan Carlos unos meses antes añadió entonces: «Piense Vuestra Majestad que el príncipe es la única arma de que aún dispone frente a Franco. Si accede en las mismas condiciones que el año pasado, quedará desarmado totalmente». Una vez más era evidente que, en Estoril, los imperativos de una futura restauración monárquica siempre tendrían mucha más importancia que las necesidades del niño. Don Juan salió de su indecisión cuando Gil Robles, hablando con franqueza, le hizo una profética advertencia: «No piense que es indispensable. Dentro de pocos años, el príncipe será una esperanza para muchos: unos, de buena fe; otros, por ambición».[19]

Al terminar septiembre, don Juan envió una nota, redactada por Gil Robles, informando a Franco de que, puesto que los acuerdos tomados en la entrevista del *Azor* no se habían cumplido, el Príncipe no podía permanecer en España.[20] Franco respondió en tono amenazador a mediados de octubre con una larga nota «cuyas dos principales características —apuntaba Gil Robles—, son la soberbia y la falta de sintaxis». Negando que hubiera hecho promesa alguna en el *Azor*, Franco afirmaba que los beneficios de la presencia de Juan Carlos en España lo eran todo para la familia real, pero también dejaba muy claro que no tenía planes para sustituir la dictadura. El mensajero de Franco, el servil Danvila, también transmitió la exigencia del Caudillo de que, durante su próxima visita de Estado a Portugal, don Juan le presentara sus respetos en el Palacio de Queluz. Alertado por Gil Robles de que esto supondría sencillamente una humillación pública, don Juan informó a la embajada española de que no lo haría. Franco insistió, llegando al extremo de ordenar a su hermano Nicolás que informara a don Juan que las Cortes iban a aprobar una ley que le excluía específicamente del trono. La negativa de don Juan fue el único borrón en lo que fue un espectacular triunfo de relaciones públicas de Franco. Había llegado en el crucero *Miguel de Cervantes* a la cabeza de una flotilla de once buques de guerra. Cabe imaginar la mortificación del Caudillo cuando descubrió que, al salir la flota española del estuario del Tajo, el almirante Moreno, enterado de que don Juan observaba con añoranza desde la costa, había ordenado que la dotación del barco formara y le rindiera honores.[21]

A don Juan le inquietaba que su hijo no volviera a España. Después de todo, creía importante que Juan Carlos se educara como español en el país que, un día, estaba destinado a reinar. En su fuero interno latía la preocupación, incitada por el insidioso Danvila, de que acaso estuviera destrozando las posibilidades de que su familia volviera al trono. Gil Robles sospechaba que buscaba cualquier pretexto para enviar a Juan Carlos otra vez a Las Jarillas. Desde luego no había tomado ninguna medida para la reanudación de los estudios del niño. Por todo ello, el año académico de 1949-1950 en Estoril debió de ser deprimente para Juan Carlos, que iba a cumplir los doce años. Era estupendo volver a estar con su familia, aunque don Juan se ausentaba a menudo en viajes o cacerías, pero habiendo superado la separación un año antes gracias a la afectuosa relación con sus compañeros de curso en Las Jarillas, había sido cruelmente arrancado de su lado y ahora los echaba de menos. Estos, a los que mantuvieron juntos como grupo con esperanza de que pudiera volver a reunirse con ellos en el año académico de 1949-1950, fueron trasladados al piso bajo del palacio de los duques de Montellano en el madrileño Paseo de la Castellana.

Entretanto, Juan Carlos tuvo que conformarse con el trabajo que le ponía el severo padre Zulueta o le enviaba José Garrido, y mataba el tiempo por Villa Giralda, con añoranza de los amigos que había hecho en España. Era demasiado pequeño para comprender por qué había sido alejado de ellos pero no para dolerse por ello. Esta alteración de sus estudios y de su vida volvió a demostrar lo poco que importaba él dentro del gran juego diplomático. Es imposible calcular cómo la desaprensiva explotación de su persona afectó a la actitud de Juan Carlos hacia su padre. Sin embargo, la frecuencia con que posteriormente se refirió a ciertas personas diciendo que eran «como un segundo padre» es reveladora. Entre estas figuraban, paradójicamente, Franco y, más comprensiblemente, José Garrido; posteriormente, también el marqués de Mondéjar. Aunque siempre hablaba afectuosamente de su padre, quizá subconscientemente Juan Carlos creyera que este no se había portado con él como un «verdadero padre».

El ambiente deprimente de Villa Giralda se exacerbó con las preocupaciones por su padrino y abuelo, Carlos de Borbón-Dos Sicilias, que estaba gravemente enfermo. Doña María de las Mercedes estaba ansiosa de ir a Sevilla para estar junto a la cama de su moribundo padre. Sin embargo, hasta el último momento Franco le denegó el permiso para entrar en España. Cuando su estado se agravó, doña María de las Mercedes corrió a su lado de todos modos pero llegó demasiado tarde. Carlos de Borbón-Dos Sicilias murió el 11 de noviembre de 1949. Ella siempre le guardó rencor a Franco. Años después dijo: «Yo, que creo que soy capaz de perdonar todo, nunca perdoné a Franco, al que defendí en otras cosas hasta peleándome con mis amigos, que se portara tan mal con mi padre ... Y luego, lo de que yo no pudiera llegar a tiempo para verlo vivo». Cuando estaba en Las Jarillas, Juan Carlos había pasado frecuentes fines de semana en Sevilla con su abuelo. El 14 de noviembre, Juan Carlos escribió a uno de sus amigos: «Estoy muy triste por la muerte del abuelo y mami está en Sevilla». Algo le distrajo la llegada de su coche eléctrico traído de Las Jarillas.[22]

Entretanto, don Juan seguía dudando. Gil Robles le aconsejó en contra de enviar otra vez a Juan Carlos a España porque el hecho sería aprovechado por Franco. Sainz Rodríguez sugirió que las medidas para el año académico de 1950-1951 podían disponerse a propuesta de la Diputación de la Grandeza (una especie de comité central de la aristocracia española). Para agravar la situación de Juan Carlos y su padre, en diciembre de 1949 don Jaime de Borbón anunció que consideraba nula su renuncia a sus derechos al trono en 1933 alegando que se había curado de su incapacidad física. Atribuía este «milagro» al amor a su nueva «esposa», Carlotte Tiedemann, una cantante de opereta alemana. Gil Robles estaba convencido de que Franco estaba detrás de esta maniobra. Se sospechaba que Franco había hecho una visita a don Jaime con este fin, liquidando sus deudas inmediatas y ofreciéndole una sustanciosa asignación. Ciertamente Franco estaba buscando maneras de explotar las ambiciones de don Jaime. Una forma evidente era disponiendo que los hijos de don Jaime, Alfonso y Gonzalo de Borbón Dampierre, estudiaran en España. El anterior matrimonio de don Jaime no había sido legalmente anulado y la custodia de sus hijos había sido concedida a su ex mujer, Emmanuela Dampierre.[23] La declaración de don Jaime significó una presión sobre don Juan entonces, como posteriormente sobre Juan Carlos. A corto plazo, pareció decidir a don Juan —poco antes de ausentarse en otra cacería— a que su hijo, que seguía sin profesores, continuara sus estudios en Estoril bajo la tutela alternativa del padre Zulueta y de José Garrido.[24]

Un incidente, del que fue testigo uno de sus compañeros de Las Jarillas, ilustró el sentimiento patriótico imbuido en Juan Carlos por Eugenio Vegas Latapié y su propio padre. Agustín Carvajal Fernández de Córdoba recordaba posteriormente que había ido a visitar a Juan Carlos en Estoril durante los campeonatos mundiales de fútbol de 1950. Ambos habían ido a ver el partido España-Portugal en Lisboa. Al terminar, un joven portugués, irritado por la derrota de su equipo, empezó a pisotear la bandera española. Juan Carlos, enfurecido, saltó sobre él para defender la bandera y siguió una desagradable pelea.[25]

Durante una estancia en Roma en marzo de 1950, don Juan

recibió la visita del padre Josemaría Escrivá de Balaguer. Por entonces, el fundador del Opus Dei residía en Italia mientras se esforzaba por lograr pleno reconocimiento del Vaticano para su organización. Josemaría Escrivá reprochó duramente a don Juan que mantuviera a su hijo en Portugal, diciéndole que estaba mal aconsejado y mal informado sobre la verdadera situación española, y recomendándole que enviara otra vez a España al Príncipe, donde recibiría la debida educación patriótica. Las notas de Escrivá sobre su conversación fueron diligentemente remitidas a Franco. Es probable que en este encuentro se plantara la semilla de la posterior participación del Opus Dei en la formación de Juan Carlos.[26] Don Juan quería un marco católico para la formación de su hijo e, inicialmente, había buscado la colaboración de los jesuitas. A través de Julio Danvila entró en contacto con la provincia española de la Compañía de Jesús y se acordó en principio que se seleccionarían profesores jesuitas para el Príncipe. Sin embargo, cuando se solicitó permiso del vicario general de la Compañía, el belga Jean-Baptiste Janssens, este dio órdenes categóricas de que se rechazara la propuesta. Cuando se repitió la solicitud, Janssens explicó que la experiencia de la Compañía de Jesús en la educación de personajes regios había sido nefasta.[27]

Finalmente, en el otoño de 1950, convencido de que Franco quedaba enterado de su postura, don Juan permitió que Juan Carlos reanudara sus estudios en España. Esta vez su primogénito fue acompañado por su hermano, Alfonsito. Se había fundado un nuevo colegio, no en Las Jarillas sino en el Palacio de Miramar, la antigua residencia de verano de la familia real en San Sebastián. Don Juan parecía tener la esperanza de que la distancia redujera la influencia de Franco. Una vez más, tomó algunas medidas para garantizar que la capacidad académica de sus dos hijos fuera evaluada de modo imparcial. Así, todos los años al finalizar el curso se exigía a los dos niños presentarse a los exámenes oficiales que hacían los demás escolares en los colegios normales. Dicho esto, esta «normalidad» era relativa. Los exámenes eran orales y públicos. Cuando Juan Carlos se presentó, sus respuestas eran interrumpidas por los aplausos entusiastas de una gran multitud de gente. A continuación, salió del aula de examen en el Instituto San Isidro a través de un gentío de policías y simpatizantes que le aplaudían. Todo el episodio fue efusivamente reflejado en el diario monárquico *ABC*.[28]

Los dieciséis chicos del colegio estaban divididos en dos grupos, uno de la edad de Juan Carlos y el otro de la de Alfonso. En el grupo mayor, en el que figuraba Juan Carlos, estaban varios de sus compañeros de Las Jarillas: Jaime Carvajal y Urquijo, José Luis Leal Maldonado, Alfredo Gómez Torres, Alonso Álvarez de Toledo y Juan José Macaya. Su primo, Carlos Borbón-Dos Sicilias, había sido al parecer eliminado del grupo, como también Agustín Carvajal Fernández de Córdoba y Fernando Falcó. Aurora Gómez Delgado (profesora de francés, enfermera y ama de casa en Miramar) recordaba posteriormente que la parte del palacio que alojaba el colegio era muy bonita, pero también extremadamente fría. No había calefacción central, sino simplemente una estufa en cada uno de los tres pisos. El personal docente permanente residía con los chicos en Miramar. José Garrido Casanova era una vez más director del colegio. El severo padre Ignacio de Zulueta y Pereda de Vivanco enseñaba latín y religión, y organizaba también las salidas del fin de semana. El padre Zulueta decía misa a diario en la que pronunciaba siempre un sermón reaccionario. Los niños rememoraban después las veces en que el padre les hacía rezar por la conversión de la Unión Soviética o por la victoria del Partido Conservador británico en las elecciones de 1950. Precisamente en medio de este particular sermón, Juan Carlos le clavó una aguja en el trasero a uno de sus compañeros, Carlos Benjumea, cuyo grito de dolor le ganó una feroz regañina del furioso padre.

Juan Rodríguez Aranda, profesor de literatura e historia, se ocupaba de la biblioteca y organizaba los equipos deportivos. Aurora Gómez Delgado era la única mujer entre el personal docente fijo. Además, un grupo de profesores no residentes venían unas cuantas horas a la semana para enseñar asignaturas especiales como música, física y gimnasia. Entre estos estaba la señora Mary Watt, que empezó a enseñar inglés a los niños en su tercer año en Miramar.[29] Una de las razones de la tardía llegada de Mary Watt a Miramar pudiera muy bien haber sido la confesada renuencia de Juan Carlos a aprender inglés, consecuencia en parte de la educación recibida de Eugenio Vegas Latapié, Julio Danvila, el padre Zulueta y otros derechistas españoles, así como a la constante propaganda del régimen en torno a Gibraltar. En una entrevista de 1978 para la revista alemana *Welt am Sonntag*, Juan Carlos declaró: «Por motivos patrióticos estaba predispuesto contra Inglaterra y me negué a aprender el idioma. Mi padre me hacía reproches, mi abuela también y mis maestros me reñían. Almorzamos con la Reina de Inglaterra y mi padre dijo a Isabel II: "Siéntate junto a él para que se avergüence de no poder responder a tus preguntas". Y así ocurrió. Yo estaba profundamente avergonzado de solo poder hablar en francés con la reina, y comprendí que el patriotismo tiene que manifestarse en otras cosas y que estaba obligado a aprender inglés por mucha rabia que me diera entonces». Juan Carlos tardó tiempo en dominar la lengua inglesa. Por propia admisión, los primeros días de su noviazgo con Sofía fueron complicados porque su inglés seguía siendo bastante deficiente y ella no hablaba español.[30]

Aurora Gómez Delgado afirmaba que la peor asignatura de Juan Carlos eran las matemáticas, un parecer confirmado por el profesor de esta asignatura, Carlos Santamaría; y siguió siendo indiferente a la doctrina franquista que se impartía en el curso de Formación del Espíritu Nacional, escribiendo a su padre el 31 de enero de 1954 que «hoy han llegado los libros de formación política que son una pesadez, tanto para los del 6.° curso como para los del 4.°, pero en fin como de todas maneras hay que hincar los codos pues tendremos que estudiarlo con paciencia». Aurora Gómez se percató de las magníficas dotes del Príncipe para los idiomas extranjeros, y advirtió también una clara inclinación hacia las humanidades, en particular hacia la historia y la literatura. Juan Carlos seguía enamorado del *Platero y yo* de Juan Ramón Jiménez, y al parecer mostraba una precoz predileccón por Molière y por filósofos franceses como Descartes y Rousseau. Durante las vacaciones, como muchos chicos de su edad, leía, de modo más apropiado para su edad, los libros de aventuras de Salgari. Juan Carlos mostró también un vivo interés en la música. Le gustaba la música clásica de Rachmaninov, Beethoven o Bach, y la zarzuela española, pero también la música contemporánea, las rancheras mexicanas y las canciones populares del momento. A menudo se le oía pasar por los pasillos canturreando alguna cancioncilla popular. Las excursiones incluían viajes al estadio de la Real Sociedad, donde Juan Carlos podía expresar su afición al Real Madrid cuando este visitaba la ciudad vasca. Su hermano Alfonsito era del Atlético de Madrid. En lo que más sobresalía Juan Carlos en Miramar era como excelente y entusiasta deportista aficionado a montar a caballo, jugar al tenis, nadar y al hockey sobre patines.[31] En 1951 se incorporó al claustro de profesores Ángel López Amo, un joven del Opus Dei profesor de Historia del Derecho en la Universidad de Santiago de Compostela. Este sería uno de los primeros frutos de la entrevista de don Juan y monseñor Escrivá en Roma. Fue prácticamente el comienzo de la fuerte influencia del Opus Dei en el Príncipe.

Aunque no interrumpieron los estudios de Juan Carlos, las tensiones entre don Juan y Franco no disminuyeron durante su estancia en Miramar. La situación internacional del Caudillo estaba mejorando debido a las negociaciones abiertas con Estados Unidos para incluir a España en el sistema defensivo occidental. A medida que crecía su seguridad, aumentaba la tendencia de Franco a actuar como si fuera rey de España. El 10 de abril de 1950, su querida hija Carmen se casó con un señorito de la buena sociedad de Jaén, el doctor Cristóbal Martínez-Bordiu, que pronto sería marqués de Villaverde. Los preparativos y la acumulación de regalos fueron de escala monumental. Se ordenó a la prensa que no dijera nada por temor a provocar indeseables contrastes con el hambre y la pobreza que padecía gran parte del país.[32] La boda se realizó con un grado de derroche que habría resultado gravosa para cualquier casa real europea. Guardia de honor, bandas militares, cientos de invitados, incluidos todos los miembros del gobierno, el cuerpo diplomático y una variedad deslumbrante de aristócratas, participaron en lo que fue una celebración de Estado a gran escala.

La adquisición soviética de la bomba atómica, la revolución china y el estallido de la guerra de Corea en junio de 1950 habían incrementado el valor de Franco a ojos de las potencias occidentales. Por otra parte, el régimen había sufrido considerable erosión interior a consecuencia de las enormes huelgas recientemente llevadas a cabo en Barcelona y el País Vasco en los meses de marzo y abril. Creyendo que la envergadura de la oposición interior podría inclinar a Franco a la negociación, el 10 de julio de 1951 don Juan le escribió una carta que tendría enormes repercusiones tanto para él mismo como para su hijo. En ella, consiguió dilapidar años enteros de sacrificio y oposición al régimen sin obtener nada a cambio. Franco se indignó con los comentarios de don Juan sobre el «desgaste» que las huelgas habían supuesto para el régimen. Habiendo hecho responsables de dichas huelgas a agitadores extranjeros, aún más irritó al Caudillo la observación de don Juan de que eran consecuencia de la mala situación económica y la corrupción del gobierno. Franco no mostró el menor interés en la oferta de don Juan de una transición negociada, la cual se presentó como una vía hacia la consolidación de los principios a los que Franco se había consagrado, dentro de la estabilidad de una monarquía que podía unir a todos los españoles. La carta de don Juan logró lo peor de ambos mundos. Por una parte no hizo más que estimular la inquina de Franco, simplemente porque criticaba al régimen e insistía en la necesidad de una reconciliación nacional, una idea que era anatema para el Caudillo. Por la otra, don Juan abandonaba su anterior defensa de una monarquía democrática al aceptar el Movimiento. No obstante la untuosa intervención de Danvila, Franco tuvo la descortesía de retrasar la respuesta durante dos meses. Su larga carta del 14 de septiembre de 1951 unía un altanero desdén a una crueldad enconada.

Franco sencillamente pasó por alto la oferta de negociar dentro del marco del Movimiento expresando en términos sumamente condescendientes su rabia porque don Juan se hubiera atrevido a criticarle. La envergadura de los insultos era impresionante. Acusando a don Juan de «desconocimiento de la realidad española» y tachando sus comentarios sobre la economía de «dislate», el Caudillo rebatía sus críticas a la situación española con autosatisfechas referencias al «indiscutible triunfo de la política de España en los medios internacionales». Declaraba que desinteresadamente había consagrado España a la idea de la monarquía, pero había levantado salvaguardas frente a los peligros de que una monarquía hereditaria pudiera producir un heredero incapacitado: «Precisamente por considerar a la institución monárquica vinculada a nuestra historia y la más adecuada para el resurgimiento y grandeza de nuestra patria, sin estar obligado a ello, orienté la nación por su camino y aconsejé el pronunciarse por su constitución en Reino en el gran plebiscito en el que la nación unánimemente refrendó las leyes fundamentales de la Patria; pero, al hacerlo así, necesitaba garantizar a la nación española de que las posibles crisis por los fallos de las personas no pudiesen jamás arrastrar, como ya ocurrió en dos ocasiones, a todo el sistema instituido», referencia a las caídas de la monarquía el 1 de febrero de 1873 y el 14 de abril de 1931.

Habiendo declarado que la Ley de Sucesión elevaba la institución monárquica por encima de los posibles defectos del principio hereditario (es decir, dejando la elección del rey en sus manos), Franco pasaba a sugerir, de modo algo incongruente, que no había respaldo en España para la monarquía. «Existe, a mi juicio, un grave error en vuestro pensamiento al juzgar sobre el arraigo que tiene en España el sentimiento monárquico, que sin duda os transmiten algunos de los cortesanos que os frecuentan, reflejo del limitado horizonte del reducidísimo círculo en que se mueven, pero que si vivierais en España podríais comprender es todo muy distinto. Si hubieran existido esos fervores de que os hablan, no hubiese habido en nuestra historia aquel bochornoso 14 de abril y no hubiera caído un régimen con varios siglos de existencia sin que se registrase un solo acto de resistencia en todo el territorio español, ni siquiera entre ese pequeño mundo, de tan poco peso hoy, de los cortesanos y favorecidos.» Después afirmaba que la única razón de que hubiera alguna esperanza de un futuro monárquico en España era que el pueblo español había escuchado, como decía él, «la voz autorizada de quien, habiéndole mandado gloriosamente en la Cruzada y conducido diestramente entre los procelosos mares de la revolución universal en que vivimos, sabe que persigue solo, con el bien de la Patria, la seguridad y la mejora social de todos los españoles».

Don Juan había aludido a sus esfuerzos para incorporarse a las fuerzas nacionales durante la guerra civil. Franco descalificaba altaneramente la idea de que esto significara «la identificación con el Movimiento». Su ira era evidente en su declaración de que «os equivocáis al pensar que el Régimen necesita buscar una salida, ya que él precisamente representa la salida estable de dos siglos decadentes. ¿Qué otro régimen hubiera podido sobrevivir a la durísima prueba de dos guerras y a la conjura internacional de que España fue objeto?». Con respecto a la referencia de don Juan a «las leyes históricas de sucesión», Franco rechazaba el principio hereditario alegando que la Ley de Sucesión no presuponía *a priori* «la rama o línea del mejor derecho». Continuaba después informando a don Juan de su esperanza de que

> llegado el caso, si así conviniese al interés de nuestra Patria o de la propia institución monárquica, seguiríais el camino patriótico del renunciamiento, de que os dio ejemplo vuestro Augusto Padre que, no obstante haber sido Rey y proclamado Soberano por la nación, abdicó en V.A. sus derechos, al igual que acaba de hacerlo el Rey de Bélgica y lo hizo un día el de Inglaterra ... No he querido pasar por alto este tema y dejar de recoger vuestra alusión, por ser problema que veo va abriéndose camino en el pensamiento de un gran sector de muchos monárquicos españoles, que al apercibirse cómo vuestras actuaciones públicas han producido la repulsa de grandes sectores del país, comprometiendo vuestro crédito, y reconociendo que la Monarquía solo podría venir por mano y obra del Movimiento Nacional, empiezan a ver en la renuncia a favor de vuestro hijo una facilidad para que, en el momento que así conviniese, pudiera declararse a favor de vuestra dinastía, de vuestra rama, definitivamente resuelto el problema dinástico.

Así pues, tras esta devastadora andanada, incluso si don Juan abdicara, no se ofrecían garantías ni siquiera para Juan Carlos. Franco dejaba muy claro que la razón de su posición se debía a su gran preocupación por la continuidad del régimen después de su muerte. El manifiesto de Lausana y la posterior evidencia del distanciamiento de don Juan respecto al régimen le habían eliminado como posible sucesor.[33]

Profundamente mortificado por esta carta, don Juan interrumpió toda comunicación con Franco durante los siguientes tres años. En este tiempo, Franco decidió la estrategia de alentar la aparición de rivales de Juan Carlos y su padre, lo cual iba a intensificar las presiones sobre don Juan, a envenenar el ambiente en general y a disminuir los temores falangistas de una eventual restauración borbónica. En octubre de 1952, a través de su embajador en París, el conde de Casa Rojas, el Caudillo se dirigió a don Jaime, el cual, tres años antes, se había desdicho de su decisión de 1933 de renunciar a sus derechos a la Corona. Franco no tuvo la menor dificultad para convencer al tronado don Jaime de que su hijo y heredero, Alfonso Borbón y Dampierre, fuera educado en España bajo supervisión del régimen. A don Jaime le atraía la perspectiva de saldar sus deudas y de recibir ayuda económica estable del régimen, así como la posibilidad de reafirmar sus derechos al trono, o al menos los de su hijo. En realidad, por expreso deseo de Alfonso XIII y con objeto de asegurar la perpetuación de la renuncia de don Jaime, cuando nació Alfonso de Borbón Dampierre en Roma el 20 de abril de 1936 en su certificado de nacimiento se inscribió el nombre de Alfonso Jaime de Borbón-Segovia. En septiembre de 1936, Alfonso XIII había pedido a su secretario que escribiera al editor del *Almanaque de Gotha* informándole sobre este nacimiento y resaltando que «deberá ser inscrito, sin título de infante, como Alfonso Jaime de Borbón-Segovia, de conformidad con la renuncia de su padre». Inicialmente, en 1952, Alfonso no sentía inclinación a cumplir el deseo de su padre. Su madre, Emmanuela Dampierre, se había distanciado de su padre desde mucho antes de separarse legalmente en 1946. Alfonso y su hermano habían sido criados por su madre, lo que en realidad significó una vida de internados. Alfonso, en particular, sentía resentimiento hacia su padre y no quería hacer lo que este le pedía. Con todo, profundamente resentido por su situación, en 1954, cuando tenía dieciocho años, Alfonso finalmente aceptó el plan y se matriculó en la Facultad de Derecho de la Universidad jesuita de Deusto, en Bilbao. En 1955 se trasladó al Centro de Estudios Universitarios (CEU) de Madrid.[34]

Entretanto, Juan Carlos continuaba sus estudios en Miramar. A menudo sentía añoranza de su casa y esperaba con impaciencia las vacaciones en Estoril. Más adelante admitió que se comía las uñas a consecuencia de su ansiedad. Con todo, sus cuatro años en Miramar parecen haber sido razonablemente felices. En un principio, se había dado por supuesto que compartiría habitación con su hermano pero, a causa de la natural rivalidad entre un niño de doce años y su hermano menor, terminaron separándolos y Jaime Carvajal se trasladó a la habitación de Juan Carlos. El horario en Miramar era duro. Los niños tenían poco tiempo para ellos. Los despertaban todas las mañanas a las 7.30 con toque de campana y tenían que ir directamente al jardín para la izada de bandera. A esto seguía la misa y un sermón del capellán de Miramar. Solo después desayunaban los niños y comenzaban las clases de la mañana. Al final tenían un breve recreo y después la comida. Las clases se reanudaban a las cuatro de la tarde hasta otro recreo corto a última hora, seguido por la cena y el período de estudio. La disciplina era estricta. En una ocasión, cuando le habían reprendido por alguna infracción, Juan Carlos le dijo a Carlos Santamaría: «Yo, cuando sea Rey, le voy a hacer no sé qué a este. A usted, no. A usted le haré ministro de la Hacienda». El Príncipe no tenía ninguna duda de que un día sucedería a su padre en el trono.

Cuando Juan Carlos quedaba libre de otras obligaciones, se entregaba a su pasión por la fotografía o jugaba al ajedrez. Aurora Gómez Delgado diría posteriormente que el joven príncipe retrasaba a menudo declarar el jaque mate, cuando jugaba con un niño menor que él, para que este tuviera tiempo de desarrollar su juego. Los fines de semana, los chicos salían en excursiones organizadas por Zulueta, las cuales permitieron a Juan Carlos conocer el País Vasco así como ampliar su cultura. Con frecuencia, los alumnos eran llevados al teatro como parte de un programa para proporcionarles algún contacto con la vida corriente fuera de Miramar. Aurora Gómez Delgado recordaba que, durante la visita a un pueblo, los alumnos de Miramar se enfrentaron a un grupo de golfillos locales por motivos ya olvidados. Los profesores hicieron la vista gorda a la pelea a pedradas que siguió y la reyerta terminó espontáneamente, sin que los agresores supieran con quién habían estado peleando.[35]

Aurora Gómez Delgado recordaba a Juan Carlos como un muchacho afable y extrovertido, que tenía sus más y sus menos como cualquier chico, pero que se adaptó con facilidad a Miramar y que en modo alguno era «un niño difícil». Era aficionado a jugar al fútbol y reñía con sus compañeros, pero era también muy consciente de su estatus: «Sabía perfectamente bien que estaba allí para aprender su oficio». De hecho, Juan Carlos era, según su profesora de francés, capaz de mostrar un grado extraordinario de autocontención cuando era necesario, no permitiéndose jamás llorar en público. Juan Carlos manifestaba también un vivo deseo de hablar con gente de todo tipo, una afición que podía practicar en sus salidas de fin de semana. Ninguno de los niños de Miramar tenía mucho dinero de bolsillo, y Juan Carlos no era una excepción. Algunas veces, el joven príncipe escribía cartas llenando tanto las líneas como los márgenes para ahorrar papel.[36]

Es llamativo que ni el propio Juan Carlos, ni los que, como su profesora de francés, pusieron sus memorias de Miramar por escrito, dijeran nada sobre su relación con su hermano Alfonso durante el tiempo que pasaron allí juntos. Sin embargo, en una entrevista de 1955 la madre de Juan Carlos indicó que los dos hermanos se habían llevado siempre bien.[37] Aurora Gómez Delgado era muy consciente del profundo cariño de Juan Carlos hacia su madre, la cual le llamaba frecuentemente desde Estoril. Cuando le comunicaban que estaba al teléfono, corría por el pasillo gritando: «¡Mami, mami!». De la relación de Juan Carlos con su padre en aquel período, la profesora de francés dijo solamente: «Además de aconsejarle como padre, se mostraba hacia él como un gran amigo». Al parecer hubo una correspondencia regular entre Juan Carlos y sus padres durante toda la estancia. El tono era afectuoso si bien ocasionalmente delataba una actitud un tanto rígida y formulista, como quizá correspondía a esta familia. Curiosamente, las cartas del campechano don Juan eran algo más cariñosas, terminando típicamente: «Hasta otra, queridos hijos míos, recibid un fuertísimo abrazo de vuestro amante padre», o «Con saludos a tus profesores y compañeros y un abrazo a Alfonsito, recibe otro con todo el cariño y afecto de tu padre. Juan». Las de doña María de las Mercedes eran ligeramente más rebuscadas: «Adiós, queridos niños, hasta muy pronto, si Dios quiere. Un abrazo muy fuerte de vuestra mami que os bendice. María».[38] En líneas generales, los cuatro años de Juan Carlos en Miramar fueron relativamente felices, solo ensombrecidos por la separación de su familia y por los ataques de la prensa a su padre.

Franco siempre había dado salida a su antipatía hacia don Juan mediante su total control de la prensa española. *Arriba* y otros periódicos del Movimiento eran libres de hacer las insinuaciones que quisieran sobre la deslealtad monárquica al régimen. En enero de 1954 la hostilidad alcanzó nuevas cotas. En diciembre de 1953, el mejor amigo de don Juan, su primo segundo el conde de Mounbatten, a la sazón almirante de la flota mediterránea de la OTAN, le había invitado a observar desde el buque insignia unas maniobras planeadas para enero de 1954. Por una parte, como oficial honorario de la Royal Navy, don Juan ardía en deseos de aceptar la invitación. Por la otra, debido a las tensiones entre Gran Bretaña y España por motivo de Gibraltar, don Juan temía que la maquinaria de la prensa del Movimiento distorsionara las razones de su presencia y ligara la propaganda antimonárquica a la propaganda antibritánica. Finalmente, por consejo de Gil Robles que le recordó que se trataba de una operación de la OTAN, decidió asistir. Como cabía esperar, se desató una brutal campaña de prensa en que se omitió del todo el elemento referente a la OTAN. Las maniobras fueron presentadas como un movimiento amenazador de las fuerzas navales británicas y se insinuó que don Juan estaba claudicando ante Londres en la cuestión de Gibraltar: «Don Juan de Borbón, en la Marina inglesa. La prensa francesa publica la noticia de que don Juan de Borbón, conde de Barcelona, ha llegado a Malta. Ha embarcado a bordo del *Glasgow*, crucero de 12.000 toneladas, desde el cual seguirá las maniobras inglesas en el Mediterráneo. Desde 1936, don Juan es teniente de navío honorario de la Marina británica». Esta «noticia» iba acompañada por un editorial que calificaba las maniobras de indignante provocación cuyo fin era recordar al pueblo español que «Gibraltar es la espina que mantiene vivo un manantial de sangre desde 1704, fecha del inicuo despojo. ¿Puede privar la colonial algarada promovida al socaire de barcos y cañones, sobre la dramática tristeza del minúsculo y honroso municipio de San Roque, que podrá presenciar con sus propios ojos heridos la vana pompa con que se intenta acaso dar una réplica a un pueblo que incluso puede enseñar a la realeza?». Los alumnos de Miramar siguieron todo el asunto en la prensa. Juan Carlos estaba inevitablemente afligido y, durante algún tiempo, pareció que quizá habría que cerrar el colegio.[39]

En el verano de 1954 Juan Carlos había terminado el bachillerato. Poco después, don Juan recibió dos evaluaciones del carácter del chico. La primera fue enviada por Jesús Pabón y Suárez de Urbina, el distinguido historiador monárquico que había presidido el tribunal en el que el Príncipe había hecho los exámenes orales. La segunda provenía del conde de Fontanar, un buen amigo de don Juan y hombre desprovisto de toda ambición política. Como padre de Jaime Carvajal, compañero de habitación de Juan Carlos en Miramar, y habiendo recibido con frecuencia al Príncipe en su casa, conocía bien a Juan Carlos. Incluso descontando la natural falta de crítica de cualquier comunicado de esta índole a un rey sobre su hijo, estos testimonios eran altamente iluminadores. Pabón escribía: «La impresión —primera y última— que produce y deja Don Juan Carlos es la de ser, fundamentalmente, bondadoso. Lo parece en cuanto dice y en cuanto hace». Fontanar entraba en más detalles, describiendo al Príncipe como «generoso, afectuoso, dócil, bondadoso, modesto, desconocedor del rencor, simpático, valiente, guapo y habilidoso en los ejercicios físicos». Fontanar resaltaba asimismo que: «Trata a las gentes modestas con sencilla afabilidad». También Pabón observaba la «modestia auténtica» de Juan Carlos.

Siendo uno de los profesores que examinó a Juan Carlos, Pabón notó naturalmente su nerviosismo e inseguridad y la evidencia fotográfica de este período sustancia las conclusiones del profesor. Pabón decía: «El Príncipe es naturalmente tímido y, como todo tímido reacciona, superando, por compensación, la timidez mediante una cierta vehemencia y hasta violencia en la expresión, en el gesto o en la palabra». Y consideraba al hermano pequeño, Alfonsito, en general menos retraído y más espontáneo, en parte por su gran inteligencia personal y también porque no tenía que soportar el peso de tanta responsabilidad. Para Pabón, la cura para Juan Carlos estaba en la adquisición de mayor seguridad en sí mismo. Eso era, sin duda, algo en lo que su padre podía colaborar, pero don Juan tenía tendencia a ser crítico y brusco con su hijo.

Para Fontanar, los problemas del Príncipe eran otros. Estaba más acostumbrado a ver a Juan Carlos junto a su hijo Jaime, que sobresalía en los estudios. Como otros observadores del escolar en Friburgo y en Las Jarillas, Fontanar percibía cierto grado de indisciplina, lo cual acaso reflejara una natural fuerza de carácter o una rebelión menor contra las constantes separaciones de su familia. Fontanar advertía que el Príncipe no mostraba interés en la cultura y leía poco, ni siquiera la prensa. En ocasiones, se lamentaba, el chico parecía desatento, egoísta y superficial. Por todo ello, según Fontanar lo que hacía falta era imbuirle un mayor sentido de obligación.[40] El tiempo y las circunstancias personales se ocuparían de eso.

El fin de los estudios secundarios del Príncipe planteó la cuestión de dónde enviarle a continuación, puesto que tanto don Juan como Franco veían esta decisión como un arma en su sostenida prueba de fuerza. Ya en la primavera, don Juan había hablado con Gil Robles sobre la posibilidad de enviar a Juan Carlos a la Universidad Católica de Lovaina en Bélgica. Convencido de que tenía que disociar la posición de la monarquía de la del régimen, don Juan envió a Gil Robles a Lovaina en mayo para preparar el terreno.[41] Pese a todo, como apuntó Sainz Rodríguez —y como don Juan sabía sobradamente—, si era posible negociar condiciones aceptables, tenía más sentido que el Príncipe se educara en España. Sainz Rodríguez advirtió a don Juan que Franco necesitaba al Príncipe en España y había formas de inducirle a que pagara el precio: una entrevista públicamente reconocida que fortaleciera la imagen de la Corona dentro de España. Así asesorado, don Juan lanzó el desafío con una nota verbal enviada a Franco el 16 de junio de 1954, en la que informaba al Caudillo de su decisión de enviar a su hijo a Lovaina. Más adelante, Juan Carlos le dijo a José Luis de Vilallonga que don Juan estaba también considerando la posibilidad de enviarle a la Universidad de Bolonia.[42]

Se dio la coincidencia de que, cuando le llegó la carta de don Juan, Franco había comenzado ya a elaborar un complejo plan para la futura educación del Príncipe, que en parte era razonable pero cuyo grandilocuente lenguaje sugería un descomunal ejercicio en cinismo. Pasando por alto el hecho de que estaba fomentando secretamente las pretensiones a la corona del hijo de don Jaime, Franco escribió que Juan Carlos «debe prepararse para poder responder en su día a los deberes y obligaciones que la dirección de una nación entraña». Según él, lo que ofrecía a don Juan era una receta para el éxito basada en una «meditada reflexión sobre las condiciones en que un Príncipe ha de formarse y el bagaje de conocimientos que hoy requiere la dirección de una nación para que pueda despertar el respeto, la confianza y el amor del pueblo llamado a sostenerle. Así también quisieran se hiciese los sectores que han integrado el Movimiento Nacional, y así lo han aprobado aquellas personalidades de ellos integradas en mi Gobierno». Su carta no dejaba ninguna duda de que, si Juan Carlos no se formaba en España dentro del ambiente del Movimiento, no se le permitiría jamás subir al trono. Además, varios apartes hirientes aludiendo a aquellos que probablemente nunca reinarían y al «naufragio de una Monarquía secular» dejaban claro que don Juan no figuraba en los planes de Franco.

El plan de Franco para la educación del Príncipe estaba formulado en su inimitable estilo ampuloso y recargado. En primer lugar, su formación filosófica y moral estaría asegurada gracias a la constante compañía de «una persona piadosa, prudente, exenta de ambiciones». Después, el Caudillo anunciaba que, para la disciplina y la formación del carácter, no podía haber «nada más patriótico, pedagógico y ejemplar que su formación de soldado en un Establecimiento militar», lo cual significaba dos años en la Academia Militar de Zaragoza seguidos de un período más breve de seis meses en las academias de aviación y marina. Después pasaría otros dos años en la universidad estudiando ciencias políticas y económicas, seguidos por tres meses en cada una de las Escuelas de Ingenieros Agrónomos, Industriales y de Minas. Este amplio programa se adornaría con contactos frecuentes con el propio Caudillo. No deja de ser interesante que afirmara: «Considero importante que el pueblo se acostumbre a ver al Príncipe cerca del Caudillo». Con la carta se adjuntaba un resumen detallado —y revelador— de los aspectos del plan de estudios que Franco consideraba esenciales. Huelga decir que se hacía gran hincapié en la interpretación franquista de la historia de España y en los principios de Movimiento Nacional.[43]

La nota de don Juan del 16 de junio llegó antes de que fuera enviada esta larga misiva y, por ello, Franco añadió una extensa posdata. Apresurada y repetitiva, su tono imperioso y amenazador sugería que don Juan había acertado el tiro. Los temas constantemente reiterados eran que mandar a Juan Carlos al extranjero no era «conveniente» —presumiblemente para Franco— y producirían mal efecto (para don Juan): «La marcha del Príncipe al extranjero a completar su formación, por católica que sea la Universidad, no se juzgaría en España conveniente y causaría un mal efecto político». Era cada vez más evidente en los intercambios de Franco con don Juan que, en el espíritu del Caudillo, lo que estaba sobre la mesa no era la posibilidad de que el pretendiente ocupara el trono sino simplemente si era factible que lo hiciera Juan Carlos. Esta inconfundible amenaza iba dirigida contra Juan Carlos, lo que implicaba que don Juan no tenía nada que hacer:

> No os dais verdadera cuenta del clima nacional y del daño que se haría al porvenir futuro del Príncipe alejándole de formarse en el sentir de nuestro Movimiento. Ya la instauración de la Monarquía encierra en sí misma bastantes dificultades para aumentar estas con pasos impremeditados, que juzgo perjudiciales dado el sentir nacional, tan alertado y susceptible frente a las influencias extranjeras. No podría terminar esta breve exposición sin preveniros de la responsabilidad de vuestras decisiones, en evitación de que por una defectuosa información pudiera cerrar-

> se el camino natural y viable que se puede ofrecer a la instauración de la Monarquía en nuestra Patria.[44]

Mientras esta correspondencia transcurría entre Portugal y España, Juan Carlos y su hermano Alfonso se habían ido a Madrid para presentarse a los exámenes de fin curso que produjeron el informe de Pabón. Con permiso de don Juan, hicieron una visita de cortesía a El Pardo el 22 de junio para dar las gracias a Franco por haber facilitado su estancia en España. El Caudillo ordenó que se diera inmensa publicidad a la ocasión en la prensa oficiosa. Según un periodista francés, en el siguiente consejo de ministros Franco anunció que «los dos hechos más importantes de la historia de España desde 1939 son la firma de los acuerdos con los Estados Unidos y la visita que me han hecho los Infantes el 22 de junio». A continuación comentó que «un día Juan Carlos será llamado a altas responsabilidades en la vida de España».[45]

Aunque Gil Robles le instaba a que mandara a su hijo a Lovaina, el conde de Barcelona era reacio a que se educara fuera de España y necesitaba alguna baza en la negociación para asegurarse de que los términos fueran más los suyos que los del Caudillo. No obstante el modo intolerable en que sencillamente prescindía de la patria potestad de don Juan, mucho de lo que Franco proponía era sensato para la educación de un futuro rey de España. El peligro residía en que, como observó Sainz Rodríguez, «el Príncipe será definitivamente distanciado de V.M. y acabará por tener la formación que se pretende franco-falangista». Sin embargo, dejando aparte el énfasis en los principios del Movimiento, gran parte del plan de Franco concordaba con lo que don Juan pensaba. En todo caso, como comentó Pabón, «para torear hay que quedarse en España».[46] Pese a todo, don Juan se tomó su tiempo para contestar, haciendo saber que las propuestas de Franco estaban siendo sometidas a los miembros de su Consejo privado, un cuerpo formado por varias personas a las que Franco detestaba. La mayoría de los consultados comprendieron que el plan de Franco para el Príncipe significaba el fin de las esperanzas de don Juan de recuperar alguna vez el trono.

Algunos de los consejeros privados, entre ellos Gil Robles y el general Antonio Aranda, votaron a favor de rechazar la propuesta de Franco pero la mayoría fueron favorables a ella. Este proceso concluyó a finales de julio, pero don Juan esperó hasta el 23 de septiembre de 1954 para responder a Franco. El pretexto fue que había estado en un crucero por las islas griegas organizado por la reina Federica de Grecia, la cual, como maniobra publicitaria para fomentar el turismo en Grecia, había ideado una reunión de la generación más joven de varias familias reales europeas. La carta de don Juan fue enviada desde Tánger, donde Juan Carlos acababa de ser operado de urgencia de una apendicitis.

Fue durante este crucero, encontrándose a bordo de un destructor griego, cuando Juan Carlos conoció a su futura esposa, Sofía, hija del rey Pablo y la reina Federica de Grecia. Nada ocurrió en este primer encuentro. Años después, Juan Carlos contó que, cuando se vieron por primera vez, Sofía, que tenía quince años, le dijo que estaba aprendiendo judo, a lo cual respondió Juan Carlos en broma: «Eso no te servirá de mucho, ¿no?», a lo cual contestó ella: «¿Piensas que no? Dame la mano», y procedió a tirarle al suelo con una llave de judo.[47] Cuando regresaban en barco de este crucero, Juan Carlos empezó a quejarse de un dolor de estómago que resultó ser una apendicitis. De no haber sido por la inmediata reacción de su madre, podría haber tenido una peritonitis mortal pues, mientras la tripulación insistía en aplicar calor al Príncipe, María de las Mercedes, que tenía estudios de enfermera, recordó que, en caso de apendicitis, había que mantener fría la zona afectada con una bolsa de hielo. El *Saltillo* hizo escala en Tánger y Juan Carlos fue operado en un hospital de la Cruz Roja por Alfonso de la Peña, un afamado cirujano español que afortunadamente se encontraba en la ciudad cuando llegaron.[48]

En la carta que envió a Franco desde Tánger, don Juan se refería a sí mismo «como padre consciente de su deber». Era este un indicio claro de la indignación que le suscitaba que Franco intentara usurpar su puesto. Su irritación era también evidente en el modo en que deliberadamente «mal entendió» el plan de Franco. Con una indirecta contra el estatus del Caudillo, don Juan expresaba su satisfacción por que «el criterio de V.E., hoy responsable del gobierno de España, concuerda, en lo esencial, con el mío respecto a la conveniencia de que Don Juan Carlos tenga una formación española, religiosa y militar».

Evitando intencionadamente cualquier referencia a la educación del Príncipe dentro de los principios del Movimiento, don Juan estaba provocando al Caudillo. De forma deliberada, este aplazó su respuesta más de dos meses. En ningún momento creyó que no pudiera someter a don Juan a su propia voluntad. El 2 de octubre le dijo confiadamente a su primo Pacón: «Don Juan Carlos se preparará para ingresar en la Academia General; y aunque no sufrirá exámenes, conviene que tenga una cultura de matemáticas para poder efectuar luego sus estudios en la Academia con alguna base».[49] Al final, el joven príncipe no sería tratado con tanta indulgencia.

El retraso en la solución del futuro inmediato de Juan Carlos no tenía gran importancia puesto que, tras su operación, el joven príncipe no estaba en condiciones de ser enviado a ningún sitio y pasó el invierno de 1954 recuperándose en Estoril. Con todo, Gil Robles se quedó horrorizado al saber que, mientras esperaba la respuesta a su carta del 23 de septiembre, don Juan había permitido que continuaran las negociaciones con el Caudillo con la mediación del conde de los Andes. Pero estas negociaciones se llevaron a cabo a la sombra de otros acontecimientos. Fue, por ello, inesperado que finalmente tuvieran como resultado que el Caudillo accediera a una entrevista privada con don Juan para disponer los detalles de la educación del Príncipe en España.[50]

Tras su aparente seguridad, Franco sentía cierta inquietud respecto a la oposición monárquica. Ya en febrero de 1954 había recibido la visita de varios generales, entre ellos el influyente capitán general de Barcelona, Juan Bautista Sánchez. Para su indignación, hablaron del tema prohibido de la futura muerte de Franco y preguntaron educadamente si había tomado medidas para la sucesión monárquica cuando aquella ocurriera.[51] Después, mientras aún daba vueltas a la carta de don Juan del 23 de septiembre, Franco se alarmó al ser informado de que la puesta de largo de la hija de don Juan, la infanta María Pilar, había dado pie a quince mil solicitudes de pasaportes de los monárquicos españoles que deseaban ir a Portugal para presentar sus respetos a la familia real. La muy repetida afirmación de Franco de que no había monárquicos en España quedó así seriamente en entredicho. Fueron denegadas doce mil solicitudes pero tres mil monárquicos acudieron a Estoril para los festejos del 14 y 15 de octubre. Junto a los coches de aristócratas y altos oficiales del Ejército había también autocares llenos de gran número de personas de clase media.

El propio hermano del Caudillo, Nicolás, embajador español en Portugal, estuvo presente en el espectacular baile celebrado en el hotel do Parque de Estoril en el que había cantado fados la gran Amalia Rodrigues. Nicolás Franco informó a El Pardo sobre el afecto y entusiasmo espontáneo con que habían sido recibidas las palabras de don Juan cuando habló de su esperanza de ver una España en que todos fueran iguales ante la ley y se refirió a «la Monarquía Católica que está por encima de circunstancias pasajeras». Nicolás probablemente no mencionara que había aplaudido frenéticamente cuando don Juan salió a la pista de baile con su hija, ni que su propia mujer, Isabel Pasqual de Pobil, se había unido con entusiasmo a los gritos de «¡Viva el Rey!». Carmen Polo se apresuró a expresar su disgusto a su marido cuando le fue comunicado esto.[52] La indignación de Franco estaba dirigida contra los invitados aristócratas y habló de retirar el privilegio de pasaporte diplomático del que gozaban los grandes de España, «pues se valen de él para conspirar contra el régimen».[53]

Franco se percató nuevamente de la fuerza del reto monárquico en el transcurso de unas limitadas «elecciones» municipales celebradas en Madrid el 21 de noviembre de 1954, las primeras desde la guerra civil. Estas fueron presentadas por el régimen como auténticas elecciones porque un tercio de los concejales iban a ser «elegidos» por los «padres de familia» y las mujeres casadas de más de treinta años. Apoyados con entusiasmo por el periódico *ABC*, concurrieron cuatro monárquicos frente a los cuatro candidatos del Movimiento que presentó el régimen. Los monárquicos fueron hostigados e intimidados por matones falangistas y por la policía. La prensa del Movimiento montó una enorme campaña propagandística que presentó estas elecciones como una especie de plebiscito, pero todo el asunto estuvo seriamente mal llevado, porque dejaron al descubierto el absurdo de las afirmaciones de Franco de que todos los españoles formaban parte del Movimiento. Los materiales publicitarios monárquicos fueron destruidos y hubo urnas que desaparecieron misteriosamente para evitar que los monárquicos pudieran hacer el escrutinio de votos. Inevitablemente, los resultados oficiales dieron una sustancial victoria a los candidatos falangistas. Era evidente que se había producido una falsificación oficial y los monárquicos afirmaron haber recibido más del sesenta por ciento de los votos.[54] Al principio, Franco se contentó con creer que las elecciones municipales constituían una manifestación de aclamación popular a su favor. Sin embargo, una serie de protestas de monárquicos prominentes y la amenaza de dimisión del ministro de Justicia, el tradicionalista Antonio Iturmendi, indujo incluso al Caudillo a sospechar de la interpretación oficial de los hechos. Cuando el general Juan Vigón, por entonces jefe del Estado Mayor, le dijo que los Servicios de Inteligencia Militar habían descubierto que el grueso de la guarnición de Madrid había votado por los candidatos monárquicos, Franco se quedó anonadado, y horrorizado cuando oyó a Vigón decir que «el régimen había perdido las elecciones del 21 de noviembre». Estos indicios de que don Juan estaba concitando apoyos obligó a Franco a entrar en acción.[55]

Envió instrucciones a su hermano Nicolás en Lisboa para que informara a don Juan de que estaba ya preparado para recibirle. Puesto que Franco nunca había abrigado duda alguna sobre el tipo de educación que quería para el Príncipe, este encuentro era, a su juicio, innecesario. Las necesidades personales del muchacho no le interesaban en absoluto. Su sorprendente aquiescencia a reunirse con el pretendiente era simplemente una reacción a la creciente evidencia de la fuerza de los sentimientos monárquicos en España. La idea de Franco era que esta entrevista no fuera más que una maniobra propagandística para neutralizar dichos sentimientos; no tenía intención de hacer concesión alguna. Para limitar la agenda con vistas a la reunión, en su muy aplazada respuesta del 2 de diciembre de 1954 a la carta de septiembre de don Juan, Franco escribió en términos desdeñosos. Dejó claro que Juan Carlos tenía que educarse en los principios del Movimiento para sintonizar con «las generaciones que se forjaron al calor de nuestra Cruzada». Era esta una cuestión sobre la que, a juicio de Franco, no podía haber ningún malentendido. Si el Príncipe no se educaba de esta manera, sería mejor que marchara al extranjero. «La Monarquía no es viable fuera del Movimiento.» Lo más recomendable era que el Príncipe estudiara en España bajo vigilancia de Franco.

Era irónico —y algo que Franco quería ocultar a don Juan a toda costa— que la neutralización de los monárquicos y la consolidación de sus planes para la sucesión fueran probablemente su preocupación prioritaria en ese momento. Hasta entonces, su arma más eficaz para acallar a don Juan había sido ingeniar sucesivos renacimientos de la Falange. Esto también servía para fortalecer su argumento ante don Juan de que, como Caudillo, no podía tolerar una restauración de la línea dinástica que había caído en 1931, sino solamente la instauración de una monarquía falangista. Sin embargo, el inesperado éxito de los monárquicos en las «elecciones» madrileñas demostraron que la Falange era cada vez más anacrónica mientras que la opción monárquica parecía más afín al clima exterior. La política autárquica promovida por Franco y la Falange había llevado a España al borde del desastre económico. Como mínimo, sería prudente convencer de la buena fe monárquica de Franco a los monárquicos que había entre sus partidarios. Don Juan y sus seguidores quizá creyeran que estaban debatiendo modos de acelerar una restauración, pero la carta de Franco del 2 de diciembre dejaba pocas dudas de que solo abandonaría el poder en caso de muerte o incapacidad total, y entonces solo a un rey comprometido con el mantenimiento incondicional de la dictadura.

Era evidente que Franco veía la educación de Juan Carlos en términos de preparar precisamente esa clase de rey, lo cual no necesariamente significaba que hubiera seguridad alguna de la sucesión del Príncipe al trono. Aparte de alentar las pretensiones de don Jaime y sus hijos, Franco tenía ahora otro candidato más cercano. El 9 de diciembre había nacido su primer nieto, y su yerno, Cristóbal Martínez-Bordiu, le aduló sugiriendo cambiar el nombre del niño invirtiendo el orden de los apellidos paterno y materno. Así, con el nombre de Francisco Franco Martínez-Bordiu, el recién nacido era heredero potencial de su abuelo. Cuando las serviles Cortes dieron su consentimiento oficial el 15 de diciembre, cundió la alarma entre los círculos monárquicos de que Franco pensaba crear su propia dinastía,[56] impresión que se exacerbó cuando el conde de los Andes, jefe de la Casa de don Juan, le informó sobre la aspereza del tono de Franco durante las negociaciones en torno al orden del día para su próxima entrevista. Exponiendo su propio plan para la educación del Príncipe, le había dicho al pasmado conde: «Si don Juan no está dispuesto a esta educación para su hijo, o este no está conforme, el príncipe no debe volver a España y ya sabe que renuncia al trono y que me consideraré desligado en relación con él de todo compromiso ... Si interpretan que quiero hacer falangista al príncipe no me importa esta interpretación». En la víspera del encuentro, Pacón anotó en su diario su convicción de que la reunión era totalmente inútil porque sabía que nada desviaría a Franco del plan que había ya trazado. Como este mismo le dijo sin rodeos a Pacón: «Si don Juan quiere que su hijo reine en España debe someterse a mis deseos que son en bien de él y de la Patria, y confiarme su educación, que no deberá ser mediatizada por nadie y solamente entregada a personas de mi absoluta confianza».[57]

Don Juan se puso en camino hacia España en coche el 28 de diciembre de 1954. Franco salió del palacio de El Pardo a las ocho de la mañana del día siguiente en un Cadillac con una escolta de guardias. Ambos se dirigían a un punto a medio camino entre Madrid y Lisboa, Navalmoral de la Mata, en la provincia extremeña de Cáceres. La llegada a España por la noche fue un momento emocionante para don Juan, siendo la primera vez que había puesto el pie en su país desde el fallido intento de unirse a las fuerzas nacionales en 1936. El encuentro —que se llevó a cabo en Las Cabezas, una finca de Juan Claudio Güell, conde de Ruiseñada, representante del pretendiente en España— duró desde las 11.20 de la mañana hasta las 7.30 de la tarde con un descanso para comer. En las escaleras de la mansión, el siempre afable don Juan saludó a Franco cordialmente y para el momento en que se sentaron ante el fuego acogedor de la gran chimenea, había conseguido crear un ambiente distendido. Don Juan se sentía tranquilo; le dijo a Franco que había recibido miles de mensajes de apoyo de los españoles, entre ellos telegramas de cuatro tenientes generales. Sin embargo, este tipo de referencias al debate abierto sobre la sucesión monárquica no tuvieron el menor efecto en Franco, que lo consideraba un asunto relativo a un futuro teórico y muy lejano. Esto se hizo evidente cuando empezó a hablar de la posibilidad de separar las funciones de jefe del Estado y jefe de Gobierno. Solo lo haría, dijo, cuando su salud se quebrantara, o él «desapareciera», o porque el bien del régimen, al pasar el tiempo, lo requiriese, «pero, mientras yo tenga buena salud, no veo las ventajas del cambio».

Franco, claramente cómodo, hablando sin parar siquiera para beber un sorbo de agua, procedió a dar a don Juan una lección de historia interminable y laberíntica. Don Juan comentó posteriormente que era como escuchar a un abuelo contando batallitas. En realidad, la rememoración de Franco sobre sus hazañas militares podía considerarse un astuto intento de humillar a don Juan, a quien no habían permitido luchar en la guerra civil. Los esfuerzos de don Juan para meter baza, y dirigir la conversación hacia los trámites para la transición a la monarquía y las condiciones del futuro después de Franco suscitaron una respuesta gélida. Franco no vaciló en criticar a muchos monárquicos prominentes tachándolos de borrachos y jugadores, y acusó a Pedro Sainz Rodríguez de ser masón. Cuando don Juan alabó a este como fiel consejero en el que tenían total confianza, Franco contestó: «Yo nunca he puesto mi confianza en nadie».

Las propuestas de don Juan de libertad de prensa, un cuerpo judicial independiente, justicia social, libertad sindical y representación política no hicieron más que reforzar la convicción de Franco de que era marioneta de peligrosos metomentodos aristocráticos que serían probablemente masones. A través de su verborrea impenetrable y autosatisfecha se traslucía el mensaje del Caudillo. Como ya había informado al conde de los Andes, si don

Juan no se avenía a su petición de que Juan Carlos fuera educado bajo su tutela, lo consideraría una renuncia al trono. Las necesidades, no digamos ya los deseos, de Juan Carlos sencillamente no entraban en el debate. Ante el ultimátum de Franco, don Juan accedió a que su hijo estudiara en las academias de las tres armas, en la universidad y al lado de Franco. Sin embargo, el pretendiente dejó muy claro que nada de ello significaba una renuncia a sus derechos dinásticos. Con suma renuencia, Franco aceptó un anodino comunicado conjunto cuyos términos reconocían implícitamente, si bien no explícitamente, los derechos hereditarios al trono de la dinastía Borbón. Fue una pequeña victoria para don Juan que su nombre apareciera junto al de Franco.[58]

Aparte del comunicado conjunto, Franco no había hecho ninguna verdadera concesión para una futura restauración, o instauración, como él la llamaba. Con todo, el gesto teatral de reunirse con don Juan le había sacado, por el momento, la espina de los monárquicos y había producido la impresión de que se estaba avanzando. En su mensaje de fin de año del 31 de diciembre de 1954, el Caudillo hizo saber con claridad que no había hecho concesión alguna a don Juan. Utilizando el «nosotros» mayestático, insistió en que la forma monárquica consagrada en la Ley de Sucesión no tenía nada que ver con la monarquía de Alfonso XIII. A raíz del encuentro en Las Cabezas, el Caudillo estaba afirmando públicamente que no renunciaba al derecho contemplado por la Ley de Sucesión de elegir un sucesor que garantizase la continuidad de su régimen autoritario.[59]

Conversando con Pacón ese mismo día, Franco afirmó que, en Las Cabezas, don Juan le había preguntado si creía necesaria su abdicación para que su hijo tuviera derecho a heredar el trono. Este extremo no está documentado en las descripciones de esta entrevista. Es más, dichas descripciones indican que lo que don Juan dijo en realidad fue que permitir que su hijo estudiara en España no significaba una abdicación de sus derechos. Ahora bien, si Franco no estaba haciéndose ilusiones y don Juan en efecto había hecho tal pregunta, podría interpretarse como un ardid para obligar a Franco a reconocer los derechos dinásticos de la familia. Si, a petición de Franco, don Juan hubiera abdicado a favor de su hijo, el Caudillo se habría comprometido a elegir a Juan Carlos como sucesor. Es poco probable que se planteara la cuestión de la abdicación en los términos exactos alegados por Franco ante su primo. De cualquier modo que surgiera el tema, la respuesta de Franco, al menos según la versión de Pacón, fue una obra maestra de astucia.

Reacio a reducir sus alternativas, el Caudillo al parecer contestó: «El problema de vuestra abdicación no considero necesario que se plantee hoy, pues el objeto de esta entrevista es la educación de vuestro hijo, pero ya que V.A. habla de este asunto, debo decirle que en efecto considero que V.A. se hizo incompatible con la España de hoy, pues V.A., en contra de mi consejo de que estuviera callado y que no hiciese declaraciones, publicó un manifiesto en el que se niega a colaborar con el régimen, y así se ha hecho incompatible con él». Pasó después a hablar sobre su «inclinación» a nombrar como sucesor suyo a un heredero directo de Alfonso XIII, pero mencionó también la fuerte tentación de nombrar finalmente a un príncipe de la rama tradicionalista de la familia como recompensa a los carlistas por su ayuda en la guerra civil y su posterior lealtad. Si la conversación transcurrió como alegó Franco, reveló su determinación de humillar a don Juan y mantener a un tiempo abiertas sus alternativas.[60]

En ese momento en que Juan Carlos estaba a punto de regresar a España para formarse como posible sucesor de Franco, acaso reflexionara que sus propios intereses como ser humano estaban sacrificándose en una lotería. Franco podía elegir entre un carlista, don Juan, Juan Carlos, don Jaime o su hijo Alfonso, y, quizá, incluso el recién nacido Francisco Franco Martínez-Bordiu. Ni Juan Carlos ni su padre podían no ser conscientes de esto. Habría sido difícil no sentirse como una pelota en el juego de otros.

A las pocas horas de volver de Las Cabezas, don Juan había escrito al jefe de Artillería de Franco durante la guerra, el general Carlos Martínez Campos y Serrano (duque de la Torre), pidiéndole que fuera jefe de la Casa del Príncipe en España y encomendándole así la supervisión de la educación militar de su hijo. Estirado y austero, Martínez Campos, un hombre de sesenta y ocho años, era conocido por su adusta seriedad, su aguda inteligencia y su lengua mordaz. Su matrimonio había fracasado y, por propia admisión, había fracasado en la educación de sus hijos. Incluso Franco se sintió movido a comentar: «¡Menuda le ha caído al chico con ese hombre!».[61] Pese a ello, fue una elección que suscitó considerable satisfacción en El Pardo. Después de todo, Martínez Campos había sido gobernador militar de Canarias hasta hacía poco tiempo. El duque se presentó ante Franco el 27 de diciembre. El jefe del Cuarto Militar del Caudillo, su primo Pacón Franco Salgado-Araujo, anotó en su diario: «El general duque de la Torre es persona de absoluta confianza y lealtad al Caudillo y de toda garantía». En realidad, esto no era del todo cierto: Martínez Campos era leal y obediente, pero tenía considerables reservas sobre Franco como persona y sobre su forma de tratar a don Juan. Juan Carlos comentó más adelante que «no se llevaba bien» con Franco. Pues bien, en el transcurso de su conversación, el duque mencionó la irritación de don Juan por el modo en que Franco, al hacer sus planes para la educación del Príncipe, había hecho caso omiso de su derecho como padre a educar a su hijo. El Caudillo no se molestó, reiterando despreocupadamente su opinión de que una cosa era educar a un hijo y otra formar a un príncipe para reinar. Añadió después que, si a don Juan no le parecía bien, podía hacer lo que quisiera pero perdería la ocasión de ver a su hijo sentado en el trono.[62] Una vez más, quedaba meridianamente claro que los intereses personales del adolescente de quince años poco importaban en el juego político que se libraba.

Cuando el general Juan Vigón, jefe del Estado Mayor y ferviente monárquico, conoció la elección de Martínez Campos y las disposiciones tomadas para Juan Carlos, se mostró contrariado, exclamando: «¡Mal enfoque; van a hacer política en vez de formarlo!».[63] El propio Martínez Campos apenas era menos crítico hacia su nombramiento, comentando a un amigo de la familia: «Esto es trabajo de mujeres».[64] Cabría, por tanto, decir que la elección de este militar rígido e irritable se basó no en consideración alguna por las necesidades de Juan Carlos sino en el hecho de que tenía buenas relaciones con Franco. Era típico del carácter de Martínez Campos que, una vez incorporado a sus funciones, impidiera que Juan Carlos recibiera visitas de su querido preceptor, Eugenio Vegas Latapié.[65] La consecuencia del encuentro en Las Cabezas, en lo que hacía a Juan Carlos, fue que a principios de 1955 se vería obligado a abandonar Estoril una vez más y a empezar a preparar los exámenes de entrada en la Academia Militar de Zaragoza.

Los preparativos comenzaron pues el 5 de enero de 1955, cuando Martínez Campos telefoneó al comandante Alfonso Armada Comyn, oficial de artillería e hijo del marqués de Santa Cruz de Rivadulla, para que arreglara una entrevista clandestina. Cuando iban en coche por las calles de Madrid, Martínez Campos le pasó la carta de don Juan. «¡Enhorabuena, mi general!», dijo Armada al devolvérsela. Con una mezcla de desprecio e indignación, el general le espetó: «¿Te haces el tonto o lo eres de verdad? ¿Crees posible que pierda el tiempo para que me felicites por algo que ni me gusta, ni he buscado, y que me preocupa? ¿No te das cuenta del embolado que me han largado?». Armada, ofendido, le contestó en un susurro: «Pues renuncia». «No —respondió el general—, eso no sería correcto. No lo haré nunca. Es un honor, incómodo, lleno de responsabilidades, sobre todo largándomelo cuando soy viejo y nunca he sabido educar a mis hijos. Pero no perdamos el tiempo. No tengo por qué darte explicaciones. Te he llamado para que me ayudes; te necesito. Eres joven, tienes muchos hijos. Tu familia y la de tu mujer conocen bien el palacio y sus entresijos.»

El razonamiento de Martínez Campos era comprensible. El padre del joven comandante, Luis Armada y de los Ríos Enríquez, había sido amigo de infancia de Alfonso XIII, como también su suegro, Pedro Díez de Rivera y Figueroa, marqués de Someruelos. Como generales de artillería, ambos eran amigos de Martínez Campos. A los diecisiete años, el propio Armada había luchado como voluntario en el bando nacional durante la guerra civil. En julio de 1941, poco después de graduarse en la Academia de Artillería de Segovia, se había alistado en la División Azul para combatir junto a los alemanes en el frente ruso.

Había sido condecorado con la Cruz de Hierro. Tras sus estudios en la escuela de Estado Mayor, había entrado a formar parte del Estado Mayor de la Guardia Civil. Ahora, no obstante sus esfuerzos para disuadir al general, Armada fue desoído y recibió orden de presentarse a la mañana siguiente.[66]

Martínez Campos había pedido al comandante Armada que preparase una lista de oficiales de los diversos cuerpos militares que pudieran ser reclutados como profesores del Príncipe. También se le encomendó que organizara el personal de su residencia, eligiendo compañeros apropiados y disponiendo los estudios de Juan Carlos e incluso sus lecturas para su tiempo de ocio. Martínez Campos desestimó algunas de las sugerencias de Armada y se quedó con otras. Un intimidante equipo de oficiales iba a supervisar los estudios del muchacho. El profesor de infantería del Príncipe iba a ser el comandante Joaquín Valenzuela, marqués de Valenzuela de Tahuarda, cuyo padre había muerto en acción en Marruecos cuando era el predecesor inmediato de Franco como jefe de la Legión española. El profesor a cargo de equitación, caza y desarrollo deportivo iba a ser un comandante de infantería de cincuenta años, Nicolás de Cotoner, conde de Tendilla y después marqués de Mondéjar. Cuñado del conde de Ruiseñada, Cotoner era un Grande de España que había luchado en la guerra civil y firme admirador de Franco, lo cual significaba que era visto con cierto recelo en Estoril.[67] El capellán era el padre José Manuel Aguilar, un cura dominico que era además cuñado del ministro de Educación, el cristianodemócrata Joaquín Ruiz-Giménez. Profesor de historia era Ángel López Amo, catedrático de la Universidad de Santiago de Compostela y miembro del Opus Dei. Las matemáticas quedaron a cargo de un estricto oficial de Marina, el capitán de corbeta Álvaro Fontanals Barón.[68]

Una sugerencia de Martínez Campos había inducido a los duques de Montellano, Manuel e Hilda, a poner generosamente a disposición del Príncipe su palacio del Paseo de la Castellana en Madrid, donde en el año académico de 1949-1950 sus compañeros de Las Jarillas habían esperado en vano su regreso de Estoril. Los costes administrativos del establecimiento del Príncipe iban a ser sufragados por Presidencia del Gobierno, a cuyo frente estaba el almirante Carrero Blanco. Juan Carlos viajó de Lisboa a Madrid en compañía del general Martínez Campos el 18 de enero de 1955. Esta vez, su llegada fue algo más ceremoniosa que en su primer viaje a España en noviembre de 1948. El Príncipe viajaba en el bien pertrechado «break de Obras Públicas» que Franco había utilizado para su encuentro con Hitler en Hendaya en octubre de 1940. Es de suponer que se habrían hecho las reparaciones necesarias para eliminar las goteras que habían fastidiado a Franco en su viaje. Juan Carlos fue recibido en la estación de las Delicias por el alcalde en persona, el conde de Mayalde, y por el capitán general de la región, Miguel Rodrigo Martínez, junto a una multitud de varios cientos de monárquicos, en su mayoría aristócratas. Su llegada —y los infundados rumores de que, en Las Cabezas, Franco había accedido al regreso a España de los restos mortales de Alfonso XIII— intensificó las tensiones entre los falangistas radicales. El consejo de la organización de veteranos, la Vieja Guardia, que se arrogaba la responsabilidad de mantener la «pureza» ideológica del régimen, envió una delegación a ver al ministro-secretario general del Movimiento, Raimundo Fernández Cuesta, al que exigieron que aclarara la situación de la Falange en relación a la potencial amenaza de una vuelta de la monarquía. El timorato Fernández Cuesta, por su parte, no estaba seguro de poder controlar a sus propias filas.[69]

La agresividad de muchos falangistas era una reacción al hecho de que el comunicado emitido después de la reunión en Las Cabezas había desencadenado de inmediato rumores de inspiración monárquica de que el Caudillo estaba preparando activamente una pronta transición a la monarquía. Franco respondió rápidamente a los primeros murmullos de protesta de la Falange extrema ante semejante perspectiva. Una semana después de la llegada de Juan Carlos, concedió una entrevista ampliamente reproducida que eliminó cualquier esperanza de una próxima retirada suya. «Aunque por lo vitalicio de mi Magistratura —declaró con grandilocuencia—, es de esperar nos queden todavía muchos años por delante y el interés inmediato del asunto se diluya en el tiempo.» Franco volvía a dejar claramente sentado, tanto para sus partidarios como para don Juan, que la monarquía sería falangista y en nada parecida a la que había caído en 1931.[70] Ante la frontal oposición falangista a lo que parecían concesiones a don Juan, Franco pidió a la dócil jerarquía de Falange que aplazaran la «revolución pendiente» un poco más a cambio de un futuro franquista bajo un rey franquista.[71] En consecuencia, en febrero de 1955 autorizó la elaboración de dos proyectos de ley para cerrar los posibles agujeros de la Ley de Sucesión y atar irrevocablemente a cualquier sucesor real al Movimiento. Al mismo tiempo, para hacerlo más aceptable a sus partidarios monárquicos, se iban a desdibujar los perfiles falangistas del Movimiento, se relajaría la censura a favor de la monarquía y Eugenio Vegas Latapié fue restituido al Consejo del Reino.[72]

A las pocas horas de haber llegado el Príncipe a Madrid se había formado una fila de personas, algunos aristócratas y otros no, que querían presentar sus respetos a la puerta del Palacio de Montellano. Como Franco, Martínez Campos estaba decidido a garantizar que no hubiera una camarilla de cortesanos en el palacio. Los guardias civiles de servicio recibieron órdenes de informar a los que se acercaran que podían firmar en el libro de visitas y después debían marcharse. El año y medio pasado en el Palacio de Montellano preparándose para el examen de entrada a la Academia Militar de Zaragoza sería una dura prueba para Juan Carlos. Esta vez no tenía amigos que le hicieran compañía. Su habitación estaba sobriamente amueblada y el único toque personal eran algunas fotos familiares, un diminuto tríptico de Cristo y una imagen fosforescente de Nuestra Señora de Fátima. Como cabía esperar de él, el duque de la Torre estableció también un horario inflexible que dejaba al joven muy poco tiempo libre. El Príncipe era despertado a las 7.45 y tenía tres cuartos de hora para asearse, asistir a misa en la capilla, desayunar y hojear los periódicos. A las 9.30, acompañado por el capitán de corbeta Álvaro Fontanals Barón, el Príncipe se dirigía a sus clases particulares, que recibía en el Colegio de Huérfanos de la Armada de Madrid, donde seguía un rígido horario hasta las 13.15. Después de la comida en el palacio jugaba al golf o montaba a caballo en la Casa de Campo hasta las cinco de la tarde. De vuelta en el palacio, estudiaba hasta las nueve de la noche, en que se permitía a Juan Carlos una hora para escribir cartas o llamar por teléfono.

Disponía de poco tiempo libre, pues en el palacio se daban clases incluso los sábados y el capellán hacía frecuentes visitas para impartir enseñanza religiosa y moral. Otras horas libres se ocupaban con visitas de profesores que le daban charlas preparadas sobre sus especialidades. El único atisbo de jovialidad en esta atmósfera, por lo demás sofocante, consistía en que su joven amigo Miguel Primo de Rivera y Urquijo vivía cerca, en Martínez Campos 53, y se convirtió en frecuente acompañante del Príncipe. De allí surgió una amistad para toda la vida y, en aquel momento, contribuyó a aliviar el tedio de las habituales comidas y cenas con importantes figuras de la Iglesia, la Falange y el mundo empresarial, incluido el jefe del Opus Dei, Josemaría Escrivá de Balaguer. Esta austera rutina raramente era estimulante —más bien podía ser embotadora— para un adolescente. Cuando el diplomático José Antonio Giménez-Arnau le preguntó cómo llevaba su soledad y la separación de su familia, Juan Carlos contestó tristemente: «Si no resignado, estoy al menos acostumbrado. ¡Figúrese! A los siete años pasé dos ya separado de mis padres. Eran los primeros tiempos de Estoril. No había otro remedio». A Giménez-Arnau le habían encargado un artículo de semblanza del Príncipe. Cuando se publicó, Juan Carlos le escribió una nota informal de agradecimiento. El afecto y franqueza naturales de la nota de aquel príncipe de diecisiete años garantizó la firme lealtad de su destinatario.[73]

De vez en cuando, el Príncipe era llevado a El Pardo donde era sometido por el Caudillo a interminables lecciones de historia sobre los errores cometidos por diversos reyes de España. También recibía sentenciosos consejos sobre la necesidad de evitar a aristócratas y cortesanos. Convencido de que el Príncipe se sentía sumamente complacido y agradecido, Franco decidió verle al menos una vez al mes «para cambiar impresiones con él y poderle ir inculcando mis ideas». El Caudillo estaba encantado con la severidad de Martínez Campos, que se presentó ante él el 5 de marzo de 1955. Cuando el Príncipe empezó a tutear al comandante Valenzuela, Martínez Campos se lo prohibió tajantemente. Había negado al Príncipe permiso para asistir en Lisboa a la boda de una de las hijas del antiguo rey de Italia, Humberto, informando a don Juan que sería una inaceptable interrupción de los estudios del muchacho. Insistía en hablar siempre inglés con Juan Carlos; y hacía todo lo posible para asegurarse de que ninguna de sus amistades llegara a tener prioridad sobre las demás. El hecho de que el duque de la Torre creyera necesario informar a Franco da cierta idea del ambiente en que estaba educándose el Príncipe. En algunas ocasiones, se le permitía invitar amigos a comer y una vez recibió la visita de la hermosa princesa italiana María Gabriela de Saboya, amiga y compañera de exilio en Portugal. El Príncipe solía disponer de poco dinero para sus gastos, recordando posteriormente que Nicolás Cotoner le pagaba los trajes.[74]

La tendencia a la jovialidad que había caracterizado a Juan Carlos de pequeño no le abandonó pese a la sobriedad de su entorno. El comandante Emilio García Conde, que formaba parte del personal docente, tenía un Mercedes que al Príncipe le encantaba conducir, aunque todavía no tenía carnet. Un día, en un viaje al cuartel general de la Sección Femenina en el castillo de la Mota, provincia de Valladolid, tuvo un pequeño accidente con un ciclista. El comandante García Conde resolvió el problema dando al ciclista unos billetes para arreglar la rueda y comprarse un par de pantalones. Después de haber sido prácticamente comido por las entusiastas mujeres de la Sección Femenina, Juan Carlos y su acompañamiento se retiraron para comer en un restaurante. El Príncipe relató alegremente el incidente con el ciclista y se quedó pasmado cuando el general Martínez Campos ordenó enfurecido a García Conde que encontrara al ciclista, le pidiera el dinero que le había dado y obligara al infortunado joven a informar del asunto a la Guardia Civil. Lo que le preocupaba era que si el muchacho estaba herido pareciera que el Príncipe estaba implicado en un corrupto intento de ocultar su propia responsabilidad. Insistió además en que Juan Carlos volviera a Madrid junto a él en su coche.[75]

La lealtad y deferencia de Martínez Campos hacia el Caudillo le impedían quejarse de que Franco, en parte para complacer a la Falange y en parte para hacer meter en vereda a los monárquicos, había alentado las críticas a don Juan en la prensa. A consecuencia de ello, como el general sabía muy bien, la hostilidad a la monarquía pronto empezó a dirigirse contra Juan Carlos. A principios de febrero de 1955, el alcalde de Madrid, conde de Mayalde, escribió al primo de Franco, Pacón Franco Salgado-Araujo. Como respuesta a la distribución de octavillas falangistas que rezaban «No queremos rey», Mayalde preguntaba cómo era posible que, si Franco quería que Juan Carlos se educara en España, el partido único del régimen se dedicara a insultar al Príncipe. Cuando Pacón mencionó el asunto al Caudillo, este le quitó importancia calificándolo de «cosas de estudiantes». Sin embargo, estas muestras de desaprobación provenían de niveles mucho más altos de Falange, incluida Pilar Primo de Rivera, presidenta de la Sección Femenina. Pese a todo, Franco insistió en quitar importancia a nuevos informes sobre las actividades antimonárquicas de dignatarios como el capitán general de Valencia. Las críticas continuaron y, finalmente, el 26 de febrero el Caudillo se sintió obligado a informar al preocupado gabinete de que «solamente se nombraría un rey si había un príncipe preparado para ello».[76]

La presencia de Juan Carlos en España y sus posibles implicaciones cobraron relieve con la publicación en *ABC*, el 15 de abril de 1955, de su entrevista con José Antonio Giménez-Arnau, la primera entrevista de prensa publicada desde su llegada a España en 1948. Unos días después se produjeron violentos desórdenes entre falangistas y juanistas al finalizar una conferencia sobre las monarquías europeas pronunciada por Roberto Cantalupo, en su día embajador de Mussolini ante Franco, en el Ateneo de Madrid, principal centro intelectual liberal de la capital. Como réplica a la entusiasta defensa de la monarquía que hizo Cantalupo, el ex ministro Rafael Sánchez Mazas gritó: «¡Viva la Falange!» en respuesta a lo cual surgieron gritos de «¡Viva el rey!» y «¡Viva don Juan III!» de entre los monárquicos presentes. La Falange entonces roció la sala con octavillas que ridiculizaban a Juan Carlos y hubo que llamar a la policía para que pusiera fin a la pelea a puñetazos que estalló después. El Príncipe también se enfrentaba a la hostilidad cada vez más manifiesta del ministro del Ejército, general Agustín Muñoz Grandes, simpatizante de la Falange. Más adelante en aquella primavera, jóvenes falangistas recorrieron las calles de Madrid gritando: «¡No queremos reyes idiotas!». Juan Carlos fue también abucheado cuando entregaba los premios en un concurso hípico y ese verano fue insultado durante una visita a un campamento de verano falangista.[77]

Los ruidos que salían de Falange eran estertores de muerte de una bestia herida. Su organización no podía haber estado más dócilmente domesticada. El 9 de junio de 1955, el secretario general del Movimiento, Raimundo Fernández Cuesta, declaró en Bilbao que para asegurar la supervivencia del régimen después de la muerte de Franco serían necesarias garantías judiciales, políticas e institucionales. La función del Movimiento sería sostener la monarquía que sucediera a Franco y mantenerla en la senda recta del franquismo. Esto era un reconocimiento oficial por parte de Falange de la inevitabilidad de una sucesión monárquica.[78] Los monárquicos, por su parte, tuvieron que aceptar que la monarquía solo sería restaurada dentro del marco del Movimiento. Para que no quedaran dudas, Franco explotó los deseos del adulador Julio Danvila, el más franquista de los consejeros de don Juan, de fomentar la creación de una monarquía franquista. A petición de Franco, el dócil Danvila pergeñó el texto de una «entrevista» con don Juan en que este aparentemente daba su real aprobación al discurso de Fernández Cuesta. Franco dio su visto bueno al texto, que Danvila llevó entonces a Estoril donde el indignado don Juan se negó a aceptar su publicación. Danvila dijo entonces al Caudillo que el pretendiente había aceptado la «entrevista», ante lo cual Franco enmendó el texto para hacerlo más acorde aún con sus propias ideas y obligó a *ABC* y *Ya* a publicarlo el 24 de junio de 1955. Pese a su indignación, don Juan no protestó porque una ruptura pública con Franco habría alentado las maquinaciones antimonárquicas de los elementos extremistas de Falange. También podría haber resultado en la terminación de los estudios de Juan Carlos en España.[79]

A Franco le daba igual que Falange fuera contraria a su aparente opción de monarquía conservadora para el futuro del régimen. En la concentración de noviembre de 1955 en El Escorial para conmemorar el aniversario de la muerte del fundador de la Falange, José Antonio Primo de Rivera, Franco reavivó las preocupaciones falangistas por la reunión de Las Cabezas y la presencia de Juan Carlos en España. Había llegado a la ceremonia vestido con el uniforme de capitán general en lugar del acostumbrado traje negro con camisa azul de Jefe Nacional de Falange. Entre las filas falangistas se produjo cierto nerviosismo. Cuando Franco atravesaba la plaza hacia su coche una voz gritó: «No queremos reyes idiotas». Se dijo también que se había oído un grito de «Franco traidor». Otros incidentes menores reflejaron el descontento falangista ante la autocomplacencia del régimen, que Franco consideró sin importancia.[80]

La constante descalificación de la monarquía borbónica, junto a los aires de realeza que se daba Franco, irritaban profundamente a la familia de don Juan, hecho que se advirtió en los indiscretos comentarios de Alfonso de Borbón, segundo hijo del conde de Barcelona. Cuando tenía catorce años, Alfonsito solía referirse a Franco llamándole «el enano» o «el sapo». En una ocasión dijo: «Este tío no se va de ahí. Lo que hay que hacer es echarle a puntapiés... A mí me revienta visitarle. Y la Señora, siempre enseñando los dientes, me quita el apetito». Esto era indicio tanto del deterioro de las relaciones entre don Juan y Franco como de que era tal la predilección por Alfonsito que sus salidas de tono eran toleradas y alabadas. No muchos años antes, don Juan le había dado un cachete a su hija Margarita por repetir un chiste de Franco. Las cosas habían cambiado y poca duda cabe de que los comentarios críticos hacia Franco y su mujer serían rápidamente reportados a El Pardo por los muchos visitantes monárquicos que mantenían una doble «lealtad».[81]

3

LAS TRIBULACIONES DE UN JOVEN SOLDADO, 1955-1960

No obstante la disposición de Franco de eximir a Juan Carlos de los exámenes de entrada en la Academia Militar de Zaragoza, el general Martínez Campos insistió en que se sometiera a esta prueba como cualquier otro futuro cadete. Habiéndola superado, Juan Carlos ingresó en la Academia en diciembre de 1955. Como sus compañeros de la Academia recordaban después, estos exámenes eran muy duros y aunque en general el Príncipe fue tratado por los examinadores como un candidato más, el examen de matemáticas que él hizo debió de ser más fácil que el de los demás: de hecho, pronto se vería que Juan Carlos estaba bastante por debajo de la media en esta asignatura.[1]

Aunque Juan Carlos, al menos en sus declaraciones públicas, recordaría más adelante sus años de cadete con nostálgico afecto, su paso por las academias no siempre fue fácil. En su jura de bandera, el 15 de diciembre de 1955, la ceremonia estuvo presidida por el áspero general Agustín Muñoz Grandes, ministro del Ejército, mucho más favorable a la causa falangista que a la monárquica, por lo que no hizo mención alguna del Príncipe en su discurso.[2] Además, en aquel momento Juan Carlos estaba entristecido por la negativa de Franco a permitir la asistencia de su padre a la ceremonia.[3] El 10 de diciembre, don Juan le escribió recordándole las tremendas responsabilidades que estaría aceptando cuando jurara lealtad a España: «Ha de ser un gran día el 15 de diciembre, pues será la fecha en que con toda conciencia te consagres para el resto de tu vida en el servicio de España». Juan

Carlos envió un telegrama a su padre: «Ante mi bandera he prometido a España ser un perfecto soldado, y con emoción tremenda te juro que cumpliré lo dicho».[4]

Juan Carlos deseaba fervientemente que se le permitiera llevar una vida como la de cualquier cadete. «Confundirse en la masa, como suele decirse, evita muchos problemas.» Esto resultó imposible porque la campaña de la prensa del Movimiento contra don Juan se mantuvo con intensidad durante este período. Los constantes ataques a su padre alteraban mucho a Juan Carlos. Algunos compañeros cadetes se divertían maliciosamente citando las insinuaciones de la prensa. En más de una ocasión provocaron tanto a Juan Carlos con comentarios de que su padre era masón o un mal patriota (por servir en la Royal Navy) que la cuestión acabó en pelea. Estas se organizaban furtivamente por la noche en los establos, quizá incluso con la connivencia del profesorado. Cuando por fin Juan Carlos se quejó a Franco de los ataques de los medios de comunicación contra su padre, el Caudillo respondió, con su habitual cinismo, que la prensa española era independiente y que él no podía influir en ella, asegurando que «era imposible hacer nada, ya que la prensa era libre de exponer sus opiniones». Como Juan Carlos comentó posteriormente, «aquello era tan gordo, que lo único que podía hacer era reírme...».

Al relatar esto posteriormente, Juan Carlos se mostró bastante benevolente con Franco. Reflexionando sobre el hecho de que el Caudillo viese en don Juan a un peligroso liberal, el Rey comentó: «Cuando mi padre decía: "Quiero ser el rey de todos los españoles", Franco debía de traducir: "Quiero ser el rey de los vencedores y de los vencidos"». Esto desconcertaba a Juan Carlos porque Franco era plenamente consciente de que don Juan había intentado unirse a las tropas nacionales contra los «rojos». Respecto a la carta profundamente cínica con la que Franco había rechazado su ofrecimiento, el Rey comentó de forma escasamente recriminatoria: «En aquella ocasión, el General escribió a mi padre una carta muy hermosa para agradecerle su gesto, y en ella le decía que su vida era demasiado preciosa para el porvenir de España y que le prohibía arriesgarla en el frente de batalla. ¿Por qué la vida de mi padre era tan preciosa sino porque era el heredero de la Corona? Pero qué quieres, José Luis, el General era así. ... A veces era muy difícil de soportar. Pero yo, sabes, me había convencido de una vez por todas de que para llegar a mis fines tenía que soportar muchas cosas. El objetivo valía la pena». El objetivo era la restitución de los Borbones al trono.[5]

Pese a los ocasionales estallidos de hostilidad contra su padre, Juan Carlos iba a recordar sus años en las academias militares como algunos de los más felices de su vida. En una breve carta a los lectores de una revista española que publicó en 1981 un artículo sobre este período, escribió: «Recuerdo con verdadera satisfacción y nostalgia mi paso por las Academias Militares ... Muchas veces tengo presente ahora —cuando mi cargo y mis ocupaciones no me dejan apenas tiempo ni libertad— aquella época ya lejana en la que mi vida podía desenvolverse de una forma distinta a la actual».[6]

Al margen del estatus especial que ninguno de sus compañeros podía ignorar, Juan Carlos se convirtió pronto en un cadete auténticamente popular. Sus coetáneos de las academias militares le describirían tiempo después como un «compañero sensacional», abierto, generoso, especialmente dotado para los deportes y agraciado con una memoria excepcional. Su capacidad para recordar los nombres y caras de las personas le permitió más tarde reconocer y saludar a compañeros y profesores de las academias militares a los que no había visto durante años. Tenía un buen sentido del humor y le gustaba gastar bromas a sus compañeros. A menudo tomaba parte, por ejemplo, en las batallas de comida que se declaraban en la cantina a la hora del almuerzo. En rendimiento académico era considerado de «inteligencia normal», pero por encima de la media en «cultura general», lenguas extranjeras (incluyendo inglés), pensamiento táctico y ética militar. Con las matemáticas, que eran «el terror de todos», tenía dificultades. También se consideraba a Juan Carlos una persona profundamente religiosa: todos los días se levantaba antes del toque de diana para acudir a la misa voluntaria de madrugada.[7]

En lo tocante a amistades, el Príncipe tenía necesariamente

que ser cuidadoso y esforzarse para evitar la formación de un círculo de admiradores y aduladores que quisieran estar con él por mero interés personal. Intentó conocer a tantas personas como le fue posible, lo cual venía facilitado por el hecho de que el grupo de la clase cambiaba todos los años. Juan Carlos era consciente del peligro de nepotismo; de hecho, al terminar sus estudios militares se negó a utilizar su influencia para obtener destinos privilegiados para sus amigos de las academias. Lo que sí hizo, no obstante, fue tratar de mantenerse en contacto con sus compañeros, acudiendo a reuniones y a veces incluso organizándolas.[8] No todos sus contemporáneos tenían interés en halagarlo: «Algunos pensaron que yo era un niño mimado por el destino, una especie de hijito de papá o un habitante de otro planeta. Tuve que imponerme con los puños para convertirme en uno de ellos».[9] Con este propósito, animó a sus compañeros a tratarle con considerable familiaridad. Sus mejores amigos le llamaban Juan o «Juanito», o incluso Carlos, y los demás compañeros le tuteaban y en broma le llamaban SAR, abreviatura de «Su Alteza Real».[10]

Esta complaciente informalidad sacaba de sus casillas al general Martínez Campos, que solía visitar la Academia los fines de semana para observar los progresos del Príncipe y comer con él. Uno de esos fines de semana, Martínez Campos permitió a su pupilo invitar a dos amigos de la Academia a comer con ellos. Durante la comida, cuando oyó a uno de ellos llamar «Juan» al Príncipe, explotó. Rojo de ira, se incorporó de un salto tirando su silla a un lado y bramó al culpable: «¡Caballero cadete! ¡Levántese y póngase firme! ¡Caballero cadete, cómo se atreve a tutear y a llamar por su nombre a una persona a la que yo, un teniente general, doy el tratamiento de Alteza Real!». No es de extrañar que Juan Carlos no pudiese convencer a ningún otro amigo para que le acompañara en sus almuerzos con Martínez Campos.[11] Juan Carlos pronto llegó a temer estas visitas de su preceptor, palideciendo y sufriendo temblores cuando se acercaba la hora del encuentro.[12]

El personal docente de la Academia se dirigía al Príncipe como «Su Alteza», y al pasar revista se le nombraba por su título completo: «Su Alteza Real Juan Carlos de Borbón». Aparte de esto, en la medida en que podía dejarse aparte, el profesorado trataba a Juan Carlos, a decir de sus condiscípulos, como a cualquier otro alumno. Cuando cometía una infracción era sancionado como cualquier otro alumno. Una vez, por ejemplo, fue puesto bajo arresto cuando le descubrieron fumando en el interior de la Academia. El Príncipe estaba sujeto al mismo horario que los demás estudiantes, el cual dejaba muy poco tiempo libre. El toque de diana era a las 6.15 de la mañana, aunque normalmente Juan Carlos se levantaba más temprano para ir a misa. A las 6.30 todos los cadetes tenían que estar formados y firmes en los pasillos para pasar lista. Después se permitía a los jóvenes ducharse, con agua generalmente helada o tan caliente que era casi insoportable. A continuación tenían período de estudio, después clases, la comida, media hora de descanso, más clases, otro descanso de media hora, y la cena. Según sus compañeros, los profesores nunca pidieron a nadie que tuviera miramientos con el Príncipe, o que le tratara con especial deferencia. En su primer año en Zaragoza, Juan Carlos sufrió las mismas novatadas y bromas que otros alumnos recién llegados. Años después recordaba no solo muchas de las novatadas que le habían gastado cuando llegó a Zaragoza, sino incluso sus nombres: «Tuve que pasar por todo. Tuve que hacer el "reptil" por el suelo del dormitorio. Dormí con la "monja" [el sable en el pecho]. Me hicieron los rayos X [dormir entre las dos tablas de una mesilla de noche]. También tuve que aceptar que hicieran conmigo el "tiro al pichón" [le encierran a uno con los ojos vendados y si sale llueven encima almohadonazos]».[13]

Juan Carlos disfrutaba siendo un cadete más, e incluso hacía esfuerzos para evitar que los profesores le diesen un trato preferente. En una ocasión, por ejemplo, se quejó de que el profesor de matemáticas le había puesto una nota inmerecida. Según sus compañeros de estudios, el Príncipe tenía «un sentido natural de las cosas justas». Prudentemente, solo utilizó su rango para ayudar a otros. Así, cuando un compañero era castigado sin postre por alguna trastada, Juan Carlos protestaba de su postre para obtener una ración extra que pasaba a su amigo. Cuando se sumaba alegremente a las batallas de comida y otras jaranas, acababa confinado en el cuartel como los demás cadetes.[14]

Sin embargo, era inevitable que hubiese diferencias en el trato que recibía Juan Carlos en la Academia Militar de Zaragoza: se desplazaba al centro de Zaragoza en coche, un Seat 1500 negro, mientras que sus compañeros lo hacían en tranvía; aunque estando de maniobras dormía en el suelo de una tienda de campaña como los demás, en la Academia tenía una alcoba independiente, si bien pequeña, mientras que los demás dormían en dormitorios colectivos. Según uno de sus compañeros de Zaragoza, la alcoba de Juan Carlos, situada sobre la enfermería, era espartana. Los únicos objetos que había en su interior, aparte de la cama y el escritorio, eran un portarretratos múltiple con las efigies de todos los reyes Borbón de España, incluido su padre, y fotos de su madre, su hermano, sus dos hermanas y su novia, María Gabriela de Saboya. Su biblioteca era reducida: unos pocos libros de texto y, junto a su cama, solía verse una novela de Marcial Lafuente Estefanía de la colección «Rodeo» de Historias del Oeste, muy leídas en aquel entonces. Juan Carlos disfrutaba de menos libertad que los demás. Estaba obligado a recibir clases extraordinarias reuniéndose con sus profesores particulares en las horas de estudio por las mañanas, en el descanso de la tarde y a veces los fines de semana. En las ocasiones en que podía salir de copas con sus amigos por Zaragoza, estos se aprovechaban encantados de su posición y su aspecto, rubio y apuesto, para conocer chicas. Cuando los cadetes iban en el tren de camino al campamento, en cada estación aparecían mujeres para saludarlo. Su habilidad para ligar era tan ilimitada como su capacidad para enamorarse fugazmente.[15]

En marzo de 1956 ocurrió un incidente que apartó los pensamientos de Juan Carlos de las chicas y de la corona. Había viajado con su hermano, que contaba catorce años, en el *Lusitania Express* para pasar la Semana Santa en Estoril con sus padres y hermanas. Era la primera vez en varios meses que don Juan y doña María de las Mercedes reunían a sus cuatro hijos. Alfonsito era alumno del Liceo Francés de Madrid y estaba a punto de ingresar como cadete en la Escuela Naval de Marín, cerca de

Pontevedra. Todos consideraban a Alfonsito, agudo, inteligente, y más simpático que su introvertido hermano mayor, el favorito de la familia. Su pasión por el golf y la vela le había acercado especialmente a don Juan.[16]

El 29 de marzo, Jueves Santo, la familia entera, vestidos de negro, asistieron a la misa matutina y comulgaron en la pequeña iglesia de San Antonio, cerca del mar. El servicio principal de Jueves Santo, al que también tenían intención de asistir, no tendría lugar hasta la tarde. En aquella época, los católicos aún se preparaban para la comunión ayunando desde la medianoche anterior. En lugar de ayunar un día entero, la familia había comulgado en la primera misa del día. Tras un frugal almuerzo, don Juan y Juan Carlos acompañaron a Alfonsito al Club de Golf de Estoril, donde este último tomaba parte en una competición (la *Taça Visconde Pereira de Machado*). Pese al tiempo frío y tormentoso, Alfonsito ganó la semifinal y estaba deseoso de jugar la final el Sábado de Gloria. Sin indicio alguno de que fueran a ceder el viento y los chubascos, la familia real española regresó a casa. A las seis de la tarde asistieron a la misa vespertina en la iglesia de San Antonio y después volvieron al hogar. A las ocho y media el coche del médico familiar, doctor Joaquín Abreu Loureiro, llegaba apresuradamente a Villa Giralda. Al parecer, los dos chicos habían estado en el cuarto de juegos del primer piso practicando su puntería con un pequeño revólver de calibre 22 mientras esperaban la cena. El arma, un regalo reciente, era casi inofensiva a una distancia prudencial, pero se había producido un accidente en el que Alfonso recibió un tiro y murió casi instantáneamente.

El viernes 30 de marzo la prensa portuguesa publicó un lacónico comunicado oficial sobre la muerte de Alfonso emitido por la embajada española en Lisboa: «Mientras su Alteza el Infante Alfonso limpiaba un revólver aquella noche con su hermano, se disparó un tiro que le alcanzó la frente y le mató en pocos minutos. El accidente se produjo a las 20.30, después de que el Infante volviera del servicio religioso del Jueves Santo, en el transcurso del cual había recibido la santa comunión». Fue Franco personalmente quien tomó la decisión de publicar esta anodina nota e imponer un velo de silencio sobre los detalles.[17]

Inevitablemente, no obstante, corrieron rumores de que Juan Carlos sostenía el arma en el momento del disparo fatal. En el plazo de tres semanas dichos rumores aparecieron como hechos indiscutibles en la prensa italiana;[18] y no fueron negados por don Juan en aquel momento ni por Juan Carlos más tarde. Poco después del accidente, Gonzalo Fernández de la Mora, un monárquico que más adelante sería ministro de Obras Públicas con Franco, conoció a Sainz Rodríguez y comentó posteriormente: «Su corta y anchurosa figura estaba cariacontecida porque al príncipe Juan Carlos se le había disparado una pistola que ocasionó la muerte de su hermano Alfonso». Hoy es un hecho generalmente aceptado que el dedo de Juan Carlos estaba en el gatillo cuando se disparó el tiro mortal.[19]

En su autobiografía, doña María de las Mercedes no negaba ni confirmaba que fuera Juan Carlos quien sostenía la pistola cuando se disparó, pero sí contradijo frontalmente la versión oficial. María de las Mercedes explicó que el día anterior los chicos habían estado divirtiéndose con el arma disparando a las farolas. Por ello, don Juan les había prohibido jugar con la pistola. Mientras esperaban el servicio religioso de la tarde, los dos muchachos se aburrían, y decidieron subir a jugar otra vez con ella. Se estaban preparando para tirar contra una diana cuando el arma se disparó, poco después de las ocho de la tarde.[20] Una posibilidad, sugerida más adelante por doña María de las Mercedes a su modista, Josefina Carolo, es que Juan Carlos apuntara en broma a Alfonsito y, sin percatarse de que el arma estaba cargada, apretara el gatillo. Algo similar contó, al parecer, Juan Carlos a un amigo portugués, Bernardo Arnoso: que él había apretado el gatillo sin saber que la pistola estaba cargada y la bala había rebotado en una pared e impactado en el rostro de Alfonsito. Otra posible explicación, probablemente sugerida por Pilar, hermana de los chicos, a la escritora griega Helena Matheopoulos, es que Alfonsito abandonara la habitación para buscar algo de comer para Juan Carlos y para él. Al volver con las manos ocupadas, empujó la puerta con el hombro. La puerta golpeó el brazo de su hermano. Juan Carlos apretó el gatillo involuntariamente justo cuando la cabeza de Alfonso aparecía por la puerta.[21]

Doña María de las Mercedes recordaba después: «Yo estaba leyendo en mi saloncito, y Juan al lado, en su despacho. De repente oí a Juanito que bajaba las escaleras diciéndole a la señorita que teníamos entonces: "No, tengo que decírselo yo». A mí se me paró la vida».[22] Ambos padres subieron corriendo al cuarto de juegos donde encontraron a su hijo en medio de un charco de sangre. Don Juan trató de reanimarlo pero el muchacho murió en sus brazos. Lo cubrió con una bandera de España y, según Antonio Eraso, amigo de Alfonsito, se volvió hacia Juan Carlos y dijo: «Júrame que no fue a propósito».[23]

Don Alfonso fue enterrado en el cementerio de Cascais a mediodía del sábado 31 de marzo de 1956. El funeral fue oficiado por el nuncio papal en Portugal, y a él asistieron destacados monárquicos españoles y personalidades reales de varios países europeos. El desolado don Juan apenas podía contener su congoja, y su mirada estaba cargada de una dolorida perplejidad. Con todo, saludó a los presentes con gentileza y dignidad. El gobierno portugués estaba representado por el presidente de la República. Por el contrario, el Caudillo estaba representado solamente por el ministro plenipotenciario de la embajada española, Ignacio de Muguiro. El embajador Nicolás Franco, hermano del Caudillo, estaba en cama recuperándose de un accidente de coche.[24] Llegaron mensajes de condolencia del mundo entero, incluyendo uno del general Franco y otro de doña Carmen Polo.

Juan Carlos asistió con el uniforme de oficial cadete de Zaragoza. Su aspecto de distraída desolación ocultaba la agonía interior de su sentimiento de culpa. Tras la ceremonia, don Juan cogió la pistola que había matado a Alfonsito y la tiró al mar. Hubo bastante especulación acerca del origen del arma. Se ha afirmado que la pistola fue un regalo a Alfonso de Franco o del conde de los Andes, o también que alguien se la había dado a Juan Carlos en la Academia Militar de Zaragoza. La autobiografía de la madre de Juan Carlos cuenta discretamente que «de Madrid habían traído los hermanos una pequeña pistola de seis milímetros, que nunca se ha contado quién les regaló».[25]

Incapaz de soportar la presencia de su hijo mayor, don Juan ordenó a Juan Carlos que volviera a la Academia Militar. El general Martínez Campos y el comandante Emilio García Conde habían llegado en un avión militar español en el que llevaron al Príncipe de vuelta a Zaragoza. El incidente afectó profundamente al Príncipe, acentuando su tendencia a la introspección. Más solitario que nunca, se volvió huraño y comedido en sus palabras y en sus actos.[26]

La muerte de su hijo menor afligió dramáticamente a doña María de las Mercedes, que cayó en una profunda depresión y buscó más que nunca la compañía de su amiga Amalín López-Dóriga. Puede que doña María se sintiese parcialmente responsable del accidente porque ella había cedido a los insistentes ruegos de sus hijos y les había permitido jugar con la pistola, pese a la prohibición de su padre. Según un reportaje al respecto de la periodista francesa Françoise Laot, basado en entrevistas con doña María de las Mercedes, la condesa de Barcelona personalmente abrió el secreter donde estaba guardada el arma y se la dio a Juan Carlos. Françoise Laot afirmaría más tarde que treinta años después del accidente, María de las Mercedes le dijo: «Yo jamás he sido desdichada salvo cuando murió mi hijo».[27] Doña María de las Mercedes estaba tan afectada que tuvo que pasar algún tiempo en una clínica cerca de Frankfurt.

Aparte de su desolación personal, la muerte de Alfonso debilitó considerablemente la posición política de don Juan. En lo sucesivo dependería más de los vaivenes de la situación de Juan Carlos en España. En palabras de Rafael Borràs, la muerte de Alfonso «priva al Conde de Barcelona, desde el punto de vista del legitimismo dinástico, de un hipotético substituto para el caso de que el Príncipe de Asturias aceptara ser el sucesor del general Franco, contra la voluntad paterna, de acuerdo con la Ley de Sucesión y al margen de la línea sucesoria "normal"». Borràs especula que, de haber vivido Alfonso, su mera existencia habría condicionado el comportamiento posterior de Juan Carlos en la lucha entre su padre y Franco.[28]

Don Jaime, tío del Príncipe y hermano de don Juan, procuró sacar alguna ventaja política de la desgracia. Su primera reacción fue enviar un mensaje de condolencia. Sin embargo, cuando el 17 de abril de 1956 el periódico italiano *Il Settimo Giorno* publicó un relato del incidente que señalaba acusadoramente a Juan Carlos, le dijo a su secretario Ramón de Alderete: «Estoy desolado de ver que la tragedia de Estoril es llevada de esta forma por un periodista al que le ha sorprendido la buena fe, pues me niego a no creer en la veracidad de la versión de mi desgraciado sobrino, dada por mi hermano. En esta situación y en mi calidad de jefe de la familia de Borbón, no puedo más que estar en profundo desacuerdo con la actitud de mi hermano Juan que para cortar toda interpretación posterior no ha pedido que se abriera una encuesta oficial sobre el accidente y que fuera practicada la autopsia en el cuerpo de mi sobrino, como es habitual en casos parecidos». Estas palabras fueron reproducidas en la prensa francesa, presumiblemente vía Alderete y con permiso de don Jaime.

Dado que ni don Juan ni Juan Carlos respondieron a la petición de don Jaime, el 16 de enero de 1957 este llevó el asunto más lejos, dando a su secretario la siguiente carta:

> Reuil-Malmaison 16-1-1957
>
> Mi querido Ramón:
> Varios amigos me han confirmado últimamente que fue mi sobrino Juan Carlos quien mató accidentalmente a su hermano Alfonso. Esta confirmación de la certidumbre que yo tenía desde el día en que mi hermano Juan se abstuvo de citar ante los tribunales a quienes habían expuesto públicamente tan terrible realidad, me obliga a rogarte que solicites en mi nombre, en cuanto lo juzgues oportuno, y de las jurisdicciones nacionales o internacionales adecuadas, que se proceda a la encuesta judicial indispensable para esclarecer oficialmente las circunstancias de la muerte de mi sobrino Alfonso (q.e.p.d.). Exijo que se proceda a esta encuesta judicial porque es mi deber de Jefe de la Casa de Borbón, y porque no puedo aceptar que aspire al trono de España quien no ha sabido asumir sus responsabilidades. Te abrazo muy fuerte. Jaime de Borbón.[29]

No existe evidencia de que Alderete actuara de acuerdo con esta carta o, si lo hizo, de que ningún tribunal mostrase interés en el caso. Pero la mezcla de insensibilidad y pura malevolencia demostradas por don Jaime era inaudita.

Las autoridades de Madrid estaban conmocionadas por la noticia del accidente. En la capital empezaron a correr rumores en el sentido de que Juan Carlos estaba tan abrumado por la pena que estaba pensando en renunciar a sus derechos al trono y retirarse a un monasterio como penitencia. En realidad, como su padre había ordenado, Juan Carlos estaba de vuelta en Zaragoza a las cuarenta y ocho horas del accidente. El relativo silencio de Franco acerca del tema era elocuente. Comentando la tragedia con un partidario de don Juan, dijo con total falta de compasión: «A la gente no le gustan los príncipes con mala suerte». Era un tema recurrente. Dos años después explicaba por qué no era amigo de que se hablara de Alfonsito en la prensa: «El recuerdo puede arrojar sobre su hermano sombras por el accidente y en las gentes simplistas evocar la mala suerte de una familia cuando a los pueblos les agrada la buena estrella de sus príncipes».[30] Quizá lo más cruel de todo fuera que, pasado un año del accidente, Franco permitiera al Ministerio de Educación aprobar la publicación y uso para bachillerato de un libro de texto titulado *La moral católica*, que utilizaba el incidente para estudiar los límites de la culpabilidad personal.[31] Años más tarde, el propio don Juan contó que, cuando se encontraron en 1960, Franco justificó el mantenerle lejos del trono diciendo que la familia Borbón era «desgraciada»: «Mírese Vuestra Alteza a sí mismo: dos hermanos hemofílicos; otro sordomudo; una hija ciega; un hijo muerto de un tiro. A los españoles, tantas desgracias acumuladas sobre una sola familia no puede agradarles».[32]

La falta de compasión de Franco era indicio de su hostilidad hacia don Juan, de su propia ausencia de humanidad, y quizá también de que, en marzo de 1956, estaba replanteándose la idea de una sucesión monárquica. El grado de descontento falangista, que se había hecho evidente desde la reunión en Las Cabezas, parece haberle inducido a reflexionar sobre la mutua dependencia entre Caudillo y partido único. Esto se manifestó en la remodelación del gabinete del 16 de febrero de 1956. El ministro de Educación, el democratacristiano liberal Joaquín Ruiz-Giménez, fue cesado como castigo a no haber sabido controlar los disturbios en las universidades. Su sucesor fue un catedrático falangista, el conservador Jesús Rubio García-Mina. Raimundo Fernández Cuesta, ministro-secretario general del Movimiento, también fue destituido por su incapacidad para contener la indisciplina de la Falange. Fernández Cuesta había estado trabajando en el reforzamiento de las leyes franquistas, para impedir que un futuro rey pudiera desligarse de los ideales del Movimiento. Fue sustituido por un fanático falangista, el adulador José Luis de Arrese. Para alarma tanto de don Juan como de los que ansiaban la creación de una monarquía franquista, el Caudillo encomendó a Arrese que se hiciera cargo del paquete de medidas constituyentes para el futuro posfranquista.[33]

Arrese interpretó esto como un mandato para preparar un futuro enteramente falangista para el régimen en el cual no hubiera sitio para don Juan o siquiera para Juan Carlos. El celo con el que acometió su ambiciosa tarea iba a provocar en breve una importante polarización de la coalición franquista. Los cambios ministeriales de Franco fueron una reacción desacertada a una división profunda en el seno de su coalición. La Ley de Sucesión había sido una hábil maniobra para neutralizar a los monárquicos del régimen y burlar a don Juan. Pero la perspectiva de una futura monarquía, incluso una franquista, distanció a la Falange. Y Franco tenía pocas alternativas salvo aferrarse a la Falange. Si esta se debilitaba, el destino del Caudillo estaría menos en sus propias manos que en las de los altos mandos del Ejército que querían una pronta restauración de la monarquía. La situación requería un difícil ejercicio de equilibrio, y Arrese era más hombre bala que equilibrista. La violencia de los estudiantes falangistas en febrero de 1956 había sido un síntoma de agonía más que de vitalidad juvenil. Con el pensamiento en otras cosas, preocupado por el inexorable ascenso del nacionalismo marroquí, y subestimando por ello la seriedad de la crisis, Franco había respondido instintivamente confirmando la preeminencia de la Falange en su coalición. No tenía el control de los acontecimientos sino que se dejaba llevar por ellos.[34]

Algunos meses antes, prominentes falangistas habían presentado a Franco un memorándum que exigía la rápida puesta en práctica de su «revolución pendiente». Era, en realidad, un anteproyecto para un Estado de partido único más totalitario, sin lugar alguno para la monarquía de don Juan,[35] y Franco parecía ahora estar dando luz verde a su ministro-secretario para poner en práctica las recomendaciones de dicho memorándum. A juicio de tradicionalistas, monárquicos juanistas y católicos, los planes de Arrese eran un proyecto totalitario para impedir incluso un pluralismo limitado bajo una monarquía restaurada.[36]

Con ayuda de Rafael Calvo Serer, miembro del Opus Dei, el conde de Ruiseñada, representante de don Juan en España, elaboró un plan para bloquear los planes de Arrese acelerando la restauración de la monarquía. Ruiseñada era igualmente leal a don Juan y a Franco. Durante algún tiempo había estado en contacto con el general Juan Bautista Sánchez, capitán general de Barcelona, hombre austero y sumamente decente que estaba consternado por lo que consideraba la corrupción del régimen. Pues bien, la llamada «Operación Ruiseñada» preveía un pronunciamiento incruento y negociado, semejante al del general Miguel Primo de Rivera en 1923. La guarnición de Barcelona se pondría a la cabeza, con el visto bueno de los restantes capitanes generales, y Franco sería persuadido de abandonar la política activa a cambio del cargo decorativo de «regente». En el ínterin, mientras se llevaba a cabo la restauración monárquica, el día a día de la gestión gubernamental sería asumido por Bautista Sánchez. La participación de este militar —el profesional más respetado en las fuerzas armadas— contribuyó a asegurar la intervención de otros generales monárquicos en contra de Arrese. Don Juan tenía serias dudas sobre las posibilidades de éxito de esta trama descabelladamente optimista pero, preocupado por los planes de Arrese, accedió a darle su aprobación.[37]

Huelga decir que los servicios de inteligencia de Franco, que intervenían la mayoría de las conversaciones de don Juan con España, estaban al tanto de la conjura. Fue por ello tanto más fácil para Arrese convencer al Caudillo, durante un recorrido por el sur, de que un futuro falangista y no monárquico sería más fiel a su legado. Franco dio rienda suelta a su irritación con Ruiseñada y don Juan en unos discursos a los que dio, según el entusiasmado Arrese, «un giro tal de superfalangismo y de acometividad que pareció a muchos estar anunciando el principio de una era triunfal y definitiva». El 25 de abril, en Huelva, el Caudillo deleitó al público con una inequívoca e insultante referencia a los monárquicos y a Juan Carlos, declarando que «no hacemos caso de las torpes intrigas de unas docenas de politicastros ni de sus retoños». «Porque si en algo estorbasen a la realización de nuestro destino histórico, si algo se interpusiese en nuestro camino, lo mismo que en nuestra Cruzada, daríamos suelta a la riada de camisas azules y de boinas rojas, que los arrollarían.»[38] En una gran concentración de falangistas en Sevilla en mayo de 1956, denunció apasionadamente a los enemigos de la revolución falangista. En una parte de la arenga que parecía dirigida personalmente a Juan Carlos, se refirió abiertamente a su propio rango cuasi regio. Describiendo el Movimiento con su persona en la cúspide, dijo: «Somos de hecho una monarquía sin realeza, pero somos una monarquía». Y al afirmar que la vida del país tenía que basarse en los ideales de la Falange, declaró: «La Falange puede vivir sin la monarquía. ¡Ah! La que no podría vivir sería ninguna monarquía sin la Falange».[39] Muchos franquistas estaban más que dispuestos a abrazar el Movimiento mientras fuera una institución aglutinante y poco definida, pero el definirlo tan estrictamente en términos falangistas indujo a muchas personas a replantearse sus preferencias.

Uno de ellos, el tradicionalista Antonio Iturmendi, ministro de Justicia, se sintió lo bastante alarmado para encargar a uno de sus colaboradores más brillantes la redacción de un análisis crítico de los borradores preliminares de Arrese para el cambio constitucional. Fue una decisión que tendría considerable trascendencia para la posterior trayectoria de Juan Carlos. El hombre a quien se encargó la tarea fue el monárquico catalán y catedrático de Derecho Administrativo, Laureano López Rodó. Su informe sería una especie de prolegómeno de su creciente dedicación a la causa juanista.[40] El austero y profundamente religioso López Rodó, que pronto adquirió un considerable, si bien discreto, prestigio, era un típico miembro directivo del Opus Dei: sosegado, seguro, trabajador y eficiente.

De mayor importancia inmediata fue que, a principios de julio de 1956, el general Antonio Barroso Sánchez-Guerra protestara ante el Caudillo por las actividades de Arrese. Estaba a punto de reemplazar al primo de Franco, Pacón Franco Salgado-Araujo, al frente del Cuarto Militar del Caudillo, y junto a otros dos generales monárquicos, uno de los cuales probablemente fuera Bautista Sánchez, habló con Franco sobre una variante del plan Ruiseñada para que un directorio militar tomara el mando y convocara un plebiscito para elegir entre monarquía y república, en la confiada expectativa de que la consulta respaldaría a la monarquía.[41] Aunque era improbable que aceptara el plan de Ruiseñada, Franco era lo bastante sensible a la opinión militar para ir frenando a Arrese gradualmente. Aun así, en el discurso que dirigió al Consejo Nacional de FET y de las JONS el 17 de julio de 1956, vigésimo aniversario del alzamiento, utilizó notas suministradas por Arrese, «para evitar que por influencia de otros sectores del Movimiento o por calmar alguna de las muchas inquietudes que se iban levantando entre los grupos monárquicos o liberales dijera algo que nos colocara después en una situación embarazosa».[42] Este discurso, en esencia un largo himno de alabanza a sus propios logros, aunque no falto de elogios a la Italia fascista y la Alemania nazi, tranquilizó a los falangistas en el sentido de que no se permitiría al futuro sucesor regio utilizar sus poderes absolutos para iniciar una transición a la democracia.[43]

Ignorante de que las tornas cambiaban contra él, Arrese siguió adelante con su plan, distribuyendo un borrador entre los miembros del Consejo Nacional del Movimiento, máximo organismo consultivo del firmamento franquista. Aunque el documento reconocía los poderes absolutos vitalicios de Franco, dejaba a su sucesor real a merced del Consejo Nacional y del secretario general de la Falange. Cuando el texto fue distribuido se produjo un clamor en el *establishment* franquista, con monárquicos, católicos, arzobispos y generales unidos por la indignación. Hubo protestas de tres cardenales, un ministro (el conde de Vallellano) y varios generales ante lo que parecía un intento de dar al Movimiento un dominio totalitario sobre España y obstruir el retorno de la monarquía.[44] A primeros de enero de 1957, Arrese se había visto forzado a suavizar su texto lo suficiente para satisfacer a sus oponentes militares y eclesiásticos.[45]

Entre los dos extremos —la propuesta de Ruiseñada de una transición negociada a don Juan, y los planes de Arrese de un falangismo resurgente— apareció una opción intermedia favorecida por Carrero Blanco. En detrimento de don Juan y beneficio de Juan Carlos, esta sería la que Franco adoptase en último término. Consistía en un intento de desarrollar la Ley de Sucesión elaborando el marco legislativo para una monarquía autoritaria que garantizara la continuidad del franquismo tras la muerte del Caudillo. El jurisconsulto encargado de redactar el anteproyecto fue el abogado administrativo Laureano López Rodó. A Carrero Blanco le había impresionado fuertemente la crítica de López Rodó al texto de Arrese. Reconociendo su talento y su capacidad de trabajo, a finales de 1956 Carrero Blanco le pidió que montara una secretaría técnica en Presidencia (oficina del presidente del Consejo de Ministros) para elaborar un gran plan de reforma administrativa.[46] Como ministro subsecretario de la Presidencia, el eternamente leal Carrero Blanco era jefe del Estado Mayor político de Franco. A medida que Franco empezó a aflojar su control sobre el día a día de la política, Carrero Blanco se fue transformando gradualmente en primer ministro. A su vez, López Rodó se convirtió rápidamente en jefe del Estado Mayor de Carrero.

El Opus Dei quedó, por tanto, bien situado para el futuro pero aún de modo precavido. Mientras Rafael Calvo Serer contaba con que don Juan sería finalmente el sucesor de Franco, López Rodó trabajaba un plan a largo plazo para una gradual evolución hacia la monarquía en la persona del príncipe Juan Carlos. Sus planes no darían fruto hasta muchos años después. Por el momento, Bautista Sánchez y otros partidarios de don Juan intentaban poner en práctica el plan de Ruiseñada para marginar a Franco y poner a don Juan en el trono. Bautista Sánchez estaba sometido a constante vigilancia por parte de los servicios de inteligencia de Franco, por lo que no acudió en diciembre de 1956 a una reunión de militares y civiles monárquicos implicados en el plan, que se habían dado cita al amparo de una cacería en una de las fincas de Ruiseñada, El Alamín, cerca de Toledo.[47] Pese a ello, el régimen no dejó de considerar peligroso a

Bautista Sánchez, en especial cuando, a mediados de enero de 1957, estalló en Barcelona otra huelga de usuarios del transporte público. Aunque no tan violenta como la de 1951, su coincidencia con manifestaciones contrarias al régimen en la universidad alarmó a las autoridades.[48] Bautista Sánchez fue muy crítico con el gobernador civil de la provincia, general Felipe Acedo Colunga, por la brutalidad con que fueron reprimidas las manifestaciones de obreros y estudiantes. Para Franco aquello equivalía a dar apoyo moral a los huelguistas.[49]

Madrid era un hervidero de rumores, y Franco se precipitó a sacar la conclusión de que Bautista Sánchez estaba fomentando la huelga para facilitar un golpe a favor de la monarquía. Tras su conversación con Barroso aquel verano sobre el plan Ruiseñada, Franco recelaba seriamente de los monárquicos. En realidad, pese a las ilusiones que se hacían Ruiseñada, Sainz Rodríguez y otros, la posibilidad de una acción militar era mínima o nula. Las conversaciones entre los conspiradores monárquicos y la residencia de don Juan en Estoril estaban siendo intervenidas por los servicios de seguridad del Caudillo, y Franco reaccionó ante las transcripciones de estas optimistas fantasías como si se tratara de hechos.[50] Envió dos regimientos de la Legión, bajo sus órdenes directas, a incorporarse a unas maniobras militares dirigidas por Bautista Sánchez; y mandó también a un amigo de este, el general Joaquín Ríos Capapé, capitán general de Valencia, para persuadirle de que retirase su respaldo al plan Ruiseñada. El ministro del Ejército, general Agustín Muñoz Grandes, también apareció en el curso de las maniobras y comunicó a Bautista Sánchez la noticia de que iba a ser destituido de la Capitanía General de Barcelona. Al día siguiente, 29 de enero de 1957, Bautista Sánchez fue hallado muerto en su habitación de un hotel de Puigcerdà.[51] Proliferaron absurdos rumores de que había sido asesinado, quizá por un disparo de otro general, quizá por una inyección fatal de un agente falangista.[52] Pero Bautista Sánchez padecía desde hacía tiempo de angina de pecho, y es más probable que muriera de un ataque al corazón tras la conmoción de su dolorosa entrevista con Muñoz Grandes.[53]

Entretanto, Juan Carlos sobrellevaba el proceso de superar la tragedia de la muerte de Alfonsito. Al parecer adoptó una alegría forzada y, comprensiblemente en un joven a punto de cumplir diecinueve años, pasaba todo el tiempo que le permitían sus estudios en compañía de chicas. Hubo muchas, y él tenía predisposición a creerse enamorado. El Príncipe oscilaba entre la atracción física o simplemente un gran afecto hacia su amiga de infancia María Gabriela de Saboya, la alegre, atractiva y rubia hija del exiliado rey Humberto. Ni Franco ni don Juan aprobaban esta relación, entre otras razones porque era hija de un rey en el exilio con pocas perspectivas de recuperar su trono.[54] Sin embargo, en diciembre de 1956, durante las vacaciones de Navidad en Estoril, conoció a la condesa Olghina Nicolis de Robilant, una aristócrata italiana y actriz de cine de segunda, amiga de María Gabriela y de su hermana Pia, y cuatro años mayor que Juan Carlos. Para él fue un flechazo, y antes de que acabase la velada le había declarado su amor. Comenzó así un romance esporádico que duró hasta 1960. Ella le encontraba apasionado e impulsivo, muy distinto de lo que esperaba después de lo que había oído en Estoril acerca de la tragedia de Alfonsito. «Juanito —recordaba más tarde—, no daba muestras del menor complejo. Llevaba corbata negra y una pequeña cinta negra en señal de luto. Eso era todo. Yo me preguntaba si aquello era falta de sentimientos o si su comportamiento era forzado. Sea como fuere, me parecía un poco pronto para ir a fiestas, bailar y hacerse carantoñas.» Tras corresponder a sus galanteos, ella le preguntó por su relación con María Gabriela, a lo cual respondió él al parecer: «No tengo mucha libertad de elección, intenta comprenderlo. Y ella es la que prefiero de las llamadas "elegibles"».[55]

En 1988, las cuarenta y siete cartas de amor que le escribió a Olghina entre 1956 y 1959 fueron publicadas en la revista italiana *Oggi* y posteriormente en la revista española *Interviú*. Una de las cartas era extraordinariamente reveladora tanto de la situación en que se encontraba el Príncipe a los diecinueve años como de su relativa madurez y sentido de responsabilidad dinástica. Juan Carlos escribía: «Te quiero más que a nadie ahora mismo, pero comprendo, y además es mi obligación, que no puedo casarme contigo y por eso tengo que pensar en otra, y la única que he visto, por el momento, que me atrae, física, moral, por todo, muchísimo, es Gabriela, y espero, o mejor dicho creo prudente, por ahora no hablarle de nada en serio, o darle a entender algo y que lo sepa, pero nada más pues los dos somos muy jóvenes». Repitió el mensaje en otra carta a Olghina, en la que señalaba que sus deberes para con su padre y con España le impedirían casarse con ella jamás.[56]

En sus memorias y en entrevistas posteriores a la publicación de las cartas, Olghina afirmó que don Juan había hecho todo lo posible para obstaculizar la relación. Ella misma se dio cuenta de que la oposición de don Juan la situaba en la misma posición que La Traviata de Verdi, la cortesana abandonada por imperativos de la familia de su amado. A la vista de los innumerables amantes cuyos nombres salpican las páginas de sus memorias, la preocupación de don Juan parece enteramente comprensible. En cierta ocasión, hizo gestiones para que no fuese invitada a la puesta de largo de la prima de Juan Carlos, Maria Teresa Marone-Cinzano, celebrada en Portofino. Según Olghina, esto había provocado una violenta discusión entre don Juan y su hijo, que amenazó con no asistir al baile. Finalmente, Juan Carlos accedió a acudir. Cuando se marchó temprano para ir a ver a Olghina, tuvo un enfrentamiento con su padre.[57]

Olghina de Robilant nos proporciona un interesante testimonio sobre la personalidad y las convicciones del Príncipe al llegar a la veintena. Ella conoció a un joven apasionado, aficionado a los coches rápidos, las lanchas motoras y las chicas, aunque nunca olvidaba su posición. Era, decía Olghina, «muy serio pero tampoco era un santo». Declaró también que «no era nada tímido, pero sí algo puritano» y que «siempre se portó conmigo honestamente». A él no le gustaban las mujeres que consideraba demasiado calculadoras o «libertinas». Su vena puritana era tal vez la típica de un joven español de su generación; lo cual no le impedía besarla ardientemente con sus «labbra calde, secche e sapienti» (labios cálidos, secos y sabios) ni pasar las noches en hoteles con ella. También era muy generoso, a pesar de no tener mucho dinero en esa época. Curiosamente, Olghina afirma que a Juan Carlos no le gustaba la caza —uno de los pasatiempos favoritos de Franco— porque no tenía ninguna afición a matar animales.[58]

Cuando el entrevistador sugirió a Olghina que las cartas de Juan Carlos producían la impresión de que él estaba más enamorado de ella que viceversa, respondió que no era así. El problema era más bien que ella era consciente de que nunca se casarían y, en consecuencia, procuraba mantener las distancias. Juan Carlos, dijo, «tenía muy claro que su destino era entregarse a España y para eso debía emparentarse con una dinastía de trono ... Juan Carlos estaba convencido de que sería rey de España».[59] Más adelante se insinuó que Olghina de Robilant chantajeaba a Juan Carlos, y se dijo que había recibido 10 millones de pesetas por las cartas, a raíz de lo cual envió los originales a La Zarzuela pero se guardó copias, que vendió para su publicación.[60]

Fuera cual fuese su relación con Olghina de Robilant, Juan Carlos tenía la foto de María Gabriela de Saboya en su habitación de la Academia Militar de Zaragoza, pero se le ordenó retirarla de su mesilla de noche con el argumento de que «el general Franco podría disgustarse en caso de que viniera a hacer una visita a la Academia». Esta inexcusable intrusión en la intimidad del Príncipe pudo ser iniciativa del director de la Academia, más que del propio Franco. Pero este tuvo noticia de ella. Esta falta de respeto por su vida privada se repitió en 1958 cuando el Príncipe visitó Estados Unidos como cadete naval en un buque-escuela español, y se encaprichó de una bella chica brasileña en uno de los bailes organizados para la tripulación. Posteriormente le escribió, solo para descubrir que todas sus cartas habían acabado sobre la mesa de Franco. Y nuevamente a finales de enero de 1960, enterado de que Juan Carlos conservaba la foto de María Gabriela sobre su mesilla, el Caudillo hizo venir a uno de los ayudantes más cercanos del Príncipe, el comandante de Aviación Emilio García Conde, para hablar del asunto. Claramente preocupado por lo que la foto podía significar, dijo: «Al Príncipe hay que buscarle una Princesa». Pasó entonces a enumerar una lista de nombres cuya falta de idoneidad iba señalando García Conde sucesivamente. Cuando este último mencionó a las hijas del rey de Grecia, Franco replicó categóricamente: «¡Don Juan Carlos no se casará nunca con una princesa griega!». Tenía dos objeciones: el hecho de que no fueran católicos, y su convicción de que el rey Pablo era masón.[61]

El Caudillo consideraba que tenía derecho a inmiscuirse en los asuntos románticos del Príncipe. Le dijo a su primo Pacón que tenía a María Gabriela de Saboya por una chica con excesiva libertad y con «ideas demasiado modernas». En los periódicos abundaban especulaciones sobre la relación del Príncipe con María Gabriela, y Juan Carlos seguía muy interesado en ella. En 1960, por ejemplo, se rumoreó que su compromiso iba a ser anunciado el 12 de octubre de ese mismo año durante la celebración de las bodas de plata de don Juan y doña María de las Mercedes. La elección de esposa del Príncipe tenía enorme trascendencia tanto para la familia real como para la posible sucesión de Franco. La candidata elegida, independientemente de sus cualidades humanas, debía ser una princesa real, preferiblemente de una dinastía reinante, económicamente desahogada y aceptable para el general Franco. Los sentimientos serían siempre secundarios frente a las consideraciones políticas. Unos días antes de la fiesta de aniversario, se trató este asunto en una sesión del consejo privado de don Juan. Debido a que María Gabriela se había divertido de manera bastante pública en la Feria de Sevilla de la primavera anterior fue tachada de frívola, algo que Pemán consideró ridículo. En todo caso, don Juan le dijo a Pemán: «No considero a Juanito maduro hasta dentro de un año y medio o dos».[62]

La opinión de Olghina de Robilant de que ya a finales de los años cincuenta Juan Carlos creía que iba a suceder a Franco, ocupando con ello el lugar de su padre en el trono era, claro está, precisamente el plan del lúcido tecnócrata del Opus Dei, Laureano López Rodó. Sobre el razonable supuesto de que habría una sucesión monárquica a Franco, el Opus Dei estaba estableciendo contactos con los dos candidatos potenciales más destacados. Así, mientras Rafael Calvo Serer permanecía junto a don Juan, Juan Carlos era, sin saberlo, central en los trascendentales planes políticos de López Rodó.

A raíz de las disensiones internas provocadas por los planes de Arrese, la huelga en Barcelona, los graves problemas económicos y la ofensiva para acelerar la transición a la monarquía que había culminado con la muerte de Bautista Sánchez, Franco decidió a regañadientes que había llegado el momento de renovar su equipo ministerial. Sus vacilaciones no eran solo síntoma de su eterna cautela sino también reflejo de su incapacidad para reaccionar con flexibilidad ante nuevos problemas. La remodelación ministerial de febrero de 1957 iba a ser un decisivo punto de inflexión en el camino desde la dictadura a la posterior monarquía de Juan Carlos, pues abrió el proceso mediante el cual Franco abandonaría su empeño en la política autárquica y aceptaría la integración de España en la Organización Europea de Cooperación Económica y el Fondo Monetario Internacional. El cansado Caudillo estaba dejando de ser un primer ministro activo y transformándose en un jefe de Estado protocolario, descansando cada vez más en Carrero Blanco como jefe ejecutivo del gobierno. El recientemente ascendido almirante, a su vez, no más versado que Franco en los imperativos de gobernar una economía moderna, recurría cada vez más a López Rodó quien, a los treinta y siete años, había sido nombrado secretario general técnico de la Presidencia.[63] Las implicaciones a largo plazo de la creciente influencia de López Rodó difícilmente podían haber sido previstas por Franco o Carrero Blanco, y menos aún por don Juan y su hijo.

Los diversos cambios ministeriales reflejaban la disposición de Franco a escuchar los consejos de Carrero Blanco, inspirados a su vez en las opiniones de López Rodó. En efecto, tal era la afinidad entre López Rodó y Carrero Blanco, que los colaboradores del primero pasaron a llamarle «Carrero Negro».[64] Habiendo presenciado la ferocidad de la oposición interna a los planes de Arrese, Franco se movió entonces en dirección contraria cortando las alas a la Falange. Los falangistas nombrados para cargos apenas podían ser más dóciles. Otro nombramiento clave fue la sustitución del general Muñoz Grandes como ministro del Ejército por el general monárquico Antonio Barroso. Aunque poco susceptible de entrar en una conspiración, Barroso era infinitamente más favorable a don Juan que el falangista Muñoz Grandes. Lo más importante de todo fue la inclusión de un grupo de tecnócratas asociados al Opus Dei. Juntos, López Rodó, Alberto Ullastres Calvo, nuevo ministro de Comercio, y Mariano Navarro Rubio, nuevo ministro de Hacienda, emprenderían un ambicioso proyecto de transformación económica y política del régimen. Las implicaciones del conjunto de su trabajo para el futuro posfranquista afectarían profundamente a la posición de Juan Carlos.[65]

Esto se hizo brutalmente patente en unos comentarios asombrosamente sinceros de López Rodó al conde de Ruiseñada poco después de los cambios ministeriales. Lo que en efecto afirmó López Rodó fue que la marginación de Franco era uno de los objetivos a largo plazo de los tecnócratas. Dijo también a Ruiseñada que los planes de algunos miembros del Opus Dei, como Rafael Calvo Serer y Florentino Pérez Embid (editor de *El Alcázar*), para una «*Tercera Fuerza*» estaban condenados al fracaso, porque «A Franco no se le puede hablar de política porque eso le da la impresión de que le están moviendo de su sillón, o preparándole el reemplazo». A continuación hizo un comentario revelador: «El único truco a intentar es hacerle admitir un plan económico desconcentrador administrativo. Eso le parecerá que no va contra él. Dejará vía libre y, luego, una vez dentro de la Administración, ya veremos hasta dónde se pueden lograr los objetivos políticos, que conviene disimular lo más posible».[66]

A finales de marzo de 1957, poco antes del primer aniversario de la muerte de Alfonsito de Borbón, el conde de Ruiseñada encargó un busto del infante que puso en los terrenos de El Alamín, la finca que tenía cerca de Toledo. Una serie de jóvenes monárquicos fueron invitados y su líder, Luis María Anson, suponiendo que Juan Carlos sería el encargado de descubrir el busto, expresó su preocupación por que la ocasión fuera en exceso dolorosa para él, quedándose de piedra cuando Ruiseñada le dijo que el Caudillo ya había ordenado que le pidiera al primo de Juan Carlos, Alfonso de Borbón Dampierre, que presidiera la ceremonia. «Quiero que le cultive usted, Ruiseñada. Porque si el hijo nos sale rana, como nos ha salido el padre, habrá que pensar en don Alfonso.» Anson repitió esta conversación a don Juan. Hasta ese momento, las pretensiones de don Jaime y su hijo no se habían tomado muy en serio en Estoril. A partir de entonces habría una clara conciencia del peligro de que Franco aplicase la Ley de Sucesión a favor de Alfonso de Borbón Dampierre.[67]

En mayo de 1957, hablando con Dionisio Ridruejo, el poeta falangista que había roto con el régimen, López Rodó expresó su preocupación ante la fragilidad de un sistema que dependía de la mortalidad de Franco. Él deseaba que la dictadura personalista del Caudillo fuera sustituida por una estructura más segura de instituciones y leyes constitucionales. Declarando al parecer que, a raíz de los recientes cambios de gobierno, «el poder personal del general Franco ha concluido», López Rodó tenía la esperanza de que Juan Carlos fuese proclamado oficialmente sucesor real mientras Franco aún vivía. Esto recordaba bastante al plan Ruiseñada, pero con Juan Carlos en lugar de don Juan en el papel de sucesor. Hasta 1968, cuando el Príncipe cumpliera treinta años, edad en que la Ley de Sucesión le permitía acceder el trono, Franco continuaría como regente. Para evitar que el jefe del Estado, fuera este el Rey o el Caudillo, sufriese un innecesario desgaste político, se separaría la jefatura del Estado del cargo de primer ministro.[68] El optimismo de López Rodó a este respecto se vería seriamente mermado en noviembre de 1957. En ese momento estuvo a punto de ser cesado cuando Franco comprendió que los decretos que emanaban de la Secretaría General Técnica de la Presidencia del Gobierno estaban limitando sus poderes.[69] Los planes de cambio político de López Rodó debían ser introducidos con extrema delicadeza si no quería que el Caudillo los parase en seco. Esto, junto a la hostilidad hacia la monarquía de falangistas que aún conservaban mucho poder, haría que la puesta en práctica de su programa se demorase aún doce años.

El 18 de julio de 1957, Juan Carlos se había licenciado como segundo teniente en Zaragoza. Después de lucirse con su uniforme en Estoril, fue a visitar a su abuela en Lausana. Durante su estancia en Suiza hizo algunas declaraciones que molestaron al Caudillo. Franco comentó con Pacón: «Lo mismo que don Juan, el Príncipe no está bien aconsejado y debería callarse y no hablar tanto». Poco después Juan Carlos visitó a Franco y a los tres ministros militares del gobierno. Cabe suponer que el Caudillo le transmitió su disgusto por los comentarios hechos a la prensa suiza, porque fue un error que no volvería a cometer.[70]

El 20 de agosto de 1957 Juan Carlos ingresó en la Escuela Naval de Marín, en la Ría de Pontevedra, un enclave idílico solo estropeado por el hedor proveniente de las cercanas fábricas de papel. Después de tener que hacer frente a cierta hostilidad inicial de algunos de sus compañeros cadetes, su trato fácil y afable y su capacidad para soportar duras pruebas físicas le permitieron integrarse bien.[71] Estando en Marín conoció a Pacón, quien escribió: «Me ha parecido encantador; no cabe muchacho más simpático, agradable y sencillo».[72] El Príncipe no estaba al tanto de los planes de López Rodó para su futuro. Por entonces, el abogado catalán había recibido el encargo de Carrero Blanco de redactar una serie de textos constitucionales que permitieran una ulterior instauración de la monarquía, pero que fueran aceptables para los que querían que el Movimiento sobreviviese al «hecho biológico», como se empezaba a llamar la muerte de Franco. La cuestión de la transición del dictador a un monarca instaurado y los borradores de López Rodó fueron interminablemente discutidos en el gobierno. Pero Franco no tenía el menor interés en un proceso que veía como un simple ajuste de la Ley de Sucesión. En cualquier caso, no tenía prisa por pensar en la muerte.

A lo largo del verano de 1957, tanto Ruiseñada como López Rodó intentaron organizar un encuentro entre Franco y don Juan. Es difícil saber si, al hacerlo, sus intenciones eran coincidentes. En cualquier caso, no habían consultado previamente a don Juan. Desde Escocia, donde pasaba unas vacaciones, don Juan rehusó alegando que no veía señales de avance ni reforma en el régimen. Es más, el 25 de junio había mandado a Franco una carta y un memorándum declarando que tal encuentro no tendría sentido hasta que Franco estuviese dispuesto a dar un importante paso adelante en sus planes para el futuro: «Cuando V.E. juzgue oportuno que ha llegado el momento de dar un paso trascendental en la política de evolución, será el momento de una nueva entrevista, que no debería limitarse a un mero intercambio de ideas y de noticias, sino que, salvo su mejor criterio, tendría que versar sobre los puntos fundamentales de la futura política española, y estos no deberían ser improvisados en el curso de una conversación». La idea misma de que don Juan quisiera negociar el futuro en lugar de simplemente jurar los principios del sistema franquista era anatema para el Caudillo.

La referencia de don Juan a «la interinidad del régimen actual» no podía por menos que enfurecer a Franco. Y tampoco le hizo muy feliz la insinuación de que la monarquía bajo don Juan se desviaría de las bases esenciales del régimen. Respondió a principios de septiembre en tono amenazador declarando que: «La Monarquía debe nacer como una evolución natural y lógica del régimen mismo hacia otras formas institucionales de Estado; de un Estado fuerte y autoritario que salvaguarde los valores nacionales y morales en cuya defensa surgió el Movimiento Nacional, y a la vez abra cauce a aquellas nuevas modalidades exigidas por las necesidades del país y que aseguren la consolidación y perduración del régimen monárquico».

Franco se sintió profundamente ofendido por la implicación de que la futura monarquía podría cambiar su régimen en lo más mínimo. Tachó los razonamientos de don Juan de «inadmisibles» y le recordó con severidad que los planes constituyentes preveían una monarquía, pero que nada se había decidido aún sobre la persona que fuera a sentarse en el trono. En lenguaje sumamente imperioso, el Caudillo dejaba claro que era en todos los sentidos impensable que sucediera a su régimen una concepción diferente del Estado. Como desde las alturas de un todopoderoso amo que aleccionara a un criado obstinado, escribía: «Aquí en esto reside principalmente la gran confusión que origina su memorándum, no ya solo por lo que exigen las necesidades del país y el sentir de los grandes sectores de la nación, sino por algo tan importante como es el poder forjar una legalidad. Nuestra Guerra de Liberación, con todos sus sacrificios, hizo que el pueblo conquistase con su sangre la situación y Régimen que disfrutamos. La Ley de Sucesión vino a refrendar, casi diez años después, la legalidad forjada por quien salva una sociedad, restablece la paz, el orden y el derecho y coloca a la nación en el camino indiscutible de su resurgimiento. El poner en entredicho esta legalidad consolidada, guardando reservas a lo constituido e intentando abrir de hecho un período constituyente, entrañaría el más grande de los suicidios. Se abriría la esperanza a todas las ambiciones y apetencias de las minorías revoltosas y se le ofrecería al extranjero y a los enemigos de fuera nueva ocasión para cercar y destruir a España, aunque aparentemente abrieran sus brazos a esa esperanza destructora». Una mezcla tal de arrogancia y paranoia no dejaba lugar al diálogo.[73]

Don Juan acababa de regresar de sus vacaciones en Escocia y de asimilar esta estentórea repulsa de Franco cuando López Rodó llegó a Lisboa. Este estaba en Portugal como parte de una delegación económica encabezada por el ministro sin cartera, Pedro Gual Villalbí. En un almuerzo ofrecido por el primer ministro portugués, Marcelo Caetano, algunos periodistas preguntaron al embajador español, Nicolás Franco, si era cierto que el Caudillo quería que don Juan abdicara a favor de Juan Carlos, a lo cual respondió de modo típicamente gallego: «Nunca he oído a mi hermano nada de esto; pero creo que, pudiendo tener dos ruedas de recambio, no querrá quedarse solo con una». Poca duda cabe de que Villa Giralda fue informada de este intercambio verbal, y no pudo sino causar a don Juan una considerable preocupación.

López Rodó aprovechó la oportunidad del viaje para disponer un encuentro clandestino con don Juan en el centro de Lisboa, en casa de un amigo portugués. Ignorante de la despótica carta de Franco, López Rodó se esforzó por tranquilizar al conde de Barcelona asegurando que las cosas se estaban moviendo dentro del régimen, si bien lentamente. Sin admitir, como había hecho ante Dionisio Ridruejo tres meses antes, que consideraba a Juan Carlos la mejor apuesta, el propio López Rodó explicó a don Juan su plan para una evolución gradual. Esta conversación del 17 de septiembre de 1957 duró más de tres horas. López Rodó dijo a don Juan que, aunque Franco quería poner fin a la incertidumbre que rodeaba su sucesión, estaba obsesionado por el temor a que cuando muriese la obra de toda su vida pudiera ser simplemente desechada por su sucesor real. Así pues, de acuerdo con la Ley de Sucesión, quienquiera que fuera el elegido tendría que aceptar los principios básicos del Estado franquista. Don Juan declaró que dar el primer paso «para mí es algo parecido a tomar un purgante a la fuerza. Yo no quisiera quedar comprometido políticamente». Con la máxima delicadeza, López Rodó le indicó que esta actitud le eliminaba del juego.[74]

Más tarde ese mismo día, y quizá influido por la conversación con López Rodó, don Juan escribió una carta conciliadora a Franco. Su rectificación era un claro reconocimiento de que Franco tenía todos los triunfos en la mano: «Siento en el alma que la interpretación que V.E. ha dado al párrafo de mi memorándum, en que hablaba de "la Monarquía como evolución natural y lógica del régimen mismo", sea tan distinta de la intención que yo puse en mis palabras. Evolución, para mí, es *perfeccionamiento, completamiento* del régimen actual, pero jamás ha pasado por mi cabeza la idea de abrir un período constituyente ni de discontinuidad entre lo actual y la Monarquía». Terminaba diciendo humildemente que, cuando Franco quisiera, estaría encantado de reunirse con él.[75]

Deleitándose en la debilidad que revelaba esta declaración, Franco hurgó aún más en la herida alentando las pretensiones al trono de varios pretendientes carlistas. Por este motivo, el siempre activo Pedro Sainz Rodríguez elaboró un plan para fortalecer la posición de don Juan, que adoptó la forma de una ceremonia montada en Villa Giralda el 20 de diciembre de 1957 en la que figuraba una delegación de cuarenta y cuatro de los más destacados miembros del grupo dinástico rival, la Comunión Tradicionalista. Tras una misa solemne, don Juan, luciendo la boina roja de los carlistas, aceptó los principios de la monarquía medieval absoluta, tan cara a los tradicionalistas. Ellos, por su parte, declararon que le consideraban el heredero legítimo del trono. La consecuencia fue que la mayoría de los carlistas vinieron a engrosar las filas juanistas, aunque una importante minoría de extremistas continuó afirmando los derechos de don Javier de Borbón Parma y su hijo Hugo.[76]

Este triunfo no era suficiente para justificar el hecho de que, en tanto que paladín de la monarquía liberal, don Juan estuviera cometiendo un grave error: no solo se había comprometido con unos principios contrarios a los partidos políticos, sino que confirmó a Franco la debilidad de su posición. Lejos de estar por encima de intereses partidistas, estaba demostrando que tenía que trapichear para conseguir apoyos. Cuando escribió para informar a Franco oficialmente, el Caudillo respondió con una condescendiente carta de notable astucia centrándose precisamente en ese punto. Expresaba Franco su satisfacción porque don Juan se hubiese asociado por fin a los únicos monárquicos de verdad (refiriéndose a los que rechazaban la monarquía constitucional liberal de su padre, Alfonso XIII). A continuación pasaba a señalar la contradicción de esta nueva postura con la anterior actitud liberal de don Juan: «Me refiero a vuestra reiterada manifestación en que expresáis vuestro deseo de ser el Rey de todos los españoles. No puede discutirse, ni se pretende, que el Pretendiente a la Corona de España no haya de sentirse en su día Rey de todos los españoles. Esto es lo normal en las situaciones monárquicas en todos los países. Todo el que acepte y acate un orden establecido ha de reconocer sus supremas magistraturas y estas tratar a todos los nacionales con amor de súbdito; pero cuando existen nacionales que desde el exterior o desde el interior traicionan y combaten contra su Patria, o se declaran agentes al servicio de poderes extranjeros, la expresión de estas palabras puede interpretarse erróneamente». La carta proseguía con el arrogante consejo a don Juan de que no hiciese declaraciones públicas sin solicitar primero su aprobación.[77]

Muchos consejeros de don Juan creían, como Ruiseñada, que el acercamiento a Franco era el único camino hacia el trono. Ruiseñada murió en extrañas circunstancias en Francia el 23 de abril de 1958. Su muerte en el coche-cama de un tren parado en la estación de Tours al año del fallecimiento de su compañero de conspiración Bautista Sánchez, levantó sospechas de juego sucio. No obstante, su muerte se debió casi con certeza a causas naturales.[78] Otros monárquicos pensaron que la creciente impopularidad del régimen inclinaría al pretendiente a mantener las distancias, pero lo cierto era que estas esperanzas estaban totalmente desencaminadas. Cada vez que Franco hablaba con su primo Pacón sobre don Juan era para lamentarse de sus conexiones liberales. Otro comentario fue: «Si don Juan acepta los postulados del Movimiento sin reserva alguna, no existe motivo legal para excluirle». Pero estaba claro que Franco no confiaba en que don Juan hiciera esto jamás. A comienzos de junio de 1958 le dijo a Pacón: «Yo ya tengo sesenta y cinco años y es natural que prepare mi sucesión, pues me puede ocurrir algo. Para ello no hay otros príncipes que don Juan y don Juan Carlos, su hijo, que son por este orden los herederos legales. Es una pena la formación inglesa, y por supuesto tan liberal, de don Juan». Y mostró su falta de confianza en don Juan aún más claramente cuando, a mediados de marzo de 1959, le dijo a Pacón: «Está entregado a los enemigos del régimen que quieren hacer tabla rasa con la Cruzada, y con la rotunda victoria alcanzada».[79]

En mayo de 1958, Juan Carlos, que tenía entonces veinte años y, seguía aún sus estudios de cadete naval, se embarcó como guardiamarina en el velero de la Armada Española *Juan Sebastián Elcano*, que iba a cruzar el Atlántico haciendo escala en varios puertos de Estados Unidos. Al mismo tiempo, don Juan había iniciado una peligrosa aventura. En un esfuerzo por dejar atrás la tragedia de Alfonsito, había decidido cruzar el Atlántico en su propio yate, el *Saltillo*, siguiendo la ruta de Cristóbal Colón. Cuando llegó a Funchal en la isla de Madeira, estaba esperándole Fernando María de Castiella, ministro español de Asuntos Exteriores. Castiella había sido enviado por Franco para persuadir a don Juan de que abandonara esta travesía.[80] Es probable que la motivación fuera menos la preocupación por la seguridad de don Juan que un temor a que el éxito del viaje aumentara su prestigio.

En aquel entonces, el embajador español en Estados Unidos era José María de Areilza, antiguo falangista y solo muy recientemente partidario de don Juan. Así, todavía en 1955, Areilza había escrito a Franco protestando por la venida de Juan Carlos a España, calificándolo de «caballo de Troya» cuya presencia encantaba a «todos los rojos y separatistas».[81] Ahora, recién convertido al liberalismo, Areilza informó a las autoridades de Washington de que el Príncipe se encontraba a bordo del buque-escuela y alertó a la prensa americana. La embajada recibió una auténtica lluvia de invitaciones para el Príncipe llegadas de Washington, Nueva York, y otros puntos. Los graves daños sufridos por el *Saltillo* en una tormenta dieron a Areilza la excusa necesaria para disponer que el servicio de guardacostas estadounidense recogiera a don Juan y fuera llevado a la embajada. Una vez instalado allí don Juan, Areilza pudo incluirlo en los diversos actos organizados para Juan Carlos. El embajador pidió permiso a Franco para recibir a don Juan y a su hijo en la embajada española. No obstante, para regocijo de los americanos y bochorno de Madrid, Areilza se excedió en sus funciones y la presencia de los dos príncipes españoles se convirtió casi en una visita de Estado. Rodeados de gran publicidad, hicieron visitas a la Biblioteca del Congreso, el Pentágono y el Cementerio de Arlington, a West Point y, en Nueva York, a la residencia del cardenal Spellman, la Metropolitan Opera House y la redacción del *New York Times*.[82]

Mientras Juan Carlos y don Juan estaban en Estados Unidos, López Rodó seguía trabajando diligentemente en sus planes para la monarquía posfranquista. El primer fruto de su trabajo como director de la Secretaría de la Presidencia de Carrero Blanco fue la «Declaración de Principios Fundamentales del Movimiento Nacional». Este texto fue presentado a las Cortes por el propio Franco el 17 de mayo de 1958. Era evidente que López Rodó había trabajado sobre esa reforma gradual a la que se había referido en sus conversaciones con Ruiseñada y don Juan. Los doce Principios eran una afirmación irreprochable, e inofensivamente poco definida, del catolicismo y el compromiso social del régimen, pero en su contenido se podía discernir la desvinculación formal del régimen con respecto al falangismo. El séptimo principio establecía que: «La forma política del Estado nacional, proclamada por la Ley de Sucesión y refrendada unánimemente por todos los españoles, es la Monarquía tradicional, católica, social y representativa».[83] El mayor obstáculo para que don Juan, o su hijo, aceptasen la idea de una monarquía ligada al régimen era la Falange. Ahora se estaba produciendo un ligero cambio. En el discurso de Franco nada se dijo sobre el Movimiento Nacional entendido como Falange Española Tradicionalista y de las JONS, fundamental para proyectos como el de Arrese.

El texto parecía indicar que Franco se estaba aproximando a la idea de una restauración de la monarquía, y muchos monárquicos quisieron interpretar el discurso en ese sentido. Produciéndose tan poco tiempo después de los abortados planes de Arrese, esto constituía un desconcertante giro de noventa grados que ha de explicarse esencialmente por la influencia de López Rodó. Franco había dejado la redacción del discurso a Carrero Blanco y este a su vez había delegado en López Rodó. Bien porque no había asimilado totalmente sus implicaciones, o simplemente porque no le alteraron, Franco no había tratado el texto con su gabinete antes de pronunciar el discurso. En las Cortes, varios ministros habían manifestado su consternación por esta aparente desviación del falangismo no aplaudiendo la alocución de forma ostentosa. Tras una larga conversación con Franco la víspera del discurso, Pacón llegó a la conclusión de que nada de esto importaba, ya que era evidente que Franco no tenía la menor intención de abandonar el poder hasta que la muerte o la incapacidad le obligaran a hacerlo. Pacón le preguntó si llegado ese caso excluiría a don Juan como posible sucesor. Franco respondió: «Quien tiene que designar al rey es el Consejo del Reino, pero desde luego yo no lo excluyo. Si don Juan acepta los postulados del Movimiento sin reserva alguna, no existe motivo legal para excluirle». Que Pacón no se equivocaba se hizo patente cuando Franco nombró a Agustín Muñoz Grandes jefe de Estado Mayor el 6 de junio de 1958. Muñoz Grandes tenía que garantizar que los deseos del Caudillo se realizaran si moría o quedaba incapacitado. El nombramiento dejó inequívocamente claro que Franco no tenía intención de ceder el poder a ningún sucesor antes de ese momento.[84]

La promulgación de la Ley de Principios del Movimiento había tenido lugar mientras Juan Carlos y su padre estaban en Nueva York. Al concluir la visita, don Juan hizo el arriesgado viaje de vuelta a través del Atlántico en el *Saltillo*. Al llegar al puerto de Cascais el 24 de junio, varias docenas de entusiastas monárquicos españoles estaban esperando para felicitarle por sus extraordinarias proezas marítimas. En el muelle, el nuevo embajador de Franco en Portugal, José Ibáñez Martín, fue apartado a empujones. Cuando un periodista portugués preguntó el nombre de quien había sustituido a Nicolás Franco en la embajada de Lisboa, varias voces respondieron al unísono: «sinvergüenza». Mientras don Juan posaba ante los fotógrafos, el embajador intentó introducirse en la foto; Ibáñez Martín fue arrastrado de un brazo por un ardoroso joven monárquico que hubo de ser sujetado para que no lo arrojara al agua. Cuando Ibáñez Martín se quejó ante don Juan, este le dio la espalda. En la recepción que tuvo lugar a continuación se oyeron abucheos cuando alguien anunció que una delegación de procuradores de las Cortes franquistas tenía intención de pedir a don Juan que aceptara los Principios del Movimiento. En su discurso, don Juan declaró: «No iré jamás de la mano de Franco. Seré Rey de todos los españoles». El conde de Barcelona dijo al general disidente Heli Roldano de Tella que solo la prudencia le impedía anunciar públicamente su total ruptura con Franco. Los informes detallados de los diversos incidentes pronto estuvieron sobre la mesa del Caudillo.[85]

Incluso sin estas declaraciones, Franco tenía ahora un nuevo motivo de profundo rencor contra don Juan. Siempre había afirmado que su auténtica vocación era la Marina. Solo diez años antes, el 12 de octubre de 1948, en el monasterio de La Rábida donde Cristóbal Colón había velado la noche antes de partir desde Palos de Moguer en su histórico viaje, Franco se había concedido a sí mismo el título de Gran Almirante de Castilla. Considerándose como el Cristóbal Colón del siglo XX, debió de sentirse profundamente irritado por las profusas alabanzas que recibía don Juan en razón de sus auténticos logros marítimos.[86]

Aún más disgustado se sintió Franco cuando de la Dirección General de Seguridad llegó un documento sobre don Juan, transcripción de una larga conversación entre el pretendiente y un periodista alemán. En ella, don Juan denunciaba la ilegitimidad del poder ostentado por Franco y afirmaba categóricamente que el próximo rey tenía que comprometerse con la reconciliación nacional.[87]

No es de extrañar que la determinación del Caudillo de no ceder el bastón de mando en mucho tiempo fuese reiterada en su discurso radiofónico de fin de año el 31 de diciembre de 1958. Pese al hecho de que la economía española estaba al borde de la quiebra, con inflación galopante y creciente malestar entre la clase trabajadora, dedicó el grueso de su extenso discurso (treinta páginas en su versión impresa) a hacer un himno de alabanza al Movimiento, el cual presentó en particular como institucionalización de su victoria en la guerra civil. El mensaje subyacente de su oscura verborrea era que la futura sucesión solo tendría lugar en concordancia con los principios del Movimiento. Denunciando los defectos de la monarquía borbónica en términos de la «frivolidad, la imprevisión, el abandono, la torpeza y la ceguera», afirmó que cualquiera que no reconociera la legitimidad de su régimen sufría de «egoísmos personales y debilidad mental». Después de estas inconfundibles alusiones a su persona, don Juan difícilmente podía sentirse seguro en cuanto a su lugar en los planes del Caudillo para el futuro.[88]

Las palabras de Franco hicieron patente que tenía mucho interés en enfriar los ardores de aquellos monárquicos convencidos de que la Declaración de Principios del Movimiento implicaba una inminente cesión del poder a don Juan. El optimismo de esta posibilidad se hizo evidente en ocasión de una reunión monárquica en Madrid el 29 de enero de 1959. Algunos seguidores progresistas de don Juan dieron una cena en el hotel Menfis para promover una asociación conocida como Unión Española. Los tiempos de los aristócratas cortesanos como Danvila o Ruiseñada dejaban ahora paso a algo en todos los sentidos más moderno. Unión Española había sido concebida por el abogado e industrial monárquico liberal Joaquín Satrústegui. Aunque Gil Robles estaba presente, no intervino como orador. Los que sí lo hicieron —entre ellos el intelectual socialista de la Universidad de Salamanca, Enrique Tierno Galván— dejaron claro que, para sobrevivir, la monarquía no podía ser instaurada por un dictador sino que debía ser restaurada con el refrendo de la mayoría de los españoles. El aquilino Satrústegui contradijo sin ambages la declaración hecha en fin de año por Franco de que la Cruzada era la fuente de legitimidad del régimen.

Para indignación del Caudillo, Satrústegui, que había luchado con los nacionales en 1936, argumentó que la tragedia de una guerra civil no podía ser la base para el futuro, y se enfrentó expresamente a la muy repetida exigencia de Franco de que don Juan jurase los ideales del 18 de julio diciendo: «Una guerra civil es algo horrible en que … se matan unos compatriotas a otros … La Monarquía no puede asentarse sobre este hecho». Descalificó también la idea de una monarquía «instaurada» y consagrada por la Ley de Sucesión, declarando abiertamente: «Hoy, el Rey legítimo de España es don Juan de Borbón y Battenberg. Lo es por ser hijo de su padre, nieto de su abuelo y heredero en fin de toda una Dinastía. Esos y no otros son sus títulos». Franco se enfureció cuando leyó los textos de los discursos de sobremesa en el hotel Menfis, y multó a Satrústegui con la nada desdeñable suma de cincuenta mil pesetas. El que las sanciones no fueran más severas, comparables por ejemplo a las impuestas a la oposición de izquierdas, se debía a que Franco no quería que se creyera que perseguía a los partidarios de don Juan.[89] Teniendo en cuenta que la victoria en la guerra civil, como él afirmaba a menudo, era la fuente de su propia «legitimidad», Franco no pudo sino sentirse desolado por lo que se había dicho y por que don Juan no refutara a Satrústegui. A su primo Pacón le dijo que la monarquía, tanto de don Juan como de Juan Carlos, si no se basaba en los principios del Movimiento sería el primer paso hacia una toma de poder comunista.[90]

Si la cena en el Menfis molestó a Franco, podemos imaginar su ira ante un informe de sus servicios secretos. El día anterior al acto del Menfis, don Juan había recibido a un grupo de estudiantes españoles en Estoril. Si el informe escrito de uno de los estudiantes era exacto, lo allí ocurrido fue un desafortunado intento de bromear, o la indiscreción de alguien que ha bebido de más en la comida. Don Juan había expuesto, al parecer, su convicción de que, en caso de morir Franco, lo único que él tenía que hacer era ponerse en camino hacia el Palacio de Oriente de

Madrid. Una multitud de generales monárquicos se asegurarían de que nadie le detuviera. Entonces aboliría la Falange por decreto y legalizaría los partidos políticos, incluido el socialista.[91] El informe explica en cierta medida el desdén con que Franco solía referirse a don Juan en privado.

La creación de Unión Española era simplemente un síntoma del descontento reinante en el seno de la coalición franquista. El que se consintiera a Satrústegui una crítica tan profunda del régimen apuntaba a que Franco estaba perdiendo el dominio de la situación. Desde luego, su incapacidad para abordar la crisis económica salvo dejándola bajo control de su nuevo equipo de tecnócratas indicaba que su mente estaba en otra parte.[92] Para desalentar las especulaciones sobre su futuro, Franco permitió a Carrero Blanco y López Rodó continuar sus trabajos en la elaboración de un proyecto constituyente para su sucesión. Este iba a llamarse Ley Orgánica del Estado y debía definir los poderes del futuro rey. Carrero Blanco entregó el primer borrador a Franco el 7 de marzo de 1959, junto con una nota lisonjera rogándole la conclusión del «proceso constitucional»: «Si el Rey recoge los poderes que tiene S.E. es para sentirse alarmados, porque lo cambiará todo. Hay que ratificar, al mismo tiempo, el carácter vitalicio de la magistratura de S.E. que es Caudillo, más que Rey, porque funda Monarquía». Una vez redactada la ley, Carrero Blanco proponía convocar un referéndum, después de ganar el cual —«la gente vota la propaganda que se la hace»— «se podría decir a don Juan: ¿acepta sin reservas? Si dice que no, resuelto el problema, se pasa al hijo. Si este dice no, se busca un Regente».[93]

A raíz del asunto del hotel Menfis, Franco se mostró vacilante; una semana después reiteró a Pacón que don Juan y el príncipe Juan Carlos debían aceptar que la monarquía solo se podía reinstaurar dentro del marco del Movimiento, porque una monarquía constitucional «no duraría ni un año y ocasionaría el caos en España, haciendo inútil la Cruzada. Así se daría paso a una república con su Kerenski y al poco tiempo al comunismo o al caos de nuestra Patria».[94] Reacio a hacer nada que pudiera acelerar su propia salida, no volvió a ocuparse del proyecto constituyente hasta pasados ocho años.

Para aumentar su libertad de acción y ejercer más presión sobre don Juan, Franco continuó cultivando discretamente a Alfonso de Borbón Dampierre, hijo de don Jaime, el hermano de don Juan. A través del jefe segundo de su Casa, general Fernando Fuertes de Villavicencio, se preparó una audiencia. Franco sentía simpatía tanto por Alfonso como por su hermano Gonzalo, y habló con ellos sobre la cuestión sucesoria. Preguntando a Alfonso si conocía la Ley de Sucesión, le dijo: «No he decidido absolutamente nada todavía acerca de la cuestión de saber quién será llamado mañana a la cabeza del Estado». Enterado de que Alfonso había sido recibido en El Pardo, Solís y otros falangistas empezaron a promover la idea de que se cumpliera la Ley de Sucesión con un «príncipe azul» (un príncipe falangista).[95]

El 15 de septiembre de 1958, Juan Carlos se trasladó a la Academia de Aviación de San Javier en Murcia. Estaba encantado de aprender a pilotar y se granjeó las simpatías de sus compañeros cadetes con sus bromas, a lo cual contribuía su mono amaestrado, Fito, que vestía el uniforme de las fuerzas aéreas. Juan Carlos le había enseñado a saludar y a dar la mano. La relación con Fito le mereció a Juan Carlos algunos arrestos y, finalmente, don Juan le obligó a desprenderse de él.[96] A lo largo de aquel año el Príncipe hizo algunos gestos destinados a consolidar sus vínculos con el régimen. En la primavera de 1959, mientras aún era cadete en la Academia de Aviación, tomó parte en el anual desfile de la Victoria que conmemoraba el fin de la guerra civil. Se puede deducir que no fue tratado como un cadete más por el hecho de que, durante su estancia en Madrid, se alojó en el Ritz, y recibió numerosas visitas. En algunos momentos del desfile, Juan Carlos fue aplaudido. Sin embargo, en la plaza de Colón algunos falangistas y partidarios del pretendiente carlista don Javier, llegados desde el cercano cuartel de Falange en la calle de Alcalá, empezaron a insultar al Príncipe y a gritar «no queremos reyes imbéciles». La policía lo observó todo sin intervenir. Con el fin de disminuir la hostilidad de la Falange, a finales de mayo de 1959 Juan Carlos llevó una corona de laurel al lugar donde había sido ejecutado José Antonio Primo de Rivera en Alicante el 20 de noviembre de 1936. No le sirvió de nada. El diario del

Movimiento, *Pueblo*, le criticó que no visitara más a menudo los lugares históricos del franquismo.[97]

El 12 de diciembre de 1959 finalizó la formación militar de Juan Carlos y se licenció con el grado de teniente en las tres armas. En la ceremonia oficial de la Academia General Militar de Zaragoza, el nuevo ministro del Ejército, teniente general Antonio Barroso, en un discurso previamente sometido a la aprobación de Franco, rindió un tributo especial a Juan Carlos y a doña Victoria Eugenia. Subrayando la importancia de la ocasión para el futuro de Juan Carlos, Barroso habló significativamente de que «vuestra fidelidad, patriotismo, abnegación y laboriosidad han de compensarle de otras penas y sinsabores».[98] No está claro si esto era una referencia específica a la muerte de su hermano o un comentario general sobre la situación del joven arrancado del lado de su familia.

Juan Carlos tenía ahora veintidós años y había madurado durante el tiempo pasado en las academias, aunque sus gustos eran exactamente los que cabría esperar de cualquier joven de su edad, particularmente de un aristócrata: chicas, bailes, jazz y coches deportivos. Uno de sus instructores le dijo a Benjamin Welles, el corresponsal del *New York Times*: «No es mayor que la edad que tiene».[99] No obstante, Franco estaba satisfecho de los progresos de Juan Carlos, pero cada vez más receloso respecto a su padre. A principios de 1960 le dijo a Pacón: «Don Juan no tiene remedio y cada vez se puede confiar menos en él». Cuando Pacón trató de explicarle que el objetivo del pretendiente era una monarquía que uniese a todos los españoles, Franco explotó:

> Don Juan debería comprender que para eso no hubiese sido necesaria la sangrienta guerra civil, para que todo quedase igual que en la Segunda República. … Es una pena que don Juan esté mal aconsejado y siga aferrado a la idea y deseo de la monarquía liberal. Es una persona muy agradable, pero políticamente se va con el último que le aconseja. … Ante la eventualidad de que don Juan no pueda gobernar por su liberalismo o por otro motivo, se ha preparado la educación de su hijo, el príncipe Juan Carlos, quien por su esfuerzo e interés ha logrado alcanzar las tres estrellas de oficial de los tres ejércitos y ahora irá a la universidad.[100]

Es curioso que en público Franco pareciese favorecer la causa de otros pretendientes, como don Jaime y su hijo, o el de los carlistas, mientras que en privado había reducido las alternativas esencialmente a don Juan y Juan Carlos. Aunque no albergaba esperanzas de que don Juan abrazara los principios del Movimiento, tenía pocas dudas en el caso de Juan Carlos. Los otros candidatos servían tanto de reserva como de elemento de presión sobre don Juan y su hijo. El creciente aprecio de Franco por Juan Carlos le llevaba a suponer que podía contar con que don Juan abdicara en favor de su hijo. Era una esperanza vana. En efecto, el conde de Barcelona le escribió el 16 de octubre de 1959 informándole sobre una entrevista con el general De Gaulle en la que habían hablado sobre el futuro de España: «Creo que si algún día, basándose en la actual situación legal, se intentase resolver esta cuestión, no es de esperar que se cometa la imprudencia de provocar un conflicto intentando alterar arbitrariamente el orden natural de la sucesión, que tanto el Príncipe de Asturias como yo estamos resueltos a mantener».[101] La cuestión de la educación universitaria de Juan Carlos iba ahora a envenenar aún más la relación entre su padre y el Caudillo.

Don Juan había planeado en un principio que Juan Carlos asistiera a la prestigiosa Universidad de Salamanca. Este proyecto contaba aparentemente con la aprobación de Franco. Durante más de un año, el general Martínez Campos, preceptor del Príncipe, había hecho preparativos a este fin. Había hablado del asunto con el ministro de Educación, Jesús Rubio García-Mina, y con el ministro-secretario general del Movimiento, José Solís Ruiz. También había estado en Salamanca para tratarlo con el rector de la universidad, José Beltrán de Heredia; le había buscado al Príncipe un alojamiento apropiado y había investigado a los posibles profesores. Pero a finales de 1959, repentinamente y sin previo aviso, don Juan empezó a tener dudas sobre el proyecto de Salamanca. El 17 de diciembre el general Martínez Campos había viajado a Estoril para ultimar detalles. Al día siguiente tuvo lugar una tensa entrevista en Villa Giralda. El duque comenzó informando sobre la visita de Juan Carlos a El Pardo el 15 de diciembre. Aparentemente, después de que Franco hubiese charlado con el Príncipe sobre lo que le esperaba en Salamanca, le dijo que una vez instalado en la universidad esperaba verle más a menudo. Don Juan reaccionó diciendo que estaba planteándose la posibilidad de no enviar a su hijo a Salamanca. Furioso, Martínez Campos protestó que cualquier cambio de planes a estas alturas —después de que Juan Carlos hubiera recibido su despacho de oficial en los tres ejércitos— sería infinitamente perjudicial para el prestigio de don Juan y de la causa monárquica. Le espantaba la idea de que pudiera parecer que había mentido para garantizar que Juan Carlos recibiera su grado de oficial, e insistió en que no abandonaría Estoril hasta que el asunto estuviera resuelto de un modo u otro.

El 19 de diciembre, al día siguiente de este desagradable encuentro, hubo una reunión informal de varios miembros del Consejo Privado de don Juan. Uno tras otro, Juan Ignacio Luca de Tena, Pedro Sainz Rodríguez y otros hablaron contra la idea de que el Príncipe estudiara en Salamanca, dando a entender que era un lugar peligroso, lleno de estudiantes extranjeros y profesores de izquierdas.[102] Esta era la opinión, expresada de modo extremadamente vehemente, de los miembros del Opus Dei Gonzalo Fernández de la Mora y Florentino Pérez Embid. Fernández de la Mora y Sainz Rodríguez propusieron que Juan Carlos recibiera clases particulares en el palacio de Miramar de San Sebastián, con profesores seleccionados de diversas universidades. Martínez Campos recordó que Salamanca había sido elegida por su tradición histórica y por su situación a medio camino entre Madrid y Estoril, y explicó que sus meticulosos preparativos —incluyendo la designación de asistentes militares para acompañar al Príncipe— obviaban todos los problemas que allí se preveían. El general se sintió mortificado cuando, mientras don Juan observaba en silencio, los demás descalificaron con irritación sus argumentos. Ante esta humillante prueba de su decreciente influencia en el conde de Barcelona, dimitió, lo cual causó considerable aflicción a Juan Carlos, cada vez más encariñado con su severo tutor. Durante los tres días siguientes, el Príncipe se esforzó en convencerle para que reconsiderase su dimisión, y lo mismo hizo su padre. Pero el orgulloso Martínez Campos no estaba dispuesto a aceptar un plan improvisado, ideado por Sainz Rodríguez, Pérez Embid y Fernández de la Mora.

Martínez Campos señaló los peligros inherentes a lo que don Juan estaba haciendo: después de todo, Juan Carlos era un oficial del ejército español y Franco podía destinarle donde le viniera en gana, incluida Salamanca. Don Juan respondió pidiéndole que aceptara una designación formal como jefe de la Casa del Príncipe, trabajo que llevaba realizando *de facto* durante los últimos cinco años. Pensando sobre todo por su propia dignidad, Martínez Campos rehusó categóricamente a prescindir de su plan para supervisar la puesta en práctica de los proyectos de tres hombres por los que sentía escaso o ningún respeto. Afirmó también que las vacilaciones de don Juan suponían un daño irreparable para la imagen de la monarquía dentro del Ejército y de España en general. Aún más, argumentó que Franco consideraría todo ello como evidencia de que don Juan estaba «sujeto a influencias o a presiones exteriores». Don Juan hizo caso omiso de estas advertencias y le dio un sobre lacrado para llevar a El Pardo que contenía una carta dirigida a Franco explicando su cambio de parecer. El 23 de diciembre de 1959 a última hora de la tarde, el general Martínez Campos tomó el tren nocturno a Madrid. A la mañana siguiente fue directamente de la estación a El Pardo. Franco le recibió cordialmente y solo comentó que no le sorprendía, «sabiendo quiénes están siempre en Estoril». Pero si bien recibió las noticias con indiferencia, a sus colaboradores más allegados no les cupo duda de que estaba enormemente contrariado.[103]

Todo este episodio vino a corroborar que una vez más Juan Carlos era simplemente la pelota en el juego que disputaban don Juan y Franco. En 1948 le habían separado brutalmente de Eugenio Vegas Latapié, el preceptor por el que sentía gran cariño. Habiendo llegado a apreciar, respetar y confiar en el duque de la Torre durante sus seis años juntos, el proceso se repetía ahora. El perder una vez más a su mentor y comprender que sus intereses estaban totalmente subordinados a consideraciones políticas, acarreó considerables costes emocionales para Juan Carlos. Más adelante declaró: «La marcha del duque me apenó mucho. Pero no podía hacer nada por él. Nadie había pedido mi opinión. Yo estaba como sobre un campo de fútbol. El balón estaba en el aire y yo no sabía de qué lado iba a caer». Da idea de la relación de Juan Carlos con su mentor que pusiera empeño en pasar tiempo junto a él en los últimos días de su fatal enfermedad, en abril 1975.[104]

Es indudable que el choque entre don Juan y el duque de la Torre tuvo una enorme importancia para el futuro del Príncipe y de su padre. Alfonso Armada, amigo y simpatizante de Martínez Campos, escribió posteriormente que este episodio fue la causa definitiva de la eliminación de don Juan de los planes sucesorios de Franco. Luis María Anson, un admirador declarado del veterano consejero de don Juan, sostiene que el enfrentamiento de Estoril fue deliberadamente planeado por Sainz Rodríguez para provocar la dimisión de Martínez Campos, «una de sus más audaces y clarividentes jugadas políticas». Según la interpretación de Anson, Sainz Rodríguez creía que, en tándem con Martínez Campos, Juan Carlos sería muy vulnerable a las maquinaciones de elementos hostiles del Movimiento. Urdiendo la partida del general, Sainz Rodríguez estaba en teoría dirigiendo a Juan Carlos hacia la órbita de Carrero Blanco y López Rodó.[105] En realidad, los esfuerzos de don Juan y el propio Juan Carlos para convencer a Martínez Campos de que retirase su dimisión, hacen todo esto difícil de creer. Además, López Rodó ya había empezado a invertir sus esfuerzos en la candidatura de Juan Carlos para la sucesión. Más que un plan clarividente y sagaz en favor de Juan Carlos, las maniobras de Sainz Rodríguez, Fernández de la Mora y Pérez Embid sugieren un intento desesperado de impedir que el Príncipe eclipsara a don Juan como sucesor de Franco. A Sainz Rodríguez le preocupaba que, bajo la tutela de Martínez Campos, Juan Carlos estuviera siendo discretamente integrado en los planes franquistas para el futuro. En todo caso, cualesquiera que fueran los objetivos de la emboscada pergeñada contra Martínez Campos en Estoril, simplemente consolidó la convicción de Franco de que don Juan se dejaba influir demasiado por sus seguidores.

Y, en efecto, una de las primeras consecuencias de la ruptura con Martínez Campos fue que el general Alfredo Kindelán dimitiera de la presidencia del Consejo Privado de don Juan. Hombre de gran dignidad y prestigio, Kindelán fue reemplazado a principios de 1960 por José María Pemán, dramaturgo y poeta, y claramente más sinuoso y más flexible. Rafael Calvo Serer y Florentino Pérez Embid, ambos miembros de Opus Dei, asumieron funciones centrales.[106] Entretanto, una prolongada correspondencia daría un tono totalmente nuevo a la contienda entre el Dictador y el pretendiente con respecto a Juan Carlos. Si antes quedaba alguna duda, este intercambio epistolar iba a hacer inequívocamente evidente que Franco veía al Príncipe como un heredero directo, mientras que su padre le veía como un peón en su propia estrategia para alcanzar el trono. La carta que don Juan confió a Martínez Campos comenzaba expresando gratitud por el paso de Juan Carlos por las tres academias militares y por el generoso discurso del general Barroso en Zaragoza. A continuación, don Juan se refería a su profunda preocupación en torno a la siguiente etapa en la educación del Príncipe, y repetía la mayoría de los argumentos presentados a Martínez Campos en los días anteriores. En todo esto, don Juan se hacía eco de los consejos de Sainz Rodríguez, Fernández de la Mora, Pérez Embid y otros, entre ellos Rafael Calvo Serer, grupo al que calificaba de «mucha gente de gran valor intelectual y sano patriotismo». Alegando que Martínez Campos le había inducido a precipitarse a la hora de aceptar el plan de Salamanca, expresaba la opinión de que sería mejor para el Príncipe recibir clases particulares con profesores de diversas universidades. Por consiguiente, prefería que su hijo se instalara en una residencia propia de la familia real con total independencia.[107]

Al día siguiente, don Juan envió al Caudillo una nota explicativa junto a un nuevo plan de estudios, en la que don Juan declaraba de modo poco convincente: «Quiero insistirle en que el hecho de haber esperado hasta ahora para decidir definitivamente que el Príncipe no vaya a hacer sus estudios civiles en Salamanca, no se debe ni mucho menos a una improvisación repentina, ni a un capricho mío». Como refrendo de esta aseveración, alegaba que Martínez Campos se había adelantado a hacer planes concretos pese a sus órdenes en sentido contrario. El plan en sí, que implicaba cierto menosprecio de la Universidad de Salamanca y de sus profesores, llevaba la clara impronta de los mismos hombres que se habían enfrentado al general Martínez Campos en Estoril.[108]

La respuesta enviada por Franco a mediados de enero tenía solo un leve tono de censura. Empezaba diciendo que respetaba la decisión del pretendiente, aunque señalaba que los argumentos en los que se basaba eran muy dudosos. Continuaba diciendo que otro retraso sería perjudicial para el Príncipe pues rompería sus hábitos de estudio «al que tengo entendido es poco inclinado, por preferir las prácticas y el deporte». Sugería que el Palacio de Miramar de San Sebastián era totalmente inadecuado porque estaba demasiado apartado de los grandes centros universitarios y su clima húmedo no invitaba a la caza. En su lugar proponía un lugar más cercano a Madrid, preferiblemente la Casa de los Peces en El Escorial: «Esto me permitirá, a su vez, el poder ver al Príncipe con más frecuencia y estar al tanto de su formación, de la que en la parte que sea posible pretendo ocuparme personalmente». Anunciaba finalmente que le había encomendado al ministro de Educación, Jesús Rubio García-Mina, que elaborase un plan de estudios completo para el Príncipe y buscara un equipo de catedráticos de la Universidad de Madrid para llevar a cabo la tarea.[109]

Don Juan discutió esta carta con Pemán, que consideró el deseo de Franco de ver al Príncipe con frecuencia como algo «un poco alarmante». Antes de hablar con Pemán, don Juan ya había respondido con prontitud a comienzos de febrero aceptando la idea de que residiera en El Escorial, proponiendo un grupo de profesores de toda España que podrían hacerse cargo de la educación de su hijo, y nombrando al duque de Frías jefe de la Casa del Príncipe.[110] Franco se apresuró a señalar que los profesores propuestos probablemente darían al Príncipe lo que cabría considerar como una educación humanista y que, aunque esto podría servir para «un español cualquiera», para el Príncipe era menester algo mucho más específico: «Es necesario completar la formación del Príncipe en aquellas materias civiles que son básicas para sus decisiones futuras». Pasaba después a explicar que la educación fría y abstracta dada por un grupo de eruditos poco pragmáticos sería totalmente inadecuada. Lo que hacía falta, declaraba, era un plan basado en los Principios del Movimiento Nacional. De esto pasaba a decir que se había percatado de que don Juan tenía consejeros que parecían albergar la absurda idea de que la monarquía podía cambiar la naturaleza del régimen. Por lo que hacía a Franco, era evidente que ocurriría todo lo contrario: el Caudillo había elegido la monarquía para sucederle precisamente para prolongar, no para alterar, su régimen.

Franco no había sentido ninguna preocupación mientras el Príncipe estaba en alguna de las academias militares, «templos de exaltación de la Patria y escuela de virtudes y formación del carácter, del ejercicio del mando, de la disciplina y del cumplimiento del deber». «Expuestas estas consideraciones, y dada la edad alcanzada por el Príncipe, yo estimo que la formación de don Juan Carlos en estos años es más una cuestión de Estado que de patria potestad, y que a aquel corresponde en prioridad el determinar políticamente las líneas generales del plan y las garantías que hayan de tomarse.» Proponía que el director de estudios del Príncipe fuera un profesor de historia que había luchado en la guerra civil con el Requeté carlista, era miembro del Opus Dei y ahora sacerdote, refiriéndose al ultraconservador Federico Suárez Verdeguer. Si don Juan no estuviera de acuerdo, Franco pensaba dejar todo el asunto de la educación del Príncipe en manos del Consejo del Reino, y concluía su carta en tono ominoso, advirtiendo que solo si se aclaraban ciertos malentendidos consideraría la posibilidad de una reunión para tratar los detalles, dado que lo que los separaba era una importante cuestión de principios.[111]

La respuesta de don Juan fue conciliadora, reflejo de la influencia que tuvo en su redacción el recién nombrado presidente de su Consejo Privado, José María Pemán. Según el propio Pemán, había sido seleccionado para este cargo precisamente porque no tenía ambiciones políticas para sí mismo y se llevaba bien con Franco. Pemán añadió al texto de don Juan lo que él llamó «el perfume grato a El Pardo que se requería».[112] Al parecer, don Juan no percibía que el creciente interés de Franco en Juan

Carlos era como sucesor directo suyo y no como futuro heredero de su padre. La carta comenzaba admitiendo que «sería absurdo que ahora, en sus estudios, no recibiese una enseñanza eminentemente nacional, e inspirada en la misma lealtad a los principios fundamentales del Movimiento que la recibida en las Academias militares». Reconocía don Juan que los intereses del Estado debían estar por encima de todo, y aceptaba la propuesta que le hacía Franco de Suárez Verdeguer y otros profesores. En relación al asunto de si la monarquía iba a intentar alterar el Estado franquista, respondía con una especie de malabarismo: admitiendo que algunos de sus seguidores querían una monarquía parlamentaria mientras que otros, como los tradicionalistas, eran fuertemente contrarios a ella, insistía no obstante en que su lealtad a los Principios del Movimiento era incuestionable; y pedía a Franco, con cierto optimismo, que hiciese una declaración en el sentido de que «el desarrollo de la educación del Príncipe no prejuzga la cuestión sucesoria ni altera la transmisión normal de las obligaciones y las responsabilidades dinásticas». Pemán ya había iniciado algunas negociaciones entre bastidores con Carrero Blanco, que se mostraba propicio. Es evidente que estas dieron fruto, como se reveló en la respuesta de Franco casi cuatro semanas después, en la que proponía una reunión el 21 o el 22 de marzo en el Parador de Ciudad Rodrigo cerca de la frontera portuguesa.[113]

Las noticias de la próxima reunión generaron rumores de que eran inminentes decisiones cruciales para el futuro. Franco tenía ya sesenta y siete años y cundían los rumores de que le estaba fallando la salud. A la vuelta de una cacería en Jaén el 25 de enero de 1960, un defecto en el sistema de calefacción de su Rolls Royce había llenado la parte trasera del coche de gases del tubo de escape. Advirtiendo la somnolencia de Franco, doña Carmen tuvo la presencia de ánimo de ordenar detener el coche antes de que se produjera un percance grave. En el seno del régimen circularon rumores disparatados, aunque Franco aseguró a Pacón que solo había sufrido un fuerte dolor de cabeza. No obstante, y sobre todo después que la compañía automovilística Rolls Royce anunciase que los gases del escape solo podían entrar en el coche si se producía una manipulación deliberada, el incidente dio pábulo a la idea de que algo siniestro había pasado.[114] Siendo esta la situación, cuando la noticia de la propuesta reunión en Ciudad Rodrigo fue emitida por algunas emisoras extranjeras y filtrada a la prensa, en Madrid corrió el rumor de que Franco pensaba transferir el poder a don Juan. Periodistas, corresponsales radiofónicos y cámaras de noticieros se arremolinaron en la ciudad fronteriza, listos para lanzar la noticia a todas las capitales mundiales. Muy irritado, Franco aplazó el encuentro una semana y cambió el escenario.

El Caudillo estaba furioso por las insinuaciones de que iba a abandonar el poder en favor de don Juan y, convencido de que habían sido difundidas desde Estoril, el cambio de emplazamiento pretendía ser una reprimenda a don Juan. Sin embargo, dados los inquietos rumores sobre la mortalidad de Franco, se concedió enorme importancia al tercer encuentro, el segundo en Las Cabezas, entre este y don Juan el 29 de marzo de 1960.[115] Las Cabezas había sido heredada por el marqués de Comillas a la muerte de su padre, el conde de Ruiseñada. Hablando con Pacón antes de la reunión, Franco dejó claro que pensaba ofrecer muy poco, afirmando categóricamente que «mientras tenga salud y facultades físicas y mentales no dejaré la jefatura del Estado».[116]

Pedro Sainz Rodríguez estaba empezando a sospechar que Franco no solo no iba a abandonar el poder antes de su muerte, sino que iba a elegir a otro sucesor que don Juan. Entre los diversos candidatos era preferible Juan Carlos, pero don Juan no deseaba ceder el trono ni siquiera a su hijo. Por consiguiente, en sus notas preparatorias para el pretendiente, Sainz Rodríguez sostenía que debía insistir en que «la presencia del Príncipe no debe ser utilizada para realizar maniobras que sugieran que existe un acuerdo por el cual se altera el orden sucesorio». Sainz Rodríguez se refería a esta peligrosa posibilidad como «balduinismo» por el rey Balduino de Bélgica, que había subido al trono en 1951 tras la abdicación de su padre, Leopoldo III.[117]

Franco llegó vestido con traje gris en compañía de ochenta y dos personas en una escolta de once Cadillacs. Iban con él los ministros de Educación y de Obras Públicas, junto con numerosos guardias de seguridad y asistentes, dos cocineros y un médico. Aparte del conductor, don Juan iba acompañado solamente por su secretario personal, Ramón Padilla, y el duque de Alburquerque. A diferencia de sus dos entrevistas anteriores, el Caudillo manifestó menor interés en convencer a don Juan de su punto de vista, habiéndole eliminado ya como posible sucesor. No cabe la menor duda de que, en caso de tener que organizar un rápido proceso de sucesión, Franco había decidido hacía tiempo no ofrecer el trono a don Juan. Por el contrario, optaría por Juan Carlos y simultáneamente pediría a don Juan que abdicase, confiando en que el pretendiente aceptara antes que arriesgarse a una ruptura pública con su hijo. Durante algún tiempo Franco se abstuvo astutamente de hacer pública esta decisión, convencido de que si se precipitaba, Juan Carlos se pondría del lado de su padre. No obstante, esta idea subyacía a su agenda para Las Cabezas, que se limitaba a criticar a los colaboradores de don Juan y a tratar sobre los detalles del resto de la educación del Príncipe. Don Juan, por su parte, expresó firmemente su preocupación por el hecho de que Franco parecía estar alentando las pretensiones de otros aspirantes al trono. No fue triunfo menor conseguir presionar a Franco para que admitiera que alguno de ellos (con toda seguridad don Jaime) estaba recibiendo ayuda financiera de la Secretaría General del Movimiento.

Don Juan se quejó enérgicamente de la continua propaganda antimonárquica en España. En particular protestó por el libro *Anti-España 1959*, publicado en Madrid por un obsesivo propagandista del régimen, Mauricio Carlavilla, que era también policía secreta. Dicho libro tachaba la causa monárquica de títere de la masonería y cortina de humo para la infiltración comunista, además de insinuar que el propio don Juan era masón. El Movimiento había enviado cientos de ejemplares a personas en cargos oficiales. Don Juan sabía que el aparato de la censura no habría permitido la distribución del libro mientras Juan Carlos residía en España, sin la connivencia del Caudillo. Franco entonces, que podía haber fingido ignorancia convincentemente, adujo de modo evasivo que él no tenía control sobre la prensa, añadiendo que algunos periodistas patriotas sin duda habrían visto el libro como justa respuesta a las memorias del aviador monárquico Juan Antonio Ansaldo, publicadas en Buenos Aires en 1951.[118]

Esto implicaba que, aunque Franco no hubiera encargado el libro de Carlavilla, desde luego aprobaba su contenido. El libro de Ansaldo, *¿Para qué...?*, apodaba a Franco «el usurpador de El Pardo» y le censuraba que no hubiera restaurado la monarquía, lo cual tildaba de traición a los sacrificios realizados en la guerra civil contra la República. Don Juan apuntó que no había mucha necesidad de responder a un libro que estaba prohibido en España. Continuó después quejándose de los ataques constantes a los que la prensa del Movimiento había sometido a la monarquía durante los últimos quince años. Dando a entender de nuevo que la prensa estaba fuera de su control, Franco atribuyó solapadamente estas críticas a la indignación de algunos periodistas por el manifiesto de Lausana de 1945. Después, el Caudillo dejó traslucir su coincidencia con las opiniones de Carlavilla tachando agriamente de «traidores» a algunos miembros del Consejo Privado de don Juan, y dedicó veinticinco minutos a criticar a Pedro Sainz Rodríguez por ser masón, a lo que replicó don Juan que nada de lo que él sabía podía inducirle a creer que su consejero, un devoto católico, pudiera ser masón. Nervioso, Franco repuso de modo malicioso y grotesco que sabía de otros masones en el círculo de don Juan, entre ellos su «tío Ali» —el general Alfonso de Orleáns—, y el duque de Alba. Cuando don Juan se echó a reír ante esto, Franco desistió finalmente.

El resto de la entrevista giró en torno a la educación de Juan Carlos. Franco indicó que, aunque empezara residiendo en El Escorial, debía trasladarse pronto al Palacio de La Zarzuela. Situado a las afueras de Madrid, en la carretera de La Coruña, La Zarzuela estaba muy cerca de la residencia de Franco en El Pardo. El interés que el Caudillo mostraba a este respecto llevó a Pemán a anotar en su diario: «Se le prepara La Zarzuela de cuyo alhajamiento se ocupa muy personalmente Franco en plan de abuelo». Franco sugirió también que Juan Carlos trabajara con el almirante Carrero Blanco en la Presidencia del Gobierno, aunque de esta propuesta no salió nada concreto, y accedió al nombramiento del duque de Frías como jefe de la Casa de Juan Carlos. Siguió después una detallada discusión sobre la lista de los integrantes de la «Comisión de Estudios» que debía encargarse de supervisar la educación civil del Príncipe. Franco se había llevado su propia lista, que incluía nombres como el falangista Adolfo Muñoz Alonso, jefe de la misma censura que había permitido la publicación del libro de Carlavilla y de innumerables ataques a la monarquía. En este punto de la conversación, comentó posteriormente don Juan, Franco estuvo más flexible que en encuentros anteriores: «Dejó de tomar su acostumbrado aire dogmático de maestro de escuela tratando a un párvulo ignorante». Franco, en cambio, le dijo después a Pacón que «he dicho a don Juan todo cuanto tenía que decirle y él debía conocer».

Justo antes de que Franco se levantara para irse, don Juan le entregó una propuesta de comunicado preparada por Sainz Rodríguez, en la línea con las notas que había redactado antes de la reunión, en la que se decía que las conversaciones habían tenido lugar en una atmósfera cordial y, una vez más, que la educación de Juan Carlos en España «no prejuzga la cuestión sucesoria ni la normal transmisión de las obligaciones y las responsabilidades dinásticas». Concluía con la declaración de que «la entrevista terminó con la robustecida persuasión de que la cordialidad y buen entendimiento entre ambas personalidades es preciosa para el porvenir de España y para la consolidación y continuidad de los bienes de la paz y de la obra realizada». Visiblemente molesto, Franco leyó el texto y lo discutió largamente con don Juan, debatiéndolo punto por punto. Ante una referencia a Juan Carlos como Príncipe de Asturias, título que tradicionalmente corresponde al heredero del trono, Franco protestó. Si aceptaba esto, estaría reconociendo públicamente que don Juan era el rey, y por tanto objetó astutamente que era inadmisible por no haber sido ratificado por las Cortes. Don Juan cedió en ese punto.

La discusión se volvió más conflictiva en torno a la frase de que la presencia de Juan Carlos en España no tenía implicaciones para la sucesión al trono. Franco se mostró reacio a esto, diciendo que era «duro». Don Juan repuso que para él este era el asunto primordial, e insistió en que el comunicado tenía que contener esta u otra frase similar. El Caudillo continuó poniendo objeciones hasta que don Juan dijo con estudiado cansancio: «Pues, mi general, si por cualquier razón encuentra que la nota ahora es inoportuna yo no tengo prisa, y como está el curso muy avanzado me puedo quedar con el chico hasta el mes de octubre». Ante esto, Franco aceptó el texto con presteza.[119] Don Juan regresó a Estoril convencido de haberse apuntado una importante victoria. Al día siguiente, su equipo se adelantó y emitió el texto acordado de buena fe. Pero, para su asombro, la versión que se obligó a publicar a todos los periódicos españoles contenía variaciones significativas respecto al texto de don Juan. Al llegar a El Pardo a última hora del 29 de marzo, Franco había corregido unilateralmente el comunicado.[120]

Había incluido una referencia a sí mismo como Caudillo, un título que don Juan nunca había reconocido, y a la frase en la que se establecía que la presencia de Juan Carlos en España no afectaba a la transmisión de responsabilidades dinásticas, había añadido: «De acuerdo con la Ley de Sucesión». Con ello creaba la impresión de que don Juan había aceptado esta ley, que de hecho repudiaba. En la última frase eliminó la expresión «ambas personalidades» por si pudiera parecer que él y don Juan tenían igual categoría. Finalmente, a la referencia a «la obra realizada» le añadió las palabras «por el Movimiento Nacional», implicando con ello el total compromiso de don Juan con aquel, y que las futuras relaciones entre ellos tendrían lugar en este contexto.[121] Esta última frase y la referencia a la Ley de Sucesión fueron generalmente interpretadas como una clara aceptación del sistema franquista por parte de don Juan. Según el embajador británico, toda la élite política «está examinando el comunicado como si se tratara de uno de los rollos del mar Muerto».[122]

La maquinaria de la censura bloqueó todo intento de Estoril para que se publicara la versión correcta. Echando sal a la herida, en la prensa española aparecieron acusaciones contra don Juan por haber omitido deshonestamente las partes en realidad añadidas por Franco. Don Juan estaba comprensiblemente molesto por el turbio proceder de Franco, no obstante lo cual le escribió una carta muy hábil en que llamaba su atención sobre esta aparente intromisión de terceros, deseosos de minar las cordiales relaciones que existían entre ellos. Dándole a Franco una vía de escape perfecta, escribía: «Supongo a V.E. totalmente ajeno a esas variaciones de lo acordado, que seguramente ha conocido, como yo, al verlas en letras de molde». Pero Franco respondió con todo descaro que él había autorizado expresamente los cambios, que calificó de «pequeñísimos» y meras aclaraciones de lo que habían acordado en Las Cabezas. Por si fuera poco, le reprochó a don Juan que publicase el texto acordado, alegando que el comunicado debía emitirse solo en Madrid. Franco le comentó a su primo Pacón: «La nota publicada en la prensa la llevó redactada don Juan; yo le puse algunos reparos. Al llegar a Madrid y fijarme que faltaban algunas palabras sobre el Movimiento Nacional no tuve inconveniente en ponerlas, pues don Juan en su conversación no se opuso a ello cuando se comentaron. No era cosa de consultarlo, pues sabía que había de estar conforme».[123]

En su fuero interno, don Juan debía de saber que Franco quería que abdicara en favor de su hijo. Queriendo presumiblemente disipar sus propios miedos, don Juan le había dicho a Franco en Las Cabezas que Harold Macmillan, el primer ministro británico, le había preguntado qué había de cierto en los rumores sobre esa posibilidad, y que él había respondido con vehemencia que no tenía tal intención, pero que no dudaba de que el rumor al que se refería Macmillan se había iniciado en Madrid.[124] Don Juan tenía motivos sobrados para estar preocupado. A comienzos de abril, solo unos pocos días después de la publicación del comunicado, Carrero Blanco habló con Benjamin Welles, corresponsal del *New York Times*, desmintiendo las afirmaciones de los monárquicos de que la reunión de Las Cabezas había reafirmado la posición de don Juan: «Juan Carlos será rey un día. Si algo le sucediera a Franco repentinamente, él tendría que subir al trono». El sorprendido periodista americano preguntó: «¿Y qué hay de don Juan? ¿No es el primero en la línea sucesoria?». Carrero Blanco hizo una pausa interminable antes de responder con desdén: «Ya es viejo».[125]

Juan Carlos regresó a España en abril de 1960 para establecer su residencia en la «Casita del Infante», a veces llamada localmente la «Casita de Arriba», un pequeño palacete a las afueras de El Escorial, que había sido acondicionado por Franco por si necesitaba un refugio durante la Segunda Guerra Mundial. También era conocida como la «Casa de los Peces» porque en la parte de atrás había un estanque lleno de «ciprinos» (pequeñas carpas). Una vez instalado allí, no pasó mucho tiempo antes de ser recibido en audiencia por el Caudillo. Era evidente que la animadversión de Franco por don Juan era pareja a su creciente aprecio por el Príncipe. Continuamente le susurraba a Pacón que el pretendiente estaba rodeado de malas influencias, como Sainz Rodríguez, al que tildaba de izquierdista y masón: «Don Juan vive con una camarilla enemiga del régimen, siendo el más peligroso Sainz Rodríguez». Cuando Pacón inocentemente preguntó si Sainz Rodríguez no había sido ministro suyo, Franco replicó que entonces él no lo conocía, y le había nombrado solamente por insistencia de Ramón Serrano Suñer, lo cual era falso pues habían sido amigos cuando Franco estaba destinado en Oviedo como comandante. El 27 de abril escribió a don Juan: «En estos días he tenido ocasión de recibir al Príncipe y conversar largamente con él, encontrándole mucho más hecho que en las últimas entrevistas y muy sensato en sus juicios y apreciaciones». Después invitó a Juan Carlos a volver pronto para almorzar juntos. Los días estaban contados para el padre del Príncipe.[126]

Sir Ivo Mallet, embajador británico en Madrid, no albergaba dudas de que Franco no tenía intención de retirarse hasta haber comprobado si Juan Carlos era el sucesor idóneo. No es de extrañar que, a últimos de mayo, don Juan le transmitiera a Benjamin Welles su preocupación porque su hijo pudiera dejarse «convencer por el ambiente, la adulación y la propaganda para abandonar su lealtad a su padre y aceptar el puesto de candidato de Franco al trono». Para evitar que esto sucediera, dijo, había nombrado jefe de la Casa del Príncipe al duque de Frías, un aristócrata ajeno a la política, más conocido como presidente del Club de Golf de Madrid.[127]

Don Juan seguía resistiéndose a admitir su incipiente percepción del grado de hostilidad que Franco le profesaba. A finales de abril le dijo a sir Charles Stirling, embajador británico en Lisboa, que en Las Cabezas Franco se había comprometido a cesar los ataques públicos contra los miembros de su familia.[128] La sinceridad del Caudillo quedó de manifiesto en mayo con la publicación de una serie de extensos artículos en *Arriba*, principal periódico falangista. En términos cómicamente ingenuos, Franco culpaba a la masonería de todos los males de España durante los doscientos años anteriores, y llegaba a insinuar que la responsabilidad era de la familia real británica. Difícilmente podía pasarle desapercibida a don Juan la alusión a su persona. Los artículos iban firmados «Jakin-Boor», una variante del seudónimo utilizado por Franco. A principios de los años cincuenta, con el pseudónimo de «Jakim Boor», el Caudillo había escrito una serie de artículos y un libro en el que denunciaba la maligna conspiración de la masonería con el comunismo. Siguiendo instrucciones del Ministerio de Información y Turismo, esta nueva serie de artículos fue publicada en su totalidad por toda la prensa española. Se cree que en esta ocasión el autor fue el almirante Carrero Blanco. Un funcionario del ministerio le comentó a un diplomático británico que, complementando las acusaciones de que don Juan era masón, estos artículos pretendían destacar los orígenes regios de la masonería y desacreditar a la monarquía.[129]

La edición española de la revista *Life* del 13 de junio de 1960 contenía un artículo sobre don Juan en el que citaban palabras suyas en el sentido de que, cualquiera que fuera la forma que adoptara la monarquía restaurada, no sería una dictadura. Franco había comunicado inmediatamente a don Juan su malestar por ser llamado dictador. La censura había impedido la distribución de la revista en España y don Juan se vio obligado a escribir aclarando que simplemente había manifestado que él nunca sería un dictador. Además, preguntaba, ¿de qué otro modo se podría describir la forma de gobierno de Franco? Don Juan creía que Franco había accedido finalmente que se publicara el artículo simplemente porque era lo primero que le pedía en su vida. Sin embargo, según la versión dada por Benjamin Welles a la embajada británica, Franco había dicho que si don Juan quería cometer suicidio político, no veía por qué debía impedírselo él reteniendo el artículo.[130] En octubre, Franco demostró a don Juan lo que de verdad pensaba. El marqués de Luca de Tena, propietario de *ABC*, pronunció una conferencia ante un club monárquico de Sevilla en el que ensalzó la Ley de Sucesión y el régimen de Franco. No obstante, porque puntualizó que los monárquicos debían acatar el principio hereditario —diciendo que «Un Rey es Rey porque es hijo de su padre» y que, «si viene un Rey, el único Rey posible es don Juan III»— se prohibió la crónica de la conferencia en *ABC*.[131]

A comienzos de otoño de 1960, José María Pemán, en su calidad de presidente del Consejo Privado de don Juan, pidió a Franco que revelase sus planes con respecto a la sucesión. El Caudillo replicó que sería sucedido por la «monarquía tradicional», cuyo «titular», le dijo a Pemán sin inmutarse, era don Juan. Describió al conde de Barcelona como «bueno, caballero y patriota» y, para rematar esta sarta de falsedades, negó que don Juan hubiese sido descartado y afirmó que la idea de elegir a Juan Carlos en su lugar nunca se le había pasado por la cabeza. Dijo también que el Príncipe, «por su edad, es una incógnita». En cualquier caso, acabó revelando que no tenía intención de proclamar la monarquía en mucho tiempo: «Yo estoy bien de salud y puedo ser útil a mi patria todavía».[132]

4

UNA VIDA VIGILADA, 1960-1966

En octubre de 1960 Franco recibió un informe sobre Juan Carlos de uno de sus agentes secretos en Portugal. En aquel momento se rumoreaba insistentemente que era inminente el anuncio de su compromiso con María Gabriela de Saboya. «Lo cierto es que Juan Carlos parece cada día más maduro, por mucha que sea su humildad y su paciencia ante su padre, que aun delante de gente, y subrayándolo cuando hay alguien presente, le trata muy duramente y le dice continuamente "tú, ahí detrás", para la discordia [*sic*]. Discordia que seguramente no se dará, porque vendrá el matrimonio y con él la nueva casa, la nueva vida y el alejamiento del padre, que le tiene como los pies de las jóvenes chinas de casta, en zapato de hierro. En estos días, y según sabemos por diversas fuentes, Juan Carlos estaba deseando regresar a España y muy fatigado de su padre y de su abuela doña Victoria Eugenia, cuya frecuentación se le hace cada día más dolorosa. El casamiento, pues, es una solución política, un remedio para que la cuerda no se rompa.» Debió de regocijar a Franco el leer que «Juan Carlos no se siente hoy día alegre más que fuera de Villa Giralda, y entre sus amigos españoles. Que tiene dos personalidades, una seria, triste, sumisa ante su padre, y otra cuando está fuera de la mirada de don Juan, entre sus amigos».[1]

Los persistentes rumores sobre la relación de Juan Carlos con María Gabriela provocaron frecuentes desmentidos desde Estoril. Como parte de todo ello, don Juan concedió una larga entrevista a *Il Giornale d'Italia* a primeros de enero, pero el grueso de los comentarios citados en ella iban dirigidos a reafirmar su indiscutible derecho al trono. Existía, dijo, «un acuerdo indestructible» entre su hijo y él, y la familia real estaba «firmemente unida en un solo bloque». La rotundidad con la que repetidamente afirmó la unión entre su hijo y él sugería una insistencia excesiva. ¿Acaso reflejaba esto la falta de armonía que se traslucía en el informe del servicio secreto anteriormente citado? «Entre nosotros, siempre ha habido una total armonía: una inmutable fe y confianza. Por ello, no se puede pensar en una solución contraria a estos acuerdos y a una tan unida firmeza de voluntades y sentimientos. Una solución diferente rompería este bloque.» Cabría interpretar que estos comentarios iban más dirigidos a Juan Carlos que a Franco.

Ahora bien, si don Juan estaba intentando influir en Franco en beneficio propio, lo estaba haciendo de modo un tanto peculiar. Unos días antes, en una entrevista concedida a Jacques Guillemé-Brulon de *Le Figaro*, don Juan se había lamentado de que Franco «siempre ha sido un hombre de suerte», añadiendo desdeñoso que «el general Franco cree que es un demócrata con esa ingenua certeza de todos los líderes que se consideran providenciales e irremplazables». Asimismo, dejó muy claro que, cuando él fuera rey, aflojaría la rígida camisa de fuerza del régimen. A Franco no le hacía falta leer *Le Figaro* para saber que don Juan era contrario a su persona y al régimen. Hasta El Pardo llegaban abundantes testimonios de confidentes cercanos a Estoril que relataban los comentarios más imprudentes del pretendiente.[2]

El contraste entre el desdén que Franco mostraba hacia don Juan y el afecto con que hablaba de Juan Carlos ocasionó comentarios en Madrid si no en Estoril. A finales de febrero de 1961 el Príncipe se reunió con la familia Franco para una cacería en El Pardo. El régimen difundió fotos de Juan Carlos besando la mano de Carmen Polo que se publicaron en la prensa del Movimiento y en el extranjero. Franco estaba encantado. Pocos días después, en la solemne misa de réquiem por los reyes de España en El Escorial, a la que acudieron el gobierno y los jefes de las misiones diplomáticas, a Juan Carlos se le asignó el asiento reservado para el representante de la familia real. El estar sentado tan cerca del Caudillo fue interpretado por muchos como un honor que implicaba «casi igualdad de categoría».[3] En un consejo de ministros, Franco había dicho, «como enternecido», «que el "chico" no podía estar en El Escorial, que era inhabitable, que tenía dos pisos, que carecía de campo de deportes, que no era adecuado al "chico" y que se estaba preparando "a todo meter" La Zarzuela porque el Príncipe no podía tampoco vivir lejos de Madrid y La Zarzuela resolvía todo».[4] Y, en efecto, Juan Carlos se quejaba de tener que conducir cincuenta kilómetros a diario para acudir a sus clases en la universidad.[5]

De hecho, las obras de restauración de La Zarzuela estaban siendo supervisadas por doña Carmen Polo, un tipo de actividad a la que era muy aficionada. A principios de agosto de 1956, cuando el alcalde de El Ferrol pidió permiso para hacer un museo en la casa de la calle María donde Franco había pasado su infancia, Carmen, avergonzada por lo deslucido de la casa, la había reformado y amueblado de nuevo completamente, con exquisito gusto y sin reparar en gastos. No es de extrañar que en octubre de 1960 José María Pemán escribiera en su diario que La Zarzuela «se alhajaba con lujo excepcional». Como partidario de don Juan, Pemán se sintió no obstante seriamente alarmado cuando, al describir la distribución de la vivienda, Diego Méndez, el arquitecto contratado por doña Carmen, hizo referencia a los aposentos de «la Reina» y «los infantitos». Pemán no pudo evitar la conclusión de que los Franco pensaban ya en Juan Carlos como futuro rey.[6]

La idea de saltarse una generación en la línea sucesoria ya se le había ocurrido a Franco hacía tiempo. A Franco Salgado-Araujo le comentó que muchas personas le aconsejaban que, dado el incorregible liberalismo de don Juan, le excluyera oficialmente de la sucesión. Aunque decidido a hacerlo en su momento, Franco lo consideraba prematuro y susceptible de provocar una ruptura con toda la familia Borbón. «Estoy seguro de que el príncipe Don Juan Carlos seguiría a su padre y no se avendría a reinar. Si se llegara a un momento de verdadera necesidad y siguiera don Juan en igual actitud que ahora, yo le pediría que renunciase a sus derechos al trono en favor de su hijo.» Después hizo una comparación explícita entre don Juan y el rey Leopoldo III de Bélgica, diciendo que no dudaba de que el pretendiente accedería antes que perder la oportunidad de que la monarquía volviera a España.[7]

Juan Carlos empezó sus estudios universitarios en El Escorial. El ministro de Educación, Jesús Rubio García-Mina, un falangista conservador con aspiraciones intelectuales, hizo una importante elección para encabezar al grupo de profesores encargado de la educación del Príncipe: el catedrático de cuarenta y cinco años Torcuato Fernández-Miranda Hevia, director general de Enseñanza Universitaria. Este fue en buena medida elegido porque se le consideraba experto en el pensamiento del fundador de la Falange, José Antonio Primo de Rivera. Hombre brillante, había obtenido una cátedra universitaria a los treinta años y había sido rector de la Universidad de Oviedo de 1951 a 1953. Pese a su temible inteligencia, su fiabilidad política parecía incuestionable. Había luchado como alférez provisional en el bando nacional durante la guerra civil. Como director general de Enseñanza Universitaria durante los disturbios estudiantiles de mediados de los años cincuenta se había ganado fama de firmeza y capacidad de decisión.[8] Elegantemente pulcro, de nariz aguileña y sonrisa experimentada, parecía bastante improbable que el Príncipe pudiera entenderse con este personaje aparentemente gris y adusto. Fernández-Miranda era profundamente religioso, muy conservador y bastante reservado, pero después del general Martínez Campos y sus tutores de las academias militares, fue una bocanada de aire fresco para Juan Carlos.

El fuerte intelecto y el humor cáustico de Torcuato Fernández-Miranda pronto cautivaron al Príncipe. Todos los días, antes de que este fuera a Madrid para asistir a clase, Torcuato iba a la Casita de Arriba y le instruía en cuestiones de política. Al principio, Juan Carlos, acostumbrado al estilo español de estudiar de memoria, estaba perplejo porque Fernández-Miranda no le traía ningún libro, y se ponía nervioso cuando le decía que no lo necesitaba: «Vuestra Alteza debe aprender escuchando y mirando a su alrededor». Sabiendo que un día el Príncipe tendría que desenvolverse solo, Fernández-Miranda le animaba a pensar con independencia. En su vida posterior le estaría infinitamente agradecido por ello, pero en esos momentos le producía una angustia considerable. Cuando llegaron a la cuestión de todo lo que tendría que hacer cuando fuera rey, Juan Carlos preguntó a Fernández-Miranda: «¿Cómo voy a ponerme al corriente de todas esas cosas? ¿Quién va a ayudarme?». «Nadie —replicó su implacable profesor—, tendréis que hacer como los trapecistas que trabajan sin red.» Torcuato Fernández-Miranda enseñó a Juan Carlos paciencia, serenidad, y a no fiarse de las apariencias.[9] En el despiadado y cínico mundo de la política franquista, estas eran destrezas cruciales para la supervivencia.

Fernández-Miranda insistía en el valor del debate y la discusión, y restaba importancia al aprendizaje formal y los exámenes. Al enterarse de esto, Franco ordenó que alguno de los ayudantes militares del Príncipe estuviera presente durante las lecciones. Torcuato Fernández-Miranda le dijo al de más alto rango, Nicolás de Cotoner y Cotoner, marqués de Mondéjar, que se requería la presencia de un oficial «para que S.A. y yo no hablemos de política». Mondéjar no objetó el método de Fernández-Miranda, pero su compañero, el teniente coronel Alfonso Armada, le censuraba que sus charlas dejaran a su oyente con preguntas sin contestar.[10] Aceptado por el Príncipe como mentor, Fernández-Miranda se convertiría más adelante en una influencia decisiva a la hora de superar las constricciones constitucionales creadas por Franco para asegurar que el régimen no pudiera ser alterado. En esta época, Juan Carlos trabó conocimiento con otra figura importante en el proceso hacia la posterior transición a la democracia: el colaborador de Carrero Blanco, Laureano López Rodó, a cuyos cursos de posgrado sobre derecho administrativo asistía el Príncipe. La suya sería una relación cordial en la que Juan Carlos manifestaba con frecuencia ese rasgo Borbón de afectuosa amabilidad que solía garantizarle la lealtad de quienes le rodeaban.[11]

Cuando el 19 de octubre de 1960 Juan Carlos entró por vez primera en la Facultad de Derecho de la Universidad de Madrid, acompañado por Mondéjar y una escolta policial, se encontró ante una multitud hostil de estudiantes carlistas que coreaban: «¡Abajo el Príncipe tonto!», «¡Viva el rey Javier!» y «Vete a Estoril». Informado de esto, Pedro Sainz Rodríguez telefoneó a Luis María Anson, el joven y brillante periodista, líder de la Juventud Universitaria Monárquica Española de Madrid, pidiéndole que organizase algún tipo de respuesta. Anson consiguió llegar a un acuerdo con socialistas, comunistas e incluso falangistas, ninguno de ellos favorable a Juan Carlos pero tampoco dispuestos a tolerar las payasadas de los carlistas. Juan Carlos por su parte demostró una notable sangre fría, conteniendo serenamente a sus propios adeptos, deseosos de responder, y recurriendo a su afabilidad para disipar la tensión. Franco vaciló antes de ordenar al general Camilo Alonso Vega, ministro de Gobernación, y a José Solís, ministro secretario general del Movimiento, que acabaran con los incidentes. El rector de la universidad intervino para imponer disciplina, amenazando a los carlistas con la expulsión. Con el tiempo, Juan Carlos se ganó la simpatía general por su aire sencillo y su habilidad para dar la impresión de ser simplemente uno más, en el bar o en los pasillos charlando con otros estudiantes, a uno de los cuales se oyó exclamar con admiración: «¡Qué tío, fuma Celtas!», en referencia a la baratísima y popular marca de tabaco negro.[12]

La recepción deparada a Juan Carlos en la universidad era síntoma de una hostilidad mucho más generalizada. El 15 de mayo de 1961, en la concentración carlista de Montejurra, en Navarra, cincuenta mil carlistas aclamaron a don Javier de Borbón-Parma y a su hijo Hugo. Esto formaba parte de un plan organizado para impedir la aparente inevitabilidad del nombramiento de Juan Carlos como sucesor. Era un secreto a voces en círculos gubernamentales que, siguiendo instrucciones de José Solís, la Secretaría General del Movimiento estaba dando apoyo económico a don Hugo. Cuando protestó un alto cargo, un partidario de Juan Carlos, Solís respondió: «Tenemos que mantener diferentes opciones y así prestamos un gran servicio a Franco».[13]

Entretanto, el Príncipe estaba más interesado en las chicas que en sus estudios. Olghina de Robilant afirmó posteriormente que, después de pasar un año sin ver a Juan Carlos, se habían reunido en Roma para un último encuentro en 1960. Pasaron la noche en un hotel y a la mañana siguiente él le dijo que estaba prometido en matrimonio con la princesa Sofía de Grecia.[14] El amorío con Olghina terminó amistosamente y se rumoreó que él volvía a interesarse en María Gabriela de Saboya, la bella y rubia hija del exiliado rey Humberto de Italia. Siendo vecinos en Estoril, se conocían desde la infancia. En julio de 1960 María Gabriela fue la acompañante de Juan Carlos en la boda del heredero de los duques de Württemberg, y más tarde ese mismo año fue con él a las Olimpiadas de Roma. A mediados de octubre de 1960 circularon rumores de un inminente anuncio de Estoril. No habiendo aún comunicado alguno el 8 de noviembre, el nuevo embajador británico, sir George Labouchere, inquirió al duque de Frías al respecto, el cual le dijo: «No por el momento, en todo caso».[15] De hecho, dado el lamentable estado de la monarquía italiana en el exilio, los consejeros más cercanos de don Juan lo consideraban un enlace poco recomendable. Por consiguiente, se presionó insistentemente a Juan Carlos para que la dejara, de lo cual consiguieron al fin convencerle porque, según se dijo a diplomáticos y periodistas, era en exceso mundana.[16] En realidad, fue sin duda otro caso en que tuvo que doblegar su voluntad a los intereses de su padre. Aunque la relación de Juan Carlos con María Gabriela no prosperara, se dijo más tarde que ella había dado a luz una hija ilegítima del Príncipe.[17]

El primer, e intrascendente, encuentro entre Juan Carlos y Sofía se había producido en 1954 cuando eran adolescentes, durante un crucero por las islas griegas junto a muchas otras familias reales europeas. La iniciativa había partido de la reina Federica de Grecia para incentivar el turismo. El crucero se organizó, en palabras de doña María de las Mercedes, «a la prusiana».[18] Posteriormente, en julio de 1958, se habían encontrado de nuevo en el castillo de Althausen cerca de Stuttgart en la boda de la hija del duque de Württemberg. En aquella ocasión, el Príncipe, que tenía a la sazón veintidós años, empezó a fijarse en la joven princesa. Según parece, la relación floreció en Nápoles en septiembre de 1960. El hermano de Sofía, Constantino, participaba en las Olimpiadas con el equipo griego de vela. Las familias reales española y griega se hospedaban en el mismo hotel y Juan Carlos y Sofía pasaron algún tiempo juntos. Años después, Sofía contó una escena que sugería un grado considerable de intimidad o al menos de coqueteo. Por entonces Juan Carlos llevaba bigote, y Sofía le dijo: «No me gustas nada con ese horrible bigote». Cuando él contestó: «Ah, ¿no? Pues ahora no sé cómo lo voy a poder arreglar», ella lo cogió de la mano y dijo: «¿No sabes cómo? Yo sí sé cómo. Ven conmigo». A continuación le llevó al cuarto de baño, le hizo sentar, le puso una toalla alrededor del cuello y le afeitó el bigote. A su regreso a Portugal, Juan Carlos le contó a su amigo portugués Bernardo Arnoso que se habían hecho novios.[19] La relación se afianzó más cuando la familia de don Juan fue invitada a pasar las Navidades de 1960 en Corfú con la familia real griega.[20]

Con todo, hasta junio de 1961, en la boda del duque de Kent y lady Katherine Worsley, Juan Carlos no mostró un interés asiduo por Sofía en público. Pero era evidente que existía una mutua atracción nacida en las anteriores ocasiones en que se habían visto. Años después, Sofía admitió que «antes habían ocurrido ya unas cuantas cosas».[21] En la ceremonia del 8 de junio en la abadía de Westminster, fue aparentemente el protocolo el que designó a Juan Carlos como acompañante de Sofía. Sin embargo, se insinuó que tanto la reina Victoria Eugenia como la reina Federica de Grecia habían utilizado su influencia con lord Mountbatten para asegurarse de que así fuera.[22] «Estábamos solos. Estábamos sin nuestros padres y más o menos nos comprometimos en Londres.» Su relación parece haber respondido a una auténtica atracción, más que a consideraciones de conveniencia dinástica.[23]

Había importantes obstáculos para que esta relación culminase en matrimonio. Para empezar, existía una seria barrera lingüística. Juan Carlos explicó más adelante que, al principio, su relación con Sofía era «un jaleo». Él no hablaba griego y ella no hablaba español. Él hablaba bien francés, italiano y portugués. Ella dominaba el alemán por su madre y porque había hecho la enseñanza media en Alemania. El único idioma que tenían en común era el inglés, pero el de Juan Carlos era bastante deficiente mientras que ella lo hablaba con absoluta soltura. Su padre había vivido exiliado en Inglaterra desde 1924 hasta 1935 y Sofía se había criado con una niñera escocesa, Sheila MacNair. Además, toda la familia había pasado gran parte de la Segunda Guerra Mundial exiliada en Sudáfrica.[24] El problema del idioma quedó, sin embargo, gradualmente superado a medida que Sofía aprendía español y Juan Carlos mejoraba su inglés. Posteriormente, cuando estaban en casa, hablaban alternativamente en los dos idiomas. Las cosas fueron diferentes con sus hijos, ya que mientras su padre les hablaba en español, Sofía lo hacía en inglés o alemán, su lengua materna.[25] Mayor obstáculo era el hecho de que Juan Carlos no fuera precisamente el aspirante ideal a la mano de Sofía: mientras ella era la hija de un monarca reinante, el príncipe español era simplemente el disputado heredero del trono vacío de un país donde el futuro mismo de la monarquía era incierto. Tal vez más importantes aún eran las diferencias religiosas. Como la propia Sofía explicaría más tarde: «De hecho, mis padres no habían contemplado nunca la posibilidad de mi boda dentro de la familia real española. Había una diferencia de religiones entre nuestros países, la católica romana y la griega ortodoxa».[26] Juan Carlos sabía perfectamente que el hecho de que ella no fuese católica sería con seguridad muy criticado por la prensa del Movimiento.

En otros aspectos, sin embargo, Sofía era una candidata ideal para ser su esposa. La familia real griega parecía en aquel momento firmemente asentada en el trono. Además, Sofía poseía muchas de las cualidades que él apreciaba en una pareja: era atractiva, muy culta y, a la vez, bastante tímida y sencilla. Más aún, tenía una vena algo puritana, lo cual era muy del agrado del Príncipe. Se contaba que durante su estancia en Londres para la boda de los duques de Kent, Juan Carlos quedó impresionado por un detalle que pudo muy bien ser el catalizador de su relación. Una tarde, varios de los invitados más jóvenes a la boda, entre los que figuraban Juan Carlos y Sofía, decidieron cenar en un famoso restaurante. Al final de la cena había un espectáculo que, según cuentan, incluía un *strip-tease*. Cuando Sofía lo supo, decidió abandonar el restaurante y Juan Carlos, admirado por su gesto, la acompañó de vuelta al hotel Claridges. Años más tarde Sofía negó todo esto, diciendo que se había ido del restaurante porque era tarde y Juan Carlos la había acompañado porque ambos se alojaban en el mismo hotel.[27]

Cuando Sofía conoció a Juan Carlos en 1954 se había encontrado ante un muchacho «atolondrado, divertido, bromista, guasón... y un poco gamberro». Ahora veía a «un hombre taciturno, con mechas melancólicas, que pasa de la risa aparatosa, de la jarana exultante, del chiste pícaro, del comer sandía vestido de esmoquin dentro de un taxi londinense, a quedarse engolfado en un silencio». Enseguida se dio cuenta de que aún acarreaba el dolor por la pérdida de su hermano Alfonsito. Su tristeza parecía ser también síntoma de una vida en la que, como hombre, estaba completamente solo y, como Príncipe, completamente rodeado.[28]

Su mutua atracción indujo al hermano de Sofía, el príncipe Constantino, a telefonear a sus padres a Atenas anunciándoles una gran sorpresa. Cuando el rey Pablo I y la reina Federica de Grecia se enteraron de que su hija recibía complacida las atenciones del príncipe español, la noticia «nos encantó y nos horrorizó». La reina Federica estaba especialmente encantada porque Juan Carlos era «guapo y apuesto. Tiene el pelo rizado, cosa que le molesta, pero que a las señoras mayores como yo nos gusta mucho. Tiene los ojos negros, las pestañas largas, es alto y atlético y cambia de vez en cuando y como quiere su encanto personal. Pero lo más importante es que es inteligente, tiene ideas modernas y es amable y simpático. Está muy orgulloso de ser español pero posee la suficiente comprensión e inteligencia para perdonar con facilidad las ofensas y errores de los demás». A pesar de ello, estaba «horrorizada» por el escándalo que la cuestión religiosa iba a originar con seguridad: «Antes de que se casara habría tremendas discusiones sobre esta cuestión relativamente poco importante».[29]

Evidentemente, Juan Carlos consiguió ganarse la aprobación sin reservas de Federica. Con asombrosa celeridad, la reina invitó a Juan Carlos y sus padres a pasar el resto del verano con la familia real griega en Corfú. Una vez más se quedaron en el palacio de Mon Repos, donde había nacido el duque de Edimburgo. Allí, según la futura suegra de Juan Carlos, la atmósfera romántica, el silencio misterioso de la noche, la gran luna naranja y el zumbido de las cigarras contribuyeron a intensificar su amor hasta el punto de prometerse extraoficialmente. Sofía, por el contrario, recordaba haber tenido fuertes discusiones cuando salían a navegar y haber pensado que, si las superaban, su matrimonio tendría posibilidad de perdurar.[30] En el otoño siguiente la pareja se comprometió oficialmente. Años después, sin embargo, durante la grabación de un documental para la BBC, Sofía bromeó con Juan Carlos recordándole que en realidad nunca le había propuesto matrimonio. Cuando Juan Carlos empezó a explicar que le había pedido a Sofía que se casara con él solo unos años después de conocerse, ella interpuso: «¿Que lo hiciste? Bueno, tú lo dices a tu modo. Todavía estoy esperando. Me regaló un anillo y eso fue todo; no se declaró nunca». En ese momento de la entrevista ambos se echaron a reír.[31]

Su romance evolucionaba mientras Franco celebraba el veinticinco aniversario del alzamiento militar de 1936, motivo por el cual el 10 de julio de 1961 don Juan escribió para felicitarle. Recordando sus propios esfuerzos para unirse al alzamiento, evocó la memoria de Alfonso XIII clavando banderitas rojas y amarillas en un mapa de España, siguiendo los avances de los sublevados. Pasaba después a proclamar los lazos entre la monarquía y el alzamiento del 18 de julio de 1936; en lenguaje franquista, aquello era una aceptación inequívoca de los valores del régimen del Caudillo. Pero don Juan también decía a Franco que en la guerra se había luchado para restituir la monarquía; recordarle al Caudillo que ya era tiempo de hacerlo, equivalía también a una aceptación bastante explícita de la idea de instauración frente a restauración de la monarquía: «No es la reposición de un régimen pasado lo que pretendemos. Con el nombre de Monarquía aspiramos a lograr una creación política que recoja las experiencias de las crisis recientes y las conclusiones del pensamiento más actual». Proponía asimismo que se reunieran para hablar sobre el futuro. Franco replicó con una carta en que su regocijo estaba entreverado de astutas referencias a su reciente gira triunfal por Andalucía y a su popularidad en general. La insinuación era inequívoca: no tenía necesidad de pensar en retirarse. Es más, la petición de una reunión fue rehusada con un comentario indirecto sobre las opiniones tendenciosas de los consejeros de don Juan.[32]

No es de extrañar que don Juan fuera cauto a la hora de poner a Franco al corriente de las aventuras románticas de Juan Carlos. Más aún, lo vio como una oportunidad para afirmar su independencia. Se había puesto empeño en lograr que no llegaran a la embajada española en Grecia las noticias de la floreciente relación entre el Príncipe y Sofía. Pero inevitablemente los rumores menudeaban. Cuando don Juan volvió a Estoril con su familia desde Grecia, recibió la visita de José Ibáñez Martín, que había sustituido a Nicolás Franco como embajador español en Lisboa. El 28 de julio don Juan le dijo a Ibáñez Martín que los rumores sobre un supuesto idilio entre Juan Carlos y Sofía eran absolutamente falsos. Diez días antes, el embajador español en Atenas, Luis Felipe de Ranero, había redactado un informe sobre la estancia de la familia Borbón en Corfú en total ignorancia de la relación. En El Pardo reinaba considerable nerviosismo y a principios de septiembre, mientras los rumores proliferaban, Ranero fue informado de que pronto sería trasladado a otra embajada.[33]

Don Juan estaba claramente resuelto a que Franco fuese el último en enterarse. El 11 de septiembre a primera hora, Ibáñez Martín visitó Villa Giralda y se lo preguntó a don Juan a bocajarro, recordándole además que Franco debía ser el primero en enterarse. Ibáñez señaló también que, según la Ley de Sucesión, los aspirantes al trono debían informar de sus planes matrimoniales al Consejo del Reino y obtener el permiso de las Cortes. Don Juan —que nunca había aceptado la Ley de Sucesión— contestó que la relación entre Juan Carlos y Sofía estaba solo comenzando y era imposible vaticinar lo que podía pasar. Dejó claro, no obstante, que no tenía objeción alguna a esta relación. Carrero Blanco había enviado también a López Rodó a Lisboa para ver si podía averiguar algo más. En el transcurso de una larga entrevista aquella misma tarde, don Juan negó categóricamente que hubiera algo en ciernes. A la mañana siguiente, en el aeropuerto de Lisboa, mientras acompañaba a don Juan que se iba a Lausana, Ibáñez Martín preguntó: «¿Qué hay de ese compromiso matrimonial y cuál es el motivo del viaje a Lausana?». Don Juan volvió a negarlo: «Nada, embajador, nada de nada. Todo lo que digan es pura fantasía». Lo que no le dijo al embajador es que iba a reunirse con el rey Pablo y la reina Federica, así como con Juan Carlos y Sofía, en casa de su madre en Lausana. En una cena presidida por Victoria Eugenia, el rey Pablo pidió que se anunciara pronto el compromiso. Esperaba con ello fomentar la causa monárquica en Grecia, donde las elecciones eran inminentes. Encantado de poder afirmar su independencia frente a Franco, don Juan accedió a ello. A la mañana siguiente, los periódicos portugueses y griegos cubrían sus portadas con la noticia. Junto a una radiante Sofía, Juan Carlos aparecía nervioso y aprensivo, si hemos de atenernos a la evidencia fotográfica.[34]

En ese momento, Franco estaba pescando en su yate, el *Azor*, y don Juan consiguió comunicarse con él por radio para darle la noticia. La línea iba desde Lausana, pasando por Ginebra, París, Madrid y San Sebastián, por lo que había muchas interferencias y tuvo que gritar para ser oído. Don Juan explicó, entrecortado por el ruido, que hubiera preferido mandarle una carta pero que el rey de Grecia había pedido que la noticia se anunciara enseguida. Cuando Franco por fin se percató de que estaba ante un momento histórico, gritó: «Alteza, espere, espere» y desapareció durante varios minutos: había ido a pensar su respuesta y a ponerla por escrito. Al pasar los minutos, don Juan se impacientó y, entregando el auricular a su secretario personal Ramón Padilla, se fue a tomar una copa. Al volver oyó a Franco leer, en su típico estilo lento y forzado, un largo mensaje de felicitación.[35] La melosa enhorabuena apenas disimulaba la irritación de Franco. Su intención había sido someter el matrimonio de Juan Carlos a las cláusulas de la Ley de Sucesión, con consulta al Consejo del Reino y ratificación de las Cortes, lo cual habría representado un duro golpe contra don Juan porque habría confirmado que la «legitimidad» de la monarquía emanaba del régimen, no de la continuidad dinástica. Es más, dada la convicción del Caudillo de que el padre de Sofía era masón, como le había confiado en enero de 1960 a Emilio García Conde, el episodio solo pudo envenenar aún más sus relaciones con don Juan.

Al día siguiente de la comunicación, Juan Carlos y Sofía, acompañados por doña María de las Mercedes, se trasladaron a Atenas para empezar los preparativos de boda. La escala de la recepción que allí les depararon, con enormes multitudes en las calles engalanadas con banderas griegas y españolas, sugería una considerable preparación previa y ponía más bien en entredicho la versión de don Juan de que el compromiso había sido precipitado. Sin embargo, cuando don Juan volvió a Estoril el 25 de septiembre le aseguró a Ibáñez Martín que no esperaba que el anuncio tuviera lugar en ese momento. Informó asimismo al embajador de que la boda se celebraría en Atenas, con ceremonias sucesivas según los ritos griego ortodoxo y católico romano.[36]

Dos días más tarde don Juan escribió a Franco con lo que parecía una importante oferta de paz. En primer lugar le daba la enhorabuena por sus veinticinco años como jefe del Estado. A continuación le anunciaba su intención de hacerle entrega de la máxima condecoración que puede otorgar un rey de España, el Toisón de Oro, con ocasión de la inminente boda, el cual le sería concedido como «expresión del reconocimiento, por parte de la Dinastía, de los altos servicios prestados por V.E. a España a lo largo de toda su vida de soldado y de hombre público». Franco declinó el honor con frialdad; aceptarla equivalía a admitir que don Juan era rey. Así pues, contestó que «por distintas razones estimo no es conveniente y no podría aceptar. En este orden creo debierais pedir información histórica sobre la materia», una dura y condescendiente insinuación de que solo el rey, y no un pretendiente, podía conceder ese honor.[37]

La noticia de la próxima boda regocijó a los monárquicos españoles. Había, por otra parte, considerable malestar por el modo en que la prensa del Movimiento ignoraba a la familia real en su cobertura del compromiso. En Estoril se había tenido la esperanza de que los esponsales estimularan una ola de publicidad a favor de don Juan. Pero no es de extrañar que no fuera así: el Caudillo se estaba tomando una mezquina revancha por no haber sido consultado ni en la elección de la novia ni en el anuncio del compromiso. Sentía bastante animadversión hacia la familia real griega porque estaba convencido de que tanto el presente rey como su padre eran masones, y por esta razón había eliminado explícitamente a Sofía y a su hermana Irene como posibles consortes de Juan Carlos. Aún más irritante para Franco era que don Juan y su hijo hubieran hecho caso omiso de la Ley de Sucesión, desoyendo el artículo 12 según el cual todo lo tocante a bodas reales debía ser sometido al Consejo del Reino y aprobado por las Cortes. Lo más ofensivo a ojos de Franco era que el anuncio oficial del compromiso rezaba así: «S.M. el Rey y S.A.R. el Conde de Barcelona tienen la excepcional dicha de anunciar el feliz acontecimiento del compromiso matrimonial de sus amados hijos S.A.R. la Princesa Sofía y S.A.R. el Príncipe de Asturias, heredero de la Corona de España». Aunque la fórmula para referirse a don Juan —«Su Alteza Real», no «Su Majestad»— era aceptable para Franco, el tratamiento de Juan Carlos como «Príncipe de Asturias, heredero de la Corona de España» era un desafío directo. Franco nunca había permitido que se diera este título al Príncipe por la sencilla razón de que su uso significaba que el padre de Juan Carlos era el legítimo rey de España.

Tampoco podía ignorar Franco que el Consejo Privado de don Juan había estado estudiando medios para convencerle de que abandonase el poder. Entre las descabelladas ideas que habían llegado hasta la embajada británica estaba la de ofrecerle a Franco un título altisonante como el de Príncipe de Vitoria o Conde de Castilla. La cuestión de cómo pedirle al jefe de Estado que autorizara su propio ennoblecimiento suscitó intensos debates; pero menos atención se prestó al hecho de que Franco se consideraba por encima de don Juan, y por tanto era poco probable que permitiese a este otorgarle ningún honor. Finalmente, las deliberaciones llevaron a la oferta del Toisón de Oro y al desdeñoso rechazo de Franco.[38]

La irritación del Caudillo se manifestó tanto en este rechazo como en la prensa española. Franco se daba perfecta cuenta de que cabía esperar que una boda real intensificara los sentimientos monárquicos populares. Cuando se anunció el compromiso, la prensa publicó varios reportajes en profundidad sobre la familia real griega, pero no hubo información alguna sobre la familia real española, motivo por el cual el *Boletín del Consejo Privado del conde de Barcelona* lamentaba que «desgraciadamente, ni siquiera la alegre noticia de la próxima boda ha podido romper el silencio sectario, impuesto por la censura de Prensa, que impide que los españoles sepan algo sobre cómo vive o qué aspecto tiene la familia real española». La prensa falangista, en efecto, se limitó en principio a ignorar la boda, pero pronto pasó al ataque criticando violentamente la idea de una boda «mixta» (esto es, de un católico con una no católica) lo cual no era, a su juicio, «admisible, ni lo toleraría el pueblo español».[39]

En la primera ocasión en que Juan Carlos visitó a Franco tras el anuncio, este le preguntó: «¿Está contento con su novia?». Y, sin esperar a su respuesta, añadió: «Ya sabe que no tiene por qué casarse con una princesa». En este mismo sentido, Franco le dijo a Pemán: «Me alegro del suceso si han de ser felices. Pero no crea que era sustancial el tener que ser la novia de sangre real. Hay en España no pocas muchachas que sin ser personas reales merecen un trono».[40]

A pesar de todo, Franco seguía molesto por el desafío implícito del compromiso y por el modo en que este había sido anunciado. Como parte de las celebraciones del veinticinco aniversario de su jefatura del Estado se celebró un consejo de ministros el 1 de octubre en el Palacio de la Isla en Burgos, cuartel general de Franco durante la guerra. López Rodó había convencido al almirante Carrero Blanco y al general Alonso Vega para que instaran a Franco a que anunciara que la ley constitucional cuyo primer borrador se había redactado en 1957, la Ley Orgánica del Estado, pronto sería sometida a las Cortes. Pero Franco no estaba dispuesto a comprometerse irrevocablemente con una opción determinada para la sucesión y no prestó atención a las propuestas al respecto durante la breve sesión.[41] Al día siguiente se dirigió al Consejo Nacional de FET y de las JONS en el Monasterio de las Huelgas, donde había tenido lugar su primera sesión en 1937. Cuando José Solís, ministro secretario general del Movimiento, empezó la ceremonia dirigiéndose a Franco simplemente como

«Señor», la fórmula reservada a los reyes, estaba enviando un claro mensaje a don Juan y Juan Carlos.

El 13 de noviembre, tanto Franco como Juan Carlos fueron invitados a una cacería en El Alamín, una de las fincas del marqués de Comillas. El Caudillo preguntó al Príncipe qué pensaba hacer después de su boda. Demostrando cuánto había aprendido de la habilidad de Franco para el disimulo, respondió: «Hasta ahora, todo se ha hecho de acuerdo entre usted y mi padre». Jugando con la idea de eliminar a don Juan de la lotería sucesoria, Franco dijo: «Ya va siendo Vuestra Alteza mayor de edad». Con igual prudencia, el Príncipe replicó: «Pero tengo Jefe». Esta conversación indujo a Juan Carlos a reunirse con Carrero Blanco y pedirle que le aclarara su situación antes de la boda. El 20 de noviembre Juan Carlos le dijo a López Rodó que, durante los últimos tres años, había tenido en todo momento la impresión de que Franco pensaba nombrarle sucesor. Es más, estaba seguro de que en ese caso su padre le diría que aceptara, antes que arriesgarse a que la corona pasara a otra rama dinástica.[42]

A fines de noviembre de 1961 se dijo en algunos medios de comunicación extranjeros que Juan Carlos, que se había ido a Estoril, no regresaría a España si no le reconocían el título de Príncipe de Asturias. Es poco probable que hubiera tales presiones, pero sea como fuere, Juan Carlos se vería defraudado a este respecto.[43] A las pocas semanas de hacerse público el compromiso hubo ciertamente especulaciones sobre la futura residencia del Príncipe. El embajador británico, sir George Labouchere, informaba a Londres: «Algunos monárquicos me han asegurado que la mayoría de ellos, secundados por don Juan, quieren a toda costa que, tras su matrimonio, don Juan Carlos y su esposa vivan en Estoril. Temen que si vive en Madrid quitará todo el protagonismo a su padre, haciendo imposible que este vuelva a España para reinar». El embajador griego, añadía Labouchere, se había enterado de que el general Franco estaba resuelto a que don Juan Carlos y su mujer viviesen al menos parte del año en España. «Además, la esposa del embajador griego, que es bastante lenguaraz, me ha dicho y no tengo motivos para dudarlo, que don Juan Carlos le ha manifestado su gran aprecio por el general Franco, y le ha asegurado que este le trata como a un hijo. Yo me figuro que otro factor a tener en cuenta es la reina de Grecia. Por lo que me han dicho de ella imagino que no debe de ser el tipo de mujer que permite alegremente que su hija permanezca exiliada de su nuevo país, y no ocupe, al menos durante ciertos períodos del año, su legítimo lugar en España como esposa del nieto de Alfonso XIII. Aunque solo sea por esto, imagino que cuando esté casado se verá a don Juan Carlos por Madrid con más frecuencia que en el presente. Difícilmente podría vérsele menos.» Labouchere estaba convencido de que el Generalísimo había decidido definitivamente en contra de don Juan «y ahora tiene la intención de ver si el inmaduro, aunque encantador don Juan Carlos tiene los mimbres necesarios para ser Rey de España cuando cumpla los treinta años, dentro de ocho». Las referencias de Labouchere a la reina Federica eran más discretas que el apodo de «sargento prusiano» con que era conocida en Madrid.[44]

Pese a la determinación de Federica de que su hija se casara con Juan Carlos, la diferencia religiosa planteaba una importante dificultad. Franco y los seguidores de don Juan coincidían en su expectativa de que Sofía se convirtiese al catolicismo antes de la boda, como había hecho Victoria Eugenia antes de casarse con Alfonso XIII. Pero pasaban por alto algunas diferencias cruciales: Sofía no se casaba con un monarca reinante. Como dinastía en el poder, la familia real griega era el socio mayoritario en esta particular asociación y tenía casi todos los ases en la mano. A causa de la precaria situación económica de don Juan, ni se planteó siquiera que la boda tuviese lugar en Estoril. Tendría que ser en Atenas e, inevitablemente, el gobierno y la familia real de Grecia contaban con que la boda de una princesa griega en la capital griega se hiciera según el rito ortodoxo griego. Lo máximo que cabía esperar era que Sofía se convirtiese formalmente al catolicismo inmediatamente después de la ceremonia ortodoxa, antes de proceder a un segunda ceremonia matrimonial, esta vez católica. De esta situación extrajo la prensa del Movimiento un beneficio sumamente malicioso, dirigiendo contra Sofía la peregrina acusación de hereje.[45]

En consecuencia, a lo largo del otoño y el invierno de 1961

don Juan estuvo ocupado en una diplomacia itinerante entre el nuncio papal en Lisboa, el Colegio Cardenalicio en Roma, la reina Federica, el gobierno griego y el Metropolitano de la Iglesia ortodoxa. Con permiso de Franco, los embajadores españoles en Italia (José María Doussinague), el Vaticano (Francisco Gómez de Llano), y Grecia (Juan Ignacio Luca de Tena) hicieron lo posible por ayudarle. En Grecia, la oposición había expresado su indignación por que Sofía pudiera casarse fuera de la Iglesia ortodoxa; Franco esperaba que Sofía se convirtiese al catolicismo antes de que la boda tuviera lugar. De hecho, desde finales de 1961 ella estaba siendo discretamente instruida por el arzobispo católico de Atenas. El gobierno griego insistía en una boda ortodoxa a gran escala y negó permiso a Sofía para convertirse al catolicismo antes de abandonar Grecia. El 12 de enero de 1962, Juan Carlos y Sofía acompañaron a don Juan a Roma, donde fueron recibidos en una larga audiencia por el papa Juan XXIII. Este dio su dispensa para celebrar la doble ceremonia, ortodoxa y católica, aunque el documento no llegaría hasta el 21 de marzo. Cuando don Juan escribió a Franco para informarle de su visita al Vaticano, finalizó su carta diciendo: «No sé bien lo que protocolaria y políticamente debo hacer en este caso, pero dejando hablar a mi corazón excuso decirle cuánto nos gustaría estuviesen presentes Doña Carmen y V.E. en este acto familiar de la boda del príncipe».[46]

En realidad nunca hubo posibilidad de que Franco acudiese a la ceremonia. Rara vez viajaba: como jefe de Estado solo abandonó España para ver a Hitler en 1940, a Mussolini en 1941 y a Salazar en 1949. En todo caso, para visitar Grecia habría necesitado una invitación del gobierno griego, e incluso si esta fuera esperable, el ser visto en la boda de Juan Carlos habría delatado sus preferencias en las apuestas sobre la sucesión. Sea como fuere, cuando Franco recibió la carta de don Juan, un viaje a Grecia para asistir a una boda era lo último en que pensaba. En la Nochebuena de 1961 Franco había estado practicando el tiro de pichón en el monte de El Pardo. A las cinco y cuarto de la tarde sufrió un serio accidente cuando su escopeta explotó, hiriéndole gravemente la mano izquierda.[47] Aunque la prensa restó importancia a la gravedad de sus heridas —fracturas en el dedo índice y el segundo metacarpo—, el pánico cundió en el Movimiento.[48] El hecho de que Franco quedara inhabilitado durante la anestesia general constituía una situación crítica, pero no utilizó ninguno de los complejos mecanismos establecidos por la Ley de Sucesión. Por el contrario, telefoneó a Carrero Blanco y le ordenó que solo informase a los ministros militares y al Estado Mayor del Ejército. Después hizo venir a su amigo de infancia, Camilo Alonso Vega, el intransigente ministro del Interior. La única disposición que tomó frente a su disminuida capacidad para gobernar fue decirle: «Ten cuidado de lo que ocurra».

Franco quedó considerablemente incapacitado por los dolores de sus heridas y sin poder dormir por las noches durante los primeros meses de 1962 pese a tomar analgésicos.[49] Incluso después de que le retiraran la escayola en abril, mantenía el brazo izquierdo cautelosamente pegado al pecho. Habiendo sufrido la pérdida de gran cantidad del tejido muscular y nervioso de la mano, solo una intensa fisioterapia a lo largo de los tres meses siguientes le devolvió una movilidad casi normal.[50] Las exhaustivas pruebas llevadas a cabo indicaron que el accidente no podía atribuirse a un defecto del arma, lo cual generó especulaciones de que Franco había sido objeto de un atentado, estando Alonso Vega particularmente convencido de que la munición había sido manipulada.[51] Como era de esperar, este incidente dio máxima prioridad al tema de la sucesión.[52] Lo más alarmante tanto para don Juan como para Juan Carlos era que el recurrir al general Alonso Vega tras el accidente implicaba que Franco se inclinaba por una especie de regencia en lugar de una rápida transición a la monarquía. El accidente y sus secuelas revelaron que Franco probablemente encargara a uno de los intransigentes la labor de garantizar que el monarca venidero no se desviase de la senda autoritaria del Movimiento. El papel de perro guardián de los ideales franquistas sería confiado primero al general Alonso Vega, después al adusto general Agustín Muñoz Grandes y finalmente al almirante Luis Carrero Blanco. Irónicamente, Franco iba a sobrevivirles a todos. Entretanto, pese a la estrecha relación de Franco con Carrero, firme partidario de la monarquía de Juan

Carlos, aún quedaba bastante margen para la especulación y la maniobra en la selección del candidato real. La preocupación de muchos franquistas por la supervivencia y continuidad del régimen se intensificaría cuando una serie de huelgas a gran escala azotó el norte industrial en la primavera de 1962.

A lo largo del invierno de 1961 a 1962, las visitas a Estoril, Atenas, Roma y Londres, las compras y los actos diplomáticos en preparación de la boda dejaron a Juan Carlos poco tiempo para sus estudios universitarios, que se consideraron oficialmente terminados a finales de febrero de 1962. El 1 de marzo de ese mismo año, Juan Carlos visitó a Franco —la última vez que lo hacía como soltero—, le invitó a la boda, que se había fijado para el 14 de mayo, e indicó que le gustaría invitar también a los tres ministros militares. Franco declinó la invitación, diciendo que estaría debidamente representado por el ministro de Marina, contralmirante Felipe Abárzuza Oliva, el cual se trasladaría a Atenas a bordo del buque insignia de la Marina española, el crucero *Canarias*, ostentoso símbolo de su victoria en la guerra civil. Juan Carlos intentó que el Caudillo aclarase su situación dentro de España pero, como dijo a López Rodó: «Franco no suelta prenda». Era inevitable que Franco no respondiera a esta petición indirecta de que Juan Carlos fuera nombrado Príncipe de Asturias pues hacerlo equivaldría a reconocer que don Juan era rey. Sin embargo, para suavizar el golpe, le dijo: «Yo os aseguro, Alteza, que tenéis muchas más probabilidades de ser Rey de España que vuestro padre». Frente a las simples insinuaciones previas, este era el primer reconocimiento inequívoco ante Juan Carlos de la eliminación de don Juan como posible sucesor. Muy violento, el Príncipe contestó que informaría a su padre de esta conversación, porque era su deber hacerlo. Franco le dijo que debía quedarse en España tras su matrimonio: «V.A. tiene que estar en contacto con el pueblo español para que este le conozca bien y le ame».

Al Caudillo le agradó esta entrevista y concluyó que Juan Carlos era «muy inteligente, de imaginación despierta y que está bien enterado de los asuntos de España». A Pacón le dijo que confiaba en poder hacer que don Juan abdicara: «Estoy seguro de que al presentarse el caso, su padre, en bien de España y de la monarquía, procederá con el patriotismo que caracteriza a los reyes, como Eduardo de Inglaterra y Leopoldo de Bélgica, renunciando a la corona por servir así mejor a los intereses de su Patria y de su dinastía». También comentó, no obstante, que todo el asunto de la sucesión le tenía en ese momento «amargado y preocupado». El 3 de abril de 1962, Carrero Blanco confirmó lo que Franco le había dicho a Juan Carlos, cuando comunicó a López Rodó que el Caudillo había descartado totalmente a don Juan en sus planes.[53]

Aunque el anuncio de la boda, con sus diversas implicaciones, había enfurecido a Franco, su afecto por Juan Carlos le movió a hacer una serie de gestos que facilitaron su organización. La diplomacia española contribuyó a resolver los diversos problemas surgidos entre Madrid, Atenas y el Vaticano en torno a la cuestión religiosa, y el Caudillo accedió a que el sucesor de Luis Felipe de Ranero como embajador de España en Grecia fuera Juan Ignacio Luca de Tena, propietario del diario monárquico *ABC*, precisamente para asegurarse de que fuera bien la boda. La lealtad de Luca de Tena al Caudillo estaba fuera de dudas, a pesar de lo cual fue un gesto importante porque a Franco le preocupaba que pareciera «más embajador de Estoril que mío». También prohibió los mítines carlistas en el Valle de los Caídos, diciéndole a Pacón que Hugo, el hijo del pretendiente, era «un señor extranjero al que nadie conoce y que no tiene el menor ambiente». Franco se jactó ante el doctor Ramón Soriano, que le estaba tratando la mano herida, de que «he llevado personalmente los trámites de la boda» y «he hecho que el Rey de Grecia me confirmase por escrito todo el protocolo y el ceremonial», añadiendo: «El hacerlo por escrito es porque no me fío de los griegos». Franco otorgó a Juan Carlos y Sofía la máxima condecoración del gobierno español: el Gran Collar y el Lazo con brillantes de la Orden de Carlos III, un honor anteriormente reservado a los soberanos reinantes. Además, mandó con el almirante Abárzuza un magnífico regalo de boda en forma de un espectacular broche de diamantes.[54] Todas estas atenciones eran señal inconfundible de la creciente estima del Caudillo por Juan Carlos.

Si bien Franco veía el matrimonio de Juan Carlos con benevolencia casi paternal, no hizo nada por acallar a los elementos del Movimiento que eran abiertamente contrarios. La prensa falangista había atacado a Sofía criticando el anuncio de su próxima conversión al catolicismo. A mediados de febrero de 1962, el Caudillo recibió a José Luis Zamanillo, un destacado dirigente de la Comunión Tradicionalista, y le animó a continuar la acción carlista en favor de don Javier, diciéndole a Zamanillo: «Sigan ustedes trabajando». En la gran concentración carlista de Montejurra, en mayo de 1962, hubo manifestaciones a favor de don Javier perfectamente organizadas. De modo significativo, asistieron una serie de conocidas personalidades falangistas. Además, llegaron telegramas de adhesión de Pilar y Miguel Primo de Rivera y de Raimundo Fernández Cuesta. Estos tres falangistas históricos almorzaron juntos el 3 de mayo con José María Valiente y José Luis Zamanillo, dos dirigentes de la Comunión Tradicionalista.[55]

Incluso sin las muestras de animadversión de las más altas esferas del Movimiento, los días inmediatamente precedentes a la boda fueron difíciles para la pareja. Sir Ralph Murray, embajador británico en Atenas, encontró a Juan Carlos «en estado bastante alicaído», el cual atribuyó tanto a la tensión nerviosa propia de los preparativos de la boda como al hecho de que tenía constantes dolores: el 20 de abril se había fracturado la clavícula izquierda practicando judo con el hermano de Sofía, el príncipe heredero Constantino. Hasta dos días antes de la boda tuvo el brazo en cabestrillo.[56] La boda de Juan Carlos y Sofía se celebró en Atenas el 14 de mayo de 1962. Tras la ceremonia en la catedral católica, volvieron al palacio como marido y mujer y, tras una breve pausa, partieron de nuevo en procesión hacia la catedral metropolitana ortodoxa griega en carruajes separados. Juan Carlos iba con su madre, Sofía con su padre en la carroza oficial tirada por seis caballos blancos y con una escolta de caballería. Su hermano, el príncipe heredero Constantino, cabalgaba a su lado. La pareja descendió por la escalinata de la catedral bajo un arco de sables sostenidos en alto por dieciocho oficiales españoles, amigos del Príncipe de su época en las tres academias militares. La

Iglesia ortodoxa, decidida a superar a su rival católica, dispuso que la ceremonia fuese oficiada por el arzobispo de Atenas asistido por otros veintidós obispos.[57]

Después de considerar la posibilidad de llevar el uniforme de marino, que habría agradado a su padre, el Príncipe optó prudentemente por vestir el de teniente del Ejército español, lo cual entusiasmó a Franco. El Caudillo siguió la ceremonia por televisión y le dijo al doctor Soriano que don Juan Carlos «estaba muy marcial». La ocasión se convirtió en una gran manifestación monárquica por los más de cinco mil españoles que se trasladaron a Atenas. Franco había ordenado en principio que se diera al acontecimiento la menor publicidad posible y no se publicara ninguna foto en la que apareciese don Juan. Pero al final la cobertura de prensa y televisión proporcionó inmensa publicidad a Juan Carlos, mientras conseguía reducir al mínimo la participación de don Juan. Este se quejó amargamente a Ibáñez Martín de que en los chistes de Madrid se hablaba de «la boda del huerfanito, porque en los actos de la misma por ninguna parte aparecen los padres».[58] La enorme campaña publicitaria desatada por la boda contribuyó a disimular los problemas laborales a que se enfrentaba el régimen.[59] A lo largo de abril y mayo de 1962, las huelgas se extendieron desde las minas de Asturias y la industria siderúrgica vasca hasta Cataluña y Madrid. Pese a la ingente represión, solo cesaron con la concesión de subidas salariales y marcaron por ello el principio del fin de los sindicatos verticales falangistas y el nacimiento de un nuevo movimiento obrero clandestino.[60]

Sofía era claramente consciente de que sus posibilidades de acceder al trono dependían de la buena voluntad de Franco. En la víspera de su boda, había enviado a este una carta de agradecimiento por sus regalos desde el palacio real de Atenas. Escrita a máquina y en inglés, era una carta bastante emotiva teniendo en cuenta lo habitual en estos casos: «Mi querido Generalísimo, me he sentido abrumada y profundamente emocionada por los maravillosos regalos que el almirante Abárzuza me ha traído de su parte, y que le agradezco de todo corazón. La condecoración me ha complacido en extremo, al igual que el magnífico broche de diamantes que me envió como regalo de bodas. Los valoraré como un tesoro toda mi vida. Sofía». Pero alguien al parecer advirtió a Sofía que la vía hacia el corazón del Caudillo pasaba por halagar y cultivar el ego de doña Carmen. Así pues, el 22 de mayo mandó otra carta, esta vez manuscrita, en español y redactada con ayuda de Juan Carlos. Era de tono bastante más personal y tocaba las debidas notas patrióticas:

> Mi estimado General,
>
> Aunque ya de palabra espero que el Almirante Abárzuza le haya expresado mi agradecimiento por las muestras de afecto que me ha demostrado con motivo de mi boda, no quiero dejar pasar más tiempo sin decirle personalmente lo muy emocionada que me siento por todo.
>
> La preciosa joya que el General y Doña Carmen me han regalado, así como la alta condecoración recibida, hacen que me sienta ya unida a mi nueva Patria y ardo en deseos de conocerla y servirla.
>
> De nuevo mil gracias, mi General, y con un afectuoso saludo para su esposa.
>
> Quedo suya afectísima
>
> Sofía.[61]

Después de la boda, la pareja inició la primera etapa de una prolongada luna de miel. A bordo del yate *Eros* navegaron a la idílica isla de Spetsopoula. El yate y la isla eran un préstamo del naviero griego Stavros Niarchos. Desde Spetsopoula, el *Eros* se dirigió a Corfú, donde el 31 de mayo Sofía fue formalmente recibida en la iglesia católica en una ceremonia privada. El 3 de junio el *Eros* atracó en Anzio y la pareja voló hasta Roma. Al día siguiente fueron a dar las gracias al papa Juan XXIII por todo lo que había hecho para facilitar su unión.[62] Desde Roma volaron a Madrid, con el visto bueno de la reina Victoria Eugenia y la reina Federica, para agradecer a Franco sus diversas atenciones con motivo de la boda. No fue posible consultar directamente a don Juan porque iba de regreso a Estoril en el *Saltillo* y estaba incomunicado a causa de un fallo de su radio. Una delegación del Consejo Privado de don Juan instó a Sofía y Juan Carlos a que no fueran a Madrid, pero ellos estaban decididos a hacer el viaje y se dieron instrucciones al duque de Frías para que tomara las medidas necesarias. El Príncipe estaba muy inquieto por todo el asunto. De camino, le comentó a su fiel ayudante de aviación, el coronel Emilio García Conde: «Esto va a ser la ruptura con papá». Tras aterrizar en el aeródromo militar de Getafe, fueron directamente a El Pardo, donde Sofía recibió una agradable sorpresa. Ella creía que el dictador iba a ser «duro, seco, antipático» y, en vez de esto, se encontró con «un hombre sencillo, con ganas de agradar, y muy tímido».[63]

Al día siguiente volvieron a El Pardo para comer con Franco, su mujer, su hija Carmen y el marido de esta, Cristóbal Martínez-Bordiu, marqués de Villaverde. En el transcurso de la mañana anterior a recibir a los recién casados, Franco se cuidó de otorgar también una larga audiencia al presidente de la Comunión Tradicionalista, José María Valiente, defensor de don Hugo, pretendiente carlista a la sucesión. De este modo subrayaba que Juan Carlos era simplemente uno de los diversos aspirantes al trono. Pese a todo esto, Sofía produjo una impresión muy favorable en el Caudillo. Doña Carmen Polo le dijo a su íntima amiga, Pura Huétor de Santillán, que la princesa «le ha robado el corazón a Paco». Según Pemán, Franco quedó embelesado «por su belleza entre maliciosa y aniñada», por su religiosidad y por sorprenderle gratamente con el nivel de su español. Exultante, Franco le contó luego a Pacón que Sofía «habla bastante bien el español y se está dedicando a estudiarlo intensamente. Es muy agradable y parece inteligente y muy culta».[64]

Los monárquicos de Madrid comunicaron a la embajada británica su disgusto porque Juan Carlos hubiera encontrado tiempo para visitar a Franco pero no hubiera podido recibir a ninguna persona afecta a la familia real.[65] Lo que veían como un desaire era en realidad un hito decisivo en el camino de Juan Carlos al trono. La iniciativa de la visita reflejaba claramente que la situación había cambiado ahora que Sofía formaba parte de la vida de Juan Carlos. A partir de entonces, gradualmente al principio pero cada vez más perceptiblemente, Juan Carlos actuaría con independencia. Don Juan, entonces en Mallorca, se percató inmediatamente de la trascendencia de la visita. A modo de reprimenda, cesó al duque de Frías como jefe de la Casa de su hijo. Casi un cuarto de siglo después le preguntaron a Sofía si la visita se había organizado a espaldas de don Juan. Su contestación da una idea de la férrea determinación que aportó al matrimonio: «Ni de espaldas ni de frente: se hizo. No contamos con el parecer de don Juan porque no era necesaria esa consulta. No sé si se opuso con rotundidad o sin rotundidad. Solo sé que se lo dijimos, pero no le consultamos».[66]

Tras el almuerzo con Franco, la pareja voló de vuelta a Italia donde embarcaron de nuevo en el *Eros* para continuar su luna de miel con una breve visita a Mónaco. A pesar de los evidentes beneficios para el régimen en términos de desviar la atención de la tensión social, Franco insistió en que se diera la mínima publicidad posible al viaje de la pareja. Cuando el nuevo ministro de Información, Manuel Fraga Iribarne, tomó posesión del cargo el lunes 23 de julio de 1962, pidió ver el llamado «libro verde», que contenía las instrucciones para la censura. Para su sorpresa, junto a estrafalarias prohibiciones de trajes de baño femeninos «con señora dentro», encontró la orden de que no se diera ninguna publicidad a la luna de miel de Juan Carlos y Sofía.[67]

Después de Montecarlo, los recién casados regresaron a Italia donde abandonaron el *Eros*. En el curso de los siguientes cuatro meses y medio de viaje por todo el mundo visitaron Jordania, India —donde conocieron a Pandit Nehru y a Indira Gandhi—, Nepal, Tailandia, Japón, Filipinas, y finalmente Estados Unidos, donde el embajador español, Antonio Garrigues y Díaz Cañabate, estaba desconcertado por no haber recibido instrucciones de Madrid sobre el rango reconocido a la pareja. Por propia iniciativa, informó al Departamento de Estado de que representaban a España y a Grecia. Consecuentemente, se entrevistaron con el presidente Kennedy y fueron recibidos en West Point con todos los honores militares. Según una entrevista concedida años más tarde por Sofía, no les acompañó personal alguno en su luna de miel (ni guardias de seguridad, ni policía, ni siquiera doncellas) y todo se organizó por medio de una agencia de viajes. Durante parte del recorrido, no obstante, los acompañó en calidad de secretario Rafael Calvo Serer, el desenvuelto, cortés e inteligente opusdeísta. Se recordará que Calvo Serer había conocido a don Juan en Lausana durante la Segunda Guerra Mundial, y se desplazaba a menudo entre Madrid y Estoril, no dejando de informar a Franco de sus gestiones. En enero de 1963 volvió a Nueva York y Washington con Juan Carlos y Sofía, sondeando a poderosas figuras de Wall Street y Capitol Hill en busca de su futuro apoyo para un régimen monárquico en España.[68]

El mismo día en que Juan Carlos y Sofía estaban visitando El Pardo, comenzó en Munich el IV Congreso del Movimiento Europeo. Durante los tres días siguientes, hasta el 8 de junio de 1962, monárquicos, católicos y falangistas del interior arrepentidos se reunieron con exiliados socialistas y nacionalistas vascos y catalanes. El resentimiento de Franco hacia don Juan se exacerbó con esta reunión y, en consecuencia, aumentó su confianza en Juan Carlos. Aunque el tono general del congreso era una llamada moderada y pacífica a la evolución en España, Franco fue fácilmente convencido de que era una confabulación de masones, judíos y católicos para minar el régimen. En una de las sesiones, Joaquín Satrústegui cantó las alabanzas de una monarquía bajo don Juan y aseguró que no se podía cuestionar la lealtad de Juan Carlos hacia su padre.[69] En un consejo de ministros maratoniano se decidió suspender las endebles garantías constitucionales del Fuero de los Españoles. El Caudillo estaba especialmente encolerizado por la actuación del consejero de don Juan, José María Gil Robles.[70] Muchos de los delegados españoles, entre ellos Dionisio Ridruejo y Gil Robles, fueron detenidos y deportados por haber participado en lo que se llamó el «repugnante contubernio de Munich». La reacción de Franco perjudicó seriamente las posibilidades españolas de ingresar en Europa.[71] Franco dio a Gabriel Arias Salgado, ministro de Información, carta blanca para desencadenar una violenta respuesta en la prensa. Esta histérica descarga llegó incluso a culpar a don Juan de lo sucedido.[72]

Varios de los presentes eran seguidores de don Juan y habían asistido también a la boda en Atenas. En realidad, don Juan sabía muy poco sobre la preparación de aquel congreso y se había enterado de la reunión a bordo de su yate, el *Saltillo*, cuando regresaba a Portugal desde Atenas. Pemán emitió un comunicado de don Juan en el sentido de que ninguno de los presentes en las sesiones de Munich representaba sus opiniones y que «si alguno de los asistentes formaba parte de su Consejo ha quedado con este acto fuera de él». La consecuencia fue que el mortificado Gil Robles, ya en el destierro, dimitió del Consejo Privado. Sorprendentemente, don Juan lo sustituyó por Fernando Álvarez de Miranda, que había estado presente en la boda de Atenas, en la reunión de Munich y estaba ahora —como Satrústegui— deportado a la isla de Fuerteventura, en Canarias.[73]

Ni esta ni otras negativas categóricas lograron disminuir las sospechas de Franco de que don Juan estaba detrás de toda esta operación. Estaba indignado porque lo de Munich hubiera ocurrido tan poco tiempo después que su accidente de caza hubiera planteado la cuestión de su mortalidad, y mientras la ola de huelgas erosionaba la imagen de invulnerabilidad del régimen. El Caudillo dio rienda suelta a sus sentimientos sobre Munich en una serie de discursos pronunciados a mediados de junio en Valencia. En ellos denunció las críticas extranjeras a su régimen y ridiculizó el liberalismo tachándolo de débil, inútil y corrupto. En palabras que resumían su actitud hacia don Juan —«espíritus débiles, gentes timoratas, pobres de espíritu, hombres sin fe, ambiciosos que deslumbran por lo que viene de fuera»— calificó a los reunidos en Munich de «esos desdichados que se conjuran con los rojos para llevar a las asambleas extranjeras sus miserables querellas».[74]

En el verano de 1962 se dijo en la prensa griega que la reina Federica había pedido a Victoria Eugenia que animase a don Juan a abdicar en favor de su hijo. Aunque la corte griega emitió un desmentido, no cabe duda de que la reina Federica estaba resuelta a ver a su hija en el trono de España. Durante su estancia en Atenas con motivo de la boda, Pemán anotó en su diario sobre Federica: «No puede estarse quieta. Manda siempre. De ahí el recelo de algunos que creen que intrigará para saltarse al padre y coronar a Sofía».[75] Cualquiera que fuera el papel de su suegra, en el Príncipe se produjo sin duda una perceptible diferencia después de su matrimonio. Con la seguridad emocional que le proporcionaba una esposa solidaria, Juan Carlos manifestaba un grado mucho mayor de confianza en sí mismo. Sofía había conocido el exilio con la familia real griega y ello aportó un sólido realismo a su juicio sobre la situación española. Poca duda cabe de que iba a reiterar lo que su marido ya sabía: que un mayor acercamiento al Caudillo era la única vía hacia el trono, opinión que coincidía con los consejos del marqués de Mondéjar.

El Príncipe y Sofía regresaron a Estoril a mediados de septiembre y en el plazo de un mes estaban de vuelta en Atenas. Poco después Sofía tuvo que ser ingresada en un hospital para una operación. Según el comunicado de prensa oficial, se trataba de una apendicectomía, pero la presencia del ginecólogo real generó especulaciones de que padecía un embarazo ectópico. El embajador británico en Grecia informó a Londres: «Entiendo que estaba embarazada en aquel momento y que la operación produjo mucha inquietud por este motivo, pero no ha habido ninguna confirmación oficial de su embarazo». Sofía ha negado posteriormente que estuviese embarazada. Cualquiera que fuera su dolencia, la recuperación fue rápida y el embajador comentó que había encontrado a Juan Carlos «infinitamente más contento, es más, casi alborozado». También decía que la pareja aún no sabía con seguridad dónde iba a fijar su residencia definitiva, pero que pensaban quedarse en Grecia hasta enero o febrero para estar presentes en la celebración de las bodas de plata de los padres de Sofía. Juan Carlos le había confesado que era «una decisión un tanto embarazosa» y Sofía le dijo que «habían llegado a una conclusión, y era que, en cualquier caso, no querían vivir en Portugal».[76] Al finalizar noviembre de 1962, el embajador español, Juan Ignacio Luca de Tena, envió su último despacho a Madrid en el cual se refirió al rumor de que Sofía había sufrido un aborto. Comentando una comida con la pareja, Luca de Tena advirtió que el Príncipe hablaba con entusiasmo de su afecto por el Caudillo. Decía también que Juan Carlos había cesado recientemente a un miembro español del personal a su servicio por hablar mal del Generalísimo.[77]

A raíz de Munich, la antipatía del Caudillo hacia don Juan se tornó mayor que nunca. En noviembre de 1962 Franco le dijo a Pacón que «el actual príncipe Don Juan se empeña en alardear de liberal y se rodea de los enemigos de esta situación, poniéndose frente a nosotros. Como es natural, yo lo lamento y nada puedo hacer por evitarlo; así que la responsabilidad ante la Historia es suya». Y el 20 de diciembre de 1962 Franco fue aún más explícito, aunque se expresó como si el proceso fuera algo ajeno a él: «Estoy convencido de que en España no llegará a reinar el conde de Barcelona, pues su manera de pensar daría paso a una revolución comunista como la que vencimos en el 39. Si no se encuentra un rey que garantice el régimen, se nombrará a un regente». Incluso le confió al alarmado Carrero Blanco que estaba pensando someter a referéndum la elección de su sucesor.[78]

Finalizadas ya las obras de restauración de La Zarzuela, Franco estaba cada vez más receloso de la ausencia de Juan Carlos de España. A pesar de sus deseos de trasladarse allí, el Príncipe y su mujer estaban sometidos a intensas presiones por parte de don Juan para que se instalaran en Estoril, y se produjo una gran tensión cuando el Príncipe le dijo a su padre que su matrimonio no era razón para abandonar España. Juan Carlos no veía motivo para enemistarse con Franco después de todos los esfuerzos que él había ya invertido. Para agradar a don Juan, pasaron un período simbólico en Portugal pero pronto se aburrieron y se mostraron anhelantes de establecer su hogar en Madrid. A finales de septiembre de 1962, enterado de las inundaciones que habían devastado parte de Cataluña, Juan Carlos tomó inmediatamente la decisión de visitar a los damnificados. El duque de la Torre dispuso las medidas necesarias junto al vicepresidente del gobierno español, general Agustín Muñoz Grandes. Juan Carlos y Sofía fueron a Tarragona y a Tortosa, así como a los barrios chabolistas de las márgenes del río Llobregat y del Vallès, cerca de Sabadell. Fueron bien recibidos y la visita contribuyó a darles presencia en el espíritu de los españoles. Rafael Calvo Serer se esforzó por presentar esta iniciativa como una visita en representación de don Juan, lo cual molestó profundamente a Franco, como le confesó a Pacón. También le irritó que Juan Carlos hubiese visitado la región antes que él.[79]

Don Juan sabía perfectamente que Franco esperaba que Juan Carlos y Sofía viviesen en la capital de España. El Caudillo lo había dejado muy claro en su carta de abril de 1962. Pasados ya diez meses, estaba empezando a contrariarle seriamente que el Príncipe no hubiese regresado a España y daba vueltas a otras opciones para la sucesión. Aunque había eliminado definitivamente la posibilidad de don Juan, la incertidumbre sobre el lugar de residencia de Juan Carlos empezaba a suscitarle dudas sobre su candidatura. A mediados de enero de 1963 Franco le dijo a Fraga: «El príncipe puede venir cuando quiera y le recibiré como siempre pero no moveré ni un dedo para que venga antes o después».[80]

El 4 de febrero Franco reveló su irritación en uno de sus escasísimos comentarios críticos sobre el Príncipe, cuando le dijo a Pacón: «No comprendo por qué el infante don Juan Carlos continúa supeditado a la política de su padre, que se ha declarado incompatible con los principios del Movimiento Nacional». Estaba convencido, con bastante razón, de que era esencial que Juan Carlos viviera en España si iba a ser rey alguna vez. Típico de su propio egoísmo era su incapacidad para entender por qué el Príncipe sentía mayor lealtad hacia su padre que hacia él. «Por la Ley de Sucesión, el Consejo del Reino es el que va a decidir quién va a ser mi sucesor, y don Juan Carlos tendría más probabilidades que nadie viviendo en España.» El manifiesto de Lausana aún escocía a Franco, y esta era la razón principal para eliminar a don Juan: «Es inimaginable que los vencedores de una guerra cedan el poder a los vencidos». Considerando cualquier insinuación de que se pudiera cambiar su régimen como «una traición a la Patria y a los muertos que lucharon en la Cruzada por salvar a España», Franco estaba imponiendo unas condiciones muy rigurosas a Juan Carlos.

De ahí sus dudas y su disposición a considerar otros candidatos: «El heredero legal de la Corona, una vez descartado el príncipe Don Juan de Borbón, es su hijo Don Juan Carlos, que puede muy bien hacer la unión de todos los monárquicos. Quedan otros príncipes, como el infante Don Alfonso de Borbón Dampierre, que es culto, patriota y que podría ser una solución si no se arregla lo de Don Juan Carlos». Franco llegó al extremo de poner su preocupación por escrito, advirtiendo la necesidad de conseguir que don Juan abdicase y se exigiera a «Don Juanito la identificación absoluta con el Régimen y la entrega». Si esto no fuera posible, «se puede plantear lo de D. Alfonso. Ponerle a prueba identificación». También estaba considerando seriamente la posibilidad de un «regente», lo cual habría hecho extremadamente improbable la vuelta de la monarquía.[81]

Conocedor de estos comentarios cada vez más malhumorados de Franco, el general Juan Castañón de Mena, jefe de la Casa militar de Franco, envió un aviso urgente a Juan Carlos. Uno de los consejeros más allegados del Príncipe, Emilio García Conde, voló hasta Bruselas para telefonearle, alegando que las líneas entre España y Estoril estaban intervenidas, y transmitió el mensaje del general Castañón de que, si Sofía y él no se instalaban en La Zarzuela, el palacio pronto estaría ocupado por otro príncipe. Al mismo tiempo, el rey Pablo de Grecia, suegro de Juan Carlos, exhortaba a don Juan a permitir que su hijo regresara a España.[82] Fraga había mantenido a Pemán informado sobre el estado de ánimo del Caudillo. Enormemente alarmado, Pemán apremió a don Juan a que escribiese a Franco explicándole la ausencia del Príncipe e insinuando que su retorno era inminente. Así pues, el pretendiente escribió a Franco en términos conciliadores en el mes de febrero. Don Juan explicaba que la prolongada presencia de la joven pareja en Portugal respondía a su propia preocupación por los temores a que llevaran una vida de ocio y lujo excesivos. Su deseo era mantenerlos alejados de la alta sociedad de Madrid, y manifestó su preferencia por estancias cortas en Madrid y numerosas visitas a provincias. Expresó también su incomodidad ante la idea de que el Príncipe y su esposa viviesen en el palacio de La Zarzuela a expensas del Estado no teniendo aún función oficial alguna. Suficientemente apaciguado, Franco contestó en el sentido de que la educación de Juan Carlos apenas había comenzado; desechó los miedos de don Juan sobre la influencia de Madrid y contraatacó sugiriendo que las cosas serían mucho peores en Portugal. Quedó, por tanto, acordado que Juan Carlos volvería a Madrid.[83]

A finales de febrero de 1963, los recién casados habían establecido su residencia permanente en la jaula de oro de La Zarzuela, cerca de Madrid. Las relaciones con Franco mejoraron rápidamente. Poco después de su regreso de Grecia, Juan Carlos y Sofía visitaron al Caudillo y a su mujer en El Pardo. La real pareja fue tan atenta y considerada que tanto doña Carmen como Franco quedaron encantados. Cuando Pacón preguntó a este su impresión, respondió: «Magnífica, desde luego es infundado el rumor que han hecho correr los enemigos, de que es poco inteligente; no hay tal cosa, ya que se trata de un muchacho que discurre muy bien y que piensa por cuenta propia y no por lo que pueda oír a los suyos o a sus amistades. No creo que en asuntos de política esté entregado a su padre. Es infundado y apasionado todo cuanto pueda comentarse contra el joven príncipe. Doña Sofía estuvo a saludar a Carmen y permaneció con ella casi dos horas. La entrevista fue muy agradable, pues la princesa es sumamente inteligente y simpática. Habla bastante bien ya el español y cuando alguna palabra le falla recurre al francés».

Franco reiteró su convicción de que Juan Carlos actuaba con independencia de su padre. Su alegría por la grata conversación de la princesa Sofía con doña Carmen quedó atemperada por la preocupación que le suscitaba el que pudiera relacionarse con la alta aristocracia, que podría contaminarla con su altanero desdén hacia el régimen. Insistió el Caudillo en tildar de poco realista el deseo de don Juan de que su hijo ingresara en la Marina española, ya que su paso por la Academia Naval había sido demasiado breve para darle algo más que un conocimiento general. Convencido por el contrario de que el Príncipe debía continuar estudiando economía y ciencias políticas en España, le dijo que era tarea suya hacer popular la monarquía en España, lo cual significaba un constante contacto con el pueblo. Después ofreció al Príncipe una larga disquisición sobre los peligros del contacto con la aristocracia: «El ambiente de frivolidad de las clases más altas, las grandes fiestas cortesanas, el predominio de la clase aristocrática al lado de la familia real, debe desaparecer por completo». Para intenso deleite de Franco, el Príncipe escuchó «muy atentamente y con gran amabilidad». Hablar tan efusivamente de

Juan Carlos le recordaba el contraste con don Juan. A Pacón le dijo con toda claridad que don Juan no tenía ninguna posibilidad de ser nombrado sucesor: «No cabe duda de que este príncipe, don Juan, está completamente entusiasmado con el liberalismo. Eso sería una solución para que los vencidos de ayer sean los vencedores de mañana; eso es lo que desean todos los rojos del exilio. España se convertiría en una segunda Cuba».[84]

La aparente cordialidad de los sentimientos de Franco no alteraba el hecho de que la pareja real estuviera sometida a vigilancia día y noche. El personal de La Zarzuela había sido elegido por Patrimonio Nacional; por tanto, toda conversación, toda llamada telefónica y toda carta eran examinados y probablemente transmitidos a Franco. Las conexiones entre La Zarzuela y el despacho de Carrero Blanco se intensificaron cuando José María Gamazo Manglano, un alto funcionario de la Presidencia del Gobierno, fue designado para cumplir las tareas de enlace entre la Presidencia y el despacho del Príncipe.[85] La lealtad de Gamazo a sus dos jefes no estaba en cuestión, pero era sobre todo un hombre de López Rodó. Inevitablemente, la presencia cotidiana de Gamazo y su detallado conocimiento de los asuntos de La Zarzuela debían provocar cierta tensión en Juan Carlos, dada la enemistad entre su padre y Carrero Blanco. Se imponía la precaución y así sería durante los doce años siguientes. No era solo una cuestión de espionaje. El Príncipe sabía que era un peón en la política de López Rodó y Carrero Blanco. Aun si seguía adherido a la causa de su padre, tenía sentido seguirles el juego. No solo eso; su mujer, inteligentemente secundada por el marqués de Mondéjar, se daba cuenta de que la ruta al trono trazada por López Rodó era la única vía de regreso a España para la monarquía. Tener que enfrentarse a consideraciones de semejante trascendencia era una carga muy pesada para cualquier matrimonio. La pareja estaba aislada y tenía motivos para desconfiar de quienes conocían.

Es probable que la inevitable preocupación de la pareja y la consiguiente seriedad de su aspecto diera pie a los rumores que empezaron a circular en Grecia en el sentido de que Juan Carlos y Sofía ya no se llevaban bien. En marzo de 1963, estando

Juan Carlos ocupado en España, Sofía viajó sola a Atenas para asistir a las celebraciones del centenario de la familia real griega. Se afirmó entonces que la separación era inminente. El político Elías Bredimas llegó incluso a preguntar en el Parlamento cuál sería el destino de la dote de Sofía si el matrimonio fracasaba. Todo esto era pura especulación periodística pero afligía profundamente a Sofía. Juan Carlos y ella tomaron el asunto como útil recordatorio de que todos sus movimientos eran vigilados por los medios de comunicación. La auténtica solidez de su matrimonio se advirtió en el alborozo con que Juan Carlos anunció a López Rodó, el 17 de abril de 1963, que su esposa estaba embarazada y esperaba un niño para finales de año.[86]

La ambigüedad de la actitud de Franco —simpatía personal y desconfianza política— iba a manifestarse de muchas formas. Desde su traslado a España, la primera aparición pública oficial de Juan Carlos y Sofía había sido en la anual misa de réquiem por los reyes de España en El Escorial el 28 de febrero de 1963, fecha específicamente elegida para conmemorar la muerte de Alfonso XIII. Juan Carlos presidió el acto junto a Franco. Para asombro de Sofía, en la cobertura informativa de ese mismo día ambos fueron eliminados del noticiario y su presencia no fue siquiera mencionada. Este desaire se había producido al parecer sin conocimiento del ministro de Información, Manuel Fraga. El general Castañón informó a este que el Príncipe se había sentido humillado ante su esposa por haber sido borrado de una ceremonia que conmemoraba a sus propios antepasados. Todo ello delataba la existencia de sentimientos antimonárquicos en el aparato informativo del Movimiento. Debió de ser desagradable para Juan Carlos comprender que Franco estaba usando su presencia para dar una pátina monárquica al régimen pero sin hacer nada por acallar la hostilidad falangista. En junio de 1963 Franco insistió en que Juan Carlos ocupara un lugar prominente en el funeral de Juan XXIII, en un momento en que el régimen estaba aún siendo vilipendiado internacionalmente por el juicio y ejecución del comunista Julián Grimau García el 20 de abril. Esto dio pie a algunas discusiones en el Consejo Privado de Estoril sobre si debían acoger la publicidad dada a Juan Carlos como algo favorable a la causa de la dinastía Borbón o restarle importancia por ser perjudicial para las posibilidades de sucesión de don Juan.[87]

El boletín del Consejo Privado de don Juan había anunciado en febrero que Juan Carlos estaba en España en representación de su padre. Franco se mostró displicente. No era así, dijo, porque «este no tiene reconocido por parte de la ley de sucesión ningún derecho a la Corona de España. Su hijo podrá ser una solución ... Por ello, cuanto más tiempo esté a nuestro lado y más compenetrado con el pueblo español, mejor para todos». Su afecto por Juan Carlos parecía ir en aumento: «Aunque parece algo sometido a su padre, le considero persona inteligente y de carácter bondadoso. Muchos creen que es un poco infantil, pero esto le pasará una vez tenga más experiencia y conozca mejor el mundo».[88]

Sofía pronto se percató del mutuo afecto entre Franco y su marido: advirtió que al dictador se le iluminaban los ojos cuando veía al Príncipe y que creía ver en él al hijo que nunca tuvo. Juan Carlos, que había tenido que vivir sin su propio padre, respondía con cariño. La creciente estima de Franco por Juan Carlos también fue percibida por Fraga.[89] Esto contrastaba con la decepción del Caudillo porque los carlistas no pudieran presentar más que un candidato extranjero a la sucesión. Es más, estaba molesto por sus demostraciones públicas de hostilidad hacia Juan Carlos. Uno de estos incidentes, el 24 de mayo de 1963, redundó en beneficio del Príncipe. Sofía y él habían sido invitados al teatro María Guerrero para una representación de los Coros y Danzas, el grupo folclórico de la Sección Femenina. Al salir, un grupo de carlistas empezó a gritar consignas en favor de don Javier. Juan Carlos desoyó los consejos de la policía de esperar hasta que fueran dispersados, y ambos pasaron entre la multitud hostil que rodeaba su coche. A los gritos de «¡Viva el rey Javier!», Juan Carlos respondió con humor: «¡Viva!». El Caudillo se emocionó mucho cuando le contaron que Sofía había reprendido inmediatamente a su marido, diciéndole que debía haber respondido con un «¡Viva Franco!». Exultante de alegría, le dijo a Pacón: «La princesa, como te había dicho, es sumamente inteligente. Me dolió lo sucedido, pues no se puede olvidar que los príncipes residen en España por deseo mío, y que su conducta es irreprochable en todo».[90]

El que este incidente le fuera transmitido a Franco con tanta presteza revela el nivel de vigilancia a que estaban sometidos. Demuestra también que la reciente pareja estaba llevando sus asuntos con una inteligente mirada puesta en el futuro. Cada vez aparecían más en público, normalmente en actos anodinos: visitaban hospitales y organizaciones de caridad, y se los vio en la Semana Santa de Sevilla. El embajador británico, sir George Labouchere, los invitó a cenar a su residencia so pretexto de que había pasado una semana cazando con Juan Carlos y de «que Gran Bretaña estaba en una posición muy especial con respecto a la Familia Real española». El Príncipe respondió que no creía poder aceptar «por el momento».[91] Acaso recordando la tendencia de la prensa del Movimiento a criticar a su padre por sus contactos británicos, y por tanto liberales, Juan Carlos evidentemente no estaba dispuesto a arriesgar ni una publicidad adversa ni su relación personal con Franco.

A medida que Franco iba encariñándose con Juan Carlos, su posición en la carrera sucesoria se tornó motivo de preocupación en Estoril. Labouchere había estado de visita en Lisboa en abril de 1963 y había mantenido una larga conversación con don Juan. Este sabía que el Caudillo apreciaba a su hijo y lo agradecía. No obstante, le confió al embajador su ansiedad por que Juan Carlos pudiera ser atraído a la camarilla del yerno de Franco, el corrupto Cristóbal Martínez-Bordiu, marqués de Villaverde. Le preocupaba que le pudieran tentar con sus turbios negocios y comprometer con ello su reputación. Afirmó también no tener el menor temor a que su hijo pudiera ser inducido a ocupar el trono de España en su lugar. Algo ingenuamente, en vista de los frecuentes comentarios de Franco en privado, don Juan aseguró al embajador que «en ningún momento le había sugerido el general Franco ni a él ni, en la medida de su conocimiento, a nadie más, que don Juan Carlos pudiera ascender al trono por delante de su padre. Tal idea era impensable. Don Juan Carlos era un hijo demasiado bueno para desear jamás ocupar el lugar de su padre». Pese a esta demostración de confianza, Labouchere concluía: «Yo sigo creyendo que a la larga es don Juan Carlos a quien el Generalísimo está preparando, aunque de manera algo desganada, para rey».[92] Según Benjamin Welles, don Juan decía frecuentemente de su hijo que era «ciegamente leal», y Juan Carlos terminaba todas sus cartas a su padre con las palabras «siempre contigo».

La reina Victoria Eugenia sabía perfectamente que Franco estaba considerando saltarse una generación en la carrera dinástica, pues el embajador español en la Santa Sede, José María Doussinague, le había expuesto la cuestión a principios de mayo de 1963 en Roma. Ella expresó cierto entusiasmo ante la idea de reinstaurar la monarquía en la persona de Juan Carlos, aunque lamentó la eliminación de don Juan. Su hija, la infanta Beatriz, le comunicó a Doussinague su convicción de que don Juan haría el sacrificio de ceder sus derechos a Juan Carlos.[93]

Dada la antipatía de Franco hacia don Juan, y dada la existencia de lo que Welles llamaba «candidatos molestos» como Alfonso de Borbón Dampierre y el aspirante carlista, Juan Carlos creía conveniente hacer todo lo posible para mantener relaciones cordiales con Franco. El 22 de noviembre de 1963, Hugo de Borbón-Parma, hijo del pretendiente carlista don Javier, cambió su nombre por el de Carlos Hugo, subrayando así su derecho a ser también pretendiente carlista. El 29 de abril de 1964 se iba a casar con la ambiciosa princesa holandesa Irene de Orange, por lo que el humor madrileño le puso el mote de «Jugo de Naranja». En el nivel simbólico era una unión desastrosa para un pretendiente carlista, porque la Casa de Orange era enemiga histórica de España y del catolicismo, no obstante lo cual, con el fin de desairar a Juan Carlos, la prensa del Movimiento dio a Carlos Hugo gran cantidad de publicidad favorable. El embajador británico comentó que *Arriba*, *Pueblo*, «y para mi sorpresa el periódico católico *Ya*, se han dedicado a publicar entrevistas bastante empalagosas hechas por mujeres periodistas en las que suelen referirse a don Hugo Carlos como don Carlos y a describir a la pareja como amantes desventurados con un desmedido amor por España». Carlos Hugo era ciudadano francés, había hecho el servicio militar en Francia y comenzó entonces los trámites para solicitar la nacionalidad española. Esta maniobra estaba respaldada por importantes falangistas como Raimundo Fernández Cuesta. Franco dejó que las gestiones llegaran hasta el Ministerio de Justicia, donde fue denegada la solicitud. Más aún, en marzo le dijo a Pemán que había descartado a Alfonso de Borbón Dampierre y a Carlos Hugo de Borbón-Parma como pretendientes al trono. Sin embargo, en la misa de réquiem anual por los reyes de España en El Escorial, Franco sentó a Alfonso de Borbón Dampierre en la tribuna de la familia real junto a Juan Carlos. La implicación que esto tenía —que ambos estaban al mismo nivel— iba a causar considerable preocupación al Príncipe y a sus consejeros. Había muchos enemigos de Juan Carlos siempre dispuestos a señalar que Alfonso era el nieto mayor de Alfonso XIII y a cuestionar la validez de la renuncia a sus derechos que su padre, don Jaime de Borbón, había hecho en 1933.[94]

Juan Carlos pidió varias veces a Franco que le permitiera pasar algún tiempo con un regimiento del ejército o a bordo de un buque de la Marina, a lo que el Caudillo contestaba: «¿Para qué? ¿Para ir al bar a jugar a las cartas?». Por consiguiente, pasó muchas horas visitando diversos ministerios y aprendiendo su funcionamiento. Como resultado del tiempo pasado con el ministro de Obras Públicas, general Jorge Vigón Suerodíaz, viajó por toda España visitando grandes proyectos de construcción. López Rodó le ayudó a entender el funcionamiento de la administración pública. Aunque en ocasiones le arrojaran tomates podridos, la simpatía natural de Juan Carlos animaba a la gente a hablarle y él sabía escuchar.[95]

A medida que transcurría 1963, la principal preocupación del Príncipe era el próximo nacimiento de su primer hijo. En julio, don Juan escribió una tímida carta a Franco solicitando permiso para que él, su madre y su mujer asistieran al bautizo. Franco esperó hasta el noveno mes del embarazo de Sofía para contestar con una carta increíblemente condescendiente: «Me decido a escribiros para mostraros mi complacencia de que podáis estar con vuestros hijos en tan señalado acto, que no debe perder el carácter íntimo y familiar y evitar que vuestra presencia en España pueda ser explotada por alguno de vuestros adictos con fines partidistas».[96] El 20 de diciembre de 1963, Sofía dio a luz una niña, Elena. Llegado el momento, la reina Victoria Eugenia no pudo viajar desde Suiza para la ceremonia del bautizo.

El 26 de diciembre, don Juan, doña María de las Mercedes y sus dos hijas, las infantas Pilar y Margarita, partieron hacia Madrid. Juan Carlos los esperó en la frontera portuguesa cerca de Badajoz y luego los acompañó a la capital. Era la primera vez que Franco les permitía acercarse al centro de España. Incluso así, se los obligó a alojarse en El Soto, la finca del duque de Alburquerque en Algete, al noreste de la capital, y no se les permitió entrar en Madrid. Al día siguiente, cuando se desplazaban en coche de Algete a La Zarzuela, doña María le dijo a don Juan: «¡Si me presentan a Franco, antes de nada pienso decirle lo mal que se portó con papá!». Don Juan consiguió disuadirla. Los padrinos de Elena fueron doña María de las Mercedes y su tío (y de don Juan), Ali (Alfonso de Orleáns Borbón), con presencia del Caudillo y su esposa. No se habló de nada trascendente y el encuentro transcurrió con relativa cordialidad.[97]

No era coincidencia que la primera visita de don Juan a la España central estuviera precedida por la publicación de una larga entrevista con Franco de Jacques Guillemé-Brulon en *Le Figaro*. Cuando este le preguntó si preveía el restablecimiento de la monarquía en la persona de don Juan o de Juan Carlos, Franco vaciló y después respondió, típicamente, que nunca ponía fronteras al tiempo, y que aún no había llegado el momento de tomar una decisión clara a favor de uno o el otro. Prosiguió diciendo que los defectos personales de determinados monarcas perjudicaban muchas veces a la institución monárquica. En los círculos políticos de Madrid esto fue generalmente interpretado como la forma de Franco de admitir finalmente en público que don Juan pertenecía a la categoría de los monarcas no aptos, y por tanto no podría ser nunca el elegido. Presumiblemente por esta razón, el párrafo correspondiente a esto de la entrevista fue eliminado en la versión publicada posteriormente en España.[98] El general Martínez Campos, duque de la Torre, le dijo a sir George Labouchere «que estaba alterado por la entrevista, porque parecía de una vez por todas acabar con toda posibilidad de que don Juan reine aquí. En realidad, Franco había expresado por fin lo que hasta ahora se había guardado para sí». De hecho, hacía tiempo que Martínez Campos había deducido que Franco estaba preparando a Juan Carlos para el trono, y que llegado el momento presentaría a don Juan la dura elección entre ver a su hijo coronado o la eliminación de cualquier sucesión monárquica. El duque estaba también seguro de que nada ocurriría hasta que Juan Carlos cumpliera los treinta años, edad a la que podía ser nombrado sucesor bajo la Ley de Sucesión.[99]

El año 1964 fue de celebraciones por la victoria de Franco en la guerra civil y los subsiguientes veinticinco años de paz. En consecuencia, los continuos viajes de Juan Carlos por toda España le asociaron inevitablemente al régimen. López Rodó, Fraga y otros elementos aperturistas del gobierno tenían la esperanza de que la euforia de los veinticinco años de paz indujera a Franco a aclarar sus planes para el futuro. Con este fin, le apremiaron a que promulgara la Ley Orgánica del Estado, que aglutinaba las distintas leyes fundamentales del régimen, y a nombrar sucesor. Todo fue en vano. Los ministros empezaban a notar, con cierta inquietud, cuánto había envejecido el Caudillo. La causa era la enfermedad de Parkinson que le aquejaría de forma intermitente en sus últimos años.[100] Para alarma de algunos de sus ministros, no digamos ya de los diversos aspirantes reales, ante la entrega de una medalla conmemorativa de los veinticinco años de paz el 30 de abril de 1964, Franco reaccionó diciendo que esperaba con ilusión celebrar una ceremonia similar pasados otros veinticinco años.[101]

El Caudillo no ocultaba sus esperanzas de que Juan Carlos aceptara oficialmente la Ley de Sucesión y jurase los principios del Movimiento, y así se lo dijo a Pemán en marzo. Este lo transmitió discretamente a don Juan, que no quiso escucharle. Dada la juventud e inexperiencia del Príncipe, Franco no tenía prisa.[102] Su gran preocupación —innecesaria, como se vio— era que Juan Carlos y Sofía sucumbieran a la influencia de la decadente aristocracia. Pese a todo, el 20 de abril le diría a Pacón: «Lamento mucho que don Juan de Borbón se haya hecho incompatible con el régimen». «Tengo esperanzas de que, dado su patriotismo, en el momento oportuno aceptará renunciar a favor de su hijo, y de que este prestará juramento comprometiéndose a respetar y hacer cumplir las leyes fundamentales y los postulados del Movimiento». Al reflexionar sobre la existencia de otros candidatos, Franco comentó que Alfonso Borbón Dampierre «es muy afecto al Movimiento», pero comentó varias veces emotivamente su satisfacción por el patriotismo con que se comportaban Juan Carlos y Sofía y su convicción de que estaban en contacto con el pueblo español.[103]

De modo significativo, el 24 de mayo de 1964 el espectacular desfile de la Victoria de todos los años estuvo presidido por el príncipe Juan Carlos junto a Franco. Para evidente deleite de doña Carmen, ella estuvo acompañada por la princesa Sofía. Esta «presentación» del Príncipe a las Fuerzas Armadas no gozó de general aprobación. A primera hora de la mañana, antes del desfile, una llamada telefónica despertó a Laureano López Rodó. Una voz desconocida gruñó: «Si mañana sube el Príncipe a la tribuna, morirás». Franco seguía sin dar el menor indicio sobre sus planes sucesorios. La alegría que le produjeron las celebraciones de 1964 aumentaron su renuencia a pensar en el futuro y su convicción de que era indispensable. Durante el verano de 1964 Franco fue recibido con aplausos frenéticos en sus viajes a Sevilla y Bilbao, y en la final de la Copa de Europa celebrada en el estadio Bernabeu de Madrid.[104] A este afecto popular recurría Franco como principal argumento para desestimar las sugerencias de cambio que le hacían sus ministros.

Sus ministros y otras personas cercanas a él estaban, no obstante, más intranquilos que nunca ante las innegables muestras de deterioro de Franco. Este dedicaba gran cantidad de tiempo a la caza y la pesca, pero había indicios de que los efectos del Parkinson se intensificaban. El desgaste de su salud era intermitente y, a medida que transcurría el año, pareció reanimarse. La enfermedad de Parkinson y la consiguiente medicación aislaron a Franco del mundo real. Este efecto se fue exacerbando a causa de la entusiasta afición del Caudillo y su mujer a la televisión.[105] Era inevitable que en los reducidos círculos de poder muchos percibieran los síntomas de la enfermedad: la pose rígida, el paso vacilante, la expresión facial vacua, la boca abierta.

A la luz de estos problemas de salud, sus colaboradores más próximos se atrevieron a apremiarle a que actuara con respecto a la Ley Orgánica. El 25 de noviembre de 1964, el almirante Carrero Blanco presentó a Franco un anteproyecto al que reaccionó favorablemente, pero cuando el ministro de Educación, Lora-Tamayo, le instó a que en efecto promulgara la ley, el Caudillo replicó indeciso: «Es difícil». El 14 de enero de 1965, Camilo Alonso Vega, aprovechando su amistad de toda la vida con Franco, abordó el tema de la sucesión: «El país te sigue y te quiere; dirá que sí a lo que hagas. Has de nombrar presidente del Gobierno y definir un sistema político que garantice el futuro. Los demás ministros piensan igual que yo, pero no te hablo en nombre de ellos. Si ellos no te lo dicen es porque no tienen la confianza que yo tengo contigo: te he visto de pantalón corto y hemos jugado juntos. Si yo no te hablo así ¿quién podrá hacerlo?, o ¿es que no se te pueden decir estas cosas? Tu figura histórica se valorará por lo que dejes establecido y afianzado. La gente está intranquila por el futuro». Franco escuchó con una sonrisa benévola, hizo una broma sobre su mutua edad y dijo que estaba trabajando en la Ley Orgánica del Estado y que sería presentada «antes de lo que piensas».[106]

A pesar de este comentario a Alonso Vega, el sentido de urgencia de Franco no era como el de los demás mortales. En la primavera de 1965 hubo serios disturbios estudiantiles en Madrid y Barcelona. De modo poco habitual, en un consejo de ministros del 5 de marzo de 1965 se discutieron los conflictos universitarios, los problemas laborales y las desavenencias con la Iglesia. Carrero Blanco sostuvo de forma poco plausible que todas estas dificultades eran consecuencia de la incertidumbre sobre el futuro post Franco, y pidió que se promulgara la Ley Orgánica del Estado lo antes posible. Viendo que Carrero Blanco había roto el hielo con aparente impunidad, el resto del gabinete le secundó y apoyó su moción. Franco se quejó de la dificultad de encontrar una solución que agradara a todas las facciones monárquicas, con lo cual insinuaba su propia renuencia a cerrarse alternativas, pese a lo cual terminó el debate diciendo: «Yo me he comprometido a hacerlo y lo haré». El 11 de marzo, cuando entró en el despacho del Caudillo, Carrero Blanco lo encontró trabajando en la Ley Orgánica.[107]

Ese mismo día, el ministro de Hacienda, Navarro Rubio, habló con Franco sobre la nueva ley. En el curso de esta conversación, el Caudillo, pese a sus setenta y dos años, reveló que contaba con gobernar aún algún tiempo, añadiendo que hubiera preferido dejar la Ley Orgánica para más adelante porque cuanto más la aplazara, tanto más en sintonía estaría con el futuro. Con todo, reconoció de mala gana que no tenía más remedio que iniciar ya el proceso.[108] Ante Franco desfilaron destacadas figuras del régimen para insistirle en que empezara a tomar las medidas pertinentes. El 25 de marzo de 1965, Lora-Tamayo, ministro de Educación, también achacó los problemas en las universidades a la incertidumbre sobre el futuro. Franco, irritado, le espetó: «¿Cree usted que el futuro no me preocupa? Pero es difícil dar con la solución».[109]

El Caudillo había estado dando toques en privado al texto de la Ley Orgánica que le había entregado Carrero Blanco en noviembre. El 1 de abril de 1965 le leyó a su fiel colaborador un borrador casi definitivo. Juntos debatieron si sería prudente incluir la designación del sucesor y decidieron no hacerlo. Más tarde ese mismo día se hizo evidente la urgencia de decidir el futuro cuando ambos recibieron la noticia de que al vicepresidente del gobierno, general Agustín Muñoz Grandes, le habían diagnosticado un cáncer renal. Muñoz Grandes había sido la persona elegida en el último reajuste ministerial para garantizar la sucesión después de Franco y sustituir al Caudillo en caso de incapacidad o muerte de este. El consejo de ministros celebrado el 2 de abril estuvo dominado por las implicaciones de la noticia. Navarro Rubio volvió a plantear la cuestión del futuro, secundado de cerca por Castiella y Fraga. El debate se caldeó; Fraga presionó a Franco con considerable fuerza, argumentando que treinta millones de españoles tenían derecho a estar informados sobre su futuro. Franco, normalmente un árbitro silencioso, se vio empujado a dar embrolladas explicaciones sobre lo difícil que era y la cantidad de tiempo que necesitaba. Con típica impetuosidad, Fraga insistió con mayor contundencia diciendo: «El tiempo ya no puede sobrar, y dramáticamente, mi General, le pido que lo aprovechemos». Franco explotó: «¿Cree usted que no me doy cuenta, cree que soy un payaso de circo?». A pesar de esta reacción airada, la tormenta pasó. Durante el resto de la sesión, Franco sonrió ladinamente. Camilo Alonso Vega dedujo que esto significaba que ya tenía listo el proyecto de la ley.[110]

El 8 de abril de 1965 Franco y Carrero Blanco hablaron sobre la posibilidad de someter la ley a referéndum. El 9 de mayo, Juan Carlos se situó a su derecha para presidir el anual desfile de la Victoria. Después, cuando regresaba a La Zarzuela por la Gran Vía madrileña, un grupo de falangistas se aproximó a su coche gritando: «¡Franco sí, don Juan no!».[111] El Príncipe fue a El Pardo al día siguiente y preguntó a Franco si se había avanzado algo en la Ley Orgánica del Estado. «La estoy estudiando», respondió el Caudillo enigmáticamente. Se quejó después de las presiones de diversos grupos monárquicos, a lo cual repuso Juan Carlos: «A usted le pinchan, mi general, y a mí también, diciendo que se me tendría que nombrar Príncipe de Asturias». Le informó también de que Sofía estaba embarazada de nuevo y esperaba un niño para junio. Con gran delicadeza y un agudo sentido de cómo abordar la susceptibilidad de Franco, le dijo: «Si es niño, me gustaría que la Reina Victoria fuera la madrina. Pero no quiero crear complicaciones. Usted ya me conoce, mi general. Me interesan sus consejos y orientaciones. Deseo que me llame con más frecuencia».[112] La segunda hija de Juan Carlos, Cristina, nació el 13 de junio de 1965. Para gran pesar de Juan Carlos, su padre, siguiendo las recomendaciones de su Consejo Privado, no asistió al bautizo.[113]

Pese a los aparentes progresos en torno a la cuestión sucesoria, Franco pronto se replegó en la apatía. Le irritaban los incesantes intentos de los ministros y otras personas para apresurarle a determinar la sucesión, aunque ocasionalmente dejaba caer alguna insinuación. A primeros de julio de 1965 nombró nuevo gobierno. En el transcurso de las audiencias con los nuevos ministros, el ministro de Justicia entrante, Antonio María Oriol y Urquijo, habló muy bien de Juan Carlos y Franco contestó: «Es la mejor solución. Se le ve aplomado, con reacciones muy seguras».[114]

Siempre había alguien dispuesto a correr a La Zarzuela para informar de estas conversaciones, las cuales debían provocar en Juan Carlos una mezcla de alegría y aprensión. Desde diciembre de 1964, el Consejo Privado de don Juan había actuado bajo la cauta presidencia de Jesús Pabón, el historiador monárquico. Pabón había adoptado lo que él llamaba una «política paralela» hacia Franco, es decir, ni confrontación ni colaboración, sino un discreto distanciamiento. Pabón mantenía buenas relaciones con Juan Carlos, y era por ello agudamente consciente del angustioso dilema moral del Príncipe. Juan Carlos seguía siendo profundamente leal a su padre pero las continuas tensiones entre este y Franco le colocaban en una penosa situación. Cuanto más oía que Franco tenía intención de nombrarle sucesor, más se cuestionaba el sentido de su presencia en España si no era para llevarla hasta su conclusión lógica. En una reunión de agosto de 1965, Pabón encontró al Príncipe «oprimido, urgido, angustiado».[115]

Carrero Blanco y López Rodó hacían todo el esfuerzo posible para que Juan Carlos fuera popularmente considerado sucesor de Franco. En lo que vino a llamarse «operación príncipe», se pidió a las diversas autoridades locales y funcionarios ministeriales con los que el Príncipe entraba en contacto que le dieran tratamiento de Alteza. Hubo muchos en el Movimiento a quien no agradó esto. En la tercera semana de noviembre de 1965, Manuel Fraga concedió una entrevista al *Times* en la que declaró que «está cada vez más aceptado que cuando termine el régimen de Franco, don Juan Carlos será rey de España», y quitó importancia a «los realistas y falangistas extremistas que querrían desbaratar estas disposiciones» por ser demasiado pocos para impedir que esto sucediera.[116]

Esta era la declaración pública más clara sobre futuro hecha por un miembro del gobierno. En Estoril pensaron que Fraga no podía haber hecho semejante afirmación sin autorización de Franco.[117] Desde luego, cuando Fraga vio al Caudillo unos días después no tuvo que aguantar recriminación alguna. Los falangistas veteranos reaccionaron intensificando su parcialidad a favor del pretendiente rival a la corona, Alfonso de Borbón Dampierre. José María Ruiz Gallardón y Torcuato Luca de Tena visitaron al corresponsal del *Times* en Madrid y le entregaron una declaración de don Juan negando haber renunciado a sus derechos a favor de su hijo. El mismo don Juan le dijo al embajador americano que no tenía ninguna intención de abdicar y que Juan Carlos estaba totalmente a sus órdenes. Este no presenció el consecuente escándalo porque estaba en Extremo Oriente representando a España en la toma de posesión del nuevo presidente de Filipinas. En enero de 1966 Franco le dijo a Camilo Alonso Vega: «La gente no es monárquica».[118] A la vuelta del Príncipe a España, se apresuró a tranquilizar a su padre mediante una entrevista publicada en la revista *Time* en la que afirmaba: «Yo nunca, jamás aceptaré la corona en tanto mi padre viva».[119]

Las posibilidades de que Franco permitiese que don Juan llevara la corona alguna vez eran, claro está, nulas. En noviembre de 1965 el general Rafael García Valiño, un héroe de la guerra civil muy resentido con Franco por no haberle nombrado nunca ministro del Ejército, había visitado Estoril. Allí declaró estar indignado por el «complot» de López Rodó y Carrero Blanco para alterar el orden sucesorio de la monarquía. Para atajar esta maniobra, dijo, él y otros generales, entre ellos —cosa sumamente improbable— el general Rodríguez-Vita, capitán general de Madrid, tenían planes para deponer a Franco ese mismo año. Jesús Pabón sabía por sus contactos con otro general, Manuel Díez Alegría, que esto no eran sino baladronadas sin fundamento. Don Juan, no obstante, se sintió seducido por la idea. Por entonces, tres informadores de la policía, haciéndose pasar por monárquicos convencidos, habían penetrado las débiles defensas de Estoril y se habían ganado la confianza de don Juan. Este, que nunca había destacado por su discreción, les confió su creencia de que algunos generales monárquicos iban a derrocar pronto a Franco y a instalarle a él en el Palacio de Oriente de Madrid. En enero de 1966 les habló de la reciente visita de García Valiño. No existía la menor posibilidad de un golpe militar contra el Caudillo, pero hablar abiertamente sobre ello era extremadamente frívolo. Lo llamativo es que don Juan se tomara en serio a García Valiño. Los informes sobre estas conversaciones pronto estuvieron en la mesa de Franco. García Valiño fue discretamente advertido, el globo de la conspiración se desinfló, y la animadversión del Caudillo hacia don Juan no pudo sino intensificarse.[120]

Aunque en la mente del Caudillo no había dudas con respecto a don Juan, la cuestión del futuro seguía siendo el asunto más divisivo en el consejo de ministros. El 9 de febrero de 1966, López Rodó mantuvo una larga conversación con Franco sobre la necesidad de pasar de su poder personal a lo que llamó una «institucionalización». Cuando señaló que el tiempo jugaba en su contra, Franco replicó: «Ciertamente, el tiempo apremia pero lo voy a hacer muy pronto». Entonces empezó a divagar sobre detalles menores hasta que López Rodó volvió a centrar el tema con los mismos argumentos anteriormente empleados por Lora-Tamayo ese año. Señaló López Rodó que sin planes claros para el futuro, a su muerte «se impondrán las fuerzas ciegas del caos». Los ojos de Franco se llenaron de lágrimas y dijo: «Sí, sería el caos, sería el caos» para, a renglón seguido, lamentar el problema que planteaba la existencia de diversos candidatos rivales, lo cual era totalmente insincero por su parte, dado que él mismo había permitido la proliferación de candidatos como conveniente pretexto para mantener abiertas sus opciones. De cualquier modo, coincidió en que Carlos Hugo era francés y no tenía posibilidades y añadió: «Hay que descartar a Don Juan. Ya debió haber renunciado a favor de su hijo».[121]

Los dilemas de Juan Carlos no disminuían. En términos personales era tan leal a su padre como siempre y coincidía con él en su idea del papel que debía cumplir una monarquía liberal democrática. Por otro lado, su sentido de cómo funcionaba el poder en Madrid era infinitamente más realista que el de don Juan tras treinta años de exilio. Este parecía del todo ajeno a los problemas de su hijo. Para él, como para todos los de su entorno en Estoril, seguía siendo «Juanito». Don Juan lo trataba como a un niño, pero «Juanito» era ya un hombre casado de veintiocho años, con dos hijas y una esposa serenamente realista que era compañera y consejera. Tanto él como Sofía se daban perfecta cuenta de que el Príncipe era en buena medida un peón en la estrategia de López Rodó. Juan Carlos hubiera preferido ver a su padre en el trono, pero sabía que hacía ya tiempo que el Caudillo había descartado a don Juan como posible sucesor. Enfrentarse a Franco no habría servido más que para destruir cualquier posibilidad de que su familia volviera al trono.[122] Así, debió de hacérsele cada vez más obvio que lo aconsejable era seguir la corriente y ocuparse del futuro a medida que se fueran aclarando las alternativas. Pero las probabilidades de enfrentamiento con Estoril se intensificaban.

Franco veía con alegría los indicios de que la lealtad de Juan Carlos hacia su padre pudiera estar flaqueando. El Príncipe había sido invitado a una comida con el Consejo Privado de su padre el 5 de marzo en el hotel Palacio de Estoril, para conmemorar el veinticinco aniversario de la muerte de Alfonso XIII. En esta reunión don Juan iba a ser declarado «el heredero indiscutible de la Corona de España». La presencia de Juan Carlos en el acto tenía la finalidad de refrendar la declaración y constituiría por tanto una renuncia a suplantar a su padre. Sin disimular su regocijo, Franco le contó a Pacón lo que había sucedido: «Hace días se negó a asistir al consejo que tuvo lugar en Estoril bajo la presidencia de su padre, tomando como pretexto una ligera afección de vientre que padecía y que no le impidió visitarme acompañado de la princesa. En la entrevista me dijo que no le agradaba asistir a dicha reunión política, aun cuando su padre tenía especial empeño en ello».

La princesa Sofía había instado a Juan Carlos a que no fuese a Estoril. La indisposición del Príncipe se utilizó como excusa. El Príncipe envió un telegrama para ser leído en la reunión, donde decía sencillamente: «En el homenaje y recuerdo a los veinticinco años muerte del abuelo, quiero enviarte un abrazo muy fuerte con todo cariño, lealtad y respeto». La ausencia de su hijo irritó profundamente a don Juan. Según Anson, que estaba presente, cuando Juan Carlos llamó para decir que no iba, don Juan «le grita cosas terribles y cuelga», diciendo a su hijo que los príncipes no tienen derecho a ponerse enfermos. En su discurso para la ocasión, don Juan había reafirmado categóricamente sus derechos dinásticos, dejando muy claro que le desagradaba el título de «pretendiente» ya que en virtud del principio hereditario su derecho al trono era indiscutible. En la ausencia de su hijo vio, como muchos otros, incluido Franco, el deseo de evitar un compromiso explícito. Este fue un giro decisivo en las relaciones entre padre e hijo. Don Juan dijo a sus consejeros privados: «El Príncipe ha salido hoy de mi autoridad y ha desobedecido una orden mía. Debo decir que tiene ya veintiocho años y en muchas cuestiones su criterio no coincide con el que yo tengo. No quiero hacer críticas, como os podéis imaginar. Pero sí poner los pies en una nueva realidad que se veía venir desde que se casó y yo, por complacerle, acepté que se metiera en La Zarzuela. La unidad de la Dinastía, queridos míos, está rota. Y no podemos basarnos en ella. Toda la política que hemos hecho hasta ahora se ha construido sobre la piña formada por mi hijo y por mí. Eso ya no es así. Resultaría absurdo mantener la ficción, y por tanto, ha llegado el momento de plantearse una nueva política». Uno de los corresponsales extranjeros mejor informados de España, Jacques Guillemé-Brulon, escribió en *Le Figaro* que la diplomática indisposición de Juan Carlos obedecía a exhortaciones de la familia real griega.[123]

En ese momento, las implicaciones de la ausencia de Juan Carlos en Estoril indujeron a don Juan a abandonar cualquier esfuerzo para congraciarse con el Caudillo. En abril creó un secretariado, prácticamente un gobierno en la sombra, presidido por José María de Areilza, conde de Motrico. Dieciocho meses antes, Areilza había dimitido como embajador de Franco en París, consternado por la reacción del régimen al congreso de Munich y por la ejecución de Grimau. A principios de 1964 había urgido a Franco a dar un giro aperturista al régimen para acercarlo al resto de Europa. Este le escuchó en un silencio glacial, para decirle después que con el temperamento español los experimentos liberales eran desastrosos. Dado que desde tiempo atrás se había supuesto que Areilza era el sucesor natural de Castiella, su apuesta al pasarse a la oposición monárquica fue un golpe considerable al Caudillo. Teniendo en cuenta la escala de su ambición, el ex embajador era un barómetro sensible de los cambios en el clima político. No obstante, debido a su pasado fascista, su nombramiento por parte de don Juan provocó alguna que otra procacidad en los círculos monárquicos más liberales.[124] A mediados de abril, Areilza visitó al príncipe en La Zarzuela para lo que luego describió como una reunión «exploratoria» y, según Armada, le propuso una estrategia política para la restauración de la monarquía. El Príncipe le dijo cortésmente que La Zarzuela no se metía en política. En todo caso, el Príncipe, al menos en apariencia, estaba aproximándose a Franco. En la primavera de 1965 nombró al marqués de Mondéjar jefe de su Casa, y secretario personal al teniente coronel Alfonso Armada en otoño de ese mismo año. Mondéjar tenía una enorme influencia sobre Juan Carlos, hasta el punto de referirse a él posteriormente como «mi segundo padre». Su asesoramiento fue esencial para ayudar al Príncipe a establecer buenas relaciones personales con Franco. Tal era el afecto de Juan Carlos por Mondéjar que, al darle las buenas noches, a menudo se inclinaba en broma para darle un beso en la calva.[125]

El 6 de mayo, el nuevo secretariado debatió sobre los riesgos de que Franco se saltase una generación; Areilza sugirió que se hiciera «un pacto de familia» por el que don Juan y Juan Carlos se obligaran a aceptar el nombramiento que Franco decidiese. No había duda de que Juan Carlos aceptaría la nominación de su padre; la novedad residía en que don Juan aceptase la nominación de su hijo. A partir de este punto, sus posiciones empezaron a divergir. Unos días después, en una comida ofrecida por el embajador griego en Madrid, Areilza vio al Príncipe, el cual le pidió pormenores sobre el nuevo secretariado y escuchó en silencio la larga explicación de Areilza. Desde entonces empezaron a reunirse periódicamente. Juan Carlos parecía cada vez más próximo a Franco, mientras don Juan, asesorado por Areilza, estrechaba relaciones con los socialistas, con una amplia variedad de nacionalistas vascos y catalanes y con otros elementos de la oposición, entre ellos Comisiones Obreras y el Partido Comunista.[126]

A medida que don Juan se volvía más explícitamente antifranquista, la llamada «operación príncipe» iba cuajando en España. Juan Carlos estuvo junto a Franco, que ya contaba setenta y tres años, en el desfile de la Victoria de 1966, que tuvo lugar bajo una lluvia torrencial y en el que se oyeron protestas carlistas contra Juan Carlos. Franco le comentó a Pacón su indignación por este hecho. A finales de abril, Juan Carlos había ido a Barcelona para asistir al salón del automóvil. Un grupo de carlistas le insultó e incluso le lanzaron un huevo, y distribuyeron panfletos con el lema «Ni don Juan ni don Juan Carlos». Aunque fueron detenidos, el Príncipe solicitó su inmediata puesta en libertad. Franco estaba cada vez más irritado. Cuando supo que Carlos Hugo y la princesa Irene pensaban asistir a la anual congregación carlista de Montejurra, le comunicó al gobierno que serían expulsados de España, diciendo: «Don Carlos-Hugo es francés y no tiene derecho a desarrollar aquí actividades políticas».[127]

El 10 de mayo de 1966, el número dos de la embajada británica, Nicko Henderson, mantuvo una conversación extraordinariamente reveladora con el Príncipe: «Juan Carlos estaba deseoso de hablar de su futuro y del de España y, a mi juicio, fue sincero en lo que dijo». A Henderson le pareció «un joven no muy maduro ni profundo, pero extremadamente agradable y franco». El Príncipe le dijo al diplomático que «no había en España un espíritu monárquico generalizado». Recientemente había visitado Barcelona y Bilbao, y a lo largo de los años había estado en gran parte del país. Admitió que «en ningún sitio había podido percibir un sentimiento espontáneo fuerte de los españoles hacia la monarquía». «Después de todo —dijo poniendo las manos en el pecho—, yo podría sentir esa fuerza cuando viajo por el país si existiese, pero francamente, no es así.» Precisamente porque no tenía la sensación de que hubiese en España un sentimiento monárquico extendido, estaba convencido de que «la monarquía solo sería restituida de acuerdo con, o quizá como continuación de, el régimen vigente. Muchas personas le criticaban que viviera en España y pareciera justificar a Franco y su régimen. Pero él creía que no había otra alternativa. No sería posible forzar una monarquía en España contra los deseos de los actuales mandatarios. Dudaba de que fuera a producirse un clamor precisamente en pro del retorno de su padre o en pro de él mismo una vez desaparecido Franco». Juan Carlos siguió hablando en términos que delataban un profundo realismo, si no cinismo, y un conservadurismo innato. «El método de entrada era por tanto el de mantener la estabilidad y otras buenas cualidades creadas durante la última generación.» Según Henderson, «Juan Carlos se mostró más bien a la defensiva en todo esto, como teniendo presentes las críticas de ser instrumento del régimen».

Henderson inquirió entonces acerca de la posición de don Juan. El diplomático británico observó deliberadamente que entendía que Juan Carlos «no pensaba ocupar el lugar de su padre, de querer este acceder al trono». Henderson apuntó después que la postura de don Juan de oposición al régimen significaba que la restauración de la monarquía constituiría un marcado cambio con respecto al régimen vigente, aunque no revolucionario ni «un cambio que implicase una vuelta a los tumultos de los años treinta». Juan Carlos replicó que no tenía intención de usurpar los derechos de su padre y Henderson tuvo la impresión de que el Príncipe consideraba que «reportaría beneficios el que la monarquía se identificara con un avance hacia alguna forma de gobierno representativo». «Fue bastante categórico al afirmar que, en la medida de su conocimiento, Franco no tenía intención de hacer nada para nombrar a su sucesor antes de morir. Admitió que veía poco a Franco, pero por supuesto estaba en contacto con personas que sí lo veían. Su opinión era que Franco, realista hasta la médula, sabía que la más mínima delegación de su poder minaría el edificio entero de su dictadura. En el momento que otro nombre fuera mencionado para la jefatura, todo el mundo correría hacia él como símbolo del futuro y el poder de Franco disminuiría.» La conclusión que Henderson sacó de esta conversación fue que «el monarca español, si vuelve, será reinstaurado no como respuesta a una irresistible oleada de sentimiento popular, sino por la fría decisión de los que tienen el poder; y como corolario, que lo que importará en España no será tanto la persona del rey como la naturaleza del sistema de gobierno del país».[128]

Los continuos retrasos de Franco para nombrar sucesor se debían en parte a la certeza de que Juan Carlos todavía no estaba preparado y a su renuencia a admitir que su propio mandato terminaría algún día. Sabía que una vez designado un sucesor se produciría una desbandada de oportunistas ansiosos de congraciarse con el nominado, algo que no podía sino disminuir su propio poder. También seguía abrigando la esperanza de que don Juan le facilitase la tarea abdicando. Franco se quejó ante Pacón de que «en Estoril se lleva una política completamente equivocada y apasionada contra mis planes de que el heredero de Don Alfonso XIII sea el príncipe Juan Carlos, que por su conducta política intachable y su prestigio personal puede dar días de gloria y esplendor a la monarquía española. Yo nada sé si Don Juan Carlos y Doña Sofía cuando llegue el momento oportuno aceptarán la Corona, pero aún tengo esperanzas de que el padre, que al fin y al cabo es buen patriota, reaccione y comprenda que debe abdicar sus derechos en su hijo, que es a quien quiere el pueblo español».[129]

Para asegurarse de que su conducta seguía siendo irreprochable, Franco devoraba los informes policiales sobre las actividades del Príncipe. El 27 de mayo de 1966, Juan Carlos acudió a una cena con elementos progresistas del régimen en casa del abogado liberal Joaquín Garrigues Walker. Algunos de los presentes se apresuraron a contar a Franco lo que había sucedido, y describieron al Príncipe actuando ya como futuro rey, mostrando una gran capacidad para dialogar y escuchar. La reunión duró hasta la madrugada siguiente. Todos los participantes estuvieron de acuerdo en que la futura monarquía debía ser de corte europeo moderno con instituciones democráticas. Juan Carlos escuchó atentamente pero se reservó su opinión, y habló de Franco con máximo respeto. El hecho de que Franco estuviera al tanto de la reunión ha sido citado como prueba de que conocía las intenciones democratizadoras de Juan Carlos.[130] Y lo cierto es que el informe no pareció preocuparle precisamente porque no iba a nombrar sucesor real a Juan Carlos hasta tener su juramento vinculante de que respetaría los principios del Movimiento.

Por entonces, el Caudillo veía a Juan Carlos unas dos veces al mes. Existía una opinión muy extendida, compartida por la izquierda y por muchos falangistas, de que el alto y apuesto príncipe de veintiocho años era una mediocridad con la cabeza hueca, cómodamente aposentado como marioneta de Franco. Su timidez y circunspección no contribuían a disipar esta imagen. Lo que se sabe de sus relaciones con Franco sugiere, no obstante, considerable prudencia y reflexión. El 17 de junio de 1966, por ejemplo, preguntó al Caudillo si el proyecto de Ley Orgánica del Estado introduciría la separación de poderes del jefe de Gobierno y el jefe de Estado; le preocupaba tener que lidiar con más responsabilidad de lo que era viable. Unos días después, en una visita a Barcelona con Franco, el Príncipe pidió consejo al alcalde, José María de Porcioles. Este le dijo que si la patria le llamaba, debía estar dispuesto a abandonar a su padre. En su discurso oficial, Porcioles dijo que Juan Carlos significaba la continuidad con el régimen. La frase hizo fortuna y benefició mucho a la causa de Juan Carlos. De hecho, por sus conversaciones con López Rodó sobre la necesidad de acelerar la designación de sucesor por parte de Franco, hacía tiempo que Juan Carlos había comprendido claramente que tenía probabilidades de ser elegido él y no su padre. Ahora bien, siempre se cuidó de no dar a Franco el más mínimo indicio de su reacción en caso de que así fuera.[131]

En conversaciones privadas, Franco admitía estar preocupado por el paso del tiempo. Inevitablemente, la sucesión iba adquiriendo cada vez mayor importancia para él. El 13 de junio de 1966 le dio a Carrero Blanco el proyecto definitivo de la Ley Orgánica del Estado y quedó acordado que el texto sería presentado a las Cortes a principios de octubre. Franco reveló públicamente sus opiniones sobre don Juan el 21 de julio cuando arremetió contra un artículo de Luis María Anson en *ABC* titulado «La monarquía de todos», en el que exponía el compromiso de don Juan con una monarquía democrática y repetía la declaración de Juan Carlos de que no aceptaría el trono mientras viviera su padre. La cita del comentario de Juan Carlos indignó a Franco más que el resto del artículo y ordenó que la policía confiscara toda la edición del ofensivo número. Anson se vio obligado a expatriarse, marchando a Hong Kong como corresponsal de *ABC*.[132] Solís y otros intentaron influir en el Caudillo manteniendo la presión contra Juan Carlos. A finales de julio, en una clara respuesta al artículo de Anson, el periódico del

Movimiento *Pueblo* publicó una entrevista con Alfonso de Borbón Dampierre bajo el titular de «El Príncipe prudente», lo cual implicaba que Juan Carlos no era prudente. Insinuando que Alfonso podía muy bien ser nombrado sucesor, el artículo negaba de plano que tuviera alguna validez la renuncia hecha por su padre, don Jaime, a sus derechos dinásticos.[133]

Por otra parte, tras unas largas vacaciones de verano, el Caudillo parecía haber caído de nuevo en la apatía. Carrero Blanco y él no estaban seguros de si debían permitir que las Cortes debatieran el texto de la Ley Orgánica y finalmente se decidieron en contra;[134] la ley sería primeramente presentada en las Cortes en noviembre y después a los españoles, sin ningún tipo de análisis público sobre sus virtudes e inconvenientes, o siquiera gran cosa a modo de explicación. Mientras se daban los últimos retoques a la Ley Orgánica del Estado, Franco evitó a Juan Carlos. El Príncipe le dijo a Areilza que no había visto a Franco desde el 21 de septiembre y «sospechaba se debía ello a que no desea que le pregunte por la ley hasta que esté proclamada o aprobada». López Rodó le había dicho a Juan Carlos que estaban haciendo la ley a su medida. Esto, inevitablemente, incrementó su inquietud en cuanto a su posición en relación a su padre. Sospechaba que la ley le iba a exigir un juramento de fidelidad a los principios fundamentales del Movimiento incluso antes de ser designado sucesor. Areilza escribió a Sainz Rodríguez: «Es realmente admirable y conmovedor el oír al príncipe hablar de su padre, el rey. Lo hace con entusiasmo, con fidelidad, con deseo de que todo le salga lo mejor posible».[135] Es increíble que los consejeros de don Juan no pareciesen percatarse de que Juan Carlos, pese a su lealtad a su padre, estaba haciéndose dolorosamente a la idea de que la única vía hacia delante era seguir el plan de López Rodó y Carrero Blanco plasmado en la Ley Orgánica.

El discurso de Franco ante las Cortes el 22 de noviembre de 1966 para presentar la Ley Orgánica del Estado era de una enorme importancia para Juan Carlos. El Caudillo pocas veces había aparecido tan avejentado y achacoso en público, involuntario recordatorio de la necesidad urgente de completar las disposiciones para la sucesión. La farfulla entrecortada y confusa con que el Caudillo leyó, con las gafas puestas, su discurso creó una atmósfera pesimista. El tono de sus reflexiones sobre el pasado era enteramente de despedida, pero no dio ningún indicio de estar considerando retirarse. De modo premonitorio, el discurso describía de hecho la herencia que Juan Carlos, o cualquier otro príncipe elegido, estaba obligado a salvaguardar. Franco hizo un repaso de su especial relación con Dios y de lo que consideraba extraordinarios logros de sus treinta años de mandato. Había orgullo y una especie de sentimiento de ser poco apreciado en sus palabras, que parecían dirigidas tanto a Juan Carlos como a don Juan: «Durante estos treinta años he consagrado toda mi voluntad, todo mi quehacer y todas mis energías a la causa de España. Y era tan grande la distancia que separaba el punto de partida de las metas impuestas, que solo la fe y la ayuda de Dios me dieron fuerzas para aceptar la alta y grave responsabilidad de gobernar al pueblo español. Convencido de que quien adquiere esta responsabilidad en ningún momento puede acogerse al relevo ni al descanso; antes al contrario, ha de consumirse en la conclusión de la empresa comenzada».

Franco manifestaba con claridad por qué no podía dejar que don Juan heredara sus logros y anunciaba a Juan Carlos cuál sería la empresa a acometer. «Tened presente la Patria que he recibido, y que de aquella España anárquica y empobrecida ha surgido un orden social y político mediante el cual hemos logrado transformar nuestras estructuras, alcanzando un ritmo de perfeccionamiento y progreso nunca igualados ... Noche tras noche me correspondió velar junto al lecho de aquel enfermo que se moría, que se llevaban la guerra, la ruina y el hambre, al que rodeaban como aves de presa los grandes de este mundo.» Sin duda Franco tenía en mente los informes sobre los flirteos de Juan Carlos con miembros liberales del régimen cuando justificó la supervivencia de su régimen mucho más allá de su propia muerte. Cuando la mascullada intervención de Franco llegó a su fin, el largo e inextricable texto fue leído en voz alta por el presidente de las Cortes, Antonio Iturmendi. Tardó en hacerlo cerca de dos horas. No hubo debate sobre las diez secciones, sesenta y seis artículos y múltiples cláusulas adicionales de la ley, que los Procuradores vieron por primera vez cuando les entregaron copias al principio de la sesión. El Caudillo pidió entonces a los Procuradores que dieran su aprobación, lo cual hicieron por aclamación.[136]

De hecho, la ley facilitaba el posterior nombramiento de un sucesor monárquico aunque no representaba más que un pequeño acercamiento a la resolución del asunto. Su función era, en palabras de Franco, «completar nuestro ciclo institucional». Era, por tanto, esencialmente el documento constitucional supremo del franquismo y resolvía contradicciones menores entre «leyes fundamentales» como el Fuero de los Españoles y la Ley de Sucesión. En líneas generales, afinaba todo lo hecho con anterioridad y añadía una mínima liberalización. Pero tenía implicaciones serias para Juan Carlos: hacía hincapié en que el sucesor de Franco sería un rey; y el futuro papel de ese monarca quedaba definido y diferenciado del de Franco, ya que habría separación de los poderes del jefe del Estado y del presidente. Lo más significativo fueron las advertencias para el futuro con las que Franco salpicó su discurso ante las Cortes. Afirmó con contundencia que no se debía considerar ningún sistema que pudiera desatar lo que él denominó los «demonios familiares de España»: «Recuerden los españoles que a cada pueblo le rondan siempre sus demonios familiares... Los de España se llaman: espíritu anárquico, crítica negativa, insolidaridad entre los hombres, extremismo y enemistad mutua». Descalificó «el diálogo anárquico y artificial de los partidos» y denunció a los partidos políticos como amenaza a la unidad nacional. En su lugar él ofrecía meramente lo que llamó «el legítimo contraste de pareceres». Esto no significaba otra cosa que la rivalidad fuertemente controlada entre las facciones del Movimiento.[137]

A finales de noviembre, antes del referéndum sobre la Ley Orgánica, Juan Carlos telefoneó a su padre para pedir su consejo en cuanto a si debía votar. Como ya le había dicho a Areilza, tenía obligación legal de votar como cabeza de familia. Don Juan le escribió diciendo que los reyes no votaban porque tenían que respetar las leyes, fueran las que fuesen. Sin embargo, le recomendó que consultara a Franco. Su encuentro tuvo lugar el 5 de diciembre. Estaba programado para durar una hora, pero estuvieron charlando durante dos. Franco estaba encantado con Juan Carlos y Sofía, y alababa la sencillez y austeridad de su estilo de vida. En contraste, se sulfuraba al hablar de don Juan, al que se refería como «ese señor». El Príncipe se abstuvo de comentar nada sobre su padre. Franco declaró que «Don Juan Carlos es lo suficientemente discreto e inteligente para no hablarme de este asunto, y yo no voy a preguntárselo, pues ello sería prematuro».[138]

Siete días después, el 12 de diciembre, Franco se dirigió a la nación por radio y televisión para pedir el «sí» en el próximo referéndum. Una vez más, su discurso dejó claro que el futuro consistiría en salvaguardar el pasado. El eslogan oficial era «¡Franco sí!» y el Caudillo convirtió el referéndum en un voto de confianza a él personalmente. Lamentó que aún hubiera quienes soñaban con adoptar modas extranjeras, ajenos al hecho de que la democracia era una ficción. La afirmación de Franco, tras treinta años de dictadura, de que «Nunca me movió la ambición del mando» provocó unas cuantas procacidades amargas en Estoril y entre la oposición de izquierdas.[139] El discurso de Franco era meramente parte de una inmensa campaña montada por Fraga, con todo el poder de los medios de comunicación, para asegurar el voto afirmativo. La propaganda hacía hincapié en que este era un voto a favor de Franco, el progreso económico y la seguridad. Apenas se citaba la ley en sí y la oposición fue silenciada. El 14 de diciembre de 1966, el ochenta y ocho por ciento del electorado votó en el referéndum sobre la Ley Orgánica; menos del dos por ciento votó «no». Hubo cierto grado de manipulación de votos —en algunos lugares el número de votos afirmativos fue un quince por ciento superior al número total de votantes—.[140] Con todo, el referéndum fue una victoria popular para Franco. Muchos habían votado «sí» en agradecimiento por el pasado y por el aumento de prosperidad, pero muchos también lo hicieron con la esperanza de acercar con ello la transición de la dictadura de Franco a la monarquía.

5

CON LA META A LA VISTA, 1966-1969

La Ley Orgánica fue generalmente recibida como un importante hito para Juan Carlos. La prensa del Movimiento no tardó en contraatacar. Poco después del referéndum, con el título de «Príncipes», *Pueblo* publicó sendas entrevistas de Tico Medina con Juan Carlos y Alfonso de Borbón Dampierre. Dos días antes, la portada de *Pueblo* mostraba fotografías de ambos y anunciaba las inminentes entrevistas. Al atribuir a Alfonso el título de príncipe, al que no tenía derecho, la implicación evidente era que cuando llegara el momento en que Franco eligiera sucesor, las pretensiones de ambos serían igualmente válidas. La aparición de Alfonso de Borbón Dampierre precisamente en este momento no era casualidad. En 1957 Santiago Bernabéu, presidente del Real Madrid, le había presentado a José Solís, el recién nombrado ministro secretario general del Movimiento. Comprendiendo que podía ser un medio para debilitar la posición de Juan Carlos, Solís comenzó a cultivar a Alfonso, ocupándose de que fuera invitado a múltiples acontecimientos deportivos y animándole a estudiar derecho sindical.[1] Indudablemente, fue José Solís quien alentó a Alfonso de Borbón Dampierre, pero hay razones para ver la sombra de Franco tras esta operación. Areilza había escrito a Estoril en octubre de 1966 que Alfonso estaba hablando de «promesas, recados, sugerencias» que decía haber recibido de personas muy cercanas al Caudillo.[2] Habiendo elaborado una ley «a medida» de Juan Carlos, sería típico de Franco ver los posibles beneficios de dar publicidad a la candidatura de Alfonso de Borbón Dampierre: era una buena manera de recordar al Príncipe que dependía de El Pardo. Huelga decir que, en su entrevista, Alfonso habló con admiración de Franco y sus éxitos y declaró: «Mi obligación es la de estar al servicio de España cuando se me requiera». No cabía duda alguna de que se veía como candidato a la sucesión de Franco según las estipulaciones de la Ley de Sucesión.

Contrastando con la imagen de seriedad proyectada por Alfonso de Borbón Dampierre, Medina recalcaba la afabilidad y accesibilidad de Juan Carlos. Al parecer, este interrumpió la entrevista para atender la llamada de un compañero cadete de la Academia de Zaragoza. Juan Carlos habló de sus rutinas cotidianas, desde las sesiones en el gimnasio a primera hora de la mañana con su antiguo profesor de deportes de Las Jarillas, Heliodoro Ruiz Arias, a las tardes pasadas trabajando en el Ministerio de Hacienda. Según la entrevista, Juan Carlos había dicho «tengo sincera admiración por el Caudillo» antes de enumerar los logros de este en términos que habrían complacido mucho al propio Franco. Estos comentarios fueron inmediatamente contrapesados con otros acerca de su padre: «Lo respeto y quiero de verdad. Él me ha enseñado cómo se debe uno sacrificar y cómo se ama a la Patria en todos los momentos y circunstancias. Es un hombre admirable que siempre desea lo mejor para España». Cuando Tico Medina le preguntó cómo reaccionaría si era elegido sucesor de Franco, respondió con un anticipo de la que sería su posterior respuesta: «Hace ya más de diez años que juré en Zaragoza la bandera de España. Este juramento encierra una promesa inquebrantable de servir al país de una forma total. Mantengo y mantendré mi promesa, y yo te aseguro que sabré cumplir con mi deber». No podía haber indicación más clara de que, si le ofrecían el nombramiento de sucesor de Franco, Juan Carlos aceptaría.[3]

Hacia 1966 Juan Carlos había aceptado la idea de desbancar a su padre. Muchos factores contribuyeron a este cambio. Los frecuentes contactos con Carrero Blanco, López Rodó y otras figuras relevantes del régimen, así como con el propio Franco, le habían convencido de que su padre nunca sería nombrado sucesor. Además, su educación española y subsiguientes viajes por el país le habían dado una imagen de España y del régimen totalmente distinta de la que tenía su padre. Nada sabía de esa España de la posguerra de pobreza miserable, ni de un régimen levantado sobre campos de prisioneros, cárceles, torturas y ejecuciones. Su experiencia era la de los gigantescos proyectos de infraestructura y la prosperidad económica de los años sesenta. Para don Juan, Franco era el traidor que le había privado del trono con argucias. El Franco paternal que conoció Juan Carlos parecía más benévolo que dictatorial. El Príncipe tenía motivos para creer que sus deseos y necesidades habían sido postergados durante todos los años en que fue simplemente un peón en el enfrentamiento entre su padre y el Caudillo. En algún lugar de su corazón, esto debió dejarle un poso de resentimiento. Y ahora tenía una esposa y una suegra que querían verlo en el trono.

Así pues, 1966 fue el año en que Juan Carlos aceptó que si algún rey Borbón iba a reinar en España otra vez, tendría que ser él. No deja de ser irónico, por tanto, que 1967 presenciara el comienzo de un serio desafío a la «operación príncipe» en la persona de su primo Alfonso de Borbón Dampierre. A mediados de diciembre de 1966, el *New York Times* había publicado que Alfonso estaba cortejando a María del Carmen Martínez-Bordiu, nieta mayor de Franco, de dieciséis años de edad.[4] Poco antes del referéndum de la Ley Orgánica, Juan Carlos había llamado por teléfono a su padre para pedirle consejo. Preocupado, le dijo que estaba siendo presionado para emular a Alfonso de Borbón Dampierre, que tenía intención de votar. Don Juan se irritó. En una carta manuscrita de carácter personal decía: «Cuando estuvo Sofía en Estoril le pregunté si habíais recibido insinuaciones para votar y me dijo que era una necesidad porque iba a votar Alfonso Segovia. Tú, por teléfono, me has dicho lo mismo y la cosa me preocupa muchísimo porque me parece imposible compares tu situación política con la de Alfonso, el cual, desde hace años, funciona por su cuenta en abierta deslealtad hacia lo que represento y de rechazo, en pugna contigo». Como la carta no fue mecanografiada por un secretario, no ha aparecido copia alguna entre la correspondencia de don Juan que cuidadosamente conservó Pedro Sainz Rodríguez. Sin embargo, pronto hubo una copia sobre la mesa de Franco; la única explicación es que alguien se la mandara al Caudillo desde La Zarzuela.[5]

Siempre hubo quienes mantenían contactos tanto con Villa Giralda como con La Zarzuela, y que no perdían oportunidad de irle a Franco con dimes y diretes. Estos eran por lo general recibidos en silencio sin apenas otra reacción que una circunspecta inclinación de cabeza. No obstante lo cual, el Caudillo se deleitaba enterándose de lo que pasaba en casa del Príncipe antes que sus ministros. Nada le producía mayor placer que recibirles rebosante de jugosos cotilleos y chafarles diciendo «ya lo sé, y la razón es...». Una vez Juan Carlos y Sofía se hubieron percatado de esto, se granjearon grandes dosis de buena voluntad de Franco poniéndole al corriente detalladamente de quién visitaba el palacio.[6]

El hecho de que creyeran necesario hacerlo no era ajeno a que Alfonso de Borbón Dampierre estaba haciendo todo lo posible por situarse en la parrilla de salida para la carrera sucesoria. Poco después del referéndum, Alfonso fue entrevistado por el corresponsal de *Le Figaro*, Jacques Guillemé-Brulon. Ante la pregunta de si se consideraba como posible pretendiente a la corona, respondió con astucia: «No, no me considero pretendiente eventual, pues entre otras cosas esta fórmula no cuadra con la contextura política de nuestra época. Pero no tengo derecho en cambio a olvidar que me conciernen directamente las condiciones establecidas en esta materia por la Ley de Sucesión. En consecuencia, considero un deber el estar a la disposición de mi país si algún día quiere disponer de mi persona». Por «país», léase Franco.[7] En el plazo de tres meses, Jacques Guillemé-Brulon sería expulsado de España por un reportaje sobre el estilo totalitario del ministro de Información.[8]

En enero de 1967, Juan Carlos y Sofía hicieron un largo viaje privado por Estados Unidos. Este había sido, no obstante, pensado como parte de un programa para dar mayor relieve a su imagen. En una conferencia de prensa, Benjamin Welles instó al Príncipe a admitir que el futuro de la monarquía iba a depender de una rápida democratización. El periodista del *New York Times* estaba poniendo al Príncipe en una difícil tesitura: hacer declaraciones en ese sentido disminuiría seriamente sus posibilidades de ser elegido sucesor. El no hacerlas perjudicaría su imagen ante las fuerzas democráticas españolas. No tenía muchas opciones y dio la respuesta que Franco habría querido oír. El embajador español en Washington, Alfonso Merry del Val, comunicó a Franco que Juan Carlos «afirmó que toda eventual monarquía solo podría lograr consolidarse en nuestro país si se establecía como continuación del Movimiento y del régimen», a lo cual, dijo el embajador, había añadido que «una rápida democratización significaría el final definitivo de toda la Monarquía en España y que, por el contrario, había que proceder con la cautela que caracteriza la política de Su Excelencia de la que es prueba palpable la Ley Orgánica del Estado».

También en sus respuestas a otras preguntas se distanció Juan Carlos de su padre. El embajador griego en Nueva York le dijo a Merry del Val que la reina Federica estaba empujando a Juan Carlos en esa dirección. Por otra parte, el Príncipe cobró conciencia de las dificultades que entrañaba la postura que había adoptado. Cuando Lyndon Johnson le recibió, la entrevista se limitó a un apretón de manos por encima del escritorio del presidente. El Príncipe y su mujer fueron invitados a un té por lady Bird y Linda Bird. Juan Carlos rezongó irritado a Merry del Val: «Para esto podría haber ido mi mujer sola».[9] Era, no obstante, un oportuno recordatorio de que la asociación con Franco tenía sus inconvenientes.

Fijados ya los preparativos para la sucesión, las diversas facciones del Movimiento empezaron a competir para tomar posiciones, con una actividad callada pero febril nunca antes vista. Franco era un patriarca de setenta y cuatro años, distante y cada vez más débil. En los actos públicos se mostraba silencioso y taciturno, ausente del todo. Sus discursos eran incomprensibles. La posición de Juan Carlos era fuerte porque la maquinaria de gobierno estaba en manos de sus dos grandes valedores, Carrero Blanco y López Rodó. En privado, Franco seguía hablando entrañablemente del Príncipe y su mujer. El 27 de marzo le dijo a Franco Salgado-Araujo: «Son muy buenos, tanto él como la princesa; a pesar de su juventud reflejan una madurez de espíritu grande. Son inteligentes, serios, sensatísimos. Estoy sumamente satisfecho de su conducta en todo momento. Los dos demuestran el alto concepto que tienen de la misión que están llamados a desempeñar. Yo estoy seguro de que cuando llegue ese día servirán a España con el mayor patriotismo. Si alguien se permite hablar en contra de ellos, es que no conoce sus elevadas cualidades y la vida de sacrificio que llevan. Estoy, repito, muy contento de ellos en todos los sentidos».[10]

Ahora bien, los que no querían que sucediese a Franco un monarca que podría liberalizar el régimen, no carecían de poder e influencia. En marzo de 1967 Solís entregó a Franco el texto de una propuesta de Ley Orgánica del Movimiento que autorizaba las «asociaciones políticas» exclusivamente dentro de los límites estrictos del partido único. A lo largo de abril y mayo, Franco escuchó las opiniones contrarias al proyecto de varios ministros. De modo significativo, los partidarios de Juan Carlos —Alonso Vega, Carrero Blanco, López Rodó, el ministro de Obras Públicas, Federico Silva Muñoz, y otros— preferían que el Movimiento conservara su presente indefinición como aglutinante de todos los españoles. El plan de Solís no era otra cosa que una versión aguada del proyecto de Arrese de 1956 para consolidar el poder de la Falange. Franco, convencido de que el referéndum había confirmado su poder personal, aprobaba la idea de poner trabas constitucionales a los partidos políticos y se negó a desautorizar el proyecto de Solís. Este sería la base del llamado inmovilismo de los años siguientes, y en modo alguno suponía menoscabo de la preferencia de Franco por Juan Carlos; simplemente suministraba una salvaguarda para garantizar que no pudiera cambiar nada. En abril, por ejemplo, denegó permiso a Carlos Hugo de Borbón-Parma y a su mujer, Irene, para asistir a la anual concentración carlista de Montejurra. Y en junio comentó durante un consejo de ministros: «Ya aburre tener que estar llamándole una y otra vez la atención para que no haga política».[11]

La posibilidad de que Franco estuviera benévolamente al tanto de un supuesto plan a largo plazo de Juan Carlos para democratizar España no está precisamente sustentada por su actitud hacia el cambio. Durante este período, sus relaciones con la cada vez más progresista Iglesia católica se deterioraron perceptiblemente. Franco, basándose en los informes que el servicio secreto ponía sobre su mesa, se inclinaba a atribuir la vena progresista de la Iglesia a la depravación sexual de curas particulares.[12] De hecho, Franco estaba entonces más que nunca dispuesto a aceptar las teorías más siniestras sobre sus enemigos. Un informe de su embajador en Roma, Alfredo Sánchez Bella, sobre la financiación norteamericana de partidos socialistas generó una curiosa actualización del prejuicio que achacaba todos los males a la masonería internacional. El 13 de marzo de 1967 Franco dijo a Pacón: «Opino que todas las actividades que en el mundo occidental se han llevado a cabo contra nosotros han sido llevadas a cabo por organismos que recibían fondos de la CIA, pero más que nada con el propósito de implantar en España un sistema político a estilo americano el día en que [yo] falte».[13]

En abril de 1967 ocurrieron en Grecia una serie de acontecimientos que influirían de modo indirecto en el pensar de Sofía y, por extensión, de Juan Carlos. En marzo de 1964, el rey Pablo, padre de la princesa, había muerto de cáncer. La consecuencia fue que Grecia perdió una voz favorable a la moderación y que su hermano menor, el algo impetuoso príncipe Constantino, se halló en el trono. Constantino —que tenía veintitrés años, era medalla de oro olímpica de vela y un gran promotor del deporte de judo— carecía de la fuerza de carácter necesaria para reformar un sistema esencialmente corrupto e intensamente conservador. Su madre, Federica, era la fuerza dominante y conspiraba para socavar al gobierno de Unión del Centro de Georgios Papandreu. La figura principal del grupo de conspiradores era el coronel Georgios Papadopoulos, un hombre que tenía vínculos con la CIA. Finalmente, con Constantino como impotente espectador, entre el palacio y los llamados «coroneles» se urdió un golpe de Estado dirigido a impedir la victoria de Papandreu en las elecciones de mayo. El golpe tuvo lugar el 21 de abril. Tres días antes, Juan Carlos y Sofía habían estado en Grecia con motivo del cumpleaños de la reina Federica. El Príncipepe había regresado a España antes de que el golpe se llevara a cabo, pero Sofía se encontraba aún en la residencia real de Tatoi, al norte de Atenas, y fue testigo de la actuación más bien indecisa de su hermano frente a la implacable determinación de los conspiradores. Durante los dos días siguientes, Juan Carlos sufrió considerable angustia hasta que Sofía pudo volver a España. El rey Constantino se mantendría como incómoda figura simbólica hasta el 13 de diciembre de 1967 cuando lanzó un débil contragolpe. Tras fracasar este, Constantino salió al exilio para ser sustituido por un regente, el general Zoitakis.[14]

Entretanto, Franco devoraba ávidamente los informes sobre las actividades de Juan Carlos por España. Sin duda ajeno a esto, el Príncipe daba muestras evidentes de que su pensamiento se estaba aproximando al del Caudillo. En julio, el gobernador civil de Barcelona, Tomás Garicano Goñi, le organizó un encuentro con destacadas figuras catalanas del Movimiento. En un desayuno de trabajo en el Club Náutico, el Príncipe habló en términos que debieron deleitar a Franco cuando leyó el informe sobre estos actos. Juan Carlos se refirió a «nuestros enemigos comunes»; y, cuando le preguntaron si preveía una «instauración» de la monarquía o una restauración, replicó que tras treinta años de Caudillaje, la «instauración» era la única posibilidad; habló con admiración de Franco y con genuino entusiasmo del Movimiento, diciendo: «Someter a la Monarquía al juego de los Partidos sería un error fatal, pues ya una Monarquía pereció en manos de ellos». Juntos, dijo, la monarquía y el Movimiento garantizarían la continuidad del régimen. Estas declaraciones públicas diferían algo de las conversaciones que estaba manteniendo con Torcuato Fernández-Miranda sobre una futura democratización.[15]

La posición de Juan Carlos resultó notablemente fortalecida a mediados de 1967 cuando Franco permitió finalmente que el general Agustín Muñoz Grandes dimitiera como vicepresidente del Gobierno. Este fue un duro golpe a las esperanzas de aquellos falangistas contrarios a una transición a la monarquía; Muñoz Grandes había sido su campeón. La medida parecía cumplir los deseos de los tecnócratas de que, acogiéndose a los términos de la Ley Orgánica, el Caudillo nombrase a Carrero Blanco presidente del Consejo de Ministros. Pero el tenazmente fiel Carrero no quería el cargo, convencido de que nadie podía desempeñar esta labor mejor que Franco. Durante dos meses el Caudillo no hizo nada, para dejar que el tiempo enfriara la situación. Finalmente, tras una reunión del gabinete en San Sebastián, mientras se desplazaban en coche a una ceremonia oficial, Franco dijo a Carrero como de pasada que iba a nombrarle vicepresidente del Consejo de Ministros, lo cual fue anunciado el 21 de septiembre de 1967. Fraga había abrigado esperanzas de obtener el cargo y así apresurar la sucesión de Juan Carlos y la ulterior liberalización del régimen. Estando Franco cada vez más anclado en el pasado, aquello era puro optimismo infundado. Carrero Blanco era la elección lógica. Llevaba sirviendo lealmente al Caudillo desde 1941 y las opiniones de ambos eran prácticamente idénticas.[16]

Para la mayoría de los franquistas, Carrero Blanco era garantía de un franquismo sin restricciones. Pero para los inmovilistas, más franquistas que Franco, la determinación del almirante de ver a Juan Carlos en el trono le convertía en objeto de recelosas sospechas. Se rumoreaba que Franco se había visto obligado a nombrar vicepresidente porque había sufrido una hemorragia cerebral en septiembre de 1967.[17] En consecuencia, temerosos de que, estando incapacitado, Franco quedara enteramente en manos de Carrero Blanco y López Rodó, los que estaban resueltos a obstruir el cambio a toda costa empezaron a trazar sus propios planes. Conocían el creciente aprecio de Franco por Juan Carlos y temían que, respaldando al Príncipe, el Caudillo corriera el riesgo de dejar vía abierta a una monarquía liberal, que sin duda alguna acabaría con el monopolio de privilegios que habían disfrutado Falange y el Movimiento.[18] Así pues, desataron una guerra pública contra el grupo opusdeísta en la red de prensa del Movimiento. Franco comentó: «Los únicos periódicos que no dicen lo que quiere el dueño son los del Movimiento».[19]

En 1967 Franco comunicó al ministro de Hacienda, Juan José Espinosa San Martín, asociado al grupo de López Rodó, su deseo de que el Príncipe empezara a conocer el funcionamiento de su ministerio. A lo largo de los tres años siguientes, Franco iba a seguir con asiduidad el trabajo que, unas tres tardes por semana, hacía Juan Carlos en las distintas direcciones generales del ministerio. Interrogaba con regularidad a Espinosa sobre los progresos del Príncipe y, cuando el ministro le decía que estaba adquiriendo un dominio notable de cuestiones financieras, se le iluminaban los ojos como a un abuelo embobado escuchando los méritos de su nieto favorito. En otras ocasiones parecía estar protegiendo al Príncipe dentro del entorno hostil del Movimiento. Por ejemplo, Espinosa le sugirió a Franco que se le encomendaran al Príncipe labores de mayor responsabilidad que inaugurar exposiciones y visitar organizaciones benéficas, y que le permitieran dejar de ser «un príncipe mudo». Franco contestó: «Todo se andará, y dígale al Príncipe que no tenga prisa, es mejor ser mudo que tartamudo».[20]

Irónicamente, la oposición más eficaz a las perspectivas de Juan Carlos provino del grupo de derechistas con mayor acceso a la persona de Franco. Los frecuentes indicios de que Juan Carlos estaba ganándose el creciente favor del Caudillo los espolearon a entrar en acción. Su objetivo era movilizar a Franco, cada vez más decrépito, en pro de la causa inmovilista. Formado por Cristóbal Martínez-Bordiu, doña Carmen y falangistas intransigentes como José Antonio Girón de Velasco, este grupo tenía estrechos contactos con militares inmovilistas, los llamados «generales azules» o falangistas, como Alfonso Pérez Viñeta, Tomás García Rebull y Ángel Campano López. En sus últimos años, en gran parte debido al Parkinson y a la medicación que tomaba para mitigar los síntomas, Franco se dejó influir por estos grupos. Aunque fundamentalmente afín a la visión de Carrero Blanco/López Rodó de transición a una monarquía autoritaria, al envejecer, sus instintos le hicieron más proclive a escuchar las versiones alarmistas que le daba la «camarilla» de lo que ocurría; mostraba menos energía política y daba menos muestras de leer la prensa o siquiera de saber lo que hacían sus ministros. El grado de su pérdida de contacto con el mundo exterior a El Pardo se manifestó en diciembre de 1967 cuando pidió a Carrero Blanco, Fraga, Solís y otros ministros que le sugirieran nombres para determinados altos cargos: «Llevo tantos años aquí entre estos muros, que ya no conozco a nadie».[21]

Los estrechos límites en los que Franco esperaba que actuara Juan Carlos, o cualquier sucesor, se hicieron patentes en su discurso de inauguración de las nuevas Cortes, reunidas el 17 de noviembre de 1967. En él ridiculizó a los que querían una vuelta a la democracia liberal y aseguró que el régimen vigente era ya democrático. Hubo alguna insinuación de que habría cierta apertura, aunque el Caudillo se esforzó en recalcar los reducidos márgenes en los que esta podría producirse. Utilizando su metáfora médica predilecta, dijo: «Las enfermedades de las naciones duran siglos y las convalecencias decenios. España, que, con altibajos, ha permanecido tres siglos entre la vida y la muerte, empieza ahora a abandonar el lecho y dar cortos paseos por el jardín de la clínica. Los que quisieran enviarla ya al gimnasio a dar volteretas, o no saben lo que se dicen o lo saben demasiado bien».[22]

El 5 de enero de 1968 Juan Carlos cumplió treinta años, edad a la que, según la Ley de Sucesión, reunía los requisitos para ser rey. López Rodó y el Príncipe empezaron a debatir la mejor táctica a seguir para acelerar su designación como sucesor. No cabe duda alguna de que Juan Carlos se movió activamente en pro de su propio nombramiento.[23] Hubo diversos intentos falangistas para ponerle la zancadilla. Emilio Romero, director de *Pueblo*, el periódico más «izquierdista» del Movimiento, le entrevistó en un esfuerzo por meter una cuña entre él y su padre. Al preguntarle qué haría si los mecanismos de la Ley Orgánica le situaban como sucesor de Franco, Juan Carlos respondió con una evasiva digna del propio Franco: «Mi reacción sería en ese momento la que mejor conviniera al país». Sin darse por vencido, Emilio Romero insistió, preguntándole si podría aceptar el nombramiento teniendo en cuenta que don Juan representaba la legitimidad dinástica. Con habilidad igualmente ágil, el Príncipe contestó: «Creo que todo eso depende de cómo se desarrolle el momento político de España en ese tiempo». Perdiendo la paciencia, Emilio Romero preguntó: «¿Su padre puede abdicar o no?». Y quedó vencido y sin recursos por la respuesta del Príncipe: «Por poder, puede, ¿no?».[24]

El 30 de enero Sofía dio a luz un niño y el Príncipe se apresuró a telefonear a Franco con la noticia. Dos días después visitó El Pardo para asegurarse de que la fecha elegida para el bautizo, el 8 de febrero, convenía al Caudillo. Para Franco, el nacimiento de un heredero varón del Príncipe le convertía en candidato aún más idóneo para la sucesión. Aunque ya habían elegido el nombre de Felipe para el bebé, el Príncipe se sometió a un repaso de las diversas posibilidades. Así, coincidió con Franco en que Felipe era preferible a Fernando porque, dijo Franco, «Fernando VII está todavía muy cerca; los Felipes son más antiguos». Juan Carlos preguntó al Caudillo si iría a Barajas a recibir a la reina Victoria Eugenia que llegaba de Niza para ser la madrina. «Dese cuenta, Alteza —le dijo a Juan Carlos—, que yo no puedo comprometer al Estado con mi presencia.» Juan Carlos reaccionó preguntando con aparente inocencia si no había comprometido ya al Estado con la monarquía mediante la Ley Orgánica del Estado. Franco admitió que así era en efecto, pero que era necesario proceder con cuidado buscando el momento psicológico adecuado. Sin duda no deseaba estar presente en una ocasión que iba a convertirse en una manifestación a favor de don Juan. Pese a la petición de Juan Carlos, Franco rehusó mantener una entrevista privada con don Juan, comentando secamente que todo lo que podía decirse se había dicho ya.[25]

La reina Victoria Eugenia volvía a España por primera vez desde la ignominiosa partida de la familia real el 14 de abril de 1931. El 7 de febrero la esperaba en Barajas su hijo, don Juan, que había llegado poco antes de Portugal. Su entrada en la terminal de llegadas fue saludada con delirio por muchos miles de personas gritando «¡Viva el Rey!» y «¡Viva la Reina Madre!». Franco estaba representado en el aeropuerto por el ministro del Aire, general José Lacalle Larraga, y dio también permiso para que estuviera presente Antonio María Oriol, ministro de Justicia, que era oficialmente responsable de las relaciones con la familia real. Para su intensa contrariedad, otros tres ministros, Fernando María Castiella (Exteriores), Juan José Espinosa San Martín (Hacienda), y Manuel Lora-Tamayo (Educación), fueron al aeropuerto sin pedirle permiso. Franco impidió expresamente que acudiera Alonso Vega. Toda la carretera de Barajas a Madrid estaba flanqueada por una fila continua de coches, y la multitud volvió a vitorear la llegada de Victoria Eugenia al Palacio de Liria, residencia del duque de Alba, jefe de la Casa de la reina. La prensa monárquica se extendió en efusivos detalles sobre la recepción deparada a la reina y las demostraciones populares de afecto y respeto que acogieron a don Juan a su paso por Madrid y la Ciudad Universitaria de camino al Palacio de La Zarzuela. Por el contrario, Televisión Española solo le dedicó 17 segundos al tema.[26]

Al día siguiente, después de que el arzobispo de Madrid, Casimiro Morcillo, hubo bautizado al niño, se celebró una recepción en La Zarzuela. Carrero Blanco volvió la espalda de manera ostensible a don Juan, al que detestaba desde su tenso encuentro de 1947. Victoria Eugenia se entrevistó con Franco. Al embajador británico, sir Alan Williams, le había confiado que «la idea de hablar con Franco le producía dolor de cabeza». Pero en efecto habló con Franco, y la versión que dio al embajador coincide con la del historiador Jesús Pabón, que estuvo presente y conversó posteriormente con ambos. «General —dijo ella—, esta es la última vez que nos veremos en vida. Quiero pedirle una cosa. Usted que tanto ha hecho por España, termine la obra. Designe Rey de España. Ya son tres. Elija. Hágalo en vida: si no, no habrá Rey. Que no quede para cuando estemos muertos. Esta es la única y última petición que le hace su Reina.» La conversación terminó con las palabras de Franco: «Serán cumplidos los deseos de Vuestra Majestad». Cuando posteriormente contó esta conversación a sus ministros, Franco afirmó que la reina había dicho que aceptaría al sucesor que él eligiera, siempre que fuera descendiente de Alfonso XIII. Añadió además que ella había indicado su predilección por Juan Carlos, al que veía maduro y bien preparado, pero que no hizo ningún comentario sobre la sucesión. En realidad, su preferencia debió de hacerse claramente patente cuando, al saludar a don Juan en el aeropuerto, se inclinó con una reverencia, como ante un rey.[27]

Con todo, durante su estancia en Madrid don Juan hizo dos gestos que consternaron a sus seguidores más liberales y agradaron a Franco: visitó el Valle de los Caídos y pasó un rato rezando ante la tumba del fundador de la Falange, José Antonio Primo de Rivera. El simbolismo fue más bien fútil, no obstante, porque también se reunió con dos líderes del clandestino Partido Socialista, Carlos Zayas y Raúl Morodo. Visitó asimismo a Antonio García Trevijano, un abogado con vinculaciones socialistas así como amigo y socio de Rafael Calvo Serer. García Trevijano alentó a don Juan en su creencia de que, a la muerte de Franco, no tendría más que presentarse en Madrid para que el Ejército le proclamara rey. Más adelante, Trevijano declaró que había organizado un encuentro clandestino entre don Juan y el general Manuel Díez Alegría para hablar sobre la postura del Ejército en caso de que Franco muriese sin resolver la sucesión. En casa del duque de Alburquerque, don Juan se entrevistó con muchos otros oficiales. Los informes sobre estas reuniones no pudieron sino confirmar los prejuicios de Franco contra don Juan.[28]

Juan Carlos sabía que Areilza estaba trabajando con ahínco para consolidar las relaciones de don Juan con la oposición de izquierdas. También era plenamente consciente —y lo aprobaba— de la determinación de Carrero Blanco, López Rodó y demás tecnócratas de que él fuera nombrado sucesor. Inevitablemente, ambos factores crearon fricciones entre el Príncipe y su padre. A principios de mayo, don Juan propuso a su hijo que volviera a Estoril hasta el otoño. Juan Carlos respondió a su padre:

> Yo he seguido una línea que tú me trazaste. El General Martínez Campos, duque de la Torre, se oponía a que yo me instalara en la Zarzuela. Él quería que yo fuera a Salamanca y fuiste tú quien me puso allí. Con ello tomaste una opción. Estar en la Zarzuela era estar cerca de Franco. En estos años nada hice que te perjudique a ti o a la Institución. Ahora no puedo hacer el feo de ausentarme cinco meses de España. Tú has jugado una carta; yo otra, por tu mandato. Sigue tú con la tuya y yo con la mía. Si gana tu carta, me descubro, *chapeau*, pero no lo veo probable. Hemos de pensar en España y en la Institución.[29]

López Rodó, Alonso Vega, Carrero Blanco, Federico Silva y otros miembros del gobierno no perdían ocasión de apremiar a Franco para que nombrase a Juan Carlos su sucesor. El Caudillo permanecía indeciso, aludiendo constantemente a la necesidad de esperar «el momento psicológico». Parecía como si le preocupara la sostenida oposición al Príncipe dentro del Movimiento. Esta adoptaba formas diversas. Podían ser pequeñas humillaciones; por ejemplo, cuando Juan Carlos volaba con Iberia, el presupuesto le obligaba a viajar en clase turista. Muchas veces, el capitán o el sobrecargo del avión le invitaban a pasar a primera clase. En dos de estas ocasiones, el piloto, que resultó ser de Falange, entró en la cabina de pasajeros y pidió a Juan Carlos que regresara a su asiento anterior. Cuando el Príncipe visitaba una ciudad, el alcalde y el gobernador civil recibían una llamada del ministro de Gobernación, general Alonso Vega, ordenándoles que no escatimaran en la recepción. Tras haber cumplido este mandato, recibían una severa reprimenda del ministro secretario general de Movimiento, José Solís. Cuando era Alfonso de Borbón Dampierre quien viajaba por España, era Solís quien avisaba con antelación a las autoridades locales para exigir que se le recibiera con todo boato y ceremonia.[30]

De manera indirecta, Franco hacía saber sus opiniones. Juan Carlos estuvo a su lado en el anual desfile de la Victoria en mayo y en la Semana Naval de Santander durante la primera semana de julio. El 2 de julio mantuvo una prolongada entrevista con el Caudillo y habló de la dificultad de su situación con respecto a su padre, diciendo a Franco que no haría ninguna declaración pública de desacuerdo con don Juan. Franco contestó: «Hace muy bien Vuestra Alteza. Tenga paciencia y no pierda la calma». A lo que Juan Carlos replicó: «Mi posición es cada vez más difícil, porque no tengo una situación definida; designe usted, mi General, de una vez, sucesor». La contestación de Franco desveló una de sus preocupaciones: «Lo haré, he de buscar el momento psicológico; he de ver cómo respiran las Nuevas Cortes». Lo que esto implicaba era que no admitiría otra cosa que la aceptación de su elegido por aclamación unánime. Pero cuando el Príncipe le dijo: «Yo no tengo prisa», respondió: «Yo sí tengo prisa porque cualquier día me puede ocurrir algo».[31]

Cuanto más se aproximaba el Príncipe a Franco, tanto más desazonado se sentía su padre. Don Juan estaba deseoso de que su hijo volviera a Estoril. A mediados de octubre, el Príncipe le dijo al general Juan Castañón de Mena, jefe de la Casa militar del Caudillo: «Si estoy en La Zarzuela es en virtud de lo acordado por mi padre con el Generalísimo. Si se me pide que me vaya de aquí, me iré, pero no para ir a Estoril, sino para incorporarme al destino que me corresponda en el Ejército, pues esta es mi carrera».[32] Cuando le fuera transmitida a Franco, como con seguridad fue, esta aparente reafirmación de que, por encima de todo, el Príncipe se consideraba un soldado español, debió de complacer mucho al dictador. Tanto el padre como el hijo dijeron a diversos interlocutores que sus desavenencias políticas no afectaban a su relación familiar. Resulta difícil creerlo. De hecho, doña María de las Mercedes estaba teniendo que esforzarse mucho para limar las asperezas entre su marido y su hijo.

Sainz Rodríguez y Areilza, por su parte, tenían sumo interés en torpedear el lento pero seguro avance de Franco hacia la designación de Juan Carlos. A propuesta suya, don Juan escribió a regañadientes a su hijo el 12 de octubre, lo cual fue una muestra de debilidad. Hablando no en su calidad de padre sino de «jefe de la dinastía española», pedía a Juan Carlos que no formara parte de lo que él llamó una «perturbación dinástica». Señaló también que, si aceptaba el nombramiento de sucesor, se expondría a ser acusado de deslealtad y daría la impresión de que la familia real estaba dividida. Con bastante brusquedad, el conde de Barcelona afirmó que el haber cumplido treinta años no eximía al Príncipe de sus deberes de lealtad y disciplina con el cabeza de la familia real. Señalaba don Juan que era deber del Príncipe, como representante suyo, buscar una solución para el futuro que uniese legitimidad y legalidad; en otras palabras, que garantizara que don Juan sería el sucesor de Franco. Como intento de suscitar una declaración pública de Juan Carlos a favor de su padre, esta carta fue un fracaso. Juan Carlos no estaba dispuesto a hacerlo y, mientras daba incesantes vueltas a la respuesta más adecuada, una copia de la carta llegó a manos de Carrero Blanco y de este a las de Franco. Presumiblemente alguien de La Zarzuela entregó dicha copia. La respuesta de Juan Carlos, enviada unos meses después, fue de carácter privado, asegurando simplemente a don Juan su afecto y lealtad.[33]

Es posible que esta carta admonitoria de don Juan a su hijo contribuyera a resolver las vacilaciones personales del Caudillo sobre la sucesión. Estas dudas se disiparon en buena medida en el transcurso del mes de octubre de 1968. López Rodó y Oriol prepararon un extenso memorándum legalista con el fin de convencer a Franco de que la monarquía garantizaría la continuidad de su régimen. Al mismo tiempo, en La Zarzuela, José María Gamazo Manglano, marqués de Mondéjar, y Alfonso Armada preparaban un currículum vitae de Juan Carlos de treinta y tres páginas con el título de: «Síntesis de la formación del Príncipe». En tanto que resumen de su educación y formación en España, el documento pretendía ofrecer a Franco pruebas de la identificación del Príncipe con el régimen. Contenía detalles sobre las clases que había recibido, el tiempo pasado en diversos ministerios y sus viajes por España. Carrero Blanco llevó ambos documentos a El Pardo y los repasó detalladamente con Franco. También le entregó al Caudillo una copia de la carta de don Juan a su hijo, presumiblemente suministrada por el mismo Juan Carlos. Carrero le aconsejó que el anuncio de la designación de Juan Carlos se hiciera por sorpresa para evitar que los juanistas pudieran organizar una campaña de publicidad contraria en España y en el extranjero. Esto requeriría asimismo, señaló, que el Príncipe accediera previamente a mantenerlo en absoluto secreto. Franco escuchó en silencio; después levantó la vista y dijo: «Conforme con todo». Tras la reunión, Carrero Blanco pidió a López Rodó que preparase el borrador para el discurso del Príncipe de aceptación del nombramiento como sucesor.[34]

Lo que aún faltaba era una fecha, pero Carrero Blanco prefirió no presionar demasiado a Franco. Habiendo tomado su decisión sobre Juan Carlos, el Caudillo todavía titubeaba a la hora de hacerla pública. El pequeño círculo de impulsores de la «operación Príncipe» empezó a hablar de la «operación salmón», porque ya habían hecho a Franco picar el anzuelo y ahora tenían que recoger sedal.[35] Los aparentes avances en pro de la designación de Juan Carlos alertaron a sus detractores de la necesidad de promocionar a sus propios candidatos. Esto explicaría el aluvión de actividad, y el consecuente eclipse, del pretendiente carlista, Carlos Hugo de Borbón-Parma. Antes de que acabara 1968, Franco había ordenado la expulsión de España de Carlos Hugo, don Javier, su padre, y sus hermanas como castigo a sus maquinaciones políticas.

Derrotados los aspirantes carlistas, muchos dentro del Movimiento empezaron a dirigir su atención hacia Alfonso de Borbón Dampierre. El 9 de noviembre de 1968, *Pueblo* publicó otra entrevista con el hombre que se estaba convirtiendo en adversario potencial de Juan Carlos. Emilia González Sevilla le hacía la siguiente pregunta: «¿Se considera usted con derecho al trono, a pesar de la renuncia de su padre?». Alfonso de Borbón contestó con lo que sin duda creyó una respuesta astuta, aunque su principal característica era su ininteligible imprecisión: «Mire, el único heredero es el pueblo español, y si un referéndum ha sido aceptado por el pueblo español, donde ha votado un sí a la Monarquía, hay que acatar el pensamiento del pueblo». La desconcertada joven interpuso: «Pero el pueblo español no puede reinar. Hay una ley de sucesión que dice que se requiere un varón, mayor de treinta años, católico y de descendencia regia...». Finalmente, Alfonso reveló que en efecto se consideraba candidato al trono: «Entonces, si esa ley me incluye, yo no tengo nada que decir. ¿No cree? No hace falta que yo diga nada. Le vuelvo a decir que soy muy respetuoso con el pensamiento del pueblo español y hay que acatar las leyes y las votaciones que el pueblo ha hecho».[36]

La carta de don Juan del 12 de octubre había sido un intento de Areilza y Sainz Rodríguez de debilitar la posición de Juan Carlos. Y fue seguida rápidamente por otro torpedo. La periodista francesa Françoise Laot publicó una entrevista con Juan Carlos y Sofía en la revista *Point de Vue* el 22 de noviembre. Respondiendo a la pregunta de si se sentía incómodo siendo a la vez el *delfín* de Franco e hijo del legítimo heredero, su presunta respuesta fue inequívoca: «No, toda vez que no puede haber problema entre mi padre y yo. Existe la ley dinástica contra la que nadie puede nada. Jamás, jamás aceptaré reinar mientras viva mi padre: él es el Rey. Si estoy aquí es para que haya una representación viva de la dinastía española, toda vez que mi padre está en Portugal». La impresión casi dejó sin caña de pescar a los implicados en la «operación salmón».

Juan Carlos y su entorno estaban aún más sorprendidos. Les habían dado a entender que la periodista escribiría un artículo anodino de «interés humano» sobre la familia. Juan Carlos negó categóricamente haber hecho tal afirmación a Françoise Laot. Bien es cierto que se había citado un comentario suyo idéntico en la revista *Time* tres años antes, el cual había sido posteriormente repetido en el famoso artículo de *ABC* por el que Anson se había visto obligado a exiliarse. Desde luego, si hubiese tenido intención de hacer una declaración tan explosiva, *Point de Vue* habría sido una opción un tanto extraña. Los corresponsales de *The New York Times*, *The Times* de Londres o *Le Monde* habrían estado encantados de publicarla. Jesús Pabón consideraba imposible que el Príncipe hubiese hecho un comentario tan tajante, simplemente porque sabía perfectamente que había circunstancias en las que podría ascender al trono legítimamente en vida de don Juan, como la abdicación o incapacidad de su padre. El secretario de Juan Carlos, teniente coronel Alfonso Armada, llamó entonces por teléfono a la periodista a París, la cual admitió que la controvertida frase era en realidad apócrifa. Al parecer la había insertado por recomendación de algunos «amigos» que le habían dicho que agradaría a La Zarzuela. Fraga y otros pensaban que uno de esos «amigos» era Areilza, aunque Alfonso Armada lo niega. Rápidamente se puso en marcha una operación de limitación de daños. El marqués de Mondéjar, jefe de la Casa del Príncipe, fue a ver al general Juan Castañón de Mena, jefe de la Casa Militar del Caudillo, para cerciorarse de que Franco era informado de lo que realmente había sucedido. Armada asegura que él fue a ver a Manuel Fraga, ministro de Información, al subsecretario, Pío Cabanillas, y su jefe de gabinete, Gabriel Elorriaga. Según el diario de Fraga y el de López Rodó esta visita la realizó Mondéjar, lo cual es mucho más probable.

Fraga accedió a utilizar su influencia para intentar impedir la publicación en España del artículo de Laot, pero afirmó que su reciente ley de prensa lo haría difícil, e insinuó que el mejor antídoto serían unas declaraciones del Príncipe a favor de Franco. Juan Carlos abordó el tema con Franco cuando se vieron en una cacería el 2 de diciembre. El Caudillo le dijo que no se preocupara por lo que él consideraba intrigas salidas de Estoril. Unos días después, Armada supo que *ABC* tenía intención de publicar una primera plana con una foto de don Juan y Juan Carlos y el titular: «Jamás reinaré en España mientras viva mi padre. Palabras del Príncipe don Juan Carlos al semanario *Point de Vue*». Juan Carlos personalmente llamó al dueño del periódico, Juan Ignacio Luca de Tena, y le persuadió de abandonar la idea. Sin embargo, el jueves 26 de diciembre el diario vespertino *Madrid*, progresista y pro juanista, sacó un artículo sobre las presuntas declaraciones. Al día siguiente aparecía reproducido en *ABC*.[37] Estrechamente vinculado al Opus Dei, *Madrid* estaba dirigido por Rafael Calvo Serer y Antonio Fontán. Antonio García Trevijano era el abogado del periódico.

Algunos años después, Françoise Laot publicó una biografía de Juan Carlos y Sofía. En ella, la cuestión está adulterada de tal modo que presta credibilidad a la versión de Alfonso Armada de la falsificación de la entrevista. La autora se atribuye el mérito de lo ocurrido a continuación, sugiriendo que ella fue un catalizador involuntario. La versión de Areilza se aleja tanto de la realidad que induce a sospechar que estaba intentando ocultar algo. Su insinuación de que detrás de todo este asunto había un «pacto de familia» entre padre e hijo no es ni remotamente verosímil.[38] La reproducción en *Madrid* y *ABC* de las supuestas declaraciones del Príncipe causaron gran alarma en La Zarzuela y reforzaron la determinación de Fraga de que hubiera alguna respuesta al artículo de *Point de Vue*. Así, a lo largo del último fin de semana de diciembre redactó una declaración con ayuda de Gabriel Elorriaga, que la llevó a La Zarzuela. Allí fue revisada por Mondéjar, Elorriaga y el propio Juan Carlos, quien añadió algunas líneas.[39]

La respuesta del Príncipe se publicó como si hubiera surgido espontáneamente en una entrevista realizada el lunes 6 de enero de 1969 con Carlos Mendo, director de EFE, la agencia de noticias del régimen. En realidad, Mendo escribió una entrevista imaginaria basándose en las declaraciones previamente redactadas. Su primera visita a La Zarzuela no tuvo lugar hasta dos días después de que se publicara la entrevista. A pesar de ello, Mendo se refería en su ampliamente difundido artículo a la efusiva amabilidad con que fue recibido. Las respuestas de Juan Carlos, preparadas de antemano, reflejaban una gran circunspección. Al defender la importancia de la monarquía, hablaba con admiración de «pueblos en paz consigo mismos» lo cual cabía interpretar como un atisbo de discrepancia con la división franquista de España en vencedores y vencidos. De modo decisivo, al contestar a la «pregunta» de si acataría «la aplicación de las leyes fundamentales», referencia diplomática a su probable nombramiento como sucesor de Franco, la respuesta del Príncipe fue inequívoca: «He dicho varias veces que el día que juré bandera prometí entregarme al servicio de España con todas mis fuerzas. Cumpliré la promesa de servirla en el puesto en que pueda ser más útil al país, aunque esto pueda costarme sacrificios. Puede usted comprender que de lo contrario no estaría donde estoy. Es una cuestión de honor, a mi entender». La referencia al sacrificio de su vida familiar en el pasado y de la relación con su padre en el futuro próximo era inconfundible.

Con respecto al tema de si consideraba que las Leyes Fundamentales le favorecerían, «contestó»: «No quiero plantearme una cuestión de derechos, sino, sencillamente, ser útil a lo que mejor convenga a mi patria. Esto es lo que vengo haciendo al dedicar mi vida a una formación adecuada para dicho servicio, que significa un sacrificio de otras actividades o apetencias personales. Estoy donde me han puesto un conjunto de circunstancias, unas de origen histórico y otras de origen actual y procuro hacer cada día lo que pueda hacerme más útil para el futuro de los españoles y evitar lo que pudiera perjudicar a esta utilidad». La «pregunta» esperada con ansiedad por muchos españoles, formulada en clave, era si la aceptación de la monarquía instaurada por Franco de acuerdo con los principios del Movimiento no constituía una traición a los derechos dinásticos. La «respuesta» del Príncipe no pudo ser más pragmática: «La satisfacción de ver recuperada la institución monárquica no es poco, por otra parte, para justificar agradecimiento y una cierta flexibilidad».[40]

Fraga se aseguró de que estas declaraciones recibían la máxima publicidad posible en prensa, radio y televisión. Don Juan estaba consternado, en grado considerable porque no se le mencionaba en la entrevista.[41] Sin embargo, el contenido no pudo sorprenderle del todo. Su carta del 12 de octubre y, por supuesto, la inserción de las declaraciones apócrifas en *Point de Vue* habían sido intentos de forzar un comunicado público del Príncipe en sentido de que no aceptaría ser nombrado como sucesor de Franco. Tras haber tratado sobre el artículo de *Point de Vue* con Franco el 2 de diciembre de 1968, Juan Carlos había respondido a la carta de su padre del 12 de octubre. El texto de su contestación nunca ha sido publicado, ni siquiera por Alfonso Armada, secretario del Príncipe, que aseguraba haber conservado el borrador. Según Armada, en esta carta, considerablemente ambigua, el Príncipe reafirmaba su fidelidad a su padre declarando que «por encima de todo prefiero que te nombren a ti». Pasaba a decir, sin embargo, que lo más importante era el futuro de la monarquía. Bajo esta premisa, tenía que dejar claro que «si Franco me designa aceptaré».[42]

La inequívoca implicación de que el Príncipe aceptaría la designación como sucesor aseguró un enorme impacto al artículo. Según Armada, 20.000 personas escribieron a La Zarzuela para felicitar a Juan Carlos. Una de ellas fue el almirante Carrero Blanco, que envió «mi entusiasta felicitación por las declaraciones». «Son ponderadas, concretas y terminantes y, como claramente reflejan sinceridad, concepto de la responsabilidad, espíritu de servicio y patriotismo, han sido acogidas con franca satisfacción por la inmensa mayoría de los españoles.» La respuesta del Príncipe reveló con claridad que era plenamente consciente de las implicaciones de lo que acababa de hacer. «Agradezco horrores tu carta. Bien sabes con cuánto ahínco busco el cumplir con mi deber, por imperativos de conciencia y por un amor entrañable a España. Comprendo la trascendencia de la declaración y mido sus consecuencias. Cada día necesito más ayuda y, por eso, cuando recibo estas muestras de cariño como es tu carta siento una gran alegría que me compensa inevitables sinsabores.»[43]

El énfasis en la lealtad del Príncipe a Franco y al Movimiento entusiasmó al Caudillo, que tenía a la sazón setenta y seis años.

Aún más le complació leer los informes secretos sobre el pesar con que se habían recibido las declaraciones en Estoril. Tras el consejo de ministros del 10 de enero de 1969, le dijo a Fraga: «Me llamó la atención lo ajustado de las declaraciones del Príncipe». Cuando Fraga salió del despacho de Franco, López Rodó le felicitó diciendo simplemente: «El crimen perfecto». Y cuando le tocó el turno de entrar a López Rodó, este le dijo a Franco: «Con sus declaraciones, el Príncipe ha quemado las naves. Lo único que falta ahora es la decisión de Vuestra Excelencia».[44]

El 15 de enero Franco comunicó al Príncipe que tenía intención de nombrarle sucesor en algún momento del año en curso. Juan Carlos contestó que como soldado español estaba al servicio del país. No obstante, pidió al Caudillo que hiciese las cosas de forma que mostrase cierta consideración hacia su padre. Franco replicó: «No comprendo la actitud de vuestro padre; no se hace cargo de las cosas. Tenga mucha tranquilidad, Alteza. No se deje atraer ahora por nada. Todo está hecho», a lo que Juan Carlos apostilló: «No se preocupe, mi general. Yo ya he aprendido mucho de su galleguismo». Mientras ambos reían, Franco le elogió: «Vuestra Alteza lo hace muy bien». Dijo también que le gustaría que el Príncipe asistiera a los consejos de ministros. Tras una pausa, añadió: «Después de año y medio...». Pero no terminó la frase. Aquello parecía implicar que tenía intención de retirarse. Ninguna de estas dos insinuaciones se hizo realidad.[45] Juan Carlos afrontaba un terrible dilema. Por un lado, se alegraba de que Franco fuera avanzando hacia su designación pero, por el otro, estaba deshecho por las consecuencias que ello entrañaba para su padre. Jesús Pabón, que le vio poco después, comentó: «Todo lo juzga con ponderación y con pena... Le veo preocupado y afligido».[46]

Pese a ser doloroso, Juan Carlos había decidido hacía tiempo que no tendría otra alternativa que aceptar el nombramiento como sucesor. El proceso, no obstante, se aplazó inevitablemente cuando, en respuesta a la agitación universitaria, el general Camilo Alonso Vega propuso el estado de excepción en el consejo de ministros del 24 de enero de 1969. Tras su aspecto benévolo, el canoso octogenario conservaba sus instintos represores. Contaba con el respaldo de Carrero Blanco y de los detractores de Juan Carlos: Solís y el ministro de Marina, almirante Pedro Nieto Antúnez. Era claramente absurdo que los dinosaurios del régimen, como Alonso Vega y Carrero Blanco, intentaran anular las consecuencias del cambio social mediante la represión, pero las discretas protestas de los tecnócratas fueron desoídas por Franco. La preocupación de López Rodó era que Solís y otros quisieran imponer el estado de excepción para que Franco demorase una vez más el nombramiento de Juan Carlos como sucesor. En el consejo de ministros del 21 de marzo de 1969, Alonso Vega, aleccionado previamente por López Rodó, pidió que se levantara el estado de excepción. Visiblemente molesto, Solís se opuso, precisamente porque no se podría nombrar sucesor mientras estuviese en vigor. Los tecnócratas utilizaron el argumento de que el régimen no debía llegar a su trigésimo aniversario en semejantes condiciones. Fraga sostuvo que estas perjudicarían seriamente a la economía turística. Finalmente, Franco zanjó el debate diciendo: «Puesto que el Ministro de la Gobernación lo pide, que se levante el estado de excepción».[47]

Sabiendo que la caída de Oliveira Salazar le había cogido desprevenido en agosto de 1968, los tecnócratas instaron al Caudillo a tomar una decisión sobre la sucesión mientras conservara sus facultades. Juan Carlos también cumplió su papel impidiendo un plan pergeñado por Areilza para neutralizar sus declaraciones a Carlos Mendo. Doña María de las Mercedes estaba en una clínica de Niza y su hijo pensaba pasar el fin de semana del 8 y 9 de marzo con ella. Don Juan estaba en Roma, donde asistió a una misa de réquiem por su padre y fue recibido en audiencia por el papa Pablo VI y por monseñor Escrivá de Balaguer, fundador del Opus Dei. El plan consistía en que, en el viaje de vuelta, don Juan coincidiera con su hijo en Niza. Areilza había pensado que se emitiera un comunicado en el sentido de que, habiendo hablado sobre la situación de España, padre e hijo estaban totalmente de acuerdo y decididos a actuar como un frente unido. La intención era dar a entender que las declaraciones de *Point de Vue* eran las auténticas y las de la agencia EFE eran insinceras. Habiéndose definido ya respecto a la sucesión, Juan Carlos no estaba dispuesto a contradecirse. Alertado de las intenciones de Areilza, el Príncipe canceló de inmediato su viaje a Niza. Hecho todo esto, Juan Carlos se sentía lo bastante exasperado por los continuos aplazamientos para preguntar a Franco el 10 de abril: «¿Es que usted, mi General, no se fía de mí?». Franco respondió simplemente «¿Por qué?».[48]

El 15 de abril de 1969, Victoria Eugenia murió en Lausana. Durante su estancia en Suiza para el funeral, Juan Carlos tuvo un enfrentamiento muy desagradable con su padre en el hotel Royal. Don Juan le criticó duramente sus declaraciones a Carlos Mendo. Juan Carlos contestó que estaba en España para aceptar lo que le ofreciesen y don Juan objetó de inmediato: «Sí, pero no para suplantarme a mí». Un acuerdo para reunirse pronto en Estoril con objeto de aclarar las cosas redujo la tensión por el momento. Pero aquello fue el comienzo de un período de recelosas fricciones entre padre e hijo. Solo los esfuerzos de doña María de las Mercedes evitaron una ruptura irreparable.

Franco envió a su ministro de Asuntos Exteriores para representarle en el funeral de Victoria Eugenia; decretó tres días de luto nacional y se ordenaron misas de réquiem en todas las capitales de provincia. Franco y su mujer presidieron la misa celebrada en Madrid el 19 de abril. Estos gestos eran indicio de su postura con respecto a Juan Carlos. El Caudillo estaba respondiendo, en todos los sentidos, a la noticia como si se tomara muy en serio el estatus legal de España como monarquía. El 16 de abril, Carrero Blanco había aprovechado este estado de ánimo para insistirle firmemente en la necesidad de nombrar al Príncipe. Tres días después López Rodó informó a Juan Carlos de la conversación de Carrero Blanco con Franco y le entregó el borrador de su discurso de aceptación, sugiriéndole que tratara sobre su contenido con el Caudillo.[49]

Dos semanas después del choque con don Juan en Lausana, Juan Carlos y Sofía llegaban a Estoril. Durante la cena en Villa Giralda, que duró hasta las tres y media de la madrugada, se habló de la situación de España. El Príncipe había delegado en Armada para explicar «la verdadera realidad española y su futuro», las opiniones de la cúpula militar y de la mayoría de la élite política franquista. Citando los esfuerzos de Carrero Blanco, López Rodó y Camilo Alonso Vega, Armada dejó bien claro que Franco estaba seriamente dispuesto a nombrar a Juan Carlos su sucesor a título de Rey. Huelga decir que don Juan se mostró muy reacio a aceptar lo que allí se decía. Con una gran sonrisa dijo irónicamente: «Juanito, si te nombran, puedes aceptar; pero puedes estar seguro de que eso no sucederá».[50]

Armada y el Príncipe sabían perfectamente que dicho nombramiento era ya harto probable. Era solo cuestión de lograr que se fijara la fecha. Una vez más, los aliados de Juan Carlos empezaron a presionar suavemente al Caudillo. El 7 de mayo Fraga le habló de su edad y del creciente vacío político. Franco escuchó cortésmente, no dijo nada y después se fue diez días a la pesca del salmón en Asturias. Antes de partir recibió un largo informe de Carrero Blanco sobre la situación política. En él, aparte de tratar una serie de problemas como la aparición de ETA en el País Vasco y el deterioro de las relaciones con la Iglesia, el almirante afirmaba que la incertidumbre acerca del futuro después de Franco suscitaba ansiedad en «la inmensa mayoría de españoles que tienen fe ciega en su Caudillo». Carrero explotaba después los temores de Franco al decir que los enemigos del régimen estaban esperando para atacar en caso de que él muriese sin haber asegurado la perpetuación de su régimen, y subrayó que Juan Carlos podía ser la solución.[51]

La presión sobre Franco era constante. Más tarde ese mismo día, 7 de mayo, escuchó en silencio el monólogo de Federico Silva a favor del Príncipe, respondiendo solamente: «Estoy en ello. Lo haré». El 22 de mayo fue López Rodó el que urgió al inmediato nombramiento de Juan Carlos, a lo que Franco dijo que estaba totalmente de acuerdo. El 28 de mayo, en la víspera de su ochenta cumpleaños, Camilo Alonso Vega mantuvo una larga conversación con Franco en la que le dijo que «solo quienes estén interesados en la destrucción de la paz que disfrutamos» querían que retrasara la decisión de la sucesión a favor de Juan Carlos. Dijo también que los lobos estaban listos para atacar cuando él muriese y que la supervivencia del régimen requería que

Juan Carlos fuera nombrado sucesor. Franco apenas contestó, pero Alonso Vega aseguró a López Rodó: «Misión cumplida; ayer hablé con el Caudillo y tengo la mejor impresión: reaccionó estupendamente bien». Al día siguiente Franco le dijo a Carrero Blanco que nombraría sucesor a Juan Carlos antes del verano. Muy animado, López Rodó comentó a Silva Muñoz: «Parece que el salmón ha picado». Para el 6 de junio López Rodó le había dado a Carrero Blanco un borrador del discurso de nombramiento para que Franco lo leyera en las Cortes. No obstante la incesante presión de los que insistían en que tomara la decisión, el Caudillo seguía aplazándola.[52]

Todo esto le creaba a Juan Carlos una lacerante angustia. A principios de mayo había pedido una audiencia para agradecer al Caudillo su sensibilidad ante la muerte de Victoria Eugenia. No llegaba respuesta de El Pardo y el Príncipe tenía programado pasar una semana en Estoril. López Rodó calmó sus temores cuando se vieron el 16 de junio comunicándole lo que Franco le había dicho a Carrero Blanco sobre el nombramiento antes del verano. El ministro encontró al Príncipe preocupado por la probable reacción de su padre. Suponía que sería hostil, pero intentaba convencerse de que todo iría bien diciéndose que don Juan debía saber que su propia candidatura estaba condenada. Con una frase que revelaba que Juan Carlos estaba decidido a aceptar el nombramiento y que también tenía planes para el futuro, pidió ayuda al ministro para asegurar la evolución de España. Quizá en este punto creía sinceramente que, una vez en el trono, iba a recurrir a López Rodó para que fuera su primer ministro.[53]

Justo antes de partir hacia Estoril con su familia, el Príncipe fue a despedirse del Caudillo y Franco le dijo: «Venid a verme cuando regreséis, porque tengo algo importante que deciros». Juan Carlos debía de tener un fuerte barrunto de lo que Franco estaba insinuando, no obstante lo cual afirmó posteriormente que ya había olvidado las palabras del dictador cuando llegó a Estoril. Una vez allí, su padre mencionó los rumores de que Franco le iba a nombrar pronto sucesor a título de rey. Juan Carlos le manifestó que López Rodó había dicho lo mismo, pero esquivó una posible pelea descartando el «rumor» y alegando que, si la nominación fuera inminente, Franco se lo habría comunicado cuando se vieron. Su padre insistió: «¿Entonces no sabes nada preciso?», a lo que Juan Carlos respondió: «No, absolutamente nada». «Tú sabes algo y me lo ocultas. ¿No me lo quieres decir?»

Don Juan estaba dispuesto a creer a su hijo porque seguía confiando en que Franco moriría antes de nombrar sucesor y que el Ejército le pondría a él en el trono. Cuando Juan Carlos insistió en que la intención de Franco era nombrarle a él como sucesor, su padre, airado, le recordó que el heredero era él y se reservaba el derecho de revocar cualquier decisión de Franco. El Príncipe respondió exasperado: «Tienes toda la razón: fui y estoy en España por decisión tuya. Y si tú me dices que me marche o si me prohíbes que acepte, hago las maletas, tomo a Sofi y a los niños y nos venimos a Portugal, o me quedo en el Ejército y desarrollo mi carrera militar, pero fuera del engranaje del Estado. No puedo seguir en La Zarzuela si en el momento decisivo se me llama y no acepto. Y que te conste que eso significa la imposibilidad de recuperar el Trono para nuestra familia. Yo no sería el Rey, pero tú tampoco. Si le digo que no, Franco echará mano de Alfonso. Y entonces sí que podemos despedirnos, porque ese lo aguanta todo y traga cuanto le echen».

Sin terminar de asimilar lo que su hijo le estaba diciendo, don Juan replicó: «Desde que tu abuelo depositó en mí los derechos de la Dinastía no he hecho otra cosa que sacrificarme y luchar para que la Monarquía sea restaurada de nuevo en España. Hace años que lo vengo soportando todo; un muro de incomprensión y de insidias contra mi persona, y ahora resulta que el problema surge con mi propio hijo». Juan Carlos respondió acaloradamente: «Yo no he intrigado para que la designación recaiga en mí. Estoy de acuerdo en que sería mejor que el Rey fueras tú, pero si la decisión está tomada, ¡qué le vamos a hacer! Para ti no hay posibilidad alguna o la que hay es de dudoso éxito». Aceptando la debilidad de su posición, don Juan contestó lastimeramente: «En ese caso puedes hacer mucho: lograr que ahora no se haga nada, que todo se aplace».

Esto era, por supuesto, absurdo, ya que si Franco moría antes de que la situación se resolviera, las posibilidades de que la monarquía fuera restaurada serían extremadamente escasas. Juan Carlos apuntó bruscamente este extremo: «Esto no está en mi mano. Y si, como yo creo, se me invita a aceptar, ¿qué harás tú? ¿Es que hay otra solución posible distinta de la que Franco decida? ¿Eres tú capaz de traer la Monarquía?». Don Juan dio por terminada la discusión diciendo: «Bueno, dejémoslo. Esto es hablar por hablar. Ya te convencerás de que te están entreteniendo y jugando contigo. El General no piensa en modo alguno designar sucesor en vida. Es un tema que a su muerte tendrán que resolver los generales».[54]

Lo cierto es que, presionado por falangistas, juanistas y seguidores de Carlos Hugo, Franco vacilaba, temeroso —como le confió a Carrero Blanco— de abandonar a sus fieles seguidores. Con los ministros tecnócratas impacientándose, Franco le dijo a Carrero Blanco el 26 de junio que haría el anuncio antes del 18 de julio de 1969. Sin embargo, el 30 de junio, cuando Antonio Iturmendi, presidente de las Cortes, le preguntó cuándo sería la ceremonia, contestó indeciso: «Lo mismo puede ser antes que después del verano». Finalmente, el 3 de julio le dijo a Carrero Blanco que el 17 de julio sería el día para anunciarlo. También le dijo que pensaba nombrar a Juan Carlos general de brigada de los tres ejércitos.

Probablemente el mismo día, Franco hizo venir a El Pardo al joven alcalde de Jerez, Miguel Primo de Rivera y Urquijo. Curiosamente, informó a Primo de Rivera de su decisión y le ordenó que no le dijera nada a Juan Carlos. Tal vez lo hiciera así porque consideraba que la aprobación de Miguel, como jefe de la familia Primo de Rivera, era importante. Pero más probable es que lo hiciera porque sabía que Miguel era buen amigo del Príncipe y desobedecería con seguridad la petición de guardar silencio. Cuando por fin informara al Príncipe, pensaba exigirle una respuesta inmediata. Cualquiera que fuese la razón, Miguel Primo de Rivera saltó en su coche y, mirando constantemente al espejo retrovisor por si le seguían, se dirigió velozmente hacia La Zarzuela. Allí encontró a Juan Carlos junto a la piscina. Cuando le dio la noticia al Príncipe, este dio un grito de alegría y los dos saltaron a la piscina, aunque el alcalde de Jerez aún llevaba puesto el chaqué de rigor para las visitas a El Pardo.[55]

Cuando Franco hubo informado a Carrero Blanco, el feliz vicepresidente informó a su vez a López Rodó. Este también salió a toda velocidad, queriendo ser el primero en decírselo al Príncipe. López Rodó le comunicó simplemente que el anuncio tendría lugar en la segunda mitad de julio. Cuando le habló del ascenso, Juan Carlos expresó su incomodidad ante la presumible reacción de sus compañeros cadetes de las academias militares cuando le vieran vistiendo uniforme de general. Es difícil saber si fue López Rodó o Primo de Rivera el primero en darle la noticia. Desde luego, el Príncipe consiguió producir en ambos mensajeros la impresión de que la escuchaba por primera vez. Era una habilidad aprendida de Franco. Lo que de verdad importaba era que no había recibido la noticia de la única persona realmente decisiva: Franco. Con todo, movilizó rápidamente a su personal para dar comienzo a los preparativos de su actuación y su discurso de aceptación en la previsible ceremonia.[56]

La noticia de que la designación era inminente aumentó el nerviosismo del Príncipe por las posibles repercusiones en su familia. Su madre, doña María de las Mercedes, le estaba apoyando, telefoneando con frecuencia para preguntarle si las cosas iban por buen camino para su nombramiento. Don Juan, por el contrario, permanecía tranquilamente confiado en que Franco nunca nombraría sucesor. Durante su conversación con López Rodó del 3 de julio, el Príncipe le comentó que la agria conversación que había sostenido con su padre en Estoril no le había aclarado la posible reacción de este en el momento en que se hiciera el anuncio. Ahora sabía que ese momento podía ser en las próximas semanas. Al día siguiente, gracias a una filtración debida a Gregorio López Bravo, supo la fecha exacta. Puesto que la designación aún debía ser aprobada por las Cortes, Juan Carlos organizó un encuentro con el hombre que más podía influir en el voto falangista, José Antonio Girón de Velasco. El intermediario fue un amigo del Príncipe de toda la vida, Nicolás Franco Pasqual de Pobil, cuyo padre, hermano del Caudillo, había sido embajador en Portugal durante muchos años. Se reunieron para comer en el famoso restaurante madrileño Mayte Comodoro. Tras algunas educadas escaramuzas dialécticas de resultado indeciso, Girón anunció que él haría lo que dijera Franco. Para asegurarse, los hombres del Príncipe —Armada, Jacobo Cano y el marqués de Mondéjar— también llevaron a Girón a comer y le garantizaron la fidelidad de Juan Carlos al Caudillo y al régimen.[57]

El 11 de julio, el Príncipe recibió a Pedro Sainz Rodríguez en La Zarzuela. Allí, el consejero más antiguo de don Juan dijo que si Franco hacía la oferta, Juan Carlos debía aceptar. Este no necesitaba el consejo, pero quizá le tranquilizara saber que, en Estoril, su madre estaría haciendo todo lo posible por apaciguar a su marido. Sainz Rodríguez aseguró que también él confiaba en poder refrenar la inevitable ira de don Juan. No obstante, sabiendo que Sainz Rodríguez no era exactamente una tumba, Juan Carlos nada dijo de la inminencia del anuncio, solo que corrían muchos rumores al respecto.[58]

Hay cierta disensión en torno al día en que Franco finalmente informó al Príncipe de su decisión. En sus memorias, López Rodó lo sitúa el 12 de julio, pero es probable que sea un error. Alfonso Armada recuerda que la reunión tuvo lugar el 15 de julio, y lo mismo dice Jesús Pabón en su diario. Es más, tanto la carta de explicación escrita por el Príncipe a su padre como su relato posterior a José Luis de Vilallonga, fechan la reunión el 15 de julio. Si, en efecto, el encuentro hubiera tenido lugar el día 12, ello significaría que el Príncipe tardó tres días en comunicar la noticia a su padre. Tal retraso implicaría obviamente una duplicidad y cobardía por parte de Juan Carlos que habrían sido sumamente atípicas. En cualquier caso, indicaría un descuido muy poco característico por parte de Franco, puesto que estaba decidido a que la noticia fuera una completa sorpresa para don Juan. Habría sido una imprudencia comunicárselo al Príncipe el día 12 y solo entonces tomar medidas para informar a otros necesarios protagonistas. Dado que los rumores viajaban de continuo entre el cónclave interior de El Pardo y los múltiples consejeros privados de don Juan sitos en Madrid, la noticia se habría sabido mucho antes de que fuera oficialmente enviada a Estoril. Por consiguiente, la siguiente narración se basa en el supuesto de que fue a las cuatro de la tarde del martes 15 de julio cuando Franco finalmente recibió al Príncipe y le dio la noticia prevista.[59]

El Caudillo le dijo que, con su designación, pretendía garantizar la continuidad de su régimen. Juan Carlos contó más tarde que se quedó atónito ante la noticia y preguntó al Caudillo: «Pero, mi general, ¿por qué no me dijo nada cuando le vine a ver antes de ir a Estoril?». Franco respondió en tono mojigato: «Porque le hubiera pedido palabra de honor de guardarla en secreto. Y si su padre le hubiera preguntado algo le hubiera tenido que mentir. Y preferí que no mintiera a su padre». El Caudillo insistió en que Juan Carlos le diese una respuesta inmediata. Juan Carlos dudó brevemente, sabiendo a ciencia cierta que si decía que no, Franco no recurriría entonces a su padre sino a otro candidato, probablemente Alfonso de Borbón Dampierre. Como sabía desde hacía tiempo que haría, Juan Carlos aceptó. Fue una reunión emotiva. Franco se sintió especialmente satisfecho cuando Juan Carlos repitió que al jurar la bandera se había comprometido a servir a España. En el momento de despedirse el Príncipe, Franco le abrazó.[60]

Cuando Juan Carlos dijo que debía informar a su padre sin dilación, Franco le pidió que no lo hiciera, y le mostró al Príncipe la carta que le había escrito a don Juan. Preocupado por el efecto que tuviera en su padre, Juan Carlos había pedido que la carta fuese llevada a Estoril por alguien con capacidad para suavizar el golpe. Franco dijo que esto no era necesario; además, la carta ya estaba en camino. La aparente nobleza de la preocupación de Franco por las relaciones entre Juan Carlos y su padre apenas podía ocultar un elemento de fría crueldad. El último de sus múltiples retrasos le había procurado su venganza final por el manifiesto de Lausana: la ruptura entre don Juan y su hijo.[61] Juan Carlos sentía una profunda inquietud respecto al modo de comunicar una noticia que por fuerza sería considerada una traición. Puesto que le había sido pedido que no telefoneara a su padre, optó por llamar a su madre a quien dio la nueva con brevedad. Esta, percatándose al instante de lo terrible de la situación para su hijo y para su marido, comprendió que su papel tenía que ser intentar salvaguardar la unidad de la familia.[62] Juan Carlos escribió una carta de explicación a su padre y pidió al marqués de Mondéjar que le hiciera una reserva en el *Lusitania Express* a

Lisboa para esa misma noche. Era una carta sencilla, afectuosa, pidiendo a su padre su bendición. Con la esperanza de disipar la previsible furia de don Juan, el Príncipe rezaba por que su carta llegase antes que la fríamente formal enviada por Franco.

Las probabilidades eran mínimas. El lunes 14 de julio hacia el mediodía, Franco había recibido a José Antonio Giménez-Arnau, que en marzo había sustituido a Ibáñez Martín como embajador en Portugal. El Caudillo le dio su carta para don Juan y le encargó que aplazara la entrega hasta después de la junta del Consejo Privado prevista para el 15 de julio en Estoril. Solo tras los insistentes ruegos del embajador consintió en que un documento de semejante importancia histórica fuera sellado con lacre. Era un detalle menor que ponía de relieve la desconsideración totalmente insensible de Franco hacia don Juan. El bochorno de Giménez-Arnau se intensificó durante su retorno a Lisboa la tarde del 14 de julio, pues tanto en el aeropuerto de Barajas como a bordo del avión tuvo que conversar protocolariamente con algunos de los consejeros privados de don Juan que viajaban a la reunión de Estoril, los cuales estaban alegremente ignorantes de que Franco estuviera a punto de hacer el anuncio. Para otros, como Pabón, la noticia de la visita relámpago de Giménez-Arnau a El Pardo era la confirmación de que era inminente la designación del Príncipe como sucesor. Afortunadamente para Juan Carlos, don Juan iba a ofrecer una cena a los consejeros privados que habían asistido a la reunión del día, por lo que no podría recibir a Giménez-Arnau hasta la mañana del miércoles 16 de julio. La carta del Príncipe llegaría antes que la de Franco.[63]

Al regresar el conde de Barcelona de la cena, doña María de las Mercedes le habló de la llamada de su hijo de esa misma tarde. Cuando Mondéjar llegó con la carta del Príncipe a las 9.40 de la mañana siguiente, le recibió un don Juan digno pero entristecido. La carta, firmada no «Juanito», como siempre le habían llamado en el seno de la familia, sino con su nombre oficial de «Juan Carlos», merece ser reproducida en su totalidad:

Madrid, 15 de julio de 1969

Queridísimo papá:

Acabo de volver de El Pardo a donde he sido llamado por el Generalísimo; y como por teléfono no se puede hablar, me apresuro a escribirte estas líneas para que te las pueda llevar Nicolás, que sale dentro de un rato en el Lusitania.

El momento que tantas veces te había repetido que podía llegar, ha llegado y comprenderás mi enorme impresión al comunicarme su decisión de proponerme a las Cortes como sucesor a título de Rey.

Me resulta dificilísimo expresarte la preocupación que tengo en estos momentos. Te quiero muchísimo y he recibido de ti las mejores lecciones de servicio y de amor a España. Estas lecciones son las que me obligan como español y como miembro de la Dinastía a hacer el mayor sacrificio de mi vida y, cumpliendo un deber de conciencia y realizando con ello lo que creo es un servicio a la Patria, aceptar el nombramiento para que vuelva a España la Monarquía y pueda garantizar para el futuro, a nuestro pueblo, con la ayuda de Dios, muchos años de paz y prosperidad.

En esta hora, para mí tan emotiva y trascendental, quiero reiterarte mi filial devoción e inmenso cariño, rogando a Dios que mantenga por encima de todo la unidad de la Familia y quiero pedirte tu bendición para que ella me ayude siempre a cumplir, en bien de España, los deberes que me impone la misión para la que he sido llamado.

Termino estas líneas con un abrazo muy fuerte y, queriéndote más que nunca, te pido nuevamente, con toda mi alma, tu bendición y tu cariño.

JUAN CARLOS

Para ocultar su dolor, don Juan apenas habló con Mondéjar. Le preguntó, no obstante, por la actitud del Ejército, a lo que Mondéjar contestó: «Señor, el Ejército nunca ha dicho nada sobre Vos». En contraste, poco después de volver a su hotel Mondéjar recibió una llamada de doña María de las Mercedes, que dijo: «Dile a Juanito que estoy muy contenta, felicítale. Y que sepa que yo me ocupo de que aquí no se haga ninguna tontería».[64] Así pues, cuando el exquisito y elegante embajador llegó a Villa Giralda no tenía nada nuevo que comunicar a don Juan. Luis María Anson, que estaba con don Juan en aquel momento, calificó al impecablemente vestido Giménez-Arnau de «el lacayo de pútrida sonrisa». Ya derrotado, don Juan aceptó la carta de Franco y la arrojó sobre una mesa sin abrirla. Su amargura y decepción eran palpables. Evidentemente, la carta de su hijo no había disminuido su inevitable sensación de fracaso y traición. Giménez-Arnau trató de suavizar el golpe con algunos comentarios previamente pensados sobre la abdicación de Alfonso XIII el 15 de enero de 1941. Con lágrimas en los ojos y la voz velada de tristeza, don Juan dijo: «Tú, José Antonio, estate tranquilo. Te conozco, sé que eres una persona decente y no tienes nada que temer de un posible rencor mío, pero, naturalmente, ya te puedes imaginar...».[65]

El texto de Franco era simple pero devastador. Con una brevísima referencia a la aflicción que su contenido iba a producir a don Juan, le recordaba después de modo presuntuoso, y cruel, que la realeza estaba destinada a hacer sacrificios y que por tanto debía desoír cualquier recomendación de oponerse a la voluntad del Caudillo. Continuaba explicando en tono condescendiente que no se trataba de restaurar la antigua monarquía sino de «instaurar» una monarquía nueva que completara el desarrollo político del régimen. Tras leer este texto exquisitamente humillante, don Juan dijo tan solo: «¡Qué cabrón!». Desolado por su decepción, permaneció hundido en silencio y se negó a contestar las llamadas de su hijo. Juan Carlos llamó a Villa Giralda tres veces sin conseguir hablar con su padre. Giménez-Arnau apenas había regresado a la embajada cuando recibió una llamada de Juan Carlos. Estaba ansioso por saber cómo había recibido don Juan la carta de Franco, y quedó profundamente afectado por lo que el embajador tenía que decirle.[66]

Pese a todo, los preparativos para su nombramiento marchaban ahora a ritmo acelerado. El 15 de julio Carrero Blanco y el presidente de las Cortes, Antonio Iturmendi, fueron a La Zarzuela para mostrarle a Juan Carlos el texto de la ley que le nombraba sucesor. Le alegró mucho ver que había un artículo que le otorgaba el título de Príncipe de Asturias, pero, tras muchos años de oír que el título era inaceptable para Franco por implicar que su padre era el rey, dudaba de que fuera permitido. López Rodó le propuso a Carrero Blanco la fórmula «Príncipe de España». Simultáneamente, doña Sofía, sirviéndose del ejemplo de su propia familia, la Casa de Grecia, sugirió que ese mismo título de Príncipe de España sería el apropiado.[67]

Al principio, animado por Areilza y Sainz Rodríguez, don Juan se inclinó a creer que Juan Carlos le había traicionado. Areilza dijo al parecer: «No me fiaba un pelo de este niño». Las relaciones entre padre e hijo siguieron siendo tirantes durante algún tiempo. Areilza, Sainz Rodríguez y Antonio García Trevijano redactaron una declaración de don Juan fechada el 19 de julio pero publicada en la simbólica fecha del 18 de julio. Diciendo que había sido mero espectador de lo sucedido, la declaración de don Juan hacía hincapié en su convicción de que el monarca debía ser rey de todos los españoles por encima de grupos y partidos, sostenido por el apoyo popular y comprometido con las libertades individuales y colectivas. De este modo denunciaba implícitamente a una monarquía que estaba irrevocablemente vinculada a la dictadura. La declaración se emitió contra el parecer de doña María de las Mercedes y confirmó los peores temores de Juan Carlos sobre la reacción negativa de su padre. Areilza siguió expresando su indignación a todo el que quisiera oírle, originando con ello numerosos informes policiales para divertimento de Franco. Pero el disgusto de Areilza era casi con certeza consigo mismo por haber apostado a un caballo perdedor. No obstante, publicó una declaración censurando la solución porque infligía un daño irreparable a la monarquía. Nada de esto quebrantó la convicción del Príncipe de que estaba haciendo lo debido. Algo le consoló además el hecho de que su padre disolviera entonces su Consejo Privado. No había levantado la bandera de oposición a su hijo.[68]

Por otra parte, tampoco había abdicado. En caso de que las cosas fueran mal para Juan Carlos, su padre seguía en el juego como legítimo heredero al trono y defensor de la monarquía democrática. Don Juan se planteó trasladarse a vivir a Canadá para hacerle las cosas más fáciles a su hijo, pero Sainz Rodríguez le disuadió diciendo: «La Monarquía de don Juanito vendrá, efectivamente, cuando Franco estire la bota y durará, si no lo remediamos, lo que un pastel a la puerta de una escuela». Su opinión era que la «Operación Príncipe» ideada por Carrero Blanco y López Rodó había instaurado una continuidad monárquica después de Franco, pero que el papel que correspondía a don Juan era garantizar que el ejercicio de su hijo en el trono fuera duradero. Sugirió que la tarea de don Juan era persuadir a la izquierda democrática de tener paciencia y conceder a Juan Carlos tiempo para preparar la transición.[69]

El 19 de julio Juan Carlos visitó a Franco para leerle el discurso de aceptación que pensaba hacer ante las Cortes. El Caudillo lo escuchó complacido y le pidió que se lo leyera otra vez. Solo le hizo quitar un pasaje en el que expresaba su devoción filial a su padre y rendía homenaje a su patriotismo.[70] Dos días después, con una gran sonrisa, Franco anunció su decisión al consejo de ministros diciendo: «Los años pasan; tengo ya 76, voy a cumplir 77. Mi vida está en manos de Dios. He querido enfrentarme a esta realidad». Tras expresarse en los términos más afectuosos sobre Juan Carlos, leyó su carta a don Juan en voz alta. A continuación dijo: «La reacción de don Juan era de esperar. Es persona que sigue al último que le habla, y en este caso, los últimos que le han hablado son Sainz Rodríguez y Areilza. Y ya sabemos lo que se podía esperar de ellos. Ahora, la declaración de don Juan constituye para mí la mejor prueba de que él era inservible». Los falangistas intransigentes contrarios a Juan Carlos se apresuraron a montar una resistencia encarnizada contra el nombramiento. El recurso propuesto por Solís al gobierno fue la votación secreta en las Cortes, esperando utilizar su control de la máquina clientelista del Movimiento para obtener un voto contrario. Después, el hecho podría ser halagadoramente interpretado ante Franco como indicio de que Juan Carlos no era la persona indicada para suceder a una figura tan providencial como él. Franco, respaldado por Carrero Blanco, Alonso Vega y los tecnócratas, se mostró rotundamente contrario a dicho voto. Quería ver votar a cada procurador individualmente.[71]

El 21 de julio a última hora de la tarde, Juan Carlos consiguió por fin hablar con su padre por teléfono. Don Juan respondió con frialdad: «Eso quiere decir que lo sabías cuando viniste aquí y que no has querido decírmelo». Juan Carlos protestó su inocencia, pero su padre se negó a creerle por el momento. El Príncipe hizo enormes esfuerzos para ser afectuoso, pero su padre seguía inconsolable.[72] Pese a este pequeño comienzo de mejoría en sus relaciones, don Juan obligó a su hijo a devolverle la placa de Príncipe de Asturias.[73]

La designación de Juan Carlos como Príncipe de España, y no Príncipe de Asturias, resaltaba hasta qué punto la Ley de Sucesión rompía con la continuidad y la legitimidad de la dinastía Borbón. La nueva monarquía iba a ser de Franco y solamente de Franco. Esto siempre fue causa de amargura para don Juan. Habría estado dispuesto a ser rey solo un día y abdicar después a favor de Juan Carlos simplemente para salvaguardar la legitimidad y continuidad de la dinastía borbónica. «La verdad es que cada decepción o fracaso fue ahondando en mí la convicción de que mis aspiraciones como Rey se iban cerrando. Comencé a pensar y llegué a desear una vida tranquila, viendo crecer a los nietos. El último bastión que quedaba fue que se encontrase una fórmula que consistía en reconocérseme como Rey y a renglón seguido la abdicación en mi hijo.» Franco podía haber negociado una solución semejante, pero eso habría significado renunciar a su venganza final contra don Juan. Y, con un gesto de esta índole, la monarquía española habría sido restaurada más que instaurada y, por ello, menos franquista.[74]

La ceremonia en las Cortes se celebró el 22 de julio bajo un calor asfixiante, ya que no había aire acondicionado. En un discurso emocionado, resbalando las lágrimas por sus mejillas y con audibles sollozos interrumpiendo el farfullar de su perorata, Franco se enorgulleció de la precisión de los instrumentos creados para la sucesión:

> Consciente de mi responsabilidad ante Dios y ante la historia, y valorando con toda objetividad las condiciones que concurren en la persona del Príncipe don Juan Carlos de Borbón y Borbón, que perteneciendo a la dinastía que reinó en España durante varios siglos, ha dado claras muestras de lealtad a los principios e instituciones del Régimen, se halla estrechamente

vinculado a los Ejércitos de Tierra, Mar y Aire, en los cuales forjó su carácter, y al correr de los últimos veinte años ha sido perfectamente preparado para la alta misión a que podía ser llamado y que, por otra parte, reúne las condiciones que determina el artículo 11 de la Ley de Sucesión en la Jefatura del Estado, he decidido proponerlo a la nación como mi sucesor.

Los procuradores, seguramente aliviados porque finalmente se hubiesen aclarado sus dudas, interrumpieron el discurso once veces para aplaudir frenéticamente, y al final se pusieron en pie y corearon «¡Franco! ¡Franco! ¡Franco!». La propuesta fue aceptada por 491 votos a favor, 19 en contra y 9 abstenciones. Los que se arriesgaron a provocar la hostilidad de Franco votando en contra fueron Torcuato Luca de Tena —director de *ABC*—, el general Rafael García Valiño y un puñado de carlistas y falangistas.[75] El acontecimiento pasó prácticamente desapercibido para la mayoría de la población, más interesada en una película televisada de la llegada a la luna de los astronautas del Apolo XI, que había tenido lugar dos días antes. No se congregaron muchedumbres ante las Cortes y solo hubo algunas pequeñas manifestaciones republicanas en barrios obreros de las grandes ciudades.[76]

La perspectiva de tener que jurar las Leyes Fundamentales le había suscitado a Juan Carlos una honda preocupación. Con el aliento de su mujer, había cultivado la amistad de Franco y perseguido activamente su denominación. Al mismo tiempo, tenía intención de introducir algún tipo de reforma democrática en el futuro. Esto es lo que había revelado a lo largo de los años en conversaciones con diplomáticos británicos, con lord Mountbatten, con periodistas americanos y con españoles progresistas. Ahora quería cerciorarse de que su juramento de lealtad no lo encadenaría al régimen en su forma presente. Sus dudas se aclararon el 18 de julio, en el transcurso de una larga visita a La Zarzuela del que fuera su tutor y consejero, Torcuato Fernández-Miranda. Ambos eran fumadores empedernidos y en medio de una humareda cada vez más densa, revisaron el borrador del discurso propuesto para el Príncipe. El profesor aseguró a Juan Carlos que su juramento no impedía un futuro proceso de democratización, y convenció al preocupado Príncipe de que el artículo 10 de la Ley de Sucesión aceptaba que todas las Leyes Fundamentales podían ser reformadas e incluso derogadas, aunque ello en gran medida dependiera de una intrincada exégesis de los textos constitucionales —a menudo contradictorios— de Franco.[77]

En la mañana del 23 de julio, en un acto de aceptación privado celebrado en La Zarzuela en presencia de Antonio María Oriol, ministro de Justicia, y de Antonio Iturmendi, presidente de las Cortes, el Príncipe rindió homenaje al Caudillo: «Formado en la España surgida del 18 de julio, he conocido paso a paso las importantes realizaciones que se han conseguido, bajo el mando magistral del Generalísimo». Juró también velar por que se cumplieran los Principios del Movimiento y las Leyes Fundamentales, lo cual hizo en la confianza de que dichas leyes podrían ser enmendadas, como le había asegurado Torcuato Fernández-Miranda.[78]

Juan Carlos había invitado a Alfonso de Borbón Dampierre a que fuese uno de sus testigos como medio para neutralizarlo. Alfonso no solo aceptó, sino que apeló con éxito a su padre, don Jaime, para que no hiciese declaraciones inoportunas. El Caudillo recompensó después este servicio dándole el puesto de embajador en Suecia. Al acto de aceptación asistieron los directores de los principales periódicos de Madrid, incluido Torcuato Luca de Tena de *ABC*. Este, algo nervioso por su voto negativo en las Cortes, se sintió muy emocionado cuando Juan Carlos se acercó a él directamente y le dijo: «Quiero agradecerte lo que hiciste ayer por mi padre, votando que no».[79]

Por la tarde, Juan Carlos acompañó a Franco a las Cortes. Antes de abandonar La Zarzuela mandó un mensaje a sus padres diciendo que salía a cumplir con su deber pero su corazón quedaba con ellos. Su madre devolvió la llamada para desearle buena suerte con su discurso y tranquilizarle en el sentido de que su padre aceptaría la situación poco a poco. El Príncipe estaba nerviosísimo, y en el coche le pidió permiso a Franco para fumarse un cigarrillo. Su discurso fue relativamente corto y sencillo. Empezó diciendo: «Recibo de Su Excelencia el Jefe del Estado y Generalísimo Franco, la legitimidad política surgida del 18 de julio de 1936» y finalizó pidiendo la ayuda de Dios.[80] Habló con fuerza y naturalidad, habiendo aprendido el discurso de memoria. Los procuradores y ministros presentes estaban encantados, y no solo por el contraste con los discursos maratonianos del Caudillo. El contenido del discurso era enteramente franquista. Donde don Juan había hecho un lema de su determinación de ser «Rey de todos los españoles», Juan Carlos estaba diciendo que aceptaba ser nombrado rey de los vencedores en la guerra civil española. El aplomo y seguridad de su actuación fue una sorpresa para todos los que le consideraban tímido.[81] El aplauso fue prolongado. El lloroso Caudillo estaba especialmente complacido. En el coche, de regreso a El Pardo, Franco le dijo: «No sabía yo, Alteza, que hablaba tan bien», a lo que el Príncipe respondió: «Mi general, usted me ha sometido a tantas sorpresas que alguna le tenía que dar yo».[82] Al día siguiente, Franco emitió un decreto nombrando a Juan Carlos general de brigada honorario de los ejércitos de Tierra y Aire, y contralmirante de Marina.[83]

Esa mañana temprano, el amargado don Juan quiso estar solo con su desilusión. Había salido en su velero y se alejó navegando hacia el norte. Cuando llegó a Figueira da Foz, en el Cabo Carvoeiro, se adentró por el río Mondego hacia Coimbra. Echó anclas en el pueblo de Montemor-o-Velho, se dirigió a un bar, pidió una botella de whisky y vio la retransmisión del discurso por televisión española. Después diría: «Mi Juanito ha leído muy bien», una sarcástica referencia al hecho de que el discurso había sido claramente escrito por otros. No obstante, esa tarde tuvo la magnanimidad de telefonear a su hijo para felicitarle.[84]

El acontecimiento había sido un enorme triunfo de los tecnócratas sobre los falangistas. Su euforia era palpable. Sin embargo, si creyeron que Juan Carlos iba a comprometerse con su objetivo de un franquismo actualizado, iban a llevarse una decepción.[85] Los seguidores de don Juan no podían estar más irritados. José Luis de Vilallonga se refirió desdeñosamente por escrito a la «insolencia» con que Juan Carlos, «en unas pocas frases desafortunadas, se condenó a sí mismo y a la monarquía».[86] La reacción de la izquierda no pudo ser más hostil. El Partido Comunista denunció la operación como un esfuerzo de Franco para seguir mandando después de muerto. Su periódico, *Mundo Obrero*, predecía proféticamente que el nombramiento, porque significaba la victoria de los tecnócratas del Opus Dei sobre los falangistas, iba a generar disensiones en las altas esferas del régimen. Algo menos profética era la declaración de que «la monarquía que Franco "instaura" es una monarquía reaccionaria y fascista ... Al proclamar sucesor y rey a Juan Carlos, Franco ha destruido toda posibilidad monárquica en España, arruinando las ilusiones en las que habían caído ciertos sectores sobre la posibilidad de una monarquía democrática».[87]

El PSOE emitió un manifiesto denunciando el nombramiento como último conato desesperado de supervivencia de aquellos que habían destruido la democracia treinta años antes. Juan Carlos era tachado de «príncipe de opereta» y toda la operación de un intento de «imponer, en grotesca escenografía medieval, un futuro rey de cartón piedra». El maoísta PCE (Marxista-Leninista) describía al Príncipe como «un engendro franquista y un fiel lacayo de sus amos yanquis». Salvador de Madariaga escribió un artículo titulado «Die spanische Monarchie», que fue publicado en la *Neue Zürcher Zeitung* y reproducido en muchos otros periódicos europeos y latinoamericanos, en el cual decía que «España no aceptará nunca un monarca que traiciona a su padre y declara abiertamente que será el Rey de los vencedores de la guerra civil».[88]

En los días siguientes Juan Carlos se sintió eufórico, pero era plenamente consciente de que ahora tenía que empezar a trabajar en serio. Dos décadas después le revelaría a José Luis de Vilallonga, ya convertido en dedicado adulador, cómo se sentía ante lo que le aguardaba.

> Ya sé que mi padre lo pasó muy mal en aquellos momentos para él tan desagradables y frustrantes, pero son muy pocos los que hablan de lo mal que lo pasé yo antes de prestar juramento de fidelidad a unos principios que yo sabía que no podría respetar. Aquello que me decía Torcuato de que toda ley lleva en sí misma el principio de su reforma y que nada es eterno y que todo se puede cambiar por la vía de la legalidad sonaba muy bonito, pero una cosa es hablar de ello y otra es hacerlo. Si a eso

> le añades el dolor que me producía tener que, en cierto modo, enfrentarme a mi padre, comprenderás que todo aquello fue para mí algo parecido a una pesadilla.[89]

La tarea de Juan Carlos era cerciorarse de que su nombramiento no fuera simplemente el último acto de una épica histórica, sino el primero de otra. Las pintadas hostiles aparecidas en las calles de muchas ciudades españolas subrayaron la reacción de la izquierda. Para suceder a Franco, necesitaba asegurarse de que la maquinaria del gobierno trabajaría para él, lo cual significaba contar con el apoyo de la mayoría de la clase política, del funcionariado y del Movimiento. Juan Carlos comprendía que la aclamación que le habían deparado las Cortes podía ser frágil. Su posición dependía del favor de Franco. Y sabía que no debía arriesgar el prestigio de la monarquía uniendo en su persona, como Franco, los títulos de jefe de Estado y de Gobierno. López Rodó le aconsejó que consolidara su posición y no hiciera nada que pudiera suscitar recelos en la jerarquía franquista. Poco antes del nombramiento de su hijo, don Juan había hablado a Giménez-Arnau sobre su convicción de que Franco no designaría sucesor antes de morir. El embajador le preguntó qué haría si el dictador moría, por así decirlo, intestado. Con lo que solo podría describirse como un optimismo irreflexivo, don Juan respondió: «Antes de una hora, estaría en Madrid». Tras veinte años en España, su hijo tenía una idea más clara de las complicaciones que entrañaba relevar a Franco, con un aparato político plagado de recelos, cuando no oposición abierta, hacia la monarquía.[90]

En 1969 se conmemoraba el trigésimo aniversario de la victoria de Franco en la guerra civil. El Caudillo había dedicado esos treinta años a mantener viva la división entre vencedores y vencidos. España había experimentado cambios ingentes en la segunda mitad de ese período, gracias a influencias externas y a los esfuerzos de los tecnócratas. La prosperidad había quitado algo de hierro a los odios latentes nacidos de la guerra. Pese a ello, apenas cuatro meses antes de la designación de Juan Carlos se había impuesto un estado de excepción. El régimen que Juan Carlos había jurado perpetuar seguía siendo una dictadura en toda regla.

No cabe duda de que Franco tenía gran fe en Juan Carlos y que había llegado a apreciarlo y respetarlo a lo largo de los años. Esa fe no era compartida ni por la oposición de izquierdas ni por muchos falangistas del régimen, ni siquiera por el propio Juan Carlos a finales de los años sesenta. Pese al respaldo de López Rodó y Carrero Blanco, su ademán reservado y melancólico producía la impresión de ser «un invitado a quien no se le había aclarado si se iba a quedar a comer o no».[91] Y, en efecto, aunque en conversaciones privadas y en discursos públicos Franco había expresado claramente que su sucesor debía continuar su obra, lo cierto es que no le había dado a Juan Carlos instrucciones explícitas. Lo que él tenía pensado era que Juan Carlos permaneciera como figura simbólica, un jefe de Estado ceremonial, con un canciller de hierro, el almirante Carrero Blanco, para mantenerle en la senda del verdadero franquismo. Pese a ello, unos días después del nombramiento del Príncipe este recibió una nota manuscrita del dictador en la que le decía: «Estoy seguro de que servirá siempre a España con lealtad y que hará honor al juramento pronunciado ante las Cortes y al que en su momento deba hacer para respetar las leyes Fundamentales del Reino». Juan Carlos interpretó la nota como una advertencia que «significaba que me tenían estrechamente vigilado y que más me valía no salirme del camino trazado».[92]

A partir de ese momento, Juan Carlos visitó a Franco todas las semanas, generalmente los lunes a última hora de la tarde. Cuando le pedía consejo, el Caudillo respondía: «Para qué quiere Vuestra Alteza que le diga algo. ¡Si no va a poder gobernar como yo!», o «No tengo la menor idea, Alteza. Lo que en todo caso no podrá hacer es lo que haría yo». Lo que aquello venía a significar era: «No podrás porque no has conquistado el poder. Porque no ganaste una guerra civil. Porque solo tienes poder gracias a que yo te lo he dado. Porque serás vigilado por Carrero y otros. Porque, a diferencia de mí, estarás sujeto a las limitaciones impuestas por el Consejo del Reino y las Cortes».[93] Cuando Franco habló con Pacón acerca del artículo de Salvador de Madariaga, defendió su elección de Juan Carlos como la que «más garantías me ofrece para defender el régimen que salió victorioso de la

Cruzada». Refiriéndose al Príncipe y a su mujer afirmó su fe en que no le traicionarían con desviaciones democráticas. Sus palabras fueron casi idénticas a las de su nota a Juan Carlos: «Estoy seguro de que servirán siempre a España con lealtad absoluta y de que él hará honor al juramento pronunciado ante las Cortes y al que en su día volverá a hacer de cumplir las leyes fundamentales, siendo rey de España».[94]

Franco rara vez daba consejos directos al Príncipe, empleando solo el método indirecto de contar anécdotas sobre sus propias experiencias.[95] El Príncipe había aprendido del Caudillo el valor de la sentencia «eres dueño de lo que no dices, y esclavo de lo que dices». Juan Carlos comentó posteriormente: «¿Por qué guardaba siempre silencio? ¿Por qué nunca decía nada? Porque era una época en que nadie, ni siquiera yo, se atrevía a hablar. La autocensura (la prudencia, si prefieres) era general. Personalmente, yo no sabía cómo iban a ser las cosas».[96] Don Juan había mantenido siempre que la monarquía no podría sobrevivir si se identificaba en exceso con Franco. Juan Carlos se había arriesgado a una ruptura con su padre precisamente porque sabía que, sin esa índole de identificación, nunca habría sido designado para ser rey. Pronto se vería con claridad, tras la bruma de una discreción necesaria, que el Príncipe no había rechazado los postulados de su padre. Se trataba más bien de que era más sensible al problema de elegir el momento.

Durante algunos meses después que Juan Carlos aceptara el nombramiento, don Juan seguía sin hablar con normalidad a su hijo. Estaba convencido de haber sido traicionado. Finalmente, a finales de 1969, se encontraron en Lausana y mantuvieron una conversación franca y sincera. Juan Carlos dijo:

> Mira, papá, desde que tenía ocho años yo he sido un mandado. Un mandado tuyo. Solo he hecho lo que tú has querido. Tú quisiste que fuera a estudiar a España. Y estudié en España. Luego, porque te enfadaste con Franco, quisiste que me retirara de España. Y me retiré de España. Reanudasteis las relaciones. Y yo volví otra vez... Entre Franco y tú organizasteis el plan de mi vida como quisisteis. A mí no se me preguntaba ¿quieres?, ¿no quieres? Se me daba ya decidido. Y yo, a obedecer. No he hecho

> otra cosa que obedecerte... En todo he hecho lo que tú me has dicho. Tú me has ayudado a formarme. De ti he aprendido a trabajar para España y para la restauración de la monarquía. El haber sido nombrado «sucesor a título de Rey» es una consecuencia de haber estado en España, porque tú me pusiste ahí. Yo no te lo pedí. Tú lo decidiste por mí. Y es lógico, de cajón, que haya ocurrido lo que ha ocurrido. Pero, tú, papá, no lo ves... porque tienes unos consejeros que no te dejan verlo. De todos modos, si tú crees otra cosa, dímela, papá, yo te oigo.

Don Juan dijo claramente que pensaba que su hijo le había engañado. Juan Carlos respondió:

> Papá, lo mío es consecuencia de tu decisión. Yo he sido siempre un mandado. Objetivamente, yo tengo más probabilidades de reinar que tú. Pero no estoy seguro. Franco puede cambiar de actitud. Lo que sí te puedo decir es que nos necesitamos los dos. Yo desde dentro, y tú desde fuera. Porque yo, dentro, estoy completamente rodeado y vigilado, y no puedo tener contactos con la oposición. Y tú, fuera, sí puedes. Y solo de esta manera podré hacer una monarquía democrática, para todos los españoles, piensen de una manera o piensen de otra.

Su padre tardó algún tiempo en quedar convencido, pero finalmente claudicó y abrazó a su hijo. A partir de entonces, según Juan Carlos, don Juan se convirtió en su consejero más allegado.[97]

6

BAJO SOSPECHA, 1969-1974

Comenzó entonces para el Príncipe el período más difícil en su larga marcha hacia el trono. Al aceptar el nombramiento de Franco se había granjeado los recelos y el desprecio de la mayoría de la oposición democrática, incluidos los partidarios de su padre. Al mismo tiempo, su determinación de llevar a cabo una profunda reforma democrática no pudo seguir manteniéndose enteramente en secreto dentro del régimen. Por consiguiente, el Príncipe fue objeto de abierta hostilidad en muchos círculos franquistas, especialmente dentro de la Falange y en El Pardo. La Zarzuela estaba sometida a intensa vigilancia. Lo delicado de la situación del Príncipe se exacerbó por el hecho de que el propio régimen llegó a sentirse acorralado.

Si Franco había tenido esperanzas de que, nombrando un sucesor, podría disfrutar de un período de tranquilidad, estas se vieron bruscamente frustradas en la segunda mitad de 1969. ETA seguía siendo una ominosa amenaza. De modo más inmediato, los falangistas del Movimiento estaban a punto de tomarse la revancha por la derrota sufrida a manos de los tecnócratas. A mediados de agosto de 1969 hizo erupción el volcán político conocido como «escándalo Matesa». Maquinaria Textil del Norte de España, Sociedad Anónima (Matesa) era una compañía con sede en Pamplona presidida por Juan Vilá Reyes, que había fabricado un telar sin lanzadera exportado con gran éxito a Europa, América Latina y Estados Unidos. Con objeto de cumplir los requisitos necesarios para recibir créditos a la exportación, la empresa creó filiales en América Latina que hicieron pedidos de gran número de telares. A fines de 1968 se descubrieron irregularidades financieras y se denunció que las filiales y sus pedidos eran un medio fraudulento para poder solicitar dichos créditos.[1] Vilá Reyes protestó que eran las propias acusaciones las que habían provocado la cancelación de pedidos legítimos de sus filiales. La prensa del Movimiento desató una sarta de ataques contra los tecnócratas y *Arriba* denunció lo que calificó de «desastre nacional».[2]

Nombrado ya Juan Carlos como sucesor, Solís se aferraba frenéticamente a la última oportunidad para quebrantar la hegemonía del grupo de tecnócratas del Opus Dei antes de que comenzara el futuro post Franco, pero la operación Solís fracasó estrepitosamente porque Franco no creía que los ministros vinculados al Opus actuaran como un siniestro bloque independiente. Ante Salgado-Araujo se jactó de que «su lealtad al régimen y a mí es absoluta, pues ante todo son unos perfectos caballeros», y se indignó por los intentos de la prensa del Movimiento de provocar un escándalo político a gran escala.[3] La consecuencia final fue la dimisión de los dos ministros con jurisdicción sobre los hechos en cuestión, el de Hacienda, Espinosa San Martín, y el de Comercio, García Moncó; los ministros implicados en la gestación del escándalo, Fraga como ministro de Información y Solís como ministro secretario general del Movimiento, salieron también en los cambios ministeriales del 29 de octubre de 1969. El nuevo gobierno fue esencialmente elección de Carrero Blanco a partir de una lista en gran medida confeccionada por López Rodó y Silva Muñoz.[4]

Al dinámico Gregorio López Bravo, a quien Franco había tomado un afecto paternal, se le ofreció que eligiera ministerio y optó por Asuntos Exteriores. El nombramiento más importante para Juan Carlos fue el de nuevo ministro secretario general del Movimiento, Torcuato Fernández-Miranda, un hombre de pequeña estatura, pulcro y sinuosamente inteligente, que había sido su tutor en ciencias políticas y se había convertido en su asesor más próximo. Muchos de los nuevos ministros eran protegidos de López Rodó y podían, por ello, considerarse totalmente leales a Juan Carlos, algo especialmente aplicable a los nuevos ministros de Industria, José María López de Letona; de Hacienda, Alberto Monreal Luque; de Comercio, Enrique Fontana Codina; de Vivienda, Vicente Mortes Alfonso, y de Agricultura, Tomás Allende y García Baxter. Camilo Alonso Vega se jubiló y su sustituto, el abogado militar Tomás Garicano Goñi, había ya formado estrechas relaciones con el Príncipe durante su época como gobernador civil de Barcelona. Puesto que todos los nombrados provenían de los dos grupos de presión católicos, el Opus Dei y la Asociación Católica Nacional de Propagandistas, y todos eran más o menos favorables a Juan Carlos, este gabinete recibió el apelativo de «gobierno monocolor». Incluso el ministro del Ejército, el general Juan Castañón de Mena, era afecto a Juan Carlos.[5] Tanto Franco como Carrero Blanco estaban conformes con el equipo de tecnócratas suministrado por López Rodó, pero en cuanto aquel se encontró en dificultades, volverían a reafirmarse sus instintos esencialmente reaccionarios.

Las esperanzas de Franco de que el nuevo gobierno pudiera proporcionarle sosiego y tranquilidad pronto quedaron desbaratadas por las rabietas de los falangistas. Las discordias intrarrégimen a causa del escándalo Matesa sobrepasaban con mucho la cuestión inmediata. En parte, se trataba de simple rivalidad por el reparto de la tarta, pero también reflejaba la creciente inquietud suscitada por los disturbios obreros, estudiantiles y regionales. Los franquistas empezaban a descomponerse en facciones que no respondían a las tradicionales divisiones en falangistas, monárquicos, católicos y demás, sino a ideas divergentes, e incesantemente cambiantes, sobre la mejor vía para sobrevivir a la muerte de Franco. Los tecnócratas esperaban que la prosperidad y una administración eficiente permitieran una transición indolora a una monarquía franquista bajo la jefatura de Juan Carlos. Otros, como Fraga y Solís, creían que la envergadura de la oposición requería la reforma del sistema político. Y otros seguían considerando que cualquier modernización iba a destruir todo lo que les era preciado y por ello se afanaban por una vuelta al franquismo intransigente. También Franco y Carrero, pese a haber promovido el predominio tecnócrata, cuando se enfrentaron a la crisis de principios de los años setenta volvieron instintivamente a la mentalidad de sitio de los años cuarenta.

Ciego al hecho de que los instrumentos políticos de su dictadura no eran los indicados para gobernar una España enormemente diferente, el Caudillo dio por sentado que este gabinete sería capaz de resolver los serios problemas ya planteados. La estrategia de López Rodó de eficiencia administrativa despolitizada y prosperidad económica estaba ya aplicándose, pero se enfrentaba a una invencible oposición desde dentro y desde fuera del régimen. Había malestar entre los obreros y los estudiantes. El año 1970 estaría jalonado de una creciente violencia policial contra las huelgas y las manifestaciones. ETA seguía activa. Los curas que apoyaban a los obreros eran atacados por violentos grupos paramilitares que utilizaban diversos nombres, el más conocido de los cuales era el de los Guerrilleros de Cristo Rey. Era opinión generalizada que estos grupos se formaban en el seno del Servicio de Documentación de la Presidencia del Gobierno, los servicios secretos, más o menos privados, de Carrero Blanco. Los Guerrilleros estaban ligados a la asociación política neofascista Fuerza Nueva, dirigida por Blas Piñar, miembro del Consejo Nacional del Movimiento y amigo de Carrero Blanco. El gobierno consentía esta violencia porque la existencia de una extrema derecha delirante le permitía de algún modo aparecer en una posición centrista. Pese a esto, el ministro del Interior, Tomás Garicano Goñi, protestó ante Franco por el peligro que representaban estos extremistas.[6] Inevitablemente, y antes de mucho tiempo, la incapacidad del equipo monocolor para dar solución a la agitación de la sociedad española abriría paso, con aprobación de Franco, a una vuelta a la brutalidad represiva del período de posguerra.

Los franquistas más progresistas, como Fraga, empezaron a moverse a favor de una reforma del sistema desde dentro. Los afectos al régimen estaban divididos entre los anodinos tecnócratas, conocidos como continuistas, y los «ultras» intransigentes o inmovilistas cuya voluntad de combatir el progreso hasta el fin les ganó el título hitleriano de «el búnker». Este contaba con simpatías entre los falangistas radicales de la vieja guardia, las jóvenes promesas que componían los grupos violentos y muchos oficiales de extrema derecha con los generales azules a la cabeza.

Al finalizar el decenio, el búnker montó un doble asalto en El Pardo contra la proyectada monarquía franquista de Juan Carlos. Primero, a través de simpatizantes del círculo familiar de Franco, iniciaron una campaña de rumores contra el Opus Dei y el gobierno. Después, procuraron socavar la posición de Juan Carlos promoviendo la causa de don Alfonso de Borbón Dampierre, entonces embajador en Suecia y pronto prometido de la nieta mayor de Franco, María del Carmen Martínez-Bordiu, gran predilecta de doña Carmen. Así, resaltaron el hecho de que Alfonso fuera hijo del primogénito de Alfonso XIII, su franquismo entusiasta y su amistad con Cristóbal Martínez-Bordiu.[7] Alfonso, «el príncipe azul» (así llamado por su doble carácter de candidato ideal y falangista), despertó las esperanzas de la extrema derecha y en especial de la esposa y el yerno de Franco. En general, la cuestión dinástica suministró un foco de intrigas que ocupó y dividió en medida creciente a las «familias» franquistas. Al situar a Juan Carlos a su lado año tras año en el desfile de la Victoria, Franco había dejado clara su posición, no obstante lo cual el búnker se consolaba con el hecho de que permanecía deliberadamente al margen cuando los elementos ultra de los cuadros de Falange presionaban a los gobernadores civiles para que restaran importancia a las visitas de Juan Carlos e hincharan las de Alfonso de Borbón.

Todo esto colocaba a Juan Carlos en una difícil posición. Gozaba de poco o nulo favor popular; años de aparecer junto a Franco, cabizbajo y mudo, habían suscitado la idea generalizada de que carecía tanto de inteligencia como de valor. Proliferaban los chistes sobre su supuesta estupidez. Se le llamaba con sorna «Juan Carlos el breve». Mientras esperaba a que Franco decidiera quién iba a sucederle, Juan Carlos se había visto forzado a mantener un humillante silencio. Pero después había abrigado la esperanza de continuar sus viajes por España y empezar a expresarse con voz propia. Su cuñado, Constantino de Grecia, había hecho vibrar una fibra muy sensible cuando lamentó no haber sabido darse a conocer mejor al pueblo griego. Juan Carlos, por tanto, se había sentido frustrado cuando descubrió que los ministros tenían muchas reservas respecto a permitirle realizar los viajes que él deseaba. Él quería salvaguardar algunos de los logros económicos del régimen, pero creía que un sistema nacido de una guerra civil debía ser modificado para responder a las necesidades de la sociedad y la economía modernas que él conocía. Se suponía mayoritariamente que Juan Carlos estaba estrechamente asociado al gobierno monocolor, no obstante lo cual le producía cierto malestar que sus miembros, temiendo por sus propios puestos, estuvieran obstruyendo sus esfuerzos para crearse cierta independencia. Por ello, había empezado a liberarse de la tutela de algunos de los tecnócratas. Le irritaba particularmente que el ministro de Exteriores, Gregorio López Bravo, pareciera decidido a impedir que hablara con libertad en sus viajes al extranjero. Acaso inquietara a este ministro que el Príncipe pudiera revelar más de la cuenta. Aunque las relaciones de Juan Carlos con su padre siguieron siendo tensas, poca duda cabe de que la ambición del Príncipe era instituir la índole de monarquía democrática deseada por don Juan.

A mediados de enero el Príncipe tuvo un encuentro inesperadamente revelador con Carrero Blanco. Siempre había sido evidente que Franco pretendía que el almirante vigilara a Juan Carlos y se cerciorase de que no traicionaba los principios del Movimiento. Sus reaccionarias opiniones sobre el liberalismo y la masonería hacían temible semejante perspectiva para Juan Carlos. Por ello, se quedó pasmado ante lo que Carrero vino a decirle. Ambos sabían que Franco tenía intención de nombrar a Carrero presidente lo antes posible, pero este le aseguró entonces al Príncipe que si, como era de esperar, él era presidente del gobierno al morir Franco, dimitiría de inmediato. Cuando Juan Carlos hizo por cortesía las protestas de rigor, el almirante de sesenta y siete años insistió en que nada podía persuadirle de aceptar el cargo. Carrero Blanco vivía para servir a Franco y era un número dos nato. No quería ser presidente del Consejo de Ministros con Franco; aceptaría el puesto por obediencia a una orden del Caudillo pero, cuando Franco muriera, lo abandonaría. Por ello, sugirió a Juan Carlos que empezara a pensar en nombres como Torcuato Fernández-Miranda, Laureano López Rodó o Gregorio López Bravo.[8] Bien mirado, esta era una buena noticia para el Príncipe pero no carente de dimensiones preocupantes: le alivió saber que quedaría liberado del inevitable choque con Carrero; por otra parte, sabía que el período más difícil de su futuro reinado serían los seis a dieciocho primeros meses. Podía ser crucial, a raíz de la muerte de Franco, contar con un presidente de credenciales tan impecablemente franquistas para escudarse frente a la hostilidad de los intransigentes del régimen.

En realidad, el búnker tenía motivos para inquietarse respecto a las intenciones de Juan Carlos. A principios de febrero, el *New York Times* publicó un artículo muy bien informado de Richard Eder, en el que revelaba que Juan Carlos había «empezado a hacer saber a sus conocidos que no acepta el papel que al parecer le han asignado: el de dócil sucesor», y que admitía en privado «que no tiene intención de presidir una dictadura». El artículo mencionaba que no solo estaba recibiendo visitas de figuras independientes y de la oposición, sino que además les había comunicado su determinación de abrir el sistema político. Cuando había dicho a uno de estos visitantes que «yo soy el heredero de Franco pero también soy el heredero de España», el mensaje del Príncipe era que proyectaba una significativa evolución política después de Franco. Más aún, el periodista repetía algunos comentarios extraoficiales del Príncipe en el sentido de que «solo bajo alguna forma de democracia tendrá realmente posibilidad de permanecer como Rey de España».[9]

En ese momento, Juan Carlos tenía aspiraciones vagas más que un proyecto definido de futuro, no obstante lo cual produjo en Federico Silva Muñoz, ministro de Obras Públicas, la firme impresión de que el artículo reflejaba con precisión sus intenciones, pues le dijo que no podría gobernar sin al menos dos o tres partidos políticos.[10] Comprendiendo la indignación provocada por el artículo en muchos círculos del régimen, Torcuato Fernández-Miranda convenció al Príncipe de que hiciera algún gesto conciliador hacia el búnker. Así, el 10 de febrero presidió la ceremonia de clausura de una reunión de una de las organizaciones más duras del régimen: la Guardia de Franco, la vieja guardia falangista. A Juan Carlos le regalaron el yugo y las flechas en oro y él pronunció un discurso breve. Dadas las circunstancias, este fue una obra maestra en que el Príncipe evitó refrendar directamente los ideales de la Guardia de Franco resaltando simplemente que él, como los falangistas allí congregados, había jurado lealtad a Franco y al servicio de España. Juan Carlos aprendió mucho de sus contactos con la ultraderecha; comprendió que, incluso dentro del régimen, había considerable hostilidad hacia Carrero Blanco. Esto se le hizo sorprendentemente manifiesto cuando el presidente de las Cortes, Alejandro Rodríguez Valcárcel, reveló su oposición tanto al almirante como a Torcuato Fernández-Miranda. Debido al cargo que ocupaba, Rodríguez Valcárcel era un hombre a tener en cuenta pues, en razón de los intríngulis de la constitución franquista, podía tener un papel decisivo en la elección de cargos clave.[11]

El artículo del *New York Times* dejó en el Príncipe la sensación de haber ido demasiado lejos en dejar al descubierto su juego y durante muchos meses se retiró a un cauto silencio público. En privado era mucho más explícito. El 24 de febrero de 1970 mantuvo una larga conversación con el embajador británico sir John Rusell. El Príncipe le dijo que estaba «empezando a entenderse mucho mejor con el oficio. Últimamente ha dejado de consultar a Franco cada vez que quiere ir a algún sitio o hacer algo, y ha empezado a hacer sus propios planes directamente y a comunicárselos después a Franco, aunque dejándole tiempo de sobra para ponerles la luz roja si le parece. Pero hasta ahora, dice Juan Carlos, Franco ha dado el visto bueno a todos sus planes de viajes por provincias, visitas a fábricas, inauguraciones de ferias, etc.». Más significativo era que el Príncipe le comunicara su profunda consternación por las consecuencias del artículo del *New York Times*. Haber revelado «las líneas mucho más liberales en las que el Príncipe ve la función de la monarquía restaurada en España» le había creado problemas tanto con López Bravo como con Alfredo Sánchez Bella, el reaccionario ministro de Información y Turismo, si bien no con Franco. En los círculos tecnócratas había preocupación por considerar excesivamente arriesgado el revelar planes para el futuro que indicaran siquiera una posible discrepancia, no digamos ya una ruptura total, con el régimen. Rusell no tenía duda alguna sobre «las inclinaciones democráticas del Príncipe y sus opiniones sobre el papel constitucional de la monarquía española» y deseaba alentarlas. Por ese motivo, apoyó una petición de Juan Carlos de ser invitado a Inglaterra. El Foreign Office respondió que dicha visita sería poco aconsejable mientras se mantuviera el bloqueo de Gibraltar.[12]

Los obstáculos a los que se enfrentaban las aspiraciones liberalizadoras de Juan Carlos eran evidentes e intimidantes. Con la connivencia del gobierno, los grupos de ultraderecha estaban atacando a sacerdotes y abogados liberales o de izquierda. El gobierno de Carrero Blanco siguió silenciando incluso a la oposición más moderada a lo largo de 1970. Torcuato Fernández-Miranda sabía que tanto Franco como Carrero Blanco recelaban profundamente de su plan de legalizar las asociaciones políticas dentro del Movimiento. Franco había dejado claro que no quería ver dichas asociaciones mientras viviera y que haría lo posible para asegurarse de que no pudieran existir tras su muerte. Carrero Blanco no era menos contrario a la reforma del sistema, todo lo cual se hizo brutalmente evidente en la primavera. El 24 de marzo, José María de Areilza publicó un artículo en *ABC* titulado «La vía española a la democracia» en el que argumentaba que el objetivo del régimen de integrarse en Europa difícilmente podría cumplirse mientras España no tuviera una verdadera democracia con partidos políticos. El 1 de abril, el diario católico *Ya* pedía la democratización de la vida española. Carrero Blanco contestó personalmente en términos sumamente ramplones bajo su pseudónimo de Ginés de Buitrago, con un artículo titulado «¡Un poco de formalidad!», que *ABC* fue obligado a publicar. En él, la España republicana era metafóricamente personalizada en un tal señor Fernández irremediablemente alcohólico a quien el franquismo había curado, y los llamamientos para la democratización de España eran denunciados como el equivalente de ofrecer una copa al reformado alcohólico Fernández. El mensaje para Juan Carlos era que los Principios del Movimiento eran inamovibles. El Príncipe no pudo sino sentirse profundamente aliviado cuando Carrero Blanco le comunicó que pensaba retirarse.[13]

En este contexto, sir John Rusell no cesaba de alentar a Juan Carlos en sus esperanzas de liberalizar el régimen después de morir Franco. El embajador mantenía contactos con Areilza y con Torcuato Fernández-Miranda, con los cuales habló sobre el futuro del régimen cuando el Príncipe hubiera ocupado el trono. El 9 de abril, Rusell había conversado con Fernández-Miranda sobre las consecuencias constitucionales de modificar el papel previsto para el futuro Rey. El embajador visitó a Juan Carlos una semana después y posteriormente informaba: «Encontré al Príncipe animado y cordial como siempre; pero obviamente algo confuso y perplejo sobre su futuro». Cuando le preguntó si tenía alguna información sobre las intenciones de Franco, Juan Carlos, algo alicaído, «respondió, apuntando con el pulgar por encima del hombro hacia El Pardo, que "ese señor" nunca le contaba nada. El hecho era que el general Franco le ofrecía cada vez menos orientación e indicaciones para su proceder y que, por consiguiente, iba tanteando el camino, comunicando a Franco sus planes y esperando las reacciones del Caudillo, pero sin presentar sus proyectos en forma de peticiones sometidas a su aprobación. Había comprobado que esto funcionaba bien y que en la práctica el general Franco le dejaba seguir sus propias inclinaciones en buena medida». Las reuniones del Príncipe con el Caudillo podían ser desconcertantes. Algunos días «se mostraba astuto, rápido y claramente muy espabilado»; otros, «era un anciano cansado y medio gagá».

En cuanto a planes concretos para la sucesión, Juan Carlos dijo que esperaba que el relevo no llegara demasiado pronto, siendo sus esperanzas disponer de otros dos o dos años y medio en los que seguir aprendiendo sus funciones y afianzar su propia posición. «A él le parece que todo va bien, pero que necesita más tiempo. No tiene ni idea de si el general Franco va a entregarle la jefatura mientras esté todavía activo o si va a retenerla hasta que le fallen las facultades; el Príncipe por su parte casi prefiere un acto final similar al portugués en que Franco, como Salazar, se vea obligado a ceder sus poderes por mala salud pero siga vivo en segundo plano unos cuantos meses.» Sus temores surgían de la preocupación por que sus intenciones democráticas (de las que Rusell estaba convencido) entraran en conflicto con el gobierno que Franco dejara. En particular, dijo claramente que le inquietaba la posibilidad de un futuro choque entre sus planes y el reaccionarismo instintivo de Carrero Blanco. Esto indicaba que no estaba seguro de poder creerse el plan de dimisión de Carrero.[14]

Durante este encuentro, el Príncipe insistió en su deseo de ser invitado a Londres. Una ocasión apropiada se presentaría a finales de junio con las celebraciones del setenta cumpleaños de lord Mountbatten, buen amigo de don Juan. De no ser esto posible, a mediados de noviembre iba a reunirse el Consejo del World Wild Life Fund (ADENA), de cuya sección española era presidente Juan Carlos. La cuestión de Gibraltar seguía siendo un obstáculo, no obstante lo cual sir John escribió al Foreign Office: «Tenemos al futuro Rey de España, lleno de sentimientos probritánicos y liberales sumamente admirables, anhelante de hacer una visita a Inglaterra; y dispuesto a este fin a aceptar condiciones que, por ejemplo, el ministro español de Exteriores, como sobradamente sabemos, no toleraría jamás. Dentro de dos años —un año— la semana que viene, puede que este joven sea de importancia muy considerable para nosotros: ¿es prudente seguir haciéndole el vacío?».[15]

La cuestión de la prevista visita continuaba preocupando tanto al embajador como al Príncipe. Al Foreign Office le inquietaba una posible reacción adversa de Gibraltar, tanto más cuanto que López Bravo estaba haciendo repetidas propuestas de intercambiar visitas oficiales. Contestando a Rusell, el Ministerio de Exteriores británico resaltaba que cualquier visita de Juan Carlos tendría que hacerse respondiendo a una invitación familiar de la reina y, por tanto, tener carácter enteramente privado.[16] En junio de 1970 se había acordado que Juan Carlos visitara Gran Bretaña como representante español en la reunión del World Wild Life Fund los días 17-18 de noviembre de 1970. Pero al final el Príncipe canceló la visita el 9 de noviembre sin dar explicaciones, aunque es probable que hubiera intervenido López Bravo por motivo de su frustración respecto a Gibraltar.

En diversos momentos de 1970 el Príncipe pidió consejo a Franco y recibió siempre la respuesta: «Vuestra Alteza ya sabe manejarse solo». Quizá el Caudillo fuera reacio a explicar, o incapaz de hacerlo, la instintiva astucia que caracterizaba su propio estilo. Juan Carlos instó también a Franco a que nombrara un presidente de gobierno, preocupado por la perspectiva de tener que enfrentarse a la sucesión de Franco como jefe del Estado y, al mismo tiempo, elegir su propio presidente. La oposición de la derecha disminuiría si el proceso de sucesión podía desarrollarse bajo un presidente nombrado por el Caudillo. Franco respondía siempre de la misma manera: «Todo se andará, Alteza». Con la mirada puesta en el futuro, tanto López Rodó como Torcuato Fernández-Miranda intentaban asegurar la elección de los miembros más monárquicos de las Cortes. Solo un número reducido de procuradores era de elección, el tercio familiar, y solo podían presentarse candidatos del Movimiento. Con todo, dentro de estas limitaciones, consiguieron incluir más procuradores favorables a Juan Carlos. En julio de 1970 López Rodó persuadió a Carrero de la conveniencia de una ley para establecer que, en caso de incapacidad del Caudillo, la jefatura interina del Estado fuera asumida por Juan Carlos. Franco accedió.[17]

El 2 de octubre de 1970 aterrizó en Madrid Richard Nixon. Venía acompañado por Henry Kissinger, jefe del Consejo de Seguridad Nacional norteamericano, que vio la España de Franco «como suspendida, esperando que termine una vida para poder reincorporarse a la historia europea». Estados Unidos mantenía considerables intereses estratégicos en España. Aunque encantados de que se produjera una evolución moderada tras la muerte de Franco, la principal prioridad de Washington seguía siendo conservar la estabilidad. Por consiguiente, la política estadounidense era mantener una relación operativa con la dictadura mientras ampliaba los contactos con la oposición moderada. Había también discretas presiones de Estados Unidos para convencer a Franco de que entregara los poderes a Juan Carlos antes de que la incapacidad le privara del control sobre la transición. Cuando el presidente y Kissinger se reunieron con Franco para lo que debían ser «conversaciones sustantivas», este le confió a Nixon que, en una reciente visita a España, el general De Gaulle le había aconsejado que no renovara los Acuerdos de las Bases con Estados Unidos. Los dos políticos norteamericanos evitaron cualquier alusión a la transición después de Franco, pero la cuestión pronto cobró prioridad patente cuando vieron que el dictador empezaba a adormilarse. No mucho tiempo después, Kissinger imitó al Caudillo dormitando tranquilamente mientras Nixon hablaba con López Bravo.[18] Juan Carlos llegó más tarde y mantuvo una larga conversación con Nixon que quedó muy impresionado por su dominio de la lengua inglesa.[19]

En concordancia con el plan de fortalecer sus apoyos en el extranjero, Juan Carlos asistió a unos ejercicios navales hispanofranceses durante la semana del 21 al 28 de octubre. En el transcurso de estos actos, cenó con el presidente Pompidou y se reunió en comidas con los ministros franceses de Defensa y Asuntos Exteriores.[20] El respaldo potencial de Estados Unidos se consolidó a principios de noviembre. En un espectacular banquete ofrecido por la Casa Blanca a favor de United World Colleges, organismo del que era presidente el conde de Mountbatten, este habló a Richard Nixon sobre Juan Carlos. Cuando empezó a explicar que Washington podía ayudar al Príncipe y contribuir con ello a la estabilidad de España a largo plazo, Nixon pidió a Kissinger que se uniera a ellos. Mountbatten instó a Nixon a que empleara su influencia para convencer a Franco de entregar el poder en vida. Consecuencia de su prolongada conversación fue que Juan Carlos fuera invitado a Estados Unidos a principios de 1971.[21]

En realidad, el Caudillo, que iba a cumplir setenta y ocho años en diciembre de 1970, parecía totalmente ajeno al hecho de que, dentro del régimen, se estaban tomando posiciones para después de su fallecimiento. En el seno del Movimiento surgieron varias alternativas antagónicas entre sí, que iban desde la extrema derecha fascista de Blas Piñar y Fuerza Nueva hasta los aperturistas como Fraga. Las tensiones internas del régimen se intensificaron con la actividad terrorista de ETA que hizo añicos el mito de la invulnerabilidad del régimen. Los militares de ultraderecha, los llamados generales azules, convencieron a Franco de que respondiera con una demostración de fuerza: los juicios de dieciséis presos vascos, entre ellos dos sacerdotes. El hecho de que prevaleciera esta opinión, mezquinamente revanchista, era síntoma de la decadencia del régimen, de la disminuida capacidad de discernimiento de Franco y de la falta de sensibilidad política de Carrero Blanco. Los juicios comenzaron en Burgos en diciembre de 1970. Los violentos choques entre la policía y los manifestantes contrarios al régimen en Madrid, Barcelona, Bilbao, Oviedo, Sevilla y Pamplona tuvieron como resultado la declaración del estado de excepción. Franco no consultó la cuestión con Juan Carlos.[22]

En la mañana del 17 de diciembre, el Movimiento organizó una manifestación contra ETA. La prensa y la radio convocaron a la población a la plaza de Oriente de Madrid; un gran número de trabajadores del campo fue traído en autobuses desde todos los rincones de ambas Castillas. La multitud se congregó ante el Palacio de Oriente pidiendo la presencia de Franco, lo cual en principio no estaba programado. Cuando Pacón entró en el Palacio de Oriente para dirigirse a su despacho, se encontró rodeado por «un grupo de señoras, íntimas amigas de la señora de Franco, que no hacían más que criticar en voz alta al Opus Dei y dar opiniones de lo que se debía hacer». Vio también al alcalde de Madrid, Carlos Arias Navarro, otro amigo de doña Carmen, así como al almirante «Pedrolo» Nieto Antúnez, y a la jefa de Sección Femenina, Pilar Primo de Rivera. Pacón telefoneó a El Pardo y urgió al Caudillo a que fuera. También Vicente Gil fue a El Pardo y le dijo a doña Carmen que «el pueblo aguardaba al Caudillo en la plaza de Oriente». Esta fue entonces directamente al despacho de su marido y le dijo en palabras que no admitían discusión: «Paco, tenemos que ir inmediatamente al Palacio Real, donde se ha concentrado una gran multitud». Franco, un tanto aturdido, y su mujer se dirigieron de inmediato hacia Madrid, él vestido con ropa de calle.[23]

Un cálculo moderado de la prensa extranjera estimó los congregados en unas cien mil personas y la prensa del Movimiento en quinientos mil. En las múltiples pancartas se leían frases como «Franco sí, Opus no» y «Viva el Santo Caudillo de España». Mientras Franco respondía a las consignas coreadas por la multitud levantando ambas manos, doña Carmen hacía el saludo fascista. Juan Carlos, visiblemente incómodo, estaba también presente junto a la princesa Sofía. No tenían realmente alternativa, puesto que no asistir habría sido interpretado por Franco como una traición e implicaba simpatía hacia ETA, y se vieron forzados a escuchar los gritos «ultras» de: «Abajo la monarquía» y «No queremos reyes tontos». Medio oculto al fondo del balcón, Juan Carlos hacía grandes esfuerzos para parecer invisible mientras reflexionaba sobre la índole de empresa que había aceptado.[24]

Los juicios de Burgos concluyeron con declaración de culpabilidad y condena de muerte para tres militantes de ETA. Los tecnócratas estaban consternados por las implicaciones de todo ello para Juan Carlos. En la noche anterior al consejo de ministros del 30 de diciembre de 1970, en que iban a revisarse las sentencias, López Bravo estuvo con Franco e intentó hacerle ver que, si eran confirmadas, sería muy perjudicial para la imagen internacional de España. El Caudillo le escuchó durante una hora y después dijo: «López Bravo, no me ha convencido usted». Carrero Blanco coincidió en que sería políticamente desastroso que el Caudillo confirmara las sentencias de muerte. Al día siguiente, en el consejo, Carrero y los tecnócratas hicieron un esfuerzo desesperado para convencer a Franco de que conmutara las penas de muerte.[25] Aunque finalmente optó por la clemencia, los juicios de Burgos alteraron decisivamente el equilibrio de fuerzas en España: la torpeza del régimen había unido a la oposición como nunca antes, la Iglesia era profundamente crítica y los clanes franquistas empezaban a polarizarse. Los franquistas más liberales comenzaron a abandonar lo que ellos consideraban el barco que se hundía. Sometidos a estas presiones, tanto Franco como Carrero se inclinaron por la causa inmovilista, al igual que, por supuesto, doña Carmen y su camarilla de adineradas damas del régimen.

El consecuente deterioro de la imagen del régimen tenía implicaciones obvias para el Príncipe. En un informe bastante pesimista sobre los hechos de 1970, el embajador británico escribía con desánimo: «España entra en 1971 en un ambiente de retroceso a finales de los años cuarenta». «El Príncipe de España ha seguido su vacilante avance hacia lo que tiene aspecto de ser un trono muy inestable.»[26] Es probable que similares reflexiones ocuparan también prioritariamente el pensamiento de Juan Carlos durante la Navidad que pasó esperando los resultados de los juicios de Burgos, mientras atendía además a su familia política. Siempre se llevó bien con Constantino, pero su dominante suegra era sin duda mucho más dura de llevar. El embajador británico decía: «¡Su real *Mutter* es la que se lleva la palma! No he conocido jamás una mujer más mandona, pretenciosa, falta de tacto y desagradable. Pero me alegra decir que los españoles la tienen calada: hace poco empezó a hacer indagaciones para comprar propiedades en España y fue cortésmente informada de que no había inconveniente en que hiciera visitas ocasionales a su hija pero que la residencia aquí no era posible».[27]

Si Juan Carlos quería cambiar el régimen, era evidente que iba a necesitar toda la ayuda exterior posible cuando el momento llegara. Para lograrla, tenía que poner distancia entre él y el régimen responsable de los juicios de Burgos. Por consiguiente, aprovechó la oportunidad que le brindó un viaje oficial a Estados Unidos. El 25 de enero de 1971, acompañados por Gregorio López Bravo, el Príncipe y su esposa salieron hacia Washington para devolver la visita de Estado del presidente Nixon y su mujer unos meses antes. La escala de la acogida que les depararon superó, sin embargo, el simple protocolo y tuvo la clara intención de promocionar la imagen del Príncipe. La real pareja se alojó en Blair House, residencia oficial de las visitas de Estado. El Príncipe fue recibido por diversos miembros del gobierno y por una serie deslumbrante de dignatarios de Capitol Hill; colocó una corona de flores en la tumba del soldado desconocido en el Cementerio de Arlington, y asistió a una cena oficial en la Casa Blanca. A los actos de Washington siguieron visitas a San Diego y Los Ángeles, a Houston (Texas), a Cabo Kennedy (Florida) y Nueva York. Para todo ello se puso a su disposición un avión especial de las Fuerzas Aéreas estadounidenses. El ambiente no podía ser más diferente de la descortés recepción deparada al Príncipe por el presidente Johnson cuatro años antes. Cuando sir John Rusell vio el programa, comentó con aprobación: «le están sacando lustre».[28]

El Príncipe fue a la Casa Blanca la mañana del martes 26 de enero. En el Despacho Oval, el presidente habló con él sobre lo que ocurriría cuando sucediera a Franco. Nixon le dijo que su máxima prioridad debía ser la ley y el orden, y que no debía dedicarse a reformar el sistema político hasta que estuviera garantizada la estabilidad. Le aconsejó también que no se preocupara por presentar una imagen liberal y reformista sino que más bien explotara su juventud, dinamismo y simpatía para emitir el mensaje de que las cosas iban a cambiar cuando estuviera en el poder. Nixon se quedó aún más impresionado con el Príncipe que en su primera entrevista, aunque seguía teniendo dudas de que pudiera «mantener el fuerte tras la muerte de Franco». Pese a todo, se inclinó entonces a empeñar su influencia en la instauración de la monarquía en la persona de Juan Carlos. George Landau, director de la oficina para España del Departamento de Estado, le dijo a un diplomático británico destinado en Washington que la visita se había organizado con objeto de «expresar la confianza de Estados Unidos en el Príncipe no solo en el contexto de las futuras relaciones hispano-estadounidenses, sino también como alternativa óptima para garantizar la estabilidad interna de España después de Franco». Al parecer, en el transcurso de esta visita, Henry Kissinger dijo presuntamente a Juan Carlos que, si alguna vez podía serle de utilidad, no debía vacilar en comunicárselo.[29] Casi cinco años después, en circunstancias dramáticas, aceptaría la oferta de Kissinger.

Durante toda su estancia, Juan Carlos hizo discretos esfuerzos para subrayar su independencia del régimen de Franco, lo cual fue particularmente perceptible en la rueda de prensa que siguió a la reunión en la Casa Blanca. Sus comentarios sobre el futuro reflejaban su convencimiento de que Nixon aprobaba sus planes. El 27 de enero, el *Chicago Tribune* publicó un artículo en que se citaban palabras del Príncipe que recreaban sus recientes conversaciones con Torcuato Fernández-Mirada sobre la posibilidad de utilizar la constitución franquista para dar más libertades: «Franco, nunca, nunca, nunca, ha interferido en mi vida. Me deja completamente libre. Creo que el pueblo quiere más libertades. Todo es cuestión de saber con qué velocidad. No habrá peligro de explosión mientras la Constitución (las Leyes Fundamentales) esté vigente. Estoy dispuesto a utilizar todos los métodos, dentro de la Constitución». En el comentario que acompañaba esta cita se decía que Juan Carlos se creía capacitado para llevar el país por una vía más progresista y parecía estar haciendo un discreto esfuerzo para ir dejando atrás la larga sombra de Franco. En la prensa española no se permitió citar este artículo. En una breve reunión informativa *off the record* con periodistas españoles, Juan Carlos dejó claro que esperaba emplear su prerrogativa de nombrar y cesar al presidente del gobierno para dotar a España de más libertad.[30]

El 28 de enero el Príncipe ofreció un desayuno en Blair House para corresponsales en Estados Unidos. En cierta medida, estuvo condicionado por las frecuentes interrupciones de López Bravo. Para el Departamento de Estado era evidente que el Príncipe no había querido que el ministro de Exteriores estuviera presente. Todas las declaraciones de Juan Carlos en este desayuno indicaban su intención de promover al menos una evolución prudente en España una vez estuviera en el poder, no obstante lo cual cuidó de repetir constantemente como un mantra: «Dentro de la Constitución».[31] Sus aspiraciones de evolución eran ya un secreto a voces. A su regreso a Madrid, el ministro del Ejército, general Castañón, le dijo un tanto preocupado que Franco tenía un ejemplar del *Chicago Tribune*. Temiendo que el Caudillo estuviera furioso, Juan Carlos se apresuró hacia El Pardo. Hasta qué punto asumía Franco que Juan Carlos era afín a sus ideas se reveló en su inesperada reacción. Para sorpresa del Príncipe, Franco le habló en términos que recordaban su doble juego con las potencias occidentales durante los años de aislamiento internacional: «Hay cosas que Su Alteza puede y debe decir fuera de España y cosas que no debe decir en España. Lo que se dice fuera puede no ser conveniente que se difunda aquí. Y, a veces, lo que se dice aquí mejor sería que no se supiera fuera».[32]

La consecuencia inmediata de su entrevista con Juan Carlos fue que el presidente Nixon decidiera mandar al general Vernon A. Walters, jefe adjunto de la CIA, para entregar una carta confidencial a Franco. Es razonable presumir que esta decisión daba a entender su respaldo a Juan Carlos. Walters, llegado a Madrid el 23 de febrero de 1971, obtuvo acceso directo al Caudillo por vía de Carrero Blanco. Previamente al encuentro, este le advirtió que «Franco era muy mayor y en ocasiones parecía ausente». Cuando Walters entregó la carta de Nixon al Caudillo, «alargó la mano para cogerla pero le temblaba fuertemente e hizo un gesto al ministro de Exteriores para que se la diera». Reacio a hacerle preguntas relacionadas con su muerte, Walters se sorprendió cuando el propio Franco sacó la cuestión a colación. Aún más le asombró la calma y falta de emoción con que habló sobre su desaparición.

Franco aseguró a Walters que la sucesión de Juan Carlos se produciría sin desórdenes de ninguna clase, y que «el Ejército no permitiría nunca que la situación se les vaya de las manos». También «expresó su confianza en la capacidad de Juan Carlos para controlar la situación después de su muerte, diciendo que no había ninguna alternativa al Príncipe. Dijo también que había creado una serie de instituciones para garantizar una sucesión ordenada. Y sonrió al apuntar que muchas personas dudaban de que dichas instituciones pudieran funcionar. Se equivocaban; la transición sería pacífica». Sorprendido de que el Caudillo hablara con tanta franqueza sobre su propia muerte, Walters salió de allí convencido de que esta no tardaría mucho en llegar. Le pareció también que Franco «tenía aspecto avejentado y débil. La mano izquierda le temblaba a veces tan violentamente que se la tapaba con la otra mano. En ocasiones parecía estar muy lejos y en otras iba directamente al grano».[33]

La constatación del progresivo deterioro físico de Franco indujo al Príncipe a pensar que el dictador, que tenía entonces setenta y nueve años, se retiraría al llegar a los ochenta, en diciembre de 1972. Entretanto, su frustración era constante. Tanto López Rodó como Fernández-Miranda habían visto en la idea de asociaciones políticas dentro del Movimiento el posible vehículo para una posterior transición a auténticos partidos políticos. Después de cierto interés inicial, Franco se mostró contrario a la idea en la primavera de 1971. Así pues, el Príncipe siguió insistiendo en el nombramiento de un presidente de gobierno, con la esperanza de que no fuera Carrero Blanco pero dispuesto a aceptarlo si era necesario. A López Bravo le comunicó su impaciencia diciendo: «A Franco habrá que ponerle un cohete». En el verano de 1971 Juan Carlos habló con Franco en su residencia veraniega del Pazo de Meirás, y este no dejó duda al Príncipe respecto a su oposición a cualquier clase de liberalización, desechando rotundamente la idea de las asociaciones políticas como primer paso hacia otra cosa: «No habrá asociaciones mientras yo viva y haré lo posible para que no las haya después: serían partidos políticos».[34]

Es posible que Franco se abstuviera de dar a Juan Carlos consejos específicos sobre cómo gobernar en el futuro, pero no ocultó su determinación de que su régimen no se liberalizara. Incluso en su propia casa tenían que ser cautos el Príncipe y su mujer. Los servicios de inteligencia del régimen espiaban todos sus movimientos. Sofía comentó años después: «Todas las personas que pasaban por aquí, quedaban fichadas. Había un conserje que todos los días enviaba a El Pardo una nota poniendo quiénes habían venido, a qué hora entraron, a qué hora salieron. Muchas veces sorprendimos al personal de servicio escuchando detrás de las puertas. Ah, y cuando quisimos aclararlo, nos enteramos de que lo hacían porque se lo habían mandado de arriba, y tenían que cumplir su deber».[35]

Pese a las desagradables incertidumbres de su situación y al hecho de que tenían que silenciar sus ambiciones de desmantelar el régimen, Juan Carlos personalmente sentía mucho afecto por Franco. En marzo de 1971 José María Pemán visitó La Zarzuela y escribió después a don Juan sobre la conversación sumamente franca que había mantenido con el Príncipe: «Mi impresión es que aprecia bastante poco a casi todo el cuadro oficial que le presiona y rodea y en cuyas palabras advierte casi siempre cuanto tienen de convencionales, personalistas o adulatorias. Creo que solo tiene afecto y fe para Franco, que tiene establecida con S.A. esa relación "abuelo-nieto", guardando para los políticos oficiales el mismo recelo y regular afecto que el Príncipe». Pemán comentó también el reciente viaje a Andalucía de Juan Carlos y Sofía, en que advirtió complacido su creciente popularidad e indicios de que la gente común empezaba a poner en ellos sus esperanzas para el futuro.[36]

Fue precisamente a causa de los temores que suscitaba el cariño de Franco por el Príncipe, así como su fragilidad física, que su círculo inmediato, del que era centro doña Carmen, denunció abiertamente la «debilidad» de los tecnócratas y no desaprovechó ocasión para denigrar a Juan Carlos. De hecho, la actitud de Franco era inequívoca. Su discurso de inauguración de las Cortes el 18 de noviembre de 1971 demostró su total intolerancia hacia cualquier forma de liberalización. El texto en sí estaba lleno de oscuras referencias al enemigo interior y exterior, al peligro de caos y a la necesidad de mantener la estabilidad, y privó de todo fundamento a la idea de que, de algún modo, aprobaba benévolamente las aspiraciones del Príncipe a una apertura democrática: «Será siempre vano y estéril el sueño de algunos grupos, que esperan que el mero paso del tiempo pueda introducir en nuestras instituciones elementos doctrinales o ideológicos extraños a nuestro sistema ... Toda organización política de cualquier índole al margen de este sistema representativo será considerada ilegal ... Se equivocan los que creen que nuestro proceso de institucionalización política podría, más tarde o más temprano, conducir a una fragmentación de la unidad social en múltiples partidos políticos».

Franco parecía estar dirigiendo sus palabras directamente a consejeros del Príncipe como Torcuato Fernández-Miranda cuando prosiguió diciendo: «Quisiera insistir en ello, para que nadie pueda albergar dudas, o para con interesadas interpretaciones se quiera dar a nuestro Sistema caminos y cauces que no le corresponden ... los Principios del Movimiento Nacional [que] por su naturaleza son permanentes e inalterables... Nuestro sistema representativo ... es susceptible de perfeccionamiento, pero en él lo único que no cabe son los partidos políticos ni nada que de un modo y otro conduzca a ellos ... Todo movimiento asociacionista que, marginando a la organización del Movimiento Nacional, albergue la esperanza de volver, antes o después, a la formación de grupos ideológicos que nos conducirían a los partidos políticos, nunca será posible».[37]

Las evocaciones nostálgicas de su mujer sobre los buenos tiempos de la guerra civil y el período subsiguiente hicieron a Franco más susceptible a las rumoreadas insinuaciones de que la salvación radicaba en una vuelta al falangismo duro. El peligro que la camarilla de El Pardo representaba para Juan Carlos se intensificó cuando, el 20 de diciembre de 1971, don Jaime anunció el compromiso matrimonial de su hijo y la nieta mayor de Franco, María del Carmen Martínez-Bordiu y Franco. Al enterarse de la noticia, Pedro Sainz Rodríguez exclamó: «¡Coño, qué me está usted diciendo! Pues si Franco no estira la bota enseguida se puede ir al quinto carajo con todo lo que hemos hecho hasta ahora. Hay que joderse, menuda putada». Sainz Rodríguez estaba convencido de que el Príncipe iba a morir pronto en algún accidente misterioso, y sus temores no disminuyeron cuando, a comienzos de marzo, don Jaime entregó a Franco el Toisón de Oro, la orden que el Caudillo había rechazado cuando se la ofreció don Juan antes de la boda de Juan Carlos y Sofía en 1962. En aquella ocasión, Franco rehusó el honor alegando que solo podía ser concedido por el Rey de España. Las implicaciones eran claras y Juan Carlos, profundamente alarmado, pidió a López Rodó que convenciera a Carrero Blanco para que insistiera junto al Caudillo en que no exhibiera esta distinción, lo cual consiguió.[38]

En palabras de la sobrina de Franco: «Un nieto de don Alfonso XIII contrae matrimonio con una nieta de los Franco. Doña Carmen no cabe en sí de gozo».[39] La alegría de doña Carmen no se debía solo a las posibilidades sociales de este enlace: el desafío a Juan Carlos era evidente. En las invitaciones de boda que mandaron ella y el marqués de Villaverde, el novio aparecía como Su Alteza Real el Príncipe Alfonso, un título al que no tenía derecho. Rebosante de orgullo y envanecimiento, doña Carmen presidió la recepción de boda el 18 de marzo de 1972, que fue aún más suntuosa que la de su hija en 1952 y la de Juan Carlos y Sofía. Dos mil invitados desfilaron hacia el Palacio de El Pardo por una avenida flanqueada por dos filas de lanceros a caballo con largas capas blancas y casco plateado. Para realzar la categoría de la ocasión, el Caudillo ocupó el lugar del marqués como padrino de boda de María del Carmen. Era una figura patética, con los ojos lacrimosos, la boca floja y las manos temblonas mientras doña Carmen, rígidamente derecha pero sonriendo de oreja a oreja, entraba en la iglesia del brazo del príncipe Juan Carlos.

En el aeropuerto de Barajas, cuando los recién casados regresaron de la luna de miel, doña Carmen hizo una reverencia muy aparatosa a su nieta a la vista de todos los medios de comunicación. Era un mensaje a estos de que su nieta debía recibir tratamiento de princesa, un mensaje repleto de significación política. Fue una importante escalada del desafío del búnker a Juan Carlos. Poco después, en una de sus frecuentes meriendas en El Pardo para las esposas de destacados franquistas, se produjo una escena absurda y probablemente ensayada. La señora se inclinó como una cortesana cuando entró en la sala María del Carmen y todos los distinguidos invitados que la conocían desde que era niña se sintieron obligados a hacer lo propio. En las cenas de El Pardo se colocaba a María del Carmen, y no a su abuela, a la cabecera de la mesa. Doña Carmen dio instrucciones a invitados y criados para que su nieta fuera tratada de «Alteza» e insistió en que fuera servida en la mesa antes que ella. Cristóbal Martínez-Bordiu, en un estudiado insulto a doña Sofía, brindaba por su hija calificándola de «la reina más bella de España». Cuando nació el primer hijo de la pareja, Francisco, era frecuente oír a doña Carmen preguntar al servicio: «¿Le han dado ya el biberón al señor?». Después de todo, su biznieto era también biznieto de Alfonso XIII.[40]

Apetencias políticas y sociales se unieron en el entusiasta apoyo prestado por doña Carmen al intento de Alfonso de hacerse con un título equivalente al de Juan Carlos. La frecuente presencia de aquel en El Pardo encendió las ambiciones de doña Carmen y del clan Villaverde al extremo de que abrigaron esperanzas de que el Caudillo pudiera alterar su elección de sucesor monárquico. Así, alentaron el deseo de Alfonso de ser príncipe de Borbón y, con ello, tener derecho al tratamiento de Alteza Real. Carmen Polo instó a su marido a que accediera a esta petición. Don Juan de Borbón, como jefe de la familia real, se opuso por el razonable motivo de que solo el primogénito del rey podía llevar el título de príncipe. El padre de Alfonso de Borbón Dampierre no era ni rey ni príncipe. Juan Carlos se opuso porque creía que era una maniobra para que ambos quedaran al mismo nivel y facilitar con ello una futura revocación del sucesor elegido por Franco. Cuando habló de la cuestión con este, le halló malhumorado y manifiestamente contrariado. El Príncipe comentó después: «He pasado uno de los momentos más tensos de mi vida: sudaba por dentro».

A Cristóbal Martínez-Bordiu y doña Carmen no les costó mucho convencer a Franco de que estas objeciones eran insignificantes y una revancha personal por los muchos desaires que don Juan había recibido del Caudillo. Muy molesto, Franco le dijo a Oriol, ministro de Justicia: «Don Alfonso tenía el título de príncipe y ahora, porque se casa con mi nieta, se lo quieren quitar». Oriol tuvo que explicarle que Alfonso de Borbón Dampierre no había tenido nunca derecho al título. Al final, para rebajar la acritud, Juan Carlos convenció a don Juan de que diera a Alfonso el título de duque de Cádiz, sin derecho a recibir tratamiento de «Alteza Real». A pesar de esta solución de compromiso, las relaciones entre la familia Villaverde y La Zarzuela se agriaron fuertemente y ello tuvo repercusiones negativas en la actitud de Franco hacia Juan Carlos. Aun si no se planteó seriamente revocar el nombramiento de Juan Carlos como sucesor, sin duda compartía el deseo de su mujer de que su nieta fuera princesa.[41]

La boda y la inquina provocada por la cuestión del título favorecieron la posición de Alfonso y perjudicaron la de Juan Carlos. Por consiguiente, este intensificó su búsqueda de apoyo exterior. En la Semana Santa de 1972 visitó Inglaterra. Allí mantuvo una larga entrevista con el primer ministro británico, el laborista Harold Wilson. Dada la profunda hostilidad del Partido Laborista hacia el régimen franquista, ganarse el respaldo de Wilson iba a ser una tarea difícil, pero Juan Carlos salió airoso de ella. El contar con la buena voluntad de Wilson le iba a rentar considerables dividendos en los primeros meses posteriores a la muerte de Franco. Juan Carlos asistió también a una cena en casa de la princesa Alexandra de Kent y su marido, Angus Ogilvy.

Allí convenció a un grupo de financieros de su determinación de llevar un régimen democrático a España.[42]

Ya de vuelta, la salud de Franco empeoraba y el Príncipe estaba preocupado por él, pues Juan Carlos seguía mirándole con un sentimiento casi filial no obstante el deterioro de sus relaciones. En junio de 1972, por ejemplo, se quedó desconcertado por la dureza de las quejas de Franco a causa de unas recientes declaraciones de don Juan de talante liberal. El Príncipe comentó después: «¡Qué duro es Franco y cómo no se le escapa una!».[43] Juan Carlos era consciente de que su relación sufría constante erosión por obra de doña Carmen que obsequiaba a su marido con vehementes denuncias de «toda clase de traidores y desagradecidos que nos rodean por todas partes», con lo cual solía referirse a los tecnócratas. Una frase muy repetida era: «No hemos hecho una guerra para que cualquier liberal, o rojo, nos robe la victoria».[44] Inevitablemente, las frecuentes críticas a don Juan y los sentimientos protectores hacia María del Carmen y Alfonso de Borbón Dampierre alimentaron dudas sobre Juan Carlos. A principios de noviembre de 1972, Franco preguntó muy inquieto a su hermana Pilar: «¿Cómo crees tú que nos tratará don Juan Carlos cuando yo muera?». Ella le tranquilizó diciendo que el Príncipe le tenía cariño y no habría ningún problema.

El Caudillo, pleno de resentimiento a raíz de la oposición de Juan Carlos a la concesión del título real a Alfonso de Borbón Dampierre, ordenó al ministro de Obras Públicas, Gonzalo Fernández de la Mora, que no le invitara a las ceremonias de inauguración de varios proyectos de gran envergadura. En un caso, el del nuevo puerto de contenedores de Barcelona, Franco cedió porque la empresa interesada y las autoridades municipales de Barcelona solicitaron expresamente la presencia del Príncipe, no obstante lo cual el Caudillo dio instrucciones a Carrero de que no volviera a ocurrir nada parecido. A sabiendas de que había elementos poderosos, como Alejandro Rodríguez Valcárcel y el almirante Pedro Nieto Antúnez, que conspiraban con el clan Villaverde a favor de Alfonso de Borbón Dampierre, los partidarios del Príncipe querían que Alfonso saliera de España. Gregorio López Bravo le ofreció una serie de embajadas, entre ellas la de Buenos Aires, que rehusó: aspiraba a un ministerio, pero aceptó de mala gana la presidencia del Instituto de Cultura Hispánica. Al regresar a Madrid, él y su mujer se trasladaron a El Pardo mientras era reformada su casa. Alfonso estableció de inmediato unas relaciones tan afectuosas con los abuelos de su esposa que Juan Carlos tenía motivos fundados para sentirse alarmado. Alentado por doña Carmen, Alfonso de Borbón Dampierre presionó a Carrero Blanco para que tomara las medidas pertinentes para que fuera nombrado segundo en la línea sucesoria después de Juan Carlos. A este fin, visitó al almirante cuatro veces entre octubre y diciembre de 1972.[45]

El 4 de diciembre de 1972 Franco cumplió los ochenta años. Cada vez tenía un aspecto más decrépito, no hablaba en los consejos de ministros y se adormilaba con frecuencia. Juan Carlos seguía teniendo esperanzas de que hiciera la transmisión de poderes antes de morir, por lo cual, en los primeros meses de 1973 el Príncipe daba vueltas a la posible composición de su primer gobierno. No tenía intención de mantener a Carrero Blanco como presidente cuando llegara el momento, pero comprendía que la transición del último gobierno del Caudillo al primer gobierno suyo sería más fácil si estaba presidida por figuras conservadoras de conocida lealtad a Franco. Estaba convencido de que su primer gobierno se quemaría en un plazo de seis meses a dos años después de la transferencia. Una vez que esto ocurriera, pensaba nombrar un gobierno de hombres más jóvenes y más afines a sus propias ideas. Después procedería a una reforma en profundidad. En enero de 1973 le dijo a Torcuato Fernández-Miranda: «Tú sabes como yo que cuando sea Rey no podrá haber ni Secretaría ni Movimiento-Organización. La Monarquía del 18 de julio carece de sentido. La Monarquía no puede ser azul, ni falangista, ni siquiera puede ser franquista. La Monarquía viene de atrás, de los otros reyes, de la Historia y no se puede concretar en las actuales instituciones excesivamente parciales. La Monarquía tiene que ser democrática. Es la única manera de que pueda ser aceptada por Europa y por el mundo y de que pueda subsistir».[46]

Inevitablemente, pese a la cautela del Príncipe, en El Pardo se enconaban las sospechas sobre sus intenciones. En anteriores años del régimen, doña Carmen había expresado sus opiniones políticas con cierta precaución dado que la probable respuesta de su marido sería que «no entendía de esas cosas». Pero a medida que fue agravándose la enfermedad de Franco, doña Carmen empezó a expresarse con menos discreción. Sus opiniones, cada vez más exteriorizadas, eran alentadas en sus meriendas semanales de El Pardo, a las que asistían las esposas de «generales azules» y de franquistas acérrimos como Girón, mujeres que habían acudido a la concentración de la plaza de Oriente. Mientras charlaban, resolviendo los problemas de España, estas señoras mezclaban sus temores con sus fantasías. El ambiente de estas meriendas se traslució un día de comienzos de febrero de 1973. Al salir del despacho del Caudillo, Carrero Blanco fue llamado a una pequeña antesala por doña Carmen: «Carrero, estoy muy preocupada. No duermo de preocupada que estoy; por eso he querido verle. Las cosas van cada vez peor... Ese ministro de la Gobernación [Tomás Garicano Goñi] me quita el sueño... Y el ministro de Asuntos Exteriores, López Bravo, no es leal... Ya se lo dije otra vez. En la Embajada de París habló mal de Paco, con toda indiscreción. Habló delante del embajador Cortina, que sí es leal, que me contó todo. Llegó a decir que Paco ya no contaba nada. Que si él no estuviera presente en las entrevistas con los extranjeros y los embajadores, Paco no sabría qué hacer ni qué decir... ¿Qué se puede esperar de un ministro así? Usted, Carrero, es el único que puede ayudar a Paco, tiene que convencerle de que haga crisis. Yo se lo digo siempre: este Gobierno está lleno de incapaces y traidores».

A Carrero Blanco le impresionó la vehemencia de estas palabras, y dijo a Torcuato Fernández-Miranda, ministro secretario general del Movimiento, que estaba «aterrado» y atónito porque doña Carmen nunca le había hablado en esos términos: «Nunca había intervenido así, tan directamente, con tanta irritación y seguridad. Me preocupó mucho. ¿Quiénes lanzaban de ese modo a doña Carmen? Yo recordaba cuando el Caudillo estaba en su plenitud; si doña Carmen se atrevía a decir algo, la paraba en seco: "Calla, Carmen, que tú de eso no sabes nada"». Aquellas acusaciones de debilidad y entreguismo indujeron a Carrero Blanco a pensar que su posición estaba muy comprometida; no cabía duda de que doña Carmen y su yerno estaban intentando reforzar el búnker de El Pardo en detrimento de Juan Carlos. El almirante Nieto Antúnez, amigo de Franco, le dijo a Fraga que en la residencia del Caudillo, doña Carmen y Cristóbal Martínez-Bordiu criticaban abiertamente a Carrero Blanco, tachándole de débil y desleal.[47] Las implicaciones que aquello tenía para Juan Carlos eran evidentes.

Los temores despertados por la salud de Franco dentro de los círculos internos del régimen degeneraron en una atmósfera de crecientes tensiones sociales y políticas. En abril de 1973 la policía mató a un obrero huelguista cerca de Barcelona. El propio Carrero Blanco había empezado a perder confianza en los tecnócratas y fomentaba de forma encubierta las actividades violentas de la ultraderechista Fuerza Nueva. También Franco se sentía inquieto pensando que el gobierno no hacía lo suficiente para combatir a ETA. En El Pardo, la convicción de que se estaba perdiendo el control de los acontecimientos llegó a su punto álgido cuando un policía fue asesinado a navajazos durante la manifestación del 1 de mayo de 1973. En el funeral del agente muerto, «ultras» de la policía y veteranos de guerra falangistas clamaron por medidas represivas. Hubo detenciones generalizadas de izquierdistas. El 7 de mayo dimitió el ministro de la Gobernación, Tomás Garicano Goñi, decepcionado por la falta de voluntad de reforma y alarmado por la creciente influencia de la extrema derecha.[48] La camarilla de El Pardo convenció finalmente a Franco de que el gobierno había fallado en su labor primordial de mantener el orden público. El 9 de mayo Franco dijo al reacio Carrero Blanco que iba a ser nombrado presidente del Consejo de Ministros y que empezara a pensar en su gabinete.

Previendo este momento, el Príncipe había estado considerando los nombres de los ministros que él desearía que formaran lo que tenía probabilidades de ser el último gobierno de Franco y, por tanto, el que heredaría él. Su principal preocupación era que el cargo de ministro de la Gobernación no recayera en Carlos Arias Navarro, alcalde de Madrid. Este era confidente íntimo de doña Carmen y, un año antes, se había opuesto a la ley que garantizaba que Juan Carlos asumiría interinamente el cargo de jefe del Estado en caso de incapacidad de Franco.[49] No era un secreto que Arias Navarro recelaba de las aspiraciones liberales de Juan Carlos. En una cacería, en octubre de 1972, Antonio Guerrero, director de *Arriba*, había asegurado a los presentes que existía un acuerdo secreto entre Juan Carlos y su padre para introducir la democracia. Arias contestó con vehemencia: «Aquí no hay acuerdo que valga. El Príncipe tiene un juramento con España; ha jurado fidelidad al 18 de julio y ha de cumplirlo; al padre en todo caso se le echa. Porque, lo que no se puede es jugar con los españoles». Cuando esta anécdota le fue relatada a Franco, su rostro se iluminó y dijo con firmeza: «¡Desde luego! ¡Desde luego!».[50]

A principios de junio, después de haber sido aprobada la lista de ministros de Carrero, el Príncipe se sintió seriamente decepcionado. El nuevo gobierno en cierto modo revocaba el predominio de los tecnócratas afirmado en el gobierno de 1969. Salía López Bravo, lo cual agradaba a doña Carmen, aunque Juan Carlos había expresado también su deseo de que quedara fuera. López Rodó perdió su decisiva influencia en la política nacional y fue desterrado, en gran medida a petición propia, al Ministerio de Asuntos Exteriores, donde esperaba poder dedicarse más a promover la causa del Príncipe en el escenario internacional.[51] Esta causa se fortaleció porque, para el cargo de vicepresidente del Consejo de Ministros y ministro secretario general del Movimiento, Carrero Blanco eligió a Torcuato Fernández-Miranda, que había conseguido por fin convencer a Franco de que considerase la posibilidad de las asociaciones políticas. Sin embargo, también la camarilla de El Pardo recibió cierta satisfacción por el debilitamiento del monopolio tecnócrata con el nombramiento de varios falangistas. Cruz Martínez Esteruelas, ministro del Plan de Desarrollo, era una figura dinámica de talante similar al de Fraga. José Utrera Molina, en Vivienda, era profundamente leal a Franco. Francisco Ruiz Jarabo, ministro de Justicia, era amigo íntimo y seguidor de José Antonio Girón. Julio Rodríguez, nuevo ministro de Educación, era conocido por sus métodos violentos siendo rector de la Universidad Autónoma de Madrid, cuando se había unido personalmente a las cargas policiales contra los estudiantes de izquierdas. Según el propio Girón: «Hubiera podido ser un gobierno apto para los años cuarenta o cincuenta».[52]

Pese al resurgir de la influencia falangista en el gobierno, la figura clave iba a ser seguramente Torcuato Fernández-Miranda. Según López Rodó, Fernández-Miranda le dijo a Utrera Molina: «En España hay tres parcelas de Poder: el Príncipe, Franco y Carrero. Al Príncipe le tengo en el bolsillo; Franco me escucha embelesado, le tengo como embrujado, y a Carrero también me lo he ganado». Es difícil imaginar a un hombre de la discreción de Fernández-Miranda hablando en términos tan crudos sobre su relación con Juan Carlos. Utrera Molina por su parte recordaba la conversación en términos similares, pero con la diferencia de que, según él, Fernández-Miranda había dicho en relación al Príncipe simplemente que tenía una enorme influencia en él.[53]

Fue presumiblemente la presencia de López Rodó y Fernández-Miranda lo que explica la reacción del Príncipe al ver la lista de nombramientos de Carrero Blanco: «Solo falta ponerle el letrero de "Gobierno de La Zarzuela"». Si efectivamente dijo eso no había estudiado la lista con detenimiento. Carrero Blanco siempre sería una garantía para la posición de Juan Carlos, pero algunos de los nuevos integrantes del gobierno tendrían que haber intranquilizado a Juan Carlos. Era indicio tanto de la fe de Franco en el talante reaccionario de Carrero como del debilitamiento de su propia fuerza que el Caudillo aceptara la lista con un solo cambio, y este reflejaba las preferencias de su mujer. La opción de Carrero para ministro de Gobernación había sido un firme partidario del Príncipe, el tecnócrata Fernando de Liñán; pero la elección del almirante fue invalidada. Persuadido por Carmen y el resto de la camarilla de El Pardo de que Carrero Blanco quizá fuera excesivamente blando, Franco insistió en que este decisivo ministerio fuera adjudicado a la última persona que quería Juan Carlos: al alcalde de Madrid, Carlos Arias Navarro. Este era un duro defensor de la ley y el orden que había empezado su carrera como fiscal durante la represión de 1937 en Málaga y, desde 1957 hasta 1965, había sido director general de Seguridad con Camilo Alonso Vega. Era también un claro favorito de «la Señora», al igual que su mujer, María Luz del Valle, invitada frecuente en las meriendas de El Pardo. El hecho de que Arias fuera también antimonárquico y enemigo de la solución Juan Carlos le hacía aún más atractivo a la camarilla de El Pardo. En la noche del 6 de junio, doña Carmen telefoneó a Arias diciendo: «Menos mal que te han nombrado. Ahora ya puedo dormir tranquila». Una consecuencia de la inclusión de Arias en el gabinete fue que Carrero Blanco nombrara a su vez a Liñán como ministro de Información y Turismo. Este cargo se había reservado en principio para un hombre que se creía firme defensor de Juan Carlos: Adolfo Suárez.[54]

Desalentador como era este gobierno para los que, tanto dentro como fuera del régimen, abrigaban esperanzas de un cambio gradual, tampoco fue la victoria que podría haber sido para el grupo de ultrafalangistas que merodeaban por El Pardo. Carrero Blanco había sido nombrado para un período de cinco años, pero tenía setenta y carecía de apoyo militar o popular. Su autoridad dependía enteramente de la continuidad de su jefe. El humor madrileño llamó a este gobierno «el gabinete funerario».[55] El deterioro físico de Franco era ya agudo. Fraga creía que estaba «cada vez más fuera de las posibilidades vitales que requería su gran responsabilidad».[56] Si Franco hubiera muerto antes que él, es poco probable que Carrero hubiera podido gobernar mucho tiempo porque carecía de voluntad, de autoridad y de ideas para ello. En efecto, hacia final de año su gabinete zozobraba en un mar de agitación obrera. Las huelgas de Cataluña, Asturias y el País Vasco habían sido consecuencia de las medidas de austeridad adoptadas para contener la inflación. Avecinándose la primera crisis energética y siendo España fuertemente dependiente de la importación de combustible, la estrategia tecnócrata de sobornar el descontento político a base de una creciente prosperidad estaba condenada. La única respuesta de Carrero Blanco fue intensificar la represión.

Su retorno al feroz autoritarismo del franquismo de los años cuarenta quedó plasmado en un documento que Carrero tenía intención de leer en un consejo de ministros que iba a celebrarse el jueves 20 de diciembre de 1973. Haciendo una interpretación paranoide de las dificultades a las que se enfrentaba el gobierno, veía España cercada por un frente unido de comunismo internacional y masonería. El texto reflejaba su plena coincidencia con las ideas de Blas Piñar. Según él, las fuerzas mencionadas, después de haberse infiltrado en las universidades españolas y en la Iglesia católica, estaban empeñadas en una guerra subversiva. La respuesta de Carrero —que no auguraba nada bueno para las aspiraciones reformistas de Juan Carlos— fue bloquear cualquier intento de liberalización. Su intención era proponer la más dura represión posible bajo la supervisión de los ministerios de Justicia y Gobernación, lo cual iba a exigir «máxima propaganda de nuestra ideología y prohibición absoluta de toda propaganda de las ideologías contrarias». Implicaría asimismo la eliminación de «los enemigos del régimen» de los claustros de profesores de universidades y colegios, así como del clero. Parte de lo que llamaba «ideología contraria», dijo, se transmitía mediante «bailes y músicas decadentes». La solución radicaba en la televisión: «Se trata de formar hombres, no maricas, y esos melenudos trepidantes que algunas veces se ven no sirven ni con mucho a este fin».[57]

Siendo Carrero de semejante talante, es difícil imaginar que pudiera observar pasivamente mientras Juan Carlos se esforzaba en liberalizar el régimen. Finalmente, Carrero no tuvo nunca oportunidad de llevar a la práctica sus planes de política represiva. El 20 de diciembre de 1973 poco antes de las nueve y media de la mañana, un grupo de activistas de ETA asesinó a Carrero Blanco. Su coche saltó por los aires a causa de un carga explosiva oculta en la calle Claudio Coello cuando regresaba de su misa diaria. Murió instantáneamente.[58] Ya debilitado por una gripe, Franco no pudo asimilar la noticia. Cuando finalmente comprendió que Carrero había sido asesinado, se quedó totalmente abatido. Juan Carlos y Sofía acudieron de inmediato al hospital donde había sido transportado el cuerpo del almirante.[59]

Cualquier intención que Franco pudiera haber tenido de retirarse de las responsabilidades políticas se hizo añicos. Envejecido y enfermo, la pérdida del hombre que había sido su mano derecha le dejó desorientado y en su reacción se comprobó que había perdido sentido de la realidad coetánea. A Torcuato Fernández-Miranda le dijo: «Hay que cerrar filas ante ese atentado masónico».[60] Quedó así más vulnerable que nunca a la camarilla de El Pardo. En su propia casa se formó una especie de conciliábulo encabezado por doña Carmen, junto a su yerno Cristóbal Martínez-Bordiu, su médico Vicente Gil, el general José Ramón Gavilán, jefe segundo de la Casa militar de Franco, y un capitán de navío fuertemente conservador, Antonio Urcelay Rodríguez, uno de los ayudantes militares de Franco y amigo íntimo de José Antonio Girón. Doña Carmen sentía inmensa simpatía por Urcelay y también visitaba con frecuencia la casa de Gavilán para merendar con su mujer.[61]

Estando las diversas facciones del régimen sumidas en la confusión y muy alterados los ánimos, el ambiente de La Zarzuela era de intenso nerviosismo. Un día después del asesinato, el viernes 21 de diciembre, Franco no asistió a la misa de réquiem por Carrero. Inmediatamente después de la misa, el gobierno acudió para mantener una breve reunión en El Pardo durante la cual el Caudillo sollozó desconsoladamente. Se sentía demasiado deprimido para hablar en televisión sobre la muerte de Carrero, pero sí recibió una breve visita del falangista Alejandro Rodríguez Valcárcel, presidente tanto del Consejo del Reino, máximo órgano consultivo del régimen, como de las Cortes, a quien dijo que era demasiado pronto para hablar del sucesor de Carrero.[62] Poco después, el 21 de diciembre durante la comida, doña Carmen inició su ofensiva. Pidió repetidamente a Urcelay que planteara la cuestión del nombramiento de nuevo presidente. Nunca, ni en el mejor de los casos, muy dotada para la palabra, según Vicente Gil, parecía tensa, nerviosa y confusa. Por consiguiente, Urcelay pretendió no comprender pero finalmente sacó la cuestión a colación de modo tentativo. Franco estaba tan hundido en su pena, que estos estímulos tuvieron escaso efecto: no hizo callar a Urcelay pero no respondió directamente, cambiando al poco de conversación.[63]

Las implicaciones para Juan Carlos eran poco tranquilizadoras. Arias Navarro, como ministro de Gobernación y hombre responsable de los servicios de seguridad de la nación, estaba destrozado, suponiendo que se vería obligado a dimitir. Como comentó López Rodó: «Es sorprendente que los servicios de Seguridad del Estado no tuvieran información acerca de una galería subterránea que venía excavándose durante varias semanas bajo una calle por la que pasaba diariamente el presidente del Gobierno». En realidad, el misterio era mucho más desconcertante porque el grupo que había preparado el atentado había estado más de un año trabajando en Madrid.[64] Aún más sorprendente es que, después del asesinato, no se pusieran controles policiales en las carreteras de Madrid al País Vasco. Al final, iba a ser Arias Navarro, único ministro del gobierno Carrero Blanco no elegido por el almirante, el principal beneficiario de la crisis. Pero, por el momento, Torcuato Fernández-Miranda, como vicepresidente del Consejo de Ministros, asumió las funciones de presidente interino. Estando Franco demasiado enfermo para asistir al funeral, su lugar fue ocupado por Juan Carlos. Demostrando su valor en unos momentos en que el miedo inundaba el régimen, insistió en acudir, pese a los avisos de un nuevo atentado de ETA. Vistiendo el uniforme de contralmirante, caminó él solo a la cabeza de la procesión que seguía a la cureña que transportaba el féretro; y se negó a llevar chaleco antibalas.[65]

A las seis y media de la tarde gris y fría del 21 de diciembre, doña Carmen, Franco y el capitán Urcelay estaban merendando. Desde el cercano cementerio de El Pardo les llegaba el sonido de la salva de veintiún cañonazos que acompañó el entierro de Carrero Blanco. Franco empezó a llorar. Una vez más Carmen instó a Urcelay a que planteara la cuestión de la elección de presidente. Esta vez Franco se mostró más receptivo y siguió a ello una seria conversación. Los tres eran conscientes de que, con el agravamiento de la crisis energética, se intensificarían las tensiones sociales a lo largo de 1974. ETA había atentado contra Carrero Blanco precisamente porque los planes del Caudillo para la continuidad del régimen se cifraban en su persona. En ese momento, Urcelay y doña Carmen empezaron a insistir en la candidatura de José Antonio Girón de Velasco; Franco pareció más conforme con la idea aunque, cuando volvió a mencionarse el tema durante la cena, se adormiló.[66]

Era indicio del avanzado estado de deterioro mental y físico de Franco que su mujer y un simple adjunto pudieran tratar con él estas cuestiones, no digamos ya influir en la resolución final de la crisis. A Juan Carlos le resultaba profundamente preocupante no recibir ninguna llamada de El Pardo para hablar sobre el futuro presidente del gobierno. Se mantenía al tanto de lo que estaba ocurriendo solo a través de Torcuato Fernández-Miranda, que tenía que visitar La Zarzuela clandestinamente. La consecuencia primera de los desvelos de doña Carmen y el capitán Urcelay fue la eliminación de cualquier posibilidad de que Torcuato Fernández-Miranda pudiera permanecer en el cargo, habiendo conseguido aquellos convencer a Franco de que adjudicar a Carrero Blanco la presidencia había sido ya error suficiente. Doña Carmen y la camarilla de El Pardo se habían quedado horrorizados al saber que Carrero había ya prometido a Juan Carlos que, en lugar de permanecer como guardián del régimen, iba a dimitir. Al parecer, el arrepentido Carrero le había dicho a la hija de Franco, Carmen, que sentía amargamente haber hecho semejante promesa. En palabras de José Utrera Molina: «Lo que Franco consideró atado y bien atado, de hecho quedó roto». Carrero Blanco parecía haber abierto la vía para lo que se temía fueran los planes secretos de Juan Carlos para una liberalización bajo la presidencia de Torcuato Fernández-Miranda. En sus febriles fantasías, parecían temerosos de que, incluso con una democratización controlada y limitada bajo Juan Carlos, serían tratados con la implacable crueldad con la que ellos habían tratado a la izquierda desde 1939.[67]

El 22 de diciembre, después de la comida en El Pardo, doña Carmen pidió que uno de los ayudantes militares se dirigiera a casa del almirante «Pedrolo» Nieto Antúnez para contarle la conversación de la noche anterior. En aquellos momentos, al parecer tenía esperanzas de lograr que Nieto Antúnez utilizara su influencia con Franco para favorecer a Girón de Velasco o a Arias Navarro como candidatos a la presidencia. Franco sugirió al ayudante que visitara también a Alejandro Rodríguez Valcárcel para informarle sobre dicha conversación. Nieto Antúnez acompañó después al ayudante en esta visita. Hablaron en ella de que la elección debía recaer en una de tres opciones: el propio Rodríguez Valcárcel, Arias Navarro o Girón de Velasco. Cuando Rodríguez Valcárcel fue a El Pardo en la tarde del 22 de diciembre, recibió la impresión de que estos tres candidatos complacían a Franco. Quedó decidido que la semana siguiente se procedería a la elección oficial.[68]

En realidad, Rodríguez Valcárcel ignoraba que Franco había dicho a Nieto Antúnez que quería que fuera él quien sucediera a Carrero, y que había aceptado con desgana y empezado a ponerse en contacto con posibles ministros, entre ellos Fraga, a quien ofreció la vicepresidencia, y López Bravo, a quien pidió que fuera ministro de Asuntos Exteriores. Fernández-Miranda, que tampoco había sido informado, se sintió brevemente seguro de que sería confirmado como presidente; no sabía que una serie de inmovilistas, con Girón y Rodríguez de Valcárcel a la cabeza, habían convencido a Franco de que era un liberal traicionero. Tan confiado estaba Torcuato que le dijo a Airas Navarro que deseaba su permanencia en el Ministerio de la Gobernación. Arias respondió: «No sé, no sé. No tengo yo una posición muy lucida. Ten en cuenta que me acaban de volar al presidente». Sin embargo, cuando Fernández-Miranda abordó la cuestión el 24 de diciembre, se quedó sin habla ante la respuesta fríamente brutal del Caudillo: «¿Es que me está usted insinuando que le incluya en la terna del Consejo del Reino?». Había en este organismo personas que pensaban, proféticamente, que Torcuato Fernández-Miranda sería el sepulturero del régimen.[69]

Cuando descubrió que su marido se había decidido por Nieto Antúnez, Carmen Polo se quedó desolada, igual que Vicente Gil y el resto de la camarilla de El Pardo. Temía ella que «Pedrolo» fuera totalmente incapaz de la firmeza de mando que consideraba esencial, y pasó unas sombrías Navidades esperando encontrar el modo de hacer que su marido cambiara de opinión. En teoría, Franco no podía simplemente nombrar a su amigo de siempre Nieto Antúnez, sino que tenía que elegir al presidente entre una terna presentada por el Consejo del Reino, máximo organismo consultivo del sistema franquista al que correspondía asistir al dictador en sus decisiones más importantes. En realidad, diez de sus diecisiete miembros eran directamente nombrados por Franco y seis eran representantes de otras fundamentales instituciones franquistas. No había, por tanto, posibilidad de que el Consejo no incluyera en la terna el nombre de quien Franco pensaba elegir. Nieto Antúnez era al parecer una opción sobre seguro, amigo personal y compañero de cartas y pesca de Franco, militar franquista de alta graduación, no tan modesto como Carrero y no precisamente amigo de Juan Carlos. Tenía, no obstante, decisivos inconvenientes. Nacido en 1898, «Pedrolo» tenía solo seis años menos que el Caudillo y cinco más que Carrero. Por ello, no era garantía de que el problema de la sustitución no fuera a replantearse en un futuro próximo. Además, aunque de credenciales suficientemente franquistas, era probable que confiara en Fraga, ya abiertamente reformista, como Carrero Blanco había confiado en el tecnócrata Laureano López Rodó. Se rumoreaba su implicación en asuntos de corrupción. Se decía también que tenía un problema de alcoholismo y que iba acompañado a todas partes por un marinero cuya función era asegurarse de que no le ocurriera nada cuando llevaba unas copas de más. En suma; la camarilla de El Pardo estaba dispuesta a lo que hiciera falta para impedir su nombramiento.

A las 11 de la mañana del 24 de diciembre, pese a haberse decidido a nombrar a Nieto Antúnez, Franco hizo los gestos formularios de pedir a Juan Carlos su opinión sobre el próximo presidente. En el transcurso de su entrevista, que duró cuarenta y cinco minutos, el Príncipe sugirió a Manuel Fraga y a Torcuato Fernández-Miranda. No obstante la aparente cordialidad del encuentro, el Caudillo no tenía la menor intención de aceptar ninguna de las dos propuestas. A Fernández-Miranda lo calificó de imposible por tener demasiados enemigos en las altas esferas del régimen, incluidos El Pardo y el Consejo del Reino. Posteriormente en aquella tarde del lunes 24 de diciembre, Franco, visiblemente agotado, mantuvo una larga reunión con Alejandro Rodríguez Valcárcel. Aunque nada le dijo el Caudillo sobre su conversación con Nieto Antúnez, Rodríguez Valcárcel se quedó helado cuando comprobó que parecía haberse retractado de los tres nombres mencionados el sábado. Hicieron la farsa de repasar veintidós nombres y los redujeron a doce, que iban desde Arrese y Girón en la derecha falangista hasta López Rodó.[70] Doña Carmen y su yerno seguían esperando que la elección recayera en Rodríguez Valcárcel, Girón o Arias. A este fin, estuvieron intentando influir en Franco el día de Navidad y el 26 de diciembre. Pero cuando habló con Rodríguez Valcárcel el 26 le hizo saber con claridad que no podía ser presidente de gobierno porque este cargo era incompatible con el de presidente del Consejo del Reino. Franco no quería tener que pasar otra vez por el tedioso proceso de encontrar un sucesor. Girón era también imposible porque tendría que dimitir primero de su puesto en el Consejo del Reino.[71] Por consiguiente, doña Carmen y el resto de la camarilla de El Pardo concentraron sus esfuerzos en el triunfo de la candidatura de Arias Navarro.

Cuando Rodríguez Valcárcel visitó El Pardo en la mañana del 27 de diciembre, Franco le dijo que aquella noche había reducido la lista a cinco: Torcuato Fernández-Miranda, Fraga, Nieto Antúnez, Arias Navarro y Antonio Barrera de Irimo, ministro de Hacienda y persona relativamente liberal.[72] Socio en negocios y amigo de la familia, Arias Navarro era el firme preferido de doña Carmen. Arias era también habitual en los juegos de cartas con el Caudillo y amigo de Vicente Gil. Conocido por su intransigencia en cuestiones de orden público, había sido protegido del antaño ministro de Gobernación, Camilo Alonso Vega, y era considerado como su heredero natural.[73] Cuando Rodríguez Valcárcel regresó a las siete de esa misma tarde, estaba convencido de que saldría de allí con instrucciones para componer la terna de modo que Arias pudiera ser presidente. Para irritación de doña Carmen, Cristóbal Martínez-Bordiu, Vicente Gil, Urcelay y Gavilán, Franco le dijo finalmente a Rodríguez Valcárcel que Nieto Antúnez era su elección. Cuando insistió en la candidatura de Arias Navarro, el Caudillo exclamó: «¡Pero, Valcárcel..., si es el ministro de la Gobernación que ha tenido la desgracia de que le asesinen a su presidente del Gobierno!». Así pues, toda la noche del 27 doña Carmen se afanó nerviosamente. La cena se desarrolló en medio de un gélido silencio mientras Carmen volvía a intentar que Urcelay sacara el tema de la falta de idoneidad de Nieto Antúnez.[74]

Al parecer, doña Carmen inició la operación diciendo a su marido: «Nos van a matar a todos como a Carrero. Hace falta un presidente duro. Tiene que ser Arias. No hay otro». Una vez y otra volvieron sobre el problema hasta el amanecer, cuando Franco se fue a dormir brevemente. Sin embargo, no había sucumbido a la defensa de Arias que había hecho su mujer. Uno de los ayudantes del Caudillo le dijo después a Torcuato Fernández-Miranda que doña Carmen le había comentado: «Pasamos la noche a la luna de Valencia, hablando, pensando, dando vueltas a las cosas». Cuando Franco llamó a Urcelay en la mañana del 28 de diciembre, su ayudante le encontró en pijama metido en la cama y a la demacrada doña Carmen en bata. Franco le comunicó que no habían dormido en toda la noche y doña Carmen le susurró que su marido se había decidido por «Pedrolo». En consecuencia, añadió, estaba enormemente preocupada y había pasado la noche llorando.[75]

Así las cosas, Vicente Gil se sintió obligado a emplear su visita de la mañana para decir a Franco que Nieto Antúnez en la presidencia significaba una «hecatombe» y le acusó de todo tipo de corrupciones. Después Urcelay repitió las acusaciones.[76] Estas parecieron dejar indiferente a Franco, pero las presiones de la noche pasada y de la mañana sí le persuadieron de que Nieto Antúnez era tan viejo y tan decrépito como él mismo. Finalmente, bajo la mirada torva de doña Carmen que hacía punto afanosamente, ordenó a Rodríguez Valcárcel que incluyera a Arias Navarro en la terna. Aquel mismo día, el Consejo del Reino «eligió» dicha terna en la que aparecía efectivamente Arias.[77]

En su mensaje de fin de año del 30 de diciembre de 1973, el tributo rendido por Franco al asesinado almirante apenas pudo ser más lacónico. Había enmendado el texto mecanografiado añadiendo a mano las palabras: «No hay mal que por bien no venga», lo cual fue interpretado en los círculos del régimen como un reconocimiento de que ahora veía el período de Carrero Blanco como un error.[78] Cuando años después preguntaron a Juan Carlos sobre su reacción a esto, mantuvo un elocuente silencio.[79] Los recelos de los monárquicos se plasmaron en las palabras del director del *ABC*, Luis María Anson: «La muerte de

Carrero era un mal. Pero Carrero, al que difícilmente Franco podía eliminar por razones históricas, significaba la garantía de futuro para el Príncipe. Su asesinato ha permitido a Franco nombrar a Arias Navarro. Y Arias Navarro —no hay mal que por bien no venga— es la garantía de su familia para el futuro».[80] Cabe debatir si las especulaciones de Anson reflejaban efectivamente los procesos mentales de Franco pero casi con seguridad reflejaban los de su mujer.

El nombramiento de Arias para sustituir a Carrero Blanco, resultante de las intensas presiones, fue la última decisión política importante de Franco y no había sido suya propiamente dicha. Aún menos lo había sido de Juan Carlos. Considerando su posición como sucesor oficial, y la proximidad de la inevitable desaparición de Franco, su exclusión de la toma de decisiones era a un tiempo escandalosa y humillante. Pese a ello, mantuvo su habitual discreción. Por el contrario, Arias Navarro estaba, en palabras de Girón, «eufórico, exultante». El miércoles 2 de enero de 1974 juró el cargo de presidente del gobierno en El Pardo. Inmediatamente después fue fotografiado con la risueña doña Carmen, que le honró con una alarmante sonrisa con gran exhibición de dentadura. Su aparente felicidad apareció en primera plana en toda la prensa española el 3 de enero y dio pie a muchos comentarios, dada la infrecuencia con que ella manifestaba buen humor en público. Además, tanta alegría no se correspondía realmente con el carácter de la ocasión.[81]

La composición del gobierno de Arias Navarro no pudo por menos que provocar el gozo de «la Señora». Todos los partidarios de Juan Carlos asociados a Carrero Blanco —José María López de Letona (Industria), Gonzalo Fernández de la Mora (Obras Públicas), Fernando de Liñán (Información y Turismo), José María Gamazo Manglano (subsecretaría de la Presidencia)— fueron destituidos en masa. Las ausencias más notables, y más perjudiciales, eran las de Laureano López Rodó y Torcuato Fernández-Miranda. Cuando Arias propuso a Fraga como ministro de Asuntos Exteriores, fue vetado por Franco que quería mantener a López Rodó. Arias insistió con firmeza en que este era inaceptable y llegaron al compromiso de Pedro Cortina Mauri, el diplomático que había informado de las indiscreciones de López Bravo sobre el Caudillo y un claro favorito de doña Carmen. Cabría suponer que Arias Navarro tenía buenas razones para recompensar a Cortina Mauri, pues se ha dicho que, cuando era embajador en Francia, Cortina le hizo un gran servicio rehusando una oferta de la policía francesa de entregar a los asesinos de Carrero. En España, los interrogatorios podrían haber revelado los errores de seguridad de Arias Navarro.[82]

Pero no todo eran malas noticias para el Príncipe. Arias Navarro se negó categóricamente a poner a Girón en la vicepresidencia. A través de la camarilla de El Pardo, Girón seguía teniendo enorme influencia, lo cual se advertía en el número de inmovilistas del gobierno. Sin embargo, para contrarrestar su influencia Arias Navarro nombró a dos personas que habían impulsado su causa dentro del Consejo del Reino: Antonio Carro, como ministro de la Presidencia, y Pío Cabanillas para Información y Turismo. Ambos eran hombres de Fraga. Otro elemento aperturista del gabinete era el ministro de Hacienda, el liberal Antonio Barrera de Irimo. Arias no quería que permaneciera en el cargo pero Franco, que admiraba mucho su eficacia, había insistido. Los ministros más opuestos a todo cambio en el régimen eran los dos falangistas partidarios de Girón heredados del gobierno Carrero: José Utrera Molina, ministro secretario general del Movimiento, y Francisco Ruiz-Jarabo, ministro de Justicia. José García Hernández, ministro de Gobernación y vicepresidente para la seguridad interior era, como el propio Arias, antiguo ayudante de Alonso Vega. Joaquín Gutiérrez Cano, ministro de Planificación y Desarrollo, era economista y totalmente afecto a la familia Franco. El Caudillo en persona había insistido en su inclusión.[83]

A Arias le hubiera gustado que el fiscal jefe del Tribunal Supremo, Fernando Herrero Tejedor, fuera secretario general del Movimiento; se ha insinuado, sin fundamento, que la finalidad era obstruir sus investigaciones sobre el asesinato de Carrero Blanco.[84] Finalmente, la influencia de Girón en El Pardo logró que Franco obligara a Arias a nombrar a Utrera Molina. Este advirtió a Arias que no iba a permitir que el Movimiento fuera una especie de dócil rebaño de seguidores. A la ceremonia oficial de su toma de posesión asistieron una serie de inmovilistas contrarios a Juan Carlos: Arrese, Fernández Cuesta, Solís y Girón de la Falange, y «generales azules» como Iniesta Cano y García Rebull.[85] En lo que fue un insulto calculado, Arias ni siquiera había hablado con Juan Carlos sobre su propuesta para el nuevo gabinete. Es más, Arias no ocultaba su falta de respeto por el Príncipe. Y este no estaba precisamente complacido. Más bien estaba totalmente enfurecido porque Alfonso de Borbón Dampierre hubiera sido consultado sobre los nombramientos de ministros. En ese momento comenzó un período profundamente preocupante para Juan Carlos. Aunque posteriormente pudieran consolarle las intenciones liberales de Pío Cabanillas y Antonio Carro, por el momento decidió que «hay que hacer de Maquiavelo». Ya no estaban en el gobierno sus dos poderosos aliados, López Rodó y Carrero Blanco. Carro manifestaba una considerable antipatía hacia López Rodó, al que dijo: «Ni se te ocurra poner los pies en Alcalá» [calle donde se encontraba la sede de Presidencia del Gobierno]. Arias privó además a Juan Carlos de un valioso consejero al enviar a López Rodó como embajador a Austria, puesto que representaba una humillación para quien había sido ministro de Exteriores y particularmente para alguien tan estrechamente vinculado al Príncipe. Y así lo sintió Juan Carlos.[86]

Además, la camarilla de El Pardo le impidió deliberadamente al Príncipe el acceso directo a Franco. El marqués de Villaverde se alegró mucho de que Arias no hubiera consultado al Príncipe sobre la composición del gabinete. En una cacería a finales de enero, le dijo en confianza: «Por de pronto tenemos cinco años de Gobierno; después ya se verá». En otra cacería, Alfonso de Borbón Dampierre comentó su satisfacción por el giro político desde el asesinato de Carrero Blanco.[87] Pese a todo, la situación de Juan Carlos se benefició de que Antonio Carro introdujera en el gobierno a muchos representantes del grupo católico reformista conocido colectivamente como «Tácito». Estos ocuparon las subsecretarías de diversos ministerios y, a través de Jacobo Cano, el Príncipe se mantenía en estrecho contacto con muchos de ellos.[88]

La mujer y el yerno del Caudillo junto a sus aliados del búnker se sintieron en un principio encantados porque Arias Navarro hubiera marginado al Príncipe, pero el nuevo presidente se revelaría como una gran decepción para ellos. Los problemas sociales del régimen obligaron al desorientado Arias a llegar más lejos de lo que llegó jamás Carrero en el sentido del cambio. Sus instintos eran enteramente autoritarios, pero los miembros más liberales o aperturistas de su equipo, en particular Pío Cabanillas, ministro de Información y Turismo, le convencieron de que para defender las esencias del franquismo era necesario al menos modificar su imagen. En consecuencia, se prestó a leer una declaración de talante progresista el 12 de febrero de 1974. El texto fue preparado en el Ministerio de la Presidencia, del que era titular Antonio Carro, por dos subordinados suyos del grupo Tácito, Gabriel Cisneros y Luis Jaúdenes. Arias no lo consultó con Juan Carlos ni lo sometió al consejo de ministros. Lo primero que Utrera Molina y los restantes amigos de Girón supieron de este texto fue cuando lo oyeron en boca de Arias en las Cortes, e inevitablemente se alarmaron ante la declaración de que: «Los españoles —y el Gobierno primero— tienen que acostumbrarse a entender que no es lícito por más tiempo continuar transfiriendo, inconscientemente, sobre los nobles hombros del jefe del Estado la responsabilidad de la innovación política». La amenaza implícita de mayor capacidad de iniciativa para el Príncipe y mayor participación popular en política provocó los temores del búnker. Arias, por su parte, parece no haberse percatado de todas las implicaciones de lo que rápidamente se llamó el «espíritu del 12 de febrero», no en grado menor porque el propio Franco se mostró en un principio inalterado.[89]

Era sintomático de la decadencia del régimen que el gabinete se volviera totalmente esquizofrénico. El Príncipe, desconfiando de Arias, tenía puestas sus esperanzas en los aperturistas, mientras la camarilla de El Pardo ponía sus miras en Utrera y los falangistas contrarios al cambio. El búnker tenía la ventaja de poder servirse del Caudillo, cada vez más ausente, en su esfuerzo para bloquear cualquier iniciativa progresista, proceso facilitado por el hecho de que, a medida que iba envejeciendo y disminuían sus facultades, Franco era cada vez más susceptible a las alegaciones de que algunos de los ministros de Arias eran masones. El Caudillo confiaba para su interpretación del devenir general de la política en Utrera Molina, con quien pronto estableció una relación paternal. Poco después de incorporarse al gobierno, el Caudillo dijo a Utrera: «Hemos cometido el error de bajar la guardia pero aún es tiempo de rectificar». Después del discurso de Arias, Franco le pidió a Utrera que le explicara lo del «espíritu del 12 de febrero». Muy alarmado por la explicación, le dijo: «No hay que prescindir del espíritu del 18 de julio. Si el régimen permite que se ataque a su sustancia doctrinal y sus servidores no aciertan a defender lo fundamental, habrá que pensar en una cobarde voluntad de suicidio». La implicación clara de esto era que las intenciones liberalizadoras de Juan Carlos y sus partidarios debían ser impedidas. Los servicios secretos del régimen le suministraban informes diarios sobre los planes de los aperturistas. Profundamente inquieto, resolvió pararles los pies.[90]

Juan Carlos fue prácticamente ignorado por el presidente, algo que no perdonó fácilmente. Y se vio obligado a contemplar impotente cómo Arias se movía sin rumbo, a la deriva entre las olas de la inflación y el activismo obrero generados por la crisis energética. Arias iba de conflicto en conflicto, y su reaccionarismo pronto convirtió en una burla el «espíritu del 12 de febrero». A finales de febrero se habían dictado sentencias de muerte contra el anarquista catalán Salvador Puig Antich y un delincuente común, Heinz Chez. A pesar de las peticiones de clemencia de la Comisión Europea y del Vaticano, Franco se negó a conmutar las penas que fueron cumplidas mediante garrote vil el 2 de marzo de 1974. Consciente de la importancia de la opinión extranjera, Juan Carlos se sintió consternado. El consecuente clamor internacional recordaba a los juicios de Burgos y de Grimau.

Dos días después, Arias Navarro ordenó la expulsión de España del obispo de Bilbao, monseñor Antonio Añoveros, por permitir que se publicara una homilía el 24 de febrero en defensa de las minorías étnicas. El texto, al aparecer poco después del asesinato de Carrero Blanco, se consideró una provocación. Añoveros quedó bajo arresto domiciliario y se envió un avión a Bilbao para transportarle a Lisboa. El obispo se negó a moverse, declarando que solo el Papa podía ordenarle que abandonara su diócesis y que los que empleaban la violencia para obligarle sufrirían severas sentencias canónicas. En el País Vasco y dentro de la Iglesia se produjo un enorme movimiento a favor de Añoveros. El cardenal arzobispo de Madrid y presidente de la Conferencia Episcopal, Vicente Enrique y Tarancón, veía con inquietud las ideas de Añoveros pero no podía permitir una acción arbitraria del Estado contra un obispo. En consecuencia, redactó un decreto de excomunión contra el presidente Arias. Al enterarse, este anunció que estaba perfectamente dispuesto a romper relaciones con el Vaticano. En los primeros días de la crisis, los residentes de El Pardo, incluido el Caudillo, alentaron a Arias en su intransigencia. El 6 de marzo Franco llegó incluso a decir al primado de España, el cardenal arzobispo de Toledo, Marcelo González Martín, que Añoveros era subversivo y había vulnerado las leyes fundamentales del reino. Tarancón y Pío Cabanillas se afanaban para encontrar una solución de compromiso. Finalmente, para alivio del Príncipe, el propio Franco, alarmado por la perspectiva de tener un presidente excomulgado, obligó a Arias a retractarse.[91] Juan Carlos se quejó a López Rodó: «No toco pelota. Mi actitud es sonreír, colocarme por encima de la pequeña política, no forzar y estar en guardia».[92]

La caída de la dictadura en Portugal hizo estremecerse a El Pardo. Don Juan se había declarado amigo y admirador del general Antonio Spínola, por lo cual las noticias de Portugal intensificaron los recelos del búnker hacia Juan Carlos. La izquierda española avanzaba hacia un frente unido. En París, Santiago Carrillo, secretario general del Partido Comunista de España, negociaba con diversas personas, entre ellas el monárquico del Opus Dei, Rafael Calvo Serer, y el rico abogado Antonio García Trevijano. Visitante frecuente en Estoril, García Trevijano creía con optimismo que era posible convencer a don Juan para que fuera cabeza visible de lo que fue posteriormente, en junio de 1974, la Junta Democrática. Doña María de las Mercedes estaba alarmada por los coqueteos de su marido con la izquierda; Juan Carlos estaba profundamente preocupado porque una declaración de oposición frontal al régimen por parte de su padre perjudicaría seriamente sus propias posibilidades de permanecer en el trono. Don Juan se entrevistó con su hijo en su residencia veraniega del Palacio de Marivent en Mallorca y, a consecuencia de esta reunión, abandonó sus contactos con la Junta Democrática. Es probable que don Juan hubiera comprendido que García Trevijano deseaba un referéndum sobre la futura forma del Estado posfranquista el cual podía, naturalmente, desembocar en la instauración de una república.[93]

El 28 de abril de 1974, solo tres días después del cataclismo portugués, puenteando a la censura, Girón lanzó en *Arriba* una violenta andanada contra los «falsos liberales». El artículo iba dirigido principalmente contra Arias Navarro y Pío Cabanillas, que había indignado a los inmovilistas con un discurso extremadamente liberal pronunciado el 20 de abril en Cataluña. Como ministro secretario general del Movimiento, Utrera Molina creyó que iba a ser responsabilizado del hecho, pero Franco le hizo saber claramente que estaba encantado con el llamado «gironazo» y le confió su convicción de que los que insistían en la creación de asociaciones políticas estaban sirviéndose de esta idea con el fin de introducir partidos políticos.[94] Como parte de la misma operación, se fraguó una conspiración para que generales afines al búnker tomaran el mando de sectores decisivos del Ejército. El plan contaba con el respaldo de Girón y otros miembros de la camarilla de El Pardo, aunque el propio Franco no fue informado de nada. Al final, debido a su respeto por las ordenanzas militares y los procedimientos de antigüedad, Girón se sintió obligado a respaldar a Arias y la conspiración no prosperó. Sin embargo, el búnker se apuntó un triunfo considerable sobre Arias cuando las presiones de algunos generales inmovilistas le forzaron a destituir al jefe del Estado Mayor, el aperturista Manuel Díez Alegría, el 8 de junio como castigo por haber mantenido conversaciones con el presidente Ceaucescu de Rumanía. Franco instó a Arias Navarro a que hiciera las paces con el búnker. En el plazo de una semana Arias había llegado a tales extremos en su apaciguamiento del búnker que alarmó a Juan Carlos y a sus consejeros más próximos. El 15 de junio, en un mitin en el que, con el brazo extendido en el saludo fascista, cantó el himno falangista «Cara al Sol», Arias declaró que «el «espíritu del 12 de febrero» existe, pero ese espíritu ni puede ni quiere ser nada distinto del espíritu permanente e indeclinable del Régimen desde su hora fundacional». Franco, encantando, le llamó para darle las gracias.[95]

Por entonces, el círculo íntimo del Caudillo le había contagiado sus propios temores. Según un alto oficial de su Casa Militar, Franco había empezado a irse a la cama con una metralleta.[96] El 5 de julio, el nerviosismo de la camarilla de El Pardo frente al futuro se intensificó enormemente cuando el Caudillo se puso gravemente enfermo. Tenía una flebitis en la pierna derecha, una dolencia atribuida por su médico personal, Vicente Gil, a una combinación de la frecuente presión de la caña de pescar y el hecho de que había visto sentado ante la televisión todos los partidos del campeonato mundial de fútbol de 1974. Arias Navarro quiso impedir que Franco fuera hospitalizado pero Gil y otros especialistas temían que la flebitis degenerase en embolia pulmonar. Por tanto, el martes 9 de julio ingresó en la ciudad sanitaria que llevaba su nombre. El tratamiento para la flebitis se complicó porque la medicación que tomaba para aliviar los síntomas del Parkinson le estaban provocando úlceras gástricas. Los anticoagulantes para tratar el trombo asociado a la flebitis eran incompatibles con el tratamiento para las úlceras. Cuando el Príncipe se enteró de la hospitalización de Franco se sintió totalmente abrumado por la perspectiva de las responsabilidades que le esperaban.[97]

Antes de salir de El Pardo, Franco telefoneó a Arias Navarro y a Rodríguez Valcárcel y les ordenó que prepararan el decreto que permitía a Juan Carlos asumir interinamente la jefatura del Estado; es decir, sin proclamarle rey. Creyendo que tendría que someterse a una operación a vida o muerte, Franco dijo: «Esto es el principio del fin». El decreto estuvo preparado para el día siguiente. Sin embargo, el jueves 11 de julio Juan Carlos sugirió a Arias que agobiara a Franco con expedientes gubernamentales pendientes de decisión esperando con ello que el Caudillo se viera obligado a reconocer que no estaba en condiciones de continuar como jefe del Estado y se retirase del todo. Arias se empeñó en que entrara en vigor el artículo 11 de la Ley de Sucesión, pero el Príncipe pidió a Franco que no firmara el documento diciéndole: «Usted, mi General, conserva sus plenas facultades mentales. Yo no quisiera dar la impresión de que tengo prisa. Cuando sea el momento, espero sucederle como Rey y que usted lo vea». Juan Carlos llamó la atención de Rodríguez Valcárcel sobre una ambigüedad del artículo 11 de la Ley que se refería a la transmisión interina de «sus poderes», sin aclarar si estos eran los asignados a Franco o los que debía asumir el Rey. Las aclaraciones sobre este punto atrasaron el asunto casi diez días.[98]

Empezaron a proliferar rumores en el sentido de que Arias quería que el Caudillo transfiriese definitivamente los poderes a Juan Carlos; los intransigentes del régimen se alarmaron por las habladurías de que Arias Navarro quería asumir el título de jefe nacional del Movimiento que llevaba Franco, para facilitar dicho proceso y promover la idea de asociaciones políticas. Girón se dirigió de inmediato al hospital donde tuvo una pelea a gritos con Arias. Oyendo el ruido desde su cama, Franco pidió que entrara Girón y, según la versión de este, el Caudillo se mostró totalmente resuelto a no conceder la jefatura del Movimiento a Arias ni transferir el poder a Juan Carlos definitivamente.[99] Sin embargo, los temores del búnker se intensificaron cuando Franco fue incapaz de presidir la recepción anual del 18 de julio en el Palacio de la Granja, cerca de Segovia. El Príncipe ocupó su lugar. Al día siguiente, el estado del Caudillo se agravó seriamente.

Arias, muy afectado, dijo al gobierno: «Yo lo veo muy mal. He visto la muerte en sus ojos que estaban ya vidriosos. Está entregado». Los llorosos ministros decidieron que entrara en vigor el artículo 11 y Arias, acompañado por el presidente de las Cortes, Alejandro Rodríguez Valcárcel, regresó al hospital con los documentos necesarios. El marqués de Villaverde les cerró el paso en la puerta en un intento de impedir que Arias y Gil entraran en la habitación de Franco, gritando que el nombramiento de Juan Carlos era traición. Gil le apartó de un golpe y Arias consiguió convencer al Caudillo de que firmara. Doña Carmen y Villaverde estaban furiosos. Fuera de sí, Villaverde le dijo a Gil: «¡Vaya flaco servicio que has hecho a mi suegro! ¡Vaya buen servicio que has hecho a ese niñaco de Juanito!». La ira del marqués nacía de su convicción de que las pretensiones de su yerno, Alfonso de Borbón Dampierre, quedaban para siempre eliminadas. Cuando doña Carmen comprendió que las posibilidades de su nieta habían desaparecido, su ira fue incontenible. Gritando, le dijo a Gil que le haría responsable de las consecuencias de lo que había hecho. Cuando él explicó sus actos precisamente por su preocupación por la salud de Franco, ella le interrumpió con desabrimiento: «Nada, has hecho lo peor que podías haber hecho a Paco».[100]

Destruido el prestigio internacional del régimen tras la ejecución de Puig Antich y el asunto Añoveros, Juan Carlos era muy reacio a aceptar la transmisión. Comprensiblemente, no tenía interés alguno en quedar contaminado por los actos de un gobierno que le era desfavorable, en cuya selección no había tenido parte alguna y cuyo presidente nunca le había consultado nada. Y con respecto a una serie de graves problemas económicos y coloniales (la inflación se había disparado a raíz de la crisis energética y Marruecos presionaba para recuperar el Sáhara español) era reacio a asumir tan peligrosas responsabilidades antes de ser nombrado rey —como lo expresó él: «No quiero que me los endosen»—. Sus planes para una posterior reforma del régimen podían quedar comprometidos incluso por un período interino como jefe de Estado durante el cual no tendría capacidad para cambiar nada pero sí responsabilidad ilimitada sobre todo. Sus débiles esperanzas de que Franco le hiciera entrega del poder de manera permanente se enfrentaban a la resuelta oposición de Villaverde y doña Carmen.[101]

Arias y los inmovilistas del gabinete estaban decididos a que Juan Carlos aceptara con objeto de salvaguardar la continuidad del régimen. Las palabras del presidente fueron, al parecer: «Si no quiere, se le obliga». El Príncipe no tenía elección: negarse abiertamente habría puesto en cuestión todo el edificio constitucional sobre el que descansaba su sucesión. Finalmente, su período como jefe de Estado interino sería breve. El 24 de julio el Caudillo experimentó una mejoría inesperada. El doctor Manuel

Hidalgo Huerta, director del Hospital Provincial de Madrid, declaró que estaba mejor y podía irse de vacaciones cuando deseara. Un nuevo médico personal, el doctor Vicente Pozuelo, hombre de gran capacidad y sensibilidad, tomó a su cargo el cuidado del Caudillo desde el 31 de julio de 1974. Reconociendo que Franco sufría enfermedad de Parkinson, Pozuelo preparó un programa de terapia de ejercicios y rehabilitación. Esto, junto a una dieta más variada, produjo una notable mejoría en la salud del Caudillo. El 4 de agosto, Juan Carlos y doña Sofía llevaron a sus tres hijos a El Pardo para visitar a Franco. Allí, le hallaron algo solitario y decaído. Cuando el Príncipe preguntó al doctor Pozuelo sobre la salud del Caudillo, el médico respondió con sus habituales afabilidad y sentido común: «Una de las cosas esenciales que precisa es afecto, el cariño de todos a los que él considera su familia y, pienso, que entre ellos incluye a Su Alteza y a sus hijos». Conmovido, Juan Carlos contestó: «Me parece muy bien, yo haré lo que pueda. Todo lo que tengo se lo debo a él».[102]

El 9 de agosto Juan Carlos, como jefe de Estado interino, había presidido un consejo de ministros en El Pardo. Cuando hubo concluido, uno de los ayudantes de Franco le dijo a Utrera: «Como sé que eres fiel, quiero advertirte de que algo se prepara. Ten cuidado». Utrera interpretó sus palabras como un plan de los partidarios del Príncipe para que Franco fuera declarado incapacitado para volver a la jefatura del Estado. Cuando los ministros salieron a los jardines para saludar a Franco, todavía convaleciente, el marqués de Villaverde se paseó entre ellos ostentosamente como si hubiera asumido, en todos sus aspectos, las funciones de jefe de familia. Con Juan Carlos se mostró abiertamente descortés, pidiendo en voz alta un whisky para «el Príncipe»; cuando este rehusó, repitió la orden señalando hacia su yerno Alfonso de Borbón Dampierre: «Me refiero al Príncipe». Franco zanjó la cuestión diciendo al camarero: «El Príncipe ya está servido. Llévele el whisky al Duque». El 16 de agosto, el Caudillo pudo ya trasladarse en avión a Galicia para sus vacaciones anuales en el Pazo de Meirás. Allí fue sometido a un asedio de murmuraciones por parte de su mujer y su yerno que le despertaron recelos sobre Juan Carlos. La familia exageró los informes de los servicios secretos sobre las conversaciones telefónicas del Príncipe con su padre, para convencer a Franco de que tenía la intención de traer a don Juan como rey de España.[103]

Se dijo que Villaverde había ido a Marbella para consultar a Girón sobre el mejor modo de impedir el giro de Arias hacia la apertura. En el Palacio de Marivent, residencia veraniega de los reyes en Mallorca, el Príncipe se sentía profundamente inquieto por las maquinaciones de Martínez-Bordiu y Girón: «Yo sentía confusamente que algo flotaba en el aire». Así pues, concluyó que sería buena idea pasar algún tiempo junto a Franco e intentar contrarrestar su influencia. El 24 de agosto telefoneó al doctor Pozuelo, le preguntó si le parecía conveniente que hiciera una visita a Franco y, con su inseguridad característica, si había sitio para él en el Pazo de Meirás. El amable médico le sugirió que hablara directamente con Franco. En consecuencia, el Príncipe llegó el 27 de agosto, pero comprendió de inmediato que Cristóbal Martínez-Bordiu no le quería allí. Incluso el doctor Pozuelo percibió un notable distanciamiento de la familia hacia él debido a su excelente relación con el Príncipe.

Comprobando el buen aspecto del Caudillo, Juan Carlos dijo: «Estoy encantado, mi general, de constatar que está mucho mejor. Pronto podrá usted reanudar sus actividades y yo podré retirarme». Franco respondió con aparente afecto: «No, Alteza, proseguid vuestra tarea. Lo estáis haciendo muy bien». El sexto sentido del Príncipe le decía que las cosas distaban de ser como parecían e insistió: «Mi general, comprenda que me encuentro en una situación muy delicada. Mientras estaba usted enfermo podía reemplazarle a la cabeza del Estado. Pero ahora parece que está usted saliendo del percance, los españoles no comprenderán que hubiera dos jefes del Estado: el verdadero, es decir, usted; y el que ya no tiene razón de serlo a partir del momento en que es usted capaz de ejercer de nuevo el poder, es decir, yo». Franco se limitó a mirarle en silencio. Forzado a expresarse de forma algo más contundente, el Príncipe dijo: «No me importa ser Príncipe de España, o rey. Pero me niego a cumplir las funciones reservadas a usted, mi general». Franco respondió sencillamente: «Alteza, creedme, lo estáis haciendo muy bien. Continuad». Todo el ambiente del Pazo de Meirás, incluida la cordialidad de Franco, le resultaba falso al Príncipe.[104]

Preocupado por las ambiciones del marqués de Villaverde, Juan Carlos preguntó al doctor Pozuelo sobre la situación de Alfonso de Borbón Dampierre. El médico se tomó la libertad de sugerir al Príncipe que, para contrarrestar la influencia de Alfonso, debía trabajarse el afecto de Franco y hasta insinuar que le consideraba como una figura paterna, llegando incluso al extremo de aconsejarle que hiciera hincapié en el conflicto entre los deseos del Caudillo de hacerle rey y los de don Juan de impedir este plan de sucesión. Con increíble franqueza, Pozuelo le dijo: «Y que juguéis mejor sus cartas, Alteza. No os dais cuenta de que los hijos del duque de Cádiz se pasan aquí todo el día llamándole «abu, abu», sin parar? Yo os recomiendo que vengáis Vuestra Alteza todos los días, aunque sea un rato, y que traigáis a sus hijos para que estén con él, para que sienta el afecto que le tenéis». Doña Sofía asintió con la cabeza pero el Príncipe preguntó: «¿Pero si hacemos eso que usted nos aconseja, no habrá alguien que pueda malinterpretarlo?», a lo cual contestó Pozuelo; «¡Qué más da! ¿No queréis un reino, Alteza?».

Posteriormente Pozuelo relató esta conversación a Franco, que pareció complacido al saber del cariño del Príncipe. El duque de Cádiz tenía una importante ventaja por estar casado con María del Carmen Martínez-Bordiu, pero el hecho de estar agresivamente promocionado por el marqués de Villaverde operaba en su contra. El Caudillo sentía un considerable desdén hacia el marqués en parte por sus modales jactanciosos, sus turbios negocios y, sobre todo, por sus frecuentes infidelidades maritales. Franco, al parecer, dijo: «Si alguien traiciona a Dios en el sacramento del matrimonio y engaña a su mujer, ¿cómo podemos estar seguros de que no traicionará y engañará a su patria?».[105]

Sin embargo, aun si Franco no era proclive a favorecer a Alfonso de Borbón Dampierre por encima de Juan Carlos como sucesor, no estaba tampoco dispuesto a entregar el poder y estaba resuelto a frustrar cualquier plan para la futura liberalización de la dictadura. El 28 de agosto, en una larga conversación en el jardín del Pazo, Utrera Molina advirtió a Franco sobre los planes de declararle incapacitado como primer paso hacia la democratización bajo la jefatura de Juan Carlos. Enfurecido, el Caudillo replicó: «Ese no es un objetivo político, esa es una pretensión miserable», antes de dejar sentado que no tenía la menor intención de ceder: «He medido la urgencia de retirarme y la necesidad de permanecer. A Dios gracias, me encuentro mejor. No soy un dictador que se aferra a no perder prerrogativas, pero no es la primera vez que España pide mi sacrificio. Pasado un tiempo prudencial y hechas las rectificaciones que creo inaplazables, reconsideraré mi decisión». Franco no se refería a modificar las disposiciones para la sucesión sino a la necesidad de cambiar el gobierno Arias precisamente por su presunta debilidad. Cuando solicitó su opinión, Utrera contestó: «Debe volver y decidir un cambio, empezando conmigo», a lo cual Franco simplemente apostilló: «Es necesario».[106] Los ánimos que le dio Utrera parecieron contribuir a convencer a Franco de que debía resumir sus funciones.

El Príncipe presidió otro consejo de ministros el 30 de agosto. Subrayando el carácter provisional de su jefatura, la sesión se celebró en el Pazo de Meirás. La entrevista de Utrera con Franco había sido objeto de muchos comentarios de prensa. Esto, junto al ambiente del Pazo, convenció a Juan Carlos de que Franco pronto pondría fin a su interinidad. Cuando este recibió a los ministros en el jardín, el de Gobernación, José García Hernández, le dijo: «Mi general, es hora de que aligere sus responsabilidades y deje el timón en otras manos». Franco le miró fijamente y dijo en tono ominoso: «Usted sabe que eso no es posible».[107]

Tras el consejo de ministros Juan Carlos se marchó a Mallorca. El 31 de agosto, el equipo médico decidió que Franco estaba totalmente recuperado. Antes de marcharse, Juan Carlos había preguntado a la hija de Franco si su padre tenía intención de reincorporarse a la jefatura del Estado, respondiendo ella que su programa de rehabilitación hacía impensable semejante posibilidad. Con todo, plenamente consciente de las maquinaciones de Cristóbal Martínez-Bordiu, Juan Carlos no estaba convencido y más adelante dijo: «Villaverde no era el único en soñar con la posibilidad de apartarme de la sucesión en beneficio de su yerno. La gente de su entorno ejercía en ese sentido una presión muy fuerte sobre el anciano debilitado por la enfermedad y los sufrimientos».[108]

Habiendo conseguido la familia de Franco explotar sus temores de una conspiración entre Juan Carlos y don Juan, el Caudillo decidió reincorporarse a sus funciones el 2 de septiembre. Villaverde, exultante, telefoneó a Arias Navarro a su casa veraniega de Salinas. Inmediatamente antes del anuncio oficial, el propio Franco habló por teléfono con el Príncipe, que estaba otra vez en Marivent, diciéndole: «Alteza, simplemente quería avisaros que he decidido asumir mis poderes a partir de mañana». Juan Carlos, aunque feliz de que hubiera terminado su purgatorio, al menos por el momento, estaba furioso por el tono desdeñoso con que había sido tratado. Franco se limitó a darle las buenas noches. Arias Navarro, sin embargo, no se molestó en trasladarse a Mallorca para hablar con Juan Carlos en persona. Este, por su parte, se abstuvo deliberadamente de acudir al aeropuerto para recibir a Franco a su vuelta de Galicia.[109]

La precipitada y desacertada vuelta de Franco al poder fue una victoria de la camarilla de El Pardo sobre Juan Carlos. Los esfuerzos del marqués de Villaverde para convencer al Príncipe de que nada tenía que temer de El Pardo no hicieron más que intensificar los recelos de Juan Carlos, el cual comentó a López Rodó: «Algo pasa en la familia. *Qui s'excuse, s'accuse*».[110] Considerando ya a Arias como un traidor, el búnker pronto actuó tras la vuelta de Franco con un ataque al ministro más liberal del gobierno, Pío Cabanillas. A Franco le entregaron un dossier con páginas de revistas que contenían anuncios de bañadores y equipamiento para cámping con modelos en biquini, hábilmente intercaladas con páginas de publicaciones pornográficas extranjeras para dar la impresión de que esa era la clase de cosas que se publicaba en España. Ya irritado por la reacción de Cabanillas a la revolución portuguesa, Franco se enfureció ante la evidencia de que este ministro permitía que la prensa aireara la implicación de su hermano Nicolás en un escándalo relativo a la desaparición de enormes cantidades de aceite de oliva, el llamado caso del «aceite de Redondela». La última gota fue la publicación de una entrevista con Felipe González, secretario general del Partido Socialista, en *El Correo de Andalucía*. El 24 de octubre Arias mantuvo su reunión semanal con Franco y este le ordenó que cesara a Cabanillas. Antonio Barrera de Irimo dimitió en solidaridad. Un débil esfuerzo de Arias y su vicepresidente, Antonio Carro, para mantener el equilibrio cesando también a Utrera y Francisco Ruiz-Jarabo, fue anulado por el Caudillo con elogios a su lealtad.[111] La perspectiva era decididamente sombría para el Príncipe.

7

EN EL PODER, 1974-1976

Hacia finales de 1974 la salud de Franco se deterioraba rápidamente. Decidido a que las asociaciones políticas no pudieran ser nunca un caballo de Troya para introducir partidos políticos después de su muerte, el 19 de noviembre, balbuceante y con un incontrolable temblor en la mano izquierda, le dijo a Utrera: «Todos conocen mi criterio sobre lo pernicioso de los partidos políticos y estoy seguro de que el planteamiento que el Gobierno hace de las Asociaciones ha de impedir degeneren hasta el punto de convertirse en agrupaciones sectarias y beligerantes». Correspondía al Consejo Nacional del Movimiento ocuparse de controlarlas, suspendiendo o incluso disolviendo cualquiera que sobrepasara las estipulaciones de la Ley Orgánica y mostrara indicios de evolucionar hacia un partido político: «Estos son incompatibles con el Régimen».[1]

El Estatuto de Asociaciones Políticas fue aprobado por el Consejo Nacional tras una conflictiva sesión de once horas el 16 de diciembre de 1974.[2] Tres días después, Utrera le confió a Franco su convicción de que Juan Carlos no se sentía vinculado a «proyectos que pudieran representar la continuidad del régimen». Indignado, el Caudillo fijó una torva mirada en Utrera y dijo: «Eso no es cierto y es muy grave lo que me dice». Pasado un silencio largo y hostil, prosiguió: «Sé que cuando yo muera todo será distinto, pero existen juramentos que obligan y principios que han de permanecer». Utrera no se dio por vencido, insistiendo en que, tras la sucesión, Juan Carlos pretendía devolver a España una monarquía liberal y parlamentaria. A ello siguió otro silencio tenso solo interrumpido cuando Franco dijo: «Las instituciones cumplirán su misión. España no podría regresar a la fragmentación y a la discordia».[3]

A Franco no le inquietaban los temores de que Juan Carlos pudiera utilizar las asociaciones como vehículo para los partidos políticos. En su alocución radiofónica de fin de año, pronunciada el 31 de diciembre de 1974, se vanaglorió de las instituciones del régimen y expresó su confianza de que las asociaciones políticas no abrirían la puerta a las divisiones y egoísmos que caracterizaban a los partidos políticos.[4] Franco parecía dichosamente ignorante de que la coalición franquista se desintegraba en torno a él. El búnker, capitaneado por Girón y con poderosos aliados en El Pardo, estaba resuelto a defender las esencias de las leyes franquistas. Los partidarios de Juan Carlos tenían la esperanza de poder utilizarlas para crear un régimen democrático de algún tipo. En lugar intermedio se encontraba Arias, consciente de que era necesaria alguna índole de reforma pero decidido a mantenerla al mínimo. Sus relaciones con Juan Carlos eran tensas pero con los que habían sido antes sus defensores en el búnker, eran pésimas.

El grupo de políticos que se consideraban a sí mismos los hombres del Príncipe hacían planes para el futuro y, al hacerlo, constataron las limitaciones del Estatuto de Asociaciones. Respondiendo a un artículo en *ABC* de Alfonso Osorio, uno de los «tácitos» más eminentes, Manuel Fraga, Federico Silva Muñoz y José María de Areilza prepararon una asociación política en la convicción de que Arias les entregaría el poder a ellos cuando Franco muriera. Cuando el programa preliminar le fue mostrado a Franco, este preguntó con sarcasmo para qué país escribía Fraga. El plan no prosperó. Cuando Fraga solicitó audiencia con Franco para explicarle sus proyectos, el Príncipe le dijo a un amigo mutuo: «Que no venga ... lo va a devorar la fiera».[5] El Príncipe se mantenía informado gracias a los buenos oficios de José Joaquín Puig de la Bellacasa, un joven y brillante diplomático que se incorporó a su personal en mayo de 1974. Puig de la Bellacasa serviría de enlace entre Juan Carlos y numerosas figuras de la oposición y la prensa extranjera. Así pues, representó un contrapeso liberal en La Zarzuela a los conservadores marqués de Mondéjar y Alfonso Armada.[6]

Utilizando la prensa del Movimiento, Utrera intentó socavar la posición de Arias. Cuando Licinio de la Fuente, ministro de Trabajo, dimitió el 24 de febrero en protesta por los obstáculos puestos a sus planes de reconocer el derecho de huelga, Arias pasó finalmente al ataque contra el búnker. El 26 de febrero y nuevamente el 3 de marzo le dijo a Franco que no solo quería sustituir a De la Fuente sino también a otros ministros. Juan Carlos urgió a Arias a que no presionara en exceso, no fuera a ser que Franco terminara sustituyéndole a él por alguien más allegado al búnker, como Alejandro Rodríguez Valcárcel. Por último, alegando que Utrera había inventado acusaciones contra él y amenazando con dimitir, Arias consiguió intimidar suficientemente al anciano, débil y nervioso, para que accediera. Así, Franco se vio obligado a permitir una remodelación ministerial en que tanto Ruiz Jarabo como Utrera fueron eliminados. Fernando Herrero Tejedor, fiscal general del Tribunal Supremo, llegó finalmente como la nueva promesa liberal al cargo de ministro secretario general del Movimiento.[7]

No obstante la oposición de Girón, Franco aceptó el nombramiento de Herrero gracias al informe altamente competente que había elaborado sobre la investigación de la muerte de Carrero Blanco. Muchas personas, entre ellas el Príncipe, abrigaban esperanzas de que Herrero pudiera hacer algo de provecho con el proyecto de asociaciones políticas. Juan Carlos le dijo también a Herrero que le veía como futuro presidente de gobierno y que le agradaría que nombrara a Adolfo Suárez González como segundo de a bordo.[8]

Suárez, que era secretario de Herrero Tejedor desde mediados de los años cincuenta, había ascendido a su amparo hasta convertirse en un burócrata arquetípico del Movimiento. Impulsado por una potente ambición, se había incorporado al Opus Dei y había hecho amistad con importantes figuras del régimen durante los primeros años de la década de 1960, cuando Herrero era vicesecretario del Movimiento con Solís. Más adelante, cultivando cuidadosamente al entonces ministro de Gobernación, general Camilo Alonso Vega, llegó a ser gobernador civil de Segovia en 1968. En este cargo había conocido al Príncipe y se habían entendido bien, hasta el punto de tutearse. Suárez era un buen ejemplo del político profesional que se había hecho dentro del régimen, pero percibía instintivamente que este era una camisa de fuerza para una sociedad que había superado sus constricciones. Para el Príncipe, Suárez tenía el atractivo de tener una edad similar a la suya y carecer de las actitudes paternalistas e incluso condescendientes de López Rodó y hasta de Torcuato Fernández-Miranda. A medida que se acercaba a la cima, Suárez utilizó su amistad con Herrero Tejedor tanto para atraer la atención de Franco como para consolidar su amistad con Juan Carlos.

Adolfo Suárez fue nombrado director general de Radiotelevisión Española (RTVE) en 1969 por recomendación de Carrero Blanco, a quien, a su vez, había propuesto su nombre Juan Carlos. Suárez utilizó su control de los medios de comunicación para la promoción de Juan Carlos, por entonces objeto de chistes que lo presentaban como marioneta de Franco, y complació enormemente al Príncipe no emitiendo por televisión la boda de Alfonso de Borbón Dampierre y María del Carmen Martínez-Bordiu. También se esforzó para dar realce a la imagen de los ministros cuyo favor deseaba ganarse. Durante su paso por televisión Suárez empezó a ganarse fama de hombre que mantenía una especial relación con el Ejército. Efectivamente, hizo estrecha amistad con Andrés Casinello Pérez, jefe segundo de los servicios de inteligencia de Carrero Blanco, y se congració con conocidos generales poniendo tiempo televisivo a su disposición y mandando flores a sus mujeres. Por todo ello, al ocupar la Vicesecretaría del Movimiento en febrero de 1975, el ministro secretario general, Herrero Tejedor, le había encargado la preparación de un informe sobre las Fuerzas Armadas y sus actitudes hacia el cambio político. Suárez se sirvió de este cometido para consolidar sus vínculos con altos oficiales y con el Príncipe, que quedó muy bien impresionado por el informe y su conclusión de que el Ejército daría su aquiescencia a una leve reforma política.[9]

El 31 de mayo llegó a España el presidente de Estados Unidos, Gerald Ford, para una visita de dos días. Era indicio de que la política del Departamento de Estado se distanciaba del Caudillo a favor de un futuro en la persona de Juan Carlos, que Ford pasara una cantidad considerablemente mayor de tiempo con el Príncipe que con Franco.[10] A este espaldarazo iba a seguir en breve un recordatorio de que sus vínculos con el franquismo, aunque decisivos para poder asegurarse el trono, le situaban en una posición precaria.

Los continuos atentados de ETA y de los grupos terroristas de derechas, además de la brutal represión del País Vasco y las sentencias de muerte para tres militantes de ETA a comienzos del verano provocaron un estado generalizado de temor y malestar. Al mismo tiempo, el prestigio de la oposición crecía de día en día. A la Junta Democrática, dominada por el Partido Comunista, había seguido en junio de 1975 la Plataforma de Convergencia Democrática, que unió al PSOE, la Unión Social-Demócrata Española de Dionisio Ridruejo, la Izquierda Demócrata Cristiana de Joaquín Ruiz-Giménez y una serie de grupos regionalistas, incluido el Partido Nacionalista Vasco. La plataforma, dominada por el PSOE, estaba algo más abierta a la idea de diálogo con los reformistas del régimen que la Junta Democrática, que siguió entregada a una estrategia de huelgas y manifestaciones masivas. Sin embargo, el ensañamiento del régimen contribuyó a vencer los últimos recelos de los socialistas hacia el PCE hasta el punto de que ambos frentes de oposición iniciaron negociaciones para su ulterior unificación.

A la creación de la plataforma había seguido una reunión de la oposición moderada celebrada en Estoril el 14 de junio. Don Juan de Borbón habló ante un grupo de más de cien prominentes liberales de la oposición al régimen, sentados en mesas adornadas con banderas españolas y claveles rojos. Don Juan reafirmó sus derechos como heredero del trono, aceptó la necesidad de democratizar España y del refrendo popular de la monarquía, y afirmó su compromiso con los derechos humanos. Cuando denunció las disposiciones para la sucesión como una argucia para garantizar la continuidad del régimen, don Juan provocó una ola de pánico entre los reformistas del régimen y sin duda los indujo a reflexionar sobre la necesidad de inclinarse más seriamente hacia la democracia si querían sobrevivir.[11]

Todo esto le creó una situación insostenible a Juan Carlos, el cual le dijo a lord Mountbatten que se sentía profundamente abochornado por esta desautorización de su posición.[12] Igualmente herido se sintió cuando la prensa del Movimiento lanzó violentos ataques contra don Juan. Dos días después, Juan Carlos, algo inquieto, visitó al Caudillo que no hizo referencia alguna al discurso. Cuando el Príncipe abordó la cuestión, Franco le quitó importancia diciendo: «Otras veces hemos superado circunstancias parecidas». Profundamente aliviado, Juan Carlos abrazó al ya entonces empequeñecido dictador y le besó en la mejilla. Pero cuatro días más tarde, a propuesta de Arias Navarro, Franco firmó una orden que prohibía a don Juan la entrada en España, en el momento mismo en que habitualmente visitaba varios puertos españoles. Juan Carlos no fue consultado; es más, en otro humillante indicio de la tensión con Arias Navarro, el Príncipe no fue siquiera informado de la decisión. Juan Carlos se sintió seriamente contrariado.[13]

El 12 de junio de 1975, el nuevo ministro secretario general del Movimiento, Fernando Herrero Tejedor, murió en un accidente de coche cerca de Villacastín, provincia de Segovia. Adolfo Suárez comunicó la noticia a Franco mientras asistía a una corrida de toros, el cual se sintió muy afectado. Juan Carlos les dijo a los familiares de Herrero Tejedor: «Con vuestro padre ha muerto mi presidente de gobierno». Arias Navarro también le confió a Luis Herrero Tejedor: «Con tu padre he perdido mi sucesor en la Presidencia del Gobierno».[14] El sucesor lógico para la jefatura del Movimiento era el ambicioso vicesecretario de Herrero, Adolfo Suárez. Pero Franco había entendido el accidente como una señal providencial de que el experimento con las asociaciones no gozaba de la aprobación divina. Influido por el veneno derramado en su oído por Girón y Cristóbal Martínez-Bordiu, Franco tenía a Suárez por un traidor ambicioso.[15] En lugar de este, obligó a Arias a aceptar a José Solís como nuevo ministro secretario general. En su discurso de despedida del 3 de julio de 1975, Suárez hizo un llamamiento increíblemente valeroso a «la construcción de una democracia que traduzca el pluralismo legítimo que se da en la sociedad y la implantación de una justicia social que es el fundamento de la democracia real», a lo cual añadió que «la monarquía de Juan Carlos de Borbón es el futuro de una España moderna, democrática y justa». Muy complacido, Juan Carlos demostró su gratitud en modos diversos: pidió a Luis María Anson, por entonces director de *Blanco y Negro*, que hiciera algo por Suárez, que poco después fue elegido «político del mes» por la revista; encargó también al vicepresidente del Gobierno, José García Hernández, que le buscara a Suárez un buen puesto en Telefónica; y, además, rogó a Solís que le nombrara presidente de Unión del Pueblo Español, la asociación que Herrero Tejedor había estado preparando.[16]

La camarilla de El Pardo estaba inculcando en Franco los miedos del búnker. Por otra parte, se ha sugerido que en el verano de 1975 Franco estaba considerando proclamar rey de España a Juan Carlos el 1 de octubre. Ciertamente se mostró en todos los sentidos como un abuelo amantísimo cuando Juan Carlos y Sofía llegaron con sus hijos al Pazo de Meirás a fines de julio de 1975.[17] Si Franco estaba planteándose la jubilación, sin duda parece haber cambiado de opinión muy rápidamente después que la familia real hubo regresado a Mallorca. El 13 de agosto recibió a un grupo de alféreces provisionales en La Coruña. Ante estos excombatientes rígidamente firmes que declaraban su lealtad a Franco y a los valores defendidos en la guerra civil, el Caudillo empezó a sollozar de modo incontrolable. El general José Ramón Gavilán y Ponce de León, segundo jefe de la Casa militar de Franco, consiguió pasarle unas gafas negras y finalizar la audiencia, no obstante lo cual Franco lloró después apoyado en el hombro del general sollozando: «Quieren destrozar a España, quieren destrozar a España». Más adelante ese mismo día recibió un nuevo recordatorio de la guerra civil. En su yate, el *Azor*, presidió una demostración naval y, al entrar el *Azor* en la ría de El Ferrol, le embargó la emoción ante la vista del crucero *Canarias*, uno de los símbolos de su victoria en la guerra civil.[18]

A mediados de agosto Juan Carlos y su familia volvieron inesperadamente a Galicia. El marqués de Villaverde había entregado unos informes sobre los contactos del Príncipe con la oposición. Incluso se rumoreaba en el Pazo que Juan Carlos había enviado un mensaje a Santiago Carrillo en que prometía la posterior legalización del Partido Comunista. Así pues, Juan Carlos volvió para contrarrestar las insinuaciones de su deslealtad a Franco. El doctor Pozuelo advirtió la acusada tensión del ambiente cuando el marqués de Villaverde y otros entusiastas del búnker se enteraron de la visita del Príncipe, temerosos de que el afecto entre el Caudillo y Juan Carlos pudiera neutralizar sus esfuerzos. Y ciertamente, durante los días siguientes, el Príncipe pasó todo el tiempo posible al lado de Franco.[19]

Un consejo de ministros celebrado en el Pazo de Meirás el 22 de agosto aprobó una nueva ley antiterrorista de una dureza feroz, cuyas amplias estipulaciones cubrían todos los aspectos de la oposición al régimen. Los primeros frutos de dicha ley fueron la serie de juicios que desembocaron en el último episodio negro de la vida de Franco: el 28 de agosto, en Burgos, un consejo de guerra sentenció a muerte a dos militantes de ETA y, el 19 de septiembre, otro tribunal aprobó una tercera sentencia de muerte en Barcelona. Entremedias, otros dos consejos de guerra reunidos el 11 y el 17 de septiembre en un campamento militar cercano a Madrid, sentenciaron a muerte a ocho miembros del FRAP. La oleada mundial de protestas, aún mayor que la ocasionada por el juicio contra Grimau, provocó la indignación de Franco. Quince gobiernos europeos llamaron a sus embajadores. Se produjeron manifestaciones y ataques contra las embajadas españolas en la mayoría de los países de Europa. En las Naciones Unidas, el presidente de México, Luis Echevarría, pidió la expulsión de España. El papa Pablo VI hizo un llamamiento a favor de la clemencia, al que se unieron todos los obispos de España. Don Juan envió una petición a través de su hijo. Juan Carlos había recibido también un conmovedor ruego de clemencia del abogado católico Juan Lozano Villaplana, que había sido compañero suyo en la Facultad de Derecho a principios de los años sesenta. Pese a todo ello, la apelación del Príncipe a Franco, en el Pazo de Meirás el 28 de agosto, cayó en oídos sordos. Similares peticiones llegaron de gobiernos de todo el mundo.[20] Franco hizo caso omiso.

En un consejo de ministros de tres horas y media celebrado el 26 de septiembre y presidido por el Caudillo en estado de extrema debilidad, se confirmaron cinco de las penas de muerte. Al amanecer del siguiente día fueron fusilados los sentenciados. Juan Carlos no había sido consultado. Las protestas internacionales se intensificaron, con el Papa a la cabeza. La embajada española en Lisboa fue asaltada.[21] Si, como el propio Caudillo afirmaba, los indultos tras los juicios de Burgos habían sido indicio de la fortaleza del régimen, las ejecuciones del 27 de septiembre de 1975 eran símbolo de una decadencia terminal.

Por entonces Franco había perdido peso y tenía problemas de sueño. El 1 de octubre de 1975, treinta y nueve aniversario de su elevación a la Jefatura del Estado, hizo su última aparición pública ante una inmensa multitud en el Palacio de Oriente. Estaba acompañado por Juan Carlos y la princesa Sofía, él con expresión extremadamente seria y ambos con aire disimuladamente incómodo. El Caudillo, muy reducida su figura, encorvado, mostraba señales evidentes de dificultad respiratoria mientras emitía roncamente los mismos tópicos paranoides de siempre. Se despidió de la multitud llorando y levantando ambas manos. En el balcón, solo Juan Carlos y Sofía se abstuvieron de hacer el saludo fascista.[22] La exposición a los cortantes vientos del otoño madrileño el 1 de octubre provocó un empeoramiento de su ya deteriorado estado de salud que culminó en la muerte. El 6 de octubre, las noticias de que el rey Hassan II de Marruecos planeaba una «marcha verde» de 500.000 marroquíes para ocupar el Sáhara español, inquietaron profundamente a Franco. A mediados del mismo mes mostró síntomas de gripe y, en la madrugada del 15 de octubre, sufrió un infarto. Pese a ello, siguió trabajando y el viernes 17 presidió un consejo de ministros. Finalizado este, Cristóbal Martínez-Bordiu se acercó sigiloso a Arias y dijo: «Sé que estás pensando en la transmisión de poderes. A mi suegro hay que darle tranquilidad para que sea capaz de recuperarse, y la noticia de tus maniobras puede agudizar su enfermedad. Estate tranquilo y ya estudiaremos la situación cuando mejor convenga». Puesto que los servicios secretos intervenían las llamadas de La Zarzuela, Arias sabía que el Príncipe no estaba dispuesto a aceptar otro período de interinidad como jefe de Estado.[23]

A lo largo de los días siguientes Franco sufrió una serie de infartos cardíacos y una distensión abdominal consecuencia de una hemorragia estomacal. El 20 de octubre pudo tratar con Juan Carlos sobre la sustitución de Alejandro Rodríguez Valcárcel, cuyo mandato como presidente de las Cortes y del Consejo del Reino finalizaba el 26 de noviembre. Cuando el Príncipe le dijo que él se inclinaba por Torcuato Fernández-Miranda para el cargo, Franco comentó: «Sí, sí. Es inteligente, pero tiene demasiadas antipatías». En realidad, ese mismo día Franco informó a Rodríguez Valcárcel de que iba a ratificarle en el puesto. Las implicaciones para el Príncipe difícilmente podían ser más alarmantes. Como Arias Navarro, Rodríguez Valcárcel era uno de los muchos franquistas que creía que era deber del Príncipe suceder a Franco solo en sus funciones ceremoniales. Es decir, según lo veían ellos, Juan Carlos tenía categoría para prestar dignidad y decoro al cargo de jefe del Estado, pero no debía tener iniciativa política, responsabilidad que recaería en la élite franquista que se consideraba a sí misma albacea del legado franquista. Como el propio Franco le había dicho a menudo: «Vuestra Alteza no va poder gobernar como yo». Si Rodríguez Valcárcel era ratificado en la presidencia de las Cortes y del Consejo del Reino, no había posibilidad de que Juan Carlos tuviera un primer ministro que pudiera cumplir sus ambiciones reformistas.

Siguiendo sus planes inmediatos para el futuro, Juan Carlos había telefoneado ya a Torcuato Fernández-Miranda el 17 de octubre. No pudieron reunirse hasta la tarde del lunes 20, después de la visita del Príncipe al Caudillo. La franqueza con que Juan Carlos hablaba de sus preocupaciones primordiales quedaba de manifiesto en las notas que Fernández-Miranda apuntó después: «1) Obsesión de perdón purificador. Desligarse de una política que termina y de los políticos franquistas. 2) La Monarquía no puede aceptar condicionamientos: no a los partidistas, no a los políticos que significan aceptar una línea ya muy definida de antes o que vincularían a la Monarquía a este u otro grupo. 3) Caras nuevas: sorprender por la novedad del primer Gobierno de la Monarquía». Esto eliminaba claramente a López Rodó, Fraga Iribarne, Areilza y otros que pudieran abrigar esperanzas de ser presidente de gobierno una vez Juan Carlos fuera proclamado Rey. Revelando su profunda renuencia a mantener a Arias Navarro, le dijo a Fernández-Miranda: «Mi candidato eres tú pero me temo que no va a ser posible. Sabes la confianza que tengo en ti, como en nadie. Yo te necesito. No sé dónde ni cómo, pero te necesito. Nadie me ha hablado nunca como tú y nadie ha sabido callar como tú». Si Torcuato se sintió decepcionado al comprobar que no figuraba entre los posibles presidentes, no podía responsabilizar a nadie más que a sí mismo. Su recomendación de una reforma de la constitución franquista desde dentro había convencido al Príncipe de que él era quien debía guiar el proceso como presidente de las Cortes y del Consejo del Reino.[24]

A última hora de la noche del 20 de octubre, el Caudillo tuvo otro ataque de corazón. El marqués de Villaverde se convenció al fin de que había llegado el momento de transferir el poder. De hecho, lo que quería Martínez-Bordiu era que el Príncipe aceptara una nueva interinidad como jefe del Estado e instó a Arias Navarro a que solicitara su conformidad. El 21 de octubre, el presidente del gobierno, acompañado por Rodríguez Valcárcel, fue a La Zarzuela para hablar sobre la entrada en vigor del artículo 11 de la Ley Orgánica del Estado, pero se quedaron sin habla cuando el Príncipe se negó rotundamente diciendo: «El asunto del Sáhara puede estallar en cualquier momento y solo aceptaré las responsabilidades de jefe de Estado a condición de tener las manos libres para actuar como lo haría si fuera Rey». Arias le habló a Franco sobre la necesidad de transferir los poderes pero este se limitó a mirarle en silencio.[25] El miércoles 22 de octubre, Franco consiguió susurrar a Arias que enviara a Solís a Marruecos para intentar ganar tiempo frente a Hassan.

Comprendiendo el dramático agravamiento de Franco, el Príncipe se reunió otra vez con Torcuato Fernández-Miranda en la noche del mismo miércoles. Lo que en efecto le preguntó Juan Carlos fue si prefería ser presidente de gobierno o presidente de las Cortes. Fernández-Miranda le contestó sinceramente que prefería presidir el gobierno pero que sería de más utilidad como presidente de las Cortes y del Consejo del Reino. Las claves para cambiar la situación sin contravenir la legalidad franquista, provocando antagonismo con ello, residían en esas dos instituciones. Al mismo tiempo, el Príncipe quería a todo trance crear una imagen de la monarquía que la distanciara del franquismo y la presencia de Arias Navarro lo dificultaba. Ni Fernández-Miranda ni el Príncipe veían ninguna manera fácil de hacer salir a Arias; este estaba afianzado en el poder y, pese a los recelos de los inmovilistas, estaba considerado en muchos círculos del régimen como albacea testamentario de Franco. Relevarle del cargo de manera inmediata habría parecido el primer paso hacia el desmantelamiento del régimen. La necesidad de no antagonizar a los poderes fácticos franquistas indujo a Juan Carlos a aceptar, con enorme desgana, que tendría que mantener a Arias por el momento. Sería el precio a pagar por el muy superior beneficio de sustituir a Alejandro Rodríguez Valcárcel como presidente de las Cortes. Después de la reunión, Fernández-Miranda anotó en su diario: «Veo en el Príncipe aprecio muy claro, aprecio, estima y confianza. En nadie de los políticos confía como en mí; pero en cierto modo soy "incómodo", me teme. Aunque este "me teme" no se puede tomar al pie de la letra: es como si viera en mí demasiado su profesor y "que le puedo"». El Príncipe confiaba totalmente en el buen juicio y la discreción de Fernández-Miranda, pero quizá temiera por su propia independencia si un antiguo profesor llegaba a ser presidente del gobierno. Dos años después, Torcuato anotaría: «Todo esto le hacía quererme como consejero pero, en el fondo, y aunque a lo mejor ni él mismo lo supiera, no me veía del todo como gobernante».[26]

Entretanto, el 23 de octubre a primera hora de la mañana Franco sufrió un tercer infarto cardíaco. Más tarde ese mismo día, Cristóbal Martínez-Bordiu pidió a Arias que insistiera ante el Príncipe para que aceptara la transferencia de poderes. A sabiendas de que era inútil, Arias dijo: «Yo estoy cansado de suplicarle al Príncipe. Habla tú con él a ver si le convences». Villaverde fue a La Zarzuela y Juan Carlos le repitió lo que ya había dicho a Arias. En consecuencia, el marqués le invitó a una reunión en El Pardo a la que asistirían el equipo de médicos a cargo del cuidado de Franco, la familia inmediata, Arias Navarro y Rodríguez Valcárcel para hablar del estado del Caudillo. El Príncipe, ya vacilante sobre la conveniencia de aceptar esta invitación, fue aconsejado que no lo hiciera tanto por el general Alfonso Armada como por López Rodó. Su antiguo aliado le advirtió que aquello podría parecer una conspiración rastrera y su participación ser perjudicial para su prestigio. Con renuencia, Juan Carlos rehusó la invitación, coincidiendo con López Rodó en que no debía parecer que colaboraba en modo alguno en acelerar la sucesión. La decisión debía ser de carácter médico o político y, por tanto, correspondía a los médicos o al presidente del gobierno y al presidente de las Cortes. En el transcurso de la conversación, López Rodó aconsejó al Príncipe que sustituyera a Arias Navarro y habló de la necesidad de que el nuevo presidente fuera alguien con una larga experiencia de gobierno. Ante una insinuación tan descarada, Juan Carlos calló prudentemente.[27]

Juan Carlos tenía empeño en cerciorarse de que podría contar con el apoyo del Ejército cuando Franco muriera. Su paso como cadete por las tres academias militares le había proporcionado una amplia variedad de contactos que le permitían tomar el pulso militar. Además, podía recurrir al teniente general Manuel Díez Alegría. En el transcurso del mes de octubre, Díez Alegría mantuvo varias reuniones decisivas con los capitanes generales de las ocho regiones militares, los tres ministros militares y el Consejo Superior del Ejército.[28]

Con la salud de Franco agravándose de hora en hora, Juan Carlos tuvo otra larga entrevista con Torcuato Fernández-Miranda el domingo 26 de octubre. Volvió a plantear su renuencia a que Arias Navarro fuera presidente del gobierno y apuntó que debía «jugar fuerte» al comienzo de su reinado. Añadió que el general Armada le había sugerido que mantuviera a Rodríguez Valcárcel como presidente de las Cortes y posteriormente le nombrara a él (Torcuato) presidente, lo cual desconcertó a este porque sabía que Armada había insistido durante mucho tiempo en que sería un grave error cesar a Arias de manera inmediata. Fernández-Miranda sospechaba, no sin fundamento, que el consejo de Armada estaba movido por su deseo, como franquista leal, de velar porque nada cambiara, lo cual significaba su eliminación.

Sabía también que si Rodríguez Valcárcel era confirmado como presidente de las Cortes, la ratificación de Arias Navarro en la presidencia sería prácticamente automática. Indudablemente, con Rodríguez Valcárcel controlando las instituciones clave, al Príncipe le resultaría extremadamente difícil llevar adelante sus planes de reforma.[29]

Hacia el 30 de octubre Franco empezó a manifestar síntomas de peritonitis. Al ser informado por el doctor Pozuelo de los infartos y las graves complicaciones intestinales, el propio Franco ordenó la entrada en vigor del artículo 11 de la Ley Orgánica. Martínez-Bordiu y Arias, aliados por las circunstancias, seguían teniendo esperanzas de que Juan Carlos aceptara el cargo interinamente, como había hecho con desgana un año antes. Juan Carlos fue a ver a Franco y los médicos le dijeron que no había posibilidad de que el Caudillo se recuperase. Cuando Arias y Rodríguez Valcárcel fueron a La Zarzuela, el Príncipe accedió a la aplicación del artículo 11.[30] Franco había dejado de ser el jefe del Estado. Algunos sectores de la prensa empezaron a impulsar la imagen de Juan Carlos y a hablar de Franco en pasado.[31] Para el Príncipe la situación no podía ser más insoportablemente tensa. No podía tomar decisiones mientras Franco siguiera vivo, pero no quería en modo alguno parecer indeciso. Además, se sentía profundamente preocupado por las enormes responsabilidades que le aguardaban. A través del general Armada, se mantenía muy atento a la situación en el Sáhara.[32] Tenía muy presente el ejemplo portugués. Entre la oficialidad había surgido un movimiento progresista, la Unión Militar Democrática, y la prensa internacional empezaba a compararlo con el Movimento das Forças Armadas portugués. Lo último que quería Juan Carlos en el momento de ascender al poder era la desestabilización que podía producirse a causa de una guerra colonial.[33]

El 31 de octubre, el Príncipe presidió un consejo de ministros en La Zarzuela. La cuestión más candente era la crisis en el Sáhara. El general Carlos Fernández Vallespín, jefe del Estado Mayor, asistió a la reunión para explicar la situación militar. Tan pronto como el consejo hubo concluido, Juan Carlos habló con Arias, con el ministro de Exteriores, Pedro Cortina Mauri, y con el

Estado Mayor del Ejército. Para asombro de los presentes, Juan Carlos mostró una férrea determinación de ponerse al frente de la situación. Dijo a los reunidos que tenía intención de volar a El Aaiún, capital del Sáhara español, para explicar la situación al gobernador general, general Federico Gómez de Salazar, y a sus tropas. Ante ellos, expondría «lo que debemos hacer y cómo vamos a hacerlo. Vamos a retirarnos del Sáhara pero en buen orden y con dignidad. No porque hayamos sido vencidos, sino porque el ejército español no puede disparar sobre una muchedumbre de mujeres y niños desarmados».[34] Los políticos se quedaron de piedra pero los militares presentes se alegraron de esta demostración de valor e iniciativa de su nuevo comandante en jefe. Era un gesto que recordaba al del dictador Miguel Primo de Rivera que, en octubre de 1924, había asumido personalmente la responsabilidad de una decisiva retirada de Marruecos.

El Príncipe tenía motivos para creer que podía resolver la crisis del Sáhara sin derramamiento de sangre. Lo que no dijo a los presentes en la reunión de La Zarzuela fue que había decidido recurrir a la promesa que le había hecho Henry Kissinger en enero de 1971. Había enviado ya a un amigo íntimo, Manuel Prado y Colón de Carvajal, a Washington para solicitar la ayuda de Kissinger. Prado le explicó a este que la transferencia de poderes pacífica quedaría en peligro si el Ejército, la institución clave, tenía que empeñarse en una guerra colonial. Los posibles paralelos con lo ocurrido en Portugal bastaron para convencer a Kissinger de que intercediera junto a Hassan II. Accedió, pues, y no solo habló con Hassan sino también con otros dirigentes árabes y con Giscard d'Estaing. El general Vernon Walters, que fue embajador itinerante de Nixon, se encontraba en Marruecos a la sazón. Walters consiguió hablar con Hassan y le dio a entender con claridad que se esperaba alguna reciprocidad de su parte. Cuando Juan Carlos llegó a El Aaiún, desde las posiciones españolas se veía una enorme masa de civiles marroquíes. El Príncipe habló con las fuerzas españolas y explicó, para intenso alivio de todos ellos, que no habría ni matanza de inocentes ni retirada deshonrosa sino una retirada negociada. Este gesto no solo levantó la moral de las tropas sino que consolidó firmemente la lealtad de los militares al Príncipe. Al regresar a Madrid, convocó un consejo de ministros y anunció su convicción de que el rey de Marruecos le llamaría pronto para comunicarle que suspendía la Marcha. Para asombro de los ministros, la llamada se produjo durante la reunión. Hassan declaró que estaba encantado con el heroico gesto de Juan Carlos, no obstante lo cual, aún pasaría una semana antes de que Hassan suspendiera la «marcha verde».[35] Aunque todo este episodio había estado, en cierta medida, hábilmente montado, demostró el valor y la capacidad de iniciativa de Juan Carlos.

El 3 de noviembre, estando Franco al borde la muerte, una operación de urgencia del doctor Manuel Hidalgo Huerta le devolvió a la vida. Su capellán personal le dio la extremaunción. Sin embargo, al agravarse otra vez su estado, salió de El Pardo por última vez el 5 de noviembre e ingresó en la Ciudad Sanitaria La Paz de Madrid. Otra operación efectuada el 6 de noviembre volvió a arrancarle milagrosamente de la muerte.[36] La determinación del entorno de El Pardo de mantener vivo a Franco pese a su intenso sufrimiento era proporcional a la alarma que sentían ante la perspectiva de ver a Juan Carlos en el trono. A los pocos días de la entrada en vigor del artículo 11, el Príncipe había declarado a la revista *Newsweek* que se consideraba autónomo y deseaba ser «el símbolo de la unidad y la reconciliación nacionales».[37] Las esperanzas del búnker de impedir los planes de Juan Carlos no eran ajenas al hecho de que el mandato de Alejandro Rodríguez de Valcárcel como presidente del Consejo del Reino y de las Cortes expiraba el 26 de noviembre. Si Franco podía recuperarse lo suficiente para aprobar la renovación automática de Rodríguez Valcárcel en estos cargos, la camarilla tendría un hombre clave en un puesto que podía garantizar que el presidente del Consejo de Ministros elegido por Juan Carlos fuera «fiable» e impidiera el desmantelamiento de las estructuras del régimen. En el seno del Consejo del Reino se realizaban considerables maniobras para cerrar el paso al candidato preferido del Príncipe, Torcuato Fernández-Miranda.[38]

Conociendo estas aspiraciones del clan Villaverde, el Príncipe habló con Fernández-Miranda el 7 de noviembre sobre el mejor modo de proceder. Con su empeño puesto en la idea de que Torcuato fuera presidente de las Cortes y del Consejo del Reino, quería también que su presidente de gobierno fuera alguien leal y comprometido con la reforma. Su candidato predilecto era José María López de Letona, un miembro del Opus Dei inteligente y liberal que, siendo ministro de Industria entre 1969 y 1973, se había ganado fama de tecnócrata dinámico con excelentes contactos en el mundo de las finanzas. A Fernández-Miranda le parecía bien López de Letona pero tenía serias dudas sobre la posibilidad de lograr su nombramiento como presidente.[39]

El 12 de noviembre Juan Carlos se enteró de que su padre tenía intención de emitir un manifiesto declarando que el proceso de sucesión era ilegal. Intentando desesperadamente encontrar algún modo de neutralizar a don Juan, decidió enviar al general Díez Alegría a París para hablar con él. Una vez allí, Díez Alegría le dijo a don Juan que los generales más importantes se habían inclinado por la sucesión monárquica en la persona de Juan Carlos. Le explicó también que la situación era precaria y que, en interés de la monarquía, no debía hacer nada para impedir el ascenso de su hijo al trono.[40] Al encomendar esta misión a Díez Alegría, Juan Carlos había tenido la precaución de cerciorarse de que el general contaba previamente con el permiso del ministro del Ejército, teniente general Francisco Coloma Gallegos. El 13 de noviembre Coloma convocó a su vez una reunión con los otros dos ministros militares. Cuando Arias Navarro se enteró de esta reunión supuso que Juan Carlos estaba conspirando con el Ejército y al parecer estalló histérico: «Ahora mismo me va a oír. A este niñato hay que ponerlo en su sitio».

Su relación había estado al borde de la ruptura desde hacía meses. Al Príncipe le indignaba la tendencia de Arias Navarro a tratarle de manera brusca y desdeñosa. Así las cosas, Arias fue a La Zarzuela y se ofreció con malos modos a presentar la dimisión como presidente diciendo: «Si Vuestra Alteza quiere una dictadura militar nombre ahora mismo presidente del Gobierno al almirante Pita da Veiga. Y que tenga Vuestra Alteza mucha suerte». Este gesto lo hizo confiando en que, en el contexto de la crisis del Sáhara y enfrentado a las inminentes dificultades de la transferencia de poderes, Juan Carlos no podría fácilmente abordar otra crisis más. El Príncipe se disculpó por no haberle informado pero Arias, percatándose de su vulnerabilidad, se mantuvo firme, resuelto a humillarle. Con lágrimas de rabia impotente, Juan Carlos apeló al sentido de responsabilidad del presidente y dijo: «No puedes dejarme solo en estos momentos», pero Arias no transigió. Juan Carlos envió entonces a Nicolás Franco Pasqual de Pobil, sobrino de Franco y amigo de Juan Carlos desde su mutua infancia en Lisboa, a hablar con Arias. Nicolás Franco dijo a Arias que su dimisión habría consternado al propio Franco. Arias no cejó. El 14 de noviembre, el jefe de la Casa del Príncipe, marqués de Mondéjar, se comprometió a intentar que retirase la dimisión. Encontró a Arias cortándose el pelo en el hotel Palace. Durante su conversación, Arias hizo una observación a Mondéjar que subrayaba las dificultades de la situación del Príncipe. Con tono claramente amenazador, dijo: «No se olvide que al Caudillo le tenemos hibernado a 33°». Solo a cambio de prometer que conseguiría que los tres ministros militares dieran explicaciones, se disculparan y presentaran la dimisión pudo Mondéjar convencer a Arias de alterar su decisión. El presidente llamó en tono presuntuoso a La Zarzuela para «perdonar» a Juan Carlos. Todo este incidente dio pie a muchos comentarios jocosos en los corrillos franquistas en los que Arias fue alabado por poner al Príncipe en su sitio. A Juan Carlos no podía ya quedarle ninguna duda de que Arias no era de fiar.[41]

Al día siguiente, el estado del Caudillo volvió a agravarse. Ante nuevas muestras de peritonitis, el equipo médico volvió a operarle. Inicialmente, la intervención tuvo éxito. Pareció brevemente que el Caudillo mejoraba y las esperanzas de Villaverde empezaron a crecer. Pero tres días después la salud de Franco comenzó a fallar otra vez. El doctor Pozuelo, siempre realista, llamó a La Zarzuela para decirle a Juan Carlos que el fin estaba próximo. Cristóbal Martínez-Bordiu preguntó esperanzado al brillante cirujano Hidalgo Huerta si era posible operar otra vez. Hidalgo se negó. Con la presencia constante de Alfonso de Borbón Dampierre, el infatigable Villaverde siguió febrilmente llenando a Franco de antibióticos y sulfamidas.[42] Mientras el marqués se esforzaba para detener el reloj, el Príncipe seguía haciendo planes para el futuro. Preguntó a Rafael Cabello de Alba, ministro de Hacienda, si tenía prevista la emisión de monedas conmemorativas para celebrar su próxima coronación. Y envió al coronel Armada a negociar con el ministro de Justicia, José María Sánchez Ventura, una amnistía para los presos a ser anunciada cuando ascendiera al trono. A este respecto surgieron dificultades porque el Príncipe quería que dicha amnistía fuera de mayor alcance de lo que el gobierno estaba dispuesto a contemplar.[43]

Con Franco apenas vivo y enteramente dependiente de un complejo de aparatos para mantenerle vivo, su hija Carmen insistió en que le dejaran morir en paz. Aunque su marido en un principio accedió, la presión del personal militar del Caudillo, de Alfonso de Borbón Dampierre y de algunos de los médicos lograron que se revocara la orden de cesar el tratamiento. La crisis final comenzó en las primeras horas del 20 de noviembre. No obstante los desesperados esfuerzos de resucitación, a las tres y media de la mañana estaba muerto. Con todo, resistiéndose a darse por vencido, Villaverde aplicó a Franco un último masaje cardíaco. Todo fue en vano. La hora oficial de la muerte fue las 5 horas y 25 minutos de la mañana del 20 de noviembre de 1975.[44] En cuanto el Caudillo hubo muerto, el doctor Pozuelo informó a Juan Carlos. Por otro lado, ni Arias Navarro ni Alejandro Rodríguez Valcárcel, que pasó a ser jefe de Estado interino a la muerte del Caudillo, se molestaron en hacerlo. El Príncipe telefoneó a Arias para protestar de que, pese a llevar Franco muerto una hora, nadie le hubiera informado oficialmente. La conversación terminó con un enfrentamiento a gritos.[45]

Cuando comprendió que se moría, Franco había dictado su testamento político a su hija Carmen. El documento fue entregado a Arias Navarro que, en términos estrictos, tendría que habérselo pasado a su vez al jefe de Estado en funciones, Rodríguez Valcárcel. El testamento fue leído ante las cámaras de televisión a las 10 de la mañana del 20 de noviembre por el lloroso Arias, el cual debió de considerar que quedaba con ello consagrado como albacea del Caudillo. El texto en sí era una obra maestra de amnesia por parte de Franco, que de un golpe borraba la política revanchista, la brutal represión, los presos, los exiliados y los ejecutados. «Pido perdón a todos, como de todo corazón perdono a cuantos se declararon mis enemigos, sin que yo los tuviera por tales. Creo y deseo no haber tenido otros que aquellos que lo fueron de España. ... Por el amor que siento por nuestra Patria, os pido que perseveréis en la unidad y en la paz y que rodeéis al futuro Rey de España, don Juan Carlos de Borbón, del mismo afecto y lealtad que a mí me habéis brindado, y le prestéis, en todo momento, el mismo apoyo de colaboración que de vosotros he tenido. No olvidéis que los enemigos de España y de la civilización cristiana están alerta.»[46]

Rodríguez Valcárcel parecía ciertamente tener presentes las palabras de Franco. Unas semanas antes de la muerte del Caudillo, el 25 de octubre, Juan Carlos había informado a Arias Navarro y Rodríguez Valcárcel que Areilza se había reunido con una serie de dirigentes de la oposición, entre ellos Felipe González del PSOE. Este había asegurado a Areilza que los socialistas aceptarían la monarquía. Rodríguez Valcárcel estaba indignado por la idea misma de que pudiera consultarse la opinión de semejantes personas. Sus actividades a raíz de la muerte de Franco estaban motivadas por el miedo a que se otorgara algún papel a la oposición bajo la jefatura de Juan Carlos. Por consiguiente, estaba resuelto a reclutar la ayuda de la élite política con el fin de asegurarse de que Juan Carlos no fuera más que un jefe de Estado ceremonial. Desde mediodía del 20 de noviembre, Rodríguez Valcárcel era jefe de Estado en funciones. Los mecanismos de la Ley Orgánica exigían que el presidente del Consejo del Reino encabezara un Consejo de Regencia, formado por el prelado de mayor jerarquía y antigüedad y el general de mayor antigüedad, respectivamente el arzobispo monseñor Pedro Cantero Cuadrado de Zaragoza y el general de Aviación, Ángel Salas Larrazábal. Por lo que hacía a Rodríguez Valcárcel, las instituciones del franquismo podían seguir gobernando como hasta entonces.[47]

A lo largo del 20 de noviembre, Juan Carlos y Sofía se comportaron con gran dignidad, uniéndose a la familia Franco en su dolor. El Rey no había ocultado nunca su esencial afecto hacia Franco. En aquellos momentos, él y su esposa fueron varias veces a El Pardo y, junto a doña Carmen Polo y Carmen Franco, presidieron una misa *corpore insepulto* oficiada por el cardenal Tarancón. La familia inmediata de Franco temía represalias, pero Juan Carlos les había asegurado repetidamente que se ocuparía de que nada de esa índole ocurriera.[48] A doña Carmen le dijo que podía permanecer en El Pardo durante el resto de su vida.[49] Más aún, a los pocos días de su investidura como Rey, le concedió el título de señora de Meirás y el de duquesa de Franco a su hija. La señora siguió residiendo en El Pardo otros dos meses y medio.

Pero en las horas siguientes, la primera preocupación de Juan Carlos tenía que ser la articulación del proceso mediante el cual sería proclamado rey. Juan Carlos pidió a Fernández-Miranda que viniera en la tarde del 20 de noviembre. Junto a doña Sofía, Armada y Mondéjar, elaboraron su discurso de aceptación del trono ante las Cortes. Entretanto, un amigo del Príncipe, el duque de Arión, se ponía en contacto con figuras destacadas del Partido Comunista del interior. Hacía ya mucho tiempo que se habían establecido contactos con Santiago Carrillo a través de Nicolás Franco Pasqual de Pobil. Una de las personas que visitaba La Zarzuela con regularidad era Luis Solana, socialista y amigo del antiguo compañero de estudios de Juan Carlos, Jaime Carvajal. Solana había asegurado a Felipe González que el PSOE sería pronto legalizado. Con grados diversos de escepticismo, los líderes de la oposición decidieron otorgar a Juan Carlos el beneficio de la duda. El mensaje para todos era que se iba a producir un significativo cambio político y que había que procurar no socavar la transferencia de poderes. En nombre de Juan Carlos, el ministro de Relaciones Sindicales, Alejandro Fernández Sordo, se había puesto en contacto con los sindicatos clandestinos socialista y comunista. Asegurándoles que iba a producirse una rápida reforma política, había recibido garantías de que el proceso de transición de Franco a Juan Carlos no se vería perturbado por problemas laborales. Por otra parte, como tantos otros políticos en aquel momento, Fernández Sordo tenía sus propios planes. Era contrario a Arias Navarro y al parecer favorable a la causa de López de Letona, no obstante lo cual le reveló a Torcuato Fernández-Miranda que le gustaría que Rodríguez Valcárcel formara parte del siguiente gobierno en el cargo de ministro secretario general del Movimiento, lo cual no habría beneficiado precisamente las ambiciones reformistas del Rey.[50]

Juan Carlos tenía mucho interés en poner todas las distancias posibles entre los funerales de Franco y su propia coronación. Rodríguez Valcárcel estaba resuelto a ligarlos todo lo estrechamente posible. Sucesivos emisarios del gobierno, el ministro de Justicia, José María Sánchez-Ventura, y el ministro de la Presidencia, Antonio Carro, fueron despedidos sin miramientos del despacho de Rodríguez Valcárcel. Juan Carlos y sus consejeros sabían que se hacían esfuerzos para persuadir a Rodríguez Valcárcel de que mantuviera el Consejo de Regencia operativo de forma indefinida. Finalmente, Girón, que estaba en el centro de la conspiración, reconoció que la extrema derecha carecía de fuerza para llevarla adelante.[51] Mientras Franco seguía en la capilla ardiente, colocado el féretro sobre un estrado en la Sala de Columnas del Palacio de Oriente, en el exterior iban formándose largas colas de varios kilómetros con los cientos de miles de personas que querían desfilar junto al cadáver.[52]

Otro motivo de honda preocupación para el nuevo rey era la probable reacción de don Juan. A mediados de noviembre Juan Carlos había visto el borrador de una declaración que su padre estaba considerando hacer pública a la muerte de Franco. En ella se refería a sí mismo como «Jefe de la Casa Real española» e «hijo y heredero de Alfonso XIII y depositario de un tesoro secular cuyos deberes considera irrenunciables». Tachaba el mandato de Franco de «poder personal absoluto», y afirmaba que ahora era deber de la monarquía superar la guerra civil, imponer una profunda justicia social, eliminar la corrupción, consolidar una auténtica democracia pluralista y procurar la plena integración en la Comunidad Europea. A Juan Carlos se refería simplemente como su «hijo y heredero». El aspecto alarmante para Juan Carlos era la implicación de que don Juan no le reconocía como rey.

Dicho reconocimiento parecía condición *sine qua non* para emprender el total desmantelamiento del régimen franquista. A causa de todo ello, el Príncipe no durmió durante varias noches. La declaración de don Juan se dio a conocer en París el 21 de noviembre y produjo reacciones indignadas en la prensa del Movimiento.[53] Hasta el 28 de noviembre no envió don Juan a Antonio Fontán a La Zarzuela con un mensaje secreto en el sentido de que consideraba a su hijo Rey de España y jefe de la dinastía. Su intención era abdicar oficialmente en cuanto Juan Carlos tuviera la convicción de que se producía un avance satisfactorio hacia la democracia. Dejaba a su hijo las necesarias gestiones: «Lo de los papeles, cuando él diga». Cuando el Rey recibió el mensaje simplemente exclamó: «¡Qué padre tengo!».[54] Don Juan reconoció a su hijo el 14 de mayo de 1977 cuando era ya claro que tenía el propósito de desmantelar el régimen.

El 22 de noviembre se celebró en las Cortes la ceremonia en que Juan Carlos fue proclamado rey. Como parte de ella fue obligado a jurar fidelidad a las Leyes Fundamentales y a los Principios del Movimiento. Juan Carlos tenía vivo interés en que la ocasión estuviera proyectada hacia el futuro y había pedido a Rodríguez Valcárcel que no ligara la proclamación al régimen de Franco. Tras muchas reflexiones angustiadas, Rodríguez Valcárcel elaboró un texto aceptable para el discurso. Este finalizaba con la enardecida proclama: «Señores procuradores, señores consejeros, desde la emoción en el recuerdo a Franco, nueva era: ¡Viva el Rey! ¡Viva España!». Al final, para irritación de Juan Carlos, Rodríguez Valcárcel tuvo la desfachatez de eliminar la frase «nueva era» logrando de ese modo vincular el régimen anterior con el nuevo. Vistiendo el uniforme de capitán general del Ejército, el Rey comenzó su discurso con respetuosas alusiones a la devoción de Franco por España. Después hizo saber de manera inequívoca que comenzaba una nueva época. Declarando que la monarquía incluía a todos los españoles, convocó a todo el país a participar en un consenso nacional. Utilizó frases que respondían a la necesidad de actuar desde la legislación franquista, pero no era posible confundir su intención: «Soy plenamente consciente de que un gran pueblo como el nuestro pide perfeccionamientos profundos... Esta hora dinámica y cambiante exige una capacidad creadora para integrar en objetivos comunes las distintas y deseables opiniones». Para horror de muchos de los franquistas presentes, rindió homenaje a su padre por haberle enseñado el concepto del deber. Los problemas a los que se enfrentaba el Rey quedaron duramente ilustrados por el hecho de que su discurso, levemente progresista, en que omitió ostensiblemente toda referencia al 18 de julio de 1936, fue recibido con frialdad por los procuradores que después otorgaron una ovación cerrada a la hija de Franco.[55]

Media hora después de la ceremonia, el Rey apareció vestido de luto junto al catafalco de Franco. Posteriormente aquella misma tarde visitó a doña Carmen en El Pardo. Ambos gestos, si bien reflejaban su sincero afecto tanto por el Caudillo como por su mujer, tenían la finalidad de calmar los ánimos de los franquistas alarmados por su discurso. Dadas las circunstancias, sus palabras apenas podían haber sido más audaces. Perfectamente consciente de que había importantes figuras militares cuyas opiniones eran próximas al búnker, los llamados generales azules, envió una primera declaración al Ejército en su calidad de jefe de las Fuerzas Armadas: «Sois los depositarios de los más altos ideales de la Patria y la salvaguarda y garantía del cumplimiento de cuanto está establecido en las Leyes Fundamentales, fiel reflejo de la voluntad de nuestro pueblo». Unos días después, un real decreto nombró al Caudillo póstumamente oficial en cabeza en todos los escalafones a perpetuidad de los ejércitos de Tierra, Mar y Aire. El Rey había generado una gran sensibilidad a los sentimientos militares desde sus años de cadete, y este formaría los cimientos de una relación con las fuerzas armadas de la cual dependería en gran medida la futura España democrática.[56]

En la mañana del 23 de noviembre, el cortejo fúnebre de Franco llegó al Valle de los Caídos. El féretro fue transportado por el marqués de Villaverde, su hijo Francisco Franco Martínez-Bordiu, Alfonso de Borbón y representantes del Ejército de Tierra, de Aviación y de Marina. Con los ojos enrojecidos y evidentemente emocionado, Juan Carlos presidió el entierro. Aquel mismo día concedió su primera audiencia al líder del búnker, José

Antonio Girón de Velasco. Todo ello formaba parte de un complejo juego de equilibrio entre diferentes conjuntos de símbolos: los del pasado franquista y los del futuro democrático.

No es fácil hacerse una idea de la presión que afrontó Juan Carlos en los comienzos de su reinado. Había gran cantidad de esperanzas y buena voluntad, tanto dentro como fuera de España, pero los obstáculos que se levantaban ante sus esfuerzos para democratizar el país eran enormes. El legado de enconamiento y odios que había politizado y amargado al pueblo vasco iba a envenenar la política española durante muchos años. Las fuerzas progresistas que querían avanzar hacia la democracia no terminaban de fiarse de Juan Carlos. Después de todo, había aparecido junto a Franco durante quince años y seguía sin pronunciarse en cuanto a los crímenes de la dictadura. No había tenido elección, pero inevitablemente esto le comprometía a ojos de la izquierda. A este respecto, el prestigio de don Juan podía ser decisivo. Aun así, incluso si podía convencer a la izquierda de que le concediera tiempo, el búnker seguía estando ahí. Malevolente y reaccionario, seguía siendo poderoso, y estaba afianzado en el Ejército, la policía y la Guardia Civil. Más de cien mil falangistas seguían teniendo permiso de armas. Los franquistas intransigentes del Ejército hacían grandes esfuerzos en diversos frentes para conservar el control de la situación. El general Francisco Coloma Gallegos captó el talante de los altos mandos inmovilistas cuando, al abandonar su cargo de ministro del Ejército, declaró el 15 de diciembre de 1975: «Hoy, que lloramos la desaparición de nuestro Generalísimo... hoy, más que nunca, tenemos la obligación de mantenernos unidos para impedir que la antorcha que ha cogido en sus manos el Rey, puedan apagarla aquellos que pretenden desencadenar tempestades».[57]

La proclamación de Juan Carlos como rey ante las Cortes fue una formalidad institucional. La celebración pública sería una misa de acción de gracias en la iglesia de Los Jerónimos de Madrid. Esta había sido aplazada dos días, para furibunda ira del búnker, con objeto de permitir la asistencia de los presidentes francés y alemán, Valéry Giscard d'Estaing y Walter Scheel. Juan Carlos estaba decidido a contar con la presencia simbólica de líderes democráticos en la inauguración de su reinado. Una vez más recurrió a su amigo Manuel Prado y Colón de Carvajal, que fue a París y logró convencer al reacio Giscard de garantizar su asistencia. A cambio, este exigió la promesa de algún gesto que le distinguiera de los restantes invitados, insinuando que le gustaría recibir el Toisón de Oro, aunque finalmente se conformó con un desayuno a solas con el Rey.[58] Contar con la presencia de prestigiosos líderes democráticos era esencial para la imagen que quería proyectar hacia el futuro. Algunos se mostraron más escrupulosos. El primer ministro británico, Harold Wilson, por ejemplo, aunque muy favorable a Juan Carlos, conocía la fuerte animadversión antifranquista del movimiento sindical británico. Por tanto, envió al *Lord Privy Seal*, lord Shepherd, un ministro relativamente menor, como representante británico en el funeral de Franco, un gesto cuidadosamente calibrado que, con todo, le causó problemas con los sindicatos. En claro contraste, el duque de Edimburgo representó a la reina Isabel II en la coronación.[59] Wilson le dijo al presidente de Estado Unidos, Gerald Ford: «Reconozco, aun si no se puede decir claramente en público, que el rey Juan Carlos tiene una tarea muy dura por delante. Por tanto le animaremos privadamente a que se mueva lo más rápidamente posible, pero intentaremos evitar la condena pública siempre que podamos, si el avance es más lento de lo que las expectativas públicas puedan aquí exigir».[60] La impresión que produjo Juan Carlos en el presidente Gerald Ford cuando este visitó España seis meses antes, consiguió que Estados Unidos estuviera representado por Nelson Rockefeller, el vicepresidente del gobierno. En fuerte contraste, ningún jefe de Estado importante, aparte del dictador chileno Pinochet, asistió al funeral del Caudillo. Después, el propio Rey hizo saber con claridad a Pinochet que no estaba invitado a la misa de coronación del 27 de noviembre. El búnker se indignó profundamente cuando, en el sermón de la misa, el cardenal Enrique y Tarancón dio refrendo eclesiástico a los planes del Rey en palabras que implícitamente condenaban el espíritu de revancha del franquismo: «Pido que seáis Rey de todos los españoles. Que sea vuestro reino un reino de vida. Que ningún modo de muerte y violencia lo sacuda. Que ninguna forma de opresión esclavice a nadie. Que todos conozcan y compartan la libre alegría de vivir. Que sea el vuestro un reino de justicia en el que quepan todos sin discriminaciones ni favoritismos, sometidos todos al imperio de la ley. Y puesta siempre la ley al servicio verdadero de la comunidad».[61]

Juan Carlos deseaba que la sinceridad de su compromiso con el cambio se manifestara en la amnistía anunciada por José María Sánchez Ventura, ministro de Justicia. Entre la izquierda, sin embargo, se vio como una concesión mínima. Aplicada por último a aproximadamente el 30 por ciento de la población reclusa, benefició a muchos delincuentes comunes pero dejó en libertad a relativamente pocos presos políticos: salieron 235 de un total de 4.000. Así pues, en el momento mismo en que Juan Carlos y Sofía recorrían en coche las calles atestadas de multitudes que los vitoreaban, la policía antidisturbios estaba cargando con las porras, utilizando gases lacrimógenos y mangueras para dispersar las manifestaciones ante las cárceles de todo el país. Muchas organizaciones, entre ellas el Colegio de Abogados, la católica Pax et Justitia, y los partidos de la izquierda protestaron por lo restringido de los indultos y pidieron plena amnistía. La decepción se tornó en ira cuando varios de los presos liberados, entre ellos el dirigente de Comisiones Obreras, Marcelino Camacho, fueron detenidos otra vez de inmediato. En Sevilla, Valladolid, Vigo, Barcelona y Madrid hubo enormes manifestaciones pro amnistía. Felipe González fue hostigado por la policía en el cementerio civil de Madrid cuando asistió a un acto de homenaje en el cincuenta aniversario de la muerte del fundador del PSOE, Pablo Iglesias.[62]

Durante los siguientes dieciocho meses, el futuro de Juan Carlos se configuraría en un contexto de dramatismo y conflicto en las calles, y complejas negociaciones a puerta cerrada en salones llenos de humo. La elaboración de una lista de invitados que adornara la misa de la coronación fue simplemente una más de una serie de negociaciones endiabladamente complicadas que hubo de abordar el Rey en sus primeros días. Tuvo que informar a Rodríguez Valcárcel de que no deseaba su permanencia en la presidencia de las Cortes. Con Franco, la elección de cargos para cualquier institución mediante presentación de una terna de candidatos entre los cuales hacía su decisión final, había sido siempre una farsa. Las preferencias de Franco siempre se constataban con anterioridad y su candidato era incluido en la terna. Ahora, Juan Carlos tuvo que pedir a Rodríguez Valcárcel, profundamente hostil y resentido, que incluyera en la terna el nombre de Torcuato Fernández-Miranda. Al mismo tiempo, tenía que decidir a quién quería en la presidencia del gobierno.[63]

El 30 de abril de 1975, Juan Carlos le había dicho a López Rodó que «Arias no es el hombre para mi primer Gobierno; Fraga, tampoco; ni Silva porque es "confesional". En las Monarquías no hay partidos confesionales». López Rodó se enteró posteriormente de que el Príncipe había dicho lo mismo de él.[64] En una frase eliminada de la edición española de sus entrevistas con José Luis de Vilallonga, el Rey decía de Arias Navarro: «Estaba lejos de ser tonto, pero no tenía visión alguna de los problemas de España. Y era tozudo como una mula. Más que auténtica fuerza de carácter, manifestaba terquedad».[65] Juan Carlos no habría tenido inconveniente en que Arias se despidiera, pero también comprendía que cambiar al presidente de las Cortes y al presidente del Gobierno era un riesgo enorme mientras perdurasen los recelos de muchos de los más intransigentes del régimen político franquista.

Cuando Juan Carlos pidió a Rodríguez Valcárcel que no incluyera su propio nombre en la terna para la nueva presidencia de las Cortes, este se enfureció pero, apretando los dientes, se comprometió a escribir una carta a todos los miembros del Consejo del Reino ordenándoles que no incluyeran su nombre. Sabiendo la animadversión que podía suscitar su persona, Torcuato Fernández-Miranda sugirió al Rey que buscara otro candidato. Habiendo tomado ya su decisión, el Rey se negó obstinada, y valientemente, resuelto a luchar por lo que comprendía que era el nombramiento crucial. A sabiendas de que Rodríguez Valcárcel estaba maniobrando por su lado, Juan Carlos tomó la iniciativa de pedir ayuda directamente a tres hombres, dos de los cuales podrían sin duda considerarse sus enemigos: José Antonio Girón de Velasco, Carlos Arias Navarro y Manuel Lora-Tamayo, presidente de las Cortes en funciones. Tal era el poder de persuasión del Rey, que logró convencer a Girón y Arias de que le ayudaran a asegurar el nombramiento de Torcuato Fernández-Miranda. Girón, tras su agresiva bravuconería, había tenido siempre una vena adulatoria que había dirigido hacia Franco; ahora, la autoridad del Rey la reactivó.

La zanahoria para Arias fue la posibilidad de mantenerse como presidente del Consejo de Ministros. Reconociendo que las posibilidades de lograr el nombramiento de López de Letona eran extremadamente reducidas, el Rey empezaba a ver las ventajas, por doloroso que pudiera ser, de conservar a Arias. Perder a sus dos candidatos para la presidencia y la presidencia de las Cortes hundiría las posibilidades de una monarquía democrática. La presencia de Arias sería el precio a pagar por conseguir un fin de mayor importancia estratégica: la presencia de Torcuato Fernández-Miranda en las Cortes. Siempre dispuesto a tratar al Rey con condescendencia, Arias estaba encantado de que solicitara su ayuda. Aún más le complacía, convencido de que Fernández-Miranda era su gran rival para la presidencia del gobierno, poder neutralizarlo —al menos, eso creía— contribuyendo a enviarlo a las Cortes.

Ante las advertencias de Rodríguez Valcárcel de que, si era elegido, Torcuato Fernández-Miranda sería el sepulturero del régimen, tanto Girón como Arias vacilaron. Al fin, Girón se mantuvo firme pero Arias cambió de posición. Rodríguez Valcárcel escribió la prometida carta pero en términos tan vagamente ambiguos que dejaban a los miembros del Consejo en libertad para nombrarle. Las esperanzas del Rey se fortalecieron considerablemente por el hecho de que Rodríguez Valcárcel no fuera ya presidente del Consejo del Reino. El presidente interino era ahora el vicepresidente, Manuel Lora-Tamayo. Este, ferviente católico y ex ministro de Educación, era un antiguo aliado de Juan Carlos. Con todo, las deliberaciones del Consejo fueron extremadamente tensas el 1 de diciembre. La gran mayoría de los integrantes del Consejo no tenían deseos de ver una monarquía democrática. Hasta el último momento de la reunión, Rodríguez

Valcárcel conservó la esperanza de mantener el cargo y torpedear los planes liberalizadores del Rey. Finalmente, las maquinaciones de varios aliados del Rey, incluido Girón, el cual insinuó que la salud de Rodríguez Valcárcel le impedía ser un candidato viable, produjeron una terna con los nombres de Licinio de la Fuente, Emilio Lamo de Espinosa y Torcuato Fernández-Miranda. El 3 de diciembre, en La Zarzuela, este juró el cargo de presidente de las Cortes y del Consejo del Reino. En su discurso, indicó con claridad que sería vehículo para el cambio cuando dijo: «Me siento total y absolutamente responsable de todo mi pasado. Soy fiel a él, pero no me ata porque el servicio a la Patria y al Rey son una empresa de futuro».[66]

Juan Carlos disponía ahora de un decisivo instrumento de poder en manos de uno de sus más leales aliados. Sin embargo, en modo alguno parecía ser esta la situación. En su primera sesión plenaria, el presidente de las Cortes, Torcuato Fernández-Miranda, declaró que el gobierno era responsable de la acción política y las Cortes del marco legal dentro del cual se desarrollaba dicha acción. Implícita en esta afirmación estaba su determinación de proceder a una reforma dentro de la estructura constitucional franquista. El Rey estaba resuelto a no ser culpable de romper su solemne juramento de defender las Leyes Fundamentales. Además, la estrategia de actuar dentro de dichas leyes era probablemente el único modo de garantizar que los poderes fácticos franquistas no utilizaran todos los medios a su alcance para impedir la reforma. Para la mayoría de los españoles y los observadores extranjeros, no obstante, la idea de una reforma encauzada a través de las Cortes franquistas parecía significar que la democracia era imposible. Después de todo, con Franco las Cortes habían sido profundamente reaccionarias. Además, nunca habían tenido ningún poder de iniciativa. Todos los poderes de Franco estaban teóricamente sujetos a las limitaciones de las Cortes y del Consejo del Reino pero, en la práctica, ambos organismos actuaban como simple refrendo. Ahora bien, no era previsible que actuaran de la misma forma ante un rey reformador. Por tanto, la tarea que afrontaban Juan Carlos y Fernández-Miranda —la de ganarse la aprobación de los procuradores para su proyecto y afirmar la autoridad de las Cortes sobre el Gobierno— era intimidante por su enormidad.[67]

Se ha sugerido que Franco sabía que Juan Carlos iba a esforzarse por democratizar España y que no lo desaprobaba.[68] De ser así, es absolutamente increíble que no hiciera nada para preparar a sus partidarios ante semejante eventualidad. En realidad, todo su comportamiento desde que nombró sucesor a Juan Carlos demostró su confianza en que las instituciones del franquismo impedirían al futuro rey desviarse de los principios del Movimiento del 18 de julio. Esa era la razón de la crítica situación en que se encontraba el Rey a fines de 1975. Resolverla sin derramamiento de sangre dependía de su habilidad, de la de los ministros que eligiera y de la sensibilidad de los dirigentes de la oposición. El Rey no tenía duda alguna sobre las ventajas de la democratización para su país y para su propia dinastía. Sus consejeros más próximos le habían hecho saber en todo momento que importantes sectores del capitalismo español estaban deseosos de abandonar los obsoletos mecanismos políticos del franquismo. Y era profundamente consciente de lo ocurrido a la familia real griega cuando no supo responder a la ola de sentimiento democrático popular. El mensaje de Estoril era también inequívoco: que optar valientemente por el progreso aseguraría un apoyo masivo a la monarquía. Pero conocía igualmente bien la fuerza, la determinación y la animadversión del búnker. Más aún, la senda de salida de la crisis atravesaba el laberinto bizantino de la constitución franquista misma a la que debía su ascenso. Su meta a largo plazo era ser rey constitucional por encima de la política pero, por el momento, estaba obligado a desempeñar un papel peligrosamente activo en el escenario político. Por tanto, en los primeros días de su reinado, avanzaba con gran cautela.

El búnker seguía optimista en la creencia de que Arias podría impedir los planes liberalizadores del Rey. Continuaron las detenciones de personas de extrema izquierda. Al haber cerrado el paso a la monarquía en España durante cuarenta años y por su arrogancia al nombrar a su propio sucesor monárquico, Franco parecía haber destruido cualquier neutralidad política que pudiera haber acompañado a Juan Carlos, del mismo modo que había desnaturalizado los otros dos atributos centrales de la monarquía: continuidad y legitimidad. El búnker esperaba que la influencia de Franco se dejara sentir aun desde la tumba. Arias Navarro afirmó posteriormente que visitaba regularmente la gran basílica del Valle de los Caídos para comunicarse con el Caudillo y recibir sus instrucciones desde más allá de la tumba.[69] Apenas podía sorprender que la izquierda acogiera la coronación con titulares en la prensa clandestina que proclamaban: «¡No al Rey impuesto!». «No al Rey franquista.»[70]

Habiendo elegido a Torcuato Fernández-Miranda como presidente de las Cortes, el Rey tenía que optar por un presidente de Gobierno. Pese a los fuertes rumores de que había dimitido, Arias Navarro se negó a marcharse discretamente. Estaba convencido de que Franco le había nombrado para un período de cinco años y por ello no estuvo dispuesto a presentar al Rey la dimisión formularia de rigor. Por si fuera poco desaire, con ánimo de enfrentamiento directo con el Rey, ordenó a los miembros del gabinete que no asistieran a la ceremonia en que Fernández-Miranda tomó posesión del cargo. El Rey sabía que, tras la reciente batalla en el Consejo del Reino, sería excesivamente arriesgado iniciar tan pronto la búsqueda de un presidente. Por tanto, habiendo más o menos insinuado a Arias que iba a pedirle que continuara, el 4 de diciembre Juan Carlos se decidió por fin a hacerlo. Tuvo que enviar a Fernández-Miranda para convencer a Arias de que presentara la dimisión convencional y aceptara cambios en el gobierno. Arias accedió solo con máxima resistencia. Según lo veía él, Franco le había nombrado y el Rey seguía sujeto a la voluntad del Caudillo. A Fernández-Miranda le dijo: «Yo estoy atornillado a este sillón por la Ley». Arias omitió después anunciar su ratificación, produciendo la impresión de que seguía en el puesto no por petición del Rey sino por obra y gracia de Franco. Juan Carlos telefoneó a Arias en mitad de un consejo de ministros el 5 de diciembre para preguntarle por qué no había anunciado su nombramiento. Su increíble respuesta fue sencillamente que lo había olvidado. Al volver al consejo de ministros mencionó de pasada que el Rey deseaba su continuidad. Con ello, consiguió dar la impresión de que era una formalidad sin importancia, una aceptación por parte de Juan Carlos de la voluntad de Franco.[71]

La relación de trabajo entre Juan Carlos y Arias Navarro no podía haberse iniciado con peor pie. En cierta medida, el gobierno Arias reflejaba sus inclinaciones franquistas y contenía nombres que habrían tranquilizado al búnker. Al mismo tiempo, traslucía el hecho de que el Rey había impuesto su parecer al presidente. El nuevo ministro de Defensa, Fernando de Santiago y Díaz de Mendívil, era un feroz conservador. El Rey y sus asesores habían querido que el vicepresidente del Gobierno con responsabilidad ministerial en asuntos de defensa, y por consiguiente jurisdicción sobre los tres ministerios militares, fuera el liberal comandante de la plaza de Ceuta, Manuel Gutiérrez Mellado, buen amigo del general Díez Alegría. Los ultras montaron una campaña contra Gutiérrez Mellado, furiosos por su postura moderada en la cuestión de la Unión Militar Democrática, pues había elevado enérgicas protestas al ministro del Ejército y al capitán general de Madrid para que se abordara la cuestión de la UMD de modo menos histérico. Una serie de generales ultra confeccionaron un dossier que pretendía demostrar que Gutiérrez Mellado era en realidad el líder espiritual de la UMD. Arias Navarro se sintió lo bastante impresionado por el dossier para ceder ante la fuerza de los sentimientos ultras contra Gutiérrez Mellado, dando el cargo en su lugar al general Santiago.[72] El nuevo ministro del Ejército, general Félix Álvarez Arenas, era levemente menos reaccionario que su predecesor, Coloma Gallegos. Por otra parte, el titular de Marina era un superviviente del gabinete Carrero Blanco, el antediluviano almirante Gabriel Pita da Veiga. El viejo falangista José Solís ascendió de jefe del Movimiento a ministro de Trabajo. Otra propuesta del Rey produjo el nombramiento del joven y dinámico falangista Rodolfo Martín Villa como ministro de Relaciones Sindicales. Siendo gobernador de Barcelona, la transparencia y eficacia de Martín Villa habían distendido muchas fricciones con Madrid, y Juan Carlos estaba muy favorablemente impresionado por sus contactos con la izquierda catalana.

Así pues, aunque el gabinete Arias tenía unos cuantos inmovilistas, el Rey y Torcuato Fernández-Miranda le habían convencido de la necesidad de incluir sangre diferente, si bien no exactamente nueva. En la lista anunciada el 10 de diciembre había una serie de innovaciones significativas. El Rey había impuesto, como precio por la continuidad de Arias en el cargo, el nombramiento de tres ministros absolutamente cruciales. José María de Areilza, conde de Motrico, entró como titular de Asuntos Exteriores, para profunda contrariedad de don Juan, que comentó: «Está dispuesto a realizar para el nuevo Rey el mismo programa que yo tracé para mi reinado. Que lo hagan otros, está bien. Pero que sea Areilza, en quien yo deposité mi confianza en momentos críticos, me parece muy mal. Le convierte en otro más de los que se colocan al sol que más calienta».[73] Es revelador de la ingenuidad de don Juan que no se hubiera percatado antes de que Areilza, en su trayectoria desde el fascismo a la democracia, había traicionado a otros jefes. Manuel Fraga fue nombrado ministro de la Gobernación, y Antonio Garrigues Díaz-Cañabate, ministro de Justicia: los tres tenían suficiente peso y personalidad para hacer oír sus voces frente a la de Arias. En todo caso, los tres aceptaron después que Arias les hubo asegurado que estaba conforme con el proyecto del Rey de total democratización del sistema político.[74]

Otro nombramiento decisivo fue el del cristianodemócrata Alfonso Osorio como ministro de la Presidencia, el puesto que en efecto fijaba la agenda de la acción gubernamental. Este nombramiento respondía a los deseos del propio Juan Carlos. Dado que este ministerio daba a Osorio jurisdicción sobre el patrimonio nacional, le proporcionaba la coartada perfecta para celebrar reuniones regulares con el Rey. Osorio nombró de inmediato subsecretario al coronel Sabino Fernández Campo, protegido de Alfonso Armada y por ello muy próximo a la casa real.[75] Sin embargo, la clave de todos los planes de Juan Carlos radicaba en el doble nombramiento de Torcuato Fernández-Miranda como presidente de las Cortes y del Consejo del Reino. Su inteligencia, su conocimiento del derecho constitucional franquista y su relación con toda la élite política franquista le convertían en el guía perfecto para salir del laberinto en que estaba atrapado Juan Carlos. Rápidamente se cercioró de contar con un topo en el gabinete, convenciendo hábilmente a Arias de que aceptara a su nuevo protegido, Adolfo Suárez, para el puesto clave de ministro secretario general del Movimiento. Arias creía que estaba obligado por los deseos de Franco a mantener a José Solís en el cargo, pero Fernández-Miranda esquivó el problema sugiriéndole que diera a Solís el ministerio de Trabajo.[76]

Acaso lo más llamativo de todo y los más indicativo de la independencia del Rey —y de su implacable determinación— fue el hecho de que López Rodó no fuera incluido en el gabinete. No obstante su abnegado servicio a la sucesión monárquica, ni siquiera fue consultado por Juan Carlos. Había cumplido su cometido y evidentemente Juan Carlos creía que la monarquía necesitaba ahora ministros de su propia generación. De hecho, prácticamente lo había expresado con todas las letras unas semanas antes. A otro tecnócrata, Gonzalo Fernández de la Mora, le había dicho que no preveía un futuro prolongado para Arias Navarro y solicitó su opinión sobre posibles presidentes del gobierno. Cuando Fernández de la Mora propuso el nombre de López Rodó, el Rey replicó con frialdad: «Ese no sirve porque tiene plomo franquista en el ala».[77]

En mirada retrospectiva es posible ver cuál era la idea de Juan Carlos con estos diversos nombramientos. Al mismo tiempo, sin embargo, la presencia de *apparatchiks* falangistas como Suárez, Martín Villa y Solís, de militares reaccionarios como el general Santiago y el almirante Pita da Veiga, e incluso de Fraga y Areilza, indujo a las cada vez más amplias coaliciones de oposición a denunciar lo que consideraban un mal disimulado ejercicio en continuidad. Era difícil que pudieran tener otra impresión porque Arias había decidido que era el representante de Franco en la tierra y se comportaba en consonancia. En el primer consejo de ministros, Arias Navarro dijo: «Sigo perseverando firmemente en los propósitos que expuse el 12 de febrero. Se nos llama, nos congregamos, para perseverar y continuar la gigantesca obra de Francisco Franco». Torcuato Fernández-Miranda quedó consternado por la ausencia de referencias a los objetivos reformadores del Rey y al cambio de circunstancias. En su diario escribió: «¿Cabe mayor ceguera de planteamiento? ¡Y el Rey qué!». Como había hecho patente su dimisión el 13 de noviembre, Arias no perdería ocasión para humillar al Rey. Las cosas fueron de mal en peor con el discurso de Arias Navarro ante el Consejo Nacional del Movimiento del 19 de enero de 1976. Allí anunció «la decisión firme de ser fiel a sus orígenes» y aseguró a los presentes que «asumía con honor todo el pasado de nuestro régimen desde sus heroicos y dolorosos momentos augurales hasta su ayer más inmediato en un propósito de continuación perceptiva» y que no abrigaba «ningún torpe afán de revisionismo ni suicidas propósitos de remover nuestro sistema institucional por un prurito de novedad o de irresponsable arbitrismo».[78] Ministros como Fraga, Garrigues y Areilza se preguntaban qué había entendido Arias cuando les había dicho que favorecía el proyecto democrático del Rey.

El 28 de enero Arias anunció su programa en un discurso televisado ante las Cortes. Fernández-Miranda le pidió que hiciera hincapié en que el gobierno y las Cortes trabajarían juntos para que fructificaran los planes reformistas del Rey. Arias hizo caso omiso. Para deleite de los procuradores y desazón de Juan Carlos, hizo constantes menciones del Caudillo e insistió en el mantenimiento del orden público frente a las amenazas de la izquierda. Dirigiéndose a los procuradores como «albaceas de la memoria de Franco», les advirtió que los enemigos de España acechaban. Era evidente que el recuerdo y el legado de Franco guiaban todos sus pasos. Arias, que durante dos años osciló de un extremo a otro entre referencias a la liberalización y su instintivo reaccionarismo, volvía a las andadas. Lo máximo que cabía esperar era que acaso intentara dotar a España, a su modo paternalista, de un mínimo de democratización que pudiera neutralizar a la izquierda sin provocar al búnker.[79]

Esta labor fue encomendada a una Comisión Mixta de destacados ministros del gobierno y miembros del Consejo Nacional bajo la presidencia de Arias. En su primera reunión, el 11 de febrero de 1976, Arias empezó hablando de Franco, de su testamento, de su funeral y de los enemigos de su legado. Y fijó los límites de la apertura según la veía él: algunas modificaciones del Código Penal, liberalización de la ley de asociaciones políticas y un ulterior referéndum sobre alguna índole de democratización. Se mostró visiblemente contrariado cuando Fernández-Miranda afirmó que los Principios Fundamentales del Movimiento eran susceptibles de reforma. A continuación reveló su verdadera opinión sobre el cambio al declarar: «Yo lo que deseo es continuar el franquismo. Y mientras esté aquí o actúe en la vida pública no seré sino un estricto continuador del franquismo en todos sus aspectos y lucharé contra los enemigos de España que han empezado a asomar su cabeza y son una minoría agazapada y clandestina en el país». No había comentado el discurso con el Rey ni le había enviado el texto hasta la víspera de pronunciarlo, impidiendo con ello cualquier enmienda. Simbólicamente, el despacho del presidente estaba beligerantemente dominado por un caballete que sostenía un gran retrato de Franco el cual empequeñecía la diminuta fotografía del Rey.[80]

Arias parecía alegremente ignorante de las presiones en pro de un cambio acelerado fuera de las cuatro paredes de su despacho. La amenaza de movilización popular en toda España, y de violencia en el País Vasco, crecía de manera impresionante. Los primeros meses de 1976 presenciaron una prueba de fuerza entre la intransigencia de Arias y la actitud más flexible de Torcuato Fernández-Miranda y de los miembros más liberales del gobierno. Estos, y el propio Juan Carlos, eran claramente conscientes de que solo un compromiso más positivo con el cambio democrático podía impedir un serio reto al orden vigente. En los primeros meses de 1976 cundieron las manifestaciones masivas a favor de la amnistía para los presos políticos y las huelgas obreras a gran escala, cuyo impacto político se magnificó por el hecho de que muchas de ellas afectaban a los servicios públicos. Los instintos franquistas de Arias Navarro y Fraga, ministro del Interior, se manifestaron en la violencia de las cargas policiales para dispersar a los manifestantes y a los grupos de huelguistas. Lo mismo cabía decir de la militarización del metro de Madrid y de los trabajadores ferroviarios y de correos. La agitación obrera se intensificó aún más con la imposición gubernamental de una congelación salarial, pero su motivación era tan política como la reacción del gobierno. En algunos casos, las acciones respondían a los llamamientos comunistas a una «acción democrática nacional» para acabar con el régimen. Pero eran en medida mucho mayor un reflejo del general anhelo popular de reforma política. En el País Vasco, las huelgas y las manifestaciones masivas estaban inextricablemente ligadas y alcanzaron una intensidad febril desconocida en otros puntos. La vehemencia de la movilización popular en el norte se reflejó en el legado de violencia utilizado allí por las fuerzas de orden público durante el estado de excepción de 1975.[81]

El malestar político y obrero convenció a los ministros más liberales de la urgencia de un diálogo con la oposición. Arias, por su parte, seguía obstinadamente opuesto a cualquier contacto y las únicas reuniones celebradas fueron extraoficiales. Las más importantes de estas fueron las de Areilza y el cristianodemócrata de izquierdas Joaquín Ruiz-Giménez. Este, ministro de Educación con Franco, era un idealista social-católico que había mantenido estrechos contactos con los socialistas a través de *Cuadernos para el Diálogo*, la revista que había fundado en 1963. Respetado por todos por su total y transparente honradez, había surgido como el interlocutor idóneo de la oposición con el gobierno. Ruiz-Giménez llegó directamente de misa para hablar con Areilza que, como siempre un consumado cínico, apuntó en su diario: «Es la hermana de la caridad predicando castidad en una casa de lenocinio».[82] Areilza, por su parte, como ministro de Asuntos Exteriores, había emprendido una compleja operación para asegurar el apoyo de las democracias occidentales, convenciéndolas del total compromiso de Juan Carlos con la reforma política; Girón le acusó por ello de ser un «mendicante».[83] Areilza estaba, por consiguiente, tanto persuadido de la necesidad de llegar a un entendimiento con la oposición como consternado por la ciega rigidez de Arias Navarro. El problema para Juan Carlos era que la actitud de Areilza y de los contados liberales del gobierno apenas conseguía mitigar la impresión de la oposición de una obstinada inflexibilidad del gobierno.

Alarmado, el Rey veía aumentar la tensión. El diálogo con Arias era difícil porque el presidente creía condescendientemente, en palabras de un importante diplomático norteamericano, que era «un joven inexperto a quien había que mantener al margen de los serios asuntos cotidianos del gobierno».[84] Después de las huelgas de enero en Madrid, febrero estuvo jalonado por manifestaciones pro amnistía con 800.000 participantes en domingos sucesivos en Barcelona.[85]

Juan Carlos se encontró, así, en una posición en que el auténtico avance institucional hacia la democracia —en el Consejo del Reino— se estaba produciendo de un modo que era invisible para el grueso de la población. Al mismo tiempo, tenía un gobierno dividido bajo la errática jefatura de un franquista recalcitrante. Por consiguiente, en el mismo espíritu de enérgica iniciativa exhibido en su visita relámpago al Sáhara en noviembre, decidió actuar para entrar en contacto directo con los españoles. El 16 de febrero de 1976, él y la reina Sofía iniciaron una visita a Cataluña contra los consejos del general Armada y Salvador Sánchez-Terán, gobernador civil de Barcelona, preocupados por la intensidad de los conflictos obreros de la región. El discurso del Rey en la recepción oficial ofrecida en el Saló del Tinell fue televisado. En mitad de sus sentidas palabras sobre Cataluña, Juan Carlos pasó repentinamente del castellano al catalán. Puesto que durante la guerra civil y después Franco había puesto empeño en aniquilar los nacionalismos regionales de España, este fue un momento profundamente emotivo. El gesto de Juan Carlos constituyó un sorprendente anuncio de que las cosas estaban en efecto cambiando y suscitó algunas escenas de entusiasmo desbordante. En el segundo día de su visita, Juan Carlos se reunió con el destacado eclesiástico catalán cardenal Jubany y visitó el monasterio de Montserrat, tradicionalmente tenido como cuna de la cultura catalana.

Juan Carlos había querido reunirse con miembros de la oposición catalana, incluidos comunistas y socialistas, pero tanto el general Armada como Manuel Fraga se habían opuesto rotundamente a esto. En contra del parecer del gobierno, sin embargo, Juan Carlos visitó el Baix Llobregat, una región fuertemente industrializada donde acababa de finalizar una enconada huelga general. En Cornellà, frente a un público de varios miles de obreros, declaró: «Estad seguros de que os reconocerán y pondrán en aplicación todos vuestros derechos, como ciudadanos y como trabajadores». Toda esta visita fortaleció inmensamente la popularidad del Rey. Así, en una encuesta realizada por el grupo republicano de izquierdas Esquerra Republicana de Catalunya a finales de mayo de 1976, Juan Carlos aparecía en el puesto más alto, considerado por el 69 por ciento de los encuestados como la figura política más popular.[86]

Esta manifestación de popularidad sin duda ayudó a Juan Carlos durante un período de enorme tensión y ansiedad: avanzaba por una senda tortuosa con considerable valor y tuvo que pagar un enorme precio personal por ello. Plenamente consciente de la necesidad de apaciguar al búnker, comprendía también que la tolerancia de la oposición democrática hacia la monarquía exigía ser alimentada. Muchas personas de izquierda le consideraban simplemente un instrumento para garantizar la continuidad del sistema franquista. Según Santiago Carrillo: «En la oposición democrática, cuando menos en los hombres de ella con quienes yo había conversado hasta entonces, no existía ninguna confianza en el príncipe e incluso se tenía una idea muy negativa de su coeficiente intelectual».[87] Una de las tareas más urgentes de Juan Carlos era, por consiguiente, encontrar la forma de atraer a importantes sectores de la izquierda, alejándolos de su compromiso con lo que se llamó la «ruptura democrática», la rápida y total demolición del franquismo. Las exigencias mínimas de la izquierda eran plena amnistía política, legalización de todos los partidos políticos, sindicatos libres, desmantelamiento del Movimiento y los Sindicatos, y elecciones libres. El Rey se encontraba en la absurda posición de tener que recurrir a un presidente de gobierno para quien ninguna de estas aspiraciones era siquiera negociable.

En un intento de contrarrestar la imagen negativa que proyectaba Arias, en marzo de 1976 el Rey volvió a dirigirse una vez más a su amigo y enviado diplomático oficioso Manuel Prado y Colón de Carvajal, mandándole clandestinamente a Rumanía para hablar con el presidente Nicolae Ceaucescu. Su misión consistía en convencerle de la sinceridad de las intenciones democráticas de Juan Carlos con la esperanza de que Ceaucescu, a su vez, exhortara a Carrillo a ser paciente y a abstenerse de todo ataque contra la Corona. Este mensaje no fue transmitido a Carrillo hasta comienzos de mayo. Entonces, aunque se mostró complacido al conocer las aspiraciones reformistas del Rey, hizo saber claramente que el Partido Comunista de España seguiría insistiendo en la legalización al mismo tiempo que la de otros partidos. Carrillo estaba decidido a hacer lo posible para mantener la presión popular a favor del cambio, aunque en algunos editoriales de *Mundo Obrero*, intensamente perceptivos, reveló su disposición a un entendimiento.[88]

Los contactos con los socialistas estaban dando fruto y los comunistas daban indicios de moderación. Con todo, las máximas amenazas para la determinación del Rey de crear una monarquía democrática emanaban del País Vasco. El indulto emitido el día de la coronación había afectado a menos del 10 por ciento de los 750 presos vascos. En lugar de aliviar la tensión heredada de Franco, la insuficiencia del indulto había provocado un sentimiento de rabia popular. La mayoría de la población vasca creía que la violencia de ETA era una respuesta justificada a la violencia institucional del franquismo, y la decepción del indulto se tornó de inmediato en una intensa campaña pro amnistía. La acción a favor de la amnistía en el País Vasco superaba a similares movimientos en el resto de España. Las frecuentes manifestaciones estaban reforzadas por conflictos laborales, sentadas, huelgas de hambre y dimisiones en masa de funcionarios municipales. Las peticiones de libertad para los presos se unían a los llamamientos para la legalización de la bandera vasca, la ikurriña. Para agravar las cosas, varios guardias civiles perdieron la vida cuando intentaban quitar ikurriñas con bombas ocultas. Unida a los asesinatos de informadores y el secuestro de un industrial perpetrados por ETA, la tensión en el País Vasco activó los temores del búnker.[89] Entraron en acción, pues, los instintos franquistas de Fraga.

Las relaciones entre Fraga y los vascos se habían tensado al límite ya a comienzos de marzo. Una huelga de dos meses en Vitoria culminó con una enorme manifestación el 3 de marzo. Cuando los trabajadores salían de la iglesia de San Francisco, la policía antidisturbios cargó contra ellos. Tres murieron instantáneamente y hubo más de setenta heridos graves. Dos obreros más murieron a causa de las heridas dos días después. Como reacción se convocó una huelga general en todo el País Vasco. Arias Navarro quería declarar el estado de excepción pero Adolfo Suárez, Alfonso Osorio y Rodolfo Martín Villa consiguieron disuadirle. El consecuente enconamiento se hizo perceptible durante una visita de Fraga y Martín Villa, ministro de Relaciones Sindicales, a un hospital de la localidad. Un pariente de uno de los heridos preguntó a los ministros si habían venido «para rematarlo». Los sucesos de Vitoria destruyeron cualquier credibilidad que el gobierno hubiera tenido en la región, fortalecieron el apoyo popular a ETA e intensificaron la militancia de los obreros vascos. A principios de abril, Fraga le declaró la guerra a ETA. Esto, que significó un aumento de actividad policial acompañado por la reaparición de los grupos violentos de ultraderecha, agravó enormemente la situación.[90]

En efecto, Fraga iniciaría pronto una política de acercamiento a la vieja élite franquista, especialmente dentro del Ejército. El 8 de marzo comió con los cuatro ministros militares, los cuales exigían garantías de que el avance hacia la reforma no terminaría en desorden ni en la división de España.[91] Mientras en otros lugares de España la oposición se centraba en la lucha por la democracia, muchos vascos tenían ya aspiraciones nacionalistas revolucionarias de mayor alcance. El Rey podía razonablemente abrigar esperanzas de que, una vez instaurada la democracia, la militancia política disminuiría fuertemente. En el País Vasco, sin embargo, la pacificación y la vuelta a la normalidad eran prácticamente imposibles.

Irónicamente, la urgencia misma de la situación dio cierta ventaja a corto plazo al proyecto reformista de Juan Carlos y Torcuato Fernández-Miranda. Con paso lento pero seguro, Fernández-Miranda estaba modificando las Cortes de modo que pudieran facilitar el cambio legal. Había introducido el concepto de grupos parlamentarios y, dentro de los límites impuestos por un organismo que en gran medida no era de elección, intentaba convertirlo en un parlamento operativo. Además, estaba convocando reuniones quincenales del Consejo del Reino con objeto de dar a sus deliberaciones un tono de rutina. Con ello esperaba introducir cambios sin provocar alarma dentro del *establishment* franquista. El Rey se servía de su prerrogativa de nombrar procuradores para sustituir a los franquistas que iban falleciendo con liberales de confianza como José María López de Letona. La presidencia de la Comisión de Leyes Fundamentales pasó del veterano falangista Raimundo Fernández Cuesta al opusdeísta liberal Gregorio López Bravo. Esta comisión había empezado a estudiar proyectos de leyes de reunión y asociación y una reforma del código penal, la cual había producido sesiones extremadamente tormentosas tanto en la comisión como en el pleno de las Cortes, donde fue derrotada. Todas estas medidas fueron el preludio de una posterior ley de reforma que abrió el camino a las elecciones democráticas para unas Cortes constituyentes. Esto requeriría una mayoría de dos tercios en las Cortes y un referéndum.[92]

Posiblemente el aspecto más extraordinario de este proceso fue la cuidadosa atención con que el Rey lo siguió y alentó en todo momento. Cuando presidió una reunión del Consejo del Reino el 2 de marzo de 1976, reveló un conocimiento admirablemente pormenorizado de las complejidades constitucionales que se debatían. Demostró asimismo una valerosa determinación. Ante un público potencialmente contrario de hombres que consideraban su obligación impedir el desmantelamiento del franquismo, declaró: «El Rey acepta con todas las consecuencias la carga de ostentar la autoridad suprema del Estado pero sabe que es esencial a la Monarquía verdadera que el poder del Rey no sea arbitrario». Estas palabras habían sido redactadas en constante consulta con Torcuato Fernández-Miranda. No es de extrañar, pues, que el Rey pasara después a adornar la parte más dura de su discurso con algunos paliativos atrayentes para los miembros del consejo: «La voluntad del Rey no puede ser suplantada ni mediatizada, pero es precisamente en esos casos cuando el poder del Rey no debe ser personal ni arbitrario sino institucional. Este es el gran papel del Consejo del Reino».[93]

Comprensiblemente, la oposición de izquierdas consideraba la mayor parte de esta actividad en las Cortes como algo enteramente irrelevante para la lucha por la democracia. Al mismo tiempo, la mayoría de la izquierda española tardó en percatarse de la significación de lo que estaba ocurriendo en el País Vasco. La dirección del PCE se vio forzada a aceptar que la situación vasca rebasaba su control y gradualmente fue admitiendo el hecho de que las posibilidades de su estrategia de «acción democrática nacional» para acabar con el *establishment* franquista se limitaban en realidad a Madrid y Barcelona. Por tanto, tras su insistente retórica triunfalista, Santiago Carrillo comprendía la potencial debilidad de la posición del PCE. Así pues, quedó calladamente aceptado que era errónea la estrategia basada en la convicción de que una huelga a escala nacional produciría la ruptura democrática. Si la movilización obrera era incapaz de derrotar al franquismo, entonces la ruptura solo podía surgir de un proceso de negociación entre el gobierno y la oposición. Y esta era precisamente la esperanza del Rey y sus consejeros.

Carrillo quería evitar a todo trance quedar marginado de un proceso que probablemente iba a favorecer a los grupos más evidentemente «respetables» de cristianodemócratas y socialistas. En consecuencia, reconoció la urgente necesidad de crear una mayor unidad entre los dos grandes frentes de oposición, la Junta Democrática, dominada por los comunistas, y la Plataforma de Convergencia Democrática, dominada por los socialistas. Al abandonar la insistencia del PCE en la ruptura democrática, la abolición total del sistema franquista y la salida de Juan Carlos, Carrillo facilitó la fusión de ambas organizaciones. A fines de marzo estas pasaron a llamarse Coordinación Democrática, conocida popularmente como «la Platajunta». Aunque la inmanejable amplitud de esta coalición iba a diluir la capacidad de la oposición para una acción contundente, su formación abrió el camino para la negociación con los reformistas del sistema. El 28 de marzo, el tenor de la opinión de derechas sobre la disposición de Juan Carlos a aceptar las demandas de la oposición se reflejó en la declaración de Blas Piñar de que prefería vivir en un búnker que en una cloaca.[94] La aparición en la agenda del concepto de «ruptura pactada» dejó al descubierto las divisiones en el seno del gobierno. Fraga anunció que no habría más tolerancia. Horrorizado, Areilza contempló desesperado cómo Fraga minaba todos sus esfuerzos en Bonn y París.[95]

Otros ministros más realistas y más flexibles, como Adolfo Suárez y Alfonso Osorio, habían aceptado la actitud de Areilza hacia el diálogo. Manuel Fraga, por otra parte, miró en el fondo de su alma y encontró su franquismo interior. Contra el parecer del creciente campo liberal del gabinete, Fraga detuvo el 29 de marzo a Antonio García Trevijano, el abogado juanista, junto a Marcelino Camacho y otros dirigentes de la Platajunta cuando estos se reunieron para anunciar la formación de su grupo.[96] A comienzos de abril, el Rey contrarrestó la imagen negativa que estaban creando Fraga y Areilza cuando visitó Sevilla, donde quedó encantado con la recepción popular espectacularmente entusiasta de que fue objeto. Areilza escribió en su diario: «El Gobierno, que no tiene partido en que apoyarse, vive del oxígeno que le presta el entusiasmo popular que despierta el Monarca en sus viajes». Pese a esto, la impotencia política de Juan Carlos se hizo patente cuando presidió un consejo de ministros celebrado en la capital andaluza.

Se debatía sobre las recientes detenciones y Fraga declaró categóricamente: «Son comunistas y, por consiguiente, no los suelto». Areilza, Suárez y Garrigues hicieron referencia a las perjudiciales repercusiones que tendría esto, tanto en el interior como en el exterior. Fraga permaneció inamovible: «No los suelto. Los tendré en la cárcel hasta primeros de mayo». Cuando Areilza habló con vehemencia sobre la dimensión internacional, Arias le pasó disimuladamente una nota al Rey que decía: «Areilza cree que cuenta con la confianza de Vuestra Majestad». El hecho demostró hasta qué punto comprendía mal los planes de Juan Carlos. Había en la sala un cuadro donde se veía una bandeja con varias cabezas cortadas. Mientras Arias mostraba su apoyo a Fraga, el Rey miró a Suárez y le indicó el cuadro con la cabeza. Este gesto indicaba su sentido del humor, su creciente simpatía por Suárez y su disconformidad con la línea seguida por Fraga y Arias. Al día siguiente, Fraga intentó convencer a Areilza de que su intransigencia era una argucia deliberada para asegurarse la tolerancia militar a la reforma política.[97]

Siendo ministro del Interior, Fraga había sido considerado uno de los miembros más reformistas del gabinete. Los hechos de Vitoria, sin embargo, que perjudicaron seriamente la credibilidad del gobierno en general, dañaron de modo especial la imagen de Fraga. De hecho, las alarmantes oscilaciones de Fraga entre gestos liberales, como permitir que la UGT celebrara un mitin público, y sus estallidos autoritarios habían destruido del todo la confianza del Rey en él. El Fraga progresista que se había unido a López Rodó en la promoción de la causa del Príncipe a fines de los años sesenta parecía estar desapareciendo de día en día. Típico de su talante brusco y agresivo fue un incidente ocurrido poco después de los sucesos de Vitoria. El cristianodemócrata valenciano Emilio Attard le hizo una visita y le pidió garantías de que la policía actuaría con cuidado al controlar una próxima manifestación pro amnistía en Valencia, organizada por su amigo Manuel Broseta Pont, años después asesinado por ETA. Para alarma de Broseta, Fraga informó a Attard de que tendrían que ser los manifestantes los que tuvieran cuidado «porque los voy a moler a palos». Nuevas muestras de la vuelta de Fraga a un autoritarismo belicoso surgieron un mes después en vísperas de una ceremonia proyectada por el PSOE para el 1 de mayo ante la tumba del fundador del partido, Pablo Iglesias, en el cementerio civil de Madrid. En una cena en casa de Miguel Boyer, posteriormente ministro de Economía en el primer gobierno de Felipe González, Fraga consiguió minar gran parte del esfuerzo realizado por los emisarios del Rey al PSOE. Fraga estaba exponiendo sus planes para el futuro, ignorante de que no tendría un papel central en él. Con tono amenazador le dijo a Felipe González que los socialistas podrían estar legalizados en un plazo de ocho años y los comunistas, nunca. «Recuerde», exclamó con típica bravuconería, «que yo soy el Poder y usted no es nada». Despojarse del barniz liberal fue un error de cálculo de cuyos efectos no se recuperaría Fraga hasta las elecciones de octubre de 1982. En la primavera de 1976, su recaída en un estilo autoritario desafiante alarmó a Juan Carlos lo bastante para eliminarle como posible sucesor de Arias.[98]

Por el contrario, la crisis de Vitoria, que tanto había unido a la izquierda, iba a suponer un estímulo considerable para la carrera del todavía inédito Adolfo Suárez. Estando Fraga ausente en Alemania cuando se supieron las noticias, el ministro secretario general del Movimiento había asumido la jefatura del Ministerio del Interior. El general Prada Canillas, capitán general de la región militar de Burgos, a la que pertenecía Vitoria, insistía en una declaración de estado de excepción. Suárez optó sin embargo por la discreta introducción de refuerzos policiales de provincias limítrofes. A continuación, con ayuda de Alfonso Osorio, Suárez convenció al Rey de que su manera firme pero escrupulosamente cuidadosa de abordar la situación había impedido más derramamiento de sangre.[99] El ascenso del prestigio de Suárez fue curioso. Areilza no creía que su joven rival fuera un demócrata convencido por su aparente disposición a servirse del aparato del Movimiento para aplicar un cambio democrático puramente cosmético. La idea de que Suárez era esencialmente reaccionario era compartida por otros incondicionales del Movimiento.[100] Ahora bien, su relación con el Rey y sus consejeros, especialmente con Torcuato Fernández-Miranda, estaban convenciendo a Suárez de que el futuro se encontraba en un mayor compromiso con la democracia, y había ya entrado en contacto con la «oposición tolerada» de la Unión Social Demócrata Española y los cristianodemócratas ligados a Fernando Álvarez de Miranda. Dado que este último grupo era próximo al Rey, Suárez fue convirtiéndose cada vez más en foco de las reales esperanzas, como hombre que podía servir de vínculo entre sectores dispares de la política española. Suárez recibió una insinuación de esto en la final de la Copa de 1975 cuando, como ministro a cargo de la Delegación Nacional de Deportes, se encontraba sentado junto al Rey. Señalando hacia el joven presidente del Real Zaragoza, que contrastaba fuertemente con el presidente del equipo contrincante, Real Madrid, ya entrado en años, Juan Carlos le preguntó si se había fijado en «qué majos son los presidentes jóvenes». A diferencia de Areilza y Fraga que, dada su enorme experiencia política, le resultaban un tanto paternalistas, Suárez parecía más un igual con quien podía ser más espontáneo.[101]

Entretanto, el búnker se movilizaba dentro del sistema. Arias, alegremente indiferente a la creciente unidad de la oposición, estaba atado al pasado, y sus reacciones estaban dictadas por sus largos años de endurecido policía franquista. Lo más lejos que Arias estaba dispuesto a llegar en cuanto a liberalización eran algunos escarceos menores con una nueva ley de asociaciones políticas. Solamente él y los ministros militares parecían no percatarse de que su plan de una reforma muy limitada se había ido a pique. Como futuro candidato para el poder político, Suárez tenía el problema, sin embargo, de que sus impecables credenciales franquistas no podían sino despertar recelos en la izquierda. Tenía escasos contactos dentro de la oposición ilegal y por ello escasas oportunidades para explicarse.[102] Tanto él como el Rey y los miembros más abiertamente liberales del gobierno habían aceptado ya la necesidad de diálogo con la izquierda. Este era ahora más posible que antes. La oposición se había reconciliado ya hacía tiempo con el hecho de que un intento revolucionario para acabar con el franquismo desembocaría casi con certeza en guerra civil. Incluso el PCE abandonó su exigencia retórica de una ruptura democrática plena y aceptó, junto al PSOE y los cristianodemócratas más progresistas, la idea de una ruptura negociada con la dictadura, la llamada ruptura pactada. La creación de Coordinación Democrática había implicado una valoración realista de los límites de la acción de masas. En aquel momento se produjo un giro hacia un programa más moderado, cuyo fin era ampliar el frente de la oposición para incluir grupos de centro y hasta de centroderecha y aislar simultáneamente al gobierno.[103]

El Rey se mantenía plenamente informado por sus consejeros de toda esta acción de la izquierda. Sus relaciones con Arias Navarro siempre habían sido tensas pero, en el transcurso de la primera mitad de 1976, llegaron al punto de la ruptura total. Las declaraciones desaforadamente franquistas del presidente a mediados de febrero fueron la última gota en su costumbre de limitarse a desoír lo que le constaba que era la voluntad de Juan Carlos. Suárez afirmó posteriormente que la única pelea que había tenido con Arias Navarro había sido por motivo de las corrosivas críticas de este al Rey.[104] El 8 de marzo Juan Carlos le dijo a un periodista francés que estaba profundamente preocupado por el deterioro de la situación. Ese mismo día había recibido la visita de su padre el cual le había dicho: «O liquidas a Arias o esto se acaba». Dos semanas después, Areilza le encontró hundido por la inquietud, concluyendo: «Este hombre ha envejecido en experiencia, en sabiduría, en amargura y en escepticismo no sé cuántos años en unos días».[105]

El Rey le dijo a Torcuato Fernández-Miranda: «No sé cómo tratar a Arias, he pretendido crear confianza y no lo he conseguido. No oye y en realidad no me deja hablar, no quiere o no sabe escuchar y me da la sensación de que no necesita contar conmigo; es como si creyera que está absolutamente seguro, que es presidente por cinco años, que yo no puedo más que mantenerle. Creo que a veces llega a creer que es más fuerte que yo y que en el fondo no me acepta como Rey. No me informa, habla y habla y lo único que dice es que gracias a él las cosas se mantienen, que sin él todo sería un caos». El gran problema era que relevar a Arias era cosa más fácil de decir que de hacer. Torcuato Fernández-Miranda instó al Rey a que le pidiera la dimisión pero Juan Carlos dudaba de que Arias accediera. Para agravar las dudas del Rey, el general Armada le aconsejaba constantemente que no prescindiera de los servicios de Arias. En consecuencia, preocupado por la posibilidad de que Arias pudiera provocar una reacción violenta del búnker, Juan Carlos no podía dormir y vagaba por el palacio durante la noche; «parezco un fantasma», le dijo a Fernández-Miranda. Cada vez estaba más tenso y más irritable, llegó incluso a gritar a la Reina en una ocasión delante de sus ayudantes. Su nerviosismo se debía a que, si no era posible convencer a Arias para que dimitiera, su destitución necesitaría la aquiescencia del profundamente franquista Consejo del Reino y esto exigiría todo el ingenio de su presidente.[106]

Juan Carlos rompió finalmente su silencio sobre los acontecimientos recientes en una entrevista inequívoca con Arnaud de Borchgrave el 8 de abril. Estaba profundamente preocupado por los perjudiciales efectos internacionales de los ataques de Fraga contra la izquierda y por el lento avance de Arias hacia la reforma. La franqueza de la entrevista reveló la profundidad de las cavilaciones del Rey. Era también un riesgo premeditado con la esperanza de provocar la dimisión de Arias, o al menos lograr respaldo interior e internacional para destituir al presidente del gobierno. Juan Carlos estaba ya convencido de que las esquizofrénicas oscilaciones de Arias, entre vagos gestos hacia la liberalización y el recurso instintivo a la violencia represiva, estaban enfrentando a izquierdas y derechas con la monarquía. Los contactos cristianodemócratas del Rey —Joaquín Ruiz-Giménez y José María Gil Robles— se quejaban de que Arias sencillamente se negaba a recibirlos. La entrevista se publicó en *Newsweek* el 26 de abril. El punto muerto en que se encontraba la situación quedó resaltado de la manera más nítida cuando Juan Carlos permitió que le citaran en el sentido de que el presidente del gobierno era «un desastre sin paliativos, porque se ha convertido en abanderado de la poderosa banda de leales franquistas conocida como "el búnker"». Prosiguió diciendo, además, que no se oponía a la legalización del Partido Comunista. Cuando se publicó en España el grueso de esta entrevista, Arias Navarro obligó al ministro de Información, Adolfo Martín-Gamero, a publicar una declaración en el sentido de que la entrevista con Borchgrave nunca se había realizado.[107]

El Jueves Santo, 15 de abril, Juan Carlos había hablado con Areilza sobre sus dudas acerca de cómo abordar la destitución de Arias Navarro. Al mismo tiempo, había desbaratado las esperanzas de Areilza diciéndole que, según Torcuato, el Consejo no iba a votarle ni a él ni a Fraga. Arias, claro está, conocía perfectamente la determinación del Rey de deshacerse de él. Aferrándose al poder con desesperación, había intentado presuntamente hacer chantaje a Juan Carlos amenazando con publicar unas grabaciones de sus conversaciones telefónicas cuando aún era Príncipe de España. A finales de abril, Arias demostró su absoluto desdén hacia el Rey. Plenamente conocedor de la entrevista de *Newsweek*, Arias no respondió con la esperada dimisión. A punto de dirigirse a la nación por televisión, dejó ostensiblemente de enviar al Rey copia de sus palabras hasta el último momento. Juan Carlos se indignó. Finalmente, el contenido del discurso del 28 de abril no era significativo pero estaba salpicado de referencias a Franco y a los enemigos de España. Solo fue bien recibido por la prensa de extrema derecha. Arias estaba concentrando sus esfuerzos en provocar la dimisión de Areilza. Cuando el Rey lo supo, se llevó las manos a la cabeza pero ordenó a Areilza que no respondiera: «Espera y aguanta, que yo también lo hago».[108]

El 3 de mayo, cuando Alfonso Osorio preguntó a Arias Navarro si estaba dispuesto a recibir a representantes de la oposición, se negó rotundamente. Osorio insistió: «¿Ni aun con la más próxima?», a lo cual respondió Arias agriamente: «¿Recibiría Franco a José María Gil Robles? No, ¿verdad? Pues yo tampoco».[109] Dos días después, Adolfo Suárez y Alfonso Osorio reprocharon a Arias que no hubiera mostrado su discurso al Rey, a lo cual contestó como un niño malo: «Claro que no le enseño mis discursos al Rey, tampoco él los suyos a mí». Cuando le dijeron que era un error no hablar con el Rey, Arias saltó: «Cómo voy a hablar. Es como si paseara con un niño de cinco años. A los cinco minutos no podría con mi aburrimiento. El Rey no dice más que tonterías».[110]

El 21 de mayo de 1976, Juan Carlos recibió la visita de su padre en La Zarzuela. Sus hermanas, las infantas Pilar y Margarita, junto a sus maridos, estaban también presentes. Era la primera vez que toda la familia estaba junta desde la investidura de Juan Carlos y pareció que padre e hijo estaban por fin llegando a un acuerdo en torno a la cuestión dinástica. Unos días antes, se le había concedido oficialmente a Felipe el título de Príncipe de Asturias y don Juan había declarado recientemente que el contenido de la monarquía era más importante que la identidad de la persona que llevaba la corona. Aunque La Zarzuela presentó la ocasión como un asunto puramente familiar, don Juan y su hijo se retiraron después de comer para una conversación que los observadores creyeron en aquel momento centrada en cuestiones políticas más que dinásticas. En efecto, era opinión generalizada que don Juan había instado a Juan Carlos a que destituyera a Arias. *La Vanguardia* recordaba a sus lectores que don Juan había condicionado la posibilidad de su renuncia dinástica al compromiso probado de que su hijo iba a ser «rey de todos los españoles», y observaba que don Juan consideraba las reuniones de Juan Carlos con la oposición como indicación de su avance en este sentido.[111]

Unos días más tarde, un emisario del Rey comió con miembros destacados de la embajada de Estados Unidos. Allí, afirmó que el futuro progreso de la reforma política exigía la destitución de Arias Navarro y solicitó el respaldo estadounidense a este fin durante la inminente visita de Juan Carlos a Estados Unidos. Aunque expresaron su apoyo a los planes de liberalización del Rey, los diplomáticos americanos no querían en modo alguno que el cambio de presidente pudiera creerse organizado en Washington.[112] Por entonces, Arias se había aislado totalmente del Rey; ni le visitaba en La Zarzuela ni le informaba por teléfono. Ni siquiera le devolvía las llamadas.[113]

La situación se agudizó cuando, a comienzos de junio, el Rey fue a Estados Unidos. El 2 de junio fue recibido por el presidente Ford y después pronunció un discurso ante una sesión conjunta del Congreso y el Senado. Su inconfundible declaración de compromiso con la democracia, hecha en un inglés excelente y comentada en todo el mundo, recibió una ovación en pie. Los principales diarios norteamericanos, el *New York Times* y el *Washington Post*, calificaron al Rey de motor del cambio. Este discurso tuvo un efecto electrizante en España, donde el contraste con la retórica negativa de Arias fue inmediatamente percibido. Juan Carlos se reunió con Henry Kissinger. El secretario de Estado se mostró preocupado por la perspectiva de inestabilidad en España y aconsejó un avance lento y sostenido hacia la reforma. No se sabe si se habló de la cuestión específica de Arias Navarro pero Juan Carlos recibió firmes garantías de respaldo norteamericano durante su visita. La calurosa recepción de que fue objeto tanto privada como públicamente fue un gran incentivo moral y fortaleció su confianza y su firmeza. Su determinación de destituir a Arias sin duda se intensificó con la noticia, recibida cuando estaba en Nueva York, de que la policía había detenido a Rafael Calvo Serer al regresar a España y que Arias había propuesto la clausura de *Cambio 16*, semanario de actualidad política de enorme circulación.[114]

Unos días después de su vuelta, Juan Carlos asistió a unas maniobras militares franco-españolas. Entre los oficiales de rango medio presentes había varios que habían sido compañeros del Rey en la Academia de Zaragoza. Un periodista norteamericano que acompañaba a Juan Carlos se quedó pasmado por la cariñosa camaradería existente entre el Rey y estos oficiales. Cuando Juan Carlos les preguntó si querían cenar con él, respondieron que sí siempre que no tuvieran que vestirse de gala para la cena. El grupo terminó comiendo en el café de un barco. Algunos de estos oficiales ayudarían al Rey a desbaratar el golpe militar de febrero de 1981.[115]

Poco después de regresar Juan Carlos de Estados Unidos, se iba a presentar en las Cortes la nueva ley de asociaciones políticas. La idea inicial era que Fraga hiciera la defensa de la ley, pero Arias Navarro se mostró celosamente contrario. Se pidió entonces a Osorio que cumpliera esta labor pero este sostuvo que sus antecedentes cristianodemócratas serían un serio inconveniente y sugirió que el ministro secretario general del Movimiento sería el orador indicado. Torcuato Fernández-Miranda coincidió y, en la mañana del 9 de junio de 1976, Suárez defendió la ley con impecable estilo. Con claridad y aplomo, habló a favor del pluralismo político como necesaria plasmación de la realidad de la sociedad española. El Rey se mostró encantado y alabó su elocuencia llamándole «pico de oro». Tras el carismático discurso de Suárez, las Cortes aprobaron la nueva ley de asociaciones políticas por 338 votos a favor, 91 en contra y 25 abstenciones. Sin embargo, en la tarde de ese mismo día las Cortes rehusaron aprobar las enmiendas necesarias del Código Penal para la legalización de los partidos políticos que contemplaba la nueva ley. Fraga estaba convencido de que podía conseguir que se aprobara la ley pero Arias Navarro decidió retirarla para nuevas consultas; quedó así en evidencia que no podía o no quería enfrentarse al búnker y era igualmente incapaz de controlar a la oposición. Juan Carlos sabía que la transición a la democracia se resentiría si no se depositaba rápidamente en manos de alguien con capacidad para tratar tanto con el búnker como con la oposición. A sabiendas de que también entre los militares cundía la insatisfacción con

Arias, el Rey tenía que actuar antes de que los ministros militares solicitaran formalmente que cesara al presidente. De darse este caso, el afianzamiento de su propia autoridad le obligaría a mantener a Arias aunque solo fuera para evitar una figura aún más reaccionaria.[116]

En la mañana del jueves 1 de julio, Areilza se reunió con el Rey al que encontró relajado y animado, «como quien se ha quitado un peso de encima». Juan Carlos le dijo: «Esto no puede seguir, so pena de perderlo todo. El oficio de rey es a veces incómodo. Yo tenía que tomar una decisión difícil, pero la he tomado. La pondré en ejecución de golpe, sorprendiendo a todos. Ya estás advertido y te callas y esperas. Antes de lo que se piensa. No hay más remedio». La insinuación no podía ser más cegadoramente evidente pero Areilza alegó posteriormente no haberse percatado de lo que se preparaba. A la una y cuarto de la tarde, Juan Carlos llamó a Arias al Palacio Real para pedirle su dimisión. Cuando Arias llegó al palacio encontró al Rey con ojeras y visiblemente nervioso. Posteriormente recordaría «el gesto apesadumbrado del Rey que en su silencio parecía decirme cuánto le costaba iniciar la conversación». Con típica brusquedad, le dijo: «Comprendo lo que quiere Vuestra Majestad». Cuando Juan Carlos intentó suavizar el golpe, Arias le interrumpió diciendo: «Motivos importantes y suficientes tendréis». Aquella misma tarde, con expresión sumamente sombría y evidentemente furioso, el presidente saliente se despidió de sus ministros en la sala todavía presidida por el enorme retrato de Franco. Arias apenas pudo forzarse a estrechar la mano de Areilza, convencido de que él estaba detrás de su destitución. Cuando Arias hubo salido, el gabinete redactó un comunicado de prensa en el sentido de que la dimisión de Arias, a petición propia, había sido aceptada por el Rey después de asesorarse con el Consejo del Reino. Como comentó Areilza: «Lo contrario exactamente de la realidad». Areilza y Fraga confiaban ambos en ser llamados por el Rey para suceder a Arias.[117]

Los dos tenían excesiva ambición personal, demasiado lastre histórico y demasiados enemigos. Durante su larga marcha desde el fascismo a la democracia, Areilza había traicionado tanto a

Franco como a don Juan. Como demostraron los meses anteriores, Fraga era un cañón descontrolado con instintos violentos. El hombre que el Rey y Torcuato Fernández-Miranda querían tendría que ser leal y capaz de cumplir un programa de acción. Adolfo Suárez poseía energía e inteligencia, y una gran capacidad de diálogo. Era lo bastante joven y desconocido para no provocar la inmediata hostilidad de la izquierda pero lo suficientemente identificado con el régimen para no despertar recelos en la derecha. Conseguir que el Consejo del Reino presentara una terna donde figurase su nombre exigió su tanto de maniobras inteligentes por parte de Torcuato Fernández-Miranda que solicitó la ayuda de Miguel Primo de Rivera para que Suárez fuera incluido, «no para presidente del Gobierno» sino en teoría para presentar una imagen de cambio juvenil, y también para asegurarse de que Federico Silva no recibía el refrendo unánime «porque le creamos un compromiso al Rey». El 3 de julio, el Consejo del Reino confeccionó una terna con los nombres de Gregorio López Bravo, Federico Silva Muñoz y Adolfo Suárez.[118]

Areilza estaba convencido de que la sustitución de Arias por Suárez se había planeado desde Semana Santa e incluso quizá desde la visita de Kissinger a Madrid en enero.[119] En realidad, podría haber sido aún antes. Cuando Gonzalo Fernández de la Mora visitó a Torcuato Fernández-Miranda en diciembre de 1975, le preguntó quién pensaba él que iba a ocupar el lugar de Arias Navarro. «Alguien que haga lo que yo le diga», fue la respuesta.[120] El candidato con más votos en el Consejo del Reino había sido Silva Muñoz. Este acaso recordara el momento del 23 de julio de 1969 en que Juan Carlos había sido proclamado sucesor. El Príncipe le había abrazado diciendo: «Federico, gracias por lo que me has ayudado, no lo olvidaré nunca». Pero, evidentemente, la gratitud no podía intervenir en la elección. Lo que estaba en juego era más importante. Silva no tenía más posibilidades como candidato que López Rodó. Poco después de hacerse público el nombramiento de Suárez, el Rey llamó a Silva Muñoz para felicitarle por su inclusión en la terna, y le explicó que su decisión había sido dolorosa, obligándole a decepcionar a dos leales amigos. Era un gesto típico, a un tiempo humano y políticamente inteligente. Dada su influencia en la derecha cristianodemócrata, contar con la buena voluntad de Silva Muñoz podía facilitar la tarea de Suárez de formar gobierno.[121]

En los seis meses transcurridos desde la muerte de Franco, el hecho de que el Rey hubiera aplazado la sustitución de Arias Navarro había reforzado las dudas sobre su compromiso con la democratización. Convencidos de que la adaptación de la estructura política de España a las nuevas realidades económicas y sociales de la década de 1970 era inevitable, muchos observadores tendieron a interpretar sus vacilaciones como falta de voluntad. Sin embargo, este juicio subestimaba el poder que aún conservaba el búnker en general y el de las fuerzas armadas en particular. La posterior aparición de lo que vino a llamarse «golpismo» sitúa el lento proceder de Juan Carlos en una perspectiva diferente. La delicadeza que exhibió en sus tratos con el poder militar fue una decisiva contribución a la instauración de la democracia. Igualmente, la experiencia de la cuestión Arias fue inevitable en el sentido de que la pronta consolidación del reinado de Juan Carlos requería cierta continuidad con el régimen de Franco. Fue este quizá el período más difícil de su reinado, durante el cual el grado de tensión y nerviosismo que hubo de soportar le supuso un visible envejecimiento. Comprensiblemente, la izquierda consideraba a Arias la continuación del franquismo. Juan Carlos tuvo que soportar el oprobio que implicaba la presencia de Arias en la Presidencia del Gobierno. Ahora tenía un presidente elegido por él. Fue una jugada enormemente arriesgada, pero al menos el Rey jugaba ahora con sus propias cartas.

8

JUGÁNDOSE LA CORONA, 1976-1977

En el punto medio de 1976, el futuro parecía extremadamente incierto para Juan Carlos. Atrapado entre una izquierda empeñada en una reforma rápida y un búnker resuelto a que nada cambiara, tenía además que habérselas con un presidente de gobierno errático y obstruccionista en Arias Navarro. El Rey había sobrevivido a los siete meses pasados desde la muerte de Franco al precio de profundas preocupaciones, muchas noches en vela y un trabajo abrumador. Había invertido un considerable esfuerzo en consolidar la lealtad de las fuerzas armadas; en virtud de sus visitas a Cataluña, Andalucía y Asturias había crecido su popularidad; y se había producido, en efecto, un auténtico progreso hacia la democracia. Sin embargo, este avance o bien no era visible para la opinión general, como en el caso de los esfuerzos de Fernández-Miranda en las Cortes y en el Consejo del Reino, o era en apariencia contrario a la causa del Rey. El hecho de que hubiera una prensa activa con mayor libertad que nunca, de que hubiera huelgas obreras y de que estudiantes y nacionalistas se hubieran echado valientemente a la calle exigiendo el cambio, ponía teóricamente en entredicho la posición del Rey. Pese a los reflejos autoritarios de Fraga, había más auténtica libertad que nunca. Ahora bien, las demandas de cambio iban dirigidas al Estado del cual era jefe Juan Carlos, y lo era porque había sido nombrado por Franco. Gran parte del poder del *establishment* franquista y, ante todo, de las fuerzas armadas permanecía intacto. La monarquía todavía era susceptible de ser barrida por un choque catastrófico entre la fuerza irresistible de la izquierda y los fines inamovibles de la derecha. Si quería evitarlo, era esencial que Juan Carlos hiciera lo posible por facilitar un avance más rápido hacia la introducción de la democracia, pero de tal modo que pudiera contar con la aprobación de las fuerzas armadas y de la mayoría de la vieja guardia franquista.

La elección de Adolfo Suárez por parte del Rey como la persona para ponerse al frente de la siguiente y decisiva etapa del proceso era insólita en extremo. En una ocasión, Suárez había dicho a López Rodó de sí mismo que era «un chusquero de la política». Fuera de España, se había supuesto generalmente que el hombre elegido para hacer el milagro sería Areilza, persona que evidentemente se consideraba a sí mismo un mariscal de la política. Y, en efecto, a lo largo del mes de abril, en la convicción de que podría con ello asegurarse el nombramiento como sucesor de Arias, Areilza había hecho un esfuerzo concertado para congraciarse con Torcuato Fernández-Miranda. Sin embargo, ni el Rey ni este último consideraban a Areilza una apuesta suficientemente segura. En la reciente visita real a Estados Unidos, Areilza se había entrometido en los diversos actos con considerable arrogancia y, desde luego, bastante menos deferencia de lo que el Rey esperaba.[1] El segundo favorito para el cargo, Fraga, se había autoexcluido hacía tiempo a causa de su carácter beligerante. Sea como fuere, ambos tenían edad y prestigio suficientes para intentar imponer sus propias opiniones, quizá en oposición a la voluntad de Juan Carlos. Ellos habrían querido sus propios gobiernos, mientras que lo que se requería era un presidente que encabezara un gobierno del Rey. De hecho, Fernández-Miranda había estado tanteando a posibles candidatos, de acuerdo con el Rey, y se inclinaba cada vez más hacia Suárez como la persona que podía seguir un guión, aunque le inquietaba el grado de su ambición.[2]

Sin embargo, las cualidades de novedad y accesibilidad que el Rey veía en Suárez no eran valoradas ni por la izquierda ni por rivales de más edad pertenecientes al *establishment*, los cuales estaban convencidos de que su gobierno sería breve. Suárez había sido gobernador civil de una provincia, director general en la administración pública y el *apparatichk* máximo del Movimiento. Los franquistas confiaban en él y conocía el sistema al dedillo. El Rey le observaba con atención, particularmente durante la crisis vasca del mes de marzo, cuando había asumido las funciones del ausente Fraga y le había preguntado a Alfonso Osorio: «¿Estuvo Suárez tan bien como dice?».[3] Para el Rey, Suárez representaba alguien que, guiado por Fernández-Miranda, podía utilizar el sistema contra el sistema mismo e iniciar con ello la reforma. A mediados de 1976, estas ventajas no eran generalmente percibidas ni por amigos ni por enemigos. Arias Navarro le dijo a Suárez que estaba encantado con el nombramiento, aunque solo fuera porque significaba que ni Areilza ni Fraga serían presidentes del Consejo de Ministros. En efecto, las credenciales franquistas de Suárez complacían al búnker tanto como horrorizaban a la oposición. La respuesta de la izquierda fue convocar manifestaciones a favor de las libertades políticas y la amnistía en la segunda semana de julio. Su éxito dejó pocas dudas al Rey y a Suárez de que era necesaria una pronta y profunda reforma si querían resolver la crisis sin violencia.[4]

La responsabilidad de la elección de Suárez pertenecía exclusivamente a Juan Carlos. El destino de la monarquía dependía de su éxito o su fracaso. Suárez comentó posteriormente que el Rey «se jugó la corona» con su nombramiento. Pasada una semana, Suárez le dijo a un grupo de prominentes periodistas que, cuando Juan Carlos le había ofrecido el puesto, le había dicho que la consecuencia del proceso de reforma sería despojar a la monarquía de todo poder político. El Rey sabía de siempre que así sería y nada dijo para limitar los objetivos de su presidente de gobierno. Lo que sí le dijo, no obstante, fue que él se apoyaba en dos «muletas»: el general Armada y Torcuato Fernández-Miranda. Cuando recomendó a Suárez que hiciera lo propio, el presidente contestó que no le iban a hacer falta.[5]

Del mismo modo que el Rey había comprendido la urgencia de destituir a Arias Navarro, sabía que ahora, más que nunca, era el tiempo el elemento esencial. Por esta razón, no pudo sino alegrarse de la rama de olivo que inteligentemente extendió Santiago Carrillo respondiendo a la negativa televisada de

Suárez de que quisiera la perpetuación del franquismo. Al escribir sobre «la precaria ascensión de Suárez», Carrillo especulaba en torno a la posibilidad de que el presidente pudiera ser el instrumento para la «ruptura pactada». «Cuando escribo no hay todavía gobierno ni programa y prefiero dejar al presidente el beneficio de la duda. Ese es el dilema en que se halla Suárez; también el rey Juan Carlos.»[6]

La tarea inmediata más difícil era la elección de un equipo ministerial. Tanto Areilza como Fraga rehusaron continuar en el gobierno. Ellos, como muchos otros de la élite política y de la oposición, creían que el paso de Suárez por el poder sería breve. Su negativa fue particularmente alarmante para Juan Carlos, que tenía esperanzas de mantener a Fraga a bordo por su credibilidad entre la élite franquista y por el considerable número de entregados seguidores con los que contaba. Al recibir su carta de dimisión, el Rey, con típica determinación, le telefoneó para intentar hacerle cambiar de parecer. Fraga no cedió, alegando no tener fe en la capacidad del presidente para llevar adelante el proyecto de reforma. Claramente convencido de que era esta una empresa que solo él podía cumplir, dejó clara su posición en unos términos que desconcertaron del todo a su mujer, a la cual le parecía increíble que hablara al Rey con semejante vehemencia.[7]

Mientras el resentido Areilza procuraba convencer a figuras influyentes de que no aceptaran puestos en el gobierno, muchos de los colaboradores de Fraga dejaron claro que no querían saber nada del nuevo presidente del gobierno. Suárez corría el peligro de tener que formar un gabinete compuesto enteramente de sus camaradas del Movimiento. Para alivio del Rey, vinieron en su ayuda Alfonso Osorio y Torcuato Fernández-Miranda. Miembro prominente del grupo Tácito, Osorio fue nombrado vicepresidente del gobierno y ministro de la Presidencia. A petición del Rey, además, se sirvió de su considerable influencia para convencer a otros tácitos de que aceptaran también cargos.[8] Los primeros días de la presidencia de Suárez le exigieron al Rey nervios de acero. Posteriormente comentó: «Ignoraba que fuese posible sufrir tanto». El anuncio de la lista definitiva de ministros no pudo tener peor recepción en la prensa, que la consideró una colección de tecnócratas de segunda y falangistas moderados. Ricardo de la Cierva, biógrafo oficial de Franco por designación propia, dedicado por entonces a una breve operación de reconstituirse en liberal, lo denunció como «el primer gobierno franquista del posfranquismo».

Una característica llamativa del nuevo gobierno fue la decisión de Suárez de no cambiar a los ministros militares. Esto era particularmente curioso en el caso del profundamente reaccionario general De Santiago y Díaz de Mendívil, que se mantuvo como vicepresidente para Asuntos de la Defensa. Franquista recalcitrante, el general De Santiago era también monárquico en la medida en que consideraba a Juan Carlos como garantía de continuidad del régimen. La mala salud de este general habría suministrado a Suárez un buen pretexto para relevarle, pero el Rey, conservador en cuestiones militares, creyó prudente mantener a De Santiago y a los otros tres ministros de las Fuerzas Armadas. El ministro del Ejército de Tierra, el rígidamente austero general Félix Álvarez Arenas, había combatido en la guerra civil y sentía auténtica veneración por Franco. Era leal a Juan Carlos simplemente porque era lo que el Caudillo había ordenado en su testamento. Lo mismo cabía decir del ministro de Marina, almirante Gabriel Pita da Veiga, gran amigo de Franco. El Rey le dijo a Suárez que no había que relevar a estos hombres y él accedió con desgana a conservarlos en el gobierno. Aparte de los ministros militares, el equipo de Suárez estaba dominado por hombres jóvenes, leales monárquicos que a comienzos de los años setenta le había presentado a Juan Carlos su secretario Jacobo Cano. Los conservadores católicos como Osorio, Marcelino Oreja en Asuntos Exteriores, Landelino Lavilla en Justicia, Eduardo Carriles en Hacienda y Leopoldo Calvo Sotelo en Obras Públicas, ofrecían a Suárez más posibilidades de llevar a cabo la reforma de lo que sus críticos suponían.[9]

Juan Carlos presidió el primer consejo de ministros el 9 de julio. Al hacerlo, estaba ligando su prestigio al éxito o el fracaso de Suárez. En su discurso, pidió al nuevo gobierno «hacer posible la participación clara y en paz de todos los ciudadanos en la determinación de nuestro futuro». Declaró también que «el Rey piensa en ellos porque ellos forman la nación que personifico y el pueblo al que sirvo» y terminó con un sonoro mandato al gobierno: «Obrad sin miedo, obrad sin miedo». Desde luego, valor iban a necesitar para ganarse la buena voluntad de la oposición de izquierdas sin provocar una reacción violenta del búnker. Este gabinete, unido por un inusual sentido de solidaridad auténtica debido a la hostilidad con que había sido recibido por los medios de comunicación, respondió adoptando con entusiasmo este grito de guerra del Rey. Suárez informó a su nuevo gobierno de que su estrategia se basaría esencialmente en la rapidez. Lo que pretendía era mantenerse en la delantera introduciendo medidas específicas con tal celeridad que los continuistas del régimen no pudieran reaccionar a ellas.[10]

El 14 de julio, Suárez volvió ante las Cortes para presentar una vez más las enmiendas al Código Penal necesarias para permitir la legalización de los partidos políticos. Rechazada el 9 de junio, esta medida fue ahora aprobada por 245 votos a favor y 175 en contra gracias a una cláusula que parecía en efecto impedir cualquier futura legalización del Partido Comunista. Dicha cláusula atañía a las asociaciones políticas «sometidas a una disciplina internacional que se propongan implantar un sistema totalitario». Sin embargo, López Rodó le dijo al Rey que, a su juicio, la modificación del Código Penal dejaba abierto el camino para legalizar el Partido Comunista. Juan Carlos insistió en que no era así.[11]

El programa de Suárez, anunciado por televisión, sustanciaba en cierta medida las promesas hechas por el Rey al acceder al trono. Reconocía que la soberanía residía en el pueblo, proclamaba la determinación del gobierno de introducir un sistema democrático y prometía un referéndum sobre la reforma y elecciones antes del 30 de junio de 1977. Para la mayoría de los españoles no politizados, temerosos de perder los beneficios materiales de los quince años anteriores, pero receptivos a la liberalización política, el tándem Juan Carlos-Adolfo Suárez era una opción atractiva. Juntos, presentaban una imagen de modernidad y flexibilidad muy alejada de la esclerosis del franquismo tardío, y parecían ofrecer la promesa de proteger los avances económicos y sociales de años recientes mientras avanzaban pacífica y gradualmente hacia la democracia.

Con toda la habilidad que Juan Carlos esperaba de él, Suárez cultivó una imagen televisiva de energía y simpatía. Juntos, el Rey y su presidente proyectaban una suerte de dinamismo, juventud y sinceridad que contribuyó a consolidar el favor político de la mayoría silenciosa. Mientras Fernández-Miranda y Suárez trabajaban sobre los detalles de la reforma, Juan Carlos se centraba en recorrer las provincias y fortalecer el respaldo para la reforma democrática entre los españoles de a pie. El 24 de julio, acompañado por la Reina, inició un viaje de seis días por Galicia, una de las regiones más pobres de España. En un principio, la acogida popular fue fría, en ocasiones hostil. En Santiago de Compostela, grupos de nacionalistas gritaron consignas y levantaron pancartas en gallego que pedían más puestos de trabajo y más colegios. En el Ayuntamiento, Juan Carlos pronunció un discurso desde el balcón que se abría a la plaza del Obradoiro incluyendo algunas frases en gallego, lo cual apaciguó a la multitud. En sus visitas a Pontevedra, Vigo, Orense y Lugo, la franqueza del Rey al hablar de las cuestiones locales ablandó la inicialmente gélida acogida. En Vigo se dirigió a un público de sesenta mil personas prometiendo exhortar al gobierno a que buscara soluciones para los problemas de la región y fue recibido con entusiasmo por los obreros de la fábrica Citroën Hispania. En Lugo declaró ante una multitud ilusionada: «Yo os prometo que el gobierno se ocupará a fondo y de modo constante de vuestros problemas. Me convertiré en vuestro permanente abogado». La recepción fue menos entusiasta en las zonas rurales pobres. El Rey no pudo dejar de percatarse de que en Arneiro, en la Terra Cha, corazón del Lugo rural, fueron retiradas las pancartas que pedían «Amnistía xeral» y «Máis xusticia pra o campo».

El 29 de julio, el recorrido llegó a La Coruña. En Pontedeume, Juan Carlos hizo un gesto para la derecha, invitando a la persona más prominente de la ciudad, la hermana del Caudillo, Pilar Franco, a que se uniera a él en el estrado. En La Coruña capital, Juan Carlos inauguró la «avenida del Ejército» ante una multitud entusiasmada de cien mil personas. La popularidad del Rey en Galicia se remachó cuando, en el transcurso de su discurso, reconoció entre la gran multitud a un marinero que había servido con él a bordo del crucero *Canarias*. El alcalde de La Coruña, José Manuel Liaño, pidió públicamente una amnistía general. Al día siguiente, de vuelta en Madrid, el Rey presidió un consejo de ministros y consiguió que se aprobara una propuesta de amplia amnistía para los presos políticos (excluidos los terroristas condenados por delitos de sangre). La visita a Galicia fue un éxito considerable para el Rey y facilitó enormemente el proceso de reforma. Según el periódico *El País*, al dirigir la atención hacia los problemas de esta región, Juan Carlos se había revelado como un «interlocutor inmejorable».[12]

No obstante las ventajas que representaba Suárez, el Rey seguía enfrentado a las mismas dificultades que había tenido cuando era presidente Arias. El proceso hacia la democracia tenía que desarrollarse bajo la mirada hostil del búnker y el Ejército. El viaje por Galicia era sintomático del esfuerzo que estaba dedicando Juan Carlos a popularizar la monarquía mientras consolidaba el apoyo de las Fuerzas Armadas. A finales de julio tomó la decisión de entregar personalmente los despachos de oficial a los cadetes de las tres academias militares.[13] El problema de la oposición y su enorme presión a favor del cambio se consideraba asunto que atañía a Suárez. La oposición de izquierdas no tardó en hacer saber que entendía la ruptura pactada como una negociación para abrir un período constituyente. El lograr que la oposición colaborase en un proceso de democratización dentro de la «legalidad» franquista se consideraría uno de los máximos retos que afrontaba Suárez y, por ello, uno de sus máximos triunfos.

Carrillo en particular mantenía constante la presión sobre el gobierno mediante una política calculada de hacer salir al PCE de la clandestinidad, desafiando así al gobierno a tolerar la existencia de su partido o, por el contrario, revelar sus auténticas inclinaciones recayendo en la acción represiva. Empezó por celebrar una reunión pública del Comité Central del PC en Roma a finales de julio que, ampliamente comentada por los medios de comunicación, tuvo un impacto considerable, revelando al público español por primera vez que un número significativo de intelectuales y dirigentes obreros eran comunistas. El 17 de agosto, Suárez le dijo a López Rodó: «Ten la seguridad que mientras yo sea presidente del gobierno, el PC no será legalizado». Suárez había destituido recientemente al embajador en París por recibir a Carrillo cuando este solicitó el pasaporte español. Convencido de que nada se podía esperar del presidente del gobierno, el PCE renovó su desafío entregando abiertamente carnets del partido a sus militantes.[14]

La lucha entre Suárez y la oposición por el control de la transición se intensificaba de día en día. Por consiguiente, era decisivo, para el intento de introducir la reforma desde arriba, que el Rey lograra acrecentar la aceptación de la monarquía. Como excusa para la lentitud, Suárez podía señalar a los militares; como incentivo para la rapidez, la oposición señalaba hacia la creciente ola de movilizaciones populares. Las huelgas se habían incrementado por diez con respecto al año anterior.[15] Para garantizar una transición incruenta sin quebrantos económicos ni sociales, Suárez tenía que arrebatarle la iniciativa a la izquierda, y eso solo podía hacerse mediante una inteligente combinación de concesiones sustanciales y esfuerzos para dividir el frente unido de la oposición. Objetivo primordial era lograr que los comunistas dejaran de marcar la pauta de las demandas de la oposición, llevándolos a la posición más defensiva de intentar evitar su propio aislamiento.

Juan Carlos siguió trabajando con ahínco para facilitar el proceso de reforma política incluso a lo largo del verano. El 5 de agosto, dos días después de comenzar sus vacaciones en el Palacio de Marivent de Mallorca, hizo un viaje privado a París, donde dio a conocer la amnistía política recientemente anunciada.[16] También realizó esfuerzos considerables para mantener el apoyo de Estados Unidos. A su regreso a Marivent el 13 de agosto, recibió al general Alexander J. Haig, comandante en jefe de la OTAN y jefe de las fuerzas estadounidenses en Europa. Aunque el encuentro con Haig se presentó como una mera visita de cortesía durante unas vacaciones de carácter privado, hubo inevitables especulaciones de que se había abordado la futura integración de España en la OTAN. Unos días antes, Haig había declarado en Bruselas que semejante eventualidad era deseable.

Después, tras la reunión con Juan Carlos, Haig admitió que habían hablado sobre la seguridad en el Mediterráneo occidental y Juan Carlos subió a bordo del portaaviones norteamericano *Nimitz*.[17] Estos gestos no fueron del agrado de la oposición española de izquierdas, pero eran importantes para consolidar el apoyo de Estados Unidos a la monarquía. No dejaba de ser significativo que, poco antes del encuentro con Haig, el *Washington Star* publicara un artículo sobre doña Sofía elogiando su «amor al diálogo».[18]

A lo largo del mes de agosto, y alentado por el Rey, Suárez mantuvo una serie de cordiales entrevistas con una amplia variedad de personalidades de la oposición, entre ellas Felipe González. La dirección del PSOE estaba ya convencida de que había pocas posibilidades de desbancar el sistema franquista mediante la acción popular, para sustituirlo con un gobierno provisional y que unas Cortes constituyentes decidieran la forma del régimen. Cuando Suárez se reunió con González el 10 de agosto, el dirigente del PSOE había aceptado ya que una constitución elaborada por unas Cortes salidas de unas elecciones libres sería en sí mismo una ruptura. Y sabía que, para llegar a ese punto, era necesario negociar con el gobierno. Por consiguiente, le complació en extremo la actitud abierta y la buena disposición del presidente a escuchar «como una esponja», y quedó convencido de su voluntad de crear un régimen auténticamente democrático.[19] Suárez había entrado también en contacto con Carrillo a través de un amigo del Rey, el abogado y presidente de la Agencia Europa Press, José Mario Armero, y pidió encarecidamente al líder del PCE que no hiciera la transición imposible.[20] Al hablar de «transición», Suárez se refería a un proceso pacífico que dejara intactas las estructuras sociales y económicas vigentes. Comprendiendo que era inevitable algún tipo de compromiso con la derecha reformista, y que la imposición de un gobierno provisional por efecto de la fuerza popular tenía pocas posibilidades, Carrillo aseguró a Suárez su conformidad con el cambio pacífico.[21]

El lunes 23 de agosto, Torcuato Fernández-Miranda entregó a Suárez un borrador para la Ley de Reforma Política. Era este un documento de enorme significación política porque indicaba una vía por la que el Rey podía cumplir su juramento de lealtad a los Principios Fundamentales del Movimiento sin renunciar a su objeto expreso de traer la democracia a España. Al día siguiente, el nuevo presidente presentó el texto al gabinete, omitiendo mencionar que era creación de Fernández-Miranda. Fue recibido con entusiasmo. Después, se formó un subcomité para trabajar sobre el texto así como sobre otras propuestas, como la elaborada por Miguel Herrero y Rodríguez de Miñón, secretario general técnico del Ministerio de Justicia. El texto final se presentaría al país el 10 de septiembre. El 26 de agosto, el Rey llamó a Fernández-Miranda y Suárez a La Zarzuela para hablar de la situación. Los tres sabían que caminaban en la cuerda floja. Había que conducir el proyecto a través del *establishment* franquista y el Ejército mientras era simultáneamente sometido a receloso escrutinio por la oposición.[22]

Inevitablemente, surgieron incesantes rumores de subversión militar. En efecto, ante la creciente ola de afianzamiento de la oposición, el Ejército y el búnker se unieron en actitud cada vez más desafiante. Como jefe supremo de las Fuerzas Armadas, Juan Carlos gozaba de cierto grado de respeto pero seguía siendo objeto de sospecha para muchos generales importantes. Esto había quedado manifiesto en los esfuerzos para bloquear, en el primer gobierno de la monarquía, al candidato del Rey para el Ministerio de Defensa, el general liberal Manuel Gutiérrez Mellado. Después de haber sido desprestigiado señalándole como cabeza de la Unión Militar Democrática, la responsabilidad general sobre asuntos de defensa había pasado al reaccionario general Fernando de Santiago y Díaz de Mendívil. Este no había vacilado un instante en comunicar al Rey su inquietud ante la creciente marea de la oposición. En febrero, De Santiago le había dicho que si la ola de huelgas y manifestaciones persistía, el Ejército se sentiría obligado a intervenir. Juan Carlos, que se mantenía en estrecho contacto con los oficiales jóvenes de su generación, le dijo a López Rodó el 24 de febrero: «El modo de pensar del Ejército no es igual en el Generalato que en los Jefes y Oficiales Jóvenes».[23] Esta frase resume el dilema que se le planteaba al Rey con relación a los militares: tenía confianza en que los miembros más jóvenes de los cuerpos de oficiales aceptaran la democracia, pero era igualmente consciente de que la presencia de un gran número de generales que habían luchado al lado de Franco en la guerra civil exigía varios años de actuar con precaución. Por tanto, su preocupación primordial era mantener la adhesión de los oficiales de más antigüedad. Como lo expresó él: «No quería a ningún precio que los vencedores de la guerra civil fueran los vencidos de la democracia».[24]

El general De Santiago creía sinceramente que las Fuerzas Armadas eran apolíticas no obstante las estrechas relaciones entre veteranas figuras militares y el búnker civil. Para él, como para la mayoría de los militares intransigentes, nada había de político en su lealtad a los principios del franquismo sino simplemente un elemental deber patriótico. A lo largo de 1976 se habían producido una serie de contactos entre generales destacados y «ultras» franquistas como José Antonio Girón de Velasco, presidente de la Confederación de Excombatientes; Blas Piñar, jefe de Fuerza Nueva, y el jefe retirado de la Guardia Civil, general Carlos Iniesta Cano. Sus reuniones tenían la finalidad de apuntalar la intransigencia militar frente a la reforma democrática.[25] Juan Carlos conocía los esfuerzos de la extrema derecha para impedir la transición y, por este motivo, se había contrapesado la presencia del general De Santiago en el gobierno con el nombramiento del general Gutiérrez Mellado como jefe del Estado Mayor. El firme avance hacia el diálogo con la oposición causó en un principio tirantez y después rabia entre los «ultras». El talante de este conflicto quedó simbolizado en la enfurecida reacción del general De Santiago cuando Suárez retiró de su despacho el retrato de tamaño natural de Franco. Habían chocado también fuertemente, en presencia del Rey, por motivo de la primera amnistía acordada el 30 de julio de 1976 y Suárez había declarado que no estaba dispuesto a tolerar semejante insubordinación.[26]

Dada la atmósfera de desconfianza militar, el Rey consideró decisivo que Suárez sometiera su proyecto de reforma a un grupo de altos oficiales y apelara a su «apoyo patriótico». Posteriormente recordó que había dicho: «Tenemos que obrar sin herir la susceptibilidad de los militares. No tenemos que darles la impresión de que maniobramos a sus espaldas. Conozco bien a los militares. Detestan las sorpresas, los subterfugios y los pequeños misterios, y en ningún caso admiten la mentira». A Suárez le inquietaba que tal acto pudiera producir la impresión de un exceso de deferencia y de estar reconociendo el derecho de los militares a determinar la dirección política de España. El Rey, sin embargo, le convenció de que era mucho mejor hacer un gesto de buena voluntad hacia las Fuerzas Armadas. Antes de la reunión, el antaño adepto al Rey pero cada vez más franquista Gonzalo Fernández de la Mora instó tanto al almirante Pita da Veiga como al general De Santiago a oponerse a los planes de Suárez.

Así pues, la tensión y los recelos dominaron los primeros momentos de la reunión celebrada el 8 de septiembre de 1976. Entre los veintinueve oficiales invitados a escuchar a Suárez figuraban los ministros militares, los nueve capitanes generales y los jefes de Estado Mayor de los tres ejércitos, todos ellos hombres imbuidos del anticomunismo del régimen nacido de la guerra civil. Insistiendo en su determinación de proceder en todo momento de acuerdo con la ley, Suárez dijo que solo si esta lo permitía sería legalizado el Partido Comunista. Sin embargo, refiriéndose a las recientes enmiendas del Código Penal, les aseguró que las lealtades internacionales consagradas en los estatutos del PCE no permitirían tal legalización. Con todo, los planes de Suárez, expuestos de manera persuasiva, fueron aceptados con reservas por la mayoría y en gran medida porque gozaban del refrendo de Juan Carlos. Unos pocos presentes le recibieron con entusiasmo: el general Ángel Campano López llegó incluso a exclamar: «¡Viva la madre que te parió!». Es probable que las reacciones hubieran sido diferentes si Suárez les hubiera dicho que, a través de sus contactos secretos con Carrillo, estaba procurando un cambio de los mencionados estatutos y la ulterior legalización del Partido Comunista. Curiosamente, ocho años después Suárez seguía convencido de que «yo no engañé a ningún militar». La mayoría de estos altos oficiales quedaron posteriormente convencidos de que habían sido víctimas de un claro engaño y mostraron un enconado odio hacia Suárez hasta su salida de la escena política en 1981.[27]

Dos días después de la reunión con la cúpula militar, el gobierno aprobó el Proyecto de Ley para la Reforma Política sin oposición alguna de los cuatro ministros militares. En el plazo de unas horas, Suárez anunció el proyecto por televisión. Unos días después, para alarma de Juan Carlos, las cosas tomaron un giro diferente cuando el ministro de Relaciones Sindicales, Enrique de la Mata, introdujo un anteproyecto de reforma sindical. Este provocó la indignación del general De Santiago y Díaz de Mendívil, que consideraba a los sindicatos responsables de los desmanes de los años treinta. Tan enérgica fue su protesta el 21 de septiembre que Suárez le obligó a dimitir. El presidente se impuso entonces porque sabía que no podía permitirse ralentizar el programa de reforma. También se alegró de aprovechar esta oportunidad para sustituir a De Santiago con el general Manuel Gutiérrez Mellado. Pero la firmeza de Suárez preocupaba tanto al Rey como al ministro de la Presidencia, Alfonso Osorio. Astuto, precavido y esencialmente muy conservador, Osorio creía que el general De Santiago debía haber cedido mediante persuasión, dada su inmensa influencia entre los enemigos de derechas de la reforma. Juan Carlos estaba de acuerdo. Suárez, por otra parte, estaba alegremente confiado en que entendía a las Fuerzas Armadas lo bastante bien para poder permitirse semejante firmeza. No previó el consecuente deterioro de sus relaciones con los militares.

El general De Santiago envió a sus colegas una circular explicando su posición:

> La evolución política de nuestra patria está discurriendo por unos cauces y con un planteamiento con el que me he sentido identificado. Mi íntimo convencimiento de que el protagonismo político de las Fuerzas Armadas solo produciría a corto plazo situaciones indeseables me indujo a no adoptar posturas de intransigencia, pero también considero que, personalmente, como en mi calidad de portavoz en el Gobierno de nuestras Fuerzas Armadas, la comprensión tiene el límite de las interpretaciones equívocas que algunos pudieran atribuirle. El Gobierno prepara una disposición, posiblemente con el rango de Decreto-Ley al que me he opuesto infructuosamente por el que se autoriza la libertad sindical, la que supone, a mi juicio, la legalidad de las

> Centrales Sindicales, CNT, UGT y FAI, responsables de los desmanes cometidos en la zona roja y de las Comisiones Obreras, organización del Partido Comunista. Como tengo el convencimiento de que sus consecuencias no se harán esperar, y como ni mi conciencia ni mi honor me permiten responsabilizarme y aún menos implicar a nuestras Fuerzas Armadas por la representatividad que me atribuyen, decidí presentar mi dimisión irrevocable.[28]

Esta carta, aparte de ocultar que De Santiago había sido efectivamente destituido, implicaba que cualquier oficial que aceptara un ministerio en el gobierno Suárez era a un tiempo inmoral e indigno. La postura del general De Santiago, y quizá también su distorsionada visión de la historia española, dieron origen a declaraciones de solidaridad de otros oficiales y a expresión de satisfacción en la prensa del búnker. *El Alcázar*, el periódico ultraderechista cuyo consejo editorial presidía el general Jaime Milans del Bosch, publicó una carta del inefable general Iniesta Cano agradeciendo a De Santiago su «lección impagable». Iniesta estaba enfurecido por los rumores entre los corrillos de café de que De Santiago no había dimitido por propia voluntad. Bajo el título de «Una lección de honradez», Iniesta abundaba en los argumentos de la circular del general De Santiago afirmando que su ejemplo debía ser seguido por cualquier oficial consagrado al servicio de la patria. Esto era a todos los efectos una declaración de guerra contra el general Manuel Gutiérrez Mellado, sucesor de De Santiago y hombre próximo al Rey.

Por si el Rey no tuviera ya suficientes preocupaciones, la aparición de Alianza Popular, un sustancial partido político de derechas en potencial oposición a Suárez, era también preocupante. Este partido era creación de «los siete magníficos»: Fraga y otros seis prominentes reformadores franquistas. Bastante irritado, el 1 de octubre el Rey lo caracterizó ante uno de ellos, López Rodó, como «una mezcla explosiva». No es de extrañar, pues, que Juan Carlos se sintiera lo bastante inquieto para comentarle en tono pesimista: «Si las cosas se ponen mal, me voy». Unos días después recibió a otro de los «siete», Gonzalo Fernández de la Mora, y le reprochó que se hubiera unido a Fraga y Silva Muñoz en lugar de apoyar a Suárez. Fernández de la Mora estaba consternado por el modo despreciativo en que el Rey habló de ellos, refiriéndose presuntamente a Silva como «un pelmazo» y diciendo de Fraga que sus años como embajador en Londres «no le quitaron el pelo de la dehesa».[29]

Esta reunión tenía lugar en La Zarzuela mientras el gobierno debatía las implicaciones de la crisis militar. En el consejo de ministros del 1 de octubre se decidió que tanto De Santiago como Iniesta fueran sancionados relegándolos a la escala de reserva, utilizando para ello una ley introducida por Franco para represaliar a los oficiales monárquicos. Lo que Franco podía hacer sin estorbo alguno, no era aceptable en un sistema de respeto a la ley. Osorio, que era miembro del cuerpo jurídico de Aviación, creía que esto sencillamente no era legal sin algún tipo de audiencia judicial. El subsecretario del Ministerio de Información y Turismo, general Sabino Fernández Campo, telefoneó a Osorio tras el consejo de ministros para expresarle su opinión de que dicha decisión era improcedente. Fernández Campo tenía un largo historial de servicio en el Ministerio del Ejército y era experto en derecho militar. Tanto él como Osorio estaban preocupados porque el decreto para degradar a De Santiago e Iniesta tendría que ser firmado por el Rey como jefe del Estado. Quedar así asociado a una medida que con toda probabilidad sería recusada en segunda instancia no podía sino perjudicar al prestigio del Rey. Tras vigorosas protestas de Iniesta y frenéticas consultas con expertos jurídicos militares, el caso fue remitido al general Joaquín Fernández de Córdoba para que emitiera un fallo. Este general era tradicionalista y buen amigo de Iniesta. No solo declaró improcedente el decreto gubernamental sino que calificó de impecable el proceder de ambos generales.[30]

Era comprensible que Suárez quisiera afirmar su autoridad sobre el Ejército pero había actuado con precipitación. Prominentes figuras del búnker, como el siniestro ex presidente del sindicato del transporte, Juan García Carrés, el general Jaime Milans del Bosch y José Antonio Girón de Velasco, se habían unido en apoyo de Iniesta y le animaban a que no transigiera con su penalización. Bajo los focos de la publicidad, el gobierno apareció ridículo y revanchista. El general Gutiérrez Mellado quedó en una posición insostenible. Habiendo sido ascendido a teniente general solo en fecha reciente, muchas personas de la cúpula militar consideraban que no tenía suficiente antigüedad para ocupar el puesto de ministro de Defensa. Ahora tenía que sufrir, además, el desprecio de sus compañeros de armas y la animadversión del general De Santiago, acaso el general más influyente de todo el Ejército. Y se había debilitado la autoridad del Rey en el seno del Ejército. El búnker estaba feliz.[31] Los generales De Santiago e Iniesta habían sido elevados a la categoría de símbolos como valerosos defensores de las eternas verdades franquistas. Los artículos publicados en *El Alcázar* a lo largo de los siguientes cinco años iban a reflejar y fomentar los sentimientos antidemocráticos, el llamado golpismo, dentro de las Fuerzas Armadas. Con todo, la destitución del general De Santiago privó al búnker de una posición estratégica. No obstante la atmósfera hostil en que tenía que trabajar, Gutiérrez Mellado consiguió comenzar la urgente labor de promocionar a una nueva generación de oficiales leales al incipiente régimen democrático. A corto plazo, e incluso a medio plazo, lo máximo que el ministro de Defensa podía esperar de los oficiales más antiguos era una elemental fidelidad a Juan Carlos. Afortunadamente, eso era algo que el Rey sabía inspirar.

Pero entretanto, la tarea de conducir la reforma a través de los laberintos del sistema franquista ocupaba la mayor parte del tiempo de Suárez. La reacción de la oposición fue mixta. Dado que el proyecto permitía que el gobierno vigente presidiera las elecciones prometidas para antes de mediados de 1977 y que no cabía posibilidad alguna de que Suárez dimitiera en beneficio de un gobierno provisional, una declaración del comité ejecutivo del Partido Comunista del 15 de septiembre había denunciado el proyecto con vehemencia por ser «una ley impositiva, de fraude de la libertad y la soberanía popular».[32] Otros grupos de la oposición estaban, no obstante, gratamente impresionados por el grado de liberalización de la vida cotidiana del país, lo cual sustanciaba las afirmaciones de Suárez. La prensa funcionaba con normalidad, no se ponían trabas a los grupos políticos a la derecha del PCE, y el PSOE se preparaba para celebrar su XXVII Congreso. El ministro del Interior, Rodolfo Martín Villa, había dado instrucciones a los gobernadores civiles de las diversas provincias para que prohibieran toda actividad pública de los comunistas.[33] Con todo, hasta cierto punto incluso al PC se le permitía operar extraoficialmente. La iniciativa estaba pasando a manos de Suárez. Este insinuó a socialistas y cristianodemócratas de izquierdas que podrían hacer aún mayores concesiones siempre que no hicieran olas, provocando con ello al Ejército, al insistir prematuramente en la legalización del PC. Con típica habilidad y astucia, Suárez intentaba utilizar esta cuestión para introducir una cuña en la oposición y obligar a Carrillo a proceder con cautela. Así, a fines de septiembre Felipe González insistía en que la legalización del Partido Comunista era requisito no negociable para la democracia, pero a fines de noviembre sostenía que era poco realista insistir en ello.[34] Enfrentados a la evidente imposibilidad de imponer cambios en contra de la voluntad del Ejército, y ante las sustanciales muestras de progreso bajo el mandato de Suárez, la oposición tenía pocas alternativas salvo la aquiescencia.[35]

Mientras Suárez y Fernández-Miranda preparaban la presentación de la reforma política ante las Cortes, el Rey se esforzaba para generar respaldos en el exterior y para mantener la buena voluntad de la opinión pública española. Poco después de un recorrido de gran éxito por América Latina, a fines de octubre de 1976 Juan Carlos realizó su primera visita oficial a Francia, donde se reunió con Giscard d'Estaing. El 29 de octubre, estando en París, el Rey concedió una entrevista un tanto inoportuna a Feliciano Fidalgo de *El País*. Respondiendo a las preguntas de Fidalgo sobre sus contactos con la oposición de izquierdas, Juan Carlos pasó a la ofensiva y empezó a plantear preguntas: «¿Crees tú que Francia es una democracia? ¿Qué es la democracia?». Ante semejante andanada de interrogaciones, Fidalgo le interrumpió al fin y dijo: «Perdone, Majestad, pero el que hace las preguntas soy yo». Juan Carlos rió de buen humor y respondió: «Bueno, de todas formas piensa en otros reyes de países europeos, y verás que no se prestan fácilmente al diálogo», a lo cual apostilló Fidalgo: «Pero Vuestra Majestad sabe que esos reyes no mandan. Y Vuestra Majestad sí». Juan Carlos pasó por alto el comentario «jovialmente».[36]

Este tipo de manifestaciones públicas de afabilidad y accesibilidad por parte del Rey eran esenciales porque la oposición seguía desconfiando, lo cual era comprensible tras los fútiles esfuerzos de reforma presenciados sucesivamente desde Solís, Carrero Blanco y Arias Navarro. El 23 de octubre, Coordinación Democrática se había coaligado con cinco frentes regionales, de Valencia, Cataluña, Baleares, Canarias y Galicia, para formar la Plataforma de Organismos Democráticos. Reunidos el 4 de noviembre en Las Palmas, la nueva organización decidió rechazar los planes de Suárez de celebrar un referéndum sobre el proyecto de reforma política. Alegando que dicho referéndum carecería de sentido mientras siguieran siendo ilegales los partidos políticos, mientras el gobierno conservara el control monopolístico de la radio y la televisión, mientras siguiera habiendo presos políticos, y mientras el enorme aparato del Movimiento siguiera vigente como mecanismo de presión electoral, la Plataforma de Organismos Democráticos pidió la abstención.[37] Con todo, no obstante la aparente energía y firmeza de la postura de la oposición, el avance se haría al ritmo dictado por Suárez y sería calibrado en términos de lo que los militares estaban dispuestos a tolerar.

Juan Carlos sabía que para rematar su tarea autoencomendada de devolver la democracia a España, había que legalizar el Partido Comunista. Sabía también que sería necesario avanzar con máxima cautela, lo cual quedó patente en una cena a la que asistió en Madrid el 10 de noviembre en casa de su hermana, la infanta doña Pilar. Aparte del Rey y la Reina, entre los invitados se encontraban don Juan, José Mario Armero y la jefa del gabinete de Suárez, Carmen Díez de Rivera, una elegante aristócrata rubia. Amiga íntima del Rey, la esbelta Carmen le había pedido que abordara la cuestión de la legalización del PCE. Años después Carmen Díez de Rivera comentó: «Yo había sido comandada a que lo soltara, a ver qué pasaba». Cuando lo hizo, un silencio glacial descendió sobre el salón. Para rematar su incomodidad, se había comprometido también a hablar con don Juan sobre la necesidad de que abdicara.[38] La conversación de sobremesa no pudo por menos que recordar al Rey, una vez más, la dificultad de la tarea a la que se enfrentaban él y su primer ministro. Las reacciones de los comensales eran seguramente representativas de la alta sociedad madrileña y por tanto no radicalmente diferentes de las del poder militar. Todas ellas habrían de ser reconciliadas con las de la oposición, cuyas presiones reformadoras se manifestaban en la acción sindical.

La ola de huelgas alcanzó el punto álgido en noviembre sin quebrantar gravemente el programa de reforma gradual del gobierno y después empezó a perder impulso. Aparte de los activistas con compromisos políticos o sindicales, la amplia mayoría de la gente acogió bien los cambios introducidos por Suárez y se inclinaba a votar a favor de su proyecto. Además, la incorporación de elementos centristas a la oposición había producido un ablandamiento de la radicalidad de las posturas. Por tanto, la gran huelga general convocada para el 12 de noviembre se planteó en términos económicos en lugar de políticos. En sus consignas se protestaba contra la congelación salarial y el paro, aunque eran suficientemente claras las implicaciones políticas. Al final, más de un millón de trabajadores participaron en ella, pero la huelga nunca devino en la gran acción nacional contra la reforma de Suárez que deseaban los comunistas. Ello se debía en buena parte a las complicadas medidas precautorias tomadas por el ministro del Interior, Rodolfo Martín Villa: arrestando a dirigentes obreros de Madrid, Barcelona, Valencia, Bilbao y Sevilla, la policía neutralizó los centros neurálgicos del movimiento y limitó con ello apreciablemente su impacto.[39]

El relativo fracaso de la huelga era también indicio del éxito del Rey y Suárez a la hora de convencer a la gran mayoría de la población de que el programa de reforma era auténtico. Además, al producirse solo tres días antes de que el proyecto fuera sometido ante las Cortes, fortaleció la posición del gobierno. Con todo, para evitar sorpresas, los votos previsibles en las Cortes habían sido nerviosamente contados con antelación con ayuda de Torcuato Fernández-Miranda. Se había encomendado a todos los miembros del gabinete que tantearan a algún grupo determinado de procuradores. Suárez habló con los miembros más duros del Movimiento. Muchos quedaron persuadidos por los argumentos de que el proceso se desarrollaba dentro de la legalidad franquista, que permitía un fin decoroso a la dictadura y que era voluntad del Rey. Entre otros, Fernández-Miranda tanteó al agriamente receloso Gonzalo Fernández de la Mora, y le dijo que «el Rey lo ha decidido y vamos a un régimen pleno de partidos». Juan Carlos en persona vio a Fernández de la Mora el 10 de noviembre y consiguió disminuir su antagonismo al proyecto convenciéndole de que los intereses de Alianza Popular estarían a salvo en el futuro sistema democrático. Algunos votos se lograron a cambio de promesas de puestos de influencia en el régimen democrático tras las elecciones.[40]

Del 16 al 18 de noviembre, la Ley para la Reforma Política fue debatida en las Cortes. La ponencia había sido cuidadosamente seleccionada por Fernández-Miranda: sus cinco integrantes habían sido elegidos por su capacidad para apelar a diversos sectores de las Cortes. La opción más inteligente había sido Miguel Primo de Rivera, amigo del Rey de toda la vida. Como heredero del fundador de la Falange, no había nadie más idóneo para asumir la defensa del proyecto. Blas Piñar, jefe del grupo de extrema derecha Fuerza Nueva, denunció el proyecto de ley por ser a su juicio contrario a los principios fundamentales del Movimiento y a las intenciones del Caudillo. En ambos lados se vieron despliegues de virtuosismo sofista recurriendo a todo el arsenal de las teorías políticas franquistas. Las previas maniobras entre bambalinas de Suárez y Fernández-Miranda dieron fruto cuando la reforma se aprobó por 425 votos a favor, 59 en contra y 13 abstenciones. Quince de los votos negativos eran de oficiales del Ejército. Otras figuras militares se habían ausentado de las Cortes para no tener que votar.[41]

El resultado previsible había sido cuidadosamente calculado. A algunos procuradores posiblemente recalcitrantes los habían mandado en un viaje oficial a Panamá con escala en alguna isla caribeña. A otros les prometieron escaños en el futuro Senado como premio de consolación. Suárez hizo mucho hincapié en que las

Cortes y el Senado democráticos juntos tendrían el mismo número de escaños que las Cortes franquistas, lo cual influyó en muchos procuradores que habían llegado a creer que verdaderamente eran populares y «representaban» a las regiones en las que habían sido impuestos. Suponían, por ello, que simplemente serían reelegidos por sus agradecidos electores o que Suárez lo «arreglaría» de alguna manera. En general, el voto favorable a la reforma política fue un suicidio colectivo nacido del inveterado hábito de obediencia a la autoridad, de un inflamado sentido patriótico y, sobre todo, de tentadoras promesas susurradas al oído de los que Suárez calificó posteriormente de «procuradores del harakiri».[42] La inteligencia de la senda Suárez-Fernández-Miranda hacia la democracia quedó corroborada después de la votación cuando el ministro de Marina, el ultrarreaccionario almirante Gabriel Pita da Veiga, amigo personal de Franco, declaró: «Mi conciencia está tranquila porque la reforma democrática se hará desde la legalidad franquista». La confianza de Pita da Veiga había sido esmeradamente alimentada por el Rey. Estando las instituciones franquistas en vías de liquidación voluntaria, el camino quedaba abierto para las elecciones. Suárez tenía ya razones de peso para sentirse seguro de que la izquierda se vería obligada a aceptar su versión de reforma desde arriba.[43]

El fracaso de la huelga del 12 de noviembre había convencido a muchos grupos de oposición de aceptar la negociación con Suárez como mejor método para la liquidación del franquismo. Las conversaciones del presidente con figuras de la oposición moderada estaban rindiendo beneficios. Al incorporarse grupos más liberales y socialdemócratas a la Plataforma de Organismos Democráticos, predominaron las actitudes pactistas sobre otras posiciones más maximalistas. Simultáneamente, la clara evidencia de avance hacia la democracia estaba provocando reacciones violentas de la derecha. El 20 de noviembre, primer aniversario de la muerte de Franco, se produjo una enorme manifestación en la plaza de Oriente. Los indignados franquistas coreaban «Suárez dimite, el pueblo no te admite; Gobierno atiende, España no se vende; Juan Carlos, Sofía, el pueblo no se fía» y «Ejército al poder».

Ese mismo día, en otro lugar, plenamente consciente de la necesidad de apaciguar a la oposición de derechas, el Rey participó en un importante acto en la basílica del Valle de los Caídos. A raíz del voto en las Cortes favorable a la reforma, se trataba de un gesto cuidadosamente calculado hacia los elementos franquistas desesperados por los indicios de que el legado del dictador estaba siendo demolido. La Casa Real envió invitaciones para una misa de funeral conmemorativa del primer aniversario de la muerte del Caudillo a celebrarse el 20 de noviembre. Acompañado por la reina Sofía, el Rey presidió la ceremonia a la que asistió el gobierno en pleno, el Consejo del Reino, el Consejo Nacional de Falange y eminentes procuradores de las Cortes. Se reservaron asientos especiales para la mujer de Franco, para su hija Carmen y su marido, Cristóbal Martínez-Bordiu, para Alfonso de Borbón Dampierre y su mujer, María del Carmen Martínez-Bordiu Franco, así como para otros miembros de las familias Franco, Primo de Rivera, Carrero Blanco y Calvo Sotelo. Esta clase de malabarismos continuaron el 22 de noviembre cuando Juan Carlos recibió a los jefes de los tres ejércitos en La Zarzuela para celebrar el primer año de su reinado. El jefe del Alto Estado Mayor, teniente general Carlos Fernández Vallespín, habló de la «lealtad inquebrantable hacia la Corona» de las Fuerzas Armadas. Al día siguiente, un Real Decreto ascendió al héroe del bando nacional en la guerra civil, Antonio Aranda Mata, al rango de teniente general. Aranda, habiendo sometido una petición a Franco para que instituyera una monarquía constitucional encabezada por don Juan, no había pasado del grado de general de división durante varios decenios. Su retrasado ascenso se consideró la enmienda de una injusticia. Aranda, en el hospital en estado de coma, no pudo extraer gran beneficio de este gesto.[44]

Una cumbre de la Plataforma de Organismos Democráticos y otros grupos, celebrada el 27 de noviembre, reafirmó muchas de las demandas de la declaración inaugural de la Plataforma el 4 de noviembre. Sin embargo, se abandonó el requisito esencial de que se nombrara un gobierno provisional de «consenso democrático» para presidir las inminentes elecciones.[45] Quedaba así abierto el camino para que un «comité de personalidades» de la oposición negociara con el gobierno. En la primera semana de diciembre, el PSOE celebró por fin su XXVII Congreso. Inevitablemente, cundió en él la retórica republicanista. Con todo, el líder socialista alemán Willi Brandt visitó La Zarzuela, lo cual se consideró evidencia *de facto* de que la Internacional Socialista reconocía las intenciones democratizadoras de Juan Carlos.[46] A raíz del Congreso socialista, los comunistas españoles empezaron a preocuparse seriamente por su posición. Así pues, el viernes 10 de diciembre de 1976 Carrillo declaró en una rueda de prensa clandestina celebrada en Madrid: «Todo el mundo sabe que nosotros no aprobamos la forma en que el Rey ha ocupado el trono. Pero el Rey está ahí. Es una realidad... si la mayoría del pueblo se pronuncia por una monarquía constitucional y parlamentaria, los comunistas acataremos como siempre el fallo del pueblo español». Con su típica sorna, Carrillo, a quien la policía buscaba en esos momentos, se ofreció para entrevistarse con Juan Carlos con objeto de explicarle en persona las posturas comunistas.[47]

El 15 de diciembre, pese a los llamamientos de la oposición a la abstención, el referéndum sobre la reforma política aprobó el proyecto por un 94 por ciento de votos. La defensa de la abstención fue sin duda un error táctico de la oposición. Pero lo cierto es que, sin más garantías de Suárez respecto a la legalización de los partidos políticos, ni la dirección del PSOE ni la del PCE se sentían capacitadas para refrendar su política públicamente. Las declaraciones de abstención tenían un aire de falta de realidad y fueron totalmente desoídas por las filas de izquierdas. En realidad, tanto Carrillo como González sabían que el referéndum iba a ser un triunfo para Suárez, pero indudablemente no entendían el resultado como una derrota para ellos. Más aún: dado que la presión de la oposición a lo largo de 1976 había impulsado al gobierno hacia la democratización, el resultado del referéndum fue en cierto modo una victoria para la izquierda así como para Suárez. Con todo, el espaldarazo a la posición de este y del Rey fue inconmensurable. No cabe duda de que la monarquía era considerada popularmente como la fuerza motriz de ese avance hacia la democracia. El referéndum dio a Juan Carlos una legitimidad popular cuyo significado último era que había dejado de ser Rey únicamente por el hecho de ser el sucesor elegido por Franco.

El mínimo voto negativo demostró hasta qué punto era escaso el sentir general a favor de la continuación del franquismo. Esto se confirmó el 20 de diciembre en una misa en memoria del almirante Carrero Blanco en la que Fernández-Miranda fue atacado por «ultras» de derechas que gritaban: «¡Gobierno al paredón, por perjuro y cabrón!», y «¡No queremos monarquía, ni Juan Carlos ni Sofía!».[48] Enardecido por el éxito, al parecer Suárez se dejó afectar por él hasta el punto de sentirse capaz de manifestar su independencia no solo de Fernández-Miranda sino también del Rey.[49] En el caso de Juan Carlos, esto plantearía graves problemas en el futuro.

El 17 de diciembre de 1976, dos días después del referéndum, cientos de policías y guardias civiles celebraron una manifestación contra el gobierno en el centro de Madrid para protestar contra la reforma política. Allí se corearon gritos que pedían la dimisión de Martín Villa. El general Chicharro, que hizo frente a los manifestantes, fue violentamente zarandeado. En consecuencia, el director general de Seguridad, Emilio Rodríguez Román, fue sustituido por Mariano Nicolás García, y el inspector general de la Policía Armada, general Ricardo Aguilar Carmona, por el general José Timón de Lara. La sanción con mayores repercusiones fue la destitución del director general de la Guardia Civil, Ángel Campano López, un hombre de ultraderecha, que fue sustituido por el general Antonio Ibáñez Freire, persona cercana a Gutiérrez Mellado. El hecho de que Ibáñez Freire hubiera sido ascendido a teniente general expresamente provocó la ira de sectores reaccionarios de la jerarquía militar para quienes la más estricta antigüedad en los ascensos era sacrosanta.

El crítico más ruidoso era el general Jaime Milans del Bosch, comandante de la División Acorazada Brunete, que, irónicamente, había sido en su día también ascendido fuera de turno. Era probablemente el oficial más prestigioso del ejército español. Siendo cadete había estado en el Alcázar de Toledo durante su asedio en 1936 y había luchado con la División Azul en el frente ruso. En ese momento, sencillamente anunció que «se marchaba a su casa» y dejó de ir a su despacho. Hizo falta la intervención del Rey para despejar la tensión. Juan Carlos tenía una excelente relación con Milans, cuyo abuelo había sido jefe de la Casa militar de Alfonso XIII, y tenía empeño en que volviera al redil evitando fricciones visibles. En una conversación privada, el Rey aligeró el ejercicio de su autoridad con su habitual simpatía para conseguir la vuelta de Milans. El 6 de enero de 1977, Juan Carlos realizó otro esfuerzo para calmar los ánimos militares con un discurso en ocasión de la anual fiesta del Ejército, la Pascua Militar. Hablando en el Palacio Real ante los mandos de los tres ejércitos, llamó a los oficiales congregados «mis compañeros de armas» y les exhortó «a seguir por el camino del deber, del honor, de la disciplina y de la lealtad». Fue un discurso brillante en que unió halagos, afecto y liderazgo, y había sido redactado por el propio Juan Carlos. El ambiente generado se palpó el 31 de enero cuando el Rey visitó la División Acorazada acompañado por el jefe del Estado Mayor del Ejército, general José Vega Rodríguez. La primera plana de todos los periódicos reprodujo una foto del Rey comiéndose un bocadillo junto a un sonriente Milans del Bosch.[50]

Cierta inquietud había originado el hecho de que Milans del Bosch no hubiera sido sancionado por su indisciplina. La actitud conciliadora del Rey acaso delatara la presencia del profundamente conservador general Alfonso Armada como secretario general de la Casa del Rey. Armada se esforzaba para que los discursos del Rey contuvieran alguna referencia laudatoria a Franco, y consideraba responsabilidad suya mantener a Juan Carlos informado de la opinión de la cúpula militar. Por propia admisión, siempre tendía a resaltar los peligros del avance hacia la democracia y a insistir en la preocupación de los generales de mayor antigüedad.[51] No hay razón para creer que Armada estuviese exagerando los riesgos. Desde luego, en el ejercicio de su mando como jefe supremo de las Fuerzas Armadas, Juan Carlos se tomó muy en serio las advertencias de Armada. Todos los lunes que estaba en Madrid, el Rey recibía a oficiales importantes y mantenía largas conversaciones con ellos, tanto para asegurarles su simpatía hacia sus opiniones como para mantenerse en contacto con el estado de la opinión militar.[52]

Después del referéndum, Suárez seguía enfrentado a dos problemas, cualquiera de los cuales podría haber alterado el delicado juego de equilibrio que él y el Rey llevaban a cabo. Las cuestiones no resueltas de la legalización del Partido Comunista y del terrorismo, especialmente de ETA, amenazaban de continuo con deshacer la frágil tregua con los militares lograda por Suárez. Gracias a la particular habilidad de este como negociador entre bastidores, el problema comunista quedaría posteriormente solucionado, si bien al precio de un enconado resentimiento entre círculos militares. El terrorismo vasco, por el contrario, iba a revelarse insoluble y, a la larga, sería el fin de Suárez. Osorio escribió en su diario que Suárez, sencillamente, no entendía a los vascos. Después de todo, enfrascado en la gigantesca tarea de crear un sistema político democrático, consumido por los problemas de aplacar al búnker y a la oposición, no cabía esperar que ni Suárez ni el Rey pudieran sentir alguna simpatía hacia las aspiraciones nacionalistas revolucionarias que impulsaban a ETA a mantener su lucha guerrillera. Los turbulentos meses entre julio de 1976 y junio de 1977 apenas les permitieron dedicar tiempo suficiente para comprender o resolver la cuestión vasca. Suárez consideraba que el problema vasco era de orden público, y dejó la cuestión «técnica» de hacer frente al terrorismo a su muy competente ministro del Interior, Rodolfo Martín Villa. Desgraciadamente, los antecedentes falangistas de Martín Villa provocaban una intensa hostilidad en Euskadi.[53]

En comparación con ETA, el segundo gran problema de Suárez con la izquierda, la legalización del Partido Comunista, era relativamente sencillo. Encontrándose ya en Madrid clandestinamente, Santiago Carrillo decidió forzar la situación apareciendo abiertamente en una rueda de prensa el 10 de diciembre. El 22 de ese mes fue detenido tras una prolongada persecución policial. El Partido Comunista reaccionó con una masiva campaña a favor de su liberación y una delegación de destacados miembros del partido fue recibida en el despacho de Suárez por Carmen Díez de Rivera. Para incomodidad de Suárez, esto fue interpretado por la prensa como un gran paso hacia la legalización del PCE. Sea como fuere, mantener a Carrillo detenido o llevarle a juicio habría socavado fatalmente la credibilidad de Suárez. Por tanto, tuvo que ponerle en libertad y eso sí constituyó un gran paso hacia la legalización.[54] Ahora bien, el más leve indicio de que el comunismo podía recuperar categoría legal en España no podía sino intensificar el problema del búnker militar, con los nervios ya a flor de piel a causa del terrorismo. En efecto, en cuanto Suárez hubo hecho el primer anuncio de su compromiso con el cambio, se produjo un esfuerzo altamente sospechoso de desestabilización con la aparición de una escisión marxista-leninista llamada GRAPO (Grupos de Resistencia Antifascista Primero de Octubre). Gutiérrez Mellado sospechaba que los GRAPO estaban infiltrados, o incluso había sido creado, por la extrema derecha y aun por la policía. El éxito de uno de sus dirigentes, Pío Moa, muchos años después como comentarista de derechas, renovó estas sospechas. Tras una inicial campaña de bombas, los GRAPO consiguieron galvanizar a la extrema derecha. Cuatro días antes del referéndum sobre el proyecto de reforma política, fue secuestrado Antonio María Oriol de Urquijo, presidente del Consejo de Estado. Los esfuerzos para quebrantar la transición continuaron con el secuestro, el 24 de enero de 1977, del general Emilio Villaescusa Quilis, presidente del Consejo Superior de Justicia Militar. Ambos permanecieron en cautividad hasta ser liberados por la policía el 11 de febrero.[55]

El Rey estaba consternado. Oriol, siendo ministro de Justicia con Franco de 1965 a 1973, fue uno de los más leales defensores de Juan Carlos. Había sido, así, uno de los colaboradores clave de López Rodó en la operación para que se nombrara al Príncipe sucesor de Franco. Ferviente monárquico, Oriol era un hombre conservador que había servido en las fuerzas franquistas durante la guerra civil. Tenía también importantes relaciones con el mundo de la banca. No cabía duda alguna de que su secuestro era una provocación directamente dirigida a persuadir a los franquistas ortodoxos de que el proyecto de reforma abriría las compuertas de un desorden y una violencia desconocidos desde la guerra civil. Era una acción sin sentido desde una perspectiva de izquierdas. Los GRAPO decían ser el ala armada de un

Partido Comunista de España (reconstituido) previamente inexistente. Puesto que Suárez mantenía contactos con el verdadero Partido Comunista de España, con vistas a su ulterior legalización dentro de la España democrática, la intención de los GRAPO era a todas luces desprestigiar a Santiago Carrillo e infligir un daño decisivo al presidente del gobierno.

Las actividades de los GRAPO permitieron al búnker afirmar que el gobierno Suárez estaba arrojando por la ventana los logros de la guerra civil. Se inició una campaña concertada contra el proceso de reforma en general y contra el general Gutiérrez Mellado en particular. Como parte de la estrategia derechista de crear tensiones, el mismo día del secuestro de Villaescusa terroristas de ultraderecha asesinaron a cinco personas, cuatro de los cuales eran abogados laboralistas comunistas, en un despacho de la calle Atocha de Madrid. El PCE se negó a responder a la provocación y por el contrario publicó llamamientos a la serenidad. Inicialmente, Suárez se puso nervioso, no le expresó su pésame a las familias y negó el permiso para celebrar un funeral público. Solo después de una feroz pelea con Carmen Díez de Rivera autorizó Suárez los funerales de las víctimas. En lo que sería un punto clave de la transición a la democracia, militantes y simpatizantes del Partido Comunista marcharon en silencio en una inmensa manifestación de solidaridad. Suárez y el propio Rey, que al parecer sobrevoló la marcha en helicóptero, quedaron profundamente impresionados por esta demostración de fuerza y disciplina comunista. Y ciertamente gran cantidad de oposición popular a la legalización del Partido Comunista se disipó gracias a la contención con que sus adeptos reaccionaron a la tragedia. Una delegación de líderes de la oposición negoció con Suárez y, a cambio de la promesa de actuar contra la violencia del búnker, le ofrecieron presentar una declaración conjunta gobierno-oposición denunciando el terrorismo y pidiendo apoyo nacional para el gobierno. Fue un avance significativo para Suárez que vino a significar que la izquierda aceptaba públicamente que el presidente era parte de las fuerzas democráticas de España.[56]

Así pues, aparte de la envenenada situación del País Vasco, Suárez avanzaba por la senda hacia una democracia controlada en el resto de España, tratando de manera adecuada tanto con el búnker como con los comunistas. Con todo, el objetivo final no era simplemente llegar a unas elecciones democráticas, que los partidos de izquierdas, mejor organizados, podían muy bien ganar. Suárez no tenía intención de retirarse en cuanto hubiera cumplido su tarea inmediata; su visión iba mucho más allá de las elecciones. No obstante las dudas expresadas por el Rey, las encuestas de opinión regulares realizadas por el gobierno los habían convencido de que un partido de centro-izquierda, no demasiado contaminado de franquismo y sostenido por el control que tenía Suárez sobre el aparato del Movimiento y sobre los medios de comunicación, tendría un saludable futuro electoral. De hecho, muchos ex franquistas aperturistas pasaron el otoño de 1976 en frenéticos preparativos para la vida política bajo un régimen democrático.[57]

Uno de los primeros en ponerse en movimiento fue Manuel Fraga. Este estaba convencido de que cuarenta años de dictadura habían dejado una mayoría de españoles firmemente de derechas. Por tanto, se había aliado a otras seis figuras ex franquistas: Laureano López Rodó, Licinio de la Fuente, Federico Silva Muñoz, Cruz Martínez Esteruelas, Enrique Thomas de Carranza y Gonzalo Fernández de la Mora. Conocidos colectivamente como «los siete magníficos», cuatro de ellos habían sido, como el propio Fraga, fervientes entusiastas de Juan Carlos. Su esperanza era captar lo que llamaban el «franquismo sociológico» y creían abarcar a la mayoría de los españoles. Aunque Fraga subestimaba el deseo popular de cambio, consiguió atraer a grandes sectores de la asociación política de Suárez, la Unión del Pueblo Español. Posteriormente llegaría a convertirse en foco de las ambiciones de un amplio espectro de veteranos franquistas, desde Carlos Arias Navarro a Gregorio López Bravo. Con sustancial respaldo de la banca, el partido de Fraga, Alianza Popular, se creó con pasmosa rapidez en la segunda mitad de septiembre de 1976, aunque su verdadero impacto electoral se produciría más adelante.[58]

En cierta medida, la formación de Alianza Popular, junto a los resultados de las encuestas de opinión, confirmaron la creciente convicción de Suárez de que el espacio más indicado para su propio futuro político era el centro. Existían partidos y grupúsculos de centro derecha a cientos. El proceso mediante el cual se coaligaron para convertirse en Unión de Centro Democrático bajo el liderazgo de Adolfo Suárez fue calidoscópico, confuso, e implicó algo de sórdido trapicheo. Tanto el Rey como Torcuato Fernández-Miranda habían aconsejado a Suárez en contra de la creación de su propio partido político.[59] Se ha dicho que su oposición se debía a que tenían dudas acerca del futuro a largo plazo de Suárez. Considerándole el hombre ideal para desmantelar el sistema franquista, no le veían como dirigente de un partido democráticamente elegido. Hizo falta la intervención de Alfonso Osorio en La Zarzuela para que, en la primavera de 1977, Juan Carlos diera finalmente la luz verde a la propuesta de Suárez de ser él quien dirigiera la naciente Unión de Centro Democrático.[60]

La UCD resultó, en sentido muy general, de la alianza electoral de cinco grandes bloques, cada uno a su vez compuesto de varios grupos. El sector más numeroso del futuro partido estaba constituido por una amplia gama de cristianodemócratas conservadores, muchos de los cuales habían ocupado altos cargos en la administración pública franquista, mientras que otros se habían mantenido alejados de la dictadura. En el otoño de 1976, un importante grupo de los primeros —la asociación política de Alfonso Osorio, Unión Democrática Española, junto a algunos «tácitos»— se unió con un grupo de los segundos, la Izquierda Demócrata Cristiana de Fernando Álvarez de Miranda. El partido resultante se llamó Partido Popular Demócrata Cristiano. El 1 de diciembre de 1977 se fundó un grupo similar formado por otros funcionarios del grupo Tácito y cristianodemócratas diversos. Conocido como Partido Popular, sus primeros impulsores, entre los que figuraban el abogado valenciano Emilio Attard y Juan Antonio Ortega y Díaz-Ambrona, quedaron en segundo plano cuando la necesidad de figuras conocidas produjo la tardía inclusión de Pío Cabanillas y José María de Areilza. Estos dos partidos, apenas diferenciables, fusionados en el Centro Democrático a mediados de enero de 1977, formaron la base de la UCD.[61]

Tras complejas negociaciones, a principios de 1977 se incorporaron al Centro Democrático otros dos grupos, si bien pequeños: los diversos socialdemócratas liderados por Francisco Fernández Ordóñez y varios partidos liberales aunados bajo Joaquín Garrigues. Ni los socialdemócratas ni los liberales eran exactamente compañeros naturales de los cristianodemócratas, y ambos serían posteriormente determinantes en la fragmentación de la UCD a raíz del golpe militar de 1981. En 1977, sin embargo, con las elecciones en el horizonte, el requisito esencial compartido por todos estos grupos era la urgente creación de un partido con posibilidades electorales. Esto significaba que la búsqueda de alianzas rentables primaba sobre las consideraciones ideológicas, personales y morales. Por tanto, a lo largo de febrero y marzo de 1977, Suárez, con su propia Unión del Pueblo Español acercándose a la órbita de la Alianza Popular de Fraga, empezó a estudiar la posibilidad de que la reciente coalición fuera su propio vehículo electoral. Dado el control gubernamental sobre Radio-Televisión Española y sobre la maquinaria de la administración local, confiaba en poder ser un líder aceptable. Y, en efecto, tan atractivas eran sus credenciales a este respecto, que apenas tuvo dificultad para desbancar a José María de Areilza, jefe de Centro Democrático.[62]

De modo similar, fueron consideraciones prácticas más que éticas las que dictaron la inclusión en UCD de su quinto, y crucial, grupo constitutivo: una serie de burócratas del Movimiento, como había sido el propio Suárez, que se unieron en torno a Rodolfo Martín Villa.[63] Las negociaciones que finalmente aglutinaron a todos estos grupos, y otros muchos grupúsculos, fueron un duro tira y afloja. El acuerdo formal de que esta coalición electoral adoptara el nombre de Unión de Centro Democrático se firmó el 3 de mayo de 1977. Puesto que las listas electorales tenían que presentarse antes del 9 de mayo, los cinco siguientes días presenciaron el cierre de las negociaciones en las que el control de Suárez sobre la maquinaria electoral del Estado le dieron la ventaja necesaria. Inevitablemente, las listas últimas de UCD estaban dominadas por hombres que durante el franquismo habían sido procuradores en Cortes, alcaldes, gobernadores civiles, directores del INI o de RTVE, funcionarios sindicales, dirigentes del sindicato oficial de estudiantes SEU, o altos funcionarios ministeriales.[64] Sin una ideología cohesiva, UCD terminaría por resentirse de su carácter clientelista.

Mientras UCD estaba aún en vías de formación, Suárez tenía todavía que llevar su proyecto de reforma hasta su culminación. El proceso de legalización de los partidos políticos había comenzado en febrero de 1977 y el obstáculo seguía siendo el PCE. Para el búnker y para los militares, legalizar a los comunistas equivalía a tirar por la borda todo aquello por lo que habían luchado en 1936. Los planes del general Gutiérrez Mellado para liberalizar el Ejército habían generado ya desaforados ataques verbales contra él. El 24 de enero de 1977, el mismo día de la matanza de Atocha, unos treinta altos oficiales se reunieron en el Casino Militar de Madrid y pidieron la dimisión del gobierno. Esta reunión fue disuelta por orden del general Milans del Bosch, por entonces capitán general en funciones de Madrid. Este hecho indicaba que la política de Juan Carlos de mantener afecto a Milans estaba rindiendo beneficios. Después se produjo el primero de una escalada de incidentes en el funeral de un guardia civil y dos policías asesinados por los GRAPO. Cuando Gutiérrez Mellado entregaba condecoraciones a las familias de los oficiales muertos, se corearon consignas de extrema derecha y, cuando el general quiso imponer silencio, fue públicamente insultado por Camilo Menéndez Vives, capitán de navío y buen amigo de Blas Piñar. Menéndez apenas fue castigado.[65] Era evidente que la rabia de los «ultras» iba a pasar a un plano mucho más destacado si Suárez legalizaba el PCE. Pero realmente no tenía alternativa. La democracia sencillamente quedaría coja si se excluía a un partido de la importancia del PC. En todo caso, Suárez confiaba en que, retrasando la entrada del PC en el escenario, podría disminuir el número de votos comunistas. Por consiguiente, el 27 de febrero el presidente estaba dispuesto a reunirse con Carrillo, aunque esta decisión fue el golpe de gracia para sus ya deterioradas relaciones con Torcuato Fernández-Miranda. La acción de seguir adelante con la legalización del Partido Comunista podía tener consecuencias muy perjudiciales para la monarquía. Tanto Suárez como Juan Carlos lo sabían, pero el Rey respaldó a su presidente totalmente.[66]

Con característica sagacidad, Carrillo estuvo dispuesto a hacer toda posible concesión a la Corona. El 20 de enero de 1977, en una cena celebrada en el Ritz de Barcelona en la que la revista *Mundo* hizo entrega de premios a diversos políticos, hubo una entrevista muy comentada entre Carrillo y la amiga del Rey, Carmen Díez de Rivera. El consecuente sensacionalismo de los medios de comunicación incomodó a Suárez hasta el punto de sentirse ella obligada a presentar la dimisión, que Suárez fue lo bastante listo para no aceptar. Díez de Rivera actuó después como intermediaria entre el presidente y Carrillo. Hacia finales de febrero, Suárez había accedido a una reunión secreta con Carrillo en casa de José Mario Armero. A cambio de la legalización, Carrillo se comprometió a reconocer la monarquía y a adoptar la bandera roja y gualda monárquica, y ofreció su colaboración para un futuro contrato social. El Rey dio su aprobación y fue perfectamente informado por Suárez del encuentro. Torcuato Fernández-Miranda se sintió seriamente contrariado. Así las cosas, Suárez no tuvo ya otro remedio que permitir que la cumbre eurocomunista se celebrase el 2 de marzo en el hotel Meliá-Castilla de Madrid. Sabía que provocaría un enorme escándalo internacional si intentaba impedir la entrada en España de los dirigentes de los partidos comunistas italiano y francés, Enrico Berlinguer y Georges Marchais. Así pues, con plena cobertura de prensa, Carrillo pudo reunirse con Berlinguer y Marchais. Era otro paso hacia la legalización.[67]

Los estatutos del PCE habían sido modificados para permitir a Suárez afirmar que, cuando aquel fuera legalizado, no se estaba retractando de las garantías ofrecidas a los generales reunidos en septiembre. El 8 de abril, día de Viernes Santo, la Junta de Fiscales Generales del Tribunal Supremo emitió un fallo en el sentido de que nada había en los estatutos del PCE que impidieran su inclusión en el Registro de Asociaciones Políticas. Los reyes se encontraban en una visita privada de veinticuatro horas a Francia pero, antes de marcharse, Suárez había hablado largamente con Juan Carlos sobre el paso que estaba a punto de dar.

El Rey era plenamente consciente del enorme riesgo que implicaba. Juzgando por sus frecuentes conversaciones con Juan Carlos, a Carmen Díez de Rivera le impresionaba la intensidad de su preocupación por la reacción militar. El nivel de anticomunismo del Ejército era tal que existía un auténtico peligro de golpe militar y derrocamiento de la monarquía. Por otra parte, el Rey sabía que sin la legalización del PCE no podía haber democracia plena en España. Era una apuesta enormemente arriesgada pero tenía que aceptarla. El Sábado de Gloria, 9 de abril, Suárez, erróneamente confiado en la aquiescencia militar, anunció la legalización del Partido Comunista. Carmen Díez de Rivera oyó la noticia a las siete menos cuarto de la tarde cuando el Rey, actuando de modo muy poco habitual, le telefoneó para agradecerle su contribución al proceso.[68]

El 8 de abril, después de haberse recibido el fallo del Tribunal Supremo, el ministro del Interior, Rodolfo Martín Villa, había pedido a Sabino Fernández Campo, subsecretario del Ministerio de Información, que dispusiera la publicación de la noticia. El general Fernández Campo preguntó de inmediato si Suárez había informado a la cúpula militar de que lo que había dicho el 8 de septiembre estaba a punto de cambiar. Él tenía la seguridad de que les habría convencido la explicación de la imposibilidad de tener una democracia limitada y los beneficios de tener un Partido Comunista a plena vista en lugar de estar en la clandestinidad. Por otra parte, Fernández Campo creía que, si los altos mandos se enteraban de la legalización por los medios de comunicación, se pondrían furiosos. Martín Villa salió a telefonear a Suárez y regresó diciendo: «Ese tema ya está solucionado». Suárez se equivocaba y Fernández Campo acertaba. La mayor parte de la élite política y militar de Madrid se encontraba fuera de la ciudad durante los días festivos de Semana Santa, pero eso no hizo más que retrasar la reacción negativa.[69]

El Domingo de Pascua, 10 de abril, se reunieron en La Zarzuela el Rey, Adolfo Suárez, el marqués de Mondéjar y el general Armada. Pese a que Juan Carlos había estado en todo momento al tanto de la decisión del presidente de legalizar el PCE, Armada se creyó con derecho a reprochárselo a Suárez, al que acusó de poner en peligro la Corona por la velocidad con que había sido anunciada la medida. Suárez se enfureció e hizo saber con claridad que no estaba dispuesto a tolerar que el secretario del Rey desafiara su autoridad. Los días de Armada en La Zarzuela estaban contados.[70] En términos generales, la argucia de los estatutos no evitó a Suárez los odios implacables del búnker, aunque nunca entendió por qué. Con la legalización de los comunistas, Suárez era culpable a ojos de la extrema derecha de una vil traición a la causa por la que se había combatido en la guerra civil. Los tres ministros militares se sintieron profundamente ofendidos porque Suárez les hubiera engañado haciendo público el anuncio en su ausencia. Pero lo que subyacía a la tranquilidad de Suárez y Martín Villa era que el general Gutiérrez Mellado, ministro de Defensa, había telefoneado a los tres ministros para explicarles lo que estaba a punto de ocurrir. Una vez hecho el anuncio, el ministro del Aire, Carlos Franco Iribarnegaray, regresó a Madrid pero no advirtió descontento significativo entre sus subordinados. El lunes 11 de abril se reunió con el Rey y aceptó pragmáticamente la legalización del PCE. El ministro del Ejército de Tierra, general Félix Álvarez Arenas, un hombre delgado y adusto que lucía uno de los llamados «bigotes de la guerra», recibió numerosas protestas indignadas de compañeros oficiales. Pese a sus fuertes reservas, no respondió a los llamamientos para su dimisión solo porque el resto de los altos mandos le hicieron saber con claridad que nadie iba a ocupar su lugar. El ministro de Marina, almirante Gabriel Pita da Veiga, estaba furioso, alegando que la primera noticia que había tenido del asunto había sido en el telediario. El lunes 11 de abril, dimitió. Una serie de ministros civiles, con el de Hacienda, Eduardo Carriles, a la cabeza, iban también a dimitir, pero fueron disuadidos de hacerlo por Alfonso Osorio, el cual señaló que ello haría un daño irreparable a la monarquía.

La amenaza de subversión militar parecía ahora real y tanto Suárez como Juan Carlos estaban seriamente preocupados. El Rey pasó la mayor parte del domingo y el lunes al teléfono con importantes oficiales calmando y atajando amenazas de indisciplina. Por una parte, afirmaba su autoridad como jefe supremo mientras, por la otra, ejercía sus considerables dotes de persuasión. Suárez se reunió con la cúpula militar el 11 de abril para justificar ante ellos lo que había hecho. Incluso les hizo oír una grabación de lo que había ocurrido en su reunión del 8 de septiembre de 1976. Todo fue en vano. El martes 12 de abril, presididos por el general José Vega Rodríguez, los generales del Consejo Superior del Ejército se reunieron para hablar de la situación. El ambiente era de ultrajada indignación y se hicieron feroces críticas a Suárez y a Gutiérrez Mellado. La mayoría se inclinaba por exigir que el Rey hiciera una declaración de repudio a su presidente de gobierno y a su ministro de Defensa. En su comunicado hacían referencia a la general repugnancia que había causado la medida, aunque también aceptaban el hecho consumado con espíritu disciplinado. Una declaración más amplia, muy crítica con Suárez y Gutiérrez Mellado, fue enviada privadamente al Rey. Suárez afirmó varios años después que había sido él quien había pergeñado la publicación del comunicado con objeto de suavizar el descontento militar. En consulta con el presidente, el general Antonio Ibáñez Freire, director de la Guardia Civil, redactó una nota cuya finalidad específica era disipar la tensión. Como medida adicional precautoria, se habían hecho esfuerzos para mantener escasas de gasolina a las unidades militares clave en las semanas precedentes.[71]

Juan Carlos estaba perfectamente informado del talante de la reunión. El general Vega Rodríguez visitó La Zarzuela el 14 de abril para explicar lo ocurrido. Alfonso Armada habló también con altos oficiales a título personal pero nada hizo para corregir la impresión de que estaba representando al Rey. Profundamente conservador, con impecables credenciales franquistas, Armada desempeñó un valioso papel a la hora de apaciguar la susceptibilidad militar. Sin embargo, con el paso de los años, la idea de que Armada era el único enlace entre Juan Carlos y la cúpula militar tendría peligrosas consecuencias. Pero ahora urgía una respuesta rápida a la dimisión de Pita da Veiga para evitar que el gobierno pudiera producir impresión de debilidad. Al parecer por incitación de Fraga y los demás «magníficos», ningún oficial importante aceptó sustituir a Pita da Veiga. Solo después de una situación muy violenta, consiguieron Suárez y Gutiérrez Mellado convencer a un almirante retirado pero muy condecorado e inmensamente prestigioso, Pascual Pery de Junquera, de que ocupara el cargo de ministro de Marina. Poca duda cabe de que la sangre fría del Rey fue de ayuda decisiva para el gobierno durante toda esa semana terriblemente difícil. El viernes 15 de abril, en la jura del cargo del almirante Pery Junquera en La Zarzuela, Juan Carlos, muy sereno, viendo la expresión tensa de Osorio, se acercó y le dijo: «Alfonso, ánimo».[72]

La legalización del PCE, aun siendo parte inevitable y necesaria de la transición, fue no obstante un regalo para la extrema derecha. En los cuarteles se intensificó la propaganda que explotaba lo que se calificaba de «traición» de Suárez. Rápidamente fueron inventadas una serie de organizaciones de paja, las Juntas Patrióticas, la Unión Patriótica Militar y el Movimiento Patriótico Militar. Sus nombres encabezaron la propaganda ciclostilada, improvisada a toda prisa y metida en los buzones de los bloques de viviendas militares. Entre virulentas diatribas contra las reformas militares del general Gutiérrez Mellado, que era ofensivamente llamado «el señor Gutiérrez», se mezclaban acusaciones de que un gobierno antipatriótico era responsable del terrorismo etarra. Se insinuaba despectivamente que el Rey era un traidor al legado de Franco. Esta propaganda indiscriminada producía la errónea impresión de que el grueso del Ejército quería un golpe militar.[73] La prensa del búnker, *El Alcázar, El Imparcial* y *Fuerza Nueva*, difundía a diario el mismo mensaje. El Rey se vio cada vez más obligado a imponer su autoridad. Así, al recibir a uno de los capitanes generales que expresó su disgusto por las reformas políticas que estaban introduciéndose, Juan Carlos pasó a la ofensiva señalando que le habían dicho que en varios regimientos de su región militar habían retirado su retrato y su primer mensaje a las Fuerzas Armadas. El capitán general contestó tranquilamente que no sabía nada de ese asunto y el Rey le puso firme espetándole con dureza: «Pues procure informarse bien y ocúpese de que se mantenga la disciplina en las unidades que tiene bajo su mando».[74]

Inevitablemente, las aspiraciones vascas daban una credibilidad espuria a las afirmaciones de la ultraderecha de que España estaba desgarrándose a causa de los criminales separatistas. Afortunadamente para Suárez, el búnker desconocía que su gobierno había iniciado conversaciones con ETA en noviembre de 1976. Estas conversaciones infructuosas se retomaron en febrero de 1977 y a consecuencia de la tregua esporádica conseguida se puso en libertad a contados presos y se otorgó otra amnistía parcial el 14 de marzo de 1977, después de la cual quedaron 27 etarras entre rejas. En ese momento, los diversos partidos abertzales declararon que iban a boicotear las elecciones de junio a menos que se dejara salir a todos los presos. Con barricadas en muchas ciudades vascas y produciéndose a diario choques entre abertzales y fuerzas de orden, las dos alas de ETA renovaron su actividad terrorista. Alarmado ante la perspectiva de desórdenes durante las inminentes elecciones, el gobierno negoció un cese de hostilidades con ambas ramas de ETA y concedió una amnistía total el 20 de mayo. La tardanza de Suárez en percatarse de la gravedad del problema vasco le había llevado a producir tanto en ETA como en el búnker la clara impresión de que la amnistía había sido una capitulación ante la violencia armada.[75]

Entretanto, Juan Carlos se esforzaba para conservar la lealtad de los cuerpos de oficiales, utilizando para ello su autoridad como jefe supremo y sus estrechos contactos personales. El 14 de mayo, por ejemplo, presidió la ceremonia de fin de curso en la Escuela de Estado Mayor de Madrid. En su discurso sobre las funciones y las virtudes de las Fuerzas Armadas resaltó su identificación con los intereses militares.[76] El sábado 28 de mayo, su hijo Felipe, el Príncipe de Asturias, que tenía entonces nueve años, fue nombrado miembro del Regimiento Inmemorial del Rey. Terminada la ceremonia, los reyes, el príncipe Felipe y el gobierno en pleno presenciaron un enorme desfile de la División Acorazada Brunete. Participaron en él más de diez mil hombres, tanques, carros blindados y otros vehículos de la unidad más potente del Ejército bajo el mando del general Jaime Milans del Bosch, que se mostró muy complacido. Al día siguiente, el Rey presidió en la avenida de la Castellana el gran desfile del día de las Fuerzas Armadas, celebración que había sustituido al anual desfile de la Victoria franquista. El Rey indultó a todos los condenados por delitos militares excepto a los miembros de la Unión Militar Democrática y a los que habían luchado junto a la República durante la guerra civil. Con actitud desafiante frente al continuo avance hacia la democracia, el búnker militar se empeñaba en hacer el vacío tanto a la UMD como a los oficiales republicanos como si fueran el último vestigio de la victoria en la guerra civil.[77] No es posible sobrestimar la sensibilidad del Rey a los prejuicios franquistas de los oficiales más veteranos. Nada había de falacia en el hecho de que Juan Carlos se consideraba realmente un soldado. El sentimiento era enteramente sincero y latía en el fondo de la mezcla de camaradería, interés informado y autoridad que caracterizaba sus frecuentes contactos con las Fuerzas Armadas. Sus actuaciones públicas como Jefe Supremo y sus reuniones en privado con oficiales fueron esenciales para contener la hostilidad de los militares al proceso democrático.

Después del desfile del día de las Fuerzas Armadas, se celebró una ceremonia aún más significativa que pasó casi inadvertida a la mayoría de la población española. Don Juan cumplió la promesa que había hecho a su hijo poco después de la muerte de Franco: renunció a sus derechos dinásticos y reconoció a su hijo como Rey. En cierta medida, esto redimió el «pecado original» del reinado de Juan Carlos, el hecho de que hubiera sido invención de Franco en lugar de consecuencia de la sucesión dinástica. Precisamente por las implicaciones que podía tener semejante acto de renuncia para la legalidad de la posición de Juan Carlos, tanto Torcuato Fernández-Miranda como el general Armada habían sido bastante reacios a organizar la ceremonia. En un principio, don Juan había querido ligar tres generaciones de la familia real transportando los restos mortales de Alfonso XIII a algún puerto español en un buque de guerra, y pronunciado su discurso de renuncia en el muelle. Posteriormente se quejó de que el «entorno» del Rey le había propuesto por el contrario que simplemente renunciara a sus derechos mediante una carta enviada desde Estoril.[78] Al final se llegó a un solución de compromiso y se celebró una discreta ceremonia en La Zarzuela. Suárez tenía la impresión de que al Rey no le entusiasmaba precisamente la renuncia de su padre. Después de todo, se había dado a Felipe el título de Príncipe de Asturias en enero de 1977, varios meses antes de la renuncia oficial de don Juan, lo cual significaba que Juan Carlos no tenía duda alguna sobre la legitimidad de su posición.[79] La principal prensa española no percibió estas implicaciones de la ceremonia, pero el periódico del búnker, *El Alcázar*, recordó a sus lectores, muchos de los cuales eran militares, que la monarquía de Juan Carlos había sido «instaurada» por Franco, que Juan Carlos había jurado lealtad a los Principios Fundamentales del Movimiento en 1969 y 1975, y que la monarquía, por consiguiente, solo podía ser legítima si permanecía fiel a dichos principios.[80]

El 23 de mayo, Torcuato Fernández-Miranda presentó al Rey su dimisión como presidente de las Cortes y del Consejo del Reino. Juan Carlos se quedó perplejo y le dijo a su preceptor que cometía un error. La dimisión no se anunció hasta el 30 de mayo. Fernández-Miranda había cumplido con creces la misión inmediata que le había encomendado Juan Carlos, pero las razones de su dimisión siguen siendo poco claras. Acaso tuviera dudas sobre su propia capacidad para funcionar en el marco de una política ampliamente democrática; ciertamente sus relaciones con Adolfo Suárez se habían deteriorado tras el referéndum sobre la reforma política. Antes de diciembre de 1976, el Rey, Fernández-Miranda y Suárez habían tomado las decisiones políticas más importantes, reuniéndose regularmente en una especie de comité ejecutivo supremo del Estado. Una vez fue validado por el resultado de la consulta pública, Suárez se sintió capacitado para dar rienda suelta a sus ambiciones y desoír las recomendaciones de Fernández-Miranda.[81] Hacia la primavera de 1977 apenas se dirigían la palabra. Torcuato buscó en vano el apoyo del Rey. Gonzalo Fernández de la Mora, que no perdía ocasión para presentar una imagen negativa del Rey, sostuvo que el resentido Torcuato le había dicho que, habiendo cumplido su finalidad, Juan Carlos raramente le recibía en La Zarzuela. Aunque fue recompensado con el título de duque y la concesión del codiciado Toisón de Oro, las relaciones de Fernández-Miranda con el Rey se enfriaron. Sea cual fuere la verdad del asunto, sería ingrato no reconocer la asombrosa aportación de Torcuato Fernández-Miranda al ayudar al Rey a alcanzar su meta de una España democrática. Fernández-Miranda había concebido la reforma política y guiado el proceso de lograr la aceptación franquista del mismo.[82] Pese a ello, el Rey tenía que tomar decisiones difíciles sin consideración a lealtades personales. Como López Rodó anteriormente, Fernández-Miranda había cumplido su papel y ahora fue postergado. Adolfo Suárez era una mejor apuesta para el futuro. Con todo, durante las etapas finales de la enfermedad mortal de Fernández-Miranda en el verano de 1980, Juan Carlos insistió en que le mantuvieran informado sobre su estado varias veces al día.

Grandes como habían sido los triunfos de Fernández-Miranda y Suárez, el logro igualmente extraordinario del Rey había sido evitar que las Fuerzas Armadas se enfrentaran a todo el proceso. La ceñuda presencia de los militares consiguió que la comisión conjunta de oposición y gobierno elaborase la ley electoral con talante algo temeroso. Poco antes de las elecciones, el capitán general de Barcelona, Francisco Coloma Gallegos, había hecho desfilar una unidad de tanques por las calles de la capital catalana en la mañana de un día laborable normal interrumpiendo el tráfico. Fue un gesto intimidatorio que él presidió desde el balcón de Capitanía General en el paseo de Colón. Coloma Gallegos, que había sido el último ministro del Ejército con Franco, ni siquiera fue reprendido. Además, el día de las elecciones, mantuvo algunas unidades militares fuertemente armadas, con tanques incluidos, dispuestas a entrar en acción si la izquierda se desmandaba.[83] Sin embargo, pese a actuaciones tan amenazadoras, la campaña electoral transcurrió en un ambiente de fiesta popular. Los mítines más multitudinarios fueron los del PSOE, seguidos por los del PCE. El principal empuje de la campaña de UCD se hizo en televisión, prensa y radio donde sus recursos eran prácticamente ilimitados.[84] Votaron dieciocho millones de personas, casi el 80 por ciento del total del electorado, y un 90 por ciento votó inequívocamente por el cambio.

En realidad, los españoles querían cambio pero no enfrentamiento y esto favoreció a Suárez y a Felipe González. Por el contrario, Carrillo y Fraga despertaban recuerdos de los conflictos del pasado. No obstante su abundante financiación, el reclutamiento en Alianza Popular de prominentes franquistas no contribuyó a su éxito, tanto más después de la increíble entrevista que el periodista Pedro J. Ramírez hizo a Arias Navarro. En ella, Arias afirmaba visitar con frecuencia la tumba de Franco en el Valle de los Caídos para sentirse en comunión con el Caudillo y rogar su inmediata resurrección para poner orden en la situación. Sus mítines durante la campaña fueron abiertamente reaccionarios y nostálgicos, provocando gritos coreados de «Franco, Franco, Franco». Al ceder a Arias uno de los tres espacios televisivos asignados a Alianza Popular, que dio la nota impenitentemente franquista, Fraga perdió votos casi con seguridad.[85] A los comunistas los perjudicó especialmente el recuerdo de la guerra civil. Los socialistas, por otra parte, se beneficiaron de su historial en dicha guerra y de la continuidad oculta de tradiciones socialistas en muchas familias españolas. Asimismo, la imagen de juvenil sinceridad y energía proyectada por Felipe González, y el prestigio conferido por el respaldo de los líderes socialistas de Europa, le convirtieron en un serio rival de Suárez.[86]

Suárez evitó toda confrontación mediante el sencillo recurso de negarse a tomar parte en ningún debate con otros jefes de partido, alegando generalmente motivos sumamente especiosos. Su ventaja era abrumadora. Sobre todo, estaba estrechamente asociado al Rey ante la opinión pública. Además de la explotación del control gubernamental de los medios de comunicación, la enorme financiación de los bancos permitió a UCD una gigantesca campaña propagandística. Vallas publicitarias reservadas a llamamientos gubernamentales al voto dirigidos a la población en general, mostraban grandes carteles de UCD. La máquina de propaganda ucedista trabajó con especial ahínco para atraer el voto femenino, sirviéndose de la fotogenia de Suárez para crear una imagen de cariñoso padre de familia y católico practicante. El 60 por ciento de los votantes de UCD serían mujeres. La Unión de Centro Democrático ganó las elecciones con el 34,3 por ciento de los votos; pero los socialistas no le iban muy a la zaga con el 28,5 por ciento. Alianza Popular obtuvo solo el 8,4 por ciento detrás del PC con 9,3.[87]

El régimen franquista quedó enterrado el 15 de junio de 1977. El suyo había sido un final anunciado durante muchos años, pero no había existido el método. Hacía ya tiempo que la obsolescencia del sistema se había hecho nítidamente evidente. Desde finales de los años sesenta, un número creciente de antiguos franquistas había comprendido que así era. Muchos habían puesto sus esperanzas en Juan Carlos como el sucesor que podría dar un nuevo plazo de vida al sistema, pero pocos compartían realmente su ambición de una reforma política de gran alcance. Por consiguiente, se realizaron varios esfuerzos desganados para adaptar el franquismo sin cambiarlo fundamentalmente. La ciega intransigencia del búnker terminó por convencer a sectores cada vez más amplios de la oligarquía económica, los monárquicos liberales y, con el tiempo, los franquistas más lúcidos, de que su supervivencia dependía del cambio. Lo que Juan Carlos aportó fue voluntad y, con la guía de Torcuato Fernández-Miranda, la fórmula mediante la cual podían satisfacerse las exigencias de democracia de la oposición sin violencia ni una sustancial pérdida de privilegios. Suárez añadió una mezcla de coraje, simpatía y determinación en la aplicación de la fórmula. A comienzos de 1976, sin embargo, todavía parecía posible un enfrentamiento cruento. Las actividades de los terroristas de extrema derecha y de extrema izquierda estaban dirigidas a ese fin. Una contribución decisiva fue la sensatez y moderación mostradas por Felipe González, Santiago Carrillo y los restantes líderes de la oposición. La izquierda sacrificó sus esperanzas de un importante cambio social con el fin de garantizar el urgente fin inmediato de democracia política. El máximo sacrificio fue posiblemente aceptar la legalidad del edificio constitucional franquista sobre el que descansaba inicialmente la monarquía y del cual salió el proyecto de reforma política de Fernández-Miranda.

El 22 de julio de 1977, octavo aniversario de su proclamación como sucesor de Franco, Juan Carlos se dirigió a las recientemente elegidas Cortes. «Este solemne acto de hoy tiene una significación histórica muy concreta: el reconocimiento de la soberanía del pueblo español. El camino recorrido hasta el día de hoy no ha sido fácil ni sencillo, pero ha resultado posible por la sensata madurez del pueblo español, por sus deseos de armonía, por el realismo y la capacidad de evolución de los líderes que hoy están sentados en este pleno y por la favorable actitud de los altos órganos del Estado para asumir las exigencias sociales.» Pasó después a reconocer la gran medida en que la democracia había respondido a un esfuerzo colectivo: «No voy, por supuesto, a exaltar el esfuerzo que nos permitió llegar a esta meta, pero sí quiero decirles que entre todos hemos construido los cimientos de una estructura sólida para la convivencia en libertad, justicia y paz». Después de una sangrienta guerra civil y treinta y ocho años de dictadura, este era un logro verdaderamente extraordinario. Muchos eran los elementos que lo componían: la oposición antifranquista en el interior y en el exilio había mantenido vivo el espíritu democrático; el inteligente espíritu de conservación de los franquistas aperturistas había tenido también una importancia crucial. Por todo ello, la transición pacífica a la democracia no podía considerarse logro de un solo hombre. Con todo, las palabras de Juan Carlos aquel día apenas captaban la trascendencia de su contribución al proceso.

La instauración de unas Cortes constituyentes significó evidentemente el comienzo de un proceso que limitaría las considerables competencias heredadas de Franco por el Rey. Dicho proceso comenzó antes de lo esperado. El triunfo en las elecciones había dado a Suárez valor para solicitar al Rey que prescindiera de los servicios de Alfonso Armada. Las relaciones entre el general y Suárez se habían agriado hacía algún tiempo. Armada se consideraba el guardián de la monarquía y creía que la reforma política había sido en exceso precipitada, lo cual había hecho saber con claridad a Torcuato Fernández-Miranda, a Gutiérrez Mellado y a Suárez. A este se permitía hablarle con tono de superioridad porque recordaba el tiempo en que, como director general de RTVE, había hecho lo posible por ganarse la buena voluntad de La Zarzuela. Pero al presidente le molestaba profundamente la inclinación de Armada a exceder su autoridad y aconsejarle sobre asuntos que en modo alguno le competían. No se fiaba de él, le consideraba peligrosamente conservador y le veía como un obstáculo en su propia relación con el Rey. Desde luego, dada su larga relación con el Rey, Armada tenía considerable influencia, particularmente como intermediario con la cúpula militar.

La situación llegó a su punto álgido un día en La Zarzuela mientras Suárez esperaba audiencia con el Rey. Armada criticó vehementemente los planes del gobierno de permitir el divorcio y la subsiguiente discusión a gritos obligó a Juan Carlos a salir de su despacho. Cuando del gabinete de Suárez salieron acusaciones contra Armada de que había utilizado papel con membrete de Palacio para escribir una carta de recomendación a su hijo, que se había presentado como candidato por Alianza Popular —una acusación que siempre negó— se decidió que el general solicitara la vuelta al servicio activo. Esto se acordó a finales de junio y el 31 de octubre fue destinado a la Escuela Superior del Ejército. Su sucesor en La Zarzuela fue, a propuesta suya, el general Sabino Fernández Campo. Armada salió convencido de que Juan Carlos compartía sus opiniones y solo ante la insistencia de Suárez había permitido que se fuera.[88]

El proceso que había culminado en las elecciones democráticas del 15 de junio dio a Juan Carlos una capa más de legitimidad. Había progresado desde la cuestionable «legitimidad» de su nombramiento como sucesor de Franco a la legitimidad dinástica otorgada por la abdicación de su padre en mayo. Ahora, las elecciones remataron el proceso iniciado con el referéndum de diciembre de 1976 para garantizarle la legitimidad popular. Juan Carlos había pasado de ser el sucesor de Franco y jurar la perpetuación de la dictadura, a ser Rey de una democracia, cuyas competencias quedarían limitadas por la Constitución que iba a elaborarse de inmediato. Todo ello quedó simbolizado en la lujosa recepción ofrecida por La Zarzuela el día del santo del Rey para los diputados de las nuevas Cortes. El poder dar la bienvenida a destacados socialistas y comunistas, entre ellos Santiago Carrillo, fue un emocionante símbolo de reconciliación nacional. El Rey había enterrado la política de Franco de mantener deliberadamente los odios de la guerra civil y conservar vivas las enconadas divisiones entre vencedores y vencidos.[89]

9

MÁS RESPONSABILIDAD, MENOS PODER: LA CORONA Y EL GOLPISMO, 1977-1980

Las elecciones del 15 de junio de 1977 significaron un cambio monumental en la vida de Juan Carlos, una vida que, desde que fue enviado a España en 1948, había sido en gran medida de sacrificios y trabajo. En aras de un posterior retorno de la monarquía, le habían sido auténticamente arrebatadas la infancia y la adolescencia. Desde principios de los años sesenta se vio obligado a vivir en estado de profunda tensión. Por un lado, es evidente su convicción de que, para sobrevivir, la futura monarquía tenía que ser constitucional y parlamentaria. Por otro, con objeto de garantizar la posibilidad de que la sucesión de Franco quedase en manos de su padre o en las suyas propias, tenía que manifestar un total compromiso con la perpetuación de la dictadura. En sus primeros años de matrimonio, había estado sometido a humillaciones diarias: era objeto de intensa vigilancia, sus teléfonos estaban intervenidos, había personal del servicio de La Zarzuela a sueldo de Franco que tomaba nota de todos los visitantes. El nombramiento final como sucesor del Caudillo le exigió el doloroso precio de la ruptura con su padre. En términos humanos, los veintiún años desde su partida de Estoril en noviembre de 1948 hasta su proclamación como Príncipe de España en julio de 1969 debieron de ser una experiencia terrible.

Y, a partir de 1969, su situación apenas fue menos difícil: Juan Carlos se convirtió en medida aún mayor en el centro de atención y fue blanco de las maniobras hostiles de una alianza de falangistas recelosos de sus intenciones democratizadoras con algunos miembros de la familia Franco que hubieran querido ver a Alfonso de Borbón Dampierre como sucesor. Hace falta un considerable esfuerzo de imaginación para empezar siquiera a comprender lo que, en términos de tensión y esfuerzo, costó a Juan Carlos y Sofía llegar a la ceremonia del 22 de noviembre de 1975 en las Cortes, en la que fue proclamado Rey. Este fue un hito importante pero, en muchos sentidos, desde el momento en que Juan Carlos tuvo que jurar fidelidad a las Leyes Fundamentales y los Principios del Movimiento, el desgaste diario no fue notablemente menor que antes. Estaba atrapado entre dos fuegos: un sistema franquista decidido a resistirse al cambio a toda costa y una oposición igualmente resuelta a exigir el desmantelamiento de la dictadura. Aunque en Torcuato Fernández-Miranda tenía un inestimable aliado en la sombra, el hombre que tendría que haber sido su apoyo más firme, el presidente Carlos Arias Navarro, fue en realidad un saboteador de los planes del Rey.

En una atmósfera de gran incertidumbre, Juan Carlos emprendió dos tareas cruciales: la primera, como jefe supremo de las Fuerzas Armadas, consistió en mantener la lealtad del Ejército; la segunda, como Rey, siempre secundado por la Reina, en viajar por España afianzando la popularidad de la monarquía. Y se dedicó a ambas con incansable energía, inteligencia y buen talante. Solo tras el nombramiento de Adolfo Suárez puede decirse que tuvo pleno control de su destino. Trabajando junto a Fernández-Miranda y Suárez, fue el eje central de la transición pacífica a la democracia. Podría considerarse un auténtico tributo a su visión y su esfuerzo el que el ánimo popular tras las elecciones de 1977 resultara de palpable optimismo. Pero este logro supremo le dejó en una situación ambigua. El 17 de junio de 1977, Adolfo Suárez informó al gobierno de que el Rey le había confirmado en el cargo de presidente del Consejo de Ministros. Inmediatamente, el vicepresidente Gutiérrez Mellado, siguiendo el protocolo, presentó la dimisión colectiva de todo el gabinete. Una vez Suárez hubo formado nuevo gobierno, Juan Carlos empezaría a ser despojado de los amplios poderes que había heredado de Franco, mientras las Cortes democráticamente elegidas iniciaban la elaboración de una Constitución. Este proceso iba a requerir un esfuerzo y vigilancia considerables por parte del Rey, porque sobre el horizonte pendían ominosos nubarrones de cuestiones aún sin resolver.

Pero los problemas que se avecinaban eran ahora, en rigor, asunto del gobierno del Rey, no del propio Rey. Indudablemente, ese debía de ser el punto de vista del propio Suárez, que empezó a distanciarse notablemente de La Zarzuela. El interés de Suárez era que el desgaste del día a día político no perjudicara a la Corona. Acometer los problemas económicos heredados de la dictadura era tarea primordial, e intimidante, para su gobierno, pero a largo plazo. Había no obstante asuntos políticos más inmediatos imposibles de resolver sin la ayuda del Rey. La democracia no sería viable hasta que el Ejército y la mayoría del pueblo vasco fueran llevados al «redil» democrático. La insubordinación de los militares, el terrorismo y el estancamiento económico iban a erosionar la joven democracia española en el curso de los cuatro años siguientes, y a absorber a la clase política hasta tal punto que acabaría generando un cierto desencanto en la gran mayoría de los votantes, que creyeron que el 15 de junio de 1977 había anunciado el nacimiento de una nueva España.

Sin embargo, había un enorme optimismo popular respecto a esta nueva España democrática y este se debía al Rey y a Adolfo Suárez. Inevitablemente, no todas las esperanzas y expectativas iban a cumplirse. A largo plazo, Suárez se enfrentaba a las dificultades derivadas de que la UCD fuera una coalición inestable que podía deshacerse tan rápidamente como había sido aglutinada. No todos los miembros de su gabinete estaban a la altura de las ingentes tareas a las que se enfrentaban. Suárez había incluido en el gobierno a algunos amigos íntimos, de modo muy evidente el nuevo vicepresidente para Asuntos Políticos, Fernando Abril Martorell, un ingeniero agrónomo hasta entonces desconocido. Rodolfo Martín Villa se había curtido en el Ministerio del Interior, pero incluso él iba a verse desbordado por las dificultades que se avecinaban. El más conservador de los cristianodemócratas, y posiblemente el ministro más próximo al Rey, Alfonso Osorio, se mantuvo al margen del nuevo gobierno; en parte porque estaba cansado de las minucias de la política. Había tomado ya la decisión cuando Suárez le dijo que planeaba un gobierno de centro-izquierda. La negativa de Osorio de participar en el nuevo gabinete exacerbó la tendencia de Suárez tanto a distanciarse de La Zarzuela como a recluirse en La Moncloa. Osorio era una figura de peso considerable e indiscutible lealtad personal al Rey. Especialmente tras la marcha de Torcuato Fernández-Miranda, su presencia podría haber dado prudencia y serenidad al nuevo gobierno.[1]

Las cosas empezaron bastante bien. El 22 de julio de 1977 Juan Carlos abrió la primera sesión de las Cortes. Al entrar en la cámara, él y la reina Sofía fueron acogidos con aplausos por todos los diputados presentes excepto los socialistas. Mientras los comunistas aplaudían con entusiasmo —Dolores Ibárruri con especial energía—, los socialistas permanecieron sentados y en silencio, esperando que el Rey esclareciera su postura respecto a la monarquía constitucional. Sus palabras dejaron claro que reconocía que era mucho lo que quedaba por hacer: «La democracia ha comenzado. Ahora hemos de tratar de consolidarla». Cuando Juan Carlos terminó de hablar, los diputados del PSOE fueron los primeros en levantarse y aplaudir, agradecidos por el hecho de que se hubiese definido a sí mismo explícitamente como monarca constitucional y declarado que las Cortes debían redactar una Constitución capaz de satisfacer al conjunto del pueblo español y reflejar la diversidad regional de España. Suárez comentó que Juan Carlos había hecho «un discurso integrador». Incluso la veterana comunista Dolores Ibárruri la Pasionaria estaba extasiada por lo que llamó «el discurso del Rey, como de Rey». A gran escala, la tensión del país necesitaba un liderazgo «como de Rey», hecho subrayado por la presencia de policías armados con metralletas que contemplaban imperturbables a las multitudes de transeúntes en el exterior de las Cortes.[2]

La violencia antidemocrática de derechas e izquierdas hostigaba de continuo la labor de construir un marco constitucional aceptable para la mayoría. Aunque Suárez tenía empeño en demostrar su independencia del Rey, el apoyo regio iba a ser crucial para la consolidación de la democracia. Suárez era propenso a un modo de actuación secretista y subrepticio. Su aislacionismo sería interpretado como impotencia cuando, hacia 1980, la amenaza de ETA y de los militares transformaron el optimismo de 1977 en desencanto con Suárez y, por extensión, con el Rey. En el transcurso de los cuatro años siguientes, una espiral de terrorismo y conspiración militar iba a ensombrecer la vida cotidiana con ansiedad y miedo. De hecho, el terrorismo había amenazado la vida del Rey ya a mediados de agosto de 1977. Un servicio de inteligencia extranjero comunicó a la policía española que un grupo desconocido había colocado una bomba en Palma de Mallorca, donde tanto Juan Carlos como Suárez pasaban las vacaciones. La policía hizo explotar el artefacto y se inspeccionó exhaustivamente el yate del Rey, el *Fortuna*, y su residencia de veraneo, el Palacio de Marivent. Entre los diversos sospechosos, el GRAPO era el más probable.[3]

En teoría, el Rey quería mantenerse al margen de la política, pero su implicación en el proceso democrático lo hizo imposible. Precisamente a causa de su compromiso con la democracia, Juan Carlos se convirtió en blanco de injurias de la extrema derecha. Se afirmaba con frecuencia creciente que había traicionado su propio juramento de respetar los principios fundamentales del franquismo. Poco antes de las elecciones, Blas Piñar, líder del partido de extrema derecha Fuerza Nueva, había lanzado una campaña contra la Corona. En una rueda de prensa, Blas Piñar declaró: «Si se llega a plantear una Monarquía liberal, no estaremos con ella: leales solo a la Monarquía nacional que Franco quiso restaurar».[4] Cautos en un principio, los ataques de Fuerza Nueva contra Juan Carlos se harían cada vez más agresivos. En febrero de 1978, durante un mitin en Tenerife, Blas Piñar dijo ante unos ochocientos partidarios: «La Monarquía debe ser católica, tradicional, social y representativa, según figura en las leyes constitucionales, requisitos que no se cumplen en la actual Monarquía española».[5]

Esta clase de ataques apuntaban principalmente a las cuestiones interrelacionadas de la subversión militar y la violencia de ETA. El búnker alegaba que el terrorismo era fruto del abandono de la rectitud franquista. Blas Piñar y otros sabían que la mejor manera de minar la lealtad de los militares era insinuando que el Rey era un traidor a Franco y había violado sus solemnes juramentos. Cualesquiera que fueran las preferencias del Rey en cuanto a permanecer fuera de la política, tanto el gobierno como la democracia española necesitaban de su constante vigilancia como jefe supremo de las Fuerzas Armadas. A este respecto, el ministro más importante del gobierno era el general Manuel Gutiérrez Mellado que, como ministro de Defensa, había asumido las funciones de los ejércitos de Tierra, Mar y Aire anteriormente separados. En términos de organización, esta reducción administrativa tenía bastante sentido. Pero en términos políticos no estaba exenta de riesgos. La antigua estructura había mantenido a las Fuerzas Armadas separadas y más fácilmente controlables, que era precisamente lo que Franco había buscado. Gutiérrez Mellado era, para muchos franquistas intransigentes, una figura conflictiva. Se le consideraba en general un demócrata y en particular sospechoso de favorecer a la Unión Militar Democrática. En el aspecto personal no era ni conciliador ni diplomático, y tenía tendencia a reaccionar con precipitación.[6] Su éxito o fracaso tendrían repercusiones profundas para la posición del Rey.

Con objeto de tranquilizar a los cuerpos de oficiales sobre los cambios en la política española, y para subrayar la importancia que atribuía a las Fuerzas Armadas, Juan Carlos inició el primero de numerosos esfuerzos para calmar los temores militares. El 28 de julio de 1977 presidió la primera reunión de la Junta de Defensa Nacional en La Zarzuela, a la que asistieron Suárez, Gutiérrez Mellado, el recién nombrado presidente de la Junta de Jefes de Estado Mayor, teniente general Felipe Galarza Sánchez, y los jefes de Estado Mayor del Ejército de Tierra, de Marina y del Aire. Juan Carlos interrumpió sus vacaciones de verano en Mallorca para asistir a la reunión. En su cuidadoso y halagador discurso de apertura expresó su satisfacción por el «espíritu de colaboración, entrega, y tranquila vigilancia» manifestado por el Ejército en este decisivo período de la historia de España. Casi con seguridad, esto indicaba que eran estas precisamente las cuestiones que le mantenían más preocupado. Gutiérrez Mellado, por su parte, explicó detalladamente y de forma tranquilizadora los cambios que debían abordar el Ministerio de Defensa y las reestructuradas Fuerzas Armadas.[7]

El nombramiento de Gutiérrez Mellado con amplias competencias era tanto más polémico cuanto que el mayor problema del gobierno era la neutralización de los nacionalistas vascos, y que esto solo sería posible al precio de desoír abiertamente los deseos del Ejército. Grandes sectores de la izquierda *abertzale* estaban implicándose cada vez más en la violencia armada contra el nuevo régimen democrático y persistían en alegar que seguía existiendo una dictadura.[8] Su opinión de que nada había cambiado estaba justificada para muchas personas por la actuación del gobierno y la derecha española durante el verano de 1977. Una vez más, el campo de batalla fue la cuestión de la amnistía. A estas alturas, los pocos presos de ETA aún confinados en cárceles españolas habían sido condenados por delitos de sangre cometidos después de la muerte de Franco. Las peticiones de amnistía para ellos no podían sino provocar indignación en los círculos de la derecha española. En consecuencia, se respondió a las nutridas manifestaciones populares a favor de la amnistía con brutalidad policial y actos de provocación de elementos armados.[9] Estaba configurándose una zona de intereses mutuos en que la extrema derecha utilizaba el terrorismo de ETA como pretexto para la intervención militar y ETA intentaba suscitar mayor represión para generar sentimientos antiespañoles entre los vascos de a pie.

El 5 de octubre una organización fascista que se titulaba Alianza Apostólica Anticomunista puso una bomba en las oficinas del semanario *abertzale Punto y Hora* en Pamplona. ETA-Militar respondió con una ofensiva terrorista contra el gobierno, iniciada con el asesinato el 6 de octubre del presidente de la Diputación Provincial de Vizcaya, Augusto Unceta Barrenechea, y los dos guardias civiles de su escolta.[10] El gobierno se encontró en el centro de una dialéctica de terror y represión en constante aumento. ETA pasó de ejecutar a presuntos informadores y policías rasos a atacar a altos oficiales del Ejército, comenzando con el asesinato del jefe de policía de Pamplona, comandante Joaquín Imaz Martínez, a finales de noviembre.[11] Aunque nunca llegara a provocar la invasión militar de Euskadi como pretendían, la estrategia de ETA-M consiguió que en los métodos policiales siguiera predominando una brutalidad indiscriminada.

Pues bien, los españoles apenas habían tenido tiempo de asimilar las implicaciones de las elecciones cuando su nueva democracia se vio amenazada por la agitación antidemocrática del Ejército. Los detonantes de este malestar eran todos de índole bien comprendida por el Rey. Los oficiales de más edad estaban profundamente ofendidos por la legalización del PCE y había general indignación por lo que se entendía como debilidad del gobierno ante los vascos. Cualquier esfuerzo para relevar a los oficiales más reaccionarios habría activado las arraigadas susceptibilidades sobre la rígida estructura de ascensos. Como parte de su proyecto para regir una democracia de todos los españoles, el Rey tenía empeño en crear unas Fuerzas Armadas también de todos los españoles. Con Franco, el Ejército había tenido un papel político muy específico y Juan Carlos era consciente de la necesidad de despolitizarlo. Por otra parte, comprendía que sin la victoria de Franco en la guerra civil, la monarquía nunca habría sido restaurada. Más aún, sentía cierta gratitud y respeto por la jerarquía militar, que había luchado en pleno junto a Franco en la guerra civil. No obstante, el proceso de consolidación de la democracia iba probablemente a despertar los recelos de los militares. La magnitud del problema se resumió en la negativa de muchos oficiales a sustituir los retratos de Franco que dominaban los cuarteles y salas de banderas con fotografías del nuevo jefe del Estado. Dado que Franco encarnaba el poder militar y Juan Carlos encarnaba la democracia, no es de extrañar que los retratos del Caudillo permanecieran donde estaban hasta bien entrados los años ochenta.[12] Suárez y sus ministros actuaron con despreocupación, confiando en que la lealtad al Rey como jefe supremo de las Fuerzas Armadas mantendría a los militares bajo control. Esto constituyó una enorme carga para Juan Carlos.

La autocomplacencia del gobierno se hizo bruscamente añicos a mediados de septiembre. El general Fernando de Santiago y Díaz de Mendívil organizó una reunión de importantes generales que se encontraban de vacaciones en la provincia de Valencia. Hay ciertas dudas en cuanto a si se reunieron en Játiva o en

Jávea, pero hay coincidencia general en que asistieron tres ex ministros del Ejército, Antonio Barroso Sánchez Guerra, Francisco Coloma Gallegos y Félix Álvarez Arenas, y los generales «ultra» Carlos Iniesta Cano, Ángel Campano López y Jaime Milans del Bosch. Varios de ellos, en especial Milans, De Santiago e Iniesta, se consideraban próximos al Rey, pero empezaba a exasperarlos el inexorable avance de la política democrática. Entre el 13 y el 16 de septiembre, los generales congregados hablaron sobre la situación política y redactaron un memorando para Juan Carlos. Ampliamente distribuido entre las Fuerzas Armadas, el documento pedía al Rey que pusiera «el espíritu de orden, disciplina y seguridad nacional por encima del mal llamado orden constitucional»; le solicitaba asimismo que nombrara un gobierno de salvación nacional bajo la presidencia del general De Santiago. En caso de que Juan Carlos rehusara, se le pediría que cesara a Suárez y suspendiera el Parlamento durante dos años. El documento contenía una clara amenaza de intervención militar directa «incluso contra la Corona». Aceptar estas «peticiones» equivaldría a un golpe de Estado incruento. Los portavoces del Ministerio de Defensa negaron extraoficialmente que se hubiera presentado al Rey dicho memorando, pero circulaban persistentes rumores acerca de la reunión.[13]

Las implicaciones de esta reunión produjeron, tras consultar al Rey, una serie de ascensos estratégicos de generales leales. El general Guillermo Quintana Lacaci fue nombrado capitán general de Madrid y, lo más importante, Antonio Pascual Galmés sustituyó a Milans del Bosch al frente de la División Acorazada Brunete. La División Acorazada, o DAC como era conocida, era la clave de cualquier intento de golpe. La bofetada a Milans se suavizó, por no decir que fue imperceptible, con su ascenso a capitán general de la III Región Militar, con sede en Valencia y bien equipada de vehículos blindados y motorizados. De hecho, esto no hizo más que situar a un decidido enemigo del régimen en una posición de mayor poder sin quebrantar su influencia sobre la DAC. El efecto global de los cambios fue simplemente alimentar las sospechas de los militares de que el gobierno era débil y se inmiscuía en lo que no le concernía.

El ministro de Defensa, general Manuel Gutiérrez Mellado, había declarado durante una visita a México que «el Ejército garantiza el avance de la democracia». El búnker se lanzó a la ofensiva. Fuerza Nueva distribuyó por los cuarteles una declaración de que la protección de la democracia no estaba reconocida en la aún vigente Ley Orgánica del Estado. *El Alcázar* declaró que el ministro de Defensa no representaba a las Fuerzas Armadas. Había rumores preocupantes de que el apoyo civil a esta clase de subversión iba más allá de las incitaciones de la prensa del búnker. Se decía también que Gonzalo Fernández de la Mora iba a ser uno de los ministros civiles del solicitado gobierno de salvación nacional. Fernández de la Mora, antaño defensor de la sucesión monárquica a Franco, se había sentido hondamente decepcionado cuando no fue tenido en cuenta por Juan Carlos y se había convertido en una figura cada vez más prominente de los círculos del búnker. Se estaban organizando además redes de apoyo civil. Los habituales sospechosos de ultraderecha, José Antonio Girón de Velasco, Blas Piñar, Juan García Carrés y José Utrera Molina, tenidos por instigadores de las campañas de propaganda de las «juntas patrióticas», estaban haciendo preparativos para que sus adeptos tomaran la administración pública, los gobiernos regionales y las comunicaciones en caso de producirse el golpe. Esta clase de actividad se prolongó durante los tres años siguientes; afortunadamente con notoria incompetencia.[14] Dado el enorme prestigio en el Ejército de los generales implicados en la reunión de Játiva/Jávea, el gobierno era reacio a tomar medidas drásticas que pudieran precipitar los acontecimientos, y nada se hizo para castigar esta reunión, implícitamente sediciosa.

Juan Carlos se enfrentaba a una situación que, por lo que le exigía, debió de ser profundamente mortificante después de todo lo que ya había hecho. Se había instaurado una democracia en gran medida gracias a sus sacrificios. En teoría, tendría que haber podido comenzar el proceso de retirada a una posición de jefe de Estado simbólico y dejar a su presidente los deberes diarios de gobierno. Ciertamente Adolfo Suárez se comportaba como si fuera este el caso. Sin embargo, el Estado que regía la monarquía corría cierto peligro, y serían necesarios los incansables esfuerzos del Rey para impedir que la nueva democracia española fuera aplastada entre el martillo del terrorismo vasco y el yunque de la insurrección militar. Juan Carlos no podía simplemente dejar que su gobierno lidiara con ello. Como jefe supremo, la neutralidad política de las Fuerzas Armadas era asunto de su incumbencia directa. Como monarca demócrata, le importaba también el compromiso popular con la nueva democracia. Así, lejos de poder relajarse tras años de sacrificio y tensión, tenía que mantenerse tan alerta como siempre.

Evidencia de las insuficiencias del gobierno Suárez fue la reacción ante un incidente ocurrido el 8 de octubre de 1977 en el que el teniente coronel de la Guardia Civil Antonio Tejero estuvo a punto de provocar una masacre en Málaga. Llevado por su furia ante el asesinato dos días antes de Augusto Unceta Barrenechea y los guardias civiles que le escoltaban por parte de ETA-m, el imprevisible Tejero descargó su rabia contra una manifestación autorizada de organizaciones juveniles locales que reclamaban la reducción de la edad electoral a dieciocho años. Tejero animó a sus hombres, fuertemente armados con munición real en vez de equipos antidisturbios, a disolver la manifestación con gran brutalidad. Solo la respuesta pacífica de los jóvenes manifestantes evitó un dramático derramamiento de sangre. Las autoridades emitieron una señal alarmante cuando se limitaron a castigar a Tejero con un mes de confinamiento en el cuartel. Durante ese tiempo, empezó a recibir frecuentes visitas de autobuses enteros de «ultras» entusiastas que contribuyeron a hinchar su ego y crear el mito de que él era precisamente el valiente oficial «necesario para salvar a España».

Aunque se mantenía muy atento al devenir cotidiano de los asuntos militares, el Rey no participaba en las decisiones sobre cuestiones de detalle. Por consiguiente, no pudo más que observar perplejo cómo se trataba con guante de seda a Tejero en fuerte contraste con la destitución aparentemente arbitraria de oficiales más importantes, todo lo cual produjo gran malestar. El 31 de octubre, el general Alfonso Armada Comyn había abandonado finalmente su cargo en la secretaría de la Casa Real. Desde su enfrentamiento con Suárez a raíz de las elecciones, Armada había estado preparando el traspaso de su puesto en la Casa Real a su sucesor, el general Sabino Fernández Campo. Armada pasó a la Escuela Superior del Ejército como profesor de táctica militar, pero mantuvo una relación sumamente cordial con el Rey a quien en un principio desagradó tener que acostumbrarse a un nuevo secretario general. También a finales de octubre, el general Félix Álvarez Arenas, hasta poco antes ministro del Ejército, fue relevado de su puesto como director de la Escuela Superior del Ejército. Como a Milans, se le castigaba por su presencia en Játiva/Jávea, pero el efecto se perdió al anunciarse que estaba siendo disciplinado por las declaraciones extremistas contra la ley de amnistía de uno de sus subordinados, el capitán Santiago Cabanas. Teniendo en cuenta que Álvarez Arenas ya había reprendido severamente al culpable, su posterior destitución pareció simplemente un acto arbitrario y despótico del general Gutiérrez Mellado. Este tipo de acciones empujaron hacia la órbita del búnker a algunos generales con actitudes tibias pero no hostiles ante la democracia. Por entonces, el 16 de diciembre, el excéntrico e irreprimible general Manuel Prieto López fue cesado como comandante de la VI Zona de la Guardia Civil por un discurso pronunciado en Salamanca. El general Prieto, no perteneciente al campo «ultra», fue castigado por condenar el uso de unidades de la Guardia Civil en circunstancias poco apropiadas. El Rey se sentía manifiestamente inquieto por la posibilidad de que estas destituciones pudieran juzgarse mezquinas y provocadoras dado el estado de sensibilidad reinante en las Fuerzas Armadas.[15]

Aunque incapaz de erradicar la subversión militar y el terrorismo vasco, Suárez podía reivindicar otros logros. Pero, irónicamente, uno de sus grandes éxitos, el del estatus de Cataluña en la nueva democracia, provocó una neurosis de «separatismo» entre los militares. En el caso de Cataluña el Rey contribuyó a forjar una relación especial entre Suárez y el *President de la Generalitat de Catalunya* en el exilio, Josep Tarradellas, de setenta y siete años de edad, que permitiría al presidente rematar una espectacular maniobra política. Sin ser tan conflictiva como el País Vasco, Cataluña seguía representando un importante problema para el gobierno y era desde luego un asunto que preocupaba mucho al Rey. Incluso antes de su visita a Cataluña en febrero de 1976, Juan Carlos había transmitido a Tarradellas su interés en una solución satisfactoria para la cuestión de Cataluña. En los discursos del Rey durante dicha visita Tarradellas vio una ruptura simbólica con el pasado franquista.[16] Con todo, a lo largo de 1976 habían ido en aumento la presión a favor de un tipo de concesiones a las aspiraciones nacionalistas de la región que no podían cumplirse sin que pareciera que el gobierno perdía la iniciativa y sin provocar animadversión en las Fuerzas Armadas. Una posible vía de salida había surgido ya en octubre de 1976. Un prominente banquero catalán con importantes contactos políticos en Madrid, Manuel Ortínez, sugirió a Alfonso Osorio que Tarradellas podía ser la clave para una resolución pacífica a la cuestión catalana.

Por entonces Tarradellas parecía ser simplemente un anacronismo excéntrico. Aun así, como le aseguró Ortínez a Osorio, la mayoría de los catalanes lo aceptaban como la encarnación legítima del catalanismo. Tarradellas nunca había sido oficialmente elegido sucesor del presidente de la Generalitat durante la guerra, Lluís Companys. No obstante, había llevado con orgullo el estandarte de la Generalitat a lo largo de su solitario y austero exilio. Tarradellas creía estar por encima de los partidos y ser el líder espiritual de Cataluña. Ortínez convenció a Osorio de que, si se invitaba a Tarradellas a volver como President de la Generalitat, aceptaría la monarquía y la unidad de España. Con ello quedaría distendida la tensión entre Madrid y Cataluña. Suárez era más partidario de tratar con el dirigente nacionalista moderado Jordi Pujol, pero accedió con renuencia a enviar un emisario, su jefe de inteligencia, el coronel Andrés Casinello, a Francia para hablar con «El Honorable» Tarradellas. Aunque el informe de Casinello fue favorable, Suárez decidió que la edad del líder catalán le convertía en una mala apuesta. Osorio trató el asunto con el Rey, que se inclinaba por la «solución Tarradellas». Al final, sin embargo, Suárez no consideró la situación catalana lo bastante urgente para llevar el asunto adelante.[17]

Fueron necesarias las elecciones del 15 de junio para revivir el interés de Suárez en Tarradellas. En Cataluña, la UCD había sido desbordada por el PSC y el PSUC, ramas catalanas de los partidos socialista y comunista, y por el Pacte Democràtic de Pujol. Después de las elecciones, los diversos diputados catalanes habían formado la Asamblea de Parlamentarios Catalanes bajo la presidencia del dirigente del PSC, Joan Reventós, con objeto de ejercer presión en pro del Estatuto de Autonomía catalán y la restauración de la Generalitat. En nombre de la Asamblea, Reventós solicitó reuniones con el Rey y con Suárez. El 20 de junio, una delegación catalana encabezada por Reventós mantuvo un conflictivo encuentro con Adolfo Suárez. Al día siguiente fueron recibidos por el Rey. La atmósfera no pudo ser más distinta. Afable y abierto de miras, el Rey los animó a resolver la cuestión catalana y atenuó mucho los efectos del choque con Suárez del día anterior. Reventós declaró públicamente que era optimista, aunque tres días después le dijo a Tarradellas que sus visitas al Rey y al presidente le habían deprimido. Creía que Suárez no tenía intención de hacer concesiones en la cuestión de la autonomía catalana.[18]

En realidad, con su incomparable instinto para la ventaja política, Suárez había aceptado los argumentos de Carlos Sentís, dirigente de la UCD en Cataluña, y de Manuel Ortiz, nuevo gobernador civil de Barcelona, sobre la posibilidad de utilizar a Tarradellas para ganar por la mano a Reventós. El 27 de junio de 1977 Tarradellas fue a Madrid, donde su primer contacto con el presidente fue un tanto incómodo. Tarradellas dejó claro que no iba a aceptar ninguna solución que no pasara por el restablecimiento de la Generalitat. Fiel a sus orígenes de franquista castellano, Suárez pretendía una solución que oliera mucho menos a autonomía catalana y dijo en tono de amenaza: «No olvide que yo soy jefe del Gobierno de un país de treinta y seis millones de habitantes y que usted fue jefe del Gobierno de la Generalitat que perdió la Guerra Civil» a lo que Tarradellas respondió cortante: «Y usted no olvide que un jefe de Gobierno que no sepa solucionar el problema de Cataluña pone en peligro a la monarquía». El antaño ministro del Ejército y a la sazón capitán general de Cataluña, Francisco Coloma Gallegos, un feroz reaccionario y hombre algo trastornado, al parecer protestó cuando oyó que Tarradellas, «un rojo vencido», iba a ser recibido por Juan Carlos.

Es revelador de las preocupaciones del Rey por motivo del búnker militar que, pese a este flagrante acto de insubordinación, aplazara veinticuatro horas el encuentro propuesto mientras apaciguaba a Coloma Gallegos. Cuando llegó a La Zarzuela, Tarradellas se sintió encantado de ser recibido en catalán por el jefe de la Casa del Rey, el marqués de Mondéjar. Igualmente impresionado quedó por el detallado conocimiento de Cataluña y de la cuestión catalana mostrado por el Rey, para lo cual había sido bien preparado por López Rodó. Además, el encanto y afabilidad característicos con que Juan Carlos le recibió allanaron el camino para un segundo encuentro, mucho más fructífero, con Adolfo Suárez. Consecuencia de este fueron las negociaciones que culminarían a primeros de octubre cuando Juan Carlos firmó un decreto anunciando la restauración de la Generalitat.[19] El restablecimiento de la Generalitat fue también un rotundo éxito popular aunque al precio del descontento del Ejército. El Rey tuvo que esforzarse para aplacar a Coloma Gallegos y garantizar con ello que, cuando Tarradellas llegase a Barcelona el 23 de octubre, recibiría los honores militares en los que hábilmente había insistido para subrayar públicamente que los militares aceptaban la Generalitat. No obstante, cuando Tarradellas visitó Capitanía General, Coloma Gallegos le hizo esperar mucho tiempo en una pequeña antesala y, cuando finalmente le recibió, no se quitó los guantes antes de darle la mano.[20] Es razonable suponer que la presencia de Coloma Gallegos en la reunión de Játiva/Jávea estuviera relacionada con su indignación ante la vuelta triunfal a España de uno de los vencidos en la guerra civil.

Los progresos en cuanto al problema vasco serían mucho más lentos. No había para Euskadi un equivalente sencillo a la solución Tarradellas. El presidente del gobierno vasco en el exilio, Jesús María de Leizaola, del Partido Nacionalista Vasco, carecía de la autoridad moral de que gozaba el presidente catalán. Además, Suárez era contrario a la idea de hacer concesiones a quienes según él eran la burguesía vasca. Con todo, Juan Carlos intentaba mantenerse al tanto de la cuestión vasca. Por ello, en noviembre de 1977 recibió en La Zarzuela al nuevo jefe del PNV, Carlos Garaikoetxea. Cuando abandonó el palacio, Garaikoetxea se negó a comentar los detalles de la audiencia, diciendo a los periodistas presentes que «el Rey estuvo comprensivo y consciente de que hay que buscar soluciones políticas de cara al pueblo vasco».[21]

El punto más conflictivo que entorpecía las relaciones con los vascos era la cuestión de la amnistía. Durante el otoño de 1977 se intensificó la presión de una oposición unida para lograr una amplia amnistía que no solo abarcara a los etarras e incluso a los terroristas de ultraderecha responsables de la matanza de Atocha, sino también a los oficiales que habían defendido la República durante la guerra civil y a los implicados en la Unión Militar Democrática. Cuando una comisión parlamentaria empezó a preparar el texto para una ley de amnistía, su secretario fue llamado a La Moncloa. Allí, Gutiérrez Mellado, rodeado de una docena de generales, le dijo en tono sombrío que no podría controlar la reacción del Ejército si no se limitaba el alcance de la amnistía, e incluso amenazó con dimitir si la ley se extendía a la UMD. En la amnistía aprobada en las Cortes el 14 de octubre, tanto los oficiales republicanos como los implicados en la Unión Militar Democrática fueron excluidos.[22] Eran estas cuestiones que tocaban la fibra sensible de muchos oficiales veteranos, y su jefe supremo era solidario con sus sentimientos respecto a los terroristas. La UMD tendría que haber sido una cuestión distinta, pero tal era el miedo generado por el búnker que la justicia fue sacrificada en aras de la conveniencia política.

Hacía tiempo que Juan Carlos seguía la evolución y las dificultades de la UMD por medio de su amigo Juan Mas, Tito, un capitán de Ingenieros. Por ello, en 1970 el Príncipe le había pedido que organizase un encuentro con Julio Busquets, una de las figuras principales de lo que sería posteriormente la UMD. Busquets había constatado que Juan Carlos era liberal y abierto al cambio. El Príncipe sería, sin duda, favorable a la UMD, pero dado el miedo que tenía al poder de los «ultras», solo hasta cierto punto.

Esto se hizo patente en febrero de 1975, poco después de la detención de Busquets. Un grupo de capitanes de la UMD rodeó al todavía Príncipe en una recepción de la Capitanía General de Barcelona y le hicieron saber su desazón por el arresto. Juan Carlos dijo: «Lo siento mucho, pero no puedo hacer nada en este asunto». El capitán Gabriel Cardona respondió: «Nosotros mandamos tropa y nuestros soldados siempre tienen veinte años. Los jóvenes ya tienen otra mentalidad y piden cambios. Tenemos que cambiar. España tiene que cambiar». El Príncipe reflexionó unos momentos y después replicó: «Sí, hay que cambiar, pero dentro de la disciplina».

A lo largo de 1975 Juan Carlos se había mantenido en contacto con la UMD a través del duque de Arión. Cuando a mediados de octubre de 1975 se enfrentó a la posibilidad de ser jefe de Estado provisional por segunda vez, había estado especialmente interesado en saber si podía contar con el apoyo de la UMD. Al final se vio obligado a tomar su decisión antes de reunirse con los representantes de la UMD. Sin embargo, poco antes de la muerte de Franco, cuando Juan Carlos hizo su celebrada visita relámpago a El Aaiún, había sorprendido a muchos oficiales de la guarnición por su insistencia en hablar a solas con el comandante Bernardo Vidal. El comandante Vidal, que había sido cadete con él en la Academia Militar de Zaragoza, era tenido en alta estima por el Príncipe. Era el jefe de la UMD en el Sáhara, donde había sido destinado como castigo por su postura liberal. En el transcurso de la conversación, el Príncipe le aseguró que tenía intención de traer la democracia a España. También intercedió para conseguir la liberación de tres oficiales de la UMD arrestados en noviembre de 1975.[23] Lo cierto es que él creía entonces que la UMD era mucho más numerosa de lo que en realidad era. El 13 de diciembre de 1975 le había dicho a José María de Areilza: «Hay más UMD de lo que te supones».[24] Pero a partir de entonces, quizá percibiendo que el sentimiento contra la UMD era abrumador en los niveles más altos del Ejército, se había mantenido al margen durante los juicios a nueve dirigentes de la UMD en marzo de 1976. Los acusados recibieron condenas que iban de dos años y medio a ocho años y fueron expulsados del Ejército. Su castigo fue bastante más severo que el impuesto a muchos de los implicados en los intentos golpistas realizados entre 1978 y 1981. A consecuencia de varias amnistías, no tardaron en ser puestos en libertad, pero los esfuerzos por lograr su reincorporación no tendrían éxito hasta mucho después y aun entonces con limitaciones.[25]

Cualesquiera que fueran sus auténticos sentimientos hacia los afiliados a la Unión Militar Democrática, Juan Carlos estaba suficientemente en sintonía con los miembros más conservadores de los cuerpos de oficiales para optar por la cautela. Durante las ceremonias de la Pascua Militar en enero de 1978, fue testigo presencial de la hostilidad de los franquistas intransigentes hacia cualquier intento de poner fin a los odios de la guerra civil. El 5 de enero, el jefe del Estado Mayor del Ejército, general José Vega Rodríguez, pronunció un discurso en el que comentó de pasada las virtudes militares de Enrique Líster y Juan Modesto, dos generales comunistas que habían servido en el ejército republicano durante la guerra civil. Sus comentarios, que pretendían ser un gesto de reconciliación, a punto estuvieron de provocar una apoplejía a varios veteranos generales del público, sobre todo a Carlos Iniesta Cano. Los generales más conservadores estaban ya indignados por las insinuaciones de que la Constitución que estaba elaborándose iba a dar el nombre de «nacionalidades» a las regiones de España. Así las cosas, Gutiérrez Mellado tuvo un trabajo ímprobo cuando insistió en la necesaria disciplina militar. Apelando significativamente a la mentalidad centralista de los militares, habló de la necesidad de unirse frente a «los enemigos de España», en particular los separatistas, e intentó disipar los miedos acerca de la Constitución afirmando que España no sería escindida.

La atmósfera era ya tensa, por tanto, cuando al día siguiente el Rey, con expresión adusta, presidió la ceremonia principal en el antiguo Palacio Real de la plaza de Oriente. Sensible a las dudas de los militares sobre la Constitución que se preparaba, apeló a la lealtad de las Fuerzas Armadas y pidió comprensión y aceptación en cuanto a la necesidad de los cambios que estaban llevándose a cabo. Pero, junto a las palabras tranquilizadoras, hubo afirmaciones inequívocas de autoridad. Declaró que «el inmovilismo sería absurdo y suicida» y advirtió contra los que intentaban politizar el Ejército. Recalcando la importancia de la disciplina, citó, sin nombrar al Caudillo, las palabras de Franco con ocasión de su discurso de despedida para los cadetes de la Academia Militar de Zaragoza el 14 de julio de 1931. Franco había afirmado entonces que la disciplina «reviste su verdadero valor cuando el pensamiento aconseja lo contrario de lo que se nos manda, cuando el corazón pugna por levantarse en íntima rebelión o cuando la arbitrariedad o el error van unidos a la acción del mando». Juan Carlos prosiguió diciendo, con talante similar al del general Vega Rodríguez: «Hay que demostrar que somos capaces de vivir en paz, en la democracia y en la libertad».[26] El hecho de que Franco hubiese desobedecido sus propias recomendaciones alzándose contra un régimen democrático era un desafortunado precedente.

Ahora bien, tres meses después Juan Carlos pronunciaría un discurso algo más ambiguo en la Escuela de Estado Mayor de Tierra, donde presidió la ceremonia de graduación. En esta ocasión declaró: «La actitud serena y comprensiva del Ejército no puede significar inhibición o renuncia con respecto a las altas ideas y a las normas vigentes esenciales». Después, se refirió a la «necesidad de actuar dentro de la legalidad más estricta». En palabras aplicables a la mayoría de oficiales, pero en modo alguno a los franquistas más recalcitrantes, comentó: «A través del delicado período de transición al que estamos asistiendo, cuando tantas veces los ojos de los españoles se vuelven hacia sus Ejércitos, las Fuerzas Armadas están dando un ejemplo constante de su prudencia, su comprensión y su patriotismo». Su llamamiento al respeto mutuo entre civiles y militares sugería que su percepción de la creciente tensión en el seno de la oficialidad requería un tono más conciliador.[27]

No dejaba de ser significativo que, en su discurso del 5 de enero, Gutiérrez Mellado hubiera tenido una reacción tan favorable cuando dijo: «España es una y no vamos a consentir que nos la rompan». Después de todo, el espectro del descontento militar aún flotaba en el trasfondo por el uso de la palabra «nacionalidades» en las deliberaciones constitucionales para referirse a las regiones. Las negociaciones sobre cuál sería la situación legal del País Vasco requirió la previa creación de un organismo que se llamaría Consejo General Vasco, compuesto de representantes parlamentarios del Partido Nacionalista Vasco y de las ramas vascas del PSOE y la UCD. Puesto que los nacionalistas de izquierdas, los *abertzales*, quedaron excluidos del proceso, reaccionaron con hostilidad y recelo. El punto más conflictivo en lo que hacía a los militares era la determinación de los *abertzales* de incorporar Navarra a Euskadi. Para el Ejército, la UCD y la derecha en general, Navarra era un bastión de la unidad española. Tanto el PSOE como el PCE se oponían también a la inclusión de Navarra en el País Vasco. Tras vociferantes manifestaciones antivascas organizadas por la ultraderecha en Navarra a lo largo de diciembre, el Consejo General Vasco se constituyó el 4 de enero de 1978 con una jurisdicción limitada a las tres provincias indiscutiblemente vascas: Vizcaya, Guipúzcoa y Álava.[28]

Desde el punto de vista del Rey, aparte del asunto de la subversión militar, la cuestión más importante en estos momentos era la redacción de la Constitución. Tras su nombramiento como heredero de Franco, la sucesión en 1975, el referéndum de 1976 y las elecciones de 1977, la Constitución sería el último gran paso hacia la consolidación definitiva de la monarquía. La amenaza de los sentimientos republicanos de la izquierda aún causaba considerable desasosiego en La Zarzuela. Muchas personas de izquierdas seguían viendo al Rey como criatura del Caudillo. Por otra parte, tanto el miedo generado por el malestar militar como la apreciación de los esfuerzos de Juan Carlos en favor de la democracia desaconsejaban al grueso de la élite política polemizar sobre la posición de la Corona. Pero quedaba la cuestión del alcance de los futuros poderes de la monarquía. Juan Carlos tenía empeño en retener el poder para convocar referéndum y, después de celebrarse elecciones, proponer el presidente del Gobierno a las Cortes. Sin duda no le agradó saber que Suárez quería limitar sus prerrogativas cuanto fuera posible. No obstante lo cual, el 12 de enero de 1978 le diría al influyente periodista José Oneto: «Creo que tal como se están desarrollando las cosas voy a tener menos poderes que el rey de Suecia, pero si eso sirve para que todos los partidos políticos acepten la forma monárquica del Estado, estoy dispuesto a aceptarlo». Después, a comienzos de marzo de 1978, Juan Carlos le dijo a Manuel Fraga que mantendría la neutralidad a toda costa. Pese a ello, como quedó claro en sus conversaciones con Laureano López Rodó, el Rey seguiría el prolongado proceso de creación de la Constitución con atención minuciosa, si bien discreta.[29]

En un principio Suárez quiso que el ministro de Justicia de la UCD, Landelino Lavilla, encomendara a un equipo de expertos del partido la elaboración de un anteproyecto para ser después sometido ante las Cortes para su debate. Pero a insistencia de socialistas y comunistas, la Comisión Constitucional del Congreso eligió a primeros de agosto de 1977 un comité de todos los partidos, la Ponencia, compuesto por siete diputados parlamentarios. Trabajando casi siempre en espíritu de colaboración y transigencia, habían terminado el primer borrador para mediados de noviembre, aunque el PSOE había dejado claro que defendería la República como forma del Estado hasta que fuera rechazada por votación en las Cortes.[30] A comienzos de 1978, un borrador algo más pulido fue presentado a los treinta y seis miembros de la Comisión Constitucional del Parlamento. Dado que este texto iba a producir una significativa reducción de las prerrogativas reales con respecto a los poderes heredados de Franco, el presidente de la Comisión, Emilio Attard, mantenía informado a Juan Carlos que cooperó plenamente en todo momento. Cuando era necesario, se servía de su influencia para evitar que las discrepancias entre los partidos pudieran obstaculizar el proceso.[31] El Rey se sintió aliviado cuando supo que el representante comunista, Jordi Solé Tura, no cuestionaba la posición de la monarquía, y que el socialista, Gregorio Peces-Barba, había aclarado que, una vez derrotada en las Cortes su simbólica defensa de la República, el PSOE aceptaría la monarquía.[32]

En su versión final, la cláusula más importante en lo tocante a la posición de la Corona era la sección tercera del artículo 1, en la cual se declaraba: «La forma política del Estado español es la Monarquía parlamentaria». Esto se logró frente a la feroz resistencia de los nacionalistas vascos y catalanes y una oposición más discreta del PSOE. Sin embargo, en aras de la estabilidad política y en reconocimiento a la contribución de Juan Carlos a la instauración de la democracia, los comunistas no insistieron en la cuestión de la república o siquiera en un referéndum sobre la naturaleza del Estado. Durante los debates sobre los poderes de la Corona, Santiago Carrillo había hecho, para alegría del Rey, una notable defensa de la monarquía. En ella, alabó el papel de Juan Carlos durante la transición como «la bisagra entre el aparato del Estado y las auténticas aspiraciones democráticas de la sociedad civil», y le absolvió de su pasado franquista, describiéndolo como «un hombre joven que da muestras de identificarse más con la España de hoy que con la del pasado». Carrillo declaró también que «mientras la monarquía respete la Constitución y la soberanía popular, nosotros respetaremos la monarquía». Además, una vez la enmienda republicana de los socialistas fue derrotada el 11 de mayo, dejaron de votar contra la monarquía.[33]

Otras cláusulas afectaban también al Rey directamente, y hay ciertas discrepancias en cuanto a la medida en que fueron tenidos en cuenta sus deseos en el texto final. Naturalmente, algunos senadores de nombramiento real fueron especialmente entusiastas en la defensa de los poderes de la monarquía, de modo muy particular en el caso del filósofo Julián Marías. Calificándose de «viejo republicano que no ha renunciado al uso de la razón», Marías denunció el republicanismo del PSOE alegando que los socialistas no habían dejado clara su posición durante las elecciones de 1977.[34] El secretario general de la Casa Real, Sabino Fernández Campo, se reunía regularmente con representantes de todos los partidos y con el presidente de las Cortes, Antonio Hernández Gil, con quien tenía una relación muy estrecha.[35]

El Rey tenía, ciertamente, motivos sobrados para sentirse complacido con varias de las cláusulas. Al parecer, especial satisfacción le produjeron el artículo 99, por el que se le concedía la prerrogativa de proponer a las Cortes el presidente del Gobierno, y el artículo 62, sección «h», que le daba el mando supremo de las Fuerzas Armadas. Hubo una serie de contradicciones que parecían favorecerle. El artículo 14 decía: «Los españoles son iguales ante la ley, sin que pueda prevalecer discriminación alguna por razón de nacimiento, raza, sexo, religión, opinión o cualquier otra condición o circunstancia personal o social». Sin embargo, en lo referente a la posición de la Corona, la sección tercera del artículo 56 situaba al Rey por encima de la ley con las palabras: «la persona del Rey es inviolable y no está sujeta a responsabilidad». Más aún, la sección primera del artículo 57, dedicada a la sucesión real, daba prioridad a la línea masculina. Aparte de la preferencia tradicional por monarcas varones, exacerbada por el escandaloso reinado de Isabel II entre 1833 y 1868, se cree que la preocupación de Juan Carlos a este respecto obedecía a consideraciones en torno a la frágil salud de su primogénita, la infanta Elena. La discriminación sexual que esto implicaba se debatió largamente en las Cortes. El artículo 57 también hacía referencia al Rey como «legítimo heredero de la dinastía histórica», lo cual eliminó de un plumazo los orígenes franquistas de la monarquía.[36]

En junio de 1978 el texto fue presentado ante el pleno de la Cámara de los Diputados y del Senado, y fue ratificado el 31 de octubre. Fue un eslabón más en la cadena que afianzaba la monarquía en España. Sin contar con que no satisfacía a los vascos, la moderación del texto y la garantía de libertades fundamentales lo hacían ampliamente aceptable para todos salvo para los extremistas de izquierda y derecha.[37] En buena medida, la aprobación de la Constitución fue la cúspide de la carrera política de Suárez, especialmente en términos de su relación con Juan Carlos. Además del asunto del terrorismo político, la prensa de ultraderecha explotó el aumento en los índices de criminalidad para generar pánico entre la clase media por la quiebra total de la ley y el orden. El incremento de la criminalidad en las calles reflejaba la subida vertiginosa del desempleo, pero la ultraderecha aseguraba que los actos de delincuencia eran perpetrados por los izquierdistas liberados de las cárceles con las medidas de amnistía. La cuestión de la ley y el orden contribuyó significativamente a erosionar la credibilidad del gobierno Suárez, al igual que los malos resultados económicos. La inflación descendió ligeramente tras el contrato social conocido como Pacto de La Moncloa, pero los altos índices de desempleo eran motivo constante de preocupación. Pero fue el terrorismo de ETA y la reacción militar que provocaba lo que finalmente destruiría a Suárez.

En ningún sitio era la popularidad del presidente tan escasa como entre los estamentos más altos del Ejército. El Rey había abrigado esperanzas de que las tensiones pudieran mantenerse al mínimo hasta que los miembros más reaccionarios de la cúpula militar alcanzasen la edad de jubilación. Los recelos de las Fuerzas Armadas hacia el régimen democrático se habían intensificado a lo largo de 1978 por la aparente debilidad de la respuesta gubernamental a ETA, y más aún porque Suárez y Gutiérrez Mellado parecían dispuestos a inmiscuirse en las sacrosantas tradiciones sobre ascensos. Esto se hizo patente el 17 de mayo con la dimisión del jefe del Estado Mayor, general José Vega Rodríguez, hasta entonces considerado un moderado digno de confianza. Desde la eliminación de los tres ministerios militares, Vega Rodríguez había ocupado el máximo puesto en el Ejército, con rango prácticamente igual al del antiguo ministro del Ejército. Quizá la creciente inquietud en torno al problema del terrorismo acabara minando su lealtad, y estaba sin duda contrariado por la circunstancia de que la jubilación del general Coloma Gallegos hubiera producido el ascenso fuera de turno del general Antonio Ibáñez Freire, que había pasado de director general de la Guardia Civil a capitán general de la IV Región Militar (Barcelona). El ascenso de Ibáñez Freire fue otro caso en que el general Gutiérrez Mellado pasó por alto el rígido sistema de antigüedad con objeto de situar a un oficial leal en un puesto clave. El anterior ascenso de Ibáñez Freire, a teniente general en diciembre de 1976, para permitirle ponerse al frente de la Guardia Civil, ya había provocado indignación entre los generales de más antigüedad. El general Vega Rodríguez y muchos otros oficiales creían que las consideraciones políticas no debían tener cabida en la prioridad para los ascensos. Vega Rodríguez no era un hombre de marcadas simpatías derechistas, pero respetaba unas tradiciones muy arraigadas y veneradas. Aunque la ultraderecha atribuyó rápidamente la dimisión a su disconformidad con la política de Gutiérrez Mellado, esta respondía más a una larga historia de relaciones conflictivas entre ambos. Habían chocado antes en la selección de candidatos para presidente y secretario de la Junta de Jefes de Estado Mayor, y ahora en la del candidato al cargo de capitán general de la IV Región Militar (Barcelona).[38]

Cualquiera que fuera la razón, la dimisión de Vega Rodríguez fue un duro golpe para la política militar del gobierno. Como sucesor de Vega, Gutiérrez Mellado escogió al teniente general de mayor antigüedad, Tomás de Liniers Pidal. Iba a ser un nombramiento breve, dada su edad. Hasta entonces apolítico, el general De Liniers, como muchos otros oficiales, estaba siendo empujado hacia la derecha por las provocaciones de ETA, lo cual se manifestó en un discurso pronunciado en Buenos Aires el 15 de junio de 1978 en el que el general De Liniers ensalzó el uso «legítimo» de la violencia por parte del ejército argentino en su «guerra sucia» contra la oposición. No obstante estar implícito que similares métodos serían apropiados en España, no se tomaron medidas contra él.[39] El gran incremento de los presupuestos militares, con un aumento salarial del 21 por ciento, poco hicieron para consolidar la lealtad del Ejército al nuevo régimen. Y así quedó demostrado a finales de mayo en un espectacular acto de desacato al Rey. El domingo 28 de mayo el Rey iba a presidir el desfile del día de las Fuerzas Armadas, que había sustituido a los actos de conmemoración de la victoria franquista en la guerra civil. Dos días antes, el viernes 26 de mayo, una unidad de la Legión había tomado parte sin autorización en una ceremonia en el mausoleo de Franco, en el Valle de los Caídos, presidida por la viuda de Franco, Carmen Polo. Pese a este insulto al jefe supremo de las Fuerzas Armadas, la persona responsable, el general José Ximénez Henríquez, solo recibió una reprimenda verbal. Esta reacción era una muestra más de la debilidad exhibida por Suárez en su trato con los militares, a pesar de ser manifiesta la preocupación del Rey.[40]

Esto posiblemente motivó una serie de gestos del Rey hacia los oficiales más conservadores. A primeros de junio, en una visita a Ávila, Juan Carlos habló de la necesidad de «trabajar estrechamente unidos, sin odio ni rencores», pero terminó con una aseveración muy del gusto de los franquistas: «La política es flexibilidad, pero sin olvidar que hay que combinarla con posiciones inflexibles, en determinados aspectos, fundamentales para la seguridad de la nación y para el respeto de valores históricos irrevocables».[41] Un gesto aún más explícito hacia las derechas fue el del 18 de julio de 1978, en el cuadragésimo segundo aniversario de la sublevación militar de 1936. El Cuarto Militar de la Casa del Rey publicaba el siguiente aviso: «ALZAMIENTO NACIONAL (18-7-1936). – Hoy se conmemora el aniversario del Alzamiento Nacional, que dio a España la victoria contra el odio y la miseria, victoria contra la anarquía, victoria para llevar la paz y el bienestar a todos los españoles. Surgió el Ejército escuela de virtudes nacionales y a su cabeza el Generalísimo Franco forjador de la gran obra de regeneración de España».

Esta nota deleitó a la prensa del búnker. En *El Alcázar* se leía: «Hay que agradecer muy sinceramente a Su Majestad el Rey y a su Cuarto Militar, desde la más alta jerarquía hasta el último de los soldados, por este recordatorio tan oportuno y tan entrañable, que honra, no solo a una fecha capital en la Historia de España y a su máximo protagonista, el Generalísimo Franco, sino a quienes lo enaltecen. Cuando tantos silencios oficiales se han producido en esta conmemoración, hay que subrayar este recuerdo tan ajustado a la verdad, precisamente en el Cuarto Militar de la más alta magistratura de la Nación».[42]

El Rey era perfectamente consciente de que los oficiales de mayor autoridad advertían con fuerza creciente al gobierno que había que ralentizar el proceso hacia la autonomía regional para atemperar la hostilidad del Ejército al régimen democrático. La presión de ETA para acelerar el proceso autonómico se manifestaba en la sucesión de víctimas del terrorismo. El año 1978 presenció una escalada masiva de actos terroristas, de los cuales fue ETA el principal, si no el único, responsable. A lo largo de 1978, año de la Constitución, ochenta y cinco personas murieron a consecuencia de acciones terroristas, y las fuerzas de orden no daban muestras de poder hacer nada al respecto. Además, la intensificación de la violencia contra las fuerzas de orden produjo una brutalidad revanchista en policías y soldados que reforzó el apoyo popular a ETA; también convenció a muchos generales de que se necesitaba una mano más firme y más decidida. Pese a todo, en medio de una creciente tensión, a finales de julio la Junta de Jefes de Estado Mayor emitió una declaración en el sentido de que el terrorismo no debilitaría la lealtad de las Fuerzas Armadas al Rey y al gobierno electo.[43]

La inexorable ola de terrorismo alimentó la imagen de parálisis e incapacidad del gobierno. La determinación de ETA-m de provocar una intervención militar quedó crudamente ilustrada el 21 de julio, día en que las Cortes debían finalizar sus deliberaciones sobre la nueva Constitución. A las 8.30 de la mañana, el general Juan Manuel Sánchez-Ramos Izquierdo y su ayudante, el teniente coronel José Antonio Pérez Rodríguez, fueron ametrallados en una calle de Madrid. Reivindicados primeramente por el GRAPO, los asesinatos fueron después atribuidos con toda seguridad a ETA-m. El hecho de que ninguno de los dos oficiales tuviera un puesto de gran importancia en la estructura militar significó una escalada de la ofensiva terrorista de ETA-m, pues anunciaba, en efecto, que en la España democrática todos los militares estaban bajo amenaza.

Lo cual no excluía al jefe supremo, que visitó la capilla ardiente donde los cuerpos de las víctimas reposaban antes del entierro. En el mes de julio fue detenido en Palma de Mallorca el etarra Juan José Rego Vidal, acusado —no por última vez— de preparar un ataque terrorista contra Juan Carlos y, a principios de agosto, se conoció la noticia de que ETA había planeado secuestrar al príncipe Felipe.[44] La prensa de ultraderecha, adoptando un tono de horror escandalizado, comparó la situación con la existente antes del levantamiento militar de 1936. A finales de agosto, el periódico «ultra» *El Imparcial* publicó en primera plana una carta abierta al Rey del teniente coronel Tejero en la que este denunciaba con vehemencia la Constitución tachándola de impía, y presentaba elocuentemente a los guardias civiles muertos como heroicos defensores de España. A continuación explicaba al Rey cómo resolver la situación. Las recomendaciones de Tejero eran: «una buena y ágil ley terrorista, con facilidades para los actuantes y castigo rápido y ejemplar para los asesinos» y una campaña de prensa contra los terroristas. Añadía después: «Se necesita acabar con los apologistas de esta farsa sangrienta, aunque sean parlamentarios», y terminaba afirmando que «mi Dios, mi Patria, mi Bandera y mi honor me han obligado a hablar». Aquello implicaba claramente que no movía al Rey una similar devoción a Dios, Patria, Bandera y honor. Por este increíble acto de desacato público, Tejero fue castigado solamente con un arresto de catorce días en el cuartel. Lo cierto es que había un descontento generalizado entre los altos oficiales por motivo de las cláusulas de la Constitución que abolían la pena de muerte, permitían la objeción de conciencia al servicio militar y prohibían los tribunales de honor (juicios extraoficiales para las injurias al honor militar).[45]

La segunda mitad de 1978 se caracterizó por una sangrienta dinámica de terrorismo y reacciones de la derecha. ETA-m y la extrema derecha coincidían en su determinación de evitar que entrara en vigor la nueva Constitución. A finales de agosto, ETA-militar inició una ola de ataques homicidas contra miembros de las fuerzas de seguridad. El objetivo inmediato era impedir tanto la aprobación parlamentaria de la Constitución como el referéndum para darle ratificación popular. El 13 de octubre, unos etarras atacaron un jeep de la policía en Basauri (Vizcaya) matando a dos agentes e hiriendo gravemente a un tercero. En el funeral del día siguiente, el gobernador civil de Vizcaya, Luis Alberto Salazar Simpson, buen amigo de Suárez; el director general de Seguridad, Mariano Nicolás García, y el jefe de la Policía, general José Timón de Lara, junto a otros altos oficiales, tuvieron que refugiarse en el cuartel de Basauri por la presencia de policías enfurecidos que coreaban insultos contra ellos y contra el régimen democrático.[46] Fue, por tanto, en un clima de gran tensión que las Cortes aprobaron la Constitución por abrumadora mayoría, el 31 de octubre de 1978, con un recuento de 363 votos a favor, 6 en contra y 13 abstenciones. En el Senado se anunció un resultado similar: 226 votos a favor, 5 en contra y 8 abstenciones. Inevitablemente, la creciente ofensiva de ETA destruyó la euforia creada por la unanimidad parlamentaria a favor de la Constitución. Después de haberse cobrado trece muertos en octubre, ETA-m acabaría con otras trece vidas en el transcurso de noviembre.[47]

Los círculos de derechas hervían de iracundo resentimiento. La caída en una situación de violencia no podía ser más directamente útil para los intereses de la ultraderecha, y la reacción alcanzó inevitablemente al Rey. La portada de la revista de Fuerza Nueva del 2 de noviembre de 1978 presentaba una foto del Rey sobre la cual se leía: «Intocable, ¿por cuánto tiempo?». Arriba, en letra más pequeña, aparecía el mensaje: «Con el Frente Popular esperando».[48] Aún más preocupante fue que, en un mitin celebrado el 6 de noviembre en Zaragoza, Blas Piñar abogó por el golpe militar. La cuestión central de este mitin era la ofensiva de ETA, con pancartas que mostraban fotos de 155 víctimas. Cuando Piñar preguntó retóricamente: «¿Y si matan al Rey?», uno de sus adeptos gritó: «¡No caerá esa breva!», comentario que recibió un sonoro aplauso.[49]

El deterioro de la situación política ya había generado el paso de muchos oficiales neutrales al campo «ultra». No obstante, aunque el contexto favorecía sus planes, los más agudos entre los «ultras» comprendieron que la política de Gutiérrez Mellado de ascensos estratégicos, por tímida que pareciese, estaba minando gradualmente su posición. Habían intentado contrarrestar sus esfuerzos con la táctica de ir solicitando progresivamente el traslado a unidades clave operativas y de inteligencia. Pero en el otoño de 1978 creyeron necesario hacer uso de su fuerza antes de que los esfuerzos reformistas de Suárez y Gutiérrez Mellado recibieran nueva legitimación en el referéndum de la Constitución fijado para el 6 de diciembre. El 17 de noviembre fue la fecha elegida para el golpe, cuyo eje central era el secuestro de Suárez y de todo el gobierno en La Moncloa. El plan había sido urdido el 12 de noviembre en la cafetería Galaxia de Madrid por Tejero y el capitán Ricardo Sáenz de Ynestrillas. La «Operación Galaxia», como pasó a llamarse, fue un intento mal improvisado de reforzar los planes inicialmente planteados en la reunión de generales de Játiva/Jávea catorce meses antes. A su vuelta, el Rey sería obligado a nombrar un «gobierno de salvación nacional» que pondría en práctica algunas de las ideas enunciadas en la carta de Tejero a *El Imparcial*, la suspensión del Parlamento y librar una «guerra sucia» contra ETA.

Se había elegido el 17 de noviembre porque el Rey iniciaba en ese día una larga gira por Latinoamérica, el ministro de Defensa y los jefes de la Junta de Estado Mayor estarían fuera de Madrid, y un gran número de generales se hallaría en cursos de promoción en Ceuta y las islas Canarias. Además, grandes contingentes de fascistas, algunos armados y muchos vistiendo uniforme paramilitar, iban a congregarse en la capital para la conmemoración del tercer aniversario de la muerte de Franco.

El intento de golpe fue precedido por la organización de una campaña de propaganda en los cuarteles. En este contexto, se produjo un grave incidente. El general Gutiérrez Mellado había decidido emprender un recorrido por las diversas guarniciones para explicar la Constitución. Era una decisión valiente, aunque algo irreflexiva, dada su impopularidad entre los ultras. La reunión del 17 de noviembre en Cartagena, celebrada en un enorme hangar de aviación, se desarrolló en una atmósfera muy tensa. Esa misma mañana, *Diario 16* había anunciado la detención de Tejero y Sáenz de Ynestrillas. Mientras Gutiérrez Mellado hablaba, el jefe de la Guardia Civil de la región de Levante, general Atarés Peña, hombre de muy corta estatura pero ardiente defensor del franquismo, le interrumpió gritando que la Constitución era «la mayor mentira», lo cual provocó algunos aplausos. No deja de ser significativo que el general Atarés hubiera sido el superior del coronel Tejero en el País Vasco en 1976. Gutiérrez Mellado le ordenó que abandonara el lugar con todos los que pensaran como él. Nadie se movió excepto Atarés, acompañado por el capitán general de la III Región Militar, Jaime Milans del Bosch, que intentaba calmarle. Atarés llamó después a Gutiérrez Mellado: «¡Masón, traidor, cerdo, cobarde, espía!». La mayoría de los oficiales de la sala, sin embargo, dejaron claro que apoyaban a Gutiérrez Mellado, al gobierno y a la nueva Constitución.

No se sabe si Atarés Peña o Milans del Bosch estaban al tanto de los planes golpistas en Madrid. La conjura no se conoció hasta que uno de los conspiradores, un comandante de infantería adscrito a la Academia de Policía, informó al jefe de la Policía, general Timón de Lara. Se puso en marcha una investigación y el ministro del Interior, Rodolfo Martín Villa, informó a Suárez. Desafortunadamente para Suárez, el CESID (Centro Superior de Información para la Defensa) había sido tremendamente lento a la hora de descubrir lo que se cocía, y aún lo sería más en aprovechar la oportunidad para reunir información sobre las posibles ramificaciones de la conspiración. Pese a ello, para el 16 de noviembre el presidente tenía en sus manos un informe completo del jefe de los servicios de inteligencia de la Guardia Civil, coronel Andrés Casinello Pérez. Su primer movimiento fue celebrar una reunión con Juan Carlos y Gutiérrez Mellado para informarles y elaborar una contraestrategia. Se decidió no posponer la partida del Rey a Latinoamérica, pero que Suárez convocara inmediatamente a doce generales y altos mandos, y que se encomendara al teniente general Gómez de Salazar la investigación a fondo de lo ocurrido. Siguieron a esto una serie de detenciones e interrogatorios aquella misma noche, lo que permitió desbaratar el golpe. Entre los detenidos estaban los dos principales instigadores, Tejero y Sáenz de Ynestrillas. Pero, en general, el gobierno mostró alarmantes indicios de querer echar tierra al asunto y a sus implicaciones más inquietantes.

Así pues, nada se hizo para evitar una serie de actos casi con seguridad relacionados con el intento de golpe. El 19 de noviembre, la Confederación de Excombatientes de José Antonio Girón de Velasco celebró una congregación en la plaza de Oriente de Madrid, en la que se desplegaron pancartas a favor del general Atarés Peña y con insultos al Rey, a Gutiérrez Mellado y a Adolfo Suárez. Tanto Girón como el jefe de Fuerza Nueva, Blas Piñar, pronunciaron arengas que pedían la sublevación militar, y el público coreó injurias contra Juan Carlos así como contra Suárez y Gutiérrez Mellado. Quinientos oficiales asistieron a una ceremonia fascista ante la tumba de Franco en el Valle de los Caídos el 20 de noviembre. En efecto, la forma de tratar el incidente de Atarés Peña y la Operación Galaxia no disminuyó precisamente la creciente convicción en círculos militares de que el régimen democrático podía ser atacado con casi total impunidad.

Paradójicamente, la moderada respuesta del gobierno era reflejo de la profunda ansiedad que había generado la Operación Galaxia. Se descubrió, por ejemplo, que Tejero e Ynestrillas se habían puesto en contacto con cerca de doscientos oficiales que, pretextando que no se habían tomado el asunto en serio, se habían abstenido casi sin excepción de informar de los planes de amotinamiento. Es difícil evitar la conclusión de que muchos de ellos estaban simplemente a la espera de los acontecimientos. Los servicios de inteligencia, en particular, habían actuado de modo preocupantemente ambiguo. Pese a ser notorio que Tejero era un furioso enemigo del régimen democrático, no había sido sometido a vigilancia. Tardaron en descubrir la conspiración y, cuando lo hicieron, tardaron aún más en informar al gobierno. Un importante experto en inteligencia y contrainsurgencia, el teniente coronel Federico Quintero Morente, destinado en la División de Operaciones del Estado Mayor, había informado al jefe de la División, general Luis Sáez Larumbe, que nada había hecho al respecto. Posteriores investigaciones dieron pocos motivos de satisfacción. Al parecer, varias unidades de Burgos, Valladolid, Sevilla y Valencia estaban implicadas y se encontraban en estado de alerta la noche antes de la fecha fijada para la Operación Galaxia. Solo la enérgica intervención del general liberal Antonio Pascual Galmés evitó que se sumara la decisiva División Acorazada Brunete (DAC).[50]

Inmediatamente después del incidente Galaxia, el Rey siguió adelante con su proyectada visita a Latinoamérica, en el curso de la cual hizo varios gestos simbólicos que ampliaron el respaldo a la monarquía. Así, en México enterró la política de Franco de mantener abiertas e infectadas las heridas de la guerra civil. Muchos miles de republicanos habían sido acogidos por México al terminar la guerra civil y habían hecho allí su vida, contribuyendo notablemente a la vida intelectual, artística, educativa y económica. La rama de olivo que Juan Carlos extendió a los exiliados para la reconciliación quedó simbolizada en sus generosas palabras a Dolores de Rivas Cherif, la viuda de Manuel Azaña: «Su marido y usted misma, señora, forman parte de la historia de España del mismo modo que yo». Este encuentro tuvo lugar en el segundo aniversario de la muerte de Franco.[51]

La visita a Argentina fue más conflictiva pero, en última instancia, igualmente provechosa para la Corona. Antes de la partida del monarca hacia Latinoamérica, la noticia de que iba a visitar Argentina había provocado bastantes críticas de la izquierda española. A finales de agosto de 1978, el PSOE había presentado en las Cortes una moción contraria a que el Rey visitara un país de tan detestable historial en derechos humanos. Gregorio Peces-Barba sostuvo que la visita podría entenderse como una aprobación tácita de la dictadura militar del general Videla, y por tanto perjudicar a la Corona. Videla solo había visitado hasta entonces a otros dictadores militares, a Augusto Pinochet en Chile y a Hugo Banzer en Bolivia. La moción socialista fue rechazada por solo cuatro votos. El gobierno justificó la visita diciendo que con ella se haría presión sobre la junta militar y posiblemente se facilitara la liberación de españoles desaparecidos. Al final, la actuación de Juan Carlos en Argentina silenció las críticas y contribuyó a justificar los argumentos de UCD. La oposición de Juan Carlos a que pudiera creerse que respaldaba a la junta gobernante quedó clara apenas salió del avión en el aeropuerto de Buenos Aires. El general Videla se adelantó al comité de bienvenida, pero sus insistentes esfuerzos por abrazar al Rey quedaron frustrados por ágiles movimientos de Juan Carlos. Más importante fue que, en varios actos oficiales, Juan Carlos defendió la democracia y los derechos humanos, para visible irritación de los miembros de la junta. Videla también accedió a regañadientes, ante la insistencia de Juan Carlos, a que se reuniera con los miembros más destacados de la oposición argentina. Como resultado de estas reuniones, el Rey de España intercedió a favor de numerosos presos políticos, ocho de ellos españoles.[52]

Mientras, en España, la dirección de ETA-m, lejos de amedrentarse por la Operación Galaxia, incrementó sus ataques contra policías y guardias civiles en Euskadi. Por ello, el referéndum de la Constitución se celebró el 6 de diciembre en una atmósfera de considerable tensión. El resultado fue una clara ratificación popular de la Constitución. El Rey afirmó que «al ser una Constitución de todos y para todos, es también la Constitución del Rey de todos los españoles» y expresó su determinación de «acatarla y servirla».[53] Pero los resultados del País Vasco eran alarmantes. El índice de abstención fue de 51,1 por ciento y un

23,54 por ciento votó en contra, lo que subrayaba rotundamente la necesidad de elaborar un estatuto de autonomía satisfactorio para Euskadi. Con objeto de contar con suficiente autoridad parlamentaria para este fin, Suárez disolvió las Cortes el 29 de diciembre de 1978 y convocó elecciones generales para el 1 de marzo del año siguiente. La doble tarea de ganar las elecciones y negociar con los vascos se desarrolló bajo la sombra del terrorismo y el golpismo.

En 1979 el número de ataques de ETA-m contra policías y guardias civiles sería aún mayor que el año anterior. Pero eran los ataques contra altos oficiales los que llevaban a los «ultras» al borde de la apoplejía. El 2 de enero ETA-m asesinó al comandante José María Herrera Hernández, ayudante del gobernador militar de Vizcaya. Al día siguiente, en la propia capital, asesinaban al gobernador militar de Madrid, general Constantino Ortín Gil, un profesional muy competente y visto como cercano a Gutiérrez Mellado. El ministro de Defensa presidió el funeral el 5 de enero. La ceremonia fue interrumpida continuamente por enloquecidos insultos a Rodolfo Martín Villa y a Gutiérrez Mellado, que fue empujado y golpeado por detrás y perdió el conocimiento. Con el apoyo del general Iniesta Cano el coche fúnebre fue detenido y el ataúd izado por un grupo de oficiales ultras, incluido el comandante Ricardo Pardo Zancada de la División Acorazada. Lo llevaron a hombros por turnos hasta el cementerio, flanqueados por simpatizantes que gritaban «¡Gobierno asesino!» y «¡El Ejército al poder!». El Rey y la Reina estaban espantados, no solo por los gestos de insubordinación, sino también por el hecho de que Suárez y el gobierno hubieran decidido no asistir al funeral.

En la ceremonia de la Pascua Militar el 6 de enero de 1979, un sombrío Juan Carlos se movió cuidadosamente entre expresiones de adhesión a la sensibilidad militar y la condena inequívoca de la indisciplina. «Yo os aseguro que comprendo perfectamente los sentimientos que os animan. Y me doy perfecta cuenta de que, si no pueden ser siempre coincidentes, son para mí respetables en todos los casos.» «El espectáculo de una indisciplina, de una actitud irrespetuosa originada por exaltaciones momentáneas en que los nervios se desatan con olvido de la serenidad necesaria en todo militar, es francamente bochornoso.» Midiendo sus palabras, continuó diciendo «los peligros de la indisciplina son superiores que los del error. El error se puede corregir, pero un militar, un Ejército que han perdido la disciplina no pueden salvarse. Ya no es un militar, ya no es un Ejército». No obstante el Rey debió sentirse hondamente frustrado al ver que no se tomaban medidas contra los que habían atacado al general Gutiérrez Mellado. De hecho, con la tensión a punto de estallar en los cuarteles, la prensa ultra pasó por alto las palabras del Rey y se volvió más explícita en sus llamamientos para formar un gobierno militar. El general Manuel Cabeza Calahorra le pidió al Rey que tomara el mando directo de las Fuerzas Armadas.[54]

Poco después empezó la campaña para las elecciones previstas para el 1 de marzo de 1979. Los resultados arrojaron varias sorpresas, siendo la más notable la aparición de una coalición *abertzale* conocida como Herri Batasuna que en términos generales apoyaba a ETA-M. Otra fue que el PSOE no ganara. Durante los dos meses de campaña, los sondeos de opinión habían dado una ligera ventaja al PSOE. Sin embargo, pese a que Suárez había sufrido considerable desgaste en las incesantes batallas contra la subversión militar, el terrorismo, el paro y la inflación, ganó la UCD, cuyo número de escaños en las Cortes pasó de 165 a 168, mientras que los del PSOE aumentaban solo de 118 a 121. Muchos factores contribuyeron a este resultado, entre ellos el apoyo de la Iglesia a la UCD y la hostilidad del nacionalismo vasco hacia el PSOE. El elemento clave posiblemente fuera el carisma televisivo de Suárez: se estimó que con su discurso de fin de campaña en vísperas de las elecciones, un severísimo ataque al PSOE, al cual calificó de partido marxista del divorcio y el aborto, ganó más de un millón de votos indecisos.[55] Lo que generó mayor preocupación fue el índice de abstención, un 33,6 por ciento, al que se aferró el búnker con entusiasmo como prueba del amplio desencanto con la democracia. Esto no era cierto, pero los problemas del país habían ensombrecido las excesivas esperanzas y expectativas de 1977. Además, tras dos referéndums y dos elecciones generales, había cierto grado de cansancio electoral.

El PSOE reaccionó a sus decepcionantes resultados moviéndose hacia el centro. Felipe González logró eliminar la definición exclusivamente marxista del partido en el congreso extraordinario celebrado los días 28 y 29 de septiembre de 1979. El reposicionamiento ideológico de los socialistas era un desafío directo a Suárez, que había intentado ocupar un espacio de centro-izquierda. En realidad, la estrella del líder de UCD estaba ya apagándose, como indicaron los desalentadores resultados de su partido en las elecciones municipales del 3 de abril de 1979. En los comicios locales, donde era menos potente el factor miedo que seguía generando la crispación militar, el PSOE y el PCE ganaron entre ambos en veintisiete capitales de provincia, lo cual representaba 10.500.000 personas. Por el contrario, la UCD, aunque ganó en muchas circunscripciones rurales, solo obtuvo el triunfo en veintitrés capitales provinciales, lo que equivalía a un total de 2.500.000 personas. Herri Batasuna acaparó el 15 por ciento del voto vasco y el control de una serie de ciudades pequeñas. Cuando las nuevas autoridades municipales intentaron cambiar los símbolos del régimen anterior, nombres de calles en honor de héroes de guerra del bando nacional, y estatuas de Franco, los jefes militares locales se lo impidieron en muchos casos.[56]

Este comienzo descorazonador se agravó muy pronto con el anuncio del nuevo gobierno Suárez el 5 de abril. La impresión generalizada fue que el nuevo gabinete carecía del empuje y la imaginación necesarios para resolver los problemas planteados por las autonomías regionales, el terrorismo, el paro y la subversión militar. Dominaba la figura del íntimo amigo del presidente, Fernando Abril Martorell, que ocupó el cargo de vicepresidente segundo con responsabilidad en asuntos económicos. El general Gutiérrez Mellado permaneció como vicepresidente para Seguridad Nacional y Defensa, aunque la cartera de Defensa fue adjudicada a un civil, Agustín Rodríguez Sahagún, que no tenía experiencia en asuntos militares. Era el primer civil en desempeñar este puesto desde 1936, y nunca consiguió ganarse el respeto de sus subordinados militares. La impresión de mediocridad que produjo este gobierno se debió a la salida de algunas figuras influyentes. Rodolfo Martín Villa había pedido ser relevado en el Ministerio del Interior tras tres años de trabajo intenso y agotador. A causa de los continuos atentados contra policías y guardias civiles, había perdido la lealtad de los altos oficiales. Tras algunas dificultades para encontrar un sustituto adecuado, Suárez recurrió al general Antonio Ibáñez Freire, capitán general de la IV Región Militar (Barcelona). Poner a un militar en este cargo, como era costumbre en época de Franco, no hizo mucho por el prestigio del nuevo gobierno, pese a las credenciales liberales de Ibáñez Freire. El ministro de Hacienda, Francisco Fernández Ordóñez, renunció a raíz de los rumores de que estaba considerando desplazarse hacia el PSOE. Por añadidura a las dificultades para formar nuevo gobierno, Suárez sufría molestias y dolores a causa de una complicación dental que le dificultaba cada vez más el habla.[57] No es de extrañar que la prensa pronto empezara a quejarse del aislamiento y la parálisis del presidente. Una pintada en una calle de Madrid, que decía «Franco estaba loco: se creía Suárez», resumió la impresión de arrogancia que producía el presidente.[58]

Aun dejando aparte su salud, los problemas a los que se enfrentaba Suárez eran lo bastante intimidantes para provocar algún tipo de retirada. Cabría decir que su momento había pasado. Se había cumplido la tarea histórica de llevar adelante la reforma democrática sorteando las instituciones franquistas. Los logros alcanzados en los dos años posteriores a las elecciones del 15 de junio de 1977 —el Pacto de La Moncloa, la Constitución, el arranque de la legislación autonómica— eran muy considerables. Pero había que valorarlos junto con los alarmantes titulares que a diario hablaban de terrorismo, criminalidad y subversión militar. ETA-militar actuaba con mayor violencia aún que dos años antes y ahora, gracias a Herri Batasuna, gozaba del apoyo de al menos un 15 por ciento de la población vasca. El predominio de los «ultras» en el Ejército, y especialmente en los servicios de inteligencia y unidades clave como la División Acorazada Brunete, era mayor que nunca. Apenas puede sorprender que el Rey empezara a preguntarse si él, y España, no necesitaba sangre nueva en La Moncloa. Con toda seguridad conocía la convicción de su padre de que la monarquía no estaría completamente consolidada hasta que hubiese coexistido con un gobierno socialista.[59] Y, desde luego, había comenzado ya a establecer relaciones amistosas con Felipe González.

Inicialmente, en contraste con la cordialidad de sus encuentros con Santiago Carrillo, su relación había sido distante y al Rey le preocupaba el hecho de que Felipe hiciera lo posible por evitar la fórmula «Su Majestad». Dada la esencial afabilidad de ambos, sin embargo, la situación mejoró sin dificultad. El propio Suárez relató a Federico Silva Muñoz un incidente revelador. En una cena en honor del presidente de México en octubre de 1977, Felipe González le había dicho a Suárez: «Y tu jefe, ¿cómo está?», a lo cual había respondido este: «Bueno, jefe tuyo y mío». El primer ministro introdujo entonces al Rey en la conversación diciendo: «Señor, ¿verdad que también es el jefe de Felipe?», y este asintió diciendo: «Sí, también es mi jefe».[60]

En la entrevista concedida a José Oneto en enero de 1978, Juan Carlos contó una anécdota que delata la posterior mejoría de su relación: «El otro día coincidí con Felipe González en una recepción. No me vio y yo, por detrás, le tomé el brazo y le dije que quería hablar un momento con él. Se extrañó. Le pregunté de qué color tenía yo los ojos. Sorprendido, me miró y contestó que grises. Le solté el brazo y le dije: "Entonces la próxima vez no digas por ahí, como has dicho recientemente, el Rey es un muchacho alto, rubio y con los ojos azules"». A lo cual añadió: «Creo que puedo entenderme perfectamente con Felipe. Tenemos casi la misma edad y tenemos muchos puntos de conexión».[61] Casi doce meses después, tras algún debate en la ejecutiva del partido, Felipe González se convirtió en el primer secretario general del PSOE en solicitar audiencia a Palacio. El día después de que el Rey hubiera aprobado la Constitución, su encuentro con todo el comité ejecutivo del PSOE selló formalmente el reconocimiento socialista de la monarquía.[62]

Después de las elecciones de 1977, Juan Carlos acaso creyera que se aproximaba rápidamente el momento en que podía descansar. Pero eso no sería posible por el peso constante de tener que consolidar la democracia frente a la oposición de ETA y el búnker. Con todo, tras el referéndum constitucional de diciembre de 1978 y las elecciones de marzo de 1979, quizá hubieran vuelto a aflorar aquellas esperanzas. Una vez más, no iba a ser posible. La continua presión del terrorismo y la subversión militar, en un contexto de tensión económica y social, crearía crecientes dificultades al gobierno de Suárez y exigió a menudo la intervención del Rey para apaciguar al Ejército. En los medios de comunicación, se convirtió en lugar común hablar del «desencanto» con Suárez y UCD. Esto, en cierta medida, era también aplicable al Rey. Fue este un hecho sumamente nocivo que acabó afectando inevitablemente al Rey, a consecuencia de la opinión difundida por la prensa de extrema derecha, y ávidamente aceptada por los militares «ultra», de que el «desencanto» significaba un rechazo popular de la democracia y un deseo de volver al franquismo.

Los militares intransigentes se envalentonaron además porque había indicios de que el gobierno se batía en retirada. En el reajuste gubernamental de abril, Suárez había nombrado ministro de Defensa a un civil, Agustín Rodríguez Sahagún, considerando que la hostilidad acumulada contra el general Gutiérrez Mellado hacía esencial que desapareciera de la línea de fuego. Por consiguiente, Gutiérrez Mellado fue empujado hacia arriba pasando a la vicepresidencia del gobierno con competencias sobre Defensa y Seguridad, y la autoridad que había concentrado su Ministerio fue en efecto reintegrada a los estados mayores de los tres ejércitos. El nuevo ministro de Defensa no parecía capaz de ganarse el respeto de los militares intransigentes y la exasperación de estos con el gobierno alcanzó nuevas cotas de intensidad. El jefe del Estado Mayor del Ejército, general Liniers Pidal, tenía que jubilarse el 21 de mayo. Elegir a la persona para sustituirle por criterios de estricta antigüedad habría puesto este cargo decisivo, la cima misma de la jerarquía militar, en manos de los «ultras» que dominaban los niveles más altos del escalafón militar.

Los candidatos lógicos, si la antigüedad hubiera sido el único mérito, eran todos de extrema derecha: Ángel Campano López, capitán general de Valladolid; Jaime Milans del Bosch, capitán general de Valencia, y Jesús González del Yerro, capitán general de Canarias. El procedimiento normal para el nombramiento exigía la consulta al Consejo Superior del Ejército, que había elaborado la debida terna. Campano, que detestaba a Gutiérrez Mellado, se retiró y, teniendo el mismo número de votos exactamente, ni Milans ni González del Yerro quisieron ceder. Esto dejó la elección final en manos de Rodríguez Sahagún, el cual más o menos dejó que Gutiérrez Mellado optara por su propio candidato. Dado el conflicto, la elección de cualquier teniente general habría sido igualmente satisfactoria, pero Gutiérrez Mellado decidió aprovechar el empate para dejar a un liberal de confianza en su lugar. Una furiosa indignación recibió la elección del general José Gabeiras Montero. No solo se conocía su estrecha amistad con Gutiérrez Mellado, sino que Gabeiras tenía además que ser ascendido de general de división a teniente general. Con objeto de que este ascenso no provocara escándalo en un Ejército obsesionado con la rígida estructura de antigüedad, tuvieron que ser también ascendidos otros cinco generales de división. Esto, y el hecho de que Gabeiras hubiera pasado por encima de los cinco, no hizo más que exacerbar el sentimiento de ultraje entre la vieja guardia en general y el profundamente resentido Milans en particular. El Rey se encontraba de visita en Argelia cuando Adolfo Suárez le telefoneó para darle las noticias, las cuales le suscitaron una profunda alarma porque todo ello parecía una provocación a los generales de mayor antigüedad. El nombramiento de Gabeiras estuvo acompañado por la promoción de otro general relativamente liberal, Guillermo Quintana Lacaci, que fue nombrado capitán general de Madrid.[63]

A medida que se intensificaban las dificultades, las diversas facciones de UCD empezaron a inquietarse, inclinándose la derecha hacia Alianza Popular mientras los socialdemócratas de UCD, liderados por Francisco Fernández Ordóñez, negociaban incluso su paso al PSOE. Para alarma e irritación del Rey, Suárez reaccionó a la situación retirándose a un silencio hermético, lo cual quedó claramente de relieve en su reacción a un sangriento ataque contra el Ejército solo unos días después del nombramiento de Gabeiras. En la mañana del viernes 25 de mayo, el teniente general Luis Gómez Ortigüela, jefe de la sección de personal del Estado Mayor del Ejército, dos coroneles y el conductor del coche fueron acribillados a tiros por un comando de ETA-Militar. Produciéndose dos días antes de la fiesta anual del día de las Fuerzas Armadas, esta agresión fue una provocación brutalmente premeditada. El ministro de Defensa, Rodríguez Sahagún, suspendió todas las celebraciones excepto en Sevilla, donde los Reyes iban a presidir el desfile. En la víspera de su salida hacia Andalucía, Juan Carlos y Sofía visitaron la capilla ardiente y expresaron su pésame a las familias.[64]

La tensión en los cuarteles no podía ser mayor. Bandas de ultraderechistas recorrían las calles de Madrid buscando víctimas para vengarse. En el funeral celebrado el 26 de mayo, los «ultras» provocaron incidentes y una vez más se corearon consignas contra el Rey y contra la democracia, y llamamientos al Ejército para tomar el poder. Como en el caso del general Ortín Gil, Suárez no asistió al funeral. Los motivos eran sus agudos problemas dentales y una inoportuna preocupación por que estos pudieran deformar su imagen. Su ausencia del funeral y el hecho de que no visitara el cuartel general del ejército ni apareciera en las Cortes hasta el miércoles siguiente, exacerbó la impresión de que España carecía de gobierno. Unas horas después de las exequias estalló una bomba en una atestada cafetería madrileña, California 47, en la lujosa zona comercial de la calle Goya, profusamente transitada una tarde de sábado. En el atentado, atribuido al GRAPO, ocho personas murieron y otras cincuenta resultaron heridas. Goya estaba cerca del cuartel general de Fuerza Nueva, en el corazón del barrio de Salamanca, bastión de la extrema derecha hasta el punto de que era conocido como «zona nacional». Extrañamente, ninguno de los habituales «ultras» estaba en la cafetería y los puestos de objetos de Fuerza Nueva que solía haber en la misma acera habían desaparecido. Pese a todo, al día siguiente salieron en masa para gritar injurias contra los Reyes en Sevilla cuando estos presidían las celebraciones del día de las Fuerzas Armadas.[65]

Los rumores de golpe de Estado eran atronadores. El mismo

día de la explosión en la cafetería California 47 se habló de intervención militar en una reunión de los generales Félix Álvarez Arenas y Luis Cano Portal junto al coronel José Ignacio San Martín, jefe de Estado Mayor de la División Acorazada.[66] Las opiniones de la jerarquía militar sobre el ascenso del general Gabeiras si hicieron entonces brutalmente claras. El lunes 28 de mayo, el general Atarés Peña fue sometido a un consejo de guerra por su ataque a Gutiérrez Mellado durante la intentona golpista de la Operación Galaxia en noviembre de 1978. El delito de Atarés Peña había sido cometido —e iba a ser juzgado— dentro de la jurisdicción de la región militar de Valencia comandada por Milans del Bosch, que era claramente simpatizante. Bajo la presidencia del general Luis Caruana Gómez, gobernador militar de Valencia, que posteriormente tendría un importante papel en el intento golpista de Tejero de 1981, el tribunal absolvió a Atarés del cargo de indisciplina. Aunque aquello era evidentemente un juicio a Gutiérrez Mellado más que al acusado, tanto el gobierno como la oposición mantuvieron silencio sobre la absolución de Atarés. Por el contrario, los políticos prefirieron dar credibilidad a las frecuentes declaraciones de diversos generales en el sentido de que el Ejército siempre respetaría el artículo 8 de la Constitución, el cual definía su función como la de defender el orden constitucional de España y su integridad territorial. Sin embargo, la adhesión de la jerarquía militar a este artículo de la Constitución obedecía a su errónea convicción de que significaba una justificación legal para la intervención de los militares en la política.[67]

En realidad, las declaraciones de los generales sobre su voluntad de defender el orden vigente estaban estrechamente ligadas al temor de que las negociaciones para conceder autonomía a vascos y catalanes amenazaran dicho orden. El gobierno trabajaba por entonces en pactar los borradores de los estatutos de autonomía para Cataluña y Euskadi, conocidos como «Estatuto de Sau» y «Estatuto de Guernica». Los retrasos eran inevitables, dadas las divisiones en el seno de UCD en torno al texto vasco. ETA inició una campaña de bombas en playas españolas y se hizo un intento frustrado de secuestrar a uno de los negociadores más duros de UCD, Gabriel Cisneros, en el que fue gravemente herido. La extrema derecha entendió como prueba de la transigencia del gobierno con la violencia que, en la simbólica fecha franquista del 18 de julio de 1979, Suárez acordara el estatuto de autonomía con el *lehendakari* vasco, Carlos Garaikoetxea.[68] Programado ya para el 25 de octubre el referéndum para ratificar el Estatuto, un prominente abogado franquista redactó un análisis confidencial que condenaba ambos estatutos por considerarlos anticonstitucionales. Se ha especulado que su autor fue Gonzalo Fernández de la Mora o Laureano López Rodó. Una copia de este escrito fue enviada a La Zarzuela y otra al general Armada, que la pasó al general Milans del Bosch. Frente a la oposición del general Gabeiras, Milans obtuvo un voto del Consejo Superior del Ejército para estudiar el documento. Huelga decir que este acrecentó los temores de los «ultras» militares de que España estuviera a punto de ser desgarrada por el separatismo.[69] Tras una campaña especialmente conflictiva en el País Vasco, se celebró el referéndum, al igual que el de Cataluña. Votó un 60,7 por ciento de los posibles votantes y un 89,14 por ciento de los votos fueron favorables.

El consecuente malestar entre la jerarquía militar se reflejó en las provocadoras declaraciones de tres de los generales «ultras» con más antigüedad que seguían en el servicio activo: Jaime Milans del Bosch, Jesús González del Yerro y Pedro Merry Gordon, capitán general de la región militar de Sevilla. Los dos primeros seguían indignados por el nombramiento del general liberal Gabeiras como jefe del Estado Mayor. En una entrevista con la columnista María Mérida, realizada con alguna anterioridad y publicada ahora en *ABC*, Milans denunciaba el terrorismo, la inseguridad, la inflación, el paro, la pornografía y la crisis de autoridad, todos los cuales achacaba a la democracia. González del Yerro, mientras participaba en un homenaje a la Legión española, criticó la incapacidad del gobierno para dar marcha atrás en un proceso por el que «se nos muere España». El general Merry Gordon, hablando a la guarnición de Ceuta, fue aún más contundente, refiriéndose a «una serie de enanos asesinos, ratas de alcantarilla, que nos atacan por la espalda» y amenazando veladamente con que el Ejército pronto iba a responder a sus agresores. Impasible, ETA-m respondió el 23 de septiembre asesinando al gobernador militar de Guipúzcoa, general Lorenzo González-Vallés Sánchez, en San Sebastián.[70] En noviembre, poco después de la publicación de los comentarios de Milans, el Rey tuvo que insistir en que era necesario que este general respetara la Constitución. Aunque todo el asunto fue tratado con gran aplomo, empleando el Rey hábilmente a partes iguales afabilidad y autoridad, era evidente que sus buenas relaciones con Milans se estaban enfriando.[71]

No era casualidad que semejantes arrebatos provinieran de los capitanes generales de Valencia y Sevilla, dos baluartes de la ultraderecha. Su objetivo parecía ser alertar a los adeptos «ultras» el hecho de que era inminente alguna acción. Un servicio de inteligencia extraoficial creado por oficiales democráticos, algunos de los cuales habían sido miembros de la UMD, tenía constancia de que existían vínculos conspiratorios entre los cuarteles generales de Sevilla y Valencia, así como listas negras de periodistas, políticos y profesores de izquierdas que serían eliminados tras el golpe. El fracaso de la Operación Galaxia había convencido a los militares intransigentes de que el éxito de esta clase de acciones dependía de la participación de alguna unidad importante con base en Madrid. Y sus miras estaban puestas en la División Acorazada Brunete, la DAC. Esta era la llave para la capital y, si se ponía al frente, gran parte de las restantes fuerzas armadas la seguirían. Desde mediados de 1979 la DAC estaba bajo el mando del general Luis Torres Rojas, hombre que gozaba de muchas simpatías, que se había ganado el afecto de sus hombres y de los «ultras» cuando, siendo comandante de la Brigada Paracaidista, había jurado vengarse de los ataques de ETA contra sus oficiales. En realidad, Torres Rojas era simplemente la última fase de un largo proceso mediante el cual la DAC se había convertido en una fortaleza de extrema derecha. Prácticamente desde el comienzo de la transición a la democracia, la derecha había estado solicitando y obteniendo destinos en la DAC. Bajo el mando de Milans del Bosch, que tenía una extraordinaria capacidad para ganarse la lealtad ciega de sus subordinados, la DAC había pasado al búnker. Su jefe de Estado Mayor era el teniente coronel José Ignacio San Martín, que había dirigido los servicios de inteligencia de Carrero Blanco, el SIPG, y se dedicó después a ayudar a Milans a convertir la DAC en la fuerza de élite que hacía falta para «salvar a España». De modo significativo, el nombramiento de San Martín en 1979 se debió en parte a la recomendación del general Alfonso Armada.[72]

Al mes de que Torres Rojas tomara el mando de la DAC, el 1 de junio de 1979, habían comenzado una serie de maniobras no autorizadas, con destacamentos que llevaban a cabo ejercicios para el control de los centros neurálgicos de Madrid, vehículos blindados que dominaban los principales accesos a la capital y transportes de tropas patrullando el cinturón industrial. Torres Rojas era parte central de un proyectado golpe a realizar en la víspera de los referéndums de autonomía. La Brigada Paracaidista, conocida por las siglas BRIPAC, con base en Alcalá de Henares, planeaba tomar el Palacio de La Moncloa con soporte de helicópteros, mientras los vehículos acorazados de la DAC neutralizaban la capital. Una vez hubieran obligado al gobierno a dimitir, los conspiradores pretendían formar un directorio militar bajo la jefatura del general De Santiago y Díaz de Mendívil o el general Vega Rodríguez. Las Cortes serían disueltas, el Partido Comunista prohibido e interrumpido el proceso autonómico regional. La continuidad entre la reunión Játiva/Jávea de 1977 y la Operación Galaxia de 1978 era evidente. El plan era que unidades de la BRIPAC ocuparan La Moncloa el 21 de octubre justo antes de los referéndums sobre la autonomía vasca y catalana. Pero un golpe a gran escala era todavía algo fuera del alcance de los «ultras». El gobierno, recelando algo, había reducido el suministro de combustible y munición. Pese a todo, en un intento más de calmar los ánimos, después de recibir a Milans del Bosch para una entrevista privada en noviembre, el Rey recibió a una delegación de la DAC. La razón aparente de su visita a La Zarzuela era entregar al Rey el nuevo modelo de boina de la DAC. Tras expresar lealtad al Rey, Torres Rojas manifestó apasionadamente su rabia por los actos de ETA y declaró que la DAC estaba dispuesta a derramar sangre para defender la unidad de España. Juan

Carlos le expresó su solidaridad pero insistió en la disciplina.[73]

Los conspiradores seguían siendo una minoría dentro de las Fuerzas Armadas. Había gran número de oficiales que no iban a adherirse alegremente a la enormidad de un asalto al régimen democrático y fue precisamente a esta mayoría a la que el Rey dirigió su emotivo discurso en la recepción ofrecida en el Palacio Real con ocasión de la Pascua Militar de 1980. A diferencia de su discurso de 1979, que había sido un firme llamamiento a la disciplina, este fue en todos los sentidos menos severo y más personal. Sus palabras tenían el fin de demostrar que Juan Carlos era un soldado igual que ellos: «Sabéis de sobra que no me siento extraño entre vosotros, soy vuestro compañero y no por ser el Mando Supremo de las Fuerzas Armadas sino porque mi juventud se ha formado como la vuestra y junto a muchos de vosotros en esas Academias Militares donde se rinde culto a unas virtudes y se imprime un estilo que no se modifica por el transcurso del tiempo ni por los cambios que en la sociedad puedan producirse». «He sentido el dolor más intenso, con vosotros compartido, cuando compañeros nuestros han caído vilmente asesinados.» Pasó después a pedirles que no cayeran en la trampa de ser utilizados por la extrema derecha ni la extrema izquierda, que, por sus propios motivos, estaban dispuestas a provocar un golpe: «Que nadie utilice vuestra noble actitud como instrumento a emplear en el sentido que a cada uno le convenga; que nadie os identifique con sus propios intereses u os excite a protagonismos inoportunos».[74]

La prensa de ultraderecha siguió, no obstante, instando a la intervención militar pese a la ocasión perdida. Pero la conspiración que se fraguaba en torno a Torres Rojas acabó bruscamente el 24 de enero de 1980 cuando fue relevado como comandante de la DAC por el general liberal Juste Fernández, y enviado a La Coruña como gobernador militar. Tanto la red de inteligencia extraoficial montada por ex miembros de la UMD como el CESID habían informado a Rodríguez Sahagún de los sospechosos movimientos que se observaban en la BRIPAC. Con todo, Rodríguez Sahagún negó públicamente que el nuevo destino de Torres Rojas tuviera alguna relación con actividades subversivas.

Informado por Fernando Reinlein, oficial que había pertenecido a la UMD, el director de *Diario 16*, Miguel Ángel Aguilar, publicó la verdadera razón del traslado de Torres Rojas, por lo cual fue procesado por injurias al Ejército. Esto, y el no iniciar el procesamiento judicial, no hizo más que intensificar el desprecio de los militares hacia el ministro. Aun así, la salida de Torres Rojas neutralizó efectivamente a la DAC y con ello eliminó un elemento crucial del arsenal golpista.[75]

Tanto Rodríguez Sahagún como Suárez tenían mucho interés en no hacer nada que ofendiera a los oficiales de más antigüedad. Su nerviosismo se acrecentó con el juicio de los conspiradores de Galaxia a principios de mayo de 1980. Tejero y el recientemente ascendido comandante Sáenz de Ynestrillas fueron condenados solamente a siete y seis meses de reclusión respectivamente. Como ya habían pasado un tiempo detenidos mientras esperaban juicio, esto significó su inmediata puesta en libertad. No cabía imaginar mayor aliento para los conspiradores. Una semana después, los jefes del Estado Mayor conjunto rechazaron una petición para reintegrar en el Ejército a los oficiales que habían dirigido la Unión Militar Democrática. El capitán general de Madrid, Guillermo Quintana Lacaci, un moderado por criterios militares, comentó ominosamente que «el Ejército debe respetar la democracia y nunca introducirla en sus filas».[76] El hecho de que el gobierno no insistiera en la rehabilitación de la UMD fue un acto más de debilidad que contribuyó a convencer a los intransigentes de las Fuerzas Armadas de que podían actuar con impunidad.

Así pues, en cuanto quedó en libertad de prisión preventiva, Tejero comenzó a urdir una conspiración con Milans del Bosch, con el que había entrado en contacto a través del ultraderechista Juan García Carrés. Durante la primera mitad de 1980 la prensa «ultra» se dedicó aún más abiertamente a fomentar el descontento militar frente al régimen democrático. A este respecto, cosechó un éxito notable mediante la campaña desarrollada durante la primavera contra los planes del gobierno de poner la Guardia Civil bajo jurisdicción civil. Alentado por García Carrés, Tejero tuvo un papel decisivo en el esfuerzo para reunir peticiones en el transcurso del cual amplió el círculo de los partidarios del golpe. En la primavera de 1980, Tejero fue presentado por García Carrés al teniente coronel Pedro Mas Oliver, ayudante de Milans del Bosch. El interés central de este y otros empeños derechistas era intensificar la presión militar para provocar la salida de Suárez, aunque Milans serenó a los más exaltados debido a su insistencia de que no haría nada sin la aprobación del Rey.[77] El terrorismo, la inseguridad en las calles, la inflación y el paro habían socavado la popularidad de Suárez lo bastante para inducir a los golpistas a creer que eran intérpretes de la voluntad popular. Bajo el incesante ataque de los socialistas, Suárez tenía que enfrentarse también a la desintegración de la coalición ucedista. Las divisiones internas, la impresión de incapacidad e inacción, junto a una serie de errores tácticos, contribuyeron a cierto número de reveses electorales para UCD en Andalucía, el País Vasco, Cataluña y Galicia. En la primavera de 1980, el presidente del Gobierno se enfrentaba a un importante problema de credibilidad.[78]

Las encuestas de opinión iban volviéndose contra Suárez. La clave de su decadencia fue la sensación general de desgobierno, de total ausencia de acción gubernamental. Se había producido un descenso menor de la inflación mediante políticas monetaristas pero al precio de un sustancial incremento del desempleo. Pero la economía no era un ámbito al que Suárez dedicara su interés. En cualquier caso, estaba abrumado por el problema constante del terrorismo de ETA y todo lo que este conllevaba, por la actitud de los militares frente a la política y por el avance cada vez más caótico del proceso autonómico. En parte, Suárez parecía querer distender la situación tratando la cuestión de ETA como si fuera poco más que una molestia y cerrándose al hecho de que la extrema derecha estaba prácticamente en pie de guerra. La mayoría de los observadores, sin embargo, tenían la impresión de que su gobierno había perdido el sentido del rumbo. Consciente de esta percepción generalizada, Juan Carlos decidió sondear las opiniones de los líderes de los principales partidos de oposición. Así, mantuvo una larga entrevista en La Zarzuela con Felipe González el 24 de abril de 1980. González le dijo al Rey que las riendas del gobierno estaban en realidad en manos del vicepresidente y amigo de siempre de Suárez, Fernando Abril Martorell, y que esto estaba erosionando la confianza en la democracia.[79]

No pudo agradar al Rey que otra persona más le dijera que Suárez se comportaba como un jefe de Estado y Abril Martorell como presidente del Consejo de Ministros. Esta era una crítica comprensible porque pasaban meses enteros entre una y otra aparición parlamentaria o en rueda de prensa del presidente del Gobierno. Sus ausencias incluso de los consejos de ministros eran cada vez más frecuentes. Suárez estaba convirtiéndose en el ermitaño del Palacio de La Moncloa, reacio a ponerse ante el Parlamento y aislado incluso de su propio partido, algunos de cuyos diputados llegaron a votar en contra de él en las Cortes.[80] El 28 de abril Juan Carlos se entrevistó con Fraga en La Zarzuela durante una hora. El líder de Alianza Popular solo dijo a la prensa que Juan Carlos había sido «enormemente generoso, abierto y dispuesto a escuchar a todos» y que él había informado al Rey sobre su opinión acerca de la situación actual. En realidad, Fraga había advertido al Rey en términos alarmistas que el país necesitaba una nueva dirección.[81] Inevitablemente, parte de las críticas a Suárez incidían en la imagen del Rey, lo cual era injusto. El lema personal de Suárez había sido siempre atribuir los éxitos a la Corona y los fallos al presidente.[82]

El grado de disensión se hizo patente durante las seis angustiosas semanas de la primavera de 1980 cuando Suárez formó a duras penas un nuevo gobierno. Las complicadas y enconadas negociaciones fueron un ensayo para la lucha por el poder que iba a aflorar en el segundo congreso de UCD programado para octubre. Anunciado el 2 de mayo, en el gobierno remodelado resaltaba la ausencia de los liberales de Joaquín Garrigues y de los más importantes socialdemócratas de Francisco Fernández Ordóñez.[83] El 21 de mayo, el PSOE presentó una moción de censura y Felipe González lanzó un ataque devastador contra las deficiencias de Suárez. El presidente sobrevivió a la moción en el subsiguiente debate que transcurrió entre el 28 y el 30 de mayo solo gracias a las abstenciones de Alianza Popular y Convergència i Unió, la coalición de Jordi Pujol. Con todo, fue el principio del fin. Suárez decidió no responder a la moción de censura, dejando que fuera el vicepresidente quien hiciera frente al grueso del ataque.[84] Así, Suárez quedó aislado de los barones de las diversas facciones de UCD. El 21 de julio, Abril Martorell dimitió y, sin su leal apoyo, Suárez quedó más vulnerable a las intrigas de sus enemigos.[85]

La decadencia de Suárez dejó al Rey en una situación insostenible. Había podido pedirle a Arias Navarro la dimisión —si bien con alguna dificultad— porque actuaba con los poderes heredados de Franco, pero no tenía la misma capacidad para pedir la dimisión de Suárez. Este era presidente porque había ganado unas elecciones democráticas y el Rey era escrupuloso en su respeto a la Constitución. Por otra parte, era profundamente sensible a los sentimientos del Ejército y conocía bien el general descontento popular con la actuación del gobierno en los ámbitos de la economía y el orden público. Juan Carlos estaba al tanto de los rumores que circulaban en el sentido de que el PSOE estaba dispuesto a entrar en un «gobierno de gestión» bajo la presidencia de un general, posiblemente Álvaro Lacalle Leloup. El presidente tachó esta idea de descabellada pero estaba claramente muy afectado y su malestar se traducía en inquietud en La Zarzuela.[86] Josep Tarradellas se hizo eco de la preocupación general cuando en el verano sugirió que lo que hacía falta era «un golpe de timón».

No faltaban personas, desde directores de periódicos a generales destacados, que insinuaran al Rey que únicamente él podía dar dicho golpe de timón. Había pasado por una experiencia increíblemente difícil hasta alcanzar la meta de restaurar la monarquía en un marco democrático. A los años de humillaciones mientras vivió Franco habían seguido dieciocho meses de febril tensión desde la muerte del dictador hasta las primeras elecciones democráticas. El Rey había colaborado, pues, en el proceso mediante el cual la monarquía había quedado sometida a limitaciones constitucionales. Pero aún no habría descanso. La posibilidad empezaba a dibujarse cuando le requirieron abrumadoras responsabilidades ejecutivas. Le esperaba la prueba más dura.

10

LUCHANDO POR LA DEMOCRACIA, 1980-1981

En el otoño de 1980, Juan Carlos comprendió preocupado que Suárez estaba aislado de su gabinete, de su partido y de la prensa. El pacto vigente con el PSOE se había desmoronado. Felipe González declaró que el presidente no tenía ya nada importante que aportar: «Su papel ha terminado». El desempleo había ascendido a un millón y medio de parados; la política gubernamental en relación con las autonomías regionales estaba en un punto muerto. En Andalucía, seguía siendo intenso el malestar tras el fracaso del referéndum. La falta de agilidad en la transferencia de competencias a los gobiernos recién elegidos de las autonomías vasca y catalana era embarazoso para el gobierno y una provocación. En el País Vasco, el delegado del gobierno, general José Sáenz de Santamaría, se lamentaba de que, retrasando el proceso, el gobierno estaba generando apoyo a ETA. Y, en efecto, en un momento en que el Estatuto de Guernica estaba ganándose a la opinión pública en Euskadi en detrimento de la alternativa KAS, la apatía gubernamental rayaba en negligencia criminal. Y los frutos cosechados fueron la reaparición de ambas ramas de ETA en la segunda mitad de 1980. Mientras ETA Político-Militar llevaba a cabo una campaña de atentados con bombas en zonas turísticas, ETA-militar robaba grandes cantidades de explosivos y declaraba que iba a desatar la guerra total contra el Estado español para lograr la incorporación de Navarra a Euskadi. Pese a que los resultados de las elecciones municipales en Navarra demostraban que la inmensa mayoría de la población de esta provincia no tenían deseo alguno de formar parte de Euskadi, ETA-m inició una campaña de ataques con granadas contra puestos de la Guardia Civil e intentó asesinar al director del *Diario de Navarra.*[1]

Las pretensiones de ETA sobre Navarra enfurecían a la jerarquía militar, que consideraba esta provincia parte inalienable de España y símbolo de valores patrióticos. Navarra había dado a Franco los Requetés, la feroz milicia carlista que había tenido un papel decisivo en la guerra. El descontento militar, en todo caso, había estado a punto de ebullición desde el verano de 1980. Un proyecto de ley de amnistía militar presentado ante las Cortes en junio tenía el propósito, una vez más, de abrir el camino a la reintegración en el ejército tanto de los militantes de la UMD como de los oficiales que habían luchado por la República en la guerra civil. Se decía que la indignación en los cuartos de banderas era aún mayor de lo que había sido tras la legalización del PCE. Para agravar las cosas, el descontento militar se mantuvo en un punto álgido a lo largo de la primavera y el verano de 1980 a causa de una serie de asesinatos frustrados de importantes generales, de los que eran responsables ETA-m y el GRAPO.[2]

Suárez pudo respirar transitoriamente con el reajuste ministerial del 9 de septiembre. El llamado «gobierno de los barones» se ganó la lealtad temporal de algunos de sus críticos, pero el más vehemente de ellos, Landelino Lavilla, se sirvió de su posición como presidente de las Cortes para organizar a los «críticos», como era conocido el grupo contrario a Suárez dentro de UCD.[3] Además, algunos de los méritos del gobierno se tornaron debilidades. Rodolfo Martín Villa, un hombre enormemente capaz, fue nombrado ministro de Administración Territorial, pero su anterior período como ministro del Interior le tenía asegurada la animadversión vasca. La sustitución de Abril Martorell, antaño escudo parlamentario del presidente, por el sinuoso Pío Cabanillas, como ministro de Estado adjunto al presidente, fue contraproducente por las diferencias personales de este con el segundo gran apoyo de Suárez en el gobierno, Rafael Arias Salgado, ministro de la Presidencia.[4]

La situación mejoró levemente en octubre. Suárez se reunió

con Felipe González el 1 de octubre, con Santiago Carrillo el 6 y con el *lehendakari* vasco Carlos Garaikoetxea el 12. Estos contactos dieron pie a especulaciones de que se preparaba otro Pacto de La Moncloa. El encuentro con Garaikoetxea fue especialmente prometedor y reveló la inyección de energía que Martín Villa había aportado al proceso autonómico. A pesar de que ETA-m, alarmada por la posibilidad de una mejoría de relaciones entre Euskadi y Madrid, asesinó a ocho personas en el transcurso de la estancia del *lehendakari* en la capital, el resultado de las conversaciones fue optimista en términos generales. Aunque no se hicieron progresos en cuanto a la petición vasca de una policía autonómica propia, se alcanzaron acuerdos sobre la financiación estatal de las ikastolas, la ayuda a la industria siderúrgica vasca y la creación de un canal de televisión en euskera.[5]

Desafortunadamente, la nueva acometida de Suárez llegó demasiado tarde. La situación militar se agravaba por momentos. En el Ejército cundían las conspiraciones en diversos niveles. El 7 de agosto, la revista de ultraderecha *Heraldo Español* había publicado en su portada una foto de un caballo blanco con el titular: «Se busca un general». En las páginas interiores se insinuaba maliciosamente que el Rey no confiaba ya en su presidente. El autor pasaba después a enumerar los nombres de una serie de candidatos militares apropiados para ocupar el gobierno, entre ellos los generales Lacalle Leloup, Armada, Torres Rojas y Prieto López.[6] El 17 de octubre, veintiséis de los «ultras» civiles más prominentes de España se reunieron en un piso de Madrid para hablar de la financiación y organización de la infraestructura de un proyectado golpe. En la prensa de extrema derecha se hacían velados comentarios sobre la llamada «Operación De Gaulle», lo cual era casi con certeza una oscura referencia a las actividades del general Armada, que se había convertido en gran admirador de De Gaulle durante los dos años que había pasado en la École de Guerre de París desde 1959 hasta 1961.

A comienzos de 1980, Armada había dejado la Escuela Superior del Ejército para ocupar el cargo de gobernador militar de Lérida. Este general había llegado gradualmente a la conclusión de que el remedio a lo que él y otros generales consideraban una situación intolerable era la sustitución no violenta de UCD por un gobierno de salvación nacional presidido por él mismo. El 22 de octubre, en una comida en la residencia del alcalde socialista de Lérida, Antonio Ciurana, Armada llegó al extremo de exponer sus ideas a los socialistas Enrique Múgica, secretario de relaciones del PSOE, y a Joan Reventós, presidente del Parlamento catalán, los cuales informaron de inmediato a Felipe González, quien transmitió puntualmente la información a Suárez. Pero como consecuencia de las conversaciones mantenidas aquel día, Armada pareció haberse convencido de que podía contar con el respaldo socialista para sus planes.[7] A lo largo de los siguientes cuatro meses, Armada mantuvo también entrevistas con Leopoldo Calvo Sotelo, Rodolfo Martín Villa, Jordi Pujol, Josep Tarradellas, Pío Cabanillas y otros. Su relación era especialmente cordial con Tarradellas, que se decía amigo del general. El 23 de diciembre, Fraga Iribarne escribió en su diario: «Me llega información segura de que el general Armada ha dicho que estaría dispuesto a presidir un gobierno de concentración».[8]

Con la democracia atrapada en la inexorable pinza formada por los intereses coincidentes de ETA y de la subversión de ultraderecha, los nervios políticos estaban a flor de piel. La idea de un gobierno fuerte de gestión que sustituyera a Suárez había flotado en el aire desde el verano de 1980. Tanto Suárez como el Rey sabían que se hablaba de grandes coaliciones, entre otras cosas porque las dos personas que se proponían como dirigentes de ellas eran el general Armada y el cristianodemócrata Alfonso Osorio. Este había sido contrario a Suárez desde la legalización del Partido Comunista y su propia exclusión del gobierno después de la elecciones de junio de 1977. No era coincidencia que Osorio fuera amigo de Armada, ni que ambos mantuvieran una estrecha relación con el Rey. Sea como fuere, en el verano Armada entregó al Rey un informe, elaborado por un especialista anónimo en derecho constitucional, en el que se examinaban modos legales de resolver la situación recurriendo a un gobierno de coalición, posiblemente presidido por un militar. La insinuación era inconfundible. A lo largo del final del verano y el otoño, Osorio había planteado la idea de una coalición fuerte con Alianza Popular, el partido de Fraga, con los demás disidentes cristianodemócratas de UCD, con figuras destacadas del PSOE e incluso con un representante del PCE. Dado el carácter extremo de la situación, en el transcurso de estas conversaciones había aflorado la idea de que para dirigir dicha coalición sería más idóneo un general que Osorio, un hombre muy competente pero menos carismático.[9]

Debilitado por los rumores de conspiración, que eran ya ensordecedores, Suárez producía también la impresión de estar cercado en La Moncloa por un PSOE cada vez más agresivo. Su imagen pública estaba ya muy deteriorada y recibió un golpe mortal el 23 de octubre de 1980. Aquel día, cuarenta y ocho niños y tres adultos murieron en una explosión accidental de gas propano en un colegio de Ortuella (Vizcaya). Ese mismo día, ETA-M asesinó a tres miembros vascos de UCD. Cualesquiera que fueran sus verdaderos sentimientos, Suárez respondió con lo que parecía una indiferencia insensible. No hizo declaración parlamentaria alguna ni sobre el desastre ni sobre los ataques terroristas; tampoco visitó el afligido pueblo de Ortuella y no asistió a los funerales de sus compañeros de partido. En fuerte contraste, la reina Sofía voló de inmediato a Bilbao para estar junto a las familias de las víctimas de Ortuella. La frialdad de Suárez suscitó perjudiciales críticas en los medios de comunicación y entre los tres principales partidos de oposición.[10]

Juan Carlos, al margen de cuál fuera su actitud hacia Suárez, no podía por menos que sentirse alarmado por los comentarios de «parálisis» y la «putrefacción» en los medios de comunicación, así como por la caída en una situación de violencia aún más indiscriminada en el País Vasco. Los asesinatos del 23 de octubre fueron la reacción de ETA-m al nombramiento de Marcelino Oreja Aguirre como «gobernador general» del País Vasco. Uno de los miembros de UCD asesinados, Jaime Arrese Arizmendiarreta, era quien iba a relevar a Oreja en las Cortes. Así las cosas, el 31 de octubre ETA-pm mató a Juan de Dios Doval Mateos, un profesor de derecho de San Sebastián que era el siguiente en la lista de candidatos de UCD para Guipúzcoa y, por consiguiente, quien iba a sustituir a Arrese Arizmendiarreta. Después, el 3 de noviembre, un comando de ETA-m ametralló un bar de Zarauz matando a cuatro guardias civiles y a un militante del PNV e hiriendo a otras seis personas que estaban en el bar. Actuando de manera inaudita, Suárez no asistió tampoco al funeral del profesor Doval. La impresión general de que el gobierno no gobernaba había alcanzado un punto máximo y el Rey no podía desconocer el hecho.

Juan Carlos recibió la visita de una serie de generales que se quejaron amargamente de la situación. El Rey los escuchó atentamente y, cuando consideró que sus protestas iban demasiado lejos, intentó hacerlos entrar en razón diciendo con rotundidad «que en ningún caso debían contar conmigo para cubrir la menor actuación contra un gobierno constitucional como el nuestro. Esas acciones, de tener lugar —les decía—, serían consideradas por el Rey como un ataque directo a la Corona». Poco después, en una reunión privada con el intelectual ex comunista Jorge Semprún, expresó también su determinación de oponerse a cualquier asalto al sistema democrático. Aun sin hacer referencia a ningún peligro específico, se expresó con tal vehemencia que Semprún salió convencido de que eran peligros muy reales los que tenía en mente y que no vacilaría en hacerles frente.[11]

Hasta finales de octubre, el año 1980 había presenciado 114 muertes a consecuencia de actos terroristas, un promedio de una víctima cada tres días, entre ellos cincuenta y siete civiles y veintisiete guardias civiles, once oficiales del Ejército y nueve policías. No obstante el hecho de que la espiral de violencia había originado la formación de un Frente por la Paz de amplio espectro en el País Vasco, ETA-m continuó con sus asesinatos.[12] Había un temor muy extendido a que los militares estuvieran a punto de perder del todo su casi agotada paciencia. El 5 de noviembre, en una fiesta privada celebrada en un bloque de viviendas militares, cincuenta oficiales habían hablado sobre la posibilidad de emular el golpe militar turco dirigido por el general Kenan Evren a mediados de septiembre, y de convencer al Rey de que creara una junta con la finalidad de acabar con ETA. Un hecho alarmante era que uno de los oficiales más prominentes fuera el coronel José Ignacio San Martín, jefe de Estado Mayor de la División Acorazada. Las conversaciones se centraron en un informe sobre los sucesos de Turquía redactado y distribuido por el agregado militar en Ankara, coronel Federico Quintero Morente, el especialista en asuntos de Contrainsurgencia e Inteligencia formado en Estados Unidos, que ya había denunciado en su día la Operación Galaxia. Su informe, donde trataba sobre los efectos del terrorismo y el estancamiento económico en las inestables democracias mediterráneas, fue filtrado a la prensa el 6 de noviembre. Otro hecho aún más alarmante era que un lugarteniente de Milans del Bosch, el segundo jefe del Estado Mayor de Valencia, el coronel Diego Ibáñez Inglés, estuviera en contacto con San Martín.[13]

Los servicios de inteligencia, inevitablemente, estaban al corriente de lo que ocurría. En teoría, el CESID no tenía jurisdicción sobre los asuntos militares internos, pero, desde su creación en 1977, el general Gutiérrez Mellado había animado al director general, José María Bourgón López-Dóriga, a que como parte de las funciones de defensa del Estado, se investigaran las conspiraciones militares. Aparte de formar un pequeño departamento de «Interior», bajo la dirección del coronel Juan Jaúdenes Jordanas, poco se había hecho en este sentido. Así pues, el CESID había tardado en enterarse de la conspiración Galaxia. Pese a ello, circulaba en este centro un expediente titulado «Supuesto Anticonstitucional Máximo». Otro informe, con el título de «Panorámica de las operaciones en marcha», presuntamente obra del jefe de la Oficina de Información del Ministerio de Defensa, teniente coronel Manuel Fernández Monzón, estaba en poder de Rodríguez Sahagún y Suárez y, es de suponer, también de Juan Carlos. Pero este tipo de información, entre tal cantidad de rumores e informes varios, no se tomaba del todo en serio.[14]

Más enigmático era que el jefe de la Agrupación de Misiones y Operaciones Especiales del CESID, comandante José Luis Cortina Prieto, pusiera empeño en seguir personalmente las diversas conspiraciones que se fraguaban. De izquierdas cuando era un joven oficial en vida de Franco, y en algún momento asociado a la UMD, el comandante Cortina había sido cadete de la misma promoción que Juan Carlos en la Academia General Militar. Parece evidente que Cortina mantenía contactos con Armada, el cual era favorable a la idea de que el «golpe de timón» adoptara la forma de un gobierno de coalición bajo su presidencia. Incluso es posible que utilizara sus contactos con diversos conspiradores para llevar adelante este plan. Sin embargo, esto es muy distinto a que fuera el cerebro de «un golpe de diseño», como se ha sugerido más de una vez, y que estuviera manipulando los restantes esfuerzos que estaban en marcha. En la versión más ingeniosa de esta tesis, el CESID estaba orquestando un golpe militar destinado a asustar a la clase política lo suficientemente para que aceptara un gobierno de coalición con Armada a su cabeza. De hecho, no es posible saber si la participación de Cortina constituía un auténtico compromiso con los planes del general Armada, si actuaba como agente provocador con la esperanza, un tanto irresponsable, de hacer fracasar los diversos golpes, o si simplemente cumplía sus funciones de oficial dedicado a servicios de Inteligencia.[15]

Al margen de lo que estos pudieran estar haciendo en la sombra, las referencias a la «tentación turca» y el «síndrome de Ankara» se multiplicaron en los medios de comunicación y en los pasillos del Congreso. Ante tales rumores, que se sumaban a los de la «Operación De Gaulle» promovida por Armada, tanto Manuel Fraga como Felipe González se sintieron lo bastante preocupados como para comunicar al Rey su disposición a formar un gobierno de gestión si la gravedad de la situación lo exigía, ansiosos de que se tomara algún tipo de iniciativa para prevenir un golpe a la turca a escala mayor.[16]

A principios de diciembre, Osorio negó públicamente que hubiera mantenido contactos con algún general y pidió a Sabino Fernández Campo que informara al Rey de esto. Pero, en una atmósfera de alarmantes rumores en el sentido de que un grupo de generales estaba considerando un golpe violento, y ante la aparente incapacidad del gobierno de UCD para resolver los problemas de ETA y del paro, una coalición encabezada por un general tenía atractivos evidentes.[17] Suárez estaba perfectamente informado de que el Rey había recibido a Fraga y a Felipe González y entendió este hecho como indicio de que había perdido la confianza del Rey. Así, dijo a Fernando Álvarez de Miranda: «Ya sé que todos quieren mi cabeza y ese es el mensaje que mandan hasta los socialistas: un gobierno de coalición, presidido por un militar; el general Armada. No aceptaré ese tipo de presiones aunque tenga que salir de La Moncloa en un ataúd».[18]

El 17 de noviembre, Armada visitó al capitán general de la región militar de Valencia, Jaime Milans del Bosch. Ambos fervientes monárquicos, habían sido amigos desde sus días en el frente ruso con la División Azul. En el transcurso de su análisis de la situación, Armada insinuó veladamente que actuaba en nombre del Rey. Según Milans, Armada le había dicho: «El Rey está preocupado por la situación de España, esto no va bien. El terrorismo hace sangre en las Fuerzas Armadas y las autonomías son la destrucción de la unidad nacional». Como monárquico convencido, estas insinuaciones de aprobación real eran precisamente lo que necesitaba Milans para impulsarle más a la acción. Cuando preguntó qué podía hacerse, Armada al parecer respondió: «Mucho, mi general, podemos hacer mucho. Yo he estado con S. M. las últimas veces que ha ido a Baqueira Beret. Se temen acciones violentas y debemos reconducirlas. S. M. discretamente me ha confiado sus preocupaciones». (Baqueira Beret es una estación de esquí de la provincia de Lérida —de la que era jefe militar Armada— muy frecuentada por la familia real.)

Las palabras de Armada, sutilmente ambiguas, fueron interpretadas por Milans como una invitación del Rey a entrar en acción contra ETA. Muy posiblemente, casi con certeza, el Rey hablaría en algún momento con Armada sobre los rumores de golpe. Pero ese «debemos reconducirlas», que Milans entendió como «tú (Milans), yo (Armada) y el Rey», no era sino el modo en que Armada glosaba sus conversaciones con Juan Carlos. Pero sin duda tendría que haberle chocado a Milans que, si el Rey deseaba que él y Armada se pusieran al frente de un golpe, no se lo hubiera propuesto a él directamente. En realidad, el caso era exactamente el contrario y el Rey estaba de hecho esquivándole. Si verdaderamente Juan Carlos hubiera mandado a Armada como emisario, Milans tendría que haberse preguntado por qué le resultaba tan difícil que le concedieran audiencia en La Zarzuela. El 25 de noviembre, el Rey llegó al puerto de Cartagena para presentar la bandera de combate a la fragata *Infanta Cristina*. Milans, como capitán general de la región, estaba presente y aprovechó la ocasión para quejarse al general Joaquín Valenzuela, jefe del Cuarto Militar del Rey, de las dificultades para obtener audiencia. No satisfecho con las explicaciones de Valenzuela, planteó la cuestión al propio Juan Carlos, que le dijo: «No te preocupes, Jaime. Se lo diré a Sabino y te llamará». Esa llamada nunca se hizo.[19]

Pero, con todo, el hecho de que las relaciones entre el Rey y Alfonso Armada siguieran siendo muy cordiales permitió inevitablemente creer a Milans y a otros que los rumores de un gobierno de coalición con beneplácito del Rey estaban realmente fundados. El 18 de diciembre el general Armada fue a La Zarzuela, donde habló con el Rey sobre el texto de su mensaje de Navidad al pueblo español, que fue un llamamiento algo pesimista a favor de la democracia española. El 3 de enero, Armada visitó a la familia real, que pasaba las vacaciones de Navidad esquiando en Baqueira Beret. Una vez más dijo al Rey que en todo el espectro político existían sentimientos favorables a un gobierno de coalición dirigido por un general, y habló de los modos en que podían controlarse las distintas conspiraciones extremistas. Juan Carlos se limitó a escuchar y a sugerir que Armada hiciera lo posible por serenar a Milans del Bosch. Al día siguiente también Suárez visitó a la familia real. No se sabe lo que hablaron Juan Carlos y el primer ministro, pero es razonable suponer que comentaron tanto los extendidos rumores de un golpe de Estado cruento, como las implicaciones de intentar prevenir el peligro mediante un gobierno de coalición, bajo posible jefatura de un general. En alguna ocasión, Suárez había dicho que «bastaría con un guiño del Rey» para producir su dimisión y surgieron entonces inevitables especulaciones de que Juan Carlos le había hablado sobre los beneficios que podrían derivarse de su marcha. Desde luego, al regresar de Baqueira Beret, Suárez pareció haber perdido voluntad para seguir luchando.[20]

El 6 de enero, el mensaje de Año Nuevo del Rey a las Fuerzas Armadas, pronunciado en la recepción ofrecida en el Palacio de Oriente con motivo de la Pascua Militar, fue una muestra de su profunda preocupación. Refiriéndose a la «sangría absurda y dolorosa del terrorismo» y asegurando a los presentes «el mantenimiento de la unidad de España», hizo después un llamamiento a la lealtad, diciendo a los oficiales: «Felicidad es entregarse al cumplimiento del deber con entusiasmo y dedicación, sin afán de mezclarse ni consentir que os mezclen en actividades distintas de esa política elevada que a todos interesa: la gran política de la grandeza de España y de la vigilancia permanente de su seguridad». Sus últimas palabras dejaron bien sentado que ninguna actividad conspiratoria contaría jamás con su aprobación: «Si permanecéis unidos, entregados a vuestra profesión, respetuosos con las normas constitucionales en las que se basa nuestro Estado de derecho, con fe y confianza en los mandos y en vuestro jefe supremo, y alentados siempre por la esperanza y la ilusión, conseguiremos juntos superar las dificultades inherentes a todo período de transición».[21]

El 10 de enero de 1981, Armada volvió a visitar al capitán general Milans del Bosch. Esta vez, fundándose en que una semana antes, en Baqueira Beret, Juan Carlos le había pedido que procurase calmar los temores de Milans, Armada anunció que venía con un mensaje del Rey. Pero parece que excedió con mucho cualquier cosa que el Rey hubiera podido decirle. Durante su posterior juicio, Milans alegó que Armada le había dicho que Juan Carlos «estaba ya harto del señor Suárez, que estaba decidido a cambiarlo» y que, después de considerar posibles candidatos, el Rey era partidario de un civil pero «la Reina se inclinaba por un Gobierno de militares», lo cual, dada su experiencia en Grecia, parecía altamente improbable. Milans insistió en que Armada había hecho hincapié en la palabra «reconducir». En este sentido, Armada había dicho a Milans que estaba a punto de ocupar un alto cargo en Madrid, en el Estado Mayor, desde el cual dirigiría todo el proceso, insinuando que tenía la aprobación del Rey. La autoridad que Armada se estaba arrogando delata una enorme soberbia por su parte, pero encajaba bien con su convicción de que no hacía sino proteger a la monarquía. Por tanto, conociendo la inclinación de Milans a un golpe violento, Armada estaba sondeándole, e incluso alentándole veladamente, a llevar a cabo un golpe que él mismo estaría en posición de «reconducir» en beneficio propio. Milans estaba lo bastante convencido para acceder a servir de enlace con los grupos «activos» y convencerlos de que dejaran sus planes en compás de espera.[22]

La consecuencia de la reunión en Valencia fue que, ocho días después, el domingo 18 de enero de 1981, Milans del Bosch convocó a un grupo de conspiradores en Madrid, en casa de su ayudante, teniente coronel Pedro Mas Oliver, en la calle General Cabrera. Entre otros, estaban presentes el propio Milans del Bosch, los generales Carlos Iniesta Cano, Manuel Cabeza Calahorra y Luis Torres Rojas, los tenientes coroneles Mas Oliver y Tejero y, brevemente, Juan García Carrés. En esta reunión se hizo evidente que Milans se había tomado muy en serio la misión que le encomendara Armada, que él creía originada en el Rey, de «reconducir» la acción de los más exaltados. Informó Milans sobre su reciente conversación con Armada y aseguró a sus oyentes que esto significaba que a Juan Carlos le parecía bien que los militares resolvieran la situación política; tenía confianza, dijo, en que de las maniobras políticas del Rey y Armada saliera un gobierno de coalición presidido por este. Llegó incluso al extremo de decir que cuando Armada se había despedido de los reyes en Baqueira Beret, la Reina le había dicho: «¡Alfonso, solo tú puedes salvarnos!». Milans exhortó a sus compañeros de conspiración que dejaran margen para que pudiera fructificar el plan de Armada. A continuación trataron sobre planes de contingencia para el caso de que el susodicho plan fracasara. Finalmente se decidió que todo quedara en compás de espera durante un mes. Después, si Armada no hubiera sido nombrado presidente de un gobierno de coalición, Tejero haría rehén al gobierno y la Cámara en una sesión plenaria a mediados de febrero. Pretextando el consiguiente vacío de poder en Madrid, Milans tomaría la región militar de Valencia. Torres Rojas vendría de La Coruña para ponerse al frente de la DAC y ocupar los puntos clave en Madrid. A raíz de esto, suponían que con aprobación del Rey, Armada asumiría el poder desde La Zarzuela. Al día siguiente, lunes 19 de enero, el segundo jefe del Estado Mayor de Milans, coronel Diego Ibáñez Inglés, se desplazó a Lérida para entregar un informe al general Armada sobre lo acordado en la reunión de Madrid.[23]

El hecho de que Juan Carlos quisiera que Armada fuera trasladado a Madrid dio credibilidad a lo que este había dicho a Milans. Habiendo alcanzado recientemente el grado de general de división, Armada tenía motivos para aspirar a ser segundo jefe del Estado Mayor del Ejército. Sin embargo, el 22 de enero, cuando Juan Carlos propuso a Suárez el nombramiento de Armada, surgió una seria discusión entre ellos. Debido en parte a la acritud de sus anteriores choques con Armada y en parte a los rumores de la llamada «Operación De Gaulle», Suárez se oponía a un nombramiento que proporcionaría a Armada el control efectivo de los servicios de Inteligencia Militar. Defendiendo con vehemencia a Armada, prevaleció la opinión del Rey. Era muy infrecuente que Juan Carlos interviniera de este modo, insistiendo en un determinado nombramiento, lo cual revelaba la gran estima y afecto que sentía por Armada, con quien seguía uniéndole una estrecha amistad. Es también probable que, circulando los rumores de golpe de Estado, quisiera una persona de su confianza en Madrid. Su alegría por el nombramiento de Armada se manifestó cuando insistió en comunicárselo personalmente. A punto de subir al avión para trasladarse al País Vasco el 3 de febrero, aplazó la salida hasta haber conseguido telefonear a Lérida desde el aeropuerto de Barajas para dar la noticia a Armada.[24]

La situación era insostenible tanto para Juan Carlos como para Suárez: sedición militar, terrorismo y el partido del gobierno convertido en un hervidero de conspiraciones contra el presidente. El anunciado congreso de UCD en Palma de Mallorca se preveía tremendamente conflictivo, y en los círculos políticos se contaba con un asalto de Landelino Lavilla a la posición de Suárez.[25] Sometido a una intolerable presión, Suárez empezó a buscar una salida drástica. Consideró la posibilidad de dimitir como presidente del partido con la esperanza de que esto pudiera proporcionarle algún respiro en la Presidencia del Gobierno pero, física y psicológicamente agotado después de haber conducido la transición en España, apenas tenía ánimos para seguir adelante. A pesar de los ánimos que recibió de su entorno inmediato y del siempre leal Abril Martorell, Suárez estaba llegando a la trascendental decisión de dimitir. Su choque con el Rey por el nombramiento de Armada le había desmoralizado aún más. Posteriormente, un día después de su desavenencia, el viernes 23 de enero, los servicios de Inteligencia recibieron información de que diecisiete generales habían hablado sobre la parálisis del gobierno y expresado su voluntad de encabezar una intervención militar. Esto bien pudo ser una referencia imprecisa a la reunión celebrada en casa del teniente coronel Mas Oliver. Esa misma mañana, el Rey había salido de Madrid para una cacería en Cazorla. Una llamada telefónica de uno de sus ayudantes le alertó sobre el peligro y, pese a que amenazaba tormenta, hizo un arriesgado viaje en helicóptero de vuelta a La Zarzuela, decidido a neutralizar cualquier acción de esta índole. Al parecer, Juan Carlos murmuró: «Arias fue un caballero, cuando yo le insinué la dimisión, me la presentó».[26]

A su regreso a Madrid, el Rey mantuvo una serie de conversaciones telefónicas con el presidente sobre la información de una posible intervención militar como respuesta a su aparente inacción. Resulta muy poco probable que no se hablara sobre la dimisión de Suárez en estas conversaciones. La jerarquía eclesiástica se estaba movilizando para entrar en liza por la ley de divorcio y la cuestión de la incorporación de las universidades católicas al sistema público. El sábado 24 de enero, un artículo de *El Alcázar* con siniestras insinuaciones de que despuntaba en el horizonte otra conjura al estilo de Operación Galaxia —presumiblemente también referencia a la reunión en casa de Mas Oliver— vino a subrayar la amenaza militar que había provocado el rápido regreso del Rey a Madrid. Así las cosas, Suárez decidió anunciar su marcha en el congreso del partido, quizá con la esperanza de que su voluntad de abandonar alarmara a sus compañeros lo bastante para darle su refrendo.[27] El lunes 26 de enero Suárez comentó su decisión con miembros destacados del gobierno y con la dirección de su partido. Al final, su plan se frustró por la huelga de controladores aéreos que forzó el aplazamiento del congreso de UCD. Se ha especulado con que dicha huelga fuera manipulada precisamente con objeto de impedir su plan.

Cualquiera que sea la verdad del asunto, al día siguiente Suárez comió con el Rey en La Zarzuela. Antes de entrar en el despacho de Juan Carlos, informó al general Sabino Fernández

Campo de su decisión. No quería que nadie pensara que su dimisión obedecía a una sugerencia del Rey y le dijo: «Quiero que siempre, pase lo que pase, seas testigo y puedas decir que a mí no me echó nadie». Juan Carlos se limitó a hacer una protesta puramente formularia a la dimisión del presidente; después se volvió hacia Sabino Fernández Campo y preguntó qué había que hacer a continuación. A Suárez le mortificó esta muestra de lo que tomó por frialdad.[28] El presidente del gobierno anunció su dimisión ante las cámaras de televisión el 29 de enero. La extrema derecha estaba feliz, jactándose de que Suárez había sido obligado a dimitir por la acción conjunta del Rey y de los generales.[29]

La bomba de la dimisión de Suárez originó especulaciones, que él siempre negó, de que se iba a consecuencia de las amenazas de acción militar. Ciertamente estaba perfectamente al tanto de las conversaciones del general Armada con diversos políticos sobre la formación de un «gobierno de gestión», e igualmente conocía los informes de los servicios de Inteligencia que habían impedido el viaje del Rey. Las especulaciones públicas se nutrían de una frase de su discurso de despedida: «No quiero que por mi culpa el sistema democrático sea un paréntesis en la historia de España». Es posible que estuviera dándole un tono grandilocuente a su propio agotamiento.[30] Pero el 26 de enero, hablando en privado con los barones de UCD sobre su dimisión, había dicho: «Os dejo resuelto el problema militar».[31] Ante todo, le afectaba el sentimiento de haber perdido la confianza del Rey.[32] Cualesquiera que fueran sus razones, su marcha abrió al menos la posibilidad de que pudiera formarse un «gobierno de gestión». A partir de ese momento se iniciaba el proceso mediante el cual el Rey sondeaba las opiniones de los líderes de los principales partidos antes de proponer un nuevo presidente de Gobierno a las Cortes. Si en efecto hubiera estado decidido a promover un gobierno de coalición presidido por el general Armada, este hubiera sido el momento para orientar a la élite política en tal dirección.

Tras las primeras consultas con los dirigentes políticos, Juan Carlos decidió que, puesto que era inminente el congreso de UCD, debía aplazar su decisión.[33] El 31 de enero, solo dos días después de la dimisión de Suárez ante las cámaras, el influyente periodista de derechas Emilio Romero publicó un artículo en *ABC* en el que hablaba sobre las opciones abiertas al Rey para resolver la sucesión de Suárez. La insinuación era inequívoca. Antes que elegir a otro político ortodoxo, Romero indicaba al Rey que considerase «la vía de un hombre ajeno y políticamente bendecido», y pasaba a proponer el nombre del general Armada. El artículo de Emilio Romero originó múltiples comentarios sobre una «solución Armada».[34] Aunque más adelante dijo haberse quedado consternado por este artículo, el general estaba en realidad encantado. Desde luego, la publicación del artículo apenas podía ser una sorpresa, dada su amistad con Romero. Al día siguiente se entrevistó con Tarradellas para hablar de la situación. El *president* catalán, que era bastante entusiasta de Armada, se alarmó ante su vehemencia y comentó: «¡Este hombre está lanzado! Me preocupa».[35] El que Juan Carlos no respondiera a las insinuaciones de Romero es un indicio claro de que no respaldaba las ambiciones políticas de Armada. En efecto, tres días después del artículo de Emilio Romero, cuando el Rey habló con Armada desde Barajas, lo hizo simplemente para felicitarle por su nombramiento de segundo jefe del Estado Mayor. Si el Rey hubiera abrigado esperanzas de que Armada fuera presidente, lo lógico habría sido que hubieran sostenido una conversación muy diferente. Con todo, Armada se sintió lo bastante animado por las noticias de su nombramiento para decirle a Diego Ibáñez Martín, que le visitó en Lérida, que sus planes seguían adelante con éxito.[36]

Coincidiendo con la Pascua Militar, *Diario 16* había publicado un suplemento especial sobre las Fuerzas Armadas. Este contenía un artículo largo del antaño oficial de la UMD Fernando Reinlein, con el título de «Operación Zalamea. Objetivo: Golpe Militar. Una ficción que un día puede ser verdad». En teoría un relato de ciencia ficción, en el que el papel de Armada lo ocupaba un llamado «General Murillo», ofrecía una narración inquietantemente precisa de los posibles golpes militares que se fraguaban. Las revelaciones de Reinlein causaron cierta preocupación a los propios golpistas y alguna irritación en La Zarzuela. A principios de febrero, Reinlein recibió un mensaje a través del Partido Socialista, presuntamente del Rey, recomendándole «que no escribas más tonterías en *Diario 16* sobre golpes de Estado». El mensaje le había llegado por vía de Enrique Múgica, que había tenido audiencia con el Rey el día anterior. Es poco probable que el Rey enviara un mensaje tan directo, pero es posible que Múgica se creyera obligado a actuar movido por las inquietudes expresadas por el Rey.[37]

La salida de Suárez había sido durante mucho tiempo objeto primordial de las conspiraciones militares. Sin embargo, lejos de neutralizar el descontento del Ejército, no hizo más que preludiar un proceso de desintegración política que alentó en muchos oficiales la impresión de que su intervención era un deber patriótico. Desde mediados de diciembre de 1980, *El Alcázar* había estado preparando el ambiente para esta clase de intervención publicando llamamientos más o menos directos al golpe militar. Con el título genérico de «Almendros», se habían publicado ya tres de estos artículos. El primero hablaba de un «divorcio entre el gobierno y los cuadros militares» y aludía a «la urgencia de una solución correctora que permita regenerar la situación».[38] En el segundo se declaraba descaradamente que «el ensayo democrático ha fracasado» y «la Constitución, tal y como está, no funciona». En este artículo se citaba en tono encomiástico al general Mola, «director» del golpe militar de 1936 y se sugería que, dada la incapacidad del gobierno y de los partidos, era el momento de recurrir a otras instituciones, refiriéndose al Rey y a las Fuerzas Armadas.[39]

El más directo de los tres artículos, publicado el mismo día que Emilio Romero apuntaba hacia la «Solución Armada», estaba también inequívocamente dirigido al Rey y cabía decir también que su contenido coincidía exactamente con las ideas del general Armada. «Estamos en el punto crítico, se inicia la cuenta atrás. La irresponsabilidad política ha culminado un triste proceso en el que forzosamente se obliga a intervenir a la Corona.» El autor anónimo de este artículo lamentaba la reducción constitucional de los poderes que el Rey había heredado de las Leyes Fundamentales de Franco, e incitaba a Juan Carlos a aprovechar la «gran libertad de acción» que le otorgaba su prestigio. «Se ha emplazado a la Corona ante la oportunidad histórica de iniciar una sustancial corrección de rumbo, el reiterado golpe de timón que posibilite la formación de un gobierno de regeneración nacional asistido de toda la autoridad que precisan unas circunstancias tan excepcionales como las que vivimos.» Un gobierno de esa índole contaría, se insinuaba con disimulo pero inequívocamente, con el respaldo del Ejército. Si no se hacía nada para acabar con lo que se calificaba de parálisis política, se «instauraría la oportunidad para una legítima intervención de la Fuerzas Armadas». Que se estaba invitando al Rey a inclinarse por la «Operación De Gaulle/Solución Armada» se hizo evidente en la comparación explícita con lo que había ocurrido en Francia en 1958.[40]

Se dijo entonces que el Colectivo Almendros encerraba un mensaje cifrado en el sentido de que se planeaba algo para la segunda mitad de febrero, que es cuando florecen los almendros. Se especuló también mucho con que dicho colectivo estaba compuesto por una serie de periodistas de *El Alcázar*: Antonio Izquierdo, el director, Joaquín Aguirre Bellver, Ángel Palomino e Ismael Medina, políticos conservadores como Gonzalo Fernández de la Mora y Federico Silva Muñoz, y conocidos oficiales «ultras», entre ellos los generales Iniesta Cano y De Santiago y el coronel José Ignacio San Martín, jefe de Estado Mayor de la DAC. Recientemente se ha escrito, sin embargo, que el autor de los artículos era el ya fallecido general Manuel Cabeza Calahorra, afirmación que convenientemente presenta la ventaja de absolver a los que anteriormente se creyeron implicados. Varios cientos de oficiales habían acordado que, en caso de ponerse una demanda contra el periódico por estos artículos sediciosos, todos alegarían haber sido el autor de los mismos.[41]

Empujados por un miedo paranoico al separatismo, los oficiales más reaccionarios apenas podían creerlo cuando los reyes emprendieron una visita oficial al País Vasco del 3 al 5 de febrero de 1981. Si algo podía socavar posteriores acusaciones de que el Rey había sido en algún modo cómplice de los golpistas, esta decisión mostraba su voluntad de iniciar, con cierto grado de riesgo personal, un diálogo directo entre la Corona y las instituciones vascas. Fue un gesto generoso, que recordaba la situación histórica anterior a la pérdida de los fueros vascos. Para resaltar este punto, el delegado oficial del gobierno en el País Vasco, Marcelino Oreja, quedó al margen de todos los actos. Los reyes recibieron una cálida acogida en muchos lugares de Euskadi, pero la primera visita regia a la zona desde 1929 se vio enturbiada por una serie de manifestaciones antiespañolas un tanto desganadas en Foronda, el aeropuerto de Vitoria. En Bilbao y otros puntos, numerosos manifestantes se enfrentaron a la bandera española y a los gritos de ¡Viva el Rey! ondeando ikurriñas y coreando «Erregeak, kampora» (Reyes fuera) y Gora ETA (¡Viva ETA!).

El incidente más dramático y más peligroso se produjo en el histórico Parlamento vasco, la pequeña Casa de Juntas de Guernica. Sabino Fernández Campo había sido advertido con antelación y había hecho algunas modificaciones en el discurso del Rey. En el momento mismo en que este comenzaba, con las palabras: «Siempre había sentido el anhelo de que mi primera visita como jefe del Estado a esta entrañable tierra vasca…», fue interrumpido. Los diputados de Herri Batasuna, con el pecho descubierto y el puño en alto, empezaron a cantar el himno de los combatientes vascos, el Eusko Gudariak el cual, como símbolo de la lucha de los vascos contra Franco y sus aliados nazis, resultaba un gesto gratuitamente ofensivo hacia el Rey. Otros diputados, ucedistas, socialistas, comunistas y miembros del Partido Nacionalista Vasco, empezaron a aplaudir al Rey, que estaba en silencio e imperturbable. Cuando el *lehendakari*, Carlos Garaikoetxea, ordenó a los servicios de seguridad que expulsaran a los diputados de Herri Batasuna, se produjeron ruidosos enfrentamientos en la sala. Hasta pasados casi diez minutos no se pudo restablecer la calma.

Cuando Juan Carlos consiguió por fin reanudar su discurso, Sabino Fernández Campo le pasó una versión modificada del previamente preparado. El Rey declaró: «Frente a quienes practican la intolerancia, desprecian la convivencia y no respetan nuestras instituciones, yo proclamo mi fe en la democracia y mi confianza en el pueblo vasco». La dignidad y aplomo con que el Rey hizo frente al injurioso incidente, tan cercano en el tiempo a la visita de Sofía al lugar del desastre de Ortuella, aseguró a la visita real un impacto inmensamente positivo en gran parte de la opinión pública vasca, aunque no consiguió atenuar la hostilidad de los abertzales. Pero los militares se sintieron horrorizados por lo que consideraron una ofensa ultrajante al Estado español.[42] Para agravar las cosas, se estaba dando masiva publicidad a dos secuestros de ETA. El primero, el del industrial valenciano Luis Suñer, el mayor contribuyente de España, era simplemente un delito de extorsión ya que su liberación dependía solo del pago de un gigantesco rescate. El segundo era un intento de chantaje a la compañía eléctrica Iberduero para que destruyera la central nuclear de Lemóniz, que se materializó en el secuestro de José María Ryan, su ingeniero jefe, el 29 de enero. Pese a la ola de indignación que barrió toda España y el País Vasco, Ryan fue brutalmente asesinado el 6 de febrero.[43]

Durante el fin de semana siguiente a la visita al País Vasco, la familia real inició unas breves vacaciones en Baqueira Beret. El protocolo pedía que Armada, que seguía siendo jefe militar de la provincia, cumplimentara al Rey, y se dispuso que cenaran juntos el viernes 6 de febrero. La ocasión ofrecería una excelente oportunidad para que el general expusiera las virtudes de la «solución Armada» a la vigente crisis política. La reina se vio obligada a regresar a Madrid, habiendo recibido la noticia de que su madre estaba gravemente enferma; de hecho, la reina Federica murió aquella noche. Por consiguiente, Juan Carlos y Armada cenaron solos, y la conversación de sobremesa se prolongó hasta las 3 de la mañana. Según parece, Armada habló sobre la observación de Tarradellas de que hacía falta «un golpe de timón», comentó el reciente artículo de Emilio Romero y recordó al Rey el informe del constitucionalista anónimo sobre una coalición presidida por un general. La única reacción de Juan Carlos consistió en recordar a Armada que tenía obligación de escuchar las recomendaciones de los diversos jefes de los partidos parlamentarios.[44] Pese a esto, era evidente que Armada tenía grandes expectativas, porque la muerte de Ryan, como parecía querer ETA, había disparado una escalada de furia antidemocrática en el Ejército.

En un provocador artículo firmado por el general retirado Fernando de Santiago y Díaz de Mendívil, aunque escrito con ayuda de Juan García Carrés, se argumentaba que cabía entender la acción de ETA-m como un motivo válido para la intervención militar. Con el título de «Situación límite», De Santiago expresaba su indignación por los recientes acontecimientos del País Vasco: «El espectáculo de Guernica es la muestra del estado de descomposición en que se encuentra España. Es intolerable y vejatorio todo lo que está pasando. En Guernica se insultó a España y al Rey, que ejerce el mando supremo de las Fuerzas Armadas y, por lo tanto, se ofendió a quienes nos honramos con sus uniformes, y el acto de Guernica no se convirtió en una auténtica tragedia gracias a la prudencia, talante y serenidad de Su Majestad. No podemos continuar impasibles ante tanto caos». Citaba De Santiago la larga lista de secuestros y asesinatos de ETA como «la prueba más evidente de que aquí no hay autoridad y, por tanto, hay que restablecerla». El general utilizaba los datos recientes de abstención electoral para justificar su afirmación de que los españoles estaban rechazando colectivamente el «contubernio político» y buscando en otro sitio la salvación. Y decía claramente que esta radicaba en la intervención militar: «En nuestra historia hemos vivido momentos tan difíciles como el presente, pero siempre, en situaciones parecidas a esta, hubo españoles que rescataron y salvaron a España».[45]

Ese mismo día, domingo 8 de febrero, en que se publicó el artículo del general De Santiago, el Congreso de UCD eligió a Leopoldo Calvo Sotelo candidato para la presidencia. Su elección, un tanto renuente, obedecía simplemente a que era el candidato que provocaba menos antipatía entre las diversas facciones del partido.[46] A su regreso de Atenas, donde los reyes habían asistido al funeral de la reina Federica, Juan Carlos pasó los dos días siguientes en consultas y Armada tenía confianza en que la decisión final favorecería sus planes. Esta casi certeza se hizo patente en una cena de despedida que le ofrecieron en la Generalitat el 9 de febrero. Marta Ferrusola, esposa de Jordi Pujol, comentó: «Como ve, ahora se elegirá al señor Calvo Sotelo como presidente del Gobierno». A lo cual respondió el general secamente: «Lo dudo mucho. No creo que Calvo Sotelo llegue a ser presidente de Gobierno».[47]

El martes 10 de febrero, el Rey informó al presidente de las Cortes, Landelino Lavilla, de su decisión de invitar a Calvo Sotelo a formar gobierno. Durante el período de consultas, no obstante las esperanzas de Armada y las posteriores acusaciones de los militares conspiradores, el Rey no hizo mención alguna de una posible coalición dirigida por Armada, limitándose, como era su obligación constitucional, a escuchar las opiniones de los jefes de los diversos grupos parlamentarios. A este respecto Juan Carlos fue meticuloso en el cumplimiento de la Constitución, pese a que le habría resultado muy fácil plantear la posibilidad del gobierno de coalición; la idea estaba en el aire. Todo esto indica que, con la dimisión de Suárez y su sustitución por Calvo Sotelo, el Rey consideraba que la situación había recibido el «golpe de timón» que requería.[48] Después de todo, Suárez no podía ser ya blanco del odio «ultra», era probable que disminuyeran las peleas en el seno de UCD y habría en La Moncloa un presidente más conservador.

Armada se sintió profundamente decepcionado pero, con la esperanza de invertir la situación, hizo un intento desesperado para hablar con el Rey. El 10 de febrero era su último día como gobernador militar de Lérida y, al día siguiente, asistió a una misa de funeral por la reina Federica. Aunque la ocasión era poco apropiada para asuntos privados, Armada sorprendió a Sabino Fernández Campo por la vehemencia con que solicitó cita para hablar a solas con el Rey. La fecha se fijó para dos días después, el viernes 13 de febrero. Cuando Armada llegó a La Zarzuela, sin embargo, le extrañó que un guardia le hiciera esperar unos minutos. La razón era sencillamente que se habían reforzado las medidas de seguridad, pero ello tendría implicaciones para las insinuaciones de Armada a los conspiradores sobre su estrecha relación con el Rey. Nada de esto habría importado si Armada hubiera triunfado en el propósito central de su visita, que era persuadir a Juan Carlos de retractarse de su decisión de recomendar el nombramiento de Calvo Sotelo. Armada llegó incluso al extremo de decir al Rey que su prestigio en las Fuerzas Armadas estaba en su punto más bajo desde su acceso al trono. Juan Carlos se limitó a recomendarle que informara al vicepresidente del Gobierno para asuntos de defensa, general Gutiérrez Mellado. Después de semejante respuesta, se hizo evidente para Armada que su misión había fracasado, pero fue a ver al vicepresidente como le había pedido el Rey. Gutiérrez Mellado recordaba posteriormente que estaba ciego de ira, insistiendo en el error que cometía el Rey al aplicar mecánicamente la Constitución y prolongar la crisis poniendo a otro político civil en el lugar de Suárez. Gutiérrez Mellado se vio obligado a concluir que «por salvar la Corona, según sus criterios, podrá incluso aceptar soluciones contrarias a la persona de Su Majestad el Rey».[49]

A la luz de los negativos resultados de su conversación con el Rey, Armada se encontró en una posición relativamente difícil con relación a Milans y Tejero. Aún enfurecido tras su frustrante encuentro con el Rey, aquella noche se fue en coche a Logroño para una reunión secreta con Terence Todman, embajador de Estados Unidos y hombre de derechas. Todman, cuya principal preocupación era la inestabilidad política que afectaba a España, estaba también en contacto con el comandante Cortina del CESID. Se ha afirmado recientemente que este contacto suponía una complicidad Americana en el golpe venidero aunque sin pruebas convincentes de que fuera así el caso.[50] El 16 de febrero, tres días después de la entrevista con Todman, el general Armada dio una cena en su casa. Entre los invitados figuraban el capitán general de Cataluña, Antonio Pascual Galmés; el jefe del Estado Mayor del Ejército, José Gabeiras Montero; el jefe de la Casa del Rey, marqués de Mondéjar; Nicolás Cotoner y Cotoner, y el diputado comunista catalán Jordi Solé Tura. El motivo de la cena era tratar sobre los preparativos para la inminente visita real a Barcelona. El Rey iba a presidir el desfile del día de las Fuerzas Armadas que se iba a celebrar por primera vez fuera de Madrid. Era esta una cuestión que evidentemente atañía a todos los presentes y fue el tema principal de conversación. Sin embargo, esta cena iba a ser una especie de mensaje para los compañeros de conspiración de Armada pues, para ellos, semejante congregación no podía sino significar que sus planes estaban recibiendo respaldo del Rey, de la cúpula militar y de algunos políticos. Los contactos políticos de Armada permitirían a los conjurados lanzarse al 23 de febrero seguros de que el golpe estaba rodeado de una aureola de legitimidad política y, ante todo, regia.

Cualesquiera que fueran los resultados de la conversación con el embajador Todman en Logroño, en algún momento entre el 14 y el 16 de febrero Armada habló con Diego Ibáñez Inglés, segundo jefe del Estado Mayor de Milans, que era quien coordinaba los diversos elementos del proyectado golpe. Armada accedió a regañadientes a dar luz verde a los planes urdidos en Madrid el 18 de enero pero aparcados durante un mes. Cuarenta y ocho horas después, el 18 de febrero, el coronel Ibáñez Inglés habló con Antonio Tejero por teléfono y le dio el visto bueno para entrar en acción el 20 de febrero, día en que Calvo Sotelo iba a someterse al voto de investidura en el Congreso. En su posterior juicio, Tejero afirmó que también se había puesto en contacto con el comandante Cortina quien, según dijo, le había asegurado que actuaba en nombre de Armada y también de la embajada estadounidense. Cortina, según el testimonio de Tejero, le había dicho que los diputados aceptarían la candidatura de Armada a la presidencia del gobierno cuando oyeran la frase «ha llegado el elefante blanco». Pero incluso con las garantías que suministraban las diversas negociaciones previas, había poco tiempo para hacer preparativos. A Tejero le tranquilizó enterarse de que, puesto que era improbable que Calvo Sotelo obtuviera votos suficientes el día 20, se celebraría otra sesión plenaria el 23 de febrero. Se acordó, por consiguiente, que Tejero emprendiera su asalto contra la élite política en la tarde de aquel día.[51]

Milans se inclinaba por dejar más tiempo a Armada. La decisión de poner el plan en práctica se había tomado tras una profusión de nuevas reuniones entre los conspiradores. Efectivamente, las cosas transcurrieron del modo esperado en las Cortes el viernes 20 de febrero. Calvo Sotelo se dirigió a los diputados en una atmósfera de pesimismo, oscurecida por los rumores de un inminente golpe militar y por el escándalo provocado por la muerte a manos de la policía del etarra Joseba Iñaki Arregui Izaguirre. A pesar de contar con los votos del partido de Jordi Pujol, Convergència i Unió, de los pequeños grupos regionalistas aragonés y navarro y hasta de algunos integrantes de Coalición Democrática, entre ellos Alfonso

Osorio y José María de Areilza, Calvo Sotelo solo obtuvo mayoría simple: 169 votos a favor frente a 158 en contra y 17 abstenciones, faltándole 7 para la mayoría de 176 votos requerida para ser ratificado como presidente.[52] Se decidió por ello que habría una segunda votación el 23 de febrero a las seis de la tarde. A las seis de la mañana y a las cinco de la tarde del día siguiente, Armada y Milans mantuvieron dos conversaciones telefónicas en el curso de las cuales se trataron los planes para el golpe. Armada garantizó también la fiabilidad de Cortina. A las seis de la tarde Tejero habló con Milans, el cual expresó dudas sobre la celeridad con que avanzaban las cosas. Tejero exclamó: «Pero yo ya no puedo parar esto» a lo cual respondió Milans: «Bueno, pues suerte, vista y al toro».

Según Tejero, más adelante aquella misma tarde, en un piso del número 5 de la calle Pintor Juan Gris de Madrid, se reunió con el comandante Cortina y el general Armada, los cuales negaron posteriormente que se hubiera celebrado dicha reunión.[53] Según la versión de Tejero, Armada le había asegurado que «esto es una operación nacional que respalda S. M. el Rey para robustecer la Monarquía». Armada le ordenó, además, que insistiera, al entrar en las Cortes, que lo hacía «en nombre del Rey, por la Corona y la democracia». Cuando Tejero le preguntó a Armada dónde pensaba estar, este presuntamente le contestó: «Bueno, como el Rey es voluble, aunque respalde esto, a partir de las seis estaré en La Zarzuela para que no cambie de opinión». Es difícil creer que Armada, dada su devoción personal al Rey, hablara de él en términos tan críticos, y mucho menos a un oficial subordinado. Por otra parte, su indignación por lo que había sentido como un desaire del monarca el 13 de febrero, acaso pueda sugerir que ahora creyera, como había sospechado Gutiérrez Mellado, que sabía lo que había que hacer mejor que el propio Rey y actuaba en interés de este, aun cuando Juan Carlos no lo viera así.

El domingo 22 de febrero, Milans del Bosch ordenó al comandante Ricardo Pardo Zancada que se desplazara a Valencia para hablar sobre el papel que desempeñarían las unidades de Brunete en la capital durante las operaciones proyectadas para el día siguiente. Pardo Zancada expresó su preocupación de que el general Juste Fernández, jefe de la DAC, pudiera proceder con excesiva cautela. Milans respondió asegurándole que esto no sería problema porque el antaño comandante de la DAC, general Torres Rojas, iba a trasladarse de La Coruña a Madrid para ponerse al frente de esta unidad. Milans aseguró asimismo a Pardo Zancada que el plan gozaba del beneplácito de Estados Unidos y el Vaticano, e insistió en que también contaba con el respaldo del Rey; prueba de ello era que el general Armada estaría dirigiendo las operaciones desde La Zarzuela. La seguridad de Milans a estos respectos solamente podía deberse a las garantías dadas por Armada y posiblemente por Cortina. Ciertamente, según Pardo Zancada, antes de regresar a Madrid presenció una conversación telefónica entre Milans y Armada durante la cual este había dicho al parecer, como a Tejero la noche anterior, que estaría en La Zarzuela al día siguiente porque el Rey era «voluble». Pardo Zancada se sintió profundamente alarmado por la total precipitación de los acontecimientos, no en grado menor porque algunos protagonistas esenciales del plan, como Torres Rojas, todavía no habían sido informados de lo que se esperaba de ellos. El consecuente grado de improvisación iba a entorpecer seriamente el golpe. Esta era la principal preocupación del jefe de Estado Mayor de la DAC, coronel José Ignacio San Martín, cuando aquella misma noche, de vuelta en Madrid, Pardo Zancada le comunicó lo que se había dispuesto en Valencia.[54]

Pese a todo esto, el lunes 23 de febrero pareció comenzar bien para los conspiradores. Milans del Bosch, espléndidamente ataviado con el uniforme de teniente general, exhibiendo todas sus condecoraciones, llegó temprano a su despacho y empezó a redactar su declaración del estado de excepción. En este texto se advertía con claridad su convicción de que lo que estaba haciendo tendría la aprobación del Rey. Dijo además a los altos oficiales de su región militar que el resultado de la operación sería un gobierno presidido por el general Armada y su propio ascenso al cargo de presidente de la Junta de Jefes de Estado Mayor. Entretanto, el teniente coronel Tejero comprobaba nerviosamente que contaba con suficientes guardias civiles para el asalto a las Cortes y suficientes autobuses para trasladarlos hasta allí.

Los hechos más determinantes ocurrieron, no obstante, en

relación a la DAC. Pardo Zancada había logrado ponerse en contacto con el gobernador militar de La Coruña, general Torres Rojas, el cual informó a su superior inmediato, el capitán general de la VIII Región Militar (Galicia), general Manuel Fernández Posse, que tenía que ir a Madrid por asuntos legales. Mientras Torres Rojas se ponía en camino a Madrid para tomar el control de la DAC, el jefe de esta, general José Juste Fernández, acompañado por San Martín, iba de camino a Zaragoza para asistir a unas maniobras que llevaban a cabo tres unidades de esta división. La primera parada la hicieron en el cuartel general de la BRIPAC en Alcalá de Henares para estar presentes en una ceremonia en que se celebraba el XXVII aniversario de su fundación. El coronel San Martín esperaba ver allí al general Armada y que este le confirmara lo que Pardo Zancada le había dicho la noche anterior: que Juan Carlos estaba detrás del golpe y que Armada iba a dirigir las operaciones desde La Zarzuela. Pero, al final, no hubo encuentro alguno porque, no habiéndose puesto el uniforme indicado para la ceremonia, San Martín y Juste no pudieron entrar. Esperaron, pues, en vano a que les trajeran uniformes de Madrid y después siguieron camino hacia Zaragoza. Se detuvieron para comer en el parador de Santa María de Huerta, entre Medinaceli y Calatayud.

Fue ahí donde empezaron a torcerse las cosas. San Martín había acordado con Pardo Zancada que buscaría alguna excusa para volver a Madrid con el fin de seguir de cerca el desarrollo de los acontecimientos. En Santa María de Huerta, pues, San Martín llamó al cuartel general de la DAC Brunete y supo que, siguiendo el plan, Torres Rojas había llegado ya. Por tanto, San Martín le dijo a Juste simplemente que algo inesperado había ocurrido en Brunete que no podían explicarle a fondo por teléfono y que, por ello, tenían que regresar a Madrid. Cuando llegaron, alrededor de las 5.30 de la tarde, Juste se sorprendió de la presencia de Torres Rojas y aún más le extrañó enterarse de que Pardo Zancada había convocado una reunión de altos oficiales. En esta, Pardo Zancada y San Martín anunciaron que la DAC tenía que participar en una gran operación patriótica que iba a resolver la situación política, lo cual alarmó a Juste Fernández y a su lugarteniente, el general Joaquín Yusti Vázquez. Pero sus dudas se disiparon cuando supieron que la operación estaba coordinada por el general Milans del Bosch y que este estaba en contacto con el capitán general de Madrid. Más aún los tranquilizó la información de que lo que se estaba haciendo gozaba del beneplácito del Rey y de la Reina, y que iba a ser supervisado desde La Zarzuela por el general Armada. A continuación se dieron las órdenes para que la DAC ocupara puntos clave de la capital.[55]

Entretanto, estaba comenzando en las Cortes la segunda sesión de investidura de Calvo Sotelo. No habiendo conseguido los votos necesarios en la anterior, esta vez solo se requería una mayoría simple. A las 6.23 de la tarde, alrededor de 320 guardias civiles bajo el mando del teniente coronel Tejero llegaron a las Cortes. Tejero salió del primer autobús; blandiendo una pistola y gritando «¡En nombre del Rey!» entró con 180 hombres en el interior de las Cortes. Mientras subía rápidamente la escalera, Tejero repetía a gritos que actuaba en nombre del Rey y del general Milans del Bosch. Los guardias civiles que irrumpieron en la cámara tomaron como rehenes al gobierno y a todos los diputados parlamentarios del país. El general Gutiérrez Mellado hizo frente valientemente a los asaltantes armados y les ordenó que abandonaran el recinto, siendo por ello violentamente zarandeado, ante lo cual Adolfo Suárez acudió intrépidamente en su ayuda. Felipe González, Alfonso Guerra, Santiago Carrillo, Gutiérrez Mellado, Suárez y Agustín Rodríguez Sahagún fueron encerrados en una habitación gélida donde fueron obligados a permanecer en silencio total hasta la mañana siguiente. Tejero telefoneó a Milans del Bosch. Su mensaje fue breve e incriminatorio: «Mi general, sin novedad. Todo en orden. Todo en orden. Sin novedad». A continuación, Tejero regresó a la cámara donde uno de sus hombres anunció la inminente llegada de «la autoridad que hay competente, militar, por supuesto» que iba a decidir lo que se haría a continuación. Posteriormente se supuso que se refería al «elefante blanco» del que había hablado Cortina en su conversación con Tejero. Han sido inmensas las especulaciones sobre su identidad. Sin duda debía de referirse a Armada; después de todo, él sería la persona que finalmente asumiera este papel. Además, sus rasgos —grandes orejas, bolsas en los ojos y nariz alargada— recordaban a los de un paquidermo benévolo, si bien algo lúgubre.[56]

A las 6.45 de la tarde, Milans del Bosch declaró el estado de excepción en la región valenciana y ordenó al gobernador militar, general Luis Caruana y Gómez de Barreda, que tomara las oficinas del gobernador civil. Respondiendo a instrucciones de Milans, la radio local emitió cada quince minutos el bando que había preparado aquella misma mañana. Este comenzaba: «Ante los acontecimientos que se están desarrollando en estos momentos en la capital de España y el consiguiente vacío de poder, es mi deber garantizar el orden en la Región de mi mando hasta tanto se reciban las correspondientes instrucciones que dicte S. M. el Rey». El uso no autorizado de su nombre ofendió de modo particular a Juan Carlos. El bando ordenaba también la militarización de todo el personal de servicio público, imponía el toque de queda a partir de las nueve de la noche y prohibía toda clase de actividad política. Los tanques tomaron posiciones junto a los edificios públicos importantes. En las sedes de los sindicatos y los partidos políticos se hacían esfuerzos frenéticos para destruir los archivos de afiliados y otros documentos que pudieran facilitar posteriores purgas a manos de la extrema derecha. Cuando las noticias llegaron al País Vasco, se formó una cola de coches para cruzar la frontera hacia Francia.[57]

Mientras las unidades de la DAC se preparaban para salir de Brunete, el general Juste Fernández, un hombre de natural cauto, se sentía profundamente inquieto sobre lo que acontecía. Especiales dudas le suscitaba la insistencia de Pardo Zancada en que la Reina apoyaba con entusiasmo el golpe. Había sido agregado militar en Roma en abril de 1967, y había conocido a la princesa Sofía en el aeropuerto de Fiumicino cuando iba de camino a Madrid desde Atenas donde su hermano, el rey Constantino, acababa de ser derrocado por un golpe militar. A consecuencia de su conversación de aquel día, había quedado totalmente convencido de que nunca daría su aprobación a un golpe militar en España. Por otra parte, le preocupaba que si se enfrentaba abiertamente a San Martín y Torres Rojas pudiera sencillamente ser hecho prisionero. Con todo, se las arregló para ausentarse y telefonear al capitán general de Madrid, Guillermo Quintana Lacaci. Este, profundamente conservador pero fieramente leal al Rey, sería una de las personas clave para desbaratar el golpe. Quintana Lacaci aseguró a Juste que en modo alguno estaba en contacto con Milans del Bosch. Juste consiguió también comunicarse con La Zarzuela y habló con el general Fernández Campo, que era buen amigo suyo. Después de referirse a las dificultades de la situación, Juste dijo: «Pero ¿no está allí Alfonso?». Sabino respondió sorprendido: «Ni está, ni ha estado ni se le espera». El Rey, lejos de esperar a Armada o siquiera tener noticias de lo que este planeaba en su nombre, acababa de cambiarse para un juego de squash con sus amigos Ignacio (Nachi) Caro y Miguel Arias, propietario de la estación de esquí de Baqueira. Mientras se preparaba, fue interrumpido por Sabino que comunicó al Rey la noticia de los dramáticos hechos que estaba dando la radio. Cuando Juste supo que Armada no estaba presente, contestó: «Eso cambia todo». Se ordenó a las unidades de la DAC que se retirasen; Torres Rojas no se opuso hasta recibir la orden de regresar a La Coruña. La neutralización de la DAC gracias a la intervención de Juste prácticamente aseguraba el ulterior fracaso del golpe.[58]

Tras los primeros momentos de tensión, la socialista catalana Anna Balletbò consiguió convencer a los guardias civiles que ocupaban el Congreso que le permitieran salir; estaba embarazada de cuatro meses con gemelos y llevaba por tanto un vestido de maternidad. Después de algún problema con los jóvenes guardias colocados en el exterior, pudo llegar a los cercanos locales de los tres grupos parlamentarios socialistas en Marqués de Cubas poco antes de las 7 de la tarde. Tras llamar a su domicilio para que sus hijos fueran llevados a casa de un familiar, e iniciar medidas para que el Partido Socialista volviera a la clandestinidad en caso de que triunfara el golpe, decidió que debía hablar con el Rey. No fue fácil dar con el número apropiado: lo primero que le dieron a su secretaria fue el número del teatro de La Zarzuela. Se le ocurrió entonces llamar a Jordi Pujol. Cuando por fin pudo comunicarse, el presidente de la Generalitat, que estaba al tanto de lo ocurrido, se asombró de que hubiera podido escapar y no entendía por qué quería hablar con el Rey, pero, cuando se dio cuenta, dijo: «Es una buena idea. También le llamaré yo».

Cuando Anna Balletbò pudo hablar con La Zarzuela, que debió de ser alrededor de las 7.15 de la tarde, preguntó por el marqués de Mondéjar y, cuando este supo quién era, le pasó de inmediato con el Rey. Después de haberle puesto al corriente, Juan Carlos empezó a bombardearla a preguntas sobre lo que había visto, quiénes eran los oficiales que ocupaban las Cortes, si los había reconocido, qué grado tenían, cuántos eran, si había algún herido. Y comentó también: «Alguien se ha puesto nervioso y se ha precipitado», de lo cual cabe deducir que estaba bien informado de lo que podía ocurrir pero había creído que seguiría gestándose aún algún tiempo. Anna Balletbò le preguntó qué pensaba hacer y Juan Carlos respondió con la frase: «El Rey está al servicio de los más altos intereses de España»; al añadir ella «¿y?» prosiguió: «y de la democracia». Mientras hablaban, el Rey interrumpió a Anna Balletbò diciendo: «Perdona, me llaman de Capitanías. No cuelgues». Después de esta conversación, la diputada socialista pasó gran parte de la noche en diversas emisoras de radio y televisión difundiendo el mensaje de que el Rey estaba totalmente comprometido con la defensa de la democracia.[59]

Las frenéticas operaciones para desmantelar el golpe estuvieron coordinadas desde La Zarzuela por el Rey, aun vestido con el chándal deportivo, quien aportó su autoridad y su decisión, y por Sabino Fernández Campo, que fue el estratega decisivo. También tuvieron parte esencial el marqués de Mondéjar y el jefe del Cuarto Militar del Rey, general Joaquín Valenzuela. En todas las comunicaciones telefónicas tuvieron la ayuda de Manuel Prado y Colón de Carvajal, íntimo amigo del Rey y su emisario personal, al que había encomendado cruciales misiones en el pasado. La Reina y el príncipe Felipe estuvieron presentes en todo momento. Los compañeros de squash del Rey, Miguel Arias y Nachi Caro, se quedaron también, pegados a la radio y la televisión a la espera de toda información de utilidad. Las líneas telefónicas se sobrecargaron con llamadas a y de unidades militares y autoridades locales de toda España, así como de políticos y dirigentes extranjeros que ofrecían su ayuda.[60]

Había tres centros de acción bajo supervisión general de la oficina del Rey. Aun antes de la llamada de Anna Balletbò, Juan Carlos había hablado con el altamente competente director de la Seguridad del Estado, Francisco Laína García. Para desmentir la alegación de los conspiradores de «vacío de poder», Sabino Fernández Campo propuso, y el Rey lo aprobó, la creación improvisada de un gobierno provisional formado por los secretarios de Estado y subsecretarios de todos los ministerios bajo la dirección de Laína en el Ministerio del Interior. Los miembros de la JUJEM, la Junta de Jefes de Estado Mayor —su presidente, general Ignacio Alfaro Arregui, y los jefes de Estado Mayor del Ejército, de Marina y de Aviación, general José Gabeiras Montero, almirante Luis Arévalo Pelluz y general Emiliano Alfaro Arregui respectivamente—, habían supuesto inicialmente que iban a tener el control absoluto de la operación, pero el Rey comprendió que esto equivaldría a reconocer el derecho de los militares a intervenir en política. Por ello, la JUJEM quedó subordinada al gobierno civil de secretarios de Estado y subsecretarios y recibió esencialmente la misión de controlar los principales centros neurálgicos militares.[61]

Se emitió también un comunicado para tranquilizar en general al país, y desmentir las afirmaciones que estaba haciendo Milans del Bosch, en el que se declaraba que, puesto que el gobierno era rehén, los subsecretarios de todos los ministerios «se han constituido en sesión permanente, por instrucción de Su Majestad el Rey, para asegurar la gobernación del país, dentro de sus cauces civiles, y en estrecho contacto con la Junta de Jefes de Estado Mayor, que igualmente se halla reunida». Las alegaciones de los conspiradores de que el Rey estaba implicado en el golpe quedaron totalmente descalificadas por la siguiente afirmación: «Quienes en este momento asumen en España la plenitud del poder civil y militar, de manera transitoria y bajo la dirección y autoridad de Su Majestad el Rey, pueden garantizar a sus compatriotas que ningún acto de fuerza destruirá la convivencia democrática que el pueblo libremente desea y que se plasma en el texto de la Constitución, a la que civiles y militares han jurado protección».[62]

El tercer centro de operaciones se estableció en el lujoso hotel Palace, muy cercano a las Cortes en la Carrera de San Jerónimo. Rápidamente se formó un centro de mando con el director general de la Guardia Civil, general José Aramburu Topete; el inspector general de la policía, general José Sáenz de Santamaría; el jefe de la policía de Madrid, coronel Félix Alcalá Galiano, y el gobernador civil de Madrid, Mariano Nicolás. En diversas ocasiones en las que Aramburu trató de retomar el control de la Guardia Civil sus intentos fracasaron ante el falso argumento esgrimido por sus subordinados de que actuaban en nombre del Rey. De hecho, Sabino Fernández Campo había conseguido hablar brevemente con Tejero por teléfono para decirle que era absolutamente falso que el Rey respaldara su acción. Tejero se limitó a colgar el teléfono violentamente. Hacia las 7.30 de la mañana, el coronel Alcalá Galiano entró en las Cortes y habló con Tejero, el cual seguía insistiendo en que la operación obedecía a órdenes del Rey y del general Milans del Bosch. Mientras discutían, Aramburu cruzó la calle para entrar en la Cámara e intentó convencer a Tejero frente a frente de que se rindiera. La respuesta de este fue: «Antes de entregarme, primero lo mato y después me pego un tiro». Poco después, Laína logró hablar también con Tejero y le exigió que se entregara antes de que fueran enviadas fuerzas especiales de los GEO. Tejero contestó que solo obedecía órdenes de Milans y de Armada, alertando con ello a Aramburu y Laína sobre la implicación de este último.[63]

Entretanto, La Zarzuela era un hervidero de actividad telefónica. Juan Carlos, Sabino Fernández Campo, Mondéjar y Valenzuela se entregaron a una desenfrenada batalla para tranquilizar a las autoridades políticas de toda España, para cerciorarse del respaldo exterior y para asegurar la lealtad de los capitanes generales de otras regiones militares. Desde el primer momento, contaron con la fidelidad y asistencia de Gabeiras y de Guillermo Quintana Lacaci, capitán general de Madrid. Poco después de la inicial conversación del Rey con Laína, Sabino Fernández Campo habló con el jefe del Estado Mayor del Ejército, general José Gabeiras Montero, y le explicó sus sospechas sobre Armada. Tras un intento frustrado de convencer a Milans para que retirase sus tropas, Gabeiras se trasladó junto a los restantes miembros de la JUJEM. A las 7.45 de la tarde el Rey habló con Milans y le informó de que nadie había recibido permiso para actuar en su nombre, le ordenó que retirase sus tropas y que a su vez diera orden a Tejero de abandonar las Cortes. En un principio se había temido que Milans hubiera ya logrado un respaldo decisivo convenciendo a sus compañeros de que la solución Armada contaba con el apoyo del Rey. Hubo, sin duda, gran cantidad de titubeos y ambigüedades a lo largo de aquella noche en que los capitanes generales estuvieron constantemente en contacto con Milans así como con Quintana Lacaci en La Zarzuela. Si el Rey hubiera estado dispuesto a vulnerar la Constitución, poca duda hay de que los capitanes generales no habrían tenido inconveniente en sacar sus tropas a la calle. En este sentido, únicamente él era el árbitro entre la democracia española y su destrucción.

Algo facilitaron la tarea de Juan Carlos algunas primeras declaraciones de lealtad y adhesión, siendo sobre todo crucial la de Quintana Lacaci. El capitán general de la VI Región (Burgos), Luis Polanco Mejorada, también llamó rápidamente a La Zarzuela para confirmar su obediencia a su jefe supremo. Antonio Delgado Álvarez, capitán general de la IX Región (Granada), era totalmente leal. Una vez quedó claro que Polanco estaba con el Rey, Manuel Fernández Posse, de la VIII Región (Galicia) se apresuró también a comunicar su lealtad. Otros tuvieron más vacilaciones. Antonio Pascual Galmés, capitán general de la IV Región (Cataluña) se mantuvo en última instancia leal pero provocó algo de inquietud. Quintana Lacaci le consideraba «problemático». Y, de hecho, a las 11.20 de la noche, Pascual Galmés telefoneó a Jordi Pujol para sondearle sobre la solución Armada.[64]

Jesús González del Yerro, capitán general de Canarias, que era un conocido reaccionario de línea intransigente, se mantuvo fiel a su juramento de lealtad al Rey y la Constitución, lo cual reflejaba su prolongada rivalidad con Milans del Bosch. Quintana Lacaci anotó lo siguiente: «Dudas. Al enterarse del protagonismo de Milans y de que Armada quería ser presidente del Gobierno, se muestra leal. Pregunta por qué Armada y no otro militar (se refiere a él) en una conversación conmigo». Juan Carlos, por su parte, recordaba que González del Yerro había respondido diciendo: «Yo obedeceré las órdenes de Vuestra Majestad, pero es una pena». El hecho de que se decidiera por obedecer fue un tributo a la autoridad de Juan Carlos como jefe supremo de las Fuerzas Armadas. La postura de González del Yerro iba a tener considerable influencia a la hora de inclinar a otros capitanes generales dudosos hacia una actitud de vigilancia y espera.[65]

Durante los meses anteriores, el capitán general de la V Región (Zaragoza), Antonio Elícegui Prieto, había mantenido varias reuniones con los oficiales a su mando y dejó clara su convicción de que los militares debían estar preparados para intervenir con el fin de impedir que siguieran proliferando el terrorismo y el separatismo. Pero en ese momento, según Quintana Lacaci: «No hizo más que llamarme para ver qué iba a hacer yo, pues "algo habría que hacer"». Elícegui Prieto estuvo sujeto a las presiones de Milans para que se uniera al golpe. Por otro lado se veía presionado por Laína, quien le conocía de su época como gobernador civil de Zaragoza, para que permaneciera neutral. Tras considerables vacilaciones Elícegui Prieto se declaró a favor de la Corona. Se creía que el conocido «ultra» Pedro Merry Gordon, capitán general de la II Región (Sevilla), estaba a punto de sacar los tanques a las calles de la capital andaluza. Pero había bebido demasiado Chivas Regal después de cenar y estuvo indispuesto gran parte de la noche. El general Gustavo Urrutia, jefe de su Estado Mayor, y los gobernadores militar y civil de Sevilla, general Manuel Esquivias Franco y José María Sanz Pastor respectivamente, lograron que la II Región permaneciera leal. La actitud de Ángel Campano López, capitán general de la III Región (Valladolid), no inspiraba confianza. Sin embargo, la hábil intervención de su jefe de Estado Mayor, coronel Rafael Gómez-Rico, y de los gobernadores militar y civil de la ciudad, general Manuel María Mejía Lequerica y Román Ledesma, impusieron cautela a Campano. El Rey no consiguió hablar con el capitán general de Baleares, Manuel de la Torre Pascual, amigo de Milans, pero Quintana Lacaci estaba convencido de que estaba simplemente «esperando a ver qué pasaba, se uniría a Milans». De la Torre había preparado una proclama similar a la de Milans y a punto estuvo de leerla por radio.[66]

Posiblemente la conversación telefónica más trascendental de esa noche fue la de Sabino Fernández Campo y Gabeiras. Armada había estado presente, en calidad de segundo jefe de Estado Mayor. El Rey pidió entonces hablar con él y Armada se ofreció a ir a La Zarzuela para ayudar a solventar la crisis. La reacción instintiva de Juan Carlos habría sido aceptar esta oferta de su amigo y mentor. De haberlo hecho, habría facilitado a Armada la posición perfecta desde la cual controlar los acontecimientos mientras producía la impresión de tener la real aprobación. Pero Sabino Fernández Campo le hizo gestos al Rey de que diera largas a Armada y, mientras el Rey tapaba el auricular con la mano, le contó como pudo la anterior conversación con Juste. Alertado así de la implicación de Armada, Juan Carlos le ordenó que permaneciera en su puesto. Cuando Gabeiras se hubo marchado para reunirse con la JUJEM, Armada quedó al mando del Estado Mayor. Tuvo, por tanto, que representar un doble papel, intentando por una parte dar la impresión de querer controlar la situación pero buscando la ocasión para poder ofrecerse como solución. A este fin, mantuvo una conversación con el general Aramburu Topete y volvió a ofrecerse para ir a hablar con Tejero, a quien dijo no conocer. Se puso en contacto con las diversas capitanías generales para comprobar cuál era la situación y, hacia las 9.30 de la noche, recibió finalmente una llamada de Milans del Bosch, deseoso este de saber por qué no estaba en La Zarzuela.

Puesto que había testigos, Armada habló en términos ambiguos. Consiguió producir en los que le escuchaban la impresión de que, para sorpresa suya, Milans le sugería que se desplazara a las Cortes para intentar formar un gobierno de coalición. Armada pidió entonces a Milans que se enterase de la reacción de otros capitanes generales a su propuesta. A continuación dio a los presentes su versión del resto de la conversación telefónica. Diciendo que la «propuesta Milans» le parecía muy dudosa, añadió que, si era esa la única solución, estaba dispuesto a intentarla. Una vez más se puso en contacto con La Zarzuela hablando primero con

Sabino Fernández Campo, a quien dijo que había que ensayar la mencionada solución con el fin de evitar una masacre. Fernández Campo dijo: «¡Es un disparate!», y le ordenó que no hiciera nada. Cuando Sabino puso en cuestión que los diputados parlamentarios fueran a votarle, Armada contestó con total confianza: «¡Claro que me votarán!». Sabino apuntó que, aun si lo hacían, semejante voto dado bajo coacción carecería de valor y añadió: «Como tu amigo, te ruego que no vayas allí». El Rey, que había seguido la conversación, se puso al teléfono y dijo: «Creo que te has vuelto loco». Armada telefoneó entonces a la JUJEM y habló con su presidente, general Ignacio Alfaro Arregui, que respondió de manera muy similar. Poco después habló también con Gabeiras al regreso de este del cuartel general del Estado Mayor, y le hizo la misma propuesta sin mencionar que el Rey la había rechazado ya. Gabeiras le insistió en que el Rey no aceptaría nunca semejante solución.[67]

Uno de los problemas más acuciantes para el Rey durante la noche era establecer comunicación con la III Región Militar. Juan Carlos habló con Milans del Bosch en tres ocasiones durante la crisis. La primera no sería hasta aproximadamente las 10.30 de la noche cuando exigió saber por qué proclamaba Tejero que estaba actuando por orden del Rey. Milans respondió con fervientes declaraciones de lealtad y garantías de que había sacado sus tropas a la calle solamente por el «vacío de poder» de Madrid. El Rey le ordenó que retirase sus unidades de la calle, que obligara a Tejero a rendirse y abandonara toda pretensión de estar actuando con autorización real. Le comunicó también que en breve recibiría órdenes por télex y le vería hablando en televisión.[68]

El Rey había pensado de inmediato, como también los que le acompañaban en La Zarzuela, que debía dirigirse a la nación. Los estudios de radio y televisión de Prado del Rey habían sido ocupados a las 7.48 de la tarde por una pequeña unidad sublevada de ingenieros de comunicaciones de la DAC dirigidos por el capitán Martínez de Merlo. Estos insistieron en que se emitieran únicamente marchas militares y se enfurecieron cuando el director general de Radio Nacional, Eduardo Sotillos, respondió poniendo marchas barrocas. La Zarzuela envió al director general de RTVE el mensaje de que mandara una unidad móvil para que el Rey pudiera hablar a la nación. Con hombres armados en los despachos principales, el director general, Fernando Castedo, no pudo responder a su petición hasta pasado algún tiempo. A las 9 de la noche, el marqués de Mondéjar logró hablar con el superior del capitán Martínez Merlo, coronel Joaquín Valencia Remón, a quien conocía. Mondéjar le convenció de que diera órdenes a Martínez Merlo para que retirase sus tropas de Prado del Rey. Después de un retraso considerable, así lo hizo y, hacia las 9.20 de la noche, las tropas de ocupación se habían marchado ya.[69] Entonces se prepararon las unidades móviles. Puesto que había riesgo de que fueran interceptadas en la carretera hacia La Zarzuela, se mandaron dos unidades por separado en coches que no mostraban el logo de RTVE. Llegaron a las 11.35 de la noche. Mientras se montaba un estudio improvisado, Sabino Fernández Campo escribió el texto que iba a grabar el Rey, el cual se había cambiado vistiéndose con el uniforme de capitán general. No queriendo arriesgarse a volver a Prado del Rey, la cinta fue transportada a un centro de retransmisiones, conocido como La Bola del Mundo, cerca del aeropuerto de Barajas.[70]

Para Armada, los sucesos de las Cortes constituían el «Supuesto Anticonstitucional Máximo». El secuestro de la totalidad de la élite política equivalía al proyectado «vacío de poder» y, por tanto, suministraba el pretexto para las acciones de Milans del Bosch en Valencia y de la DAC en Madrid. En ese punto, la oferta de Armada de trasladarse a La Zarzuela convencería a sus compañeros de conspiración de que el Rey era cómplice en la trama. Cuando esta posibilidad quedó obstruida por Sabino Fernández Campo y el Rey, su siguiente esperanza fue producir la impresión de que consentía a la solución que aparentemente acababa de proponer Milans. Entonces haría el «sacrifico patriótico» de ir a las Cortes para persuadir a Tejero de que dejara en libertad a los diputados y, de un golpe, resolver así la situación política general ofreciéndose a formar gobierno. Evidentemente, tenía que hacer todo esto sin que en ningún momento pareciera que había tenido parte alguna en urdir el golpe. Era un juego ambiguo y peligroso. Es posible que Armada no tuviera intención de traicionar a Milans, pero poca duda cabe de que estaba explotando hábilmente el ciego fanatismo de Tejero, por el cual debía de sentir poco más que un desprecio patricio. Para que funcionara el plan, el plebeyo Tejero tendría que ser sacrificado, tratado como el loco «espontáneo» que había provocado la crisis.

El comportamiento de Armada obedecía a una extraña mezcla de soberbia y paternalismo que le inducía a creer que podía ser intérprete de deseos no expresados de Juan Carlos y después presentarse ante sus compañeros oficiales como portavoz del Rey.[71] La absoluta convicción tanto de Milans como de Tejero de que su acción tenía el beneplácito real solo pudo venir de Armada. Este parece haber estado auténticamente persuadido de que los diputados del Congreso, agradecidos por su intervención, votarían su plan de un gobierno de salvación con representación de todos los partidos. Entonces quizá cumpliera su promesa de hacer a Milans del Bosch presidente de la Junta de Jefes de Estado Mayor, pero no había manera de explicar sus contactos previos con Tejero, al que habría que convencer de que saliera de España o, en caso contrario, juzgar y encarcelar. Cabe deducir la astucia del doble juego de Armada del cuidado que puso siempre en no reunirse con más de un conspirador a la vez. La consecuente falta de testigos podría permitirle negar siempre que hubiera tenido algo que ver con la conjura y presentar su «solución» como un gesto desinteresado.

A pesar de que el Rey le había negado el permiso para ir a las Cortes, Armada había seguido insistiendo con Gabeiras. Su oportunidad surgió cuando Tejero alegó ante la comisión que operaba desde el hotel Palace que él era el único mediador, aparte del Rey en persona, con quien estaba dispuesto a hablar. Aramburu Topete informó de este extremo a Gabeiras. Ante la insistencia de Armada en que había riesgo de una masacre, Gabeiras, tras consultar una vez más con La Zarzuela, le dio finalmente permiso para ir al Congreso con la única finalidad de intentar negociar la rendición de Tejero. Tanto Sabino Fernández Campo como Gabeiras creían que era esencial establecer algún tipo de contacto con Tejero para impedir el derramamiento de sangre. Se ha afirmado que Gabeiras envió a Armada al Congreso con las palabras: «A tus órdenes, presidente», lo cual pudo tratarse simplemente de una referencia irónica o frívola al plan de Armada.[72] Pero acaso fuera algo más. Después de todo, poca duda hay de que, de haber presentado Armada su plan ante las Cortes y de haber sido este aceptado por los diputados (que no es una hipótesis imposible), los militares más importantes, incluso los absolutamente leales a Juan Carlos, habrían dado su aprobación.

Armada llegó al hotel Palace hacia medianoche. Los allí presentes, Mariano Nicolás, gobernador civil de Madrid, el general Aramburu y el general Sáenz de Santamaría, no sabían con claridad sobre qué supuestos pensaba hablar con Tejero, pero todos estaban ansiosos por evitar que se derramara sangre. Armada entró en las Cortes a las 12.30 de la madrugada del 24 y habló con Tejero durante casi una hora. Le explicó entonces que se proponía dirigirse a los diputados y ofrecerles la solución de un gobierno de salvación nacional bajo su propia presidencia. Tejero tendría entonces que retirar a los guardias civiles y tanto él como los demás cabecillas del golpe saldrían en avión a cualquier lugar elegido por ellos, presumiblemente alguna dictadura latinoamericana. Como siguiente paso de su «solución constitucional», el Congreso pondría su propuesta ante el Rey. Desafortunadamente para Armada, Tejero se indignó porque en la lista posible de integrantes del nuevo gobierno figuraban socialistas y comunistas, y comprendió de inmediato que la oferta de salvoconducto al extranjero significaba que él iba a ser el chivo expiatorio para justificar la acción de Armada. Si este era el hombre que salvaba la situación, Tejero era entonces el criminal. Se ha sostenido que si Tejero y Armada se hubieran entrevistado antes, no habría surgido desacuerdo entre ellos. Dada la capacidad del general Armada para la ambigüedad, es perfectamente posible que hubiera inducido a Tejero a suponer que el trato implicaba una junta de estilo Pinochet que aplastara a la izquierda y revocara las autonomías regionales. Pues bien, en medio de su acalorada discusión, Armada sugirió a Tejero que hablara con Milans del Bosch, lo cual hizo y se quedó estupefacto cuando Milans, como cabía esperar, le dijo que aceptara la propuesta de Armada. Ya desde anteriores conversaciones con Milans es posible que a Tejero se le hubiera pasado por la cabeza la posibilidad de que un inocuo gobierno de consenso aceptable para la mayoría de la Cámara sería precisamente el tipo de gobierno que, casi con certeza, se inclinaría a someterle a juicio por su sedición. Este episodio crucial demuestra la total inviabilidad de la tesis del supuesto golpe de diseño. Según dicha tesis, Tejero estaba bajo las órdenes de Armada y, sin embargo, ahora le desobedecía de forma grosera minando totalmente el plan del Supuesto Anticonstitucional Máximo para obligar a la clase política a aceptar el gobierno de coalición presidida por Armada. El golpe difícilmente habría sido tan brillantemente diseñado como se ha afirmado si no se le había enseñado el guión a uno de sus protagonistas claves.[73]

El golpe había fracasado definitivamente cuando Tejero se negó al plan de Armada, aunque harían falta otras diez horas y media de tensión para lograr la rendición final de Tejero y quedar en libertad los diputados. La nación entera respiró aliviada cuando Juan Carlos apareció ante las cámaras de televisión a la 1.15 de la madrugada del 24 de febrero. Dado el carácter vertiginoso de los acontecimientos, este retraso no era ni tan extraño ni tan siniestro como se ha dicho posteriormente. Se ha insinuado en ocasiones que el retraso se debió a que La Zarzuela estaba a la espera de conocer el desenlace de la visita de Armada a las Cortes.[74] Lo cierto es que el trascendental mensaje televisado comenzó mientras Armada cruzaba la calle para dirigirse desde las Cortes al hotel Palace. Además, la declaración de Juan Carlos hizo referencia a las decisivas medidas que había tomado tres horas antes. Así, anunció que había enviado la siguiente orden a los capitanes generales: «Ante la situación creada por los sucesos desarrollados en el Palacio del Congreso de los Diputados y para evitar cualquier posible confusión, confirmo que he ordenado a las autoridades civiles y a la JUJEM que tomen todas las medidas necesarias para mantener el orden constitucional dentro de la legalidad vigente. Cualquier medida de carácter militar que, en su caso, hubiera de tomarse, deberá contar con la aprobación de la JUJEM», y terminó con las siguientes palabras: «La Corona, símbolo de permanencia y unidad de la Patria, no puede tolerar en forma alguna acciones o actitudes de personas que pretendan interrumpir por la fuerza el proceso democrático que la Constitución votada por el pueblo español determinó en su día a través de referéndum». Es interesante advertir que los golpistas insistieron, en el transcurso del golpe y después durante el juicio, en que habían actuado por órdenes del Rey, pero no prestaron atención ninguna a las verdaderas órdenes dadas por el Rey tanto individualmente a ellos como en su mensaje televisado.[75]

El mensaje del Rey a los capitanes generales había sido enviado por télex a las 10.35 de la noche, aunque no fue recibido hasta medianoche en Valencia. Poco antes de mandarlo, Juan Carlos pudo hablar con Milans del Bosch y le dijo que era contrario al golpe, que no estaba dispuesto a abdicar ni a abandonar España y que, para poder imponerse, los sublevados tendrían que fusilarle. Un segundo télex de La Zarzuela, enviado hacia la 1.45, confirmó el mensaje en términos inequívocos: «Te hago saber con toda claridad lo siguiente: 1) Afirmo mi rotunda decisión de mantener el orden constitucional dentro de la legalidad vigente. Después de este mensaje ya no puedo volverme atrás; 2) cualquier golpe de Estado no podrá escudarse en el Rey, es contra el Rey; 3) hoy más que nunca, estoy dispuesto a cumplir el juramento a la bandera. Por ello, muy conscientemente y pensando únicamente en España, te ordeno que retires todas las unidades que hayas movido; 4) te ordeno que digas a Tejero que deponga inmediatamente su actitud; 5) juro que ni abdicaré la Corona, ni abandonaré España. Quien se subleve está dispuesto a provocar, y será responsable de ello, una nueva guerra civil, y 6) no dudo del amor a España de mis generales. Por España primero, y por la Corona después, te ordeno que cumplas cuanto te he dicho». La frase «Ya no puedo volverme atrás» provocó posteriores especulaciones sobre la implicación del Rey. Pero se debía simplemente a la precipitada redacción del texto que, en medio de la crisis, había hecho el ayudante del Rey, comandante Agustín Muñoz Grandes Galilea.[76]

Poco después del mensaje televisado del Rey, Gabeiras ordenó al gobernador militar de Valencia, general Luis Caruana, que fuera a Capitanía General y arrestara a Milans del Bosch. Milans amenazó con fusilar a Caruana. A medida que aumentaba la tensión, el Rey hizo su segunda llamada a Milans, en la que repitió lo dicho anteriormente y le dijo que cualquier retraso en cumplir sus órdenes de retirar sus tropas se consideraría amotinamiento. Milans respondió que seguiría las instrucciones del Rey pero apuntó que no tenía ya control alguno sobre Tejero. Así pues, emitió órdenes para el regreso de sus hombres a los cuarteles, aunque las calles de Valencia no quedaron del todo vacías hasta después de las 4.30 de la mañana. Hacia las 2.30, Milans recibió la tercera llamada de La Zarzuela. Esta vez el Rey le exigió una explicación de por qué no habían sido todavía obedecidas sus órdenes e insistió en que fuera revocada la proclama con la que había sacado a sus tropas a las calles. En el plazo de una hora, Milans hizo pública una nueva proclama en que subrayaba su lealtad al Rey y reconocía que no había ya necesidad de presencia militar en las calles.[77]

Una de las razones de la prolongación de la crisis fue que, después de la aparición del Rey en televisión, el comandante Pardo Zancada había llegado con una columna de policía militar para unirse a Tejero. Comprendiendo que la situación era mala, había decidido —cosa que no hizo la mayoría de los principales golpistas del país— mantenerse fiel a su compromiso. Paradójicamente, aunque su presencia prolongó la crisis, su autoridad sobre los asaltantes pudo también contribuir a evitar un baño de sangre. De madrugada se había realizado un esfuerzo para lograr su rendición. A propuesta de Agustín Muñoz Grandes, fue enviado el coronel San Martín a las 3.30 de la mañana pero Pardo no escuchó sus ruegos. En ese punto, dos amigos de Pardo intentaron intervenir. Conociendo a Muñoz Grandes, le llamaron a La Zarzuela y le plantearon la posibilidad de que intercediera uno de ellos, el teniente coronel Eduardo Fuentes Gómez Salazar. Por consiguiente, a las 9 de la mañana siguiente Eduardo Fuentes negoció la entrega de Pardo Zancada, la cual, al haber sido laboriosamente acordada sobre uno de los Land Rover que habían transportado a su columna, fue posteriormente conocida como «el pacto del capó». Pardo insistió en que se le permitiera marchar de allí y entregarse en su propia unidad, y en inmunidad para sus subordinados. Tejero también aceptó la plena responsabilidad de sus actos pero insistió en que viniera Armada para recibir su rendición, quizá para mostrarle del modo más humillante posible que había perdido. Pardo Zancada y Tejero abandonaron las Cortes poco después del mediodía del 24 de febrero, seguidos después por los diputados.[78]

Cuando la noticia de la rendición fue comunicada a La Zarzuela, Sabino Fernández Campo creyó que debían ser alrededor de las 12 de la noche y se quedó pasmado cuando miró su reloj y comprobó que era doce horas más tarde.[79]

Los militares golpistas estaban convencidos, fundándose en lo que les había dicho Armada, de que Juan Carlos aprobaba la «solución Armada». Posteriormente se ha repetido con frecuencia esta misma acusación.[80] Poca duda cabe de que, si el Rey hubiera estado implicado, el golpe habría triunfado. Sin embargo, incluso dejando a un lado el contundente argumento de la actuación del Rey para frustrar el golpe del 23 de febrero, hay otro motivo igualmente poderoso para descalificar esta acusación. Los primeros diez días de febrero habían dado a Juan Carlos la ocasión perfecta para llevar adelante la «solución Armada». Hay motivos sobrados para suponer que la mayoría de los políticos consultados por el Rey habrían estado de acuerdo con la idea de un gobierno de coalición. De haber sido ese el deseo del Rey, podría haber logrado su objetivo sin los riesgos y la ignominia de un golpe militar. Además, es difícil sostener la idea de que Armada procedía con la complicidad del Rey teniendo en cuenta la ira de Armada el 13 de febrero, expresada al general Gutiérrez Mellado, cuando no pudo convencer a Juan Carlos de que reconsiderase su decisión de recomendar el nombramiento de Calvo Sotelo para la presidencia del gobierno. La expresión de su indignación se repitió tras su infructuosa conversación con Tejero en las Cortes. A las dos de la mañana del 24 de febrero, Armada le dijo a Francisco Laína en términos muy acalorados que el Rey cometía un error al haberse inmiscuido en un asunto que solo concernía a las Fuerzas Armadas: «El Rey se ha equivocado, el Rey ha comprometido la Corona divorciándose de las Fuerzas Armadas, esto es un asunto militar que tenemos que resolver los militares, hay que buscar una solución».[81] La idea de complicidad se cae también por la base debido a la rotundidad con que Juan Carlos condenó, un decenio después, la deslealtad de Armada: «Es infinitamente triste comprobar que un hombre en el que había depositado mi confianza durante muchos años pudiera traicionarme con semejante perfidia».[82]

En la tarde del 24 de febrero, Juan Carlos recibió a Adolfo Suárez, Felipe González, Agustín Rodríguez Sahagún, Santiago Carrillo y Manuel Fraga en La Zarzuela. Creyendo que la presencia de Armada en el final de la crisis significaba que había contribuido a conseguir la puesta en libertad de los diputados, Suárez dijo: «Me equivoqué respecto a Armada y Su Majestad tenía razón». Juan Carlos contestó: «No, Adolfo, tenías tú razón. Armada es un traidor». Sigue siendo debatible si Armada era un traidor o culpable de una lealtad excesiva, que le llevó a actuar suponiendo que sabía mejor que el Rey lo que había que hacer.

La medida en que el éxito o fracaso del golpe había estado en manos de Juan Carlos quedó de relieve unos días después. Cuando el nuevo ministro de Defensa, Alberto Oliart, llamó a los capitanes generales para conocer su versión de los acontecimientos del 23-24 de febrero, el primero en hablar con él fue Guillermo Quintana Lacaci. El capitán general de Madrid dijo: «Ministro, antes de sentarme te tengo que decir que soy franquista, que adoro la memoria del general Franco, he sido ocho años coronel de su regimiento de guardia, llevo esta medalla militar que gané en Rusia, hice la guerra civil, por tanto ya te puedes figurar cómo pienso. Pero el Caudillo me dio orden de obedecer a su sucesor y el Rey me ordenó parar el golpe del 23-F y lo paré; si me hubiera ordenado asaltar las Cortes, las asalto».[83]

En noviembre de 1981, Quintana Lacaci expuso los mismos argumentos en público en un discurso pronunciado en la clausura de unas maniobras militares en Zaragoza: «Muchos medios de información han querido implicar a Su Majestad el Rey. En esto, señores, soy testigo de excepción: pocos instantes después del asalto al Congreso recibí por teléfono la comunicación directa de Su Majestad el Rey don Juan Carlos, preguntándome cómo andaban las cosas y si tenía a la gente en mano. Le dije que sí y me dijo que tuviera a la gente en los cuarteles». Para resaltar hasta qué punto había sido la posición del Rey lo que había salvado la situación el 23 de febrero, añadió: «Señores, si a mí mi Rey, mi Capitán General de los Ejércitos, me dice aquel día que salga a la calle, yo, en posición de firme, hubiera salido a la calle».[84]

La derrota del golpe no resolvió las extraordinarias dificultades del régimen democrático, algo que Juan Carlos puso sobre la mesa el 24 de febrero cuando dijo a los cinco dirigentes políticos que «la cosa ha estado así, así». Para ilustrar esta cuestión, el Rey les contó que cuando el marqués de Mondéjar había ordenado al coronel Valencia Remón que a su vez ordenara a sus hombres salir de Prado del Rey, este había contestado: «Obedezco pero qué ocasión estamos perdiendo aquí para poner orden en España». A continuación, el Rey leyó a los políticos reunidos un mensaje oficial en el que se mezclaban la amarga experiencia de los últimos acontecimientos con su exasperación personal, dejando muy claro que, habiéndose visto obligado a poner en peligro su prestigio y su seguridad personales, el Rey tenía derecho sobrado a indicar que correspondía a la clase política española demostrar mayor moderación y prudencia. Pidió el Rey, en particular, que hicieran lo posible para asegurarse de que el país no creyera que todo el Ejército era golpista.[85]

Visto retrospectivamente, este discurso ponía de relieve en qué medida el 23-F marcó un punto de inflexión no solo en la transición a la democracia sino también en el papel del Rey: «Quiero llamar la atención de todos sobre la trascendencia de los acontecimientos que acaban de tener lugar, y no podemos olvidar que aun cuando se hayan solucionado los problemas que tanto nos preocuparon, se ha creado una situación delicada que es preciso abordar con la máxima serenidad y mesura». «La Corona se siente orgullosa de haber servido a España con firmeza y en el convencimiento de que la vida democrática y el respeto estricto a los principios constitucionales es la voluntad mayoritaria del pueblo español. Sin embargo, todos deben estar conscientes, desde sus propias responsabilidades, que el Rey no puede ni debe enfrentar reiteradamente con su responsabilidad directa circunstancias de tan considerable tensión y gravedad. Ayer se daba la circunstancia de que el Gobierno estaba retenido en el Congreso. He valorado muy positivamente la serena conducta de las Fuerzas Armadas y las de Seguridad, que en todo momento han demostrado su disciplina, patriotismo y lealtad a la Corona.» «Y, finalmente, reitero a todos mi petición de colaboración leal y desinteresada, superando diferencias secundarias en beneficio de una identificación en los más graves y fundamentales problemas del país para que podamos consolidar nuestra democracia dentro del orden, la unidad y la paz.»[86] Los primeros frutos de las exhortaciones del Rey a los políticos se recogieron cuando, unas horas después de su puesta en libertad, los diputados regresaron a las Cortes y, tras una prolongada y emocionada ovación al Rey, aprobaron la investidura de Calvo Sotelo por una mayoría de 186 frente a 158 votos.

La verdadera significación del golpe por lo que hacía a la Corona se reveló el 27 de febrero. Tres millones de personas se manifestaron en todas las ciudades españolas a favor de la democracia y del Rey. Aquella tarde, bajo una lluvia torrencial, un millón y medio de personas marcharon por las calles de la capital, con los líderes de los principales partidos políticos a la cabeza. La multitud aplaudió con igual entusiasmo a Carrillo y a Fraga, y todos, incluidos los más de izquierdas, gritaron «¡Viva el Rey!». Fraga comentó después: «Yo creo que no hay que levantar el puño nunca, pero si es para gritar Viva el Rey se puede consentir».[87]

Cinco días después del golpe, el sábado 28 de febrero, el Rey hizo su primera aparición en público desde el golpe. En esta ocasión habló en la Academia Militar de Zaragoza con motivo de la celebración del 25 aniversario de la XIV promoción (año en que Juan Carlos había ingresado en la Academia). No obstante la posibilidad de una reacción negativa, el Rey insistió en ir. Tenía empeño en reunirse con sus antiguos compañeros y también tomar el pulso de los oficiales de grado medio. Aunque había muchos oficiales de la Guardia Civil entre los presentes, los reyes fueron objeto de espontáneos aplausos. El discurso de Juan Carlos fue una advertencia tanto para los militares como para la clase política. A los oficiales les dijo sin rodeos: «No se contribuye a la seguridad de la Patria con acciones irreflexivas». Al mismo tiempo recordó a la clase política y a los medios de comunicación que cuidaran de «no propiciar un ambiente de incomodidad, disgusto o preocupación en las Fuerzas Armadas». Y pidió a los medios de comunicación que procuraran no «extender el análisis o la sanción moral a colectividades enteras por el hecho de que pertenezcan a ellas quienes piensan erróneamente que sus impulsos precipitados les convierten en salvadores de la patria y que no existen más caminos que los de la subversión y la violencia». En el transcurso de esta ceremonia, y por primera vez, el Rey hizo solemne juramento de respetar la Constitución que, en 1978, simplemente había firmado.[88]

En el discurso de la Academia Militar de Zaragoza, como en su mensaje a los políticos, el Rey estaba trazando las directrices para la vida española después del golpe del 23 de febrero. Fue además un llamamiento a la población civil y a los militares por igual para que actuaran con responsabilidad y patriotismo. Los aplausos con que sus palabras fueron acogidas por los oficiales presentes fueron un indicio significativo de la medida en que su jefe supremo había actuado en sintonía con los deseos de la mayoría de sus hombres. Que el Rey había interpretado también los deseos de su pueblo quedó gráficamente ilustrado en las multitudinarias manifestaciones a favor de la democracia en Madrid y otras ciudades. A causa de la posición de Herri Batasuna no fue posible una similar unidad en el País Vasco. Pero el talante de la gran mayoría de España se plasmó en un artículo escrito por Francisco Umbral la noche del 23-F: «Cuando los españoles creíamos merecernos algo mejor que un Rey, resulta que tenemos un rey que no nos merecemos».[89] El sentimiento de exasperación del Rey se expresó en su posterior comentario de que, cuando hablaba con los dirigentes políticos, lo que verdaderamente había querido decirles era que «mi papel no era el de un bombero, siempre listo para apagar un fuego».[90] Se aproximaba el momento de poder abandonar este papel, pero faltaban todavía dos años.

11

LA LARGA SOMBRA DEL ÉXITO, 1981-2002

Juan Carlos había hecho un llamamiento a la clase política para que se uniera en un espíritu de colaboración tras el 23-F. En palabras de Rodolfo Martín Villa: «Hubo una especie de armisticio tácito entre todas las fuerzas políticas».[1] El primer fruto de esta situación fue el nuevo gobierno del taciturno Leopoldo Calvo Sotelo, un intento de distribuir el poder por igual dentro de la UCD y crear con ello una imagen de armonía. Pero el empeño en la legalización del divorcio del ministro de Justicia, el socialdemócrata Francisco Fernández Ordóñez, terminaría por escindir el partido, siendo los cristianodemócratas ferozmente contrarios a su posición. A corto plazo, sin embargo, la atención de Juan Carlos se centró en el Ministerio de Defensa. La primera fase en la labor de erradicar el golpismo y reconstruir las relaciones entre el poder civil y el militar recayó en Alberto Oliart Saussol, un abogado brillante, aunque poco conocido, de ideas liberales. Oliart se apresuró a declarar que su objetivo consistía en ajustar la legislación militar a la Constitución, una labor tremendamente difícil y delicada. Sin embargo, al seguir la recomendación del Rey de que el Ejército en su totalidad no fuera objeto de oprobio por causa del 23-F, Oliart se hizo susceptible a la acusación de hacer concesiones a los militares adaptando la Constitución a sus deseos.

En un sentido que trascendía con mucho al gobierno, la supervivencia de la democracia en la noche del 23 de febrero significó un nuevo comienzo. La masiva manifestación del 27 de febrero supuso el final del «desencanto». El desprecio por la democracia demostrado por Tejero, Milans y Armada tuvo el efecto involuntario de inducir a la población en general a reconsiderar el valor de las instituciones democráticas. El cambio de talante se advirtió también en la oferta de Felipe González, Manuel Fraga y Santiago Carrillo de refrendar al gobierno en las Cortes. Incluso ETA-pm anunció una tregua indefinida. La firmeza de Juan Carlos frente al golpismo había dado una segunda oportunidad a la democracia española. Las excesivas expectativas de 1977 habían desaparecido con los años de terrorismo y golpismo, y se aceptaba mayoritariamente que la democracia era un asunto profundamente serio, una cuestión de vida o muerte para la totalidad de la nación. Esto, junto a la mejoría del clima económico internacional, anunciaba un futuro más brillante. Desafortunadamente, las constantes divisiones en el seno de UCD impidieron que Calvo Sotelo pudiera beneficiarse del nuevo espíritu de colaboración nacional.

Pese a todo, algunos elementos clave del programa esencialmente moderado de Calvo Sotelo —entrada en la OTAN, economía de mercado, reducción del gasto público, fomento de la inversión privada y moderación salarial— contribuirían finalmente a contener el golpismo y mejorar la situación económica. Con vistas a apaciguar a los militares, el grueso de la élite política acordó también que se ralentizara el avance relativamente rápido hacia la autonomía regional. Esto produjo un pacto entre la UCD y el PSOE para la elaboración de la célebre Ley Orgánica de Armonización del Proceso Autonómico (LOAPA) que se presentó en las Cortes el 29 de septiembre de 1981. Al final, los recursos que ante el Tribunal Constitucional presentaron en 1982 los gobiernos autonómicos vasco y catalán lograron a su vez la mutilación o, al menos, la congelación de la LOAPA. Pero la mera existencia de esta ley generó muchas especulaciones de que se estaban entregando a los militares en bandeja de plata algunos de los objetivos del 23-F. La misma impresión produjo que en abril de 1981 el alto mando se negara una vez más a readmitir a los oficiales demócratas de la UMD.

El aspecto de las secuelas del golpe que más preocupaba al

Rey era el juicio de los golpistas. El hecho de que fueran tan pocos los acusados y que aguardaran su juicio en condiciones de considerable comodidad ocasionó múltiples comentarios de que los militares iban a ser tratados con condescendencia y, en ciertos aspectos, iban a ser no tanto chivo expiatorio como beneficiarios del 23-F.[2] Al mismo tiempo, el gobierno, alentado firmemente por Juan Carlos, empezó a presionar para una pronta entrada en la OTAN con la esperanza de que la integración de las Fuerzas Armadas españolas en el sistema de defensa occidental las desviara de su constante disposición a intervenir en la política interior. Esto fue interpretado en algunos círculos como un intolerable anhelo de apaciguar al Ejército. El deseo de congraciarse con los militares era comprensible porque el miedo a lo que pudieran hacer se veía alimentado por las continuas actividades terroristas de ETA-m y el GRAPO. El alto al fuego de ETA-pm no fue emulado por ETA-militar.[3]

Calvo Sotelo reveló su determinación de enfrentarse enérgicamente a las amenazas contra la democracia cuando su gobierno presentó en las Cortes una ley para la defensa de la Constitución que permitía tomar medidas contra la prensa tanto del búnker como de ETA-m. A esto siguió el anuncio, hecho el 23 de marzo, de nuevas medidas para combatir a ETA: el ejército iba a sellar la frontera francoespañola; y se creó un Mando Único Antiterrorista en el Ministerio del Interior para coordinar la acción de la policía, la Guardia Civil y el Ejército.[4] Durante los tres primeros meses del gobierno de Calvo Sotelo, el espíritu de colaboración del postejerazo se mantuvo incólume entre los partidos políticos. Sin embargo, Calvo Sotelo se enfrentaba a los mismos problemas que había tenido Suárez: constante actividad terrorista y subversión militar mientras las luchas intestinas despedazaban su partido. La reaparición del GRAPO, uno de cuyos comandos asesinó al general liberal Andrés González de Suso el 4 de mayo, vino a recalcar la coincidencia de intereses entre el terrorismo y el golpismo.

Pero había surgido una dimensión nueva a consecuencia del 23 de febrero. El propio Rey pasó a convertirse en un blanco primordial. En la mañana del jueves 7 de mayo, en la calle Conde de Peñalver de Madrid, un comando de ETA-m colocó una bomba de metralla en el coche del general Joaquín de Valenzuela y Alcíbar-Jáuregui. La explosión mató a su ayudante, el teniente coronel Guillermo Tevar Saco, a su chófer y a un sargento, e hirió a muchos viandantes, quedando también Valenzuela mortalmente herido. La extrema derecha se apresuró a salir a la calle para pedir a gritos una intervención militar y la libertad de Tejero. El general Valenzuela, hombre de sesenta y ocho años muy respetado y enormemente afable, jefe de la Casa Militar del Rey, había estado muy próximo a Juan Carlos durante más de un cuarto de siglo, habiendo sido uno de sus profesores nombrado en enero de 1955. El Rey estaba deshecho. Era evidente que había pasado a ser blanco primordial de los golpistas tras su actuación en el 23-F. Sin embargo, el atentado contra Valenzuela sugería que, en la determinación de ETA-m de destruir la democracia española, también estaba en el punto de mira del grupo terrorista. Acaso consolara algo a Juan Carlos la extraordinaria reacción de abrumadora solidaridad con la democracia, que recordaba a la manifestación del 27 de febrero. En las calles, las casas, las universidades y las fábricas de toda España se hicieron dos minutos de silencio a medio día del viernes 8 de mayo.[5]

Pero la amenaza golpista no había desaparecido. Más aún, se estaban haciendo grandes esfuerzos para socavar la posición del Rey filtrando declaraciones de Tejero y otros de los arrestados a causa del 23-F, en las que se afirmaba que había estado implicado en el golpe. El 21 de junio, una serie de detenciones reveló que varios coroneles de extrema derecha habían intentado organizar otro golpe. Las ramificaciones de esto empezaron a surgir en las semanas siguientes al arresto del coronel Ricardo Garchitorena Zalba, que había participado en el tejerazo, el coronel Antonio Sicre Canut, un experto en transmisiones, y el comandante Ricardo Sáenz de Ynestrillas, que había formado parte de la Operación Galaxia en 1978. La intención que había detrás de esta conspiración era crear una estrategia de tensión mediante una campaña de bombas que llevarían a cabo militantes de extrema derecha, la cual debía culminar en Barcelona el 23 de junio en el estadio de fútbol del Nou Camp donde iba a celebrarse una gran concentración catalanista. Simultáneamente, el Rey sería capturado y obligado a abdicar. Entonces se formaría un gobierno militar. Se habían confeccionado listas negras de demócratas que debían ser liquidados.[6]

En parte para aplacar los sentimientos militares, en julio de 1981 los reyes de España, con gran disgusto personal, rehusaron asistir a la boda del príncipe Carlos y lady Diana respondiendo así a la decisión británica de que la luna de miel de la pareja comenzara en Gibraltar embarcando en el yate real *Britannia*. No cabe duda alguna de la sinceridad del malestar de Juan Carlos por la presencia británica en Gibraltar. En aquel momento, al negarse a asistir a la boda por el mencionado motivo, el Rey estaba apelando a los sectores más conservadores de la sociedad civil y, más importante aún, a las Fuerzas Armadas. Ciertamente, la decisión del Rey de poner los intereses del Estado español y la dignidad nacional por encima de los compromisos familiares y los lazos de amistad entre familias reales fue ampliamente elogiado en los medios de comunicación españoles.[7]

Los rumores de conspiración militar eran aparentemente interminables. Sin embargo, Calvo Sotelo tenía también que hacer frente, como había hecho anteriormente Suárez, a las peleas en el interior de su partido. Tanto la derecha como el PSOE veían en UCD un obstáculo para sus propias ambiciones. Por tanto, Alfonso Osorio y Coalición Democrática hacían esfuerzos para atraer a los cristianodemócratas de UCD y se hablaba de una «gran derecha» que incluyera también a la Alianza Popular de Fraga. Al mismo tiempo, los socialistas procuraban llevarse a Francisco Fernández Ordóñez a su campo. La UCD estaba desmoronándose y el PSOE empezaba a dibujarse como la inevitable alternativa de gobierno. Felipe González aparecía siempre en primer lugar de las encuestas de opinión como líder político más popular, considerado como persona accesible, sensible y receptiva frente a la imagen sombría de Calvo Sotelo. Los socialistas parecieron tocar la fibra sensible de la nación cuando revelaron su plan de acción para la consolidación de la democracia en el mes de junio. Los objetivos socialistas de una batalla concertada contra el terrorismo, la investigación a fondo del 23-F y un programa económico moderado contrastaban también con la UCD, menos preocupada por los problemas del país que por su propia sangría interna. A lo largo del otoño, la UCD se tambaleó a consecuencia de los eficaces ataques socialistas al «desgobierno», a los cuales contribuyó el inepto tratamiento que dio el gobierno al escándalo de la venta de aceite adulterado de colza, a consecuencia de lo cual habían muerto ciento treinta personas.[8]

En octubre de 1981, en la búsqueda de apoyo exterior a la democracia española, Juan Carlos y Sofía hicieron una visita oficial a Estados Unidos. La principal cuestión tratada durante su estancia fue la integración española en la OTAN, que Juan Carlos consideraba elemento clave para la ulterior entrada de España en la CEE e incluso para desplazar la obsesión de los militares españoles por la política interior. En su entrevista privada con el presidente Ronald Reagan, Juan Carlos no ocultó su interés en la adhesión española. Pero en España suscitó cierta polémica el que la Casa Blanca publicara una declaración en el sentido de que el Rey había expresado su compromiso personal con la OTAN, inmiscuyéndose con ello en el proceso político. El ministro de Asuntos Exteriores, José Pedro Pérez Llorca, se vio obligado a hacer una declaración pública, cinco horas después de la controvertida entrevista con Reagan, aclarando que Juan Carlos había insistido en todo momento durante el encuentro en que no hacía sino transmitir la opinión de su gobierno y que la entrada de España en la OTAN dependía, en última instancia, del resultado del debate que estaba celebrándose en las Cortes en aquel momento. La principal prensa española, poniendo cuidado en que no pareciera que criticaba al Rey, hizo responsable del incidente a la administración estadounidense por su «actitud arrolladora» y al gobierno español por tardar en reaccionar.[9]

A su regreso a España, el Rey no encontró que hubiera aminorado el declive de UCD. Adolfo Suárez resumió el grado de decadencia del partido cuando comentó: «Es tal el deterioro que nos hemos infligido que si no fuéramos nosotros de UCD, no nos votaríamos a nosotros mismos».[10] En noviembre, durante un recorrido por Aragón, tanto inquietaba al Rey el desmoronamiento de UCD que reiteró su llamamiento a la unión de la clase política. En esta ocasión, Juan Carlos apeló a los líderes políticos para que evitaran caer en la ineficacia que resulta de las «luchas intestinas» y del obsesivo «centrarse solo en la perduración de sus cargos». Su mensaje fue bien recibido por González y Fraga pero pareció caer en oídos sordos en el caso de UCD.[11] Los cristianodemócratas Óscar Alzaga y Miguel Herrero Rodríguez de Miñón estaban aproximándose cada vez más a Alianza Popular. Ambos rehusaron cargos en el reajuste ministerial del 1 de diciembre, debilitando con ello considerablemente al gobierno. Rodolfo Martín Villa ocupó la primera vicepresidencia y dejó sus responsabilidades en el proceso autonómico. Se esperaba que fuera él quien supervisara la reorganización del partido, preparándolo para las próximas elecciones. Era una tarea imposible que le distrajo, con fatales consecuencias, de sus responsabilidades diarias de gobierno. En sus memorias, Martín Villa reflexionaba que aceptar la vicepresidencia había sido un error.[12]

El aspecto más decepcionante del gabinete era que se mantenía la presencia de Alberto Oliart en el Ministerio de Defensa, porque era opinión general que no había demostrado suficiente autoridad ante los militares. El 20 de agosto había sido recibido con consternación el nombramiento para la Capitanía General de Zaragoza de Luis Caruana y Gómez de Barreda, cuyo comportamiento en la noche del 23 de febrero como gobernador militar de Valencia había sido extremadamente ambiguo. Aún mayor asombro había provocado que se concediera la medalla por «sufrimientos por la Patria» al general Milans del Bosch. También produjo indignación que solo se impusiera un mes de arresto al capitán Juan Milans del Bosch, por comentarios injuriosos sobre su jefe supremo, el Rey, a quien se refirió con la expresión «cerdo inútil». Ese mismo día, el coronel Álvaro Graiño Abeille fue sentenciado a dos meses de arresto (que quedaron reducidos a uno después de la apelación) por la ofensa de enviar una carta a un periódico advirtiendo de la persistencia del espíritu golpista en las Fuerzas Armadas.[13]

En el momento en que el país se preparaba para las grandes celebraciones que iban a conmemorar la aprobación de la Constitución, la indisciplina militar, y su vertiente de animadversión contra la persona del Rey, quedó patente en la reaparición de una organización «ultra» llamada Unión Militar Española y la publicación de «el manifiesto de los cien», un alegato anticomunista firmado por cien oficiales y suboficiales, todos ellos destinados en Madrid. Se trataba de un esfuerzo, expresado con términos agresivos, para fortalecer el respaldo a los conspiradores del 23-F antes de que fueran sometidos a juicio, pero guardaba también relación con el golpe aún latente que estaban considerando un grupo de coroneles. El general Ignacio Alfaro Arregui, jefe de la Junta de Jefes de Estado Mayor (JUJEM) reaccionó con rapidez para impedir que se extendiera el espíritu sedicioso entre las filas. Cinco de los firmantes —entre ellos el capitán Blas Piñar, hijo del jefe de Fuerza Nueva— fueron arrestados y se hizo saber a todas las unidades que quedaba totalmente prohibida a los oficiales cualquier declaración política. Dos días antes de su publicación, José Antonio Girón de Velasco comió con algunos de los firmantes más destacados, incluido el coronel Jesús Crespo Cuspinera de la DAC que, siendo en efecto uno de los autores principales, sería posteriormente arrestado como primordial inspirador de la reanimación del golpe de coroneles que tenía por objeto destrozar las elecciones de octubre de 1982. Las declaraciones de Oliart de que no había motivo de preocupación indujeron a Manuel Fraga a comentar que el Ministerio de Defensa existía solo sobre el papel.[14]

La actitud relajada del ministro contrastaba con la firme exhibición de autoridad del Rey. Juan Carlos convocó una reunión de la JUJEM y emitió una llamada a la disciplina en las Fuerzas Armadas.[15] De esta reunión salió la decisión de relevar a los miembros de la JUJEM en su totalidad. La explicación oficial fue que, estando muchos de ellos cercanos a la jubilación, la renovación total era la única manera de lograr un equipo cohesivo para supervisar conjuntamente la entrada de España en la OTAN. Otra opinión era que la autoridad de la JUJEM había quedado un tanto maltrecha después del 23-F y que hacía falta un equipo nuevo para restaurar la disciplina, sobre todo estando próximo el juicio de los conspiradores. Puesto que el general Gabeiras, jefe del Estado Mayor del Ejército, tenía que testificar en el juicio, se temía que la autoridad de la JUJEM pudiera quedar de alguna forma en entredicho. El nuevo presidente de la JUJEM, anunciado a mediados de enero, era el general Álvaro Lacalle Leloup, un estricto constitucionalista.[16]

El Rey estaba totalmente exasperado tanto por la constante evidencia de actividad golpista como por las continuas insinuaciones de su implicación en el 23-F. Aun antes de la reunión con la JUJEM, en su discurso de enero de 1982 en el Palacio Real con motivo de la Pascua Militar, pronunció una alocución particularmente enérgica en la que condenó la campaña de difamación y exhortó a las Fuerzas Armadas a adaptarse al cambio. Después de expresar su gratitud a la lealtad militar demostrada durante la noche del 23 de febrero, pidió mutua comprensión entre el Ejército, por una parte, y el gobierno y otras autoridades civiles, por la otra. Reconociendo que los cambios que en aquel momento experimentaban las Fuerzas Armadas eran difíciles, el Rey señaló que «La voluntad de los Ejércitos no puede ser otra que la de la Nación» y advirtió: «Que nadie pretenda erigirse en salvador de sus compatriotas contra la voluntad de estos». Después denunció públicamente, por primera vez, la campaña contra su persona, diciendo que tenía «la mentira como lema, la confusión como método, y la afrenta como objetivo». Hablando con notable franqueza, dijo: «Nadie habrá podido escuchar de mí la menor protesta ni descubrir el más insignificante esfuerzo por defenderme de unas calumnias que merecen tan solo el más rotundo de los desprecios. Nadie habrá podido dudar de mi serenidad y de mi prudencia, porque pensaba y pienso que no debo descender a rebatir falsedades ni a justificar conductas... Pero permitidme, que hoy, en esta Pascua nuestra, cuando estoy hablando a queridos compañeros de armas en un tono de confianza y sinceridad, deje una breve pero profunda constancia tanto de mi dolor por los lamentables procedimientos que algunos utilizan como del agradecimiento a cuantos han sabido rechazar la propaganda insidiosa y mendaz». Juan Carlos expresó a continuación su absoluta confianza en que la verdad del 23-F emergería al fin en el juicio y su fe en la democracia.[17]

Mientras la inquietud por la persistencia del golpismo se exacerbaba con la reanudación de la acción de ETA, en 1982 se aceleró la desintegración de la UCD. Pero, paradójicamente, a pesar o quizá precisamente a causa de esta situación, el ánimo popular estaba cambiando. La confianza en el Rey y en las instituciones democráticas se fortaleció gracias a los propios golpistas en el curso de su juicio. El procesamiento comenzó el 19 de febrero de 1982 y dominó la política española hasta bien entrada la primavera. Juan Carlos siguió todo el juicio con máxima atención y se sintió especialmente preocupado por las declaraciones de algunos de los acusados de que había participado activamente en alentar el golpe. En su primera declaración del 14 de abril de 1982, Tejero acusó abiertamente al Rey de haber refrendado y fomentado el golpe. Fuentes de toda solvencia y medios próximos a La Zarzuela reaccionaron declarando que los golpistas intentaban implicar a Juan Carlos para rebajar su propia responsabilidad y para tomarse la revancha por su oposición al golpe. Dichas fuentes lamentaban que los golpistas presentaran la decisión de Armada de permanecer en silencio como prueba de la implicación de la Corona en la operación. Es probable que la opinión del propio Rey se plasmara en el deseo expreso de que todos los implicados «digan lo que tengan que decir, porque existe absoluta seguridad de que el Monarca ha sido perfectamente claro en su comportamiento».[18]

Inevitablemente, los abogados defensores basaron en efecto su estrategia en la alegación de que los golpistas creían sinceramente que cumplían órdenes de Juan Carlos. A finales de septiembre de 1981, cuando hicieron públicas sus conclusiones provisionales, diez de los abogados defensores emitieron una declaración conjunta en el sentido de que la operación del 23-F se había llevado a cabo: «En la firme convicción y plena seguridad de dar fiel cumplimiento a consignas emanadas de S. M. el Rey, comandante supremo de las FA, según mandato constitucional...». Después pasaban a afirmar que la operación había estado dirigida por Armada que reclutó a los demás afirmando que la tarea era «encargo regio», alegación que los demás acusados no tenían motivo para dudar, dada la estrecha relación entre Armada y el Rey, y dado su nombramiento como segundo jefe del Estado Mayor.[19] Durante el juicio, la defensa llegó al extremo de pedir que Juan Carlos compareciera como testigo. La Zarzuela tenía por fuerza que negarse, pero esa misma negativa podía ser utilizada contra él. De modo similar, aunque algo más sutil, el general Armada hizo saber que había pedido permiso al Rey para revelar el contenido de su conversación del 13 de febrero. Su carta no recibió contestación: Sabino Fernández Campo sabía que otorgarlo permitiría a Armada decir lo que quisiera sin ninguna posibilidad de negarlo; rehusar dicho permiso podía interpretarse como indicio de que el Rey tenía algo que ocultar.[20]

Ante el tribunal, la arrogancia matonesca de los acusados, la deslealtad entre ellos y la quiebra moral tendrían involuntariamente un profundo impacto en las relaciones entre civiles y militares. General consternación produjo el espectáculo de estos autodesignados guardianes de los valores patrios jactándose de su patriotismo y ajenos al hecho de que sus actos habían cubierto a España y a las instituciones militares de ridículo y vergüenza en todo el mundo. Este juicio estimuló debates en los cuartos de banderas sobre los méritos y deméritos del golpismo. La burda conducta de los que se presentaban como encarnación del honor y la disciplina, y el hecho evidente de que hubieran desobedecido órdenes de sus superiores, erosionaron las certidumbres de los oficiales más sensatos. Después del juicio, la defensa de la Constitución, aunque no llegara a ser entusiasta, fue objeto de menos desaprobación en las filas de las Fuerzas Armadas. Las declaraciones de índole antidemocrática que antes habían tenido una aprobación silenciosa, aunque no una admiración reconocida, fueron más susceptibles de provocar severas condenas de las autoridades militares.

Los golpistas empezaron a retirarse a las sombras, donde siguieron tramando para resucitar su golpe. Pero el grueso de los oficiales había pasado a lo que se conocía como el «sector prudente», cuyo primer interés era proteger su carrera en el Ejército. Además, la política de ascensos iniciada por el general Gutiérrez Mellado, y retomada con decisión por el general Álvaro Lacalle Leloup, empezaba a dar fruto. Con el paso del tiempo, la estrategia de acelerar el paso de los generales franquistas a la escala de reserva, poniendo las unidades decisivas en manos de leales constitucionalistas y concediendo ascensos por méritos en lugar de simplemente por antigüedad, empezaba gradualmente a producir efectos. De honda importancia simbólica fue la firma del Rey del documento que confirmaba la entrada de España en la OTAN el sábado 29 de mayo de 1982. Aquella mañana Juan Carlos había presidido el gran desfile militar con que se clausuró la Semana de las Fuerzas Armadas, celebrada aquel año en Zaragoza. Después, por la tarde —y a pesar de una moción del PSOE en las Cortes para que se aplazara la entrada de España hasta que Gran Bretaña diera garantías de futuras negociaciones sobre Gibraltar— la embajada española en Washington entregó el «protocolo de adhesión». Esta decisión tuvo muchas ramificaciones, reforzando considerablemente el prestigio de España al precio de limitar su espacio de maniobra en la escena internacional. Con todo, esperándose las sentencias del juicio por el 23-F en los días siguientes, el inequívoco apoyo del Rey a la integración en la OTAN traslucía su aliento a las esperanzas del gobierno de que los militares salieran del ámbito político interior.[21]

La adhesión a la OTAN poco contribuyó a detener la inexorable decadencia de UCD. Los constantes recordatorios del 23-F debido a la exhaustiva cobertura del juicio en los medios de comunicación, y la aparentemente incansable violencia de ETA-m, habían erosionado fatalmente la imagen del gobierno. Las encuestas demostraban sin lugar a dudas que el PSOE iba a ganar las próximas elecciones generales. Prueba inconfundible de ello fue la abrumadora victoria de los socialistas en las elecciones autonómicas andaluzas del 23 de mayo.[22] Suárez se había negado a participar en la campaña y a raíz de esto la UCD se desgarró a causa de las mutuas recriminaciones. Los bancos estaban empezando a encauzar dinero hacia Alianza Popular y a tratar a la UCD con creciente distanciamiento. La posición de Calvo Sotelo se debilitó más aún con la publicación el 3 de junio de las sentencias de los encausados en el juicio por el 23-F. Aunque Tejero y Milans del Bosch recibieron la pena máxima de treinta años,

Armada, Pardo Zancada y Torres Rojas fueron condenados solamente a seis años. Veintidós de los treinta y dos enjuiciados fueron condenados a menos de tres años. En consecuencia, podrían reincorporarse a sus puestos después de haber cumplido condena. El gobierno apeló posteriormente al Tribunal Supremo y algunas sentencias fueron sustancialmente incrementadas en 1983, de modo muy notable en los casos de Armada (hasta treinta años) y de Torres Rojas (hasta doce años). Pero, en aquel momento, la benevolencia de las condenas originó general consternación. Pareció, al menos entonces, como si nada hubiera cambiado.[23] En diciembre de 1988, Juan Carlos sancionó la propuesta del gobierno socialista de indultar a Armada, a quien faltaban dos meses para cumplir setenta años, edad en que los prisioneros tenían derecho automáticamente a pedir la libertad condicional.[24]

Ante el inexorable ascenso del PSOE y Alianza Popular, Leopoldo Calvo Sotelo anunció el 30 de julio de 1982 que no sería el candidato presidencial de UCD para las próximas elecciones.[25] La UCD empezó a fragmentarse en sus diversos componentes. Incluso Suárez, irritado por no habérsele ofrecido más que el tercer lugar en la lista electoral del partido para Madrid, decidió dejarlo y formar un nuevo partido, que se llamó Centro Democrático y Social. Para impedir que Suárez tuviera tiempo de consolidar su nuevo partido llevándose con ello más votos de la UCD, el 27 de agosto Calvo Sotelo convocó elecciones generales, que debían celebrarse pasado el período legal mínimo de dos meses.[26]

El PSOE presentó un programa moderado para reconstruir la industria española, fomentar el empleo, reformar la voluminosa administración pública y elaborar una política exterior más positiva y más independiente. La atención pública se fijó ante todo en la promesa de crear ochocientos mil nuevos puestos de trabajo. El único contrincante serio era Alianza Popular, con un programa mucho más conservador. La campaña electoral se llevó a cabo con elevado grado de espíritu cívico, a lo cual favoreció el hecho de que el 3 de octubre se conociera la noticia de que se preparaba otro golpe. En las primeras horas del sábado 2 de octubre, Calvo Sotelo mantuvo una reunión con los ministros de

Defensa e Interior, Alberto Oliart y Juan José Rosón; con el director general del CESID, Emilio Alonso Manglano, y con el director de la Seguridad del Estado, Francisco Laína. Habían sido agentes del CESID los que habían descubierto una trama para dar un golpe de Estado el 27 de octubre, día anterior al fijado para las elecciones. Calvo Sotelo telefoneó al Rey para informarle del inminente arresto de dos coroneles y un teniente coronel implicados en lo que se llamó «Operación Cervantes».

Se trataba de una versión más elaborada del largamente latente «golpe de los coroneles», si bien con la novedad tras el 23-F de que el Rey era en esta ocasión objetivo principal. Tres coroneles de ultraderecha, estrechamente asociados a Fuerza Nueva, estaban implicados en esta conspiración coordinada desde la cárcel por el general Milans del Bosch. Poco después de la llamada de Calvo Sotelo al Rey se llevaron a cabo las detenciones, que fueron seguidas por el interrogatorio y encarcelamiento del coronel Luis Muñoz Gutiérrez, cuya esposa era candidata de Fuerza Nueva al Senado; del coronel Jesús Crespo Cuspinera de la DAC, uno de los inspiradores del «manifiesto de los cien» publicado en diciembre de 1981, y de su hermano, el teniente coronel José Crespo Cuspinera. Mientras Muñoz Gutiérrez comía con Blas Piñar, agentes del CESID registraron su coche y encontraron planes enormemente detallados para el golpe, que preveía la participación de varios cientos de oficiales de artillería. Los palacios de La Zarzuela y La Moncloa, las Cortes, el cuartel general de la JUJEM, varios ministerios y edificios públicos clave iban a ser ocupados por comandos trasladados en helicópteros. Las estaciones ferroviarias, aeropuertos, emisoras de radio y televisión, y oficinas de periódicos iban a ser tomadas por unidades rápidas de carros blindados. La élite política sería «neutralizada» en sus domicilios. Formaba parte del plan que hubiera derramamiento de sangre con objeto de anular la posibilidad de vuelta atrás. Manglano y Sabino Fernández Campo serían ejecutados, y el Rey, depuesto por haber traicionado su juramento de lealtad al Movimiento.[27]

Era evidente que los conjurados habían entendido bien las lecciones del 23-F. El hallazgo horrorizó a los políticos del país y a la mayoría de la opinión pública. Había, no obstante, algún motivo para un optimismo prudente. El Centro Superior de la Información de la Defensa (CESID), autoridad central de coordinación de los servicios de inteligencia, había actuado con celeridad y eficiencia, en fuerte contraste con febrero de 1981. Además, la indignación que había despertado el plan de eliminar físicamente a los jefes de Estado Mayor contribuyó al aislamiento de los golpistas. Por otra parte, solo fueron detenidos los tres principales protagonistas, a pesar de haberse descubierto documentos que implicaban al menos a otras doscientas personas. Otros nueve oficiales presuntamente comprometidos fueron destinados fuera de Madrid, entre ellos el comandante Ricardo Sáenz de Ynestrillas y el coronel Antonio Sicre Canut, que habían tomado parte en el «manifiesto de los cien» nueve meses antes.[28] El 12 de octubre, a raíz del abortado golpe, en las celebraciones del día de la Hispanidad en Cádiz, el Rey respondió con un vehemente discurso en defensa de las libertades constitucionales.[29]

Ahora bien, en una época en que el Rey, como él comentó con pesadumbre, tenía que estar constantemente apagando fuegos como un «bombero», el período de UCD de apaciguamiento de los militares estaba tocando a su fin. Pronto, el Rey podría dejar que fueran los socialistas quienes se ocuparan del problema de la subversión militar. Pese a la sombra de intervención militar, la ciudadanía dio al PSOE una considerable mayoría parlamentaria en las elecciones del 28 de octubre de 1982. Fue esta una masiva repulsa pública del falso argumento de que los golpistas actuaban en beneficio único del pueblo español. El grado de adhesión popular al régimen democrático hacía imposible a los oficiales alegar que los militares subversivos eran intérpretes de la voluntad nacional. Los socialistas obtuvieron el 47,26 por ciento de los votos y 202 escaños. Alianza Popular quedó en segundo lugar con un 25,89 por cientos de votos y 107 diputados. UCD quedó reducida al 6,1 por ciento y solo 11 escaños.[30]

El 23 de noviembre se inició la ronda de consultas en La Zarzuela, después de la cual Juan Carlos debía elegir un candidato a la presidencia que propondría a las Cortes. Dado el rotundo veredicto de las urnas, era evidente que tendría que elegir a Felipe González. En la inauguración del nuevo Parlamento el 25 de noviembre de 1982, Gregorio Peces-Barba, nuevo presidente de las Cortes, pronunció un discurso que suponía una significativa defensa de la monarquía no solo por la actuación de Juan Carlos en el 23-F, sino también, algo muy importante, por sus propios méritos: esta institución, dijo Peces-Barba, proporcionaba estabilidad, equilibrio y potencial de progreso. En respuesta, Juan Carlos elogió a las Fuerzas Armadas por su valor frente al terrorismo y reafirmó que la violencia política no podía eliminarse por medios autoritarios. Reiteró asimismo su determinación de impedir que una minoría impusiera su voluntad a la mayoría.[31]

La labor que aguardaba a Felipe González era inmensa. Los problemas interrelacionados de terrorismo de ETA y subversión militar exigían habilidad y autoridad. Puesto que mantenía buenas relaciones con el PNV y Euskadiko Ezkerra, el PSOE acaso tuviera más posibilidades de éxito frente a ETA de las que tuvo UCD. Con Narcís Serra, nuevo ministro de Defensa y persona inmensamente ponderada y de gran autoridad, el PSOE inauguró un programa de modernización, reorganización, profesionalización y despolitización de las Fuerzas Armadas que iba a debilitar la mentalidad golpista de corte tercermundista de los militares. La reestructuración de la industria española, que adolecía de sectores obsoletos, gran dependencia energética, desequilibrios regionales y supeditación tecnológica, iba a requerir amplia visión y sacrificios. Lo mismo era aplicable a la reforma agraria. Nadie esperaba triunfos a corto plazo, pero el hecho de que el PSOE estuviera dispuesto a acometer tareas soslayadas por UCD concitó considerable tolerancia pública hacia medidas inmediatas como la devaluación de la peseta, los incrementos fiscales y subida del precio de los combustibles. Los socialistas habían sido elegidos por un electorado serio que había sufrido la angustia del terrorismo y la conspiración militar. Lo que se esperaba de los socialistas es que gobernaran también en serio.

Don Juan había dicho en una ocasión a su hijo que su labor habría terminado cuando pudiera reinar con un gobierno socialista en el poder. La mayoría de la población había cumplido su papel para llegar a ese punto. La clase política había trabajado con espíritu de compromiso y sacrificio para afirmar la democracia. Aun así, Juan Carlos tenía muchas razones para sentirse personalmente orgulloso. Como rey democrático había arriesgado su vida en servicio de la Constitución, y había avanzado mucho desde que fuera coronado como sucesor de Franco en 1975. Su valentía y determinación en defensa de la democracia el 23 de febrero de 1981 había dado una legitimidad *de facto* a la legitimidad dinástica resultante de la renuncia de su padre y la legitimidad democrática derivada de los dos referéndums de 1976 y 1978. Con el golpismo en retirada y un gobierno en el poder con amplia mayoría parlamentaria, el Rey podía albergar esperanzas fundadas de ser un jefe de Estado constitucional al estilo de la reina Isabel II de Inglaterra. Sin embargo, la necesidad del esfuerzo regio no disminuyó mucho. En años venideros, la necesidad de la influencia del Rey, cuando no de su intervención directa, iba a seguir siendo una constante en la política española.

No estaban resueltos ni el problema del terrorismo vasco ni el de la subversión militar. A lo largo de los dos siguientes decenios, el empeño del Rey en la defensa de la unidad española iba a ganarle la hostilidad directa de ETA y de los abertzales, así como la antipatía apenas disimulada de los nacionalistas vascos moderados. El *lehendakari*, Carlos Garaikoetxea, no era precisamente efusivo en su actitud hacia la monarquía. Su negativa de asistir a las celebraciones del día de las Fuerzas Armadas en Burgos en mayo de 1983 ofendió profundamente a Juan Carlos. Solo después de recibir un mensaje contundente del Rey comunicándole que su ausencia sería considerada como un insulto al Estado español, a la Corona y a él personalmente, se dignó Garaikoetxea a estar presente.[32] Cuando este se vio obligado a dimitir el 19 de diciembre de 1984 a consecuencia de haber perdido un voto de confianza en el Parlamento vasco, Juan Carlos tuvo la amabilidad de llamarle por teléfono para expresarle su simpatía.[33] Con todo, las relaciones del Rey serían más cordiales con el sucesor de Garaikoetxea, José Antonio Ardanza. El sentimiento de hostilidad hacia la monarquía no desaparecería nunca por completo y era perceptible en gestos como la negativa de la televisión autonómica vasca, Euskal Telebista, a emitir el discurso de Navidad del Rey en 1995.[34] Más aún, fue en el periódico vasco *Egin* donde se publicó a mediados de enero de 1996 un artículo en que se acusaba a la hermana de Juan Carlos, Margarita de Borbón y Borbón, de estar implicada en la venta ilegal de unos cuadros que eran propiedad del Estado.[35]

Las relaciones con los nacionalistas radicales no podían ser peores. En 1983, Herri Batasuna había denunciado la Semana de las Fuerzas Armadas en Burgos como una «fanfarronada provocadora» y «una ocupación militar de un Ejército ajeno al pueblo». Esto no solo disgustó al Rey sino que suscitó nuevos planes de golpe militar entre oficiales reaccionarios, que fueron desbaratados a tiempo por la policía.[36] Poniendo brutalmente de relieve la comunidad de intereses entre el terrorismo y el golpismo, la escalada de actividad terrorista de ETA-M alcanzó un punto álgido de violencia calculada con el asesinato a finales de enero de 1984 del general Guillermo Quintana Lacaci, capitán general de Madrid, que tanto había contribuido a impedir el tejerazo y era hombre de férrea lealtad al Rey.[37]

En octubre de 1986, cuando Juan Carlos visitó brevemente Bilbao para la ceremonia que conmemoraba el centenario de la universidad jesuita de Deusto, los concejales de Herri Batasuna de esta ciudad se negaron a asistir. Asimismo, el 8 de febrero de 1988, militantes de Herri Batasuna intentaron provocar disturbios en una visita real de dos días a Navarra. Ello provocó que se intensificaran las medidas de seguridad por temor a un ataque terrorista. En el transcurso de una ceremonia en el Palacio de la Diputación de Pamplona, Juan Carlos respondió directamente a la situación denunciando que «el acoso violento a nuestra democracia, a nuestro sistema de autonomías y a nuestra libertad, no va a atemorizarnos ni a desunirnos. La fuerza no podrá prevalecer nunca contra el deseo de paz de todos los españoles». Concluyó después con un desafío a ETA diciendo: «Hoy como ayer... ser navarro es ser español».[38] El 2 de junio de 1989, cuando Sofía y su hermana Irene de Grecia asistieron a un concierto de Mikis Theodorakis en el teatro Arriaga de Bilbao, fueron recibidas con una mezcla de aplausos e insultos. Cuando sonó el himno nacional de España, varios concejales de HB gritaron *«kampora»* (¡fuera!).[39]

La década de 1980 vería la transformación de España en un Estado semifederal con la creación del Estado de las Autonomías. Esto tenía importantes implicaciones para el Rey, que se tomaba profundamente en serio la función constitucional de la Corona como «símbolo de unidad y permanencia» del Estado español. Juan Carlos se esforzó mucho para formular y popularizar la idea de una España pluralista y multicultural pero que permanecía unida. Insistiendo en dicha unidad, consolidaba su lealtad a las Fuerzas Armadas pero también provocaba la animadversión de algunos nacionalistas regionales.[40] Su determinación de defender la idea de unidad española frente al nacionalismo vasco más extremista se manifestó durante las celebraciones de la Pascua Militar del 6 de enero de 1994. Respondiendo a la afirmación del Partido Nacionalista Vasco de que el Ejército obstruía la vía hacia la autodeterminación, Juan Carlos dijo: «La diversidad que nos enriquece debe unirnos en lugar de separarnos».[41] Iñaki Anasagasti, portavoz del PNV, dijo a la prensa que las referencias de Juan Carlos a la unidad de España eran «apelaciones chuscas y del pasado». Aludiendo al hecho de que Juan Carlos había pronunciado su discurso ante las máximas autoridades militares, Anasagasti declaró: «como jefe de Estado, no tiene que apoyarse solo en las bayonetas». Los conservadores, por el contrario, se mostraron entusiasmados. Alberto Ruiz Gallardón, del Partido Popular, declaró que el discurso de Juan Carlos había sido «extraordinariamente importante» y Manuel Fraga sostuvo que había sido «absolutamente correcto en el fondo, en la forma y en la oportunidad, porque había quien había estado jugando ambiguamente con este concepto».[42]

A lo largo de 1982, la hostilidad de ETA al Rey se manifestó en varios intentos de asesinato contra Juan Carlos y su familia.[43] A principios de agosto de 1986, la prensa publicó informes sobre unos planes de ETA para asesinar al príncipe Felipe. A finales de año, durante las vacaciones de la familia real en Baqueira Beret, una bomba etarra explotó en el hotel Montarto, donde cabía suponer que el Rey iba a reunirse con figuras políticas.

A finales de marzo de 1989 se reforzaron las medidas de seguridad cuando ETA hizo saber que tenía en su posesión cierto número de misiles «Grail» tierra-aire fabricados en la URSS; se supuso que iban a utilizarse contra el avión del Rey.[44] Después, en octubre de 1997, unos días antes de la llegada de los reyes para la inauguración del Museo Guggenheim de Bilbao, la policía descubrió un plan de una célula de ETA para hacer estallar una bomba durante la ceremonia. Al final, cuando se celebró este espectacular acto el 18 de octubre como estaba previsto, los reyes fueron recibidos y aclamados por más de 10.000 personas.[45] En general, pese a la hostilidad de los abertzales, la popularidad de los reyes aumentó en el País Vasco, el cual visitaron en varias ocasiones durante los años noventa.[46] Fue este un hecho en gran medida afianzado por el compromiso matrimonial de su hija Cristina con el vasco Iñaki Urdangarín Liebaert, conocido jugador de balonmano, en abril de 1997, quienes contrajeron matrimonio en la catedral de Barcelona el 4 de octubre. La boda, unida al hecho de que ella vivía en Barcelona y hablaba catalán, sacó a la calle a doscientas mil personas que aplaudieron a la pareja y a sus padres.[47]

Las relaciones del Rey con Cataluña, si bien no exentas de dificultad, eran considerablemente más fáciles que con el País Vasco. Estaba decidido a hacer lo que estuviera en su mano para consolidar la presencia catalana en la nueva democracia española y, de igual modo, aumentar la popularidad de la Corona en la región. A mediados de mayo de 1985, los reyes hicieron su primera visita a Barcelona desde la restauración de la Generalitat en 1977. Por invitación de Jordi Pujol, el Rey presidió una sesión del Consell Executiu, visitó el Parlamento catalán, fue recibido en el ayuntamiento por el alcalde socialista, Pasqual Maragall, y apoyó con entusiasmo a la candidatura de la ciudad como sede de las Olimpiadas de 1992. En la Oficina Olímpica, Juan Carlos escribió en el libro de honor: «Al consejo rector de la candidatura Barcelona 92 con mi afecto y, sobre todo, promesa de mi apoyo más firme para conseguir para España los Juegos Olímpicos de Verano 1992 y que Barcelona sea su sede».[48] El 22 de abril de 1988, Juan Carlos presidió la celebración del Milenario de Cataluña en el Palau de la Generalitat.

Con respecto a los militares, uno de los principales objetivos de los socialistas era encontrar una solución definitiva al problema de la subversión. Dado que el Rey era su jefe supremo, no era posible cumplir esta tarea sin su plena colaboración, y el nuevo ministro de Defensa, Narcís Serra i Serra, iba a contar con ella a menudo. En la Pascua Militar del 6 de enero de 1984, por ejemplo, Juan Carlos pidió a las Fuerzas Armadas que siguieran unidas y que colaborasen «sin dudas ni reservas» en los planes gubernamentales de reforma. Al año siguiente, el Rey expuso las ventajas de la modernización en el marco de la OTAN.[49] Serra era consciente de que, debido a que la Constitución hacía a las Fuerzas Armadas dependientes de los deseos del Rey y no de los del gobierno, este hecho daba cierta base legal a las pretensiones militares de poder autónomo. Por consiguiente, Serra tenía empeño en incorporar las Fuerzas Armadas a la esfera de la administración pública. Algo facilitó su tarea el hecho de que España fuera ya parte de la OTAN, con la consecuencia de que las Fuerzas Armadas estarían en contacto cada vez más frecuente con oficiales de países democráticos. Serra consiguió también llevar adelante el resuelto esfuerzo de Oliart para modernizar el ejército en cuanto a su equipamiento. Con todo, aun antes de haberse iniciado este proceso, durante el mes de noviembre, se vio obligado a revocar la decisión del Consejo Supremo de Justicia Militar de indultar a los condenados en el juicio del 23-F en las Navidades de 1982. A esto siguieron una serie de leyes que dejaron claramente sentada la supremacía del poder civil sobre el militar. Aunque muchos altos oficiales eran contrarios al golpismo, creían no obstante que el vínculo entre el Estado democrático y el Ejército tenía que ser el Rey como jefe supremo. Con gran energía, y pleno respaldo del Rey, Serra se dispuso a incorporar la administración militar a la administración civil del Estado. La Junta de Jefes de Estado Mayor dejó de ser el organismo máximo en la cadena de mando para convertirse en órgano asesor y consultivo al servicio del presidente y el ministro de Defensa. El cargo de gobernador militar de cada provincia fue eliminado y, con él, las connotaciones de un ejército de ocupación en territorio enemigo. El capitán general de la región dejó de ser la autoridad máxima de la misma, y fue abolido el concepto de una institución aparte para la justicia militar con jurisdicción sobre la población civil. De enorme importancia simbólica fue el éxito de Serra en lograr, el 24 de diciembre de 1986, con apoyo del Rey, la rehabilitación de los oficiales expulsados de las Fuerzas Armadas por haber militado en la UMD.[50]

A largo plazo, la situación militar iba a mejorar inmensamente. Pero, entretanto, durante la Semana Santa de 1985, fue desactivado por el CESID otro golpe reaccionario, planeado para el 2 de junio de 1985. El gobierno socialista había decidido no dar publicidad alguna a las actividades golpistas y la información no fue comunicada a la prensa hasta casi seis años después. Los nombres de los implicados en los preparativos del golpe no fueron revelados hasta octubre de 1997. La actuación del Rey el 23 de febrero de 1981 fue motivo de que en esta ocasión su nombre fuera el primero de los que iban a ser asesinados durante lo que se llamó «Operación Zambombazo». El plan consistía en hacer estallar una bomba bajo la tribuna en la que el Rey iba a presidir la celebración del día de las Fuerzas Armadas, que se llevaría a cabo en La Coruña. De haber prosperado la trama, Juan Carlos, Sofía y las infantas, así como Felipe González, Narcís Serra, la jerarquía militar y otros invitados habrían sido asesinados. La explosión sería después atribuida a ETA lo cual sería pretexto para imponer un gobierno militar. Entre los implicados figuraban el comandante Ricardo Sáenz de Ynestrillas, partícipe en la «Operación Galaxia», el comandante Ignacio Gasca Quintín y el coronel Jesús Crespo Cuspinera, que estaba todavía en la cárcel por su participación en la «Operación Cervantes» en octubre de 1982, junto al armador gallego Rafael Regueira Fernández. Uno de los implicados comentó: «Después de 1981 quedó claro que el golpe no podía hacerse con el Rey ni pese al Rey, sino contra el Rey. Para nosotros, era un perjuro y un traidor». Esta fue la última trama seria contra él.[51]

El aspecto en que el Rey se mostró más activo y eficaz fue en sus incansables salidas al extranjero. Sus visitas a Francia y Alemania fueron decisivas para la integración de España en la Comunidad Europea. Asimismo, el hecho de que cultivara buenas relaciones con el presidente Mitterrand contribuyó a lograr la cooperación francesa en la lucha contra ETA. El Rey hizo también muchísimo para consolidar la imagen de España en América Latina, así como para alentar la transición de dictaduras a democracias en la región, especialmente en Argentina, Brasil, Chile y Uruguay.[52] Su visita a Argentina en abril de 1985 no solo tenía la finalidad de ayudar al presidente Raúl Alfonsín en un momento difícil, sino también de dar mayor ímpetu a los esfuerzos del Rey para descubrir el paradero de veintitrés españoles desaparecidos durante la dictadura militar.[53] También con Gran Bretaña mejoraron las relaciones pese a la cuestión vigente de Gibraltar que había movido a los reyes a declinar con pesar la invitación a la boda del príncipe Carlos y lady Diana Spencer en 1981. Una vez lograda la anuencia británica para incluir el tema de la soberanía de Gibraltar en la agenda de futuras conversaciones, los reyes realizaron una visita oficial a Gran Bretaña, de éxito espectacular, en abril de 1986.

El Rey mantenía también buenas relaciones con una serie de países árabes —Marruecos, Jordania, Arabia Saudí, los Emiratos Árabes Unidos y Kuwait— a consecuencia de lo cual España contaba con abastecimientos seguros de petróleo. Las relaciones eran también extremadamente cordiales con Yasser Arafat, a quien recibió en La Zarzuela el 27 de enero de 1989. Posteriormente, Juan Carlos intercedió ante el presidente israelí Chaim Herzog a favor de Arafat. A todos estos esfuerzos se debió en parte la decisión de celebrar la Cumbre para la Paz en Oriente Medio de octubre de 1991 en el Palacio Real de Madrid.[54] El 8 de noviembre de 1993, Juan Carlos y Sofía fueron los primeros monarcas europeos en visitar Israel. En el segundo día de su visita, Juan Carlos pronunció un discurso en la Kneset (el Parlamento israelí) en el que defendió con fuerza el derecho a la autodeterminación del pueblo palestino. Poco después de su regreso de Israel, los reyes fueron anfitriones del profundamente agradecido Yasser Arafat.[55]

Las excelentes relaciones del Rey con el mundo árabe se ligaron a menudo a informaciones según las cuales había recibido ayuda financiera de las monarquías más ricas de Oriente

Medio. Esto a su vez se conectaría, a lo largo de los años noventa, a intentos de desprestigiar su imagen asociándola a los escándalos financieros que iban a plagar la vida política española. Las acusaciones contra el Rey que surgieron en los años noventa habrían sido inconcebibles diez años antes. Su oposición al golpe militar de 1981 le había granjeado a Juan Carlos enormes reservas de popularidad y credibilidad. El talante nacional durante la década de 1980 era de seria cooperación colectiva en la consolidación de la democracia, un proceso en que el Rey seguía colaborando incansablemente. Y, con ello, se aseguró un lugar en la historia.

Inevitablemente, lo que vino a continuación fue una especie de anticlímax aunque, en cierta medida, la aburrida normalidad que caracterizaba el papel de Juan Carlos como rey cada vez más simbólico fuera un tributo a sus méritos desde 1975. Ahora bien, la prosperidad que siguió al éxito del Partido Socialista en los años ochenta generó en España, como en buena parte del mundo occidental, un ambiente en que la acumulación de riqueza adquirió importancia creciente. Con ello, la reputación del Rey entró en la línea de fuego. No teniendo ya que luchar día a día para defender la democracia, el Rey podía legítimamente echar la vista atrás en su vida y reflexionar que todos los sacrificios que había hecho merecían alguna recompensa. Su infancia y su adolescencia le habían sido hurtadas. En los primeros años de matrimonio, su vida se había visto distorsionada por las exigencias enfrentadas de don Juan y el general Franco. Cuando fue rey, los primeros seis años resultaron ser una lucha incesante para afianzar la democracia. En 1981 había arriesgado su vida en ello, y en la primera parte de la década de 1980 se había debatido con problemas similares. A partir de entonces, siguió viajando incesantemente en nombre de España y para cumplir sus deberes constitucionales al máximo nivel. Sin embargo, con el gobierno socialista de Felipe González presidiendo un período de estabilidad y prosperidad, no es de extrañar que empezara a relajarse un poco y a dedicar más tiempo a sus propias aficiones.

Las revistas del corazón comentaron mucho su obsesión por la velocidad y los deportes caros en los que ponía su vida en peligro y que fueron a menudo causa de serios accidentes y lesiones. En una ocasión, cuando le sacaban de un avión en camilla, Sabino Fernández Campo comentó: «Un rey solo puede volver así de las cruzadas».[56] Esquiar, conducir coches rápidos y motos, pilotar helicópteros y aeroplanos, y las regatas, eran actividades que le crearon buena imagen en unos círculos y fueron motivo de críticas en otros. Lo mismo cabría decir de su entusiasmo por las mujeres atractivas, objeto de atención morbosa en algunos sectores de la prensa semanal y que dieron pie posteriormente a intentos de chantaje por parte de financieros procesados por actos delictivos, que esperaban con ello forzarle a intervenir a su favor.

En cierta medida, la mayor vulnerabilidad del Rey se debía precisamente al hecho de que había dejado de ser el bombero, siempre alerta para salvar la democracia. Así, pudo dedicar más tiempo a sus propios intereses, sus amigos y sus caprichos y esto, a su vez, iba a exponerle a una estrecha atención morbosa, e incluso hostil. A este respecto, su situación se volvió más difícil con la ruptura del equipo que hasta el momento había trabajado con tanta fortuna para proteger su imagen. En enero de 1990 se jubiló el marqués de Mondéjar a los ochenta y cuatro años. Siempre considerado por Juan Carlos como un segundo padre, Mondéjar fue una poderosa influencia a favor de la prudencia, y su marcha fue el principio de significativos cambios en la Casa Real. El 22 de enero de 1990, Mondéjar fue relevado como jefe de la Casa del Rey por Sabino Fernández Campo, un hombre extremadamente discreto e intensamente eficaz que, desde 1977, había sido secretario general. Como parte del proceso de renovación, volvió como nuevo secretario general el brillante diplomático José Joaquín Puig de la Bellacasa, que había ocupado puestos en La Zarzuela entre 1974 y 1976. Antes de este nombramiento, Puig de la Bellacasa había gozado de inmenso prestigio como embajador en Londres y había sido el cerebro gris de la visita de los reyes españoles a Gran Bretaña en 1986, que tuvo un éxito sensacional. Gran favorito de la reina Sofía, que era asidua visitante de Londres, el ingenioso y refinado Puig de la Bellacasa, profundamente religioso y devoto de la monarquía, iba a ser preparado para suceder al general Fernández Campo. Pero después de pasar el verano de 1990 con la familia real en Mallorca, a Puig no le gustó el comportamiento del círculo que frecuentaba el Rey en la isla. Su insistencia en imponer mayor discreción a Juan Carlos produjo un choque entre ambos a consecuencia del cual Puig abandonó el cargo menos de un año después de su nombramiento.[57]

Se hicieron esfuerzos para dar la impresión de que la salida de Puig de la Bellacasa se debía a la rivalidad con Sabino Fernández Campo. Es posible que hubiera alguna fricción entre ambos en cuanto al ámbito de sus respectivas responsabilidades pero, en esencia, compartían la ambición de proteger a la monarquía. Para contrarrestar los rumores de que había sido en algún sentido responsable del cese de Puig de la Bellacasa, Fernández Campo hizo saber que esperaba con impaciencia su propia jubilación. Tenía setenta y un años, pero sus facultares mentales y físicas estaban intactas y podría haber permanecido en su puesto sin dificultad como había hecho el marqués de Mondéjar. Finalmente, Sabino Fernández Campo se vio también obligado a salir de La Zarzuela de un modo en el que se repetía lo ocurrido con Puig de la Bellacasa. Las circunstancias de su marcha y sus consecuencias serían centrales para uno de los períodos más difíciles de la vida de Juan Carlos.

Uno de los inmensos servicios de Fernández Campo a la Corona había consistido en su capacidad para poner obstáculos al crecimiento en España de la voraz curiosidad característica de la prensa sensacionalista británica. Desde finales de los años ochenta, los medios de comunicación españoles empezaron a mostrar curiosidad por el tiempo de ocio del Rey en Mallorca, y en junio de 1992 se levantó el tabú de no investigar en su vida privada. Inmensa curiosidad suscitó la regia ausencia de España en un momento en que se requería su presencia para dar su aprobación al nombramiento de un nuevo ministro de Asuntos Exteriores para sustituir a Francisco Fernández Ordóñez, que estaba en la fase final de una enfermedad mortal. *El País* informó que el Rey estaba en Suiza para someterse a un chequeo médico, pero entonces Sabino Fernández Campo negó que tuviera problema alguno de salud afirmando: «lo que se me ha dicho es que está descansando». Los rumores de problemas matrimoniales se dispararon debido a una entrevista en la cadena radiofónica COPE con Jaime de Peñafiel, uno de los observadores del Rey más perspicaces y mejor informados. Peñafiel dijo a la presentadora del programa, Encarna Sánchez: «El Rey pasa por un momento emocional muy delicado derivado de un viejo problema matrimonial que ha terminado por hacer su crisis, y que, estoy seguro, si se le deja tranquilo, acabará por superar».[58]

Entretanto, el 25 de julio se inauguraron en Barcelona los Juegos Olímpicos, lo cual coincidió con un resurgir del nacionalismo catalán radical. En marzo de 1992, Esquerra Republicana de Catalunya había anunciado que, cuando Cataluña fuera una nación independiente, sería expulsada la monarquía. El impacto de esta declaración quedó algo mitigado por una reunión de Jordi Pujol y el Rey en el mes de abril, al final de la cual el presidente de la Generalitat calificó su relación como de «mutua lealtad» y pidió que se mostrara el debido respeto a la familia real durante los Juegos Olímpicos. Cuando estos se iniciaron, la aparición del príncipe Felipe, que encabezó el desfile olímpico como portaestandarte de España, provocó fervorosos aplausos. Los Juegos Olímpicos reforzaron significativamente la imagen pública de toda la Familia Real. Las espontáneas demostraciones de entusiasmo y afecto del Rey por el equipo español sintonizaron totalmente con el ánimo general. A Juan Carlos se le puso el sobrenombre de «el Rey Midas» porque parecía como si los deportistas españoles siempre obtuvieran mejores resultados cuando estaba él presente en el estadio.[59]

Pero, cuando los Juegos Olímpicos se clausuraron el 9 de agosto, volvió a resurgir el interés en el motivo de la ausencia del Rey en el mes de junio. La prensa y la radio lo pasaron en grande, llegando al extremo de comentar su posible abdicación. En los medios de comunicación, con *El Mundo* a la cabeza, a estas especulaciones siguió la repetición de las alegaciones de la prensa francesa e italiana sobre la relación del Rey con una mujer catalana que vivía en Mallorca, Marta Gayá. Tanto Sabino Fernández Campo como Felipe González expresaron su preocupación de que se hubiera iniciado una campaña contra la monarquía. Las miradas acusadoras se dirigieron hacia Mario Conde, que presuntamente controlaba *El Mundo*.[60] Pero este consiguió darle la vuelta a la comprensible irritación de Juan Carlos, alegando, al parecer, que Sabino Fernández Campo era responsable de las filtraciones a *El Mundo* como medio para avisar al Rey de los peligros que encerraba su conducta. Conde llevaba mucho tiempo intentando ganarse el favor regio mediante costosos regalos, un asalto inicialmente impedido por Fernández Campo. Pero Conde logró en efecto ganarse la gratitud del Rey gracias a sus atenciones con su hermana viuda, doña Pilar, y con don Juan, que estaba muriéndose de cáncer. Tenía también relaciones financieras con un amigo del Rey, Manuel Prado y Colón de Carvajal. Poca duda cabe de que el ambicioso financiero gallego quería reforzar su amistad con el Rey a fin de dar realce a su vertiginoso ascenso hasta la cúspide de la sociedad española, como póliza de seguro y también con la esperanza de que le sirviera para impulsar sus ambiciones políticas. Se ha dicho que Mario Conde abrigaba la idea de un gran gobierno de salvación nacional en que él tendría el papel de un Berlusconi español. La salida de Sabino Fernández Campo parecía el primer paso hacia el logro de esta meta.[61]

En enero de 1993 se anunció que Fernando Almansa Moreno-Barreda, vizconde del Castillo de Almansa, iba a sustituir a Fernández Campo. El hecho de que Almansa, persona muy inteligente y capaz, hubiera sido compañero de Conde en la universidad generó especulaciones de que acaso fuera hombre suyo, aunque el modo en que Almansa cumplió sus funciones despejó toda duda de que así fuera. En parte, el problema era que al Rey le incomodaba la tutela de un hombre que, debido a su edad, se creía capacitado para decirle cosas que no quería oír. Después de todo, Fernández Campo fue el último de una serie en la que figuraba el duque de la Torre, el marqués de Mondéjar y el general Armada. Se decía, por ejemplo, que Sabino Fernández Campo había desaprobado que el Rey se hubiera prestado tanto a un documental de la BBC con Selina Scott, una periodista guapa e inteligente, como a una biografía autorizada escrita por el *playboy* José Luis de Vilallonga. Haber elegido como amanuense a Vilallonga, un libertino y hasta el momento malicioso crítico de Juan Carlos, hizo torcer el gesto a muchas personas, al igual que el carácter desinhibido de la entrevista, que más pareció coqueteo, con Selina Scott, pero tanto el libro como el documental tuvieron consecuencias enormemente positivas para Juan Carlos en el aspecto de las relaciones públicas.[62]

Cualesquiera que fueran las razones de la salida de Fernández Campo, lo que es indudable es que eliminó una barrera entre el Rey y Mario Conde, y otros financieros de la *jet set* deseosos de explotar el favor real. Un curioso efecto secundario del gran prestigio adquirido por el Rey en la lucha por la supervivencia de la democracia a comienzos de los años ochenta fue la creencia de que disponía de un grado de influencia que parecía sobrepasar sus estrictos poderes constitucionales. Por ello, no faltaban quienes esperaban el favor real en los buenos tiempos y la intervención real en los malos. Junto a Mario Conde, otra persona que intentaba, sin especial éxito, acercarse al Rey fue el financiero catalán Javier de la Rosa, representante en España de KIO (Kuwait Investment Office), de la cual desaparecieron grandes cantidades de dinero durante la guerra del Golfo. Cuando tanto Conde como De la Rosa cayeron en desgracia con las autoridades desde finales de 1993 en adelante, creyeron al parecer que, debido a sus tratos comerciales con el amigo de Juan Carlos, Manuel Prado y Colón de Carvajal, podían esperar que el Rey los protegiera frente a la justicia.

El acceso de Mario Conde a La Zarzuela se debió en buena parte a que había cultivado cuidadosamente la amistad de don Juan de Borbón. El 18 de enero de 1993, en Pamplona, don Juan hizo su última aparición pública cuando Juan Carlos le entregó la Medalla de Oro de Navarra en reconocimiento a sus esfuerzos a favor de la democracia en España. Por entonces, don Juan sufría un cáncer terminal y raramente salía de la Clínica Universitaria de Pamplona. El padre del Rey no pudo pronunciar su discurso de aceptación, que fue leído en voz alta por el príncipe Felipe. En lo que fue, en realidad, su despedida de la nación, don Juan, hablando en su nombre y en el de doña María de las Mercedes, expresó «nuestra dicha, como súbditos, y alegría, como padres, de ver encarnada en nuestro hijo para el bien de España la institución a la que hemos dedicado la vida. Por eso podemos decir con orgullo: Señor, deber cumplido».[63]

El padre del Rey murió dos meses antes de cumplir ochenta años, el 1 de abril de 1993, aniversario de la victoria de Franco en la guerra civil. En el Palacio Real se instaló la capilla ardiente, que fue visitada por muchos miles de españoles de a pie. Fue una manifestación de cariño popular que descalificó las burlas de Franco acerca del deseo de don Juan de ser Rey de todos los españoles. En La Zarzuela se recibieron cuatro mil telegramas de pésame del mundo entero. Pasqual Maragall, alcalde de Barcelona, anunció que se pondría el nombre de don Juan a uno de los paseos de la ciudad. La misa de funeral por el alma de don Juan se celebró en la basílica del monasterio de San Lorenzo de El Escorial y a ella asistió la familia real, el gobierno, la totalidad del cuerpo diplomático, el presidente portugués Mario Soares, y representantes de las monarquías europeas incluido el príncipe Carlos de Inglaterra. La visible tristeza de Juan Carlos acaso reflejara su pesar por las fricciones que habían enturbiado la relación con su padre. La presencia de miles de personas congregadas en el exterior del monasterio para rendir un último homenaje a don Juan emocionó a Juan Carlos, quien hizo público un mensaje en que expresaba su gratitud por «las innumerables muestras de simpatía y afecto solidario recibidas».[64]

La ola de condolencia que acompañó la muerte del padre de Juan Carlos fue un efectivo barómetro de la popularidad del monarca. Era este un capital moral que el Rey se había ganado en los años transcurridos desde 1975. Este respaldo esencial sería decisivo para ayudar a Juan Carlos a superar el difícil período de mediados de la década de 1990. A finales de diciembre de 1993, serias dudas sobre la solvencia de Banesto, el banco de Mario Conde, hicieron que fuera intervenido por el Estado. Javier de la Rosa fue encarcelado a mediados de octubre de 1994 por una masiva malversación de fondos y Mario Conde le siguió en diciembre de 1994 acusado de fraude a gran escala. Las esperanzas de ambos de que el Rey viniera en su ayuda se vieron frustradas. Por esta razón, el enfurecido Javier de la Rosa presuntamente planeó un chantaje a Prado y Colón de Carvajal por la cuestión de los desaparecidos fondos de KIO, reforzando sus intentos con vagas amenazas contra el Rey. Se dijo también que Conde vio una oportunidad para hacer chantaje al gobierno por su implicación en la guerra sucia contra ETA sirviéndose de documentos suministrados por un agente del CESID renegado, Juan Alberto Perote. En una atmósfera cargada de rumores, no faltaron insinuaciones de que el desprestigio de ambas operaciones podía también alcanzar al Rey. La amenaza se disipó cuando *Diario 16* denunció los intentos de chantajear al Rey el 10 de noviembre de 1995. La consecuencia fue una enorme ola de solidaridad con el Rey.[65] En realidad, las especulaciones adversas de una serie de periodistas de investigación en algunos sectores de la prensa y en *best sellers* sensacionalistas, apenas lograron disminuir la popularidad de Juan Carlos. La imagen pública de la monarquía se consolidó aún más con la cobertura dada por los medios de comunicación a las bodas de las dos hijas del Rey: la de Elena con Jaime de Marichalar en la catedral de Sevilla en marzo de 1995 y la de Cristina con Iñaki Urdangarín en Barcelona en octubre de 1997.

Las bodas reales no hicieron más que reforzar una percepción popular del rey Juan Carlos fundada en la satisfacción que generaban su afabilidad y su talante franco, y el orgullo por su valentía en momentos decisivos durante el largo proceso de transición de la dictadura a la democracia, entre 1975 y 1982. Es una curiosa ironía que esta percepción, perfectamente lógica y basada en la realidad, no obedezca en grado apreciable a una valoración ni del sacrificio personal ni de la considerable inteligencia que las circunstancias le exigieron al Rey. Su campechanería en los incontables cientos de actos públicos y su coraje al enfrentarse a la amenaza golpista desde 1976 hasta 1985, de modo muy particular durante el golpe del 23 de febrero de 1981, son las razones más conocidas, pero no las únicas, de su éxito en la restauración de la monarquía en España.

Como este libro ha intentado demostrar, hay un lado menos público, y más meritorio, de este éxito. No es posible medir cuál fue el coste de reconstruir la monarquía para Juan Carlos de

Borbón. El precio inmediato pudo ser más alto: le costó gran parte de su infancia y de su adolescencia. El niño de diez años que subió al *Lusitania Express* para viajar de Lisboa a Madrid el 8 de noviembre de 1948 estaba dejando a padres y amigos con el fin de educarse bajo la mirada taciturna de una serie de aristócratas y generales adustos y puritanos. Fue sometido a una educación política cuya finalidad era prepararle para la tarea de perpetuar el régimen de un hombre, Franco, que era la antítesis misma de su padre, y que no solo no tenía posibilidad alguna de igualar el cariño, el buen humor y la tolerancia del conde de Barcelona, sino que raramente perdía la ocasión de burlarse del deseo de don Juan de regresar a España como «Rey de todos los españoles». Los muchos años pasados bajo la vigilancia de Franco, lejos de su familia mientras era preparado para una tarea ingrata, explican en buena medida por qué, en tantas fotos de los años cincuenta y sesenta, aparece Juan Carlos con expresión tan reservada y melancólica.

Juan Carlos sabía que la oposición de izquierdas le tenía por un mero títere de Franco y que, simultáneamente, recelaban de él muchos falangistas del Movimiento que le veían como representante de su padre, don Juan, y, por consiguiente, como un peligroso liberal contaminado por inclinaciones democráticas. En términos humanos, los veintiún años pasados desde su llegada a Madrid hasta ser definitivamente confirmado como sucesor cuando fue proclamado Príncipe de España el 21 de julio de 1969, no pudieron ser sino una experiencia desazonadora. Los seis años pasados desde entonces hasta su coronación apenas fueron más gratos; su casa y su familia fueron objeto de vigilancia constante y hostil. La idea de «vivir como un rey» nada tenía que ver con su experiencia. Quizá en el sentido material no fuera una vida desagradable, pero no era la que él había elegido. La elección de amigos, educación y carrera le fue impuesta por Franco, siempre en razón de su formación para las funciones que le había asignado el dictador. Durante los años de paso por las diversas academias militares y civiles, y de inmersión en las leyes que componían la constitución franquista y los objetivos del Movimiento, el joven príncipe tuvo que presentar un rostro público que no desafiara a Franco ni destruyera irrevocablemente la posibilidad de consolidar la monarquía en una democracia después de Franco.

Este necesario acto de equilibrio le suscitó un nerviosismo y una tensión que explican fácilmente su imagen de persona triste y solitaria. Inevitablemente fue malinterpretado por muchas personas, porque eran pocos los que podían apreciar la abnegación y el sentido del deber que latían en el fondo de su existencia. Pese a estar convencido de la legitimidad de la dinastía Borbón, aceptó con dignidad las múltiples humillaciones a las que quedó expuesto por ser solamente uno más de los posibles sucesores de Franco. Fue una experiencia que fortaleció su carácter y que explica sobradamente que pudiera proyectar junto a sus consejeros el complejo proceso de transición desde heredero nombrado por el dictador hasta rey por derecho propio. La historia de la destitución de Arias Navarro, la colaboración con Torcuato Fernández-Miranda y Adolfo Suárez, o sus tratos con Santiago Carrillo y Felipe González es compleja pero revela a un hombre inteligente, de carácter decidido y movido por un profundo patriotismo. El modo en que el Rey se sirvió de su prestigio entre los militares, hasta el extremo incluso de arriesgar su vida, con el fin de combatir el golpismo, confirma ampliamente esta impresión. Lo que se olvida con frecuencia, sin embargo, es que la madurez y la prudencia que subyacían a estas realizaciones y que tan beneficiosas han sido para España, fueron adquiridas a un alto precio en términos humanos. Para Juan Carlos al menos, «vivir como un rey» ha significado sacrificio y dedicación en un grado tal que ha dotado a la monarquía de una legitimidad impensable en 1931, en 1939 e incluso en 1975.

12

LOS PELIGROS DE LA RUTINA O EL AUGE DEL FÉNIX

El comentarista Logan Pearsall Smith sentenció en una ocasión que «un rey virtuoso es un rey que ha esquivado su función central. Su deber es encarnar para sus súbditos un ideal de comportamiento más allá de las posibilidades de ellos». Se refería a Eduardo VII de Inglaterra, quien, al igual que Juan Carlos I, tenía el toque popular, el don de gentes. Una vez, un cortesano le preguntó al rey británico por qué se había interesado por la salud del líder socialista Keir Hardie. En un precedente de la relación cordial de Juan Carlos con Felipe González, un enojado Eduardo VII le gritó «Soy rey del pueblo entero».

Si una vida de ocio y lujo, según Pearsall Smith, les parecía a los ciudadanos británicos lo más apropiado para el rey Eduardo VII, quien tan poca cosa había hecho para su país más allá de la introducción en sociedad del esmoquin, cuánto más se podría pensar que se lo mereciera don Juan Carlos, quien tanto había hecho por España. En las dos décadas que siguieron al fracasado golpe militar del 23 de febrero de 1981, el prestigio de Juan Carlos y de la monarquía española se mantuvo muy alto a pesar de algunos escándalos financieros y sentimentales. Los medios de comunicación, y con ellos el grueso de la opinión popular, eran conscientes de sus múltiples tareas oficiales y especialmente de su papel como el más conocido y eficaz embajador de España. De haber sido conscientes de sus actividades recreativas, usualmente comentadas con discreción y respeto, a la mayoría de los españoles les habría parecido poco más que sus merecimientos. Por algo era el Rey. De hecho, entre finales de los años noventa y los primeros años de la década de 2000, la monarquía era la institución pública que más consenso generaba entre los españoles, ante los diferentes escándalos vividos por varios gobiernos y partidos políticos desde la guerra sucia de los GAL o los casos de corrupción que afectaron tanto al PSOE como al PP o a CIU. En los sondeos realizados sobre valoración de dirigentes hasta el 2007, el rey siempre fue el más valorado, salvo en 2005 cuando fue adelantado por la reina y en 2006 que «empataron» los dos. Inevitablemente, el consiguiente descrédito de las instituciones políticas ha afectado también a la monarquía, el mismo rey sigue siendo más valorado que la institución de la Corona.[1]

Siendo así, ¿cómo se puede explicar la escena que se televisó a mediodía del 18 de abril de 2012? Un abatido Juan Carlos apareció junto a la puerta de su habitación en el hospital USP San José de Madrid y pronunció unas palabras jamás oídas de los labios de cualquier jefe de Estado español, real o republicano. «Lo siento mucho. Me he equivocado y no volverá a ocurrir.» Solo unos minutos antes había recibido el alta clínica después de haber pasado cinco días ingresado para que le pusieran una prótesis de cadera y le repararan una triple fractura de fémur. Había sufrido ambas lesiones al caer mientras cazaba elefantes en Botsuana. Este gesto sin precedentes se esperaba que fuera el punto de inflexión de un largo proceso de deterioro de la imagen del monarca y de la monarquía. Dicho proceso será el tema de este capítulo.

En parte, el mantenimiento de la popularidad real hasta mediados de la primera década de 2000 se debía a la discreción con la que la mayoría de los medios de comunicación trataban al rey y su familia. En la década siguiente, esta situación ha cambiado radicalmente con implicaciones que ponen en entredicho el futuro de la monarquía. Hasta comienzos del siglo XXI, la gran disyuntiva respecto a la monarquía se planteaba de la siguiente manera: no había duda de que el país fuera juancarlista, pero existía la duda de si era lo suficientemente monárquico para asegurar la sucesión duradera de su heredero como Felipe VI. Por una serie de razones, la premisa de un país mayoritariamente juancarlista se empezó a resquebrajar. Los medios de comunicación abandonaron su tradicional discreción y respeto hacia el rey y su familia, y además algunos miembros de la familia, e incluso el propio rey, se dejaron involucrar en actividades comprometedoras. Así, la posición personal de Juan Carlos como garante del futuro de la monarquía se debilitó, no solo en una izquierda con simpatías republicanas sino de forma creciente en el País Vasco, Cataluña y Galicia.

Como ya se ha visto en el capítulo anterior, después del momento más encomiable de su reinado, su intervención crucial para la derrota del 23F, el papel del rey ha sido cada vez más ceremonial y con menor peso político real. El paso de una situación en la que Juan Carlos había aceptado con valentía un protagonismo dramático, arriesgado y primordial en el destino del país a una posición más homologable con la situación de las otras monarquías constitucionales de Europa era un elemento crucial, además de deseable e inevitable, en la consolidación de la democracia en España. El papel de bombero de la democracia había sido necesario durante los años turbulentos que iban desde la muerte de Franco hasta mediados de los años ochenta. Pero a partir de entonces, sobre todo tras el controvertido referéndum sobre la permanencia de España en la OTAN de marzo de 1986, fue evidente la gradual reducción del protagonismo político de las fuerzas armadas. En ese proceso, el papel del rey fue de suma importancia en términos de otorgar su apoyo incondicional como Capitán General de las Fuerzas Armadas al proceso de reforma del estamento militar y de su subordinación al poder civil.[2]

Otro hito fue el cambio de gobierno del año 1996 cuando empezó como cosa rutinaria la alternancia pacífica entre el partido socialista y el Partido Popular. Esto no solo era un paso hacia la normalización del sistema democrático sino que acentuó el proceso a través del cual el Rey abandonaba discretamente el primer plano. En cuanto a su perfil público, su obediencia a los límites de la Constitución significaba la disminución de su imagen heroica.[3] Además, intensificaba este proceso el hecho de que el Rey no tenía con el nuevo presidente del Gobierno, José María Aznar, la misma sintonía personal que había tenido con Felipe González.[4] Incluso en uno de los papeles en los que el Rey había triunfado, como embajador brillante y popular en la representación peripatética de su país, Aznar sometía estrictamente los viajes y relaciones del rey a sus decisiones.[5] Esta relegación del rey cambió, y de forma muy negativa para la imagen del monarca, solo cuando a mediados de julio de 2012 el presidente Rajoy le hizo presidir un Consejo de Ministros justo antes de una reunión para acordar más recortes y así asociarle con la decisión.[6]

Se ha dicho que la relación personal entre el rey y José María Aznar era muy conflictiva. Parece que al rey le resultaba poco digna la manera en que Aznar había utilizado los medios de comunicación para derribar al gobierno socialista y consideraba que con ese fin no se había dudado en dañar su imagen. Por su parte, Aznar «no perdió ocasión de marginarle, menospreciarle» (al rey) mientras que su mujer, Ana Botella, mostraba «ínfulas de primera dama», y restaba protagonismo a la reina. Se dice que durante el gobierno de Aznar el rey se vio «reducido a la mínima expresión, un motivo constante de queja por parte del monarca, aunque naturalmente en privado», concluyendo que «José María Aznar invadió con frecuencia el territorio regio, desatendió sus obligaciones constitucionales con el Monarca y no siempre observó la debida cortesía».[7]

Así, Aznar ninguneaba al rey cambiando: «el modelo de relaciones con el monarca diseñado por los socialistas», reduciendo la cantidad y la calidad de las informaciones que se le proporcionaban y dejando caer en desuso costumbres como el «ministro de jornada» que acompañaba al rey en sus desplazamientos, o los habituales despachos entre el rey y el ministro de Defensa.[8] Esta fría relación fue reconocida posteriormente hasta desde el diario monárquico *ABC*.[9] Esa tónica de progresivo distanciamiento se mantuvo tras los gobiernos de Aznar. Sin embargo, se ha dicho que solo Adolfo Suárez, Felipe González y José María Aznar se han atrevido a veces a decirle que no al rey y que, primero con Zapatero y después con Rajoy, se ha perdido mucha formalidad en las relaciones entre el gobierno y la Casa del Rey, relajándo se de alguna forma los controles del ejecutivo sobre lo que hace y dice el rey. Siempre que don Juan Carlos se comportara con dignidad y buen criterio, esto no suponía ningún problema, pero en cuanto algún individuo de su familia política empezara a abusar de su situación de privilegio se iban a acumular problemas graves para la monarquía.

Sin embargo, y a pesar de la disminución de su papel, el monarca seguía siendo un «valor seguro» para la «marca España» y se destacaba especialmente su labor en las relaciones con Latinoamérica y con los países árabes. Donde más importancia política tuvo fue en relación con Rabat. Las tensas relaciones entre Marruecos y España en el último gobierno de Aznar habían tenido su culminación dramática en la ocupación del islote de Perejil por parte de Marruecos del 11 al 20 de julio de 2002. El nuevo gobierno de José Luis Rodríguez Zapatero se planteó desarrollar desde el primer momento una mejora de las relaciones con Rabat, política para la cual fue crucial la segunda visita de Estado de los reyes a Marruecos en enero de 2005 y en la que excepcionalmente Mohamed VI y su familia se desplazaron hasta el pie de la escalerilla del avión para recibir al monarca español, al que el soberano marroquí definió en ese viaje como «gran amigo y querido hermano».[10] Otras crisis con el estado marroquí no han faltado. Por ejemplo, la visita de los reyes a Ceuta y Melilla en noviembre de 2007 provocó una breve retirada del embajador marroquí de Madrid, aunque este volvió en enero de 2008 sin consecuencias, y las buenas relaciones entre las dos dinastías fueron normalizadas en una visita privada que realizó don Juan Carlos.[11] Donde más importancia económica tuvo su papel fue en relación con Arabia Saudí. La concesión por parte de Arabia Saudí de la construcción del AVE Medina-La Meca a un consorcio formado por 12 empresas españolas, un proyecto valorado en 6.736 millones de euros supuso el mayor contrato internacional logrado por empresas españolas. El contrato se firmó oficialmente en enero de 2012 y el gobierno destacó que había sido posible por la «fraternal relación» entre los dos monarcas. El rey también ha hecho viajes con consecuencias positivas para la economía española, por ejemplo a Jordania en 2006, a Argelia en 2007, a Dubai, Kuwait, Abu Dabi y Arabia Saudí en 2008, a Libia en 2009 y de nuevo a Kuwait en abril de 2012.[12] Es importante notar que muchos de estos países exigen negociación directa con el rey como premisa para cualquier acuerdo.[13]

Sin embargo, sorprendentemente se ha ido enfriando la influencia del monarca entre los países latinoamericanos. Su «encontronazo» con el presidente venezolano Hugo Chávez en la Cumbre Iberoamericana de 2007, cuando, ante las críticas de este al ex presidente Aznar, el rey le contestó con un irritado «¿Por qué no te callas?», mostrándose, en palabras de Santos Juliá, «en todos los posibles sentidos de la expresión, como un Borbón, digno heredero de su abuelo»,[14] desencadenó un alud de comentarios a uno y otro lado del Atlántico. Las encuestas mostraron que la espontánea respuesta del rey al mandatario venezolano fue de lo que más robusteció su popularidad dentro de España y su frase fue recogida por la revista *Time* como una de las 10 mejores «perlas» del 2007.[15] De todas formas, su influencia ha ido disminuyendo en la nueva generación de dirigentes latinoamericanos. La mediación del rey fue infructuosa para evitar la expropiación de la filial de la española Repsol, YPF, por el gobierno argentino, en 2012.[16]

Si la importancia internacional del rey ha disminuido fuera de los países árabes, ha aumentado un tipo de popularidad asociada con las revistas del corazón como consecuencia del matrimonio de su heredero. En un acto familiar en El Pardo celebrado el 6 de noviembre de 2003, cumplidos ya los 35 años, el príncipe Felipe pidió la mano de Letizia Ortiz Rocasolano, una periodista de padres divorciados, ella enfermera y sindicalista y él periodista, con un abuelo taxista. Divorciada ella misma y de 31 años, presentaba el telediario 2 de Televisión Española.[17] El regocijo popular no tuvo eco en los círculos monárquicos más fervientes donde ya había habido comentarios agrios respecto a las anteriores novias plebeyas del príncipe.[18] De hecho, su noviazgo con la modelo noruega Eva Sannum se había roto por presiones de sus padres.[19] Ahora, la nueva elección del príncipe volvió a generar críticas de los sectores monárquicos más tradicionales, pero el mismo príncipe no estuvo dispuesto a ceder de nuevo. Parece que la vía a la boda fue facilitada por el hecho de que Letizia le gustó al rey.[20] Si antes el principe se había considerado muy distante su compromiso le hizo muy popular. El enlace fue presentado como «el matrimonio de un príncipe moderno con la más genuina representante de nuestro tiempo: la más bella cara del telediario de mayor audiencia».[21] La misma boda real, celebrada el 22 de mayo de 2004, aunque ensombrecida por los atentados del 11 de marzo en Madrid, fue vista por la opinión pública como un acercamiento de la monarquía al pueblo y, por tanto, una modernización de la misma.[22] El anuncio, el 8 de mayo de 2005, casi un año después de la boda, de que la pareja esperaba su primer hijo, el nacimiento consiguiente de la infanta Leonor, el 31 de octubre de 2005, y, posteriormente, el de su hermana Sofía, el 29 de abril de 2007, parecían consolidar la monarquía, aunque se mantuviese el tema —aún no resuelto— del problema sucesorio que se plantearía si los príncipes de Asturias tuvieran un hijo varón, dado que la Constitución de 1978 establece la preeminencia masculina en la sucesión.[23] Por temor a que la reforma constitucional necesaria para resolver la situación pudiera convertirse en un «plebiscito sobre la monarquía», se ha aparcado el tema.

Este problema constitucional es lo de menos porque la posición del monarca y de la Corona se ha visto ensombrecida en los últimos años por las vicisitudes y errores de algunos miembros de la familia real. El control directo que el rey ejerció sobre la relación de la familia real con la sociedad española se ha hecho difícil desde que la familia incluye nuevos miembros que ya no dependen directamente de él.[24] Desgraciadamente para La Zarzuela, estos errores se han producido en un momento en que, como consecuencia del desarrollo de la democracia española, se ha roto el *tabú* respecto a posibles críticas a la monarquía o incluso de especulaciones sobre ciertas actividades o relaciones de sus miembros; especialmente del mismo rey Juan Carlos. Una disminución de la presencia real en las páginas y programas de noticias y de información «serios» ha ido acompañada de un auge de la información en la prensa, radio y televisión de entretenimiento, los llamados programas y prensa del corazón, enfatizando solo su «cara más banal».[25]

El fin del silencio sobre las intimidades reales fue gradual y parcial. Se ha notado no solamente en los programas del corazón mas banales y frívolos sino también en la publicación de libros tendenciosos e intrusivos.[26] Irónicamente, el hecho de que al principio la prensa tuviera recelos en cuanto a la publicación de información sobre «algunos asuntos reales, ciertas aventuras empresariales y unas cuantas imprudencias» fue un gran error porque, para algunos comentaristas, «el silencio de la prensa ha podido generar en el entorno real una sensación de inmunidad propiciadora del descuido».[27]

Desde el año 2007, la creciente crisis económica y los continuos recortes del bienestar han llevado a los españoles a exigir una mayor transparencia en las cuentas de la Casa Real y en el uso de los fondos que reciben de los presupuestos del Estado. A la vez, la posición de la monarquía se ha cuestionado más que antes como consecuencia de la cada vez mayor influencia de los partidos independentistas en el País Vasco y Cataluña. A pesar de la incuestionable preocupación del rey por la unidad nacional, es evidente que la Casa Real no se siente cómoda en el papel como centinela de la integridad nacional ante el aumento de las tensiones territoriales.[28] Dicho esto, un buen indicador del pensamiento del rey al respecto se puede sacar de sus discursos de Navidad, porque son los únicos que, aunque revisados por el gobierno, son escritos en la Zarzuela.[29] Según el periodista Manuel Ventero, los temas más tratados por don Juan Carlos en sus discursos han sido: la unidad, en 33 de los 35 discursos; la monarquía, en 31; el terrorismo, en 28; España, en 27; el desempleo, en 17; los valores democráticos, en 26; la construcción de un futuro entre todos, en 21, y la política social, en 12.[30] La expresión más extrema de los conflictos territoriales, el terrorismo de ETA —al que el rey siempre ha prestado una particular atención— parece estar en vías de desaparición. El rey siempre ha estado muy cerca de las víctimas de ETA y les ha mostrado su apoyo en todas las ocasiones posibles, recordándolas prácticamente en todos sus discursos de Navidad y en muchas otras intervenciones públicas.[31] Ante el comunicado de ETA anunciando el final de su actividad armada en octubre de 2011, el rey despachó con el presidente del Gobierno y se mantuvo en contacto con los principales líderes políticos y, según fuentes de la Casa Real, don Juan Carlos consideró este anuncio «un paso tranquilizador y positivo». Ya en su discurso de Navidad de ese año, dijo que «ahora ya es tiempo de que los terroristas entreguen sus armas asesinas y desaparezcan para siempre de nuestras vidas».[32]

La especial preocupación por el terrorismo mostrada por el monarca siempre ha reflejado el interés por sus ciudadanos. En ese sentido, con motivo del atentado islamista del 11 de marzo de 2004 toda la familia real se volcaba con los afectados. Por primera vez, la infanta Elena y el Príncipe de Asturias participaron en una manifestación; al incorporarse a la cabecera de la celebrada en repulsa por los atentados el 12 de marzo. Los reyes visitaron a los heridos repartidos en diferentes hospitales de Madrid y, en el funeral de Estado celebrado en la Catedral de la Almudena, tanto los reyes como los príncipes de Asturias saludaron uno a uno a todos los familiares, abrazándoles y dándoles besos y en algunos casos, como el de la reina, llorando también con ellos. Posteriormente, el rey entregaría personalmente las medallas al mérito en el trabajo a los familiares de las víctimas. También los reyes y los príncipes de Asturias presidirían el homenaje a las víctimas del 11-M en el primer aniversario del atentado, en el Parque del Retiro de Madrid.[33]

El rey también ha reclamado la unidad entre los distintos partidos políticos en algunos de los momentos de mayor tensión y crispación política vividos en la España reciente: esto se reflejó por ejemplo cuando visitó la Costa da Morte tras el desastre del petrolero *Prestige*, y defendió sacar adelante la zona «al margen de ideologías» y, en una prueba de mostrarse al margen de estas, visitó un Ayuntamiento gobernado por el BNG, otro por el PSOE y otro por el PP.[34] En el 25 aniversario de la Constitución llamó, en el parlamento, a recuperar el espíritu conciliador de aquella, con constantes referencias al espíritu de consenso en que se elaboró.[35] En el 30 aniversario de su proclamación como rey, en un viaje oficial a las Islas Canarias pidió «consenso, concordia y conciliación».[36]

Esto refleja el hecho de que al rey nunca le ha agradado el nivel de crispación que existe en el debate político cotidiano. Su consiguiente defensa de la unidad se ha notado especialmente en sus discursos de Navidad. En el del año 2004 dejó entrever su preocupación por la dureza del enfrentamiento político y pidió a los partidos que resolvieran sus diferencias con prudencia y buscando la concordia y el interés colectivo, apelando al principio de consenso que guió la elaboración de la constitución.[37] En el discurso de 2005 pidió «el más amplio consenso» para superar «las tensiones y divisiones».[38] En el de 2006 dijo que había que «sosegar» la «vida política» y trabajar «con espíritu integrador», invocando otra vez a la transición y a la Constitución como claves de la concordia y el progreso de España, y, ante los enfrentamientos provocados por la política antiterrorista, y días antes de la vuelta de ETA a las bombas, dijo que «tenemos el deber de lograr la unidad y la cohesión» para «poner fin al terrorismo».Y en el de 2007 pidió a los partidos «mayores esfuerzos para alcanzar el consenso en los grandes temas de Estado».[39] Desgraciadamente, dado el nivel de crispación, su apelación al entendimiento entre los dos grandes partidos caía siempre en saco roto.

En su discurso de 2009 pidió «liderazgo responsable» a políticos, gobiernos y agentes sociales, y unidad en torno a los principios de la Constitución, en relación a los grandes temas de Estado y ante la crisis económica y el papel internacional de España en un momento en que no existía diálogo entre el PP y el PSOE en el gobierno, como «ya hiciera en los años más duros de la crispación política entre el PSOE y el PP» durante la presidencia de Felipe González: «No nos podemos permitir que las legítimas diferencias ideológicas resten energías al logro de los consensos que piden nuestros ciudadanos», para salir de la crisis económica.[40] Ya en la recepción del 12 de octubre, la Casa Real autorizó, en contra de lo habitual, que se difundiera parte de la conversación del rey con los periodistas, en que el monarca aseguró que seguía «con preocupación» la crisis financiera internacional y resaltó que «es necesaria la unidad de todos para salir adelante», lo que se interpretó como colaboración entre los gobiernos europeos pero también entre oposición y gobierno en España.[41] En el mismo espíritu, el rey había «intensificado sus viajes al exterior para intentar ayudar a las empresas españolas a abrir mercados fuera de nuestras fronteras o para atraer inversión extranjera que creara puestos de trabajo».[42]

Estos intentos de mejorar la imagen del rey fueron considerados cada vez más necesarios conforme iban cobrando mayor importancia los «desplantes» y ataques a su persona procedentes tanto de la izquierda abertzale vasca como del sector independentista catalán. Las visitas del rey al País Vasco fueron recibidas por manifestaciones hostiles con ikurriñas y pancartas reclamando la independencia, mientras en Cataluña hubo una manifestación en contra del rey y la Constitución organizada por la juventud de ERC en 2006.[43] Los diputados de Esquerra, IU, BNG, y EA comenzaron a faltar a los actos institucionales en el parlamento con asistencia del rey, como la celebración del aniversario de la Constitución.[44]

La publicación en la portada de una revista satírica de tirada nacional (*El Jueves*) de una caricatura del príncipe y la princesa Letizia manteniendo relaciones sexuales levantó mucha polémica. De hecho, la revista buscaba una manera graciosa de criticar la medida del gobierno socialista de dar el llamado *cheque bebé* por cada niño recién nacido y, por tanto, la reacción de la Casa Real fue contraproducente. El 20 de julio se ordenó el secuestro de la revista y su retirada de todos los puntos de venta, consiguiendo en la práctica el efecto contrario: la revista se agotó en muchos puntos de España. Este hecho inédito desde la restauración de la democracia generó una gran división de opiniones: dentro del mismo Partido Popular, por ejemplo, fue defendida por el europarlamentario Alejo Vidal Quadras, pero rechazada por el ex ministro Ángel Acebes; Iñaki Anasagasti, senador del PNV, protestó que a la familia real no se la puede tocar «ni con el pétalo de una rosa». Incluso, se rumoreaba que el mismo príncipe no se sintió cómodo por la torpeza de la medida. Finalmente los dibujantes fueron condenados a una multa de 3.000 euros por un delito de injurias.[45]

Mucho más dañinos fueron los ataques que se produjeron desde los medios de comunicación de la derecha. Comentando la acción judicial contra *El Jueves*, el entonces director de ABC, José Antonio Zarzalejos, decía que los ataques a la monarquía no se producían solo desde la izquierda y el nacionalismo, sino también desde «cierta derecha» en la que se manifestaba un abierto o rampante republicanismo.[46] Por supuesto que había críticas de la izquierda desde Esquerra Republicana de Cataluña, pero no eran tan inesperadas como las de la derecha que reflejaban una frustración por el liberalismo de muchas actitudes del rey y por el hecho de que él cumpliera rigurosamente su papel constitucional al abstenerse de interferir en políticas de gobierno como la negociación con ETA o la ley del matrimonio homosexual aprobada por el gobierno socialista.[47]

Las más extremas críticas de la derecha surgieron en septiembre de 2007, coincidiendo con una quema de fotos del monarca en Girona, incidente que vería dos detenidos condenados a 15 meses de prisión. Desde la emisora de la conferencia episcopal, la COPE, Federico Jiménez Losantos pidió varias veces la abdicación del monarca y se acusó al rey de no apoyar a las víctimas del terrorismo.[48] Ya en 2006 Jiménez Losantos había declarado que el rey era el mayor enemigo que había tenido la COPE desde el retorno del PSOE al gobierno, y recogió las palabras del rey sobre el terrorismo en su viaje a Francia diciendo que el soberano «llega a estos extremos de evidente incapacidad, de grosería conceptual, de estupidez manifiesta» y que estaba en «manos de ineptos».[49] Una ola de críticas desde medios de comunicación conservadores no hicieron callar a Jiménez Losantos, lo que sería recogido desde *ABC* con tonos muy severos: «La radio de los obispos fue ayer, un día más, la plataforma desde donde se produjeron los mayores ataques contra su Majestad el rey».[50] Aunque hubo repetidos incidentes de quemas de imágenes del rey en Barcelona, Valencia y en Vigo, no tuvieron el impacto de las críticas despiadadas de Jiménez Losantos.[51]

Parte del problema era que para la generación que no vivió el franquismo, la transición empezaba a sonar a batallita lejana y, por tanto, no valoraban los sacrificios hechos por Juan Carlos en la construcción de la democracia. Pero también las críticas de la COPE indicaron que la neutralidad del rey como jefe de Estado se veía, a su pesar, puesta en entredicho. En este sentido, el año 2007 fue el punto más bajo de su reino. Algunos periodistas hablaron de 2007 como el «annus horribilis» de la monarquía, síntoma de lo cual fue la declaración en noviembre por la infanta Elena y Jaime de Marichalar del «cese temporal» de su convivencia tras 12 años de matrimonio y dos hijos. De hecho, el mismo rey sintió bastante malestar por la forma en que algunos medios de comunicación habían tratado las noticias de la separación de la infanta Elena.[52] A pesar de estos sinsabores, según las encuestas, la monarquía seguía siendo la institución más valorada en España.[53] Más allá de las encuestas, hubo la duda planteada por el historiador Santos Juliá. Este agudo comentarista había escrito que tras el 23-F Juan Carlos I se había convertido «en un rey taumaturgo al abrigo de toda crítica: la Corona desde entonces, se mira pero no se toca», pero en 2007, en cambio, «tras una acumulación de actos del rey y de conductas de la familia real excesivamente expuestos a la mirada pública, ese aura mítica que rodea a la Corona se desvanece en el aire, quizá porque ya ha dado de sí todo lo que podía dar».[54]

Comentarios así eran todavía un poco abstractos en el contexto de las encuestas tan favorables. Sin embargo, había auténticas nubes negras en el horizonte porque la crisis económica hizo imposible mantener la opacidad de las cuentas de la Casa Real, financiada a cargo de los Presupuestos Generales del Estado. Por ejemplo, ya el 20 de diciembre de 2006 un senador de Izquierda Unida presentó seis preguntas sobre las cuentas de la Casa Real. Quería saber la distribución del presupuesto de la casa y el grado de sometimiento a la Ley de Contratos del Estado de los contratos y servicios que se efectuaban desde ella. También quería saber si los miembros de la familia real hacían la declaración de renta y patrimonio, de intereses y bienes y las remuneraciones que percibían por sus cargos. El rechazo de estas preguntas por la mesa del Senado llevó a la coalición a hablar de censura del derecho al control parlamentario, y al senador peneuvista Iñaki Anasagasti a declarar que «el Gobierno tiene una política de encubrir cualquier pifia que haga la Casa del Rey». ERC, por su parte, presentó a lo largo del año 2007 un centenar de preguntas en el congreso en las que reclamó la fiscalización de las cuentas de la Casa Real. No fueron tramitadas pero su existencia estimulaba comentarios públicos sobre la falta de transparencia de las cuentas de la Casa Real. *El País* en diciembre de 2007, explicaba la partida de los Presupuestos Generales del Estado destinada a la Casa Real no estaba sometida a escrutinio del Tribunal de Cuentas ni de la Intervención General del Estado como no lo estaban las del Tribunal Constitucional, las Cortes o el Consejo General del Poder Judicial, porque se trataba de instituciones que no pueden ver mermada su independencia como sucedería si sus cuentas fueran controladas por organismos dependientes del gobierno de turno. «Es así en la mayoría de los países democráticos, pero una cosa es que no haya un control externo y otra que no se hagan públicas.»[55] En el año 2008, según el *ABC*, el rey de España estaba ausente de la lista de soberanos más ricos del mundo, elaborada por la revista *Forbes*, aunque el mismo diario declaraba con orgullo que el rey costaba algo menos de 19 céntimos de euro a cada español y que era «el jefe de Estado más barato».[56]

Inevitablemente, quizá la pregunta más pertinente que cabe hacer respecto al futuro tanto del mismo Juan Carlos como de la monarquía como institución se enfoca a su salud física.[57] A pesar de haber cumplido 74 años el 5 de enero de 2012 lleva una vida de extraordinaria, por no decir inhumana, actividad, con el consiguiente impacto sobre su organismo. Desde los años ochenta, ha sido cometido a nueve operaciones, tres por accidentes deportivos y el resto por motivos de salud. Los problemas asociados a su edad adquieren más gravedad por las exigencias de sus tareas reales. La Casa Real parece querer minimizarlos, destacando sus actividades o informando tardíamente de enfermedades u operaciones. Así, la web de la Casa Real destacó que en el año 2007 el rey visitó 10 países extranjeros, desde China a Kazajstán, pasando por Colombia o Argelia. Acudió por primera vez a Ceuta y Melilla. Dio 28 almuerzos o cenas oficiales, asistió a 25 actos de índole militar, a 23 inauguraciones en diferentes puntos de España, se entrevistó en encuentros particulares con 8 dignatarios extranjeros, asistió a media docena de entregas de premios, concedió 80 audiencias, acudió a 19 recepciones, actos de recibimiento o despedida, estuvo presente en otros 30 actos públicos, desde conciertos, juras de cargos, reuniones de patronatos y ceremonias conmemorativas, además de asistir a dos funerales por víctimas del terrorismo. Asimismo, celebró audiencias particulares para recabar información personal o conocer a protagonistas de la vida política, social o cultural española, aunque estas actividades ya recaían cada vez más en el príncipe Felipe.[58]

En 2010 fue operado en un hospital público de Barcelona de un tumor pulmonar en el que no se detectaron células cancerígenas, operación de la que solo se informó al presidente del Gobierno antes de que se llevara a cabo el 8 de mayo y de que La Zarzuela no le dio por «completamente recuperado» hasta octubre. El 3 de junio de 2011 fue operado de la rodilla derecha, donde se le implantó una prótesis. La Zarzuela se vio obligada a reconocer que tenía problemas de locomoción, y hasta se organizó un nuevo formato de almuerzo oficial adaptado a su proceso de recuperación. El 4 de septiembre del mismo año fue operado nuevamente por la rotura del tendón de Aquiles del pie derecho, operación de la que se informó a posteriori, y que le llevó a suspender sus actos fuera de La Zarzuela pero no sus actividades de despacho. Ya en noviembre, sufrió un accidente doméstico —se dijo que se había golpeado con una puerta— y apareció en público con el ojo izquierdo y la nariz inflamada porque decidió no cambiar su agenda.[59] Los continuos rumores sobre su salud llevaron al rey, en una conversación informal con periodistas el 31 de mayo, a mostrar su enfado, sin ser consciente de que se le estaban grabando. A la pregunta de los periodistas sobre cómo se encontraba, espetó: «Fatal, fatal, fatal. Como decís que estoy mal... Lo que os gusta es matarme y ponerme un pino en la tripa. Eso es lo que hacéis la prensa». La filtración de las imágenes llevó a la Casa Real a plantearse separar a reporteros gráficos y redactores en las audiencias reales, aunque tras anunciar esta medida el 3 de junio, rectificó.[60]

Su operación de pulmón dio lugar a una situación inédita en la monarquía española al tener que ejercer el príncipe Felipe como *suplente*, sin que se produjese una abdicación temporal del rey, prácticamente coincidiendo con el séptimo aniversario de la boda de los príncipes, lo que llevó a *ABC* a declarar que estos estaban «preparados para asumir la Corona cuando lo diga el destino», destacando que desde la boda, el príncipe «ha ido asumiendo progresivamente una mayor responsabilidad por deseo del rey, que quiere que la situación se aborde con naturalidad y previsibilidad», y que Letizia «ha aprendido sobre la marcha el difícil oficio de Princesa», con el ejemplo de la reina, y bajo una gran presión mediática.

En la agenda del príncipe empezaron a aparecer algunos actos que hasta ahora solo hacía el Rey, como las audiencias militares y las tomas de posesión de los gobernantes latinoamericanos, una de las áreas de representación más encomendada a la Corona.[61]

De todas formas, en su discurso de Navidad el rey dejó claro que se había reincorporado al trabajo: «sigo y seguiré siempre con ilusión al servicio de España. Es sin duda mi deber, pero es también mi pasión», aunque recordó, como ha hecho en casi todos sus últimos discursos navideños, que cuenta siempre, y especialmente había contado ese año, con «el activo apoyo del príncipe de Asturias». Pocos días después, en el 43 cumpleaños de don Felipe, un comunicado de la Casa Real subrayó que «no hay ninguna aceleración del proceso de relevo ni ninguna operación de abdicación en marcha».[62]

Precisamente, las especulaciones sobre un posible relevo se intensificaron con el inicio de un año bastante más funesto de lo que había sido el 2007. A lo largo de doce meses muy difíciles el rey tuvo que torear los problemas derivados de la imputación de Iñaki Urdangarín, su yerno, y también sufrió una caída en una cacería en Botsuana en abril de 2012 que provocó muchas críticas. En el mismo año, la valoración del rey en la opinión pública española empezó a bajar seriamente.[63] Ya en 2010, aunque todavía el 66 por ciento de los españoles creía que la monarquía parlamentaria era el mejor régimen para España, una cifra que con ligeros altibajos se había mantenido en los últimos 13 años, el porcentaje de españoles favorables a instaurar una república había crecido en 10 puntos, llegando al 25 por ciento. La monarquía se situaba en el tercer lugar entre las instituciones más valoradas por los españoles, después del ejército y de la policía.[64] De hecho, el peligro para la monarquía no era tanto la presión republicana sino los posibles errores que pudieran cometer los miembros de la familia real. En este contexto hay que aceptar que el «caso Urdangarín» ha minado la credibilidad y prestigio de la monarquía. La sensación de desilusión popular provocada por la caída de Iñaki Urdangarín ha sido más dramática precisamente porque parecía el yerno perfecto: guapo, alto, rubio, de buena familia, vasco de origen, catalán de adopción y estrella del deporte, que llegó a ser vicepresidente del Comité Olímpico Español en 2002.[65] La misma reina parecía tan engañada como otros definiéndole a Pilar Urbano como «un hombre bueno, bueno, bueno... ¡buenísimo! Tiene un gran fondo espiritual y moral. ¡De una pieza! Sensible, atento, muy bien educado. Y al mismo tiempo espontáneo, alegre, animado. Como marido y como padre es un puntal: da una gran seguridad en su casa».[66]

Se podría decir que hubo un problema con lo que sería para cualquier familia real la debida diligencia previa, porque los primeros problemas del futuro yerno con la administración se produjeron justo antes de su matrimonio con la infanta Cristina. En 1997, el Ayuntamiento de Barcelona le reclamó una deuda de más de 2.400 euros por impago de multas, impuesto de bienes inmuebles y de circulación.[67] El asunto que le ha llevado a ser procesado se vincula con la relación del ya duque de Palma con el Instituto Nóos supuestamente sin ánimo de lucro que nació en 1999 aunque no empezara su actividad hasta cinco años después, en 2004, cuando fueron nombrados Iñaki Urdangarín administrador de la misma y la infanta Cristina miembro de su junta directiva. Según consta en el sumario, entre el año 2004 y 2006, Urdangarín organizaba actividades por las que cobraba unos honorarios que la investigación judicial calificaba de «totalmente desproporcionados».[68] Este dinero acababa en empresas privadas con ánimo de lucro, propiedad del duque de Palma y de su socio y antiguo profesor suyo cuando estudió Administración de Empresas en ESADE, Diego Torres. Los informes elaborados por la Agencia Tributaria para el juez instructor concluyeron que la mayoría de las actividades desarrolladas por Nóos no se correspondían con una entidad sin ánimo de lucro.[69]

La investigación, conocida oficialmente como «Operación Babel» y popularmente como «caso Urdangarín», se asocia con uno de los muchos casos de corrupción que salpican la política española, el llamado caso *Palma Arena*: el complejo deportivo mallorquín cuyo presupuesto se disparó espectacularmente y en el que está implicado el ex presidente del partido popular de Baleares, Jaume Matas. De la investigación judicial se ha desprendido que el Instituto Nóos logró una serie de adjudicaciones de fondos públicos principalmente en Baleares y Valencia, en muchos casos sin pasar por el debido concurso público, y en las que la presencia en la institución del yerno del rey ha tenido una influencia indebida. Así, el ex presidente balear Jaume Matas declaró que «era impensable que el Govern respondiera a la oferta de colaboración del duque de Palma diciéndole que convocaríamos un concurso y que se presentara y lo ganara». Asimismo, se ha alegado que Urdangarín decía recurrentemente que «al estar yo, van a entrar todas las empresas».[70] Se ha atribuido al instituto la «simulación de la contratación de servicios ficticios a entidades mercantiles o presumiblemente facturados por importe superior al servicio realmente prestado».[71] A comienzos de 2012, el Govern Balear no había podido encontrar en sus archivos ningún informe de fiscalización o de justificación emitidos por sus técnicos sobre las cantidades millonarias adjudicadas.[72]

La práctica de cobrar honorarios, «desproporcionados» también, se aplicaba en los negocios del Instituto Nóos en Valencia. Se cobró de la Generalitat y del Ayuntamiento de Valencia más de 3 millones de euros por la organización de tres ediciones del *Valencia Summit*, encuentros para analizar las ventajas de las ciudades que acogen eventos deportivos. Según la Agencia Tributaria el coste real fue de poco más de 100.000 euros por edición.[73] La manera de inflar las ganancias se podría ver en la facturación de actos como la organización en 2005 y 2006 de sendos congresos sobre turismo y deporte: el llamado *Illes Balears Forum*, cada edición del cual costó más de 1 millón de euros. Los gastos cobrados incluían 80.000 euros por «cuatro comidas, tres cenas y seis *coffee breaks*» para esos invitados.[74] Las ganancias obtenidas con estas actividades se han asociado con una serie de empresas y bienes inmuebles relacionados con Nóos.[75] Según un informe de Hacienda fechado cuatro días antes de los registros de Barcelona, el Instituto Nóos y su conglomerado mercantil facturaron al menos 16 millones de euros a 103 entidades públicas y privadas, casi el 40 por ciento procedentes de fondos públicos —2,5 del gobierno balear y 3,5 de la Generalitat y el Ayuntamiento de Valencia— a través de cumbres públicas turístico deportivas, carísimos estudios que a veces se plagiaron y asesoramientos empresariales. Entre las empresas privadas figuran el BBVA, la SGAE, Telefónica, Volkswagen, Repsol, Cepsa, Meliá Hoteles o Gas Natural, aunque, posibles excepciones al margen, es en los ingresos procedentes de los fondos públicos donde se observan indicios de delito. Por ejemplo, se habla de entre 300.000 y 650.000 euros desviados a Belice. La Agencia Tributaria también destaca que se falsificaron o se inflaron facturas ya que no se correspondían con servicios realmente prestados y se cruzaron ventas y compras entre las empresas del conglomerado para pagar menos impuestos —llegando a desembolsar solo algo menos de un 3,5 por ciento de sus ingresos de media, y la empresa Aizoon, que tuvo su sede en el palacete que los duques de Palma compraron en Pedralbes, un 4,94 por ciento— y que aunque Urdangarín abandonó oficialmente la asociación en 2006 siguió habiendo cuentas a su nombre en 2007 y 2008.[76] Se habla incluso de que los documentos incautados en el registro de Nóos muestran un plan para colocar el resto del dinero recaudado en paraísos fiscales.[77]

Es evidente que las revelaciones sobre estas actividades salpicaron la imagen de la monarquía a finales de 2011 y a lo largo de 2012. Ya en el año 2005 habían aparecido comentarios críticos ante la noticia del traslado de los duques de Palma a una lujosa residencia en el exclusivo barrio barcelonés de Pedralbes, valorada en 6 millones de euros, con 1.200 metros cuadrados de estancias y 1.300 metros cuadrados de jardín, al parecer comprada con fondos públicos desviados a través de Nóos. Como el propio Urdangarín reconoció en su declaración ante el juez, poco después el abogado José Manuel Romero, emisario del rey, habiendo comprobado que las actividades de Nóos y de su red sí tenían ánimo de lucro, aconsejó al duque que se desvinculara de inmediato de ellas. En teoría, el duque aceptó el consejo el 14 de junio de 2006, mientras que la duquesa dejó su puesto como vocal de la junta directiva. Sin embargo, antes de esto, Urdangarín montó con Diego Torres otras dos fundaciones semejantes. De nuevo, José Manuel Romero se vio en la obligación de aconsejarle que optara por una actividad profesional por cuenta ajena fuera de España. Parece que, a pesar de estos avisos, Urdangarín no se desvinculó de este entramado societario, con el consiguiente perjuicio para la Casa Real.[78]

Finalmente, el 22 de abril de 2009 la Casa Real pudo anunciar que los duques se trasladaban con todos sus hijos a Washington, por un nuevo trabajo de representación de Iñaki Urdangarín en Telefónica. Era una necesidad perentoria alejar a Urdangarín de España mientras la amenaza de investigación arreciaba. Poco antes, la Casa del Rey había rechazado un intento de la infanta Elena, recién separada de Jaime Marichalar, de entrar en el mundo de la asesoría, imponiendo el criterio de que la actividad de sus miembros se limitase a empleos simbólicos aunque remunerados.[79] Fueron medidas que se aplicaron justo antes de que estallase la tormenta. En junio de 2011, Diego Torres fue imputado como presidente y administrador último de Nóos, donde había sustituido a Urdangarín. El 7 de noviembre la Fiscalía Anticorrupción registró la sede del instituto Nóos en Barcelona y dos días después el juez Castro, en sendos autos judiciales, mantuvo que Torres y Urdangarín presuntamente habrían utilizado varias sociedades para apoderarse de fondos públicos de los que recibía el instituto Nóos. También había graves sospechas de delitos de falsedad documental, prevaricación, fraude a la administración y malversación de caudales públicos. Tanto la fiscalía como el juez del caso consideran que la infanta Cristina no formaba parte del círculo cerrado del Instituto. A pesar de frecuentes declaraciones de inocencia por parte del duque de Palma, la Casa del Rey ya había decidido que Urdangarín tendría «que defenderse por sus propios medios».[80]

La Casa Real había anunciado el día 12 de diciembre de 2011 que Urdangarín quedaba excluido de los actos oficiales, tanto por deseo del rey como del propio duque, según se decía desde la Zarzuela. El primer pronunciamiento público del nuevo jefe de la Casa del Rey, Rafael Spottorno Díaz-Caro, quien había sustituido el 30 de septiembre a Alberto Aza, no dejaba lugar a dudas sobre la posición de la Casa al asegurar que no le parecía un comportamiento ejemplar el desarrollado por el duque de Palma.[81]

La recuperación a finales de 2011 en los medios de comunicación de una entrevista hecha a Urdangarín en una televisión privada en el año 2005, en la que hablaba de su necesidad de alimentar a sus cuatro hijos, empeoró aún más la percepción del caso. Se aumentaron las críticas a la monarquía desde los sectores de izquierda y de nacionalistas vascos, catalanes y valencianos.[82]

Las críticas provenían de muchas partes una vez que el caso Urdangarín atrajera el foco del interés de los medios. *El País* por ejemplo comentó que al ser desposeído del título de duque de Lugo después de su divorcio de la infanta Elena, Jaime de Marichalar fue apartado «en cascada de los consejos de administración de una serie de sociedades que, ahora es ya evidente, no le cedieron una plaza por méritos propios sino por haber emparentado con la Corona». Se concluyó que «forman legión las gentes que buscan ser asociados a la Corona para servirse de su influencia y prestigio».[83] Ya en 2007 un amigo personal del rey había escrito que en España, algunos «hombres de negocios (...) tienen obsesión por aparecer junto a S. M. el rey e incluso titularse amigos suyos», y cada vez más también del príncipe, y que incluso algunos, pagaban por asistir a cacerías a las que iba el rey y en las que ni siquiera se molestaban en fingir que estaban cazando.[84]

El grado de preocupación real por el daño que el caso Urdangarín causaba a la monarquía se notaba en el discurso de Navidad del rey. Sus palabras hicieron hincapié en la corrupción aunque no nombrara al yerno: «Me preocupa enormemente la desconfianza que parece extenderse en algunos sectores de la opinión pública respecto a la credibilidad y prestigio de algunas de nuestras instituciones. Necesitamos rigor, seriedad y ejemplaridad en todos los sentidos. Todos, sobre todo las personas con responsabilidades públicas, tenemos el deber de observar un comportamiento adecuado, un comportamiento ejemplar» y «cuando se producen conductas irregulares que no se ajustan a la legalidad o la ética es natural que la sociedad reaccione».[85] El discurso fue elogiado por los responsables del PP, PSOE, CiU y Coalición Canaria, pero criticado por PNV, IU, BNG y ERC. No cabe duda que fuera una intervención necesaria pero el daño hecho por el yerno travieso ya era demasiado profundo para neutralizarse con un discurso.[86] Esto ya se había notado en la apertura de la nueva legislatura. El rey recibió un nutrido aplauso de la mayoría de los diputados salvo de los de IU, ICV PNV, Geroa Bai y algunos socialistas, mientras que los diputados de Amaiur y de ERC optaron por no acudir al Congreso.[87] La campaña antimonárquica de Esquerra Republicana de Catalunya le llevó a presentar 100 preguntas sobre el rey al Congreso de las que se le aceptaron 63, incluidas algunas referidas al caso Urdangarín. Pretendían saber si se pagaba los trajes, si existen tratos de favor a proveedores de la familia real, sobre el pago de luz o teléfono o sobre la fortuna personal del rey. Planteaba también la conveniencia de establecer un régimen de incompatibilidades para la familia real y criticaba que la web de la Casa Real no estuviera en todas las lenguas oficiales.[88]

La defensa de la situación de la Casa Real no se pudo hacer sin unas grietas internas. La hermana del rey, Pilar de Borbón, al ser preguntada en la inauguración de un mercadillo benéfico declaró a los periodistas que «lo que toca es callar».[89] Se provocaron rumores sobre la unidad de la casa con motivo de una visita que hizo la reina a su hija y a su marido en Washington; tras asistir en Nueva York a la gala anual del Instituto Español. De manera inusual, se alojaba durante cinco días en casa de los duques y se dejaba fotografiar con ambos en un reportaje publicado por la revista *Hola* el 7 de diciembre. Inevitablemente, estos gestos fueron interpretados de forma crítica como un apoyo a su yerno.[90] La iniciativa de la reina desentonaba con el hecho de que las relaciones del rey y del príncipe con Urdangarín se habían reducido a lo mínimo posible.[91]

La postura del rey y su heredero se veían justificadas de sobra cuando el 29 de diciembre el juez Castró levantó el secreto de sumario e imputó a Iñaki Urdangarín por presuntos delitos de prevaricación, malversación de fondos, fraude a la administración y evasión fiscal. Como no podría haber sido de otra forma, La Zarzuela reiteró el respeto a las decisiones judiciales. Urdangarín finalmente declaró en el juzgado de Palma el 25 de febrero en medio de un creciente interés, después de pernoctar una noche en La Zarzuela junto a su mujer. La cena familiar se desarrolló en un ambiente muy tenso y fue posible solamente porque la reina quería reunir a sus hijos y el príncipe convenció al rey por hacer feliz a su madre.[92]

A pesar de las declaraciones de Urdangarín de su inocencia, el haber llegado a este punto supuso un desastre para la Casa Real. Una indicación de cómo llovieron las críticas fue la opinión declarada del periodista Jaime Peñafiel de que el rey debía autorizar la imputación de su hija en beneficio de la supervivencia de la monarquía.[93] Más llamativos todavía eran unos artículos publicados en el *ABC*. Manuel Martín Ferrand comentaba que los clientes de Urdangarín buscaban una vía de influencia pero que la actitud de este quebraba cuando menos «supuestos estéticos que resultan fundamentales para asentar el respeto a la Corona».[94] En las páginas del mismo diario, Ramón Gorriarán decía que el yerno había «salido rana», perdido «el rumbo» y era un «baldón» para el rey y, sobre todo, para el príncipe de Asturias, «el gran afectado de un escándalo que ha deteriorado la imagen de la Corona a extremos impensables hasta hace nada». Lo más dramático para la Casa Real era que un diario sólidamente entusiasta de la monarquía pudiera declarar «Que algo olía a podrido en los negocios de Iñaki Urdangarín era un comentario recurrente en las redacciones de los medios de comunicación y en las conversaciones políticas desde hace más de cinco años (...) El manto protector que rodea, o rodeaba, las actividades privadas de los miembros de la Casa Real silenció aquellas noticias» hasta que «llegó el momento en que no se pudo mantener más el "paripé"».[95]

El caso Urdangarín había arrojado luz sobre la ausencia de regulación y transparencia respecto a las actividades no oficiales de la familia real, y las revelaciones consiguientes habían expuesto a la monarquía a ver cuestionado su papel futuro. Una situación realmente peligrosa, lo que pudo haber sido «el invierno de la monarquía», se empezaba a salvar por la reacción del rey frente a la crisis económica.[96] Recuperó la iniciativa al asumir un mayor protagonismo en temas económicos del país, haciendo viajes a Kuwait y a Mostar. El Ministro de Asuntos Exteriores José Manuel García-Margallo llegaría a declarar que el rey «nos saca las castañas del fuego en determinados países».[97]

Después de tanta crisis y tanta mala noticia, es comprensible que muchos comentaristas piensen que el rey ha agotado las enormes reservas de crédito que se había acumulado entre 1975 y 1982 y que la situación de la monarquía es realmente frágil. El contraataque vino en marzo de 2012 del *ABC*, en cuyas páginas se publicó una encuesta que concluía que 7 de cada 10 españoles muestra un criterio favorable a la monarquía, el 77 por ciento recuerdan su papel en el 23-F y el 72 por ciento en la lucha contra ETA, el 69 por ciento considera que la monarquía ha sido positiva para España, y el mismo porcentaje considera que está comprometida con la democracia, mientras que el 63 por ciento considera que la actuación del rey ha sido positiva o muy positiva desde su proclamación. El 78,6 por ciento aprueba la respuesta que dio a Hugo Chávez pero habría que destacar que solo el 44,2 por ciento aprueba su actuación en el caso Urdangarín. El periódico concluía que «los españoles perciben en la persona de Don Juan Carlos y en la propia institución el reflejo simbólico de una etapa muy positiva para la convivencia en paz y libertad, que ha situado a nuestro país en el lugar que le corresponde en Europa y en el mundo», con la idea de que el rey era el mejor embajador de España y que los españoles saben distinguir entre la institución monárquica y los comportamientos familiares.[98]

Aun así, la convicción optimista del *ABC* de que España ya es más que juancarlista y se ha vuelto monárquica ha recibido unos duros golpes por el caso Urdangarín y sus implicaciones más amplias,[99] y ese mismo año Abel Hernández insistiría en que los españoles son más juancarlistas que monárquicos.[100] Según los datos de las encuestas de Metroscopia recordados por *El País*, las actitudes de las jóvenes generaciones no encajan con esta idea. Los menores de 35 años que no vivieron la transición no recuerdan las gestas de Juan Carlos en sus años de heroísmo y, por tanto, no comprenden la utilidad de la monarquía. En 1996 el 66 por ciento de los encuestados se declararon a favor de la monarquía frente al 13 por ciento de los republicanos. Quince años después, en 2011, el porcentaje, aunque a favor de la monarquía ha bajado a 49 por ciento monárquicos contra 37 por ciento republicanos. Lo más preocupante para la Casa Real es que entre los menores de 35 años hay un empate a 45 por ciento.[101]

Estas estadísticas no significan necesariamente que la monarquía se tambalea. La inmensa utilidad de la monarquía como Jefatura de Estado neutral en un país de crispaciones sigue siendo su mayor contribución a la tranquilidad constitucional de España. De hecho, una consideración de las implicaciones de los delitos imputables al yerno del monarca ha hecho pensar a los comentaristas más atinados que no sería conveniente políticamente que contribuyeran a socavar la legitimidad constitucional de la monarquía. Una cosa es la forma de Estado acordada en 1978 y otra es la condena del comportamiento de unos individuos. Por ponerlo de otra manera, la corrupción rampante que se ha visto en algunas autonomías no es motivo para cuestionar la democracia. En ambos casos, la corrupción exige mayor vigilancia y no un debate sobre el futuro de la monarquía en medio de una gravísima crisis económica. En cambio, sí que es urgente clarificar y vigilar legalmente las responsabilidades de los miembros de la familia real.[102]

En la primavera de 2012, parecía que la reacción contundente aunque tardía del rey frente a la situación de su yerno y sus iniciativas a favor de la economía española estaban enderezando el barco monárquico. Irónicamente, todo se complicó el 14 de abril, cuando el rey necesitaba dos cirugías, una para ponerle una prótesis de cadera y otra para reparar una triple fractura de fémur después de sufrir una caída mientras cazaba elefantes en Botsuana.[103] En pocos días, se esfumó la recuperación de la imagen de la corona que tanto trabajo había costado. La afición del rey por la caza ya le había cosechado las más agudas críticas. En octubre de 2004 la agencia Abies Hunting, especializada en organizar cacerías de elefantes en Africa y de osos en Europa, le había organizado un viaje para matar osos en los Cárpatos, donde se había alojado en el chalet del ex dictador Ceaucescu. También en 2004 había pagado 7.000 euros por matar en Polonia uno de los últimos bisontes vivos de Europa. En 2006, la prensa rusa declaró que había viajado en un avión especial allí a fin de abatir un oso, que, al parecer, había sido drogado previamente. La publicidad sobre tales actividades provocaba no solo la indignación de grupos de activistas pro-animales sino la curiosidad de diputados de PNV y ERC sobre la financiación de estas cacerías.

Desde hacía varios años, era evidente que, en una época de creciente preocupación ecológica, ética y medioambiental, la caza de animales protegidos o en peligro de extinción solo podía dañar gravemente el prestigio de la monarquía. Además, dado el compromiso ecologista de la reina también fue motivo de división dentro de La Zarzuela.[104] La noticia de lo que había pasado en Botsuana coincidió con la insistente subida de la prima de riesgo española y con el anuncio por parte del gobierno de recortes duros en sanidad y educación. No faltaban comentarios de que los Presupuestos Generales del Estado solo recortaban el 2 por ciento de la asignación de la Casa Real frente a los brutales recortes impuestos en otros apartados.[105] El rey acababa de decir que el paro juvenil le quitaba el sueño y el gobierno español presentaba un proyecto de Ley de Transparencia que no incluía a la Casa Real, alegando primero que esta no era parte de la administración pública y después que se seguía el modelo de otras monarquías europeas.[106] Como se dijo en *El País*, «todo se ha aliado para formar la tormenta perfecta».[107]

Aunque primero se pensó que el safari de lujo había sido pagado a cuenta de los Presupuestos Generales del Estado, después se supo que quien pagó la cacería, el avión privado y el campamento fue el empresario Mohamed Eyad Kayali, representante de la Casa Real de Arabia Saudí en España, hombre de confianza del príncipe Salman. Como se afirmó que tuvo un papel determinante en la adjudicación del AVE Medina-La Meca a empresas españolas, eso parecía diluir algo las críticas a la cacería en su coste si no en su ética. Sin embargo, la «buena noticia» respecto a la financiación de la cacería fue neutralizada cuando se confirmó que el rey iba acompañado de la princesa alemana Corinna zu Sayn-Wittgenstein, empresaria y organizadora de safaris.[108] Esto parecía que fuera otro motivo de tensiones entre el rey y la reina quien no se apresuró a volver de Grecia donde se encontraba y cuya primera visita al monarca en el hospital duró solo veinte minutos.[109]

Los elefantes y la princesa alemana se habían unido para romper un dique mediático, que ya hacía agua, en cuanto a los viajes, las amistades y la vida privada del rey.[110] Entre las secuelas del viaje a Botsuana, aparecieron más especulaciones sobre las frías relaciones entre el rey y la reina. De las «tensiones» en el matrimonio ya había hablado un amigo del rey en 2007, que dando por hecho la existencia de amantes del rey, recordaba haberle preguntado al monarca si alguien podía tener algún tipo de documento que le pudiera comprometer sobre sus «relaciones privadas» y que el rey le aseguró que no.[111] En 2008, el periodista Jaime Peñafiel dedicó un libro entero al matrimonio de los reyes, alegando, entre otras revelaciones íntimas, que desde 1990 duermen en habitaciones separadas en distintas plantas.[112] De todas formas, las relaciones afectivas de la pareja real no tienen una importancia política en sí. En cambio, sí que tienen un impacto sobre la imagen popular de la monarquía.[113]

Precisamente en términos de imagen y de popularidad, el impacto del viaje a Botsuana fue agravado por el hecho de que coincidiese con un accidente de su nieto mayor, Felipe Juan Froilán, primer hijo de la infanta Elena. El chico fue ingresado y operado en una clínica de Madrid tras propinarse accidentalmente un tiro en un pie cuando pasaba sus vacaciones de Semana Santa en Soria con su padre, Jaime de Marichalar. Era de esperar que esto provocara preguntas sobre lo que hacía un menor de 14 años con una escopeta de calibre 36.[114] El dirigente de IU Cayo Lara declaró que no era creíble que al rey le quitara el sueño el desempleo juvenil.[115] El presidente del PNV, Iñigo Urkullu, se mostró «estupefacto» y «abochornado» por el comportamiento del rey, tras calificar la cacería de Botsuana de «frivolidad absoluta». Rosa Díez de Unión Progreso y Democracia pidió que el rey se disculpara, porque su viaje no fue «ético» ni «responsable». Poco antes de su muerte, uno de los padres de la Constitución, Gregorio Peces Barba, definió el viaje como «un patinazo y un error» y dijo que el rey debería pedir perdón. Aunque ni el Partido Popular ni el Partido Socialista hiciesen comentarios púbicos, se sabe que la mayoría de las opiniones en privado eran muy críticas. El *lehendakari* Patxi López dijo que «no estaría mal» que el rey pidiera disculpas ya que «hay ciertas cosas que la ciudadanía no entiende». Los sindicatos UGT y Comisiones Obreras calificaron el viaje de inoportuno y pidieron explicaciones.[116]

El 30 de mayo, IU, ERC y BNG registraron en el Congreso una petición para crear una comisión de investigación que estableciera medidas de control parlamentario y de transparencia sobre las actividades públicas del rey, de la Casa Real y de la familia real, tanto políticas como económicas.[117] La tormenta perfecta había dejado durante cuatro días a la monarquía en auténtico peligro ya que muchos de sus incondicionales habían empezado a cuestionar su lealtad no solo a él sino a la monarquía como institución.[118] En un artículo muy duro, el comentarista monárquico José Antonio Zarzalejos decía que «el rey ha hecho que el vaso de muchas paciencias haya rebosado». Condenaba la cacería no solo como una irresponsabilidad política e institucional sino también personal, porque el estado físico y las numerosas operaciones del monarca no aconsejan viajes de este tipo. Agregaba que según «fuentes de toda solvencia», «don Juan Carlos se encuentra abrumado por los problemas familiares», no solo por el caso Urdangarín, sino también «por el público y notorio fracaso de su matrimonio con doña Sofía, de la que vive prácticamente separado». Y, en una muestra de lo lejos que se encuentra de sus anteriores artículos en *ABC*, se centraba en los problemas surgidos de la vida privada de los monarcas. Afirmaba que la «estrecha e íntima amistad con Corinna zu Sayn-Wittgenstein ha dejado de constituir un rumor para convertirse en una certeza, hasta el punto de que existe ya documentación acreditativa de que acompaña a Don Juan Carlos en viajes al extranjero y asume funciones de representación oficiosas». Zarzalejos afirmaba que «fuentes tanto del Partido Popular como socialistas creen que el rey no ha entendido los gestos de adhesión que ha recibido»: no se le estaba «dando patente de corso», sino «reconociéndole sus méritos en estos años de reinado y transmitiéndole apoyo para el necesario cambio de rumbo que debe emprender la institución» y concluía que España tiene «un muy serio problema con la forma de Estado, es decir, con la monarquía parlamentaria porque la Corona ha entrado en barrena con un más que preocupante diagnóstico político y social».[119]

La reacción popular al viaje a Botsuana y la presencia en el mismo de la princesa alemana más la noticia del accidente de Froilán suponían el punto más bajo del largo proceso de deterioro de la imagen del monarca y de la monarquía. En su cama del hospital, el rey seguía las reacciones de comentaristas y de ciudadanos de a pie a través de los medios de comunicación y las redes sociales. Se quedó muy impactado al comprobar la intensa indignación que había causado el asunto.[120] Rafael Spottorno y el director de comunicación de la Casa Real, Javier Ayuso, le aconsejaron que para salvar la situación, para recuperar algo de su popularidad de antaño, hablara en directo a los ciudadanos. Por eso, antes de abandonar la clínica, se había preparado unas cámaras de Televisión Española para emitir las que serían las palabras más importantes de las últimas tres décadas de su reinado.[121]

El remordimiento aparente de la disculpa permitió al Gobierno, al PP, al PSOE y a CiU salir en apoyo del monarca sin matices. Lo que más destacaron los comentarios de políticos y periodistas era que nunca ninguna autoridad política en España había pedido perdón de una manera tan rotunda.[122] El *ABC* sentenció que la disculpa del rey zanjaba «la polémica» y situaba de nuevo a la Corona «en el nivel de aprecio social que merecen sus servicios a España». Contrastaba «la magnitud del gesto del rey ante la opinión pública» con «la injusticia y la desproporción» con que se le había tratado». Dejando de lado lo partisano de la posición del diario monárquico, no estaba descarrilada su sugerencia de que la disculpa podría instar a ciertos dirigentes políticos a aprender la virtud de la humildad. Desgraciadamente, no especificaba cuales.[123]

Para enjuiciar el significado a largo plazo de esa bomba mediática, habría que descifrar exactamente qué era lo que no volvería a ocurrir. Juan Carlos siempre había manifestado un extraordinario don de gentes que se traducía en una aparente sintonía profunda con su pueblo. Si ahora se había disculpado convencido de haberse equivocado, ¿significaba esto el comienzo de una nueva época de la monarquía o el fin triste, aunque más digno, que se podría haber esperado quince días antes? Empezaban a surgir especulaciones sobre la conveniencia de la abdicación de un soberano quien, por problemas de salud y de movimiento, tendría dificultad en cumplir muchas de sus funciones básicas. Para sectores republicanos había pocas dudas de que el rey estaba «muerto políticamente». Para la mayoría de los monárquicos leales, que no eran todos, la cuestión era asegurar la sucesión del príncipe Felipe.[124]

Para recuperar la sintonía con una mayoría de la sociedad española, y no hipotecar el futuro del príncipe, lo que no tenía que volver a ocurrir era la falta de transparencia y las compañías impropias. De momento, la disculpa había descartado la abdicación y permitido al PP, PSOE y CIU defender la monarquía frente a los ataques de la izquierda, de la derecha y de los nacionalistas. Dicho esto, la nueva prioridad para la monarquía, sino para el mismo Juan Carlos, era la preparación de lo que el agudo comentarista José Antonio Zarzalejos llamaba «La Operación Don Felipe».[125] Es imposible evitar la conclusión de que el rey está cansado y que tantas operaciones han disminuido su capacidad de hacer la misma cantidad de viajes y otras gestiones. Mientras tanto, y en la situación económica tan delicada, a pesar de una muy complicada recuperación de las últimas cirugías, el rey sigue viajando y trabajando. Todavía para la política y la economía es una figura casi intocable.

NOTAS

1. En busca de una Corona perdida, 1931-1948

1. Extraído de *Palabras del Rey Don Juan Carlos I,* citado por Juan Antonio Pérez Mateos, *Juan Carlos. La infancia desconocida de un Rey*, Planeta, Barcelona, 1980, p. 11.

2. *ABC*, 17 de abril de 1931.

3. Juan Antonio Ansaldo, *¿Para qué...? (de Alfonso XIII a Juan III)*, Editorial Vasca Ekin, Buenos Aires, 1951, p. 18; Alfredo Kindelán, *La verdad de mis relaciones con Franco*, Planeta, Barcelona, 1981, pp. 167, 225. La versión del mismo Alfonso de Orleáns Borbón sobre su viaje con el rey desde Cartagena a París se reproduce en Kindelán, *La verdad...*, pp. 166-168.

4. Ansaldo, *¿Para qué...?*, pp. 47-50; Felipe Bertrán Güell, *Preparación y desarrollo del alzamiento nacional*, Librería Santarén, Valladolid, 1939, p. 84.

5. Gerard Noel, *Ena Spain's English Queen*, Constable, Londres, 1984, pp. 238-240; Juan Balansó, *La Familia Real y la familia irreal*, Planeta, Barcelona, 1993, pp. 40-44.

6. Miguel Platón, *Alfonso XIII: De Primo de Rivera a Franco. La tentación autoritaria de la Monarquía*, Plaza y Janés, Barcelona, 1998, p. 82; Emilio Mola, *Obras completas*, Librería Santarén, Valladolid, 1940, p. 239.

7. Ramón de Alderete, *...y estos borbones nos quieren gobernar*, edición del autor, París, 1974, p. 41.

8. Luis María Anson, *Don Juan*, Plaza y Janés, Barcelona, 1994, pp. 129-131; Rafael Borràs Betriu, *El rey de los rojos. Don Juan, una figura tergiversada*, Los Libros de Abril, Barcelona, 1996, pp. 71-72.

9. Balansó, *La Familia Real*, pp. 45-52; Borràs, *El rey de los rojos*, pp. 68-72; José María Toquero, *Don Juan de Borbón, el Rey padre*, Plaza y Janés/Cambio 16, Barcelona, 1992, pp. 84-85.

10. Alderete, *...y estos borbones*, pp. 44-48; Balansó, *La Familia Real*, pp. 63-67.

11. Toquero, *Don Juan*, pp. 86-87.

12. Noel, *Ena*, pp. 253-254; Balansó, *La Familia Real*, pp. 52-56; Borràs, *El rey de los rojos*, p. 315.

13. Toquero, *Don Juan*, pp. 56-58.

14. Su ausencia fue muy comentada en España: véase Balansó, *La Familia Real*, pp. 95-96.

15. Francisco Bonmati de Codecido, *El Príncipe Don Juan de España*, Librería Santarén, Valladolid, 1938, pp. 224-237; José María Iribarren, *Mola, datos para una biografía y para la historia del alzamiento nacional*, Librería General, Zaragoza, 1938, pp. 166-167; Eugenio Vegas Latapié, *Los caminos del desengaño. Memorias políticas 2: 1936-1938*, Ediciones Giner, Madrid, 1987, pp. 33-44; Guillermo Cabanellas, *La guerra de los mil días. Nacimiento, vida y muerte de la II República española*, Grijalbo, Buenos Aires, 1973, 2 vols., I, pp. 636-637; *El País Semanal*, 6 de febrero de 1977; *Época*, 17 de marzo de 1997.

16. Vegas Latapié, *Caminos*, p. 161.

17. Javier González de la Vega, *Yo, María de Borbón*, El País-Aguilar, Madrid, 1995, pp. 84-85; *El País Semanal*, 6, 22 de febrero de 1995. Para el peso de Juan Carlos al nacer y la falta de fotos de bebé, véase *El País Semanal*, 6 de febrero de 1977.

18. Powell, *Juan Carlos of Spain. Self-Made Monarch*, Macmillan, Londres, 1966, pp. 21-22; Reina Federica de Grecia, *Memorias*, G. Del Toro, editor, Madrid, 1971, p. 287.

19. José Luis de Vilallonga, *El Rey. Conversaciones con D. Juan Carlos I de España*, Plaza y Janés, Barcelona, 1993, p. 76; Powell, *Juan Carlos of Spain*, p. 1.

20. Juan Antonio Pérez Mateos, *Juan Carlos. La infancia desconocida de un Rey*, p. 35; Pedro Sainz Rodríguez, *Un reinado en la sombra*, Planeta, Barcelona, 1981, p. 276.

21. Don Juan de Borbón a Franco, 7 de diciembre de 1936, Sainz Rodríguez, *Un reinado*, p. 347; Vegas Latapié, *Caminos*, p. 162.

22. Franco a don Juan de Borbón, 12 de enero de 1937, Sainz Rodríguez, *Un reinado*, p. 347.

23. *ABC*, Sevilla, 18 de julio de 1937. *Palabras de Franco. I año triunfal*, Editora Nacional, Bilbao, 1937, p. 57.

24. Debo esta anécdota a Gabriel Cardona.

25. Vegas Latapié, *Caminos*, p. 163.

26. Francisco Franco Salgado-Araujo, *Mi vida junto a Franco*, Planeta, Barcelona, 1977, p. 232; *Palabras de Franco. I año triunfal*, pp. 37-45.

27. *ABC*, Sevilla, 18 de julio de 1937; *Palabras de Franco. I año triunfal*, p. 56.

28. Vegas Latapié, *Caminos*, pp. 515-516.

29. Sainz Rodríguez, *Un reinado*, pp. 347-348; testimonio de doña María Cristina de Borbón, *Hola*, núm. 2.478, 6 de febrero de 1992.

30. *El País Semanal*, 6 de febrero de 1977.

31. *El País Semanal*, 6 de febrero de 1977.

32. Noel, *Ena*, pp. 254-260; *El País Semanal*, 6 de febrero de 1977.

33. John T. Whitaker, *We Cannot Escape History*, Macmillan, Nueva York, 1943, p. 106.

34. *El País Semanal*, 6 de febrero de 1977; Anson, *Don Juan*, p. 158; sir Samuel Hoare, *Ambassador on Special Mission*, Collins, Londres, 1946, pp. 292-293.

35. *Boletín Oficial del Estado*, 9 de agosto de 1939; *Arriba*, 9 de agosto de 1939; *Ya*, 9 de agosto de 1939.

36. Javier Tusell, *Juan Carlos I. La restauración de la monarquía*, Temas de Hoy, Madrid, 1995, p. 53.

37. Ribbentrop a Stohrer, 16 de abril de 1941, *Documents on German Foreign Policy*, Series D, vol. XII, HMSO, Londres, 1964, pp. 569-570; Lequio a Ciano, 9 de junio de 1941, *I Documenti Diplomatici Italiani, 9 serie, vol. VII (24 aprile-11 dicembre 1941)*, Istituto Poligrafico e Zecca dello Stato/Libreria dello Stato, Roma, 1987, pp. 225-226.

38. Franco a don Juan, 30 de septiembre de 1941, reproducido en Sainz Rodríguez, *Un reinado*, pp. 349-350.

39. Don Juan a Franco, 23 de octubre de 1941, reproducido en Sainz Rodríguez, *Un reinado*, pp. 350-351.

40. Lequio a Ciano, 13 de abril, 26 y 29 de mayo, 5 de junio, Colloqui Ciano-Serrano Suñer, 15-19 de junio, Fracassi a Ciano, 30 de junio de 1942, *I Documenti Diplomatici Italiani, 9 serie, vol. VIII (12 dicembre 1941-20 luglio 1942)*, Istituto Poligrafico e Zecca dello Stato/Libreria dello Stato, Roma, 1988, pp. 490-491, 617, 625, 651-654, 690-692, 725-727; Stohrer a Wilhelmstrasse, 8 de mayo, 11 de junio, Stohrer a Wehrmann, 29 de mayo, Mackensen a Ribbentrop, 17 de junio de 1941, *Documents secrets du Ministère des Affaires Etrangères d'Allemagne: Espagne*, Éditions Paul Dupont, París, 1946, pp. 96-108; Ramón Garriga, *La España de Franco: de la División Azul al pacto con los Estados Unidos (1943 a 1951)*, Editorial Cajica, Puebla, México, 1971, pp. 287-290.

41. Paul Preston, «Alfonsist Monarchism and the Coming of the Spanish Civil War», *Journal of Contemporary History*, vol. 7, núms. 3/4, 1972.

42. Pablo Beltrán de Heredia, «Eugenio Vegas Latapié: singularidades de un preceptor», en Antonio Fontán, ed., *Los monárquicos y el régimen de Franco*, Editorial Complutense, Madrid, 1996, pp. 81-97; Sainz Rodríguez, *Un reinado*, pp. 29-30, 148-149, 268-269; Tusell, *Juan Carlos*, pp. 67-68. Yo recuerdo las opiniones rotundamente reaccionarias de Eugenio Vegas Latapié en mis propias conversaciones con él en 1970.

43. Franco a don Juan, 12 de mayo de 1942, Sainz Rodríguez, *Un reinado*, pp. 351-353.

44. Kindelán, *La verdad*, pp. 32-36, 50-59, 125-127.

45. Don Juan a Franco, 8 de marzo de 1943, Sainz Rodríguez, *Un reinado*, pp. 354-355.

46. Franco a don Juan, 27 de mayo de 1943, Sainz Rodríguez, *Un reinado*, pp. 355-358.

47. Pereira a Salazar, 24 de junio de 1943, *Correspondência de Pedro Teotónio Pereira para Oliveira Salazar, IV (1943-1944)*, Presidencia do Conselho de Ministros, Lisboa, 1991, pp. 213-214; *The Times*, 7 de julio de 1943. Para el texto del documento, véase Javier Tusell, *La oposición democrática al franquismo 1939-1962*, Planeta, Barcelona, 1977, pp. 52-54.

48. Sainz Rodríguez, *Un reinado*, p. 258.

49. Laureano López Rodó, *La larga marcha hacia la monarquía*, Noguer, Barcelona, 1977, pp. 515-519; José María Gil Robles, *La monarquía por la que yo luché: páginas de un diario (1941-1954)*, Madrid, 1976, p. 55.

50. Gil Robles, apunte en su diario de 23 de agosto de 1943, *La monarquía*, p. 55; Sainz Rodríguez, *Un reinado*, p. 161; Ricardo de la Cierva, *Historia del franquismo: I. Orígenes y configuración (1939-1945)*, Planeta, Barcelona, 1975, pp. 265-270.

51. Luis Suárez Fernández, *Francisco Franco y su tiempo*, Fundación Nacional Francisco Franco, Madrid, 1984, 8 vols., III, p. 43; Ricardo de la Cierva, *Don Juan de Borbón: por fin toda la verdad*, Fénix, Madrid, 1997.

52. Sainz Rodríguez, *Un reinado*, p. 299; De la Cierva, *Don Juan de Borbón*, pp. 320-324, 529-532; Jesús Ynfante, *El santo fundador del Opus Dei. Biografía completa de Josemaría Escrivá de Balaguer*, Crítica, Barcelona, 2002, pp. 167-169, 247.

53. Franco a don Juan, 6 de enero, don Juan a Franco, 25 de enero de 1944, Sainz Rodríguez, *Un reinado*, pp. 359-362; López Rodó, *La larga marcha*, pp. 520-523; Suárez Fernández, *Franco, III*, pp. 478-481.

54. Tusell, *Juan Carlos*, pp. 103-107; Anson, *Don Juan*, pp. 222-226; *ABC*, 6 de abril de 1945; López Rodó, *La larga marcha*, pp. 48-54; Kindelán, *La verdad*, pp. 229-236.

55. López Rodó, *La larga marcha*, pp. 54-55.

56. Bowker a Eden, 25 de abril de 1945, FO371/49589, Z5249/1484/G41.

57. Manuel Vázquez Montalbán, *Los demonios familiares de Franco*, Dopesa, Barcelona, 1978, p. 105.

58. Bowker a Eden, 27 de marzo de 1945, FO371/49587, ZA137/233/41. Para la lista de los presentes, véase Ricardo de la Cierva, *Francisco Franco: un siglo de España*, Editora Nacional, Madrid, 1973, 2 vols., II, p. 406.

59. *Arriba*, 28 de marzo de 1945.

60. *Ya*, 1, 3 de abril de 1945; *ABC*, 3 de abril de 1945.

61. Javier Tusell, *Franco y los católicos. La política interior española entre 1945 y 1957*, Alianza Editorial, Madrid, 1984, pp. 56-59.

62. Alberto J. Lleonart y Anselem y Fernando María Castiella y Maíz, *España y la ONU I (1945-1946)*, Consejo Superior de Investigaciones Científicas, Madrid, 1978, pp. 30-33.

63. Bowker a Churchill, 26 de junio de 1945, FO371/149589, Z7876/233/41.

64. Lleonart, *España y la ONU, I*, pp. 34-35; *The Times*, 18 de junio de 1945.

65. *La Vanguardia Española*, 18 de julio de 1945; *The Times*, 18 de julio de 1945; Francisco Franco Bahamonde, *Textos de doctrina política: palabras y escritos de 1945 a 1950*, Publicaciones Españolas, Madrid, 1951, pp. 15-25.

66. Tusell, *Franco y los católicos*, pp. 63-77; Suárez Fernández, *Franco*, IV, pp. 44; Gil Robles, anotación en su diario del 21 de julio de 1945, *La monarquía*, pp. 126-127; Garriga, *De la División Azul*, pp. 334-335.

67. Testimonio de Alberto Martín Artajo, María Mérida, *Testigos de Franco: retablo íntimo de una dictadura*, Plaza y Janés, Barcelona, 1977, p. 197; Tusell, *Franco y los católicos*, pp. 61-62.

68. Tusell, *Franco y los católicos*, pp. 84-94, 118; Florentino Portero, *Franco aislado: la cuestión española (1945-1950)*, Aguilar, Madrid, 1989, pp. 106-110.

69. Bowker a Churchill, 5 de junio de 1945, FO371/49589, Z7168/233/41; Gil Robles, anotación en su diario del 11 de octubre de 1945, *La monarquía*, pp. 134-135.

70. Paul Preston, *Franco. A Biography*, Harper Collins, Londres, 1993, pp. 540-542.

71. López Rodó, *La larga marcha*, pp. 57-59; Tusell, *Franco y los católicos*, pp. 99-100.

72. Ansaldo, *¿Para qué...?*, pp. 332, 336; Garriga, *De la División Azul*, p. 295.

73. Suárez Fernández, *Franco, IV*, pp. 53, 62-63; López Rodó, *La larga marcha*, pp. 62-63; Sainz Rodríguez, *Un reinado*, pp. 336-337; Anson, *Don Juan*, pp. 239-240.

74. Kindelán, *La verdad*, p. 287.

75. Mallet a Bevin, 15 de febrero de 1946, FO371/60373, Z2125/41/41; López Rodó, *La larga marcha*, pp. 64-65; Javier Tusell, *La oposición democrática al franquismo, 1939-1962*, Planeta, Barcelona, 1977, pp. 114-116; Anson, *Don Juan*, p. 284.

76. José Antonio Gurriarán, *El Rey en Estoril. Don Juan Carlos y su familia en el exilio portugués*, Planeta, Barcelona, 2000, pp. 198, 207-208; Anson, *Don Juan*, pp. 241-247; López Rodó, *La larga marcha*, p. 65.

77. Memorándum Torr, 20 de febrero de 1946, FO371/60373, Z1741/41/41; Kindelán, *La verdad*, pp. 128-130; Tusell, *Franco y los católicos*, pp. 150-151; Suárez Fernández, *Franco, IV*, pp. 127-132, 153-157, 301.

78. Gurriarán, *El Rey en Estoril*, p. 184; Vilallonga, *El Rey*, pp. 53-54.

79. *Diario 16*, 6 de marzo de 1978, citando fragmentos de la entrevista concedida por Juan Carlos al *Welt am Sonntag*.

80. *Cambio 16*, 3 de noviembre de 1980; Pérez Mateos, *La infancia*, pp. 91-92.

81. Noel, *Ena*, pp. 266-268; Pérez Mateos, *La infancia*, p. 116.

82. Pérez Mateos, *La infancia*, p. 113; *Época*, 17 de marzo de 1997.

83. *Cambio 16*, 3 de noviembre de 1980; Pérez Mateos, *La infancia*, p. 172.

84. Tusell, *La oposición democrática*, pp. 114-116; Gil Robles, apuntes en su diario del 15 y 28 de febrero de 1946, *La monarquía*, pp. 163, 168-169.

85. Gil Robles, anotación en su diario del 11 de marzo de 1946, *La monarquía*, pp. 172-173; Anson, *Don Juan*, 249-252.

86. *The Times*, 5 de marzo de 1946; Whitaker, *Spain*, pp. 25-27; Portero, *Franco aislado*, pp. 151-155; Anson, *Don Juan*, pp. 253-254.

87. Gurriarán, *El Rey en Estoril*, pp. 162-168, 203-207.

88. Vilallonga, *El Rey*, pp. 54-55.

89. *ABC*, 10, 11, 12 y 13 de diciembre de 1946; Lleonart, *España y la ONU*, I, pp. 310-389.

90. Tusell, *Franco y los católicos*, p. 154.

91. López Rodó, *La larga marcha*, pp. 73, 529-532; Gil Robles, anotaciones en su diario del 5 de noviembre de 1945, 15 de marzo de 1946, *La monarquía*, pp. 138, 173-174.

92. López Rodó, *La larga marcha*, p. 543.

93. López Rodó, *La larga marcha*, p. 80.

94. El informe de Carrero para Franco está reproducido en López Rodó, *La larga marcha*, pp. 75-89; la reacción de don Juan, *ibid.*, pp. 89-99; Gil Robles, anotaciones en su diario del 31 de marzo, 1 de abril de 1947; *La monarquía*, pp. 206-209; Tusell, *La oposición democrática*, pp. 161-162.

95. Gil Robles, anotaciones en su diario del 6-15 de abril de 1947, *La monarquía*, pp. 209-214, 388-393; Tusell, *La oposición democrática*, pp. 162-169; Tusell, *Franco y los católicos*, pp. 161-162; Anson, *Don Juan*, pp. 263-271; Rafael Martínez Nadal, *Antonio Torres de la BBC a The Observer: Republicanos y monárquicos en el exilio (1944-1956)*, Editorial Casariego, Madrid, 1996, pp. 91-140; Sainz Rodríguez, *Un reinado*, p. 269; Tusell, *Juan Carlos*, pp. 147-152.

96. Sobre la manipulación del referéndum, véase Preston, *Franco*, pp. 570-572.

97. José María Pemán, *Mis almuerzos con gente importante*, Dopesa, Barcelona, 1970, p. 255.

98. Pérez Mateos, *La infancia*, p. 134.

99. Tusell, *Juan Carlos*, pp. 159-164, 185-186; Carlos y José Martínez Cobo, *¿República? ¿Monarquía? En busca del consenso. Intrahistoria del PSOE. II (1946-1954)*, Palgrave, Londres, 2000, pp. 132-136.

100. Gil Robles, anotaciones en su diario del 13 de enero y 15 de febrero de 1948, *La monarquía*, pp. 253, 255-256.

101. Pérez Mateos, *La infancia*, pp. 160-161.

102. Tusell, *La oposición democrática*, pp. 197-202; Tusell, *Juan Carlos*, pp. 164-170, 177-178; Suárez Fernández, *Franco*, IV, pp. 249-251; Juan Antonio Pérez Mateos, *El Rey que vino del exilio*, Planeta, Barcelona, 1981, pp. 19-27.

103. Don Juan contó a varias personas esta reunión: a José María Gil Robles el 1 de septiembre de 1948 (Gil Robles, *La monarquía*, pp. 265-273); a Pedro

Sainz Rodríguez hacia la misma fecha (Sainz Rodríguez, *Un reinado*, pp. 220-222); a una persona no identificada (probablemente Gil Robles o Sainz Rodríguez) «cercana a don Juan» que informó al embajador norteamericano en Lisboa, Lincoln MacVeagh; y directamente a Theodore Xanthaky, ayudante especial de MacVeagh (*FRUS 1948*, III, pp. 1.050-1.051, 1.059-1.063; *FRUS 1949*, IV, p. 755); a Luis María Anson (Anson, *Don Juan*, pp. 276-279). Cf. Alderete, *...y estos borbones*, pp. 56-58; *The Times*, 28 de agosto; *ABC*, 29 de agosto de 1948.

104. Jesús Palacios, *Los papeles secretos de Franco. De las relaciones con Juan Carlos y Don Juan al protagonismo del Opus*, Ediciones Temas de Hoy, Madrid, 1996, pp. 39-40.

105. Gil Robles, anotaciones en su diario del 1, 25 de septiembre y 5 de octubre de 1948, *La monarquía*, pp. 272-275; Pérez Mateos, *La infancia*, pp. 191-198.

106. Palacios, *Los papeles secretos*, pp. 44-47; Martínez Cobo, *Intrahistoria del PSOE, II*, pp. 186-194; Tusell, *La oposición democrática*, pp. 203-205.

107. *FRUS 1948*, III, p. 1.062; Sainz Rodríguez, *Un reinado*, p. 368.

108. Gil Robles, anotaciones en su diario del 8, 10, 11 y 27 de octubre de 1948, *La monarquía*, pp. 276-281.

109. Pérez Mateos, *La infancia*, pp. 197-208; Ricardo de la Cierva, *Historia del franquismo, II: aislamiento, transformación, agonía (1945-1975)*, Planeta, Barcelona, 1978, p. 73.

110. Pérez Mateos, *La infancia*, p. 208.

111. Gil Robles, anotación en su diario del 4 de noviembre de 1948, *La monarquía*, p. 281.

112. Gil Robles, anotación en su diario del 7 de noviembre de 1948, *La monarquía*, p. 282.

113. Pérez Mateos, *La infancia*, pp. 211-220; Gil Robles, anotaciones en su diario del 8, 9, 10 y 14 de noviembre de 1948, *La monarquía*, pp. 282-283; Vilallonga, *El Rey*, pp. 37-44.

114. Vilallonga, *El Rey*, pp. 49-50: *ABC*, 6 de diciembre de 1981; las notas de Julio Danvila reproducidas en Pérez Mateos, *El Rey*, pp. 94-96. Sobre los comentarios peyorativos en torno a Franco, véase *El País*, 22 de febrero de 1995.

115. *ABC*, 10 de noviembre de 1948; Gil Robles, anotaciones en su diario de 14 de noviembre y 19 de diciembre de 1948, *La monarquía*, pp. 284-286.

116. Testimonios al autor de Eugenio Vegas Latapié y José María Gil Robles, Madrid, 1970; Gil Robles, anotación en su diario de 6 de agosto de 1949, *La monarquía*, p. 302.

117. Victoria Eugenia a Danvila, 28 de noviembre de 1948, reproducida en Pérez Mateos, *El Rey que vino*, pp. 29-31.

118. *The Times*, 13 de noviembre de 1948; Follick en 460 H.C.DEB. 5s, c. 1757; Gil Robles, anotaciones en su diario de 12 y 13 de octubre y 2, 4, 10, 12 y 13 de noviembre, *La monarquía*, pp. 278-283.

119. Gil Robles, anotaciones en su diario del 4, 8 y 30 de junio, 6, 18 y 27 de julio de 1949, *La monarquía*, pp. 298-301.

2. El peón sacrificado, 1949-1955

1. Juan Antonio Pérez Mateos, *El Rey que vino del exilio*, Planeta, Barcelona, 1981, pp. 30-32, 67.

2. *La Revista*, 4 de enero de 1998; Javier Tusell, *Juan Carlos I. La restauración de la Monarquía*, Ediciones Temas de Hoy, Madrid, 1995, p. 193; Vilallonga, *El Rey. Conversaciones con D. Juan Carlos I de España*, Plaza y Janés, Barcelona, 1993, pp. 50-51; Pérez Mateos, *El Rey que vino*, pp. 39-40.

3. *Ya*, 14 de junio de 1981, entrevista con la profesora de francés en Miramar, Aurora Gómez Delgado; Vilallonga, *El Rey*, pp. 50-51.

4. *Época*, 17 de marzo de 1997; Pérez Mateos, *El Rey que vino*, pp. 55-60.

5. Pérez Mateos, *El Rey que vino*, pp. 61-62; Vilallonga, *El Rey*, pp. 51-52.

6. *La Revista*, 4 de enero de 1998; Pérez Mateos, *El Rey que vino*, p. 40.

7. Pérez Mateos, *El Rey que vino*, p. 71; *Época*, 17 de marzo de 1997.

8. *La Revista*, 4 de enero de 1998.

9. *La Revista*, 4 de enero de 1998.

10. *La Revista*, 4 de enero de 1998.

11. *ABC*, 6 de diciembre de 1998.

12. Pérez Mateos, *El Rey que vino*, pp. 79-80.

13. Jesús Palacios, *Los papeles secretos de Franco. De las relaciones con Juan Carlos y Don Juan al protagonismo del Opus*, Temas de Hoy, Madrid, 1996, pp. 57-58.

14. Gil Robles, anotación en su diario del 28 de diciembre de 1948, *La monarquía*, pp. 287-288.

15. Gil Robles, anotación en su diario del 19 de diciembre de 1948, *La monarquía*, p. 286.

16. Gil Robles, apuntes en su diario del 8, 11, 12 y 13 de marzo de 1949, *La monarquía*, pp. 293-294.

17. Francisco Franco Bahamonde, *Textos de doctrina política: palabras y escritos de 1945 a 1950*, Publicaciones Españolas, Madrid, 1951, p. 149.

18. Pérez Mateos, *El Rey que vino*, pp. 115-122.

19. Gil Robles, apuntes en su diario del 6, 8, 18 y 27 de julio, 8 de agosto y 18, 23, 25 y 26 de septiembre de 1949, *La monarquía*, pp. 299-306.

20. Sainz Rodríguez, *Un reinado en la sombra*, Planeta, Barcelona, 1981, p. 369.

21. *The Times*, 22, 24, 25 y 28 de octubre de 1949; *Arriba*, 22, 23, 25, 26 y 27 de octubre de 1949; Gil Robles, apuntes en su diario del 19, 21 y 23 octubre y 4 de noviembre de 1949, *La monarquía*, pp. 308-313; Franco Salgado-Araujo, *Mi vida junto a Franco*, Planeta, Barcelona, 1977, pp. 327-328; Juan Antonio Pérez Mateos, *Un Rey bajo el sol. El duro camino de Juan Carlos I hacia el Trono*, Plaza y Janés, Barcelona, 1998, pp. 119-120.

22. Javier González de Vega, *Yo, María de Borbón*, El País-Aguilar, Madrid, 1995, pp. 107-108, 147; entrevista con la profesora de francés en Miramar, Aurora Gómez Delgado, *Ya*, 14 de junio de 1981; Gil Robles, apuntes en su

diario del 5, 11 y 13 de noviembre de 1949, *La monarquía*, pp. 313-314; Pérez Mateos, *El Rey que vino*, pp. 125-127.

23. Palacios, *Los papeles secretos*, pp. 61-66.

24. Gil Robles, apuntes en su diario del 7, 8 y 9 de diciembre de 1949, *La monarquía*, pp. 315-317; Pérez Mateos, *El Rey que vino*, pp. 126-130.

25. *La Revista*, 4 de enero de 1998.

26. Jesús Ynfante, *El santo fundador del Opus Dei. Biografía completa de Josemaría Escrivá de Balaguer*, Crítica, Barcelona, 2002, pp. 183-188; Víctor Salmador, *Don Juan. Los secretos de un Rey sin trono*, Ediciones Tiempo, Madrid, 1993, p. 52; Palacios, *Los papeles secretos*, pp. 69-70.

27. Palacios, *Los papeles secretos*, p. 80; Pérez Mateos, *Un Rey bajo el sol*, p. 95.

28. *ABC*, 18 de junio de 1952; Pérez Mateos, *El Rey que vino*, pp. 182-183, 191-192, 196-198.

29. Entrevista con la profesora de francés en Miramar, Aurora Gómez Delgado, *Ya*, 14 de junio de 1981; Pérez Mateos, *El Rey que vino*, p. 201.

30. Algunos extractos de la entrevista de *Welt am Sonntag* se reprodujeron en *Diario 16*, 6 de marzo de 1978; *Diario 16*, 15 de enero de 1981; documental de la BBC sobre la Casa Real española emitido en el Reino Unido el 23 de enero de 1981; Pérez Mateos, *Un Rey bajo el sol*, pp. 208-209.

31. Entrevista con la profesora de francés en Miramar, Aurora Gómez Delgado, *Ya*, 14 de junio de 1981; Pérez Mateos, *El Rey que vino*, pp. 144-146, 155, 194.

32. Cancillería de Madrid a F.O., 16 de abril de 1950, FO371/89487, WS1021/15.

33. Laureano López Rodó, *La larga marcha hacia la monarquía*, Noguer, Barcelona, 1977, pp. 112-113; 550-554; Sainz Rodríguez, *Un reinado*, pp. 370-378.

34. Ramón de Alderete, *...y estos borbones nos quieren gobernar*, edición del autor, París, 1974, pp. 44-45, 89-91; Juan Balansó, *La Familia Real y la familia irreal*, Planeta, Barcelona, 1992, pp. 144-146; Gil Robles, apunte en su diario del 18 de abril de 1953, *La monarquía*, p. 321; Alfonso de Borbón, *Las memorias de Alfonso de Borbón*, Ediciones B, Barcelona, 1990, pp. 45-46. 49-53.

35. Entrevista con Aurora Gómez Delgado, *Ya*, 14 de junio de 1981; Pérez Mateos, *El Rey que vino*, pp. 133-135, 143-148.

36. Entrevista con Aurora Gómez Delgado, *Ya*, 14 de junio de 1981.

37. *El País*, 22 de octubre de 1995.

38. Una selección de cartas de María de las Mercedes a Juan Carlos se reproduce en Pérez Mateos, *El Rey que vino*, pp. 173-188; entrevista con Aurora Gómez Delgado, *Ya*, 14 de junio de 1981.

39. Gil Robles, apunte en su diario de 3 de diciembre de 1953, *La monarquía*, pp. 323-324; *Arriba*, 10 y 20 enero de 1954; Pérez Mateos, *El Rey que vino*, p. 207.

40. Tusell, *Juan Carlos*, pp. 216-219.

41. Gil Robles, apuntes en su diario del 28 de abril, 13 de mayo y 21 de junio de 1954, *La monarquía*, pp. 326-327.

42. Sainz Rodríguez, *Un reinado*, pp. 378-379; Vilallonga, *El Rey*, p. 93; Luis María Anson, *Don Juan*, Plaza y Janés, Barcelona, 1994, pp. 297-298.

43. Sainz Rodríguez, *Un reinado*, pp. 379-382.

44. *Ibid.*, p. 382.

45. Gil Robles, apuntes en su diario del 22 de junio, 25 de julio de 1954, *La monarquía*, pp. 327-328; Jean Créac'h, *Le coeur et l'épée. Chroniques espagnoles*, Librairie Plon, París, 1958, p. 333.

46. Tusell, *Juan Carlos*, p. 226.

47. *Época*, 22 de marzo de 1993.

48. *El País*, 23 de octubre de 1995; Fernando Gracia, *La madre del Rey. La vida de María de las Mercedes: una causa histórica*, Temas de Hoy, Madrid, 1994, pp. 214-215.

49. Franco Salgado-Araujo, apunte en su diario del 2 de octubre de 1954, *Mis conversaciones*, p. 9.

50. Sainz Rodríguez, *Un reinado*, pp. 383-384; Gil Robles, apuntes en el diario del 7 de septiembre y 25 de octubre de 1954, *La monarquía*, pp. 328-329; Anson, *Don Juan*, p. 298; López Rodó, *La larga marcha*, pp. 115-117.

51. Créac'h, *Le coeur*, p. 332.

52. *ABC*, 20 de octubre de 1954; Créac'h, *Le coeur*, pp. 335-337; Luis Suárez Fernández, *Francisco Franco y su tiempo*, Fundación Nacional Francisco Franco, Madrid, 1984, 8 vols., V, pp. 156-158.

53. Salgado-Araujo, *Mis conversaciones*, pp. 18, 23.

54. *Arriba*, 23 de noviembre de 1954; Rafael Calvo Serer, *Franco frente al Rey. El proceso del régimen*, Autor, París, 1972, pp. 29-30; Franco Salgado-Araujo, *Mis conversaciones*, p. 30; López Rodó, *La larga marcha*, p. 117; Créac'h, *Le coeur*, pp. 338-339; Toquero, *Franco y Don Juan*, pp. 253-255.

55. Créac'h, *Le coeur*, pp. 338-340; Suárez Fernández, *Franco*, V, p. 159.

56. Francisco Franco-Araujo, apuntes en su diario del 9 y 15 de diciembre de 1954, 3 de enero de 1955, *Mis conversaciones*, pp. 46, 48 y 65.

57. Franco Salgado-Araujo, anotaciones en su diario del 20 y 28 de diciembre de 1954, *Mis conversaciones*, pp. 52-53, 59.

58. Mallet a Eden, 11 de enero de 1955, FO371/117914, RS1942/4; Sainz Rodríguez, *Un reinado*, pp. 222-223; Franco Salgado-Araujo, apunte en su diario del 30 de diciembre de 1954, *Mis conversaciones*, pp. 59-60; Créac'h, *Le coeur*, pp. 341-345; Anson, *Don Juan*, pp. 299-302.

59. Franco, *Discursos 1951-1954*, pp. 551-553.

60. Franco Salgado-Araujo, apunte en su diario del 31 de diciembre de 1954, 1955, *Mis conversaciones*, pp. 63-64.

61. Pérez Mateos, *Un Rey bajo el sol*, p. 156.

62. Franco Salgado-Araujo, apunte en su diario del 27 de diciembre de 1955, *Mis conversaciones*, p. 58; Carlos Martínez de Campos, *Ayer 1931-1953*, Instituto de Estudios Políticos, Madrid, 1970, pp. 411 ss.

63. Alfonso Armada, *Al servicio de la Corona*, Planeta, Barcelona, 1983, p. 82.

64. Debo esta anécdota a José Francisco Yvars.

65. Pérez Mateos, *Un Rey bajo el sol*, p. 160.

66. Anson, *Don Juan*, p. 303; Armada, *Al servicio*, pp. 17-18, 37-57, 79-82; Palacios, *Los papeles secretos*, pp. 131-133.

67. Sobre Mondéjar, véase Pérez Mateos, *Un Rey bajo el sol*, p. 163.

68. Armada, *Al servicio*, pp. 83-84; J. A. Giménez-Arnau, *Memorias de memoria. Descifre vuecencia personalmente*, Destino, Barcelona, 1978, pp. 224-225.

69. Franco Salgado-Araujo, anotaciones en su diario del 19 y 21 de enero de 1955, *Mis conversaciones*, pp. 72-73; Créac'h, *Le coeur*, pp. 374-378, 350-351.

70. *Arriba*, 23 y 27 de enero de 1955; *ABC*, 1 de marzo de 1955.

71. Mallet a Eden, 26 de enero de 1955, FO371/117914, RS1942/6.

72. Franco Salgado-Araujo, anotaciones en su diario del 1, 2 y 5 de marzo de 1955, *Mis conversaciones*, pp. 89-90: Créac'h, *Le coeur*, p. 351.

73. Conversaciones del autor con Miguel Primo de Rivera y Urquijo; Giménez-Arnau, *Memorias*, pp. 225-229; Créac'h, *Le coeur*, pp. 348-349; Armada, *Al servicio*, pp. 86-91.

74. Entrevista del autor con Alfonso Armada; Franco Salgado-Araujo, anotaciones en su diario del 5 y 14 marzo de 1955, *Mis conversaciones*, pp. 90-94; Vilallonga, *El Rey*, p. 88.

75. Armada, *Al servicio*, pp. 87-88.

76. Franco Salgado-Araujo, anotaciones en su diario del 1, 7, 22 y 26 de febrero de 1955, *Mis conversaciones*, pp. 74-78, 83-85.

77. Franco Salgado-Araujo, anotaciones en su diario del 22 y 25 de abril, 17 de mayo y 5 de junio de 1955, *Mis conversaciones*, pp. 100-102, 110, 115; Créac'h, *Le coeur*, pp. 352-353.

78. *Arriba*, 20 de junio de 1955; Mallet a Macmillan, 5 de julio de 1955, FO371/117914, RS1942/21.

79. *ABC*, 24 de junio de 1955; Mallet a Macmillan, 5 de julio de 1955; Stirling a Macmillan, 26 de julio de 1955; memorándum Balfour, 7 de septiembre de 1955, FO371/117914, RS1942/21, RS1942/25, RS1942/27; Créac'h, *Le coeur*, pp. 353-354; Anson, *Don Juan*, p. 303; Sainz Rodríguez, *Un reinado*, p. 294; Tusell, *Juan Carlos*, pp. 240-243.

80. Franco Salgado-Araujo, anotación en su diario del 19 de noviembre, *Mis conversaciones*, pp. 146-147; Créac'h, *Le coeur*, p. 358.

81. Salmador, *Don Juan. Los secretos*, p. 27; Rafael Borràs Betriu, *El rey de los rojos. Don Juan, una figura tergiversada*, Los Libros de Abril, Barcelona, 1996, p. 196; José Antonio Gurriarán, *El Rey en Estoril. Don Juan Carlos y su familia en el exilio portugués*, Planeta, Barcelona, 2000, p. 199.

3. Las tribulaciones de un joven soldado, 1955-1960

1. *Sábado Gráfico*, 29 de abril de 1981.

2. Franco Salgado-Araujo, anotación en su diario del 31 de diciembre de 1955, *Mis conversaciones*, p. 196.

3. *Sábado Gráfico*, 29 de abril de 1981.

4. Pedro Sainz Rodríguez, *Un reinado en la sombra*, Planeta, Barcelona, 1981, p. 342.

5. José Luis de Vilallonga, *El Rey. Conversaciones con D. Juan Carlos I de España*, Plaza y Janés, 1993, pp. 139-141.

6. *Sábado Gráfico*, 29 de abril de 1981.

7. *Sábado Gráfico*, 29 de abril de 1981.

8. *Sábado Gráfico*, 29 de abril de 1981.

9. *Diario 16*, 6 de marzo de 1978.

10. Vilallonga, *El Rey*, p. 140; relatos de antiguos compañeros de las academias militares en *Sábado Gráfico*, 29 de abril de 1981.

11. Vilallonga, *El Rey*, pp. 52-53.

12. *Sábado Gráfico*, 29 de abril de 1981.

13. *Diario 16*, 6 de marzo de 1978; Antonio Pérez Mateos, *Un Rey bajo el sol. El duro camino de Juan Carlos I hacia el trono*, Plaza y Janés, Barcelona, 1998, pp. 193-194.

14. *Sábado Gráfico*, 29 de abril de 1981; Pérez Mateos, *Un Rey bajo el sol*, p. 195.

15. Pérez Mateos, *Un Rey bajo el sol*, pp. 178-179; *Sábado Gráfico*, 29 de abril de 1981.

16. Gregorio Morán, *El precio de la transición*, Planeta, Barcelona, 1991, p. 145; José María Zavala, *Dos Infantes y un destino*, Plaza y Janés, Barcelona, 1998, pp. 112-114.

17. *El País*, 16 de octubre de 1992; José Antonio Gurriarán, *El Rey en Estoril. Don Juan Carlos y su familia en el exilio portugués*, Planeta, Barcelona, 2000, pp. 408-409, 412-415.

18. Ezio Saini, «Pasqua amara all'Estoril», *Settimo Giorno*, núm. 16, año IX, 17 de abril de 1956.

19. Gonzalo Fernández de la Mora, *Río arriba. Memorias*, Planeta, Barcelona, 1995, p. 97; Charles T. Powell, *Juan Carlos of Spain. Self-Made Monarch*, Macmillan, Londres, 1996, p. 17; Françoise Laot, *Juan Carlos y Sofía*, Espasa-Calpe, Madrid, 1987, p. 48; Rafael Borràs Betriu, *El Rey de los rojos. Don Juan, una figura tergiversada*, Los Libros de Abril, Barcelona, 1996, p. 209; Jesús Palacios, *Los papeles secretos de Franco. De las relaciones con Juan Carlos y Don Juan al protagonismo del Opus*, Temas de Hoy, Madrid, 1996, p. 152.

20. Javier González de Vega, *Yo, María de Borbón*, El País-Aguilar, Madrid, 1995, p. 132; *El País*, 23 de octubre de 1995.

21. Gurriarán, *El Rey en Estoril*, pp. 415-418; Helena Matheopoulos, *Juan Carlos I, el Rey de nuestro tiempo*, Javier Vergara Editor, Madrid, 1996, pp. 70-71.

22. González de Vega, *Yo, María de Borbón*, pp. 132-133; *El País*, 23 de octubre de 1995.

23. Gurriarán, *El Rey en Estoril*, pp. 408-409; Juan Balansó, *Los Borbones incómodos*, Plaza y Janés, Barcelona, 2000, pp. 108-109.

24. Fernández de la Mora, *Río arriba*, p. 230.

25. Powell, *Juan Carlos*, pp. 17-18; *Daily Telegraph*, 11 de abril de 1956; *El País*, 16 de octubre de 1992; *El Mundo*, 14 de octubre de 1992; Palacios, *Los papeles secretos*, p. 152; Gurriarán, *El Rey en Estoril*, pp. 416, 421; Pérez Mateos, *Un Rey bajo el sol*, p. 213.

26. *El Mundo*, 14 de octubre de 1992; *El País*, 16 de octubre de 1992, 23 de octubre de 1995; José Gutiérrez-Ravé, *El Conde de Barcelona*, Prensa Española, Madrid, 1962, pp. 162-175; Gurriarán, *El Rey en Estoril*, p. 408; José María Toquero, *Don Juan de Borbón, el Rey padre*, Plaza y Janés, Barcelona, 1992, pp. 199-201; Luis María Anson, *Don Juan*, Plaza y Janés, Barcelona, 1994, pp. 308-309; Javier Tusell, *Juan Carlos I. La restauración de la monarquía*, Temas de Hoy, Madrid, 1995, pp. 248-249.

27. Testimonio de un testigo ocular por Jaime Miralles en Antonio Fontán, *Los monárquicos y el régimen de Franco*, Editorial Complutense, Madrid, 1996, pp. 133-134; *El País*, 16 de octubre de 1992 y 23 de octubre de 1995; Françoise Laot, *Juan Carlos y Sofía*, Espasa-Calpe, Madrid, 1987, pp. 49-50.

28. Jaime Miralles en Fontán, *Los monárquicos*, p. 134; Borràs, *El Rey de los rojos*, p. 211.

29. Ramón de Alderete, *...y estos Borbones nos quieren gobernar* (París: Edición del autor, 1974), p. 97; Juan Balansó, *La Familia Real y la familia irreal*, Planeta, Barcelona, 1992, p. 166.

30. Víctor Salmador, *Don Juan. Los secretos de un Rey sin trono*, Ediciones Tiempo, Madrid, 1993, p. 84; *Daily Telegraph*, 11 de abril de 1956, citado por Powell, *Juan Carlos*, pp. 17-18; Palacios, *Los papeles secretos*, pp. 153, 197.

31. José María Toquero, *Franco y Don Juan. La oposición monárquica al franquismo*, Plaza y Janés, Barcelona, 1989, pp. 384, 423.

32. Salmador, *Don Juan. Los secretos*, p. 82.

33. José Luis de Arrese, *Una etapa constituyente*, Planeta, Barcelona, 1982, pp. 16-22; Equipo Mundo, *Los noventa ministros de Franco*, Dopesa, Barcelona, 1970, pp. 249-253.

34. Mallet a Lloyd, 17 y 18 de febrero de 1956, FO371/124127, RS1015/13, RS1015/14.

35. Cancillería de Madrid al Departamento Meridional, 24 de febrero de 1956, FO371/124127, RS1015/18.

36. Preston, *Franco*, pp. 651-655.

37. Sainz Rodríguez, *Un reinado*, pp. 163-164; Rafael Calvo Serer, *Franco frente al rey*, edición del autor, París, 1972, pp. 36-37; Anson, *Don Juan*, pp. 311-312; Luis Suárez Fernández, *Francisco Franco y su tiempo*, Fundación Nacional Francisco Franco, Madrid, 1984, 8 vols., V, pp. 265-266; Federico Silva Muñoz, *Memorias políticas*, Planeta, Barcelona, 1993, p. 68.

38. Franco, *Discursos 1955-1959*, p. 165.

39. Arrese, *Una etapa*, pp. 42-45; Franco, *Discursos 1955-1959*, pp. 188-189; Cancillería de Madrid al Departamento Meridional, 5 de mayo de 1954, FO371/124128, RS1015/23.

40. Laureano López Rodó, *Memorias*, Plaza y Janés/Cambio 16, Barcelona, 1990, pp. 51-52; Laureano López Rodó, *La larga marcha hacia la monarquía*, Noguer, Barcelona, 1977, pp. 124-130; Arrese, *Una etapa*, pp. 71, 80.

41. Stanley G. Payne, *Politics and the Military in Modern Spain*, Stanford University Press, Stanford, 1967, p. 443; Arthur P. Whitaker, *Spain and the Defence of the West: Ally and Liability*, Nueva York, 1961, pp. 141-142; Gabriel Cardona, *Franco y sus generales. La manicura del tigre*, Temas de Hoy, Madrid, 2001, pp. 173-174.

42. Arrese, *Una etapa*, pp. 82-83, 98-103.

43. Franco, *Discursos 1955-1959*, pp. 214-215; Mallet a Lloyd, 20 de julio de 1956, FO371/124128, RS1015/39A.

44. Arrese, *Una etapa*, pp. 132-135, 144-192; López Rodó, *Memorias*, pp. 65-77; López Rodó, *La larga marcha*, pp. 133-135; Créac'h, *Le coeur et l'épée. Chroniques espagnoles*, Librairie Plon, París, 1958, pp. 386-387; Javier Tusell, *Franco y los católicos: la política interior española entre 1945 y 1957*, Alianza Editorial, Madrid, 1984, pp. 409-425; Suárez Fernández, *Franco*, V, pp. 306-312.

45. Mallet a Lloyd, 15 de enero de 1957, FO371/130325, RS1015/3; Arrese, *Una etapa*, pp. 234-242, 253-265; Suárez Fernández, *Franco*, V, pp. 314-315; Tusell, *Franco y los católicos*, pp. 426-428.

46. López Rodó, *Memorias*, pp. 66-69; López Rodó, *La larga marcha*, pp. 120-121.

47. Calvo Serer, *Franco frente al Rey*, p. 36; Sainz Rodríguez, *Un reinado*, p. 164; López Rodó, *La larga marcha*, pp. 123-124; Toquero, *Franco y Don Juan*, p. 266; Suárez Fernández, *Franco*, V, pp. 319-320.

48. Cancillería de Madrid al Departamento Meridional, FO371/130325, RS1015/5; Créac'h, *Le coeur*, pp. 387-388.

49. Luis Ramírez, *Nuestros primeros veinticinco años*, París, 1964, pp. 111-112; Franco Salgado-Araujo, anotación en su diario del 4 de febrero de 1957, *Mis conversaciones*, p. 200; Jaume Fabre, Josep M. Huertas y Antoni Ribas, *Vint anys de resistència catalana (1939-1959)*, Planeta, Barcelona, 1978, pp. 208-211.

50. Franco Salgado Araujo, 11 de agosto de 1956, 30 de enero, 2 de febrero de 1957 *Mis conversaciones*, pp. 176, 195-198; Suárez Fernández, *Franco*, V, pp. 269, 319; López Rodó, *La larga marcha*, p. 124; Sainz Rodríguez, *Un reinado*, p. 166.

51. Calvo Serer, *Franco*, p. 37; La Cierva, *Historia del franquismo*, Planeta, Barcelona, 1978 II, p. 155, citando, sin nombrarlo, a un ministro; Serrano Suñer, *Memorias*, p. 238.

52. Franco Salgado Araujo, anotación en su diario del 6 de abril 1957, *Mis conversaciones*, p. 209, comentario de los rumores recogidos por la prensa cubana. Para especulaciones sobre lo que pasó, véase Ramírez, *Veinticinco años*, p. 117; Busquets, *Pronunciamientos*, pp. 140-141: Anson, *Don Juan*, pp. 314-315.

53. Franco Salgado Araujo, anotación en su diario del 17 de mayo de 1955, *Mis conversaciones*, pp. 107-110.

54. Gurriarán, *El Rey en Estoril*, pp. 381-383.

55. Olghina de Robilant, *Sangue blu*, Arnoldo Mondadori Editore, Milán, 1991, pp. 173, 179, 243-252.

56. *Interviú*, 27 de enero de 1988. Véase también Jaime Peñafiel, *¡Dios salve a la Reina!*, Temas de Hoy, Madrid, 1993, pp. 43-47.

57. De Robilant, *Sangue blu*, pp. 284-291.

58. De Robilant, *Sangue blu*, pp. 247-248; *Época*, 8 de febrero de 1988.

59. *Época*, 8 de febrero de 1988; Robilant, *Sangue blu*, p. 247.

60. *Tiempo*, 11 de septiembre de 1989; *Diario 16*, 10 de noviembre de 1995; José Díaz Herrera e Isabel Durán, *El saqueo de España*, Temas de Hoy, Madrid, 1996, pp. 86-87.

61. Peñafiel, *¡Dios salve a la Reina!*, pp. 47-48; Pérez Mateos, *Un Rey bajo el sol*, pp. 243-244, 276-279; Fernando Rayón, *La boda de Juan Carlos y Sofía*, La Esfera de los Libros, Madrid, 2002, p. 32.

62. Tusell, *Juan Carlos*, pp. 347-350; Suárez Fernández, *Franco*, VI, pp. 182, 299-300; Pérez Mateos, *Un Rey bajo el sol*, pp. 251, 257.

63. López Rodó, *Memorias*, pp. 89-99; Suárez Fernández, *Franco*, V, pp. 320-321.

64. Conversación del autor con Fabián Estapé.

65. Preston, *Franco*, pp. 666-671.

66. Toquero, *Franco y Don Juan*, p. 267.

67. Anson, *Don Juan*, pp. 314-315.

68. López Rodó, *Memorias*, pp. 105-106; Jesús Ynfante, *La prodigiosa aventura del Opus Dei. Génesis y desarrollo de la Santa Mafia*, Ruedo Ibérico, París, 1970, pp. 178-179.

69. Calvo Serer, *Franco frente al Rey*, pp. 88-89.

70. Franco Salgado-Araujo, anotación en su diario del 22 de julio 1957, *Mis conversaciones*, p. 214; Suárez Fernández, *Franco*, V, p. 339.

71. Pérez Mateos, *Un Rey bajo el sol*, pp. 240-241.

72. Franco Salgado-Araujo, anotación en su diario del 11 de septiembre de 1957, *Mis conversaciones*, p. 215.

73. Don Juan a Franco, 25 de junio, Franco a don Juan, 4 de septiembre de 1957, Sainz Rodríguez, *Un reinado*, pp. 385-388.

74. López Rodó, *La larga marcha*, pp. 145-148; Sainz Rodríguez, *Un reinado*, p. 300; López Rodó, *Memorias*, pp. 126-127; Toquero, *Franco y Don Juan*, pp. 267-270.

75. Don Juan a Franco, 17 de septiembre de 1957, Sainz Rodríguez, *Un reinado*, pp. 388-389.

76. Francisco Melgar, *El noble final de la escisión dinástica*, Cuadernos de Política e Historia, Madrid, 1964, pp. 147-157, 203-208; María Teresa de Borbón Parma, Josep Carles Clemente y Joaquín Cubero Sánchez, *Don Javier, una*

vida al servicio de la libertad, Plaza y Janés, Barcelona, 1997, pp. 205-207; Juan Balansó, *La familia rival*, Planeta, Barcelona, 1994, pp. 188-189.

77. Don Juan a Franco, 22 de diciembre de 1957, Franco a Don Juan, 18 de enero de 1958, Sainz Rodríguez, *Un reinado*, pp. 389-391; Anson, *Don Juan*, p. 320; Borràs, *El Rey de los rojos*, pp. 212-221.

78. Anson, *Don Juan*, p. 315.

79. Franco Salgado-Araujo, anotaciones en su diario del 1 de junio de 1957, 19 de mayo, 2 de junio de 1958, *Mis conversaciones*, pp. 212-213, 236-237.

80. Gurriarán, *El Rey en Estoril*, pp. 435-448.

81. Palacios, *Los papeles secretos*, p. 138.

82. José María de Areilza, *Memorias exteriores 1947-1964*, Planeta, Barcelona, 1984, pp. 120-122; José María de Areilza, *A lo largo del siglo, 1909-1991*, Planeta, Barcelona, 1992, pp. 144-145. Se ha sugerido que esto causó cierta turbación en el Departamento de Estado, Powell, *Juan Carlos*, p. 18. Para la reacción de Franco, véase Franco Salgado-Araujo, anotación en su diario del 2 de junio de 1958, *Mis conversaciones*, p. 237.

83. López Rodó, *Memorias*, pp. 139-144.

84. Franco Salgado-Araujo, anotaciones en su diario del 19 de mayo de 1958, 2 de mayo de 1959, *Mis conversaciones*, pp. 236, 266.

85. Palacios, *Los papeles secretos*, pp. 207-210.

86. *ABC*, 13 de octubre; *Arriba*, 13, 14 de octubre; *The Times*, 14 de octubre de 1948.

87. Palacios, *Los papeles secretos*, p. 212.

88. Franco, *Discursos 1955-1959*, pp. 557-568. Cf. Cancillería de Madrid al Departamento Meridional, 2 de enero de 1959, FO371/144927, RS1015/1.

89. Cancillería de Madrid al FO, 9 de febrero de 1959, FO371/144927, RS1015/3E; Informe del Bank of London & South America, Madrid, 3 de marzo de 1959, FO371/144927, RS1015/9; Toquero, *Franco y Don Juan*, pp. 297-300; Suárez Fernández, *Franco*, VI, pp. 78-82; Xavier Tusell, *La oposición democrática al franquismo, 1939-1962*, Planeta, Barcelona, 1977, pp. 343-344; Enrique Tierno Galván, *Cabos sueltos*, Bruguera, Barcelona, 1981, pp. 119-125.

90. Franco Salgado-Araujo, anotación en su diario del 14 de marzo de 1959, *Mis conversaciones*, p. 259.

91. Palacios, *Los papeles secretos*, pp. 230-231.

92. Preston, *Franco*, pp. 676-678.

93. Suárez Fernández, *Franco*, VI, p. 96. Para una versión ligeramente distinta de las palabras de Carrero Blanco, véase Javier Tusell, *Carrero. La eminencia gris del régimen de Franco*, Temas de Hoy, Madrid, 1993, pp. 252-253.

94. Franco Salgado-Araujo, anotación en su diario del 14 de marzo de 1959, *Mis conversaciones*, p. 259.

95. Franco Salgado-Araujo, anotación en su diario del 27 de octubre de 1960, *Mis conversaciones*, p. 300; Alfonso de Borbón, *Las memorias de Alfon-*

so de Borbón, Ediciones B, Barcelona, 1990, pp. 63-64; Joaquín Bardavío, *La rama trágica de los Borbones*, Barcelona, 1989, pp. 68-69.

96. Pérez Mateos, *Un Rey bajo el sol*, pp. 249-254.

97. Franco Salgado-Araujo, anotación en su diario del 2 de mayo de 1959, *Mis conversaciones*, pp. 264-265; Toquero, *Franco y Don Juan*, p. 279; Pérez Mateos, *Un Rey bajo el sol*, pp. 257-259; Javier Tusell, *Juan Carlos I: La restauración de la Monarquía*, Temas de Hoy, Madrid, 1995, pp. 285-296; Powell, *Juan Carlos*, p. 19.

98. Franco Salgado-Araujo, anotación en su diario del 23 de diciembre 1959, *Mis conversaciones*, p. 274; López Rodó, *La larga marcha*, p. 167.

99. Benjamin Welles, *Spain. The Gentle Anarchy*, Pall Mall Press, Londres, 1965, p. 360.

100. Franco Salgado-Araujo, anotación en su diario del 16 de enero de 1960, *Mis conversaciones*, pp. 277-278.

101. Don Juan a Franco, 16 de octubre de 1959, Sainz Rodríguez, *Un reinado*, pp. 391-392.

102. En la Universidad de Salamanca durante este debate, véase Morodo, *Atando cabos*, pp. 364-365.

103. Los recuerdos detallados de Martínez Campos de la reunión están reproducidos en Armada, *Al servicio de la Corona*, Planeta, Barcelona, 1983, pp. 95-101, y en Ricardo de la Cierva, *Historia del franquismo*, II, pp. 185-194; *New York Times*, 5 de enero de 1960.

104. Vilallonga, *El Rey*, p. 95; Pérez Mateos, *Un Rey bajo el sol*, pp. 267-270.

105. Armada, *Al servicio*, p. 100; Anson, *Don Juan*, pp. 324-325.

106. Javier Tusell y Gonzalo Álvarez de Chillida, *Pemán. Un trayecto intelectual desde la extrema derecha hasta la democracia*, Planeta, Barcelona, 1998, p. 143; Welles, *The Gentle Anarchy*, p. 361.

107. Don Juan a Franco, 22 de diciembre de 1959, Sainz Rodríguez, *Un reinado*, pp. 392-393.

108. Don Juan a Franco, 23 de diciembre de 1959, Sainz Rodríguez, *Un reinado*, pp. 393-394.

109. Franco a Don Juan, 15 de enero de 1960, Sainz Rodríguez, *Un reinado*, pp. 394-395.

110. Pérez Mateos, *Un Rey bajo el sol*, pp. 273-274.

111. Don Juan a Franco, 22 de enero de 1960, Franco a Don Juan, 2 de febrero de 1960, Sainz Rodríguez, *Un reinado*, pp. 395-397; Tusell, *Juan Carlos*, pp. 300-303.

112. José María Pemán, *Mis encuentros con Franco*, Dopesa, Barcelona, 1976, pp. 195-198, 202-203; Tusell, *Juan Carlos*, p. 304.

113. Don Juan a Franco, 19 de febrero de 1960, Franco a Don Juan, 12 de marzo de 1960, Sainz Rodríguez, *Un reinado*, pp. 397-401.

114. Franco Salgado-Araujo, anotación en su diario del 4 de febrero de 1960, *Mis conversaciones*, p. 279; *The Times*, 29 de marzo de 1960; Jaime Peña-

fiel, *El General y su tropa. Mis recuerdos de la familia de Franco*, Temas de Hoy, Madrid, 1992, pp. 70-72.

115. *The Times*, 30 de marzo de 1960.

116. Franco Salgado-Araujo, anotación en su diario del 24 de marzo de 1960, *Mis conversaciones*, pp. 277, 280.

117. Javier Tusell, *Juan Carlos*, pp. 307, 314.

118. Cancillería de Madrid al FO, 2 de enero de 1960, FO371/153291, RS1941/1; Mauricio Carlavilla, *Anti-España 1959: autores, cómplices y encubridores del comunismo*, Editorial NOS, Madrid, 1959, pp. 117-124.

119. Juan Antonio Ansaldo, *¿Para qué...? (de Alfonso XIII a Juan III)*, Editorial Vasca-Ekin, Buenos Aires, 1951, pp. 422-428; Sainz Rodríguez, *Un reinado*, pp. 236-237; Franco Salgado-Araujo, anotación en su diario del 2 de abril de 1960, *Mis conversaciones*, pp. 280-281; Toquero, *Franco y Don Juan*, pp. 280-283; Anson, *Don Juan*, p. 328; Tusell, *Juan Carlos*, pp. 307-312.

120. *The Times*, 31 de marzo de 1960; Toquero, *Franco y Don Juan*, pp. 280-284.

121. Stirling a Lloyd, 29 de abril de 1960, FO371/153291, RS1941/4C; Sainz Rodríguez, *Un reinado*, pp. 238-239.

122. Mallet a Lloyd, 5 de abril de 1960, FO371/153291, RS1941/4.

123. Don Juan a Franco, 11 de abril de 1960, Franco a Don Juan, 27 de abril de 1960, reproducida en Sainz Rodríguez, *Un reinado*, pp. 401-403; Laureano López Rodó, *Memorias*, pp. 214-215; Franco Salgado-Araujo, anotación en su diario del 18 de abril de 1960, *Mis conversaciones*, p. 286.

124. Franco Salgado-Araujo, anotación en su diario del 2 de abril 1960, *Mis conversaciones*, p. 282.

125. Welles, *The Gentle Anarchy*, pp. 366-367.

126. Franco Salgado-Araujo, anotaciones en su diario del 2 y 9 de abril de 1960, 9 de noviembre de 1961, *Mis conversaciones*, pp. 281-282, 284, 327; Sainz Rodríguez, *Un reinado*, pp. 402-403.

127. Mallet a Lloyd, 25 de abril de 1960, FO371/153291, RS 1941/4B.

128. Stirling a Lloyd, 29 de abril de 1960, FO371/153291, RS 1941/4C.

129. Jakim Boor, *Masonería*, Gráficas Valera, Madrid, 1952; Cancillería de Madrid al FO, FO371/153229, RS1011/9.

130. Cancillería de Madrid al FO, 12 de julio de 1960, FO371/153291, RS 1941/7.

131. Labouchere a lord Home, 2 de diciembre de 1960, FO371/153291, RS1941/10.

132. Tusell, *Juan Carlos*, pp. 324-326.

4. Una vida vigilada, 1960-1966

1. Jesús Palacios, *Los papeles secretos de Franco. De las relaciones con Juan Carlos y Don Juan al protagonismo del Opus*, Temas de Hoy, Madrid, pp. 289-290.

2. Palacios, *Los papeles secretos*, pp. 296-297, 300.

3. Labouchere a Sarell, 3 de marzo de 1961, FO371/160288, RS1941/3; Franco Salgado-Araujo, anotación en su diario del 7 de marzo de 1961, *Mis conversaciones*, p. 313.

4. Javier Tusell, *Juan Carlos I. La restauración de la monarquía*, Temas de Hoy, Madrid, 1995, p. 316.

5. José Luis de Vilallonga, *El Rey. Conversaciones con D. Juan Carlos I de España*, Plaza y Janés, Barcelona, 1993, p. 95.

6. Tusell, *Juan Carlos*, p. 343.

7. Franco Salgado-Araujo, anotación en su diario del 17 de diciembre de 1960, *Mis conversaciones*, p. 304.

8. José Luis Alcocer, *Fernández-Miranda: agonía de un Estado*, Planeta, Barcelona, 1986, pp. 32-33; Equipo Mundo, *Los noventa ministros de Franco*, Dopesa, Barcelona, 1970, pp. 489-493. Para una semblanza fascinante de Torcuato Fernández-Miranda como intelectual, véase Raúl Morodo, *Atando cabos. Memorias de un conspirador moderado (I)*, Taurus, Madrid, 2001, pp. 232-237.

9. Vilallonga, *El Rey*, pp. 96-97.

10. Pilar Fernández-Miranda Lozana y Alfonso Fernández-Miranda Campoamor, *Lo que el Rey me ha pedido. Torcuato Fernández-Miranda y la reforma política*, Plaza y Janés, Barcelona, 1995, p. 51; Alfonso Armada, *Al servicio de la Corona*, p. 138.

11. Laureano López Rodó, *La larga marcha hacia la monarquía*, Noguer, Barcelona, 1977, pp. 178-179; Laureano López Rodó, *Memorias*, Plaza y Janés/Cambio 16, Barcelona, 1990, pp. 246-247, 267-268.

12. Luis María Anson, *Don Juan*, Plaza y Janés, Barcelona, 1994, pp. 330-331; Pedro Sainz Rodríguez, *Un reinado en la sombra*, Planeta, Barcelona, 1981, pp. 93-99; José María Toquero, *Franco y Don Juan. La oposición monárquica al franquismo*, Plaza y Janés, Barcelona, 1989, pp. 284-286.

13. López Rodó, *Memorias*, p. 274.

14. Olghina de Robilant, *Sangue blu*, Arnoldo Mondadori Editore, Milán, 1991, pp. 351-352; *Época*, 8 de febrero de 1988.

15. Labouchere presentó sus credenciales el 23 de junio de 1960. Embajada de Madrid a FO, 12 de octubre de 1960, FO371/153291, RS1941/8; *The Times*, 13 de octubre de 1960.

16. Hope a Heath, 29 de septiembre de 1961, FO371/160786, CS 1015/13; Benjamin Welles, *Spain. The Gentle Anarchy*, Pall Mall Press, Londres, 1965, pp. 367-368.

17. *El Mundo*, 21 de septiembre de 2001; 3, 7 de abril de 2002.

18. Reina Federica de Grecia, *Memorias*, G. del Toro Editor, Madrid, 1971, pp. 248-249; Javier González de Vega, *Yo, María de Borbón*, El País-Aguilar, Madrid, 1995, pp. 127-129; Pilar Urbano, *La Reina*, Plaza y Janés, Barcelona, 1996, pp. 100-101.

19. Urbano, *La Reina*, p. 115; José Antonio Gurriarán, *El Rey en Estoril. Don Juan Carlos y su familia en el exilio portugués*, Planeta, Barcelona, 2000, pp. 460-464.

20. Fernando Rayón, *La boda de Juan Carlos y Sofía. Claves y secretos de un enlace histórico*, La Esfera de los Libros, Madrid, 2002, p. 40.

21. Urbano, *La Reina*, p. 116.

22. Víctor Salmador, *Don Juan. Los secretos de un Rey sin trono*, Ediciones Tiempo, Madrid, 1993, p. 83; Fernando Rayón, *Sofía de Grecia. La Reina*, Editorial Tibidabo, Barcelona, 1993, p. 85.

23. Entrevista con Sofía de Douglas Key, *Diario 16*, 14 de agosto de 1989.

24. *Diario 16*, 15 de enero de 1981, adelanto del documental de la BBC sobre la Casa Real española, emitido en el Reino Unido el 23 de enero de 1981.

25. *¿Qué?*, 27 de febrero de 1978; conversación del autor con Armada.

26. *Diario 16*, 14 de agosto de 1989.

27. *Tiempo*, 22 de marzo de 1993; Rayón, *Sofía*, pp. 85-86; Urbano, *La Reina*, p. 119.

28. Urbano, *La Reina*, pp. 119-121.

29. Federica, *Memorias*, p. 287; Urbano, *La Reina*, p. 122.

30. Federica, *Memorias*, p. 288.

31. *El País*, 24 de enero de 1981, reseña del documental de la BBC sobre la Casa Real española, emitido en el Reino Unido el 23 de enero de 1981; Urbano, *La Reina*, p. 125.

32. Don Juan a Franco, 10 de julio de 1961, Franco a Don Juan, 22 de julio de 1961, Sainz Rodríguez, *Un reinado en la sombra*, pp. 403-405.

33. Luis Suárez Fernández, *Francisco Franco y su tiempo*, Fundación Nacional Francisco Franco, Madrid, 1984, 8 vols., VI, pp. 303-307.

34. Ibáñez Martín a Franco, 11 de septiembre de 1961, reproducida en Suárez Fernández, *Franco*, pp. 307-310; López Rodó, *La larga marcha*, pp. 182-185.

35. Welles, *The Gentle Anarchy*, p. 368; José María Pemán, *Mis encuentros con Franco*, Dopesa, Barcelona, 1976, p. 218; López Rodó, *La larga marcha*, p. 187.

36. Rayón, *La boda*, pp. 86-87; Suárez Fernández, *Franco*, VI, pp. 311-312.

37. Don Juan a Franco, 27 de septiembre, Franco a Don Juan, 31 de octubre de 1961, Sainz Rodríguez, *Un reinado*, pp. 405-406.

38. Hope a Heath, 29 de septiembre de 1961, FO371/160786, CS 1015/13.

39. López Rodó, *La larga marcha*, pp. 188-189; *Diario 16*, 14 de abril de 1987.

40. Welles, *The Gentle Anarchy*, p. 369; Pemán, *Mis encuentros*, p. 218.

41. López Rodó, *La larga marcha*, pp. 189-190.

42. *Ibid.*, p. 193.

43. Suárez Fernández, *Franco*, VI, p. 315.

44. Hope a Heath, 29 de septiembre de 1961, FO371/160786, CS 1015/13; Labouchere a Tomkins, 28 de noviembre de 1961, FO371/160786, CS1941/5; Suárez Fernández, *Franco*, VI, p. 351.

45. Rayón, *La boda*, pp. 163-165.

46. Suárez Fernández, *Franco*, VI, pp. 315-318, 344-347; Federica, *Memorias*, p. 289; Don Juan a Franco, 18 de diciembre de 1961, 23 de enero de 1962,

Sainz Rodríguez, *Un reinado*, pp. 407-408; Rayón, *La boda*, pp. 96-102, 107-141, 170-175, 184-185.

47. *ABC*, 26 de diciembre de 1961; Vicente Gil, *Cuarenta años junto a Franco*, Planeta, Barcelona, 1981, p. 131.

48. *ABC*, 27 de diciembre de 1961; *The Times*, 27 de diciembre de 1961; Ramón Soriano, *La mano izquierda de Franco*, Planeta, Barcelona, 1981, pp. 14-20.

49. Franco Salgado-Araujo, *Mis conversaciones*, p. 331.

50. Franco Salgado-Araujo, anotaciones en su diario del 8 y 15 de enero de 1962, *Mis conversaciones*, pp. 331-332; Soriano, *La mano*, pp. 26-28, 47.

51. López Rodó, *La larga marcha*, pp. 195-196.

52. José María de Areilza, *Crónica de libertad*, Barcelona, 1985, pp. 36-37; López Rodó, *La larga marcha*, pp. 195-198; López Rodó, *Memorias*, pp. 301-302.

53. López Rodó, *La larga marcha*, pp. 202-203; Franco Salgado-Araujo, anotación en su diario del 3 de marzo de 1962, *Mis conversaciones*, pp. 333-334; Suárez Fernández, *Franco*, VI, pp. 349.

54. Cancillería de Madrid al FO, 7 de diciembre de 1961, FO371/160786, CS1941/6; Franco Salgado-Araujo, anotación en su diario del 14 de diciembre de 1961, *Mis conversaciones*, p. 329; Soriano, *La mano*, p. 120; Suárez Fernández, *Franco*, VI, pp. 350-352.

55. López Rodó, *La larga marcha*, p. 201; López Rodó, *Memorias*, pp. 288, 330.

56. Murray a Tomkins, 22 de noviembre de 1962, FO371/163829, CS1941/2.

57. Philip Ziegler, ed., *From Shore to Shore. The Tour Diaries of Earl Mountbatten of Burma 1953-1979*, Collins, Londres, 1989, p. 69; Rayón, *La boda*, pp. 251-252, 256-258.

58. Palacios, *Los papeles secretos*, p. 347.

59. Soriano, *La mano*, pp. 118-121; Peñafiel, *El General*, pp. 126-128.

60. *Mundo Obrero*, 1 de mayo de 1962; *The Times*, 12 de mayo de 1962; Ignacio Fernández de Castro y José Martínez, *España hoy*, París, 1963, pp. 67-97, 103-128, 140-192; *Dos meses de huelgas*, Parti Communiste Français, París, 1962, pp. 41-95; Faustino Miguélez, *La lucha de los mineros asturianos bajo el franquismo*, Laia, Barcelona, 1976, pp. 103-113.

61. Palacios, *Los papeles secretos*, p. 340; Urbano, *La Reina*, p. 146.

62. Legación Británica en Santa Sede a FO, 8 de junio de 1962, FO371/163829, CS1941/3; Rayón, *La boda*, pp. 267-269.

63. Rayón, *La boda*, p. 272; Urbano, *La Reina*, p. 148.

64. Peñafiel, *El General*, p. 127; Urbano, *La Reina*, p. 148; Pemán, *Mis encuentros*, pp. 218-219; Franco Salgado-Araujo, anotación en su diario del 7 de julio de 1962, *Mis conversaciones*, p. 345.

65. Hope a Tomkins, 13 de junio de 1962, FO371/163829, CS1941/5.

66. Urbano, *La Reina*, pp. 148-149.

67. Manuel Fraga Iribarne, *Memoria breve de una vida política*, Planeta, Barcelona, 1980, p. 37.

68. Rafael Calvo Serer, «Los Príncipes y el presidente», *ABC*, 20 de noviembre de 1962; *Diario 16*, 14 de agosto de 1989; Welles, *The Gentle Anarchy*, pp. 163-164; Franco Salgado-Araujo, anotación en su diario del 2 de marzo de 1963, *Mis conversaciones*, p. 375; Antonio Garrigues y Díaz Cañabate, *Diálogos conmigo mismo*, Planeta, Barcelona, 1978, p. 95; Suárez Fernández, *Franco*, VII, p. 66; Juan Antonio Pérez Mateos, *Un Rey bajo el sol. El duro camino de Juan Carlos I hacia el trono*, Plaza y Janés, Barcelona, 1998, pp. 324-326.

69. Suárez Fernández, *Franco*, VI, p. 377.

70. *ABC*, 9 de junio de 1962; Franco Salgado-Araujo, anotación en su diario del 23 de junio de 1962, *Mis conversaciones*, pp. 342-343; Soriano, *La mano*, pp. 151-152; López Rodó, *Memorias*, pp. 335-336; Suárez Fernández, *Franco*, VI, p. 357.

71. José María de Areilza, *Memorias exteriores 1947-1964*, Planeta, Barcelona, 1984, pp. 170-182; Rafael Calvo Serer, *Franco frente al Rey*, edición del autor, pp. 112-113.

72. *Arriba*, 9, 10, 12 de junio de 1962; *ABC*, 9, 11, 12 de junio de 1962.

73. Joaquín Satrústegui *et al.*, eds., *Cuando la transición se hizo posible. El «contubernio» de Munich*, Tecnos, Madrid, 1993, p. 16; Hope a Tomkins, 13, 20 de junio de 1962, FO371/163829, CS1941/5.

74. *La Vanguardia Española*, 17 de junio de 1962; *The Times*, 18 de junio de 1962; Franco, *Discursos 1960-1963*, pp. 399-404, 412, 423-424, 427; Calvo Serer, *Franco frente al Rey*, p. 112.

75. Palacios, *Los papeles secretos*, p. 357; Tusell, *Juan Carlos*, p. 357.

76. Murray a Tomkins, 22 de noviembre de 1962, FO371/163829, CS1941/2; Urbano, *La Reina*, p. 161; Rayón, *La boda*, pp. 289-290.

77. Palacios, *Los papeles secretos*, pp. 357-358; Rayón, *La boda*, pp. 290-291.

78. Franco Salgado-Araujo, anotaciones en su diario de 29 de noviembre y 20 de diciembre de 1962, *Mis conversaciones*, pp. 359, 362; López Rodó, *La larga marcha*, p. 208.

79. Franco Salgado-Araujo, anotación en su diario del 3 de octubre de 1962, *Mis conversaciones*, pp. 350-351; Urbano, *La Reina*, pp. 159-160.

80. Franco a Don Juan, 12 de abril de 1962, Sainz Rodríguez, *Un reinado*, pp. 408-409; Tusell, *Juan Carlos*, p. 377.

81. Franco Salgado-Araujo, anotación en su diario de 4 de febrero de 1963, *Mis conversaciones*, p. 369; Suárez Fernández, *Franco*, VI, pp. 383-384.

82. Tusell, *Juan Carlos*, pp. 372-373; Pérez Mateos, *Un Rey bajo el sol*, p. 332; Pilar Cernuda, *30 días de noviembre. El mes que cambió la historia de España*, Planeta, Barcelona, 2000, pp. 18-19.

83. Anson, *Don Juan*, p. 340; Don Juan a Franco, 8 de febrero, Franco a don Juan, 18 de febrero de 1963, Sainz Rodríguez, *Un reinado*, pp. 409-411; Tusell, *Juan Carlos*, pp. 377-379.

84. Franco Salgado-Araujo, anotación en su diario de 2 marzo 1963, *Mis conversaciones*, pp. 374-375.

85. Pérez Mateos, *Un Rey bajo el sol*, pp. 385-386.

86. Powell, *Juan Carlos of Spain. Self-Made Monarch*, Macmillan, Londres, 1996, pp. 25-26; López Rodó, *La larga marcha*, p. 208; Urbano, *La Reina*, p. 162.

87. Fraga, *Memoria breve*, p. 65; Peñafiel, *El General*, pp. 127-128; López Rodó, *La larga marcha*, p. 208.

88. Franco Salgado-Araujo, anotación en su diario de 4 abril de 1963, *Mis conversaciones*, p. 377.

89. Urbano, *La Reina*, p. 166; Fraga, *Memoria breve*, p. 74.

90. Franco Salgado-Araujo, anotación en su diario del 25 de mayo de 1963, *Mis conversaciones*, pp. 382-383.

91. Labouchere a lord Home, 23 de abril de 1963, FO 371/169512, CS1941/1.

92. Labouchere a lord Home, 23 de abril de 1963, FO 371/169512, CS1941/1; Welles, *The Gentle Anarchy*, p. 372.

93. Suárez Fernández, *Franco*, VII, pp. 122-125; Palacios, *Los papeles secretos*, pp. 366-370.

94. Labouchere a Dodson, 22 de abril de 1964, FO371/174937, CS1015/10; Welles, *The Gentle Anarchy*, p. 372; López Rodó, *La larga marcha*, pp. 211, 214-216; López Rodó, *Memorias*, p. 531; Franco Salgado-Araujo, anotación en su diario del 20 de abril de 1964, *Mis conversaciones*, p. 420; Suárez Fernández, *Franco*, VII, pp. 130-134.

95. Vilallonga, *El Rey*, pp. 82, 85; López Rodó, *La larga marcha*, p. 212.

96. Franco a Don Juan, 14 de noviembre de 1963, Sainz Rodríguez, *Un reinado*, p. 412.

97. Labouchere a Dodson, 31 de diciembre de 1963, FO371/174937, CS1015/1; González de Vega, *Yo, María de Borbón*, pp. 108, 147; López Rodó, *La larga marcha*, pp. 211-212.

98. *Le Figaro*, 16 de diciembre de 1963; Franco, *Discursos y mensajes 1960-1963*, pp. 599-609.

99. Labouchere a Dodson, 31 de diciembre de 1963, FO371/174937, CS1015/1.

100. Fraga, *Memoria breve*, p. 107; López Rodó, *Memorias*, pp. 458-459.

101. Franco, *Discursos 1964-1967*, p. 43.

102. Labouchere a Butler, 25 de marzo de 1964, FO371/174937, CS1015/7; Tusell, *Juan Carlos*, pp. 387-388.

103. Franco Salgado-Araujo, anotaciones en su diario del 3 de febrero, 20 de abril y 22 de junio de 1964, *Mis conversaciones*, pp. 409, 421-422, 426-427.

104. Hughes (Bilbao) a Labouchere, 23 de junio de 1964, FO371/174937, CS1015/13.

105. López Rodó, *Memorias*, p. 459; Franco Salgado-Araujo, anotación en su diario del 20 de enero de 1964, *Mis conversaciones*, p. 407; Fraga, *Memoria breve*, pp. 89, 99, 103, 123-125.

106. López Rodó, *La larga marcha*, pp. 224-226.

107. López Rodó, *La larga marcha*, p. 226; Fraga, *Memoria breve*, p. 133.

108. López Rodó, *La larga marcha*, pp. 226-227.

109. López Rodó, *Memorias*, p. 512; López Rodó, *La larga marcha*, pp. 227-228.

110. López Rodó, *Memorias*, pp. 519-520; López Rodó, *La larga marcha*, pp. 229-230; Fraga, *Memoria breve*, p. 135.

111. Suárez Fernández, *Franco*, VII, p. 197.

112. López Rodó, *Memorias*, p. 522.

113. Urbano, *La Reina*, p. 188.

114. Fraga, *Memoria breve*, pp. 136, 138; López Rodó, *Memorias*, p. 537.

115. Sobre el papel de Pabón, véase Tusell, *Juan Carlos*, pp. 395-417. Véase también Carlos Seco Serrano, «A modo de prólogo», Jesús Pabón, «Páginas de unas memorias perdidas», *Boletín de la Real Academia de la Historia*, tomo CXCII, enero-abril de 1995, cuaderno 1, pp. 1-8.

116. *The Times*, 20 de noviembre de 1965.

117. Henderson a Dodson, 25 de noviembre de 1965, FO371/180112, CS1015/9.

118. Henderson a Dodson, 7 de diciembre de 1965, FO371/180112, CS1015/9(E); Toquero, *Franco y Don Juan*, pp. 334-336; Joaquín Bardavío, *La rama trágica de los Borbones*, Barcelona, 1989, pp. 102-106, 111-114; López Rodó, *La larga marcha*, pp. 237-239; Fraga, *Memoria breve*, pp. 150-151; Suárez Fernández, *Franco*, VII, pp. 244, 280.

119. *Time*, 21 de enero de 1966.

120. Tusell, *Juan Carlos*, pp. 418-420; Palacios, *Los papeles secretos*, pp. 400-401.

121. López Rodó, *Memorias: años decisivos*, Plaza y Janés/Cambio 16, Barcelona, 1991, pp. 18-20; López Rodó, *La larga marcha*, pp. 239-243; Bardavío, *La rama trágica*, pp. 95-107; Franco Salgado-Araujo, anotación en su diario del 26 de marzo de 1966, *Mis conversaciones*, p. 465. Sobre los pretendientes carlistas, véase Javier Lavardín, *Historia del último pretendiente a la corona de España*, Ruedo Ibérico, París, 1976, *passim*.

122. Urbano, *La Reina*, pp. 174-176.

123. Suárez Fernández, *Franco*, VII, pp. 326-327; Franco Salgado-Araujo, anotación en su diario del 26 de marzo de 1966, *Mis conversaciones*, p. 466; López Rodó, *La larga marcha*, pp. 243-247, 589-592; López Rodó, *Memorias: años decisivos*, pp. 24-25; Anson, *Don Juan*, pp. 351-352; Tusell, *Juan Carlos*, pp. 440-444.

124. Jesús Pabón, «Páginas de unas memorias perdidas», *Boletín de la Real Academia de la Historia*, tomo CXCII, enero-abril de 1995, cuaderno 1, pp. 13-14.

125. Pérez Mateos, *Un Rey bajo el sol*, pp. 323.

126. Areilza, *Crónica*, pp. 19-21, 42-54, 63-70; Toquero, *Franco y Don Juan*, pp. 343-348; Suárez Fernández, *Franco*, VII, pp. 171-172, 319-320, 327-328.

127. López Rodó, *Memorias: años decisivos*, pp. 29, 32; Suárez Fernández, *Franco*, VII, p. 342.

128. Henderson (Madrid) a Dodson (FO), 10 de mayo de 1966, FO371/185820, S1011/61/66.

129. Franco Salgado-Araujo, anotación en su diario del 13 de junio de 1966, *Mis conversaciones*, p. 473.

130. Suárez Fernández, *Franco*, VII, pp. 328-329; Palacios, *Los papeles secretos*, pp. 407-410; López Rodó, *Memorias años decisivos*, pp. 41-42.

131. José María de Porcioles, *Mis memorias*, Prensa Ibérica, Barcelona, 1994, p. 205; López Rodó, *La larga marcha*, p. 247; Suárez Fernández, *Franco*, VII, p. 343; Franco Salgado-Araujo, anotación en su diario del 21 de junio de 1966, *Mis conversaciones*, p. 479.

132. *ABC*, 21 de julio de 1966; Anson, *Don Juan*, pp. 358-362.

133. *Pueblo*, 30 de julio de 1966.

134. Fraga, *Memoria breve*, pp. 174-175; López Rodó, *La larga marcha*, p. 248.

135. Tusell, *Juan Carlos*, pp. 453-454.

136. Franco, *Discursos, 1964-1967*, pp. 219-251; Williams a Brown, 2 de diciembre de 1966, FO371/185768, CS1015/24; *Le Figaro*, 13 de diciembre de 1966.

137. Franco, *Discursos, 1964-1967*, pp. 231, 236, 240; Stanley G. Payne, *The Franco Regime 1936-1975*, University of Wisconsin Press, Madison, 1987, pp. 513-515.

138. Suárez Fernández, *Franco*, VII, pp. 362-364; Franco Salgado-Araujo, anotaciones en su diario del 5 y 27 de diciembre de 1966, *Mis conversaciones*, pp. 488, 491; Tusell, *Juan Carlos*, p. 454.

139. Franco, *Discursos, 1964-1967*, p. 259.

140. Madrid al FO, telegrama cifrado, Gordon-Lennox a Daunt, 15 de diciembre de 1966, FO371/185768, CS1015/25A, CS1015/25B; *Cuadernos de Ruedo Ibérico*, núm. 10, diciembre de 1966-enero de 1967, pp. 27-63; Edouard de Blaye, *Franco and the Politics of Spain*, Penguin, Harmondowortk, 1976, pp. 236-238.

5. Con la meta a la vista, 1966-1969

1. Alfonso de Borbón, *Las memorias de Alfonso de Borbón*, Ediciones B, Barcelona, 1990, pp. 67-68.

2. Javier Tusell, *Juan Carlos I. La restauración de la monarquía*, Temas de Hoy, Madrid, 1995, p. 460.

3. *Pueblo*, 21 y 23 de diciembre de 1966.

4. *Horizonte Español 1972*, Ruedo Ibérico, París, 1972, p. 63.

5. Luis Suárez Fernández, *Francisco Franco y su tiempo*, Fundación Nacional Francisco Franco, Madrid, 1984, 8 vols., 1972, pp. 362-364.

6. Alfonso Armada, *Al servicio de la Corona*, Planeta, Barcelona, 1983, p. 122.

7. *Le Figaro*, 27 de diciembre de 1966.

8. *Horizonte Español 1972*, p. 98.

9. Suárez Fernández, *Franco*, VII, p. 374.

10. Franco Salgado-Araujo, anotación en su diario del 27 de marzo de 1967, *Mis conversaciones*, p. 500.

11. Javier Lavardín, *Historia del último pretendiente a la Corona de España*, Ruedo Ibérico, París, 1976, pp. 227-231; Federico Silva Muñoz, *Memorias políticas*, Planeta, Barcelona, 1993, pp. 146-152; Laureano López Rodó, *La larga marcha hacia la monarquía*, Noguer, Barcelona, 1977, pp. 262-263; Suárez Fernández, *Franco*, VII, pp. 377-379, 392-393.

12. Suárez Fernández, *Franco*, VII, p. 386.

13. «Franco: los archivos secretos IV», *Tiempo*, 14 de diciembre de 1992; Franco Salgado-Araujo, anotación en su diario del 13 de marzo de 1967, *Mis conversaciones*, p. 498.

14. Peter Murtagh, *The Rape of Greece*, Simon & Schuster, Londres, 1994, pp. 71-125, 157-161; Pilar Urbano, *La Reina*, Plaza y Janés, Barcelona, 1996, pp. 218-224.

15. Garicano Goñi, entrevista en Ángel Bayod, ed., *Franco visto por sus ministros*, Planeta, Barcelona, 1981, p. 202; Suárez Fernández, *Franco*, VII, p. 395.

16. Ricardo de la Cierva, *Historia del franquismo*, II, Planeta, Barcelona, 1978, pp. 250-251; López Rodó, *La larga marcha*, pp. 263-265; Laureano López Rodó, *Memorias: años decisivos*, Plaza y Janés/Cambio 16, Barcelona, 1991, p. 207.

17. Rafael Calvo Serer, *Franco frente al Rey. El proceso del régimen*, edición del autor, París, 1972, p. 171.

18. José Solís, entrevista en Bayod, *Franco*, p. 104

19. Espinosa San Martín, entrevista en Bayod, *Franco*, p. 154.

20. Espinosa San Martín, entrevista en Bayod, *Franco*, pp. 159-160.

21. Manuel Fraga, *Memoria breve de una vida política*, Planeta, Barcelona, 1980, p. 215.

22. Franco, *Discursos 1964-1967*, p. 302.

23. López Rodó, *La larga marcha*, pp. 266-267, 276.

24. *Pueblo*, 6 de enero de 1968; Emilio Romero, *Tragicomedia de España. Unas memorias sin contemplaciones*, Planeta, Barcelona, 1985, p. 186.

25. Suárez Fernández, *Franco*, VIII, pp. 24-26; López Rodó, *La larga marcha*, pp. 267-268.

26. Williams a Beith, 8 de febrero de 1968, FCO 9/406, CS 1/6; Suárez Fernández, *Franco*, VIII, pp. 26-28.

27. Williams a Beith, 14 de febrero de 1968, FCO 9/406, CS 1/6; Jesús Pabón, «Páginas de unas memorias perdidas», *Boletín de la Real Academia de la Historia*, tomo CXCII, enero-abril de 1995, cuaderno 1, pp. 17-18; Jesús Palacios, *Los papeles secretos de Franco. De las relaciones con Juan Carlos y don Juan al protagonismo del Opus*, Temas de Hoy, 1996, pp. 436-439; López Rodó, *La larga marcha*, pp. 269-270; Franco Salgado-Araujo, anotación en su diario del 3 de mayo de 1969, *Mis conversaciones*, pp. 548-549; Luis María Anson, *Don Juan*, Plaza y Janés, Barcelona, 1994, pp. 20-22, discute que la reina hablara en ese tono a Franco.

28. Williams a Beith, 14 de febrero de 1968, FCO 9/406, CS 1/6; Franco Salgado-Araujo, anotación en su diario del 12 de febrero de 1968, *Mis conversaciones*, p. 518; Suárez Fernández, *Franco*, VIII, pp. 28-29; Tom Burns Ma-

rañón, *Conversaciones sobre el Rey*, Plaza y Janés, Barcelona, 1995, pp. 74-75; Anson, *Don Juan*, pp. 364-365.

29. Suárez Fernández, *Franco*, VIII, pp. 59-60; López Rodó, *Memorias: años decisivos*, p. 314.

30. Joaquín Bardavío, *Los silencios del Rey*, Strip Editores, Madrid, 1979, pp. 33-34; López Rodó, *La larga marcha*, pp. 275 y 288.

31. López Rodó, *Memorias: años decisivos*, pp. 313-314.

32. *Ibid.*, p. 354.

33. Armada, *Al servicio*, pp. 126-127; López Rodó, *La larga marcha*, pp. 280-281, 295-297; Suárez Fernández, *Franco*, VIII, pp. 61-65; Tusell, *Juan Carlos*, pp. 475-478.

34. Javier Tusell con Genoveva García Queipo de Llano, *Carrero. La eminencia gris del régimen de Franco*, Temas de Hoy, Madrid, 1993, pp. 336-337; Palacios, *Los papeles secretos*, pp. 453-456; López Rodó, *La larga marcha*, pp. 276-279, 596-600; López Rodó, *Memorias: años decisivos*, pp. 358-359. Parece haber cierta confusión sobre la fecha exacta de esta reunión.

35. Suárez Fernández, *Franco*, VIII, p. 66; López Rodó, *La larga marcha*, p. 279.

36. *Pueblo*, 9 de noviembre de 1968.

37. Jesús Pabón, «Páginas de unas memorias perdidas», pp. 20-23; entrevista del autor con Alfonso Armada; Armada, *Al servicio*, pp. 124-125; Fraga, *Memoria breve*, pp. 233-234; López Rodó, *Memorias: años decisivos*, pp. 368-369.

38. Françoise Laot, *Juan Carlos y Sofía*, Espasa-Calpe, Madrid, 1987, p. 89; José María de Areilza, *Crónica de libertad*, Planeta, Barcelona, 1985, p. 80.

39. Fraga, *Memoria breve*, pp. 235-236; Armada, *Al servicio*, p. 126.

40. *Pueblo*, 7 de enero de 1969; Fraga, *Memoria breve*, p. 236; entrevista del autor con Alfonso Armada; Juan Antonio Pérez Mateos, *Un Rey bajo el sol. El duro camino de Juan Carlos I hacia el trono*, Plaza y Janés, Barcelona, 1998, pp. 417-418.

41. Pedro Sainz Rodríguez, *Un reinado en la sombra*, Planeta, Barcelona, 1981, p. 313.

42. Entrevista del autor con Alfonso Armada; Armada, *Al servicio*, p. 124; Palacios, *Los papeles secretos*, p. 461; Pabón, «Páginas de unas memorias perdidas», pp. 33-34.

43. Tusell, *Carrero*, p. 338.

44. Franco Salgado-Araujo, anotación en su diario del 16 de enero de 1969, *Mis conversaciones*, p. 537; López Rodó, *La larga marcha*, pp. 291-293; Suárez Fernández, *Franco*, VIII, pp. 70-71; Fraga, *Memoria breve*, pp. 236-237.

45. López Rodó, *La larga marcha*, pp. 301-302; López Rodó, *Memorias: años decisivos*, pp. 381-384.

46. Pabón, «Páginas de unas memorias perdidas», pp. 34-35.

47. López Rodó, *Memorias: años decisivos*, p. 386; López Rodó, *La larga marcha*, pp. 303-311; entrevista con Espinosa San Martín en Bayod, *Franco*, p. 160.

48. López Rodó, *La larga marcha*, pp. 311 y 313; López Rodó, *Memorias: años decisivos*, p. 403.

49. Sainz Rodríguez, *Un reinado*, p. 314; Anson, *Don Juan*, pp. 18-19; López Rodó, *La larga marcha*, pp. 303-313.

50. Armada, *Al servicio*, pp. 120 y 173; Palacios, *Los papeles secretos*, pp. 472-474.

51. Fraga, *Memoria breve*, pp. 245-246; López Rodó, *La larga marcha*, pp. 316-318; López Rodó, *Memorias: años decisivos*, pp. 423-426.

52. López Rodó, *La larga marcha*, pp. 318-323.

53. *Ibid.*, pp. 324-325.

54. Víctor Salmador, *Don Juan. Los secretos de un Rey sin trono*, Ediciones Tiempo, Madrid, 1993, pp. 89-90; Urbano, *La Reina*, pp. 204-205; López Rodó, *Memorias: años decisivos*, pp. 449-450; López Rodó, *La larga marcha*, pp. 331-333; José Luis de Vilallonga, *El Rey. Conversaciones con D. Juan Carlos I de España*, Plaza y Janés, Barcelona, 1993, p. 79; Anson, *Don Juan*, p. 24; Urbano, *La Reina*, p. 339.

55. Conversación del autor con Miguel Primo de Rivera y Urquijo.

56. López Rodó, *La larga marcha*, pp. 325-331.

57. Armada, *Al servicio*, pp. 120 y 130; José Antonio Girón de Velasco, *Si la memoria no me falla*, Planeta, Barcelona, 1995, p. 208.

58. Anson, *Don Juan*, pp. 28-29.

59. Pabón, «Páginas de unas memorias perdidas», pp. 48-49; Armada, *Al servicio*, p. 129 y en una entrevista con el autor. Palacios, *Los papeles secretos*, p. 483, defiende convincentemente el 15 de julio como fecha de la reunión entre Franco y el Príncipe.

60. Bardavío, *Los silencios*, p. 35; Vilallonga, *El Rey*, pp. 79-81; López Rodó, *La larga marcha*, pp. 335-336.

61. López Rodó, *La larga marcha*, p. 335; Anson, *Don Juan*, p. 15.

62. Pabón, «Páginas de unas memorias perdidas», p. 50.

63. José Antonio Giménez-Arnau, *Memorias*, pp. 318-322; Pabón, «Páginas de unas memorias perdidas», pp. 42-47; Areilza, *Crónica*, p. 90; López Rodó, *La larga marcha*, pp. 338-339.

64. Anson, *Don Juan*, pp. 39-41; López Rodó, *Memorias: años decisivos*, pp. 454-455.

65. Giménez-Arnau, *Memorias*, pp. 322-324; Anson, *Don Juan*, pp. 42-43; López Rodó, *Memorias: años decisivos*, pp. 455-457.

66. *International Herald Tribune*, 24 de julio de 1969; Giménez-Arnau, *Memorias*, p. 323; Sainz Rodríguez, *Un reinado*, pp. 414-415; Anson, *Don Juan*, pp. 14-16, 32-33; Areilza, *Crónica*, p. 91.

67. Vilallonga, *Franco y el Rey*, Plaza y Janés, Barcelona, 1998, p. 192; López Rodó, *Memorias: años decisivos*, p. 453.

68. Areilza, *Crónica*, pp. 91-94; Palacios, *Los papeles secretos*, pp. 493-497; Urbano, *La Reina*, pp. 234-235; Anson, *Don Juan*, pp. 43-49; López Rodó, *Memorias: años decisivos*, pp. 459-465; López Rodó, *La larga marcha*, pp. 355-356, 360.

69. Suárez Fernández, *Franco*, VIII, pp. 97-99; Anson, *Don Juan*, pp. 65-77.

70. Anson, *Don Juan*, p. 50; López Rodó, *La larga marcha*, pp. 342 y 357.

71. Bardavío, *Los silencios*, pp. 35-36; López Rodó, *Memorias: años decisivos*, pp. 471-476; López Rodó, *La larga marcha*, pp. 362-365.

72. Vilallonga, *El Rey*, p. 81; Anson, *Don Juan*, pp. 61-62; López Rodó, *La larga marcha*, p. 335.

73. Sainz Rodríguez, *Un reinado*, p. 276; Salmador, *Don Juan, los secretos*, p. 89.

74. Salmador, *Don Juan, los secretos*, pp. 91-95.

75. Francisco Franco, *Discursos y mensajes del jefe del Estado 1968-1970*, Publicaciones Españolas, Madrid, 1971, pp. 85-97; Silva Muñoz, *Memorias políticas*, pp. 238-240.

76. *Horizonte Español 1972*, pp. 159-160; *New York Times*, 23 de julio de 1969.

77. Pilar Fernández-Miranda Lozana y Alfonso Fernández-Miranda Campoamor, *Lo que el Rey me ha pedido. Torcuato Fernández-Miranda y la reforma política*, Plaza y Janés, Barcelona, 1995, pp. 52-55; Bardavío, *Los silencios*, pp. 49-50.

78. *Palabras de su Alteza Real el Príncipe de Asturias Juan Carlos de Borbón y Borbón*, Ediciones del Movimiento, Madrid, 1974, pp. 19-20.

79. Alfonso de Borbón, *Memorias*, pp. 92-94; López Rodó, *La larga marcha*, p. 378; Salmador, *Don Juan*, p. 54.

80. *Palabras de Juan Carlos*, pp. 21-23; López Rodó, *La larga marcha*, pp. 372-376.

81. Pabón, «Páginas de unas memorias perdidas», pp. 64-65.

82. Silva Muñoz, *Memorias políticas*, p. 240; Giménez-Arnau, *Memorias*, p. 325; Anson, *Don Juan*, p. 56.

83. Juan Luis Calleja, *Don Juan Carlos, ¿por qué?*, Editora Nacional, Madrid, 1972, p. 164.

84. Anson, *Don Juan*, pp. 56, 61; Urbano, *La Reina*, p. 437; Sainz Rodríguez, *Un reinado*, p. 315; Areilza, *Crónica*, p. 96; Vilallonga, *Franco y el Rey*, p. 190.

85. Silva Muñoz, *Memorias políticas*, p. 240.

86. José Luis de Vilallonga, *À pleines dents*, Éditions Stock, París, 1973, p. 79.

87. *Mundo Obrero*, 2 de septiembre de 1969.

88. *Horizonte Español 1972*, pp. 162-163; Suárez Fernández, *Franco*, VIII, pp. 104-105.

89. Vilallonga, *Franco y el Rey*, p. 191.

90. López Rodó, *La larga marcha*, pp. 336, 379-388.

91. Bardavío, *Los silencios*, p. 27.

92. Vilallonga, *Franco y el Rey*, p. 192.

93. *Ibid.*, p. 200.

94. Franco Salgado-Araujo, anotación en su diario del 11 de octubre de 1969, *Mis conversaciones*, pp. 549-552.

95. Armada, *Al servicio*, p. 122; Bardavío, *Los silencios*, pp. 50-52.

96. Vilallonga, *El Rey*, p. 83.

97. Urbano, *La Reina*, pp. 337-340.

6. Bajo sospecha, 1969-1974

1. Juan Vilá Reyes, *El atropello Matesa*, Plaza y Janés/Cambio 16, Barcelona, 1992, *passim*; Mariano Navarro Rubio, *Mis memorias*, Plaza y Janés/ Cambio 16, Barcelona, 1991, pp. 345-431; Laureano López Rodó, *Memorias: años decisivos*, Plaza y Janés/Cambio 16, Barcelona, 1991, pp. 494-521, 553-563; Luis Suárez Fernández, *Francisco Franco y su tiempo*, Fundación Nacional Francisco Franco, Madrid, 1984, 8 vols., VIII, pp. 158-159.

2. *Arriba*, 24, 27 de agosto de 1969.

3. Franco Salgado-Araujo, anotación en su diario del 11 de marzo de 1968, *Mis conversaciones*, pp. 527 y 530; López Rodó, *Memorias: años decisivos*, pp. 507-509, 682-690.

4. Laureano López Rodó, *La larga marcha hacia la monarquía*, Noguer, Barcelona, 1977, pp. 390-395; López Rodó, *Memorias: años decisivos*, pp. 520-523, 534-537.

5. *ABC*, 20 de octubre de 1969; Equipo Mundo, *Los noventa ministros de Franco*, Dopesa, Barcelona, 1970, pp. 420-500; López Rodó, *La larga marcha*, pp. 392-395.

6. José Ignacio San Martín, *Servicio especial*, Planeta, Barcelona, 1983, pp. 23-42; «Luis Ramírez» (seudónimo de Luciano Rincón), «Morir en el búnker», *Horizonte Español 1972*, París, 1972, 3 vols., I, pp. 1-20; Paul Preston, *The Politics of Revenge. Fascism and the Military in Twentieth Century Spain*, Unwin Hyman, Londres, 1990, pp. 165-174. La protesta de Garicano el 7 de septiembre de 1972, López Rodó, *La larga marcha*, pp. 424-425.

7. Ramón Garriga, *La Señora de El Pardo*, Planeta, Barcelona, 1979, pp. 235, 289-292, 297-301; Joaquín Giménez-Arnau, *Yo, Jimmy: mi vida entre los Franco*, Planeta, Barcelona, 1981, p. 26.

8. Laureano López Rodó, *Memorias: El principio del fin*, Plaza y Janés/ Cambio 16, Barcelona, 1992, pp. 13-14.

9. *New York Times*, 4 de febrero de 1970.

10. Federico Silva Muñoz, *Memorias políticas*, Planeta, Barcelona, 1993, p. 279.

11. *Palabras de su Alteza Real el Príncipe de Asturias Juan Carlos de Borbón y Borbón*, Ediciones del Movimiento, Madrid, 1974, p. 41; López Rodó, *El principio*, pp. 21-22, 25, 47, 180. Sobre la Guardia de Franco, véase Joaquín Bardavío y Justino Sinova, *Todo Franco. Franquismo y antifranquismo de la A a la Z*, Plaza y Janés, Barcelona, 2000, pp. 327-328.

12. Russell a Secondé, 25 de febrero de 1970, FCO9/1306, WSS, 26/1; minutas de Secondé y Greenhill al mismo; López Rodó, *La larga marcha*, pp. 399-403.

13. *Ya*, 1 de abril de 1970; *ABC*, 24 de marzo, 2 de abril de 1970; *Mundo Obrero*, 29 de abril de 1970.

14. Notas de Russell sobre la conversación con Juan Carlos, 13 de abril de 1970, FCO9/1306, WSS, 26/1.

15. Russell a Secondé, 13 de abril de 1970, FCO9/1306, WSS, 26/1.

16. Rusell a Bendall, 1 de septiembre de 1970, FCO 9/1281, WSS 1/ 13 - 6.

17. López Rodó, *La larga marcha*, pp. 404, 408-410.

18. Henry Kissinger, *The White House Years*, Londres, 1979, pp. 930-932; López Rodó, *El principio*, pp. 84-85; Russell a Brimelow, 29 de marzo de 1971, FCO9/1456, WSS 3/313.

19. Vernon A. Walters, *Silent Missions*, Doubleday, Nueva York, 1978, pp. 570-571.

20. Russell, informe anual para 1970, FCO9/1451, WSS 1/4.

21. Philip Ziegler, ed., *From Shore to Shore. The Tour Diaries of Earl Mountbatten of Burma 1953-1979*, Collins, Londres, 1989, p. 204; Philip Ziegler, *Mountbatten. The Official Biography*, Collins, Londres, 1985, p. 678.

22. *Le Monde*, 16 y 18 de diciembre de 1970.

23. *Le Monde*, 18 de diciembre de 1970; Vicente Gil, *Cuarenta años junto a Franco*, Planeta, Barcelona, 1981, pp. 98-103; Salgado-Araujo, *Mis conversaciones*, p. 560; López Rodó, *El principio*, pp. 113-115.

24. *Le Monde*, 19 y 21 de diciembre de 1970; *Mundo Obrero*, 22 de diciembre de 1970; Edouard de Blaye, *Franco and the Politics of Spain*, Penguin, Harmondsworth, 1976, pp. 309-311; Philippe Nourry, *Juan Carlos. Un rey para los republicanos*, Planeta, Barcelona, 1986, pp. 176-177.

25. *Le Monde*, 29 y 30 de diciembre de 1970; entrevistas con López Bravo y Garicano Goñi en Ángel Bayod, ed., *Franco visto por sus ministros*, Planeta, Barcelona, 1996, pp. 124, 201-202; López Rodó, *La larga marcha*, pp. 405-406; López Rodó, *El principio*, pp. 122-129, 579-582.

26. Russell, informe anual para 1970, FCO9/1451, WSS 1/4.

27. Russell a Secondé, 13 de enero de 1971, FCO9/1455, WSS3/304/1.

28. *The Times*, 26 de enero de 1971; Russell a Secondé, 13 de enero de 1971, FCO9/1455, WSS3/304/1; Programa de visita, comunicado de prensa del Departamento de Estado, copia en FCO9/1455, WSS3/304/1.

29. Crowe (Washington) a Thomas (FCO), 4 de febrero de 1971, FCO9/ 1455, WSS 3/304/1; López Rodó, *El principio*, p. 147; Walters, *Silent Missions*, pp. 551-552. Sobre la promesa de Kissinger, véase Pilar Cernuda, *30 días de noviembre. El mes que cambió la historia de España: las claves*, Planeta, Barcelona, 2000, p. 21.

30. *New York Times*, 8 de febrero de 1971; López Rodó, *El principio*, p. 146.

31. Transcripción del desayuno del Príncipe con corresponsales en Estados Unidos, 28 de enero de 1971, FCO9/1455, WSS 3/304/1. Sobre López Bravo, Crowe (Washington) a Neville-Jones, 24 de febrero de 1971, FCO1455, WSS 3/304/1.

32. Pilar Urbano, *La Reina*, Plaza y Janés, Barcelona, 1996, p. 244; Joaquín Bardavío, *Los silencios del Rey*, Strips Editores, Madrid, 1979, pp. 53-54.

33. Walters, *Silent Missions*, pp. 554-556.

34. López Rodó, *El principio*, pp. 179, 195-196, 198.

35. Urbano, *La Reina*, p. 245.

36. Javier Tusell, *Juan Carlos I. La restauración de la monarquía*, Temas de Hoy, Madrid, 1995, pp. 532-533.

37. *Discurso de Franco en las Cortes Españolas. Sesión de Apertura de la X Legislatura (18 de noviembre de 1971)*, Ediciones del Movimiento, Madrid, 1971, pp. 20-22; Meyer a Baillie, 25 de noviembre de 1971, FCO9/1452, WSS 1/5; *Le Monde*, 20 de noviembre de 1971.

38. López Rodó, *La larga marcha*, p. 417; Luis María Anson, *Don Juan*, Plaza y Janés, Barcelona, 1994, pp. 379-380; Urbano, *La Reina*, p. 248.

39. Pilar Jaraiz Franco, *Historia de una disidencia*, Planeta, Barcelona, 1981, p. 205.

40. Joaquín Bardavío, *La rama trágica de los Borbones*, Plaza y Janés, Barcelona, 1989, pp. 163-172, 192; J. P. Peñafiel, *El General y su tropa. Mis recuerdos de la familia Franco*, Temas de Hoy, Madrid, 1992, pp. 166-168, 203-210; Fernando Díaz-Plaja, *Anecdotario de la España franquista*, Plaza y Janés, Barcelona, 1977, p. 91.

41. Garriga, *La Señora*, pp. 332-333; López Rodó, *La larga marcha*, pp. 411-429; Suárez Fernández, *Franco*, VIII, pp. 273-282; Bardavío, *La rama trágica*, pp. 153-157, 181-192; Victoria Prego, *Así se hizo la Transición*, Plaza y Janés, Barcelona, 1995, p. 22.

42. Entrevista del autor con el jefe de gabinete de Wilson, Joe Haines; Bardavío, *Los silencios*, Strips Editores, Madrid, 1979, pp. 69-70.

43. López Rodó, *El principio*, p. 296.

44. Jaraiz Franco, *Historia*, pp. 156, 162-163, 174, 205.

45. Javier Tusell, *Carrero. La eminencia gris del régimen de Franco*, Temas de Hoy, Madrid, 1993, p. 421; López Rodó, *La larga marcha*, pp. 426, 456; López Rodó, *El principio*, pp. 333, 421-422; Alfonso de Borbón, *Las memorias de Alfonso de Borbón*, Ediciones B, Barcelona, 1990, pp. 131-137.

46. Fernández-Miranda, *Lo que el Rey*, pp. 56-57; López Rodó, *La larga marcha*, pp. 435-437.

47. Torcuato Fernández-Miranda, «Diario inédito», *ABC*, 20 de diciembre de 1983, pp. 5-6; Carlos Fernández Santander, *El Almirante Carrero*, Plaza y Janés, Barcelona, 1985, pp. 238-239; Tusell, *Carrero*, pp. 399-400; Manuel Fraga, *Memoria breve de una vida política*, Planeta, Barcelona, 1980, p. 277.

48. Véase la nota de Garicano Goñi a Franco del 7 de mayo de 1973, López Rodó, *La larga marcha*, pp. 440-442.

49. López Rodó, *El principio*, pp. 296, 334.

50. Gil, *Cuarenta años*, pp. 47-48.

51. López Rodó, *El principio*, pp. 296, 334, 385-389.

52. José Antonio Girón de Velasco, *Si la memoria no me falla*, Planeta, Barcelona, 1994, p. 228.

53. Conversación del autor con José Utrera Molina, 20 de agosto de 2002; López Rodó, *El principio*, p. 180. Véase también, Fernández-Miranda, *Lo que el Rey*, pp. 300-301.

54. Para la llamada telefónica, véase Carlos Estévez y Francisco Mármol, *Carrero. Las razones ocultas de un asesinato*, Temas de Hoy, Madrid, 1998, p. 117.

55. *Le Monde*, 4, 5, 6 y 7 de agosto de 1973; Ismael Fuente, Javier García y Joaquín Prieto, *Golpe mortal: asesinato de Carrero y agonía del franquismo*, Madrid, 1983, p. 164; entrevista con Carlos Arias en Bayod, *Franco*, p. 308; Bardavío, *Los silencios*, pp. 61-62; López Rodó, *La larga marcha*, pp. 440-453.

56. Fraga, *Memoria breve*, p. 298; López Rodó, *El principio*, pp. 541-542; Ricardo de la Cierva, *Historia del franquismo*, II, Planeta, Barcelona, 1978, p. 321.

57. Tusell, *Carrero*, pp. 428-433.

58. Julen Agirre (seudónimo de Eva Forest), *Operación Ogro: cómo y por qué ejecutamos a Carrero Blanco*, Hendaya/París, 1974, *passim*; Joaquín Bardavío, *La crisis: historia de quince días*, Madrid, 1974, pp. 47-56.

59. Fuente *et al.*, *Golpe mortal*, p. 172; José Utrera Molina, *Sin cambiar de bandera*, Barcelona, 1989, pp. 70-74; De la Cierva, *Franquismo*, II, p. 389; Rafael Borràs Betriu *et al.*, *El día en que mataron a Carrero Blanco*, Planeta, Barcelona, 1974, p. 27; Pilar Franco, *Nosotros los Franco*, Planeta, Barcelona, 1980, p. 150.

60. Laureano López Rodó, *Memorias IV: claves de la transición*, Plaza y Janés/Cambio 16, Barcelona, 1993, p. 27.

61. Fuente *et al.*, *Golpe mortal*, p. 172.

62. Julio Rodríguez Martínez, *Impresiones de un ministro de Carrero Blanco*, Barcelona, 1974, pp. 54-58, 80, 86; Utrera, *Sin cambiar*, pp. 74-77; Gil, *Cuarenta años*, p. 142; Fuente *et al.*, *Golpe mortal*, pp. 195-196.

63. Gil, *Cuarenta años*, p. 144.

64. López Rodó, *El principio*, pp. 523-525.

65. José Luis de Vilallonga, *El Rey. Conversaciones con D. Juan Carlos I de España*, Plaza y Janés, Barcelona, 1993, p. 209; Prego, *Así se hizo*, p. 48.

66. Gil, *Cuarenta años*, pp. 145-146; Luis Herrero, *El ocaso del régimen. Del asesinato de Carrero a la muerte de Franco*, Temas de Hoy, Madrid, 1995, pp. 57-71; Santiago Carrillo, *Memorias*, Planeta, Barcelona, 1993, pp. 577-578.

67. Jaraiz Franco, *Historia*, p. 208; Utrera Molina, *Sin cambiar*, p. 83; Herrero, *El ocaso*, p. 27.

68. Gil, *Cuarenta años*, pp. 147-148, 151; Javier Figuero y Luis Herrero, *La muerte de Franco jamás contada*, Planeta, Barcelona, 1985, pp. 29-30.

69. Fuente *et al.*, *Golpe mortal*, pp. 285-289; Utrera Molina, *Sin cambiar*, pp. 79-80; Bayod, *Franco*, p. 351.

70. Gil, *Cuarenta años*, p. 152; Fuente *et al.*, *Golpe mortal*, p. 289.

71. Gil, *Cuarenta años*, pp. 152-153; Fuente *et al.*, *Golpe mortal*, p. 290; Figuero y Herrero, *La muerte*. Hay cierta disparidad entre las fechas y horas dadas por las principales fuentes.

72. Fuente *et al.*, *Golpe mortal*, p. 290.

73. Borràs Betriu *et al.*, *El día*, pp. 252-256; *Mundo*, 5 de enero de 1974; Licinio de la Fuente, «*Valió la pena*». *Memorias*, EDAF, Madrid, 1998, p. 208.

74. Fuente *et al.*, *Golpe mortal*, pp. 291-295; Gil, *Cuarenta años*, pp. 154-155; Estévez y Mármol, *Carrero*, p. 201.

75. *ABC*, 20 de diciembre de 1983, p. 7; Gil, *Cuarenta años*, p. 156.

76. Gil, *Cuarenta años*, pp. 139-141, 156-159.

77. Gil, *Cuarenta años*, pp. 160-161; Utrera, *Sin cambiar*, pp. 83-85; Fuente *et al.*, *Golpe mortal*, pp. 293-295.

78. Franco, *Pensamiento*, I, pp. 35-38; Bardavío, *Los silencios*, p. 74; la entrevista con Fernando de Liñán en Bayod, *Franco*, p. 319.

79. Vilallonga, *El Rey*, p. 211.

80. Anson, *Don Juan*, p. 385. Véase también el brillante análisis de Herrero, *El ocaso*, pp. 22-25.

81. Girón, *Si la memoria*, p. 231; Borràs Betriu *et al.*, *El día*, pp. 240, 258-259; Rodríguez Martínez, *Impresiones*, p. 87.

82. Estévez y Mármol, *Carrero*, pp. 184-198.

83. *The Times*, 4 de enero de 1974; *Le Monde*, 4 de enero de 1974; Fuente *et al.*, *Golpe mortal*, p. 283; Girón, *Si la memoria*, p. 231; entrevista con Carro Martínez, Bayod, *Franco*, pp. 352-354.

84. Para dicha insinuación, véase Anson, *Don Juan*, p. 385. Para la refutación definitiva hecha por el hijo de Herrero Tejedor, véase Herrero, *El ocaso*, pp. 64-71.

85. Utrera, *Sin cambiar*, pp. 85-92; De la Cierva, *Franquismo*, II, p. 395.

86. López Rodó, *Claves*, pp. 23-24, 28-29, 57; Prego, *Así se hizo*, p. 74.

87. López Rodó, *Claves*, p. 28.

88. Charles T. Powell, «The "Tácito" Group and the Transition to Democracy, 1973-1977», en Frances Lannon y Paul Preston, coordinadores, *Elites and Power in Twentieth-Century Spain: Essays in Honour of Sir Raymond Carr*, Clarendon Press, Oxford, 1990, pp. 256-257.

89. *The Times*, 13 de febrero de 1974; *Le Monde*, 14 de febrero de 1974; Carlos Arias Navarro, *Discurso del presidente del Gobierno a las Cortes Españolas, 12.II.1974*, Madrid, 1974; entrevista con Carro Martínez, Bayod, *Franco*, pp. 348-349; Utrera, *Sin cambiar*, p. 99.

90. Utrera, *Sin cambiar*, pp. 98, 103-104; De la Cierva, *Franquismo*, II, pp. 395-396.

91. *Le Monde*, 26 de febrero, 5 y 9 de marzo de 1974; *El Alcázar*, 7 y 8 de marzo de 1974; Vicente Enrique y Tarancón, *Confesiones*, PPC, Madrid, 1996, pp. 627-692; José Oneto, *Arias entre dos crisis, 1973-1975*, Cambio 16, Madrid, 1975, pp. 63-77; López Rodó, *Claves*, pp. 34-37; Audrey Brassloff, *Religion and Politics in Spain. The Spanish Church in Transition, 1962-96*, Macmillan, Londres, 1998, pp. 66-67; Prego, *Así se hizo*, pp. 101-114.

92. López Rodó, *La larga marcha*, p. 462.

93. Carrillo, *Memorias*, pp. 588-592; Anson, *Don Juan*, pp. 388-392; López Rodó, *Claves*, pp. 50-51; Prego, *Así se hizo*, pp. 145-148.

94. *Arriba*, 28 de abril de 1974; *ABC*, 30 de abril de 1974; *Cambio 16*, 13 de mayo de 1974; Utrera, *Sin cambiar*, pp. 116-122; Herrero, *El ocaso*, pp. 91-100; Prego, *Así se hizo*, pp. 116-117, 127-134.

95. *Le Monde*, 15 de mayo; *ABC*, 29 de mayo, 16 de junio, *Ya*, 16 de junio, *Financial Times*, 29 de mayo de 1974; Manuel Gutiérrez Mellado, *Un soldado para España*, Barcelona, 1983, pp. 47-49; Paul Preston, *The Triumph of Democracy in Spain*, Methuen, Londres, 1986, pp. 60-62; Prego, *Así se hizo*, pp. 134-140.

96. Herrero, *El ocaso*, p. 101.

97. Conversación del autor con José Joaquín Puig de la Bellacasa.

98. López Rodó, *La larga marcha*, p. 463; Gil, *Cuarenta años*, pp. 172-184.

99. Girón, *Si la memoria*, pp. 235-236.

100. Utrera, *Sin cambiar*, pp. 139-140; Gil, *Cuarenta años*, pp. 190-192; Herrera, *El ocaso*, pp. 120-123.

101. López Rodó, *Claves*, pp. 57-58; Bardavío, *La rama trágica*, pp. 203-204.

102. Vicente Pozuelo, *Los últimos 476 días de Franco*, Planeta, Barcelona, 1980, p. 47.

103. Oneto, *Arias entre dos crisis. 1973-1975*, p. 141; Bardavío, *Los silencios*, pp. 95-101; Vilallonga, *El Rey*, p. 215; Utrera, *Sin cambiar*, p. 147. Sobre el incidente del whisky, Figuero y Herrero, *La muerte*, p. 130.

104. Vilallonga, *El Rey*, pp. 213-214; Pozuelo, *Los últimos 476 días*, pp. 58-60.

105. Herrero, *El ocaso*, pp. 145-146.

106. Utrera, *Sin cambiar*, p. 159; conversación del autor con José Utrera Molina.

107. Utrera, *Sin cambiar*, p. 163.

108. Estos comentarios son atribuidos al propio Juan Carlos en la edición inglesa de José Luis de Vilallonga, *The King. A Life of King Juan Carlos of Spain*, Weidenfeld & Nicolson, Londres, 1994, p. 165. En la edición española, Vilallonga, *El Rey*, p. 215, aparecen como comentario de Vilallonga.

109. *ABC*, 3 de septiembre de 1974; Pozuelo, *Los últimos 476 días*, pp. 67-71; López Rodó, *La larga marcha*, pp. 467-468; Garriga, *La Señora*, pp. 343-346; Bardavío, *Los silencios*, pp. 100-102.

110. López Rodó, *Claves*, p. 74.

111. *Le Monde*, 4, 8, 18, 30 y 31 de octubre de 1974; José Oneto, *Arias*, Madrid, 1975, pp. 149-153; entrevista con Carro Martínez, Bayod, *Franco*, pp. 354-356; Mariano Sánchez Soler, *Villaverde: fortuna y caída de la casa Franco*, Planeta, Barcelona, 1990, p. 100; Utrera, *Sin cambiar*, pp. 173-175; De la Cierva, *Franquismo*, II, p. 402.

7. En el poder, 1974-1976

1. Vicente Pozuelo, *Los últimos 476 días de Franco*, Planeta, Barcelona, 1980, pp. 133, 177-178; José Utrera, *Sin cambiar de bandera*, Barcelona, 1989, pp. 183-191.

2. Pilar Fernández-Miranda Lozana y Alfonso Fernández-Miranda Campoamor, *Lo que el Rey me ha pedido. Torcuato Fernández-Miranda y la reforma política*, Plaza y Janés, Barcelona, 1995, p. 71; Luis Herrero, *El ocaso del ré-*

gimen. Del asesinato de Carrero Blanco a la muerte de Franco, Temas de Hoy, Madrid, 1995, pp. 165-168.

3. Utrera, *Sin cambiar*, pp. 208-209.

4. Francisco Franco, *Pensamiento político*, I, pp. 39-43.

5. Manuel Fraga, *Memoria breve de una vida política*, Planeta, Barcelona, 1980, pp. 346-347, 362; Federico Silva Muñoz, *Memorias políticas*, Planeta, Barcelona, 1993, pp. 302-304.

6. Conversaciones del autor con José Joaquín de la Bellacasa. Véase también Joaquín Bardavío, *Los silencios del Rey*, Strips Editores, Madrid, 1979, pp. 70-71.

7. *Le Monde*, 5 de marzo de 1975; entrevista con Carro Martínez, Ángel Bayod, ed., *Franco visto por sus ministros*, Planeta, Barcelona, 1981, pp. 356-357; Utrera, *Sin cambiar*, pp. 226-233; 248-259; Licinio de la Fuente, *«Valió la pena». Memorias*, EDAF, Madrid, 1998, pp. 220-228; Gregorio Morán, *Adolfo Suárez. Historia de una ambición*, Planeta, Barcelona, 1979, pp. 286-287; Javier Figuero y Luis Herrero, *La muerte de Franco jamás contada*, Barcelona, 1985, pp. 19-21; Herrero, *El ocaso*, pp. 176-179.

8. Herrero, *El ocaso*, pp. 183-188.

9. Adolfo Suárez, testimonio ante un seminario privado sobre la transición organizado por la Fundación Ortega y Gasset en Toledo, mayo de 1984; Alfonso Osorio, *Trayectoria política de un ministro de la Corona*, Planeta, Barcelona, 1980, p. 183; Javier Figuero, *UCD: «La Empresa» que creó Adolfo Suárez. Historia, sociología y familias del suarismo*, Grijalbo, Barcelona, 1981, pp. 19-22; Morán, *Suárez*, pp. 74-75, 103-108, 121-127, 169-185.

10. Rubbotom y Murphy, *Spain and the U.S.*, pp. 113-114.

11. *Cambio 16*, 23-29 de junio de 1975; *Mundo Obrero*, 4.ª semana de septiembre de 1975; Fernando Álvarez de Miranda, *Del «contubernio» al consenso*, Planeta, Barcelona, 1985, p. 88.

12. Philip Ziegler, ed., *From Shore to Shore. The Tour Diaries of Earl Mountbatten of Burma 1953-1979*, Collins, Londres, 1989, p. 315.

13. Laureano López Rodó, *La larga marcha hacia la monarquía*, Noguer, Barcelona, 1977, pp. 447-480; Alfonso Armada, *Al servicio de la Corona*, Planeta, Barcelona, 1983, p. 188; José Luis de Vilallonga, *El Rey. Conversaciones con D. Juan Carlos I de España*, Plaza y Janés, Barcelona, 1993, p. 218; Herrero, *El ocaso*, p. 203.

14. Figuero, *UCD*, pp. 21-22.

15. *Cambio 16*, 23-29 de junio de 1975; Herrero, *El ocaso*, p. 195; Pozuelo, *Los últimos 476 días*, pp. 178-180.

16. Herrero, *El ocaso*, pp. 194-199; Luis María Anson, *Don Juan*, Plaza y Janés, Barcelona, 1994, p. 403.

17. Herrero, *El ocaso*, pp. 204-210; Pozuelo, *Los últimos 476 días*, pp. 187-189.

18. Herrero, *El ocaso*, pp. 210-212; Pozuelo, *Los últimos 476 días*, pp. 196-197; Pedro J. Ramírez, *El año que murió Franco*, Plaza y Janés, Barcelona, 1985, pp. 51-52, 68-69; Morán, *Suárez*, pp. 295-296.

19. Pozuelo, *Los últimos 476 días*, pp. 198-199; Herrero, *El ocaso*, pp. 212-213; Figuero y Herrero, *La muerte*, pp. 50-51.

20. *Ya*, 30 de septiembre de 1975; Vilallonga, *El Rey*, p. 219; *Diario 16, Historia de la transición*, pp. 130-137; Ramírez, *El año*, pp. 197-199.

21. Pozuelo, *Los últimos 476 días*, pp. 208-210; Ramírez, *El año*, pp. 204-206.

22. *Arriba*, 2 de octubre de 1975; *Cambio 16*, 6 de octubre de 1975; Pozuelo, *Los últimos 476 días*, pp. 210-212.

23. Franco, *Nosotros*, pp. 167-168; Pozuelo, *Los últimos 476 días*, pp. 218-221; Figuero y Herrero, *La muerte*, pp. 26-27.

24. Fernández-Miranda, *Lo que el Rey*, pp. 90-91.

25. Vilallonga, *El Rey*, pp. 221-222; Pozuelo, *Los últimos 476 días*, pp. 224-225; Laureano López Rodó, *Memorias, IV: claves de la transición*, Plaza y Janés/Cambio 16, Barcelona, 1993, pp. 151-152; Figuero y Herrero, *La muerte*, pp. 35-36; Herrero, *El ocaso*, pp. 237-242.

26. Fernández-Miranda, *Lo que el Rey*, p. 93.

27. Armada había sido ascendido a general en julio de 1975. Entrevista del autor con Alfonso Armada; Pozuelo, *Los últimos 476 días*, pp. 226-227; López Rodó, *Claves*, pp. 153-157; Figuero y Herrero, *La muerte*, pp. 50-51; Herrero, *El ocaso*, pp. 249-250.

28. López Rodó, *Claves*, p. 169.

29. Fernández-Miranda, *Lo que el Rey*, pp. 94-98.

30. Pozuelo, *Los últimos 476 días*, p. 230; Figuero y Herrero, *La muerte*, pp. 63-66; López Rodó, *La larga marcha*, p. 491.

31. *ABC*, 2 y 7 de noviembre; *Ya*, 29, 30 de octubre y 9, 14 y 18 de noviembre de 1975.

32. Armada, *Al servicio*, pp. 189-190.

33. Paul Preston, *The Politics of Revenge. Fascism and the Military in Twentieth Century Spain*, Unwin Hyman, Londres, 1990, pp. 184-188.

34. Figuero y Herrero, *La muerte*, p. 67; Vilallonga, *El Rey*, p. 224.

35. Armada, *Al servicio*, pp. 191-192; Vilallonga, *El Rey*, p. 225; López Rodó, *Claves*, pp. 163-164; Victoria Prego, *Así se hizo la Transición*, Plaza y Janés, Barcelona, 1995, pp. 290-292; Pilar Cernuda, *30 días de noviembre. El mes que cambió la historia de España: las claves*, Planeta, Barcelona, 2000, pp. 45-47, 54-64, 89-90; Herrero, *El ocaso*, pp. 258-260.

36. Manuel Hidalgo Huerta, *Cómo y por qué operé a Franco*, Madrid, 1976, pp. 18-35, 42-55; Pozuelo, *Los últimos 476 días*, pp. 231-236.

37. «As Juan Carlos Sees It», *Newsweek*, 3 de noviembre de 1975.

38. *Arriba*, 14 y 18 de noviembre de 1975; Figuero y Herrero, *La muerte*, pp. 35-36, 51; López Rodó, *Claves*, pp. 163, 170-171; Vilallonga, *El Rey*, p. 226; Cernuda, *30 días*, p. 117.

39. Fernández-Miranda, *Lo que el Rey*, pp. 100-101; Morán, *Suárez*, pp. 18-19.

40. José María Toquero, *Don Juan de Borbón, el Rey padre*, Plaza y Janés,

Barcelona, 1992, pp. 367-368; Jesús Palacios, *Los papeles secretos de Franco. De las relaciones con Juan Carlos y Don Juan al protagonismo del Opus*, Temas de Hoy, Madrid, 1996, pp. 562-564; Víctor Salmador, *Don Juan. Los secretos de un Rey sin trono*, Época, Madrid, 1993, pp. 94-95; Pedro Sainz Rodríguez, *Un reinado en la sombra*, Planeta, Barcelona, 1981, pp. 319-320.

41. Joaquín Bardavío, *El dilema. «Un pequeño caudillo o un gran Rey»*, Strips Editores, Madrid, 1979, pp. 20-24; López Rodó, *Claves*, pp. 169-170 (donde se da la fecha errónea de 13 de octubre); Fernández-Miranda, *Lo que el Rey*, pp. 102-104; José Oneto, *Anatomía de un cambio de régimen*, Plaza y Janés, Barcelona, 1985, p. 190; Figuero y Herrero, *La muerte*, pp. 84-88; Herrero, *El ocaso*, pp. 271-274.

42. Hidalgo Huerta, *Cómo y por qué operé*, pp. 59-69; Pozuelo, *Los últimos 476 días*, pp. 238-241; Herrero, *El ocaso*, pp. 274-278.

43. Figuero y Herrero, *La muerte*, pp. 96

44. *Arriba*, 20 de noviembre de 1975; *Ya*, 20 de noviembre de 1975; Pozuelo, *Los últimos 476 días*, p. 243; Figuero y Herrero, *La muerte*, pp. 102-112; Herrero, *El ocaso*, pp. 279-280; Cernuda, *30 días*, pp. 133-141.

45. Herrero, *El ocaso*, p. 281.

46. Franco, *Pensamiento político*, I, p. XIX; Prego, *Así se hizo*, pp. 324-326.

47. López Rodó, *La larga marcha*, p. 490.

48. Jaime Peñafiel, *El General y su tropa*, Temas de Hoy, Madrid, 1992, pp. 132-136.

49. Cernuda, *30 días*, pp. 149, 165.

50. Santiago Carrillo, *Memorias*, Planeta, Barcelona, 1993, pp. 587-589; Cernuda, *30 días*, pp. 30-35; Fernández-Miranda, *Lo que el Rey*, pp. 105-109.

51. Figuero y Herrero, *La muerte*, pp. 125-126, 130.

52. *El País*, 20 de noviembre de 1975.

53. López Rodó, *La larga marcha*, pp. 493-495.

54. Javier Tusell, *Juan Carlos I. La restauración de la monarquía*, Temas de Hoy, Madrid, 1995, pp. 644-645; Figuero y Herrero, *La muerte*, p. 147.

55. *Guardian*, 21, 26 y 28 de noviembre de 1975; *Daily Telegraph*, 21 de noviembre de 1975; *Times*, 28 de noviembre de 1975; *Newsweek*, 1 de diciembre de 1975; Figuero y Herrero, *La muerte*, pp. 135-137; Prego, *Así se hizo*, pp. 332-336; Cernuda, *30 días*, pp. 165-169.

56. *ABC*, 26 de noviembre de 1975; Carlos Fernández, *Los militares en la transición política*, Argos Vergara, Barcelona, 1982, pp. 51-54.

57. José Luis Morales y Juan Celada, *La alternativa militar: el golpismo después de Franco*, Editorial Revolución, Madrid, 1981, p. 29.

58. Sobre la visita de Prado a París, véase Prego, *Así se hizo*, pp. 343-346; Cernuda, *30 días*, pp. 155-163.

59. Entrevista del autor con Joe Haines.

60. Philip Ziegler, *Wilson. The Authorised Life of Lord Wilson of Rievaulx*, Weidenfeld & Nicolson, Londres, 1993, p. 464.

61. Rafael Díaz Salazar, *Iglesia, dictadura y democracia: Catolicismo y socie-*

dad en España (1953-1979), Madrid, 1981, p. 315; *Financial Times*, 28 de noviembre de 1975; Prego, *Así se hizo*, pp. 348-353.

62. *Times*, 27 de noviembre de 1975; *Guardian*, 1 de diciembre de 1975; *Daily Telegraph*, 8 de diciembre de 1975.

63. Figuero y Herrero, *La muerte*, pp. 141-142; Cernuda, *30 días*, pp. 189-190.

64. López Rodó, *Claves*, p. 118.

65. José Luis de Vilallonga, *The King. A Life of King Juan Carlos of Spain*, Weidenfeld & Nicolson, Londres, 1994, pp. 162-163. Esto falta en el pasaje equivalente de Vilallonga, *El Rey*, p. 212.

66. Bardavío, *El dilema*, pp. 42-49, 56-61; Fernández-Miranda, *Lo que el Rey*, pp. 109-112; Morán, *Suárez*, pp. 15-16; Figuero y Herrero, *La muerte*, pp. 147-163; Prego, *Así se hizo*, pp. 357-363; Cernuda, *30 días*, pp. 189-191, 195-200, 209-211.

67. Fernández-Miranda, *Lo que el Rey*, pp. 125-128; Prego, *Así se hizo*, pp. 365-369.

68. Silva Muñoz, *Memorias políticas*, pp. 228-229; Cernuda, *30 días*, pp. 12-13, 221.

69. Pedro J. Ramírez, *Así se ganaron las elecciones*, Planeta, Barcelona, 1977, p. 52.

70. *Mundo Obrero*, 25 de noviembre de 1975; *Servir al Pueblo*, n.° 45, noviembre de 1975; *Correo del Pueblo*, 18 de noviembre y 6 de diciembre de 1975; *Frente Libertario*, n.° 57, diciembre de 1975.

71. Fernández-Miranda, *Lo que el Rey*, pp. 115-119, 175; Bardavío, *El dilema*, pp. 75-77; Figuero y Herrero, *La muerte*, pp. 164-173.

72. Manuel Gutiérrez Mellado, *Un soldado de España*, Argos Vergara, Barcelona, 1983, pp. 40-43, 47, 132-134; José María de Areilza, *Diario de un ministro de la monarquía*, Planeta, Barcelona, 1977, pp. 76-77; Fernando Puell de la Villa, *Gutiérrez Mellado. Un militar del siglo XX (1912-1995)*, Biblioteca Nueva, Madrid, 1997, pp. 175-176.

73. Víctor Salmador, *Don Juan*, p. 71.

74. Antonio Garrigues y Díaz-Cañabate, *Diálogos conmigo mismo*, Planeta, Barcelona, 1978, p. 163; Areilza, anotaciones en su diario del 9, 10 y 30 de diciembre de 1975, *Diario*, pp. 13-16, 38; Manuel Fraga Iribarne, *En busca del tiempo servido*, Planeta, Barcelona, 1987, pp. 20-22.

75. Alfonso Osorio, *Trayectoria*, pp. 46-50.

76. Fernández-Miranda, *Lo que el Rey*, pp. 119-121; Morán, *Suárez*, pp. 15-20; Samuel Eaton, *The Forces of Freedom in Spain 1974-1979: A Personal Account*, Hoover Institution Press, Stanford, 1981, pp. 32-33; *Guardian*, 12 de diciembre de 1975; Bardavío, *El dilema*, pp. 79-84.

77. Gonzalo Fernández de la Mora, *Río arriba. Memorias*, Planeta, Barcelona, 1995, p. 255; López Rodó, *Claves*, pp. 196-198.

78. Fernández-Miranda, *Lo que el Rey*, p. 121; Osorio, *Trayectoria*, pp. 54-55.

79. *Arriba*, 29 de enero de 1976; Osorio, *Trayectoria*, pp. 56-62; Areilza, anotación en su diario del 28 de enero de 1976, *Diario*, pp. 73-76; Fernández-Miranda, *Lo que el Rey*, pp. 147-151; Prego, *Así se hizo*, pp. 391-394.

80. Areilza, anotación en su diario del 11 de febrero de 1976, *Diario*, p. 84; *Observer*, 1 de febrero de 1976; Osorio, *Trayectoria*, pp. 65-67; Fernández-Miranda, *Lo que el Rey*, pp. 151-154; Eaton, *The Forces*, pp. 36-37; Bardavío, *El dilema*, p. 105.

81. Rodolfo Martín Villa, *Al servicio del Estado*, Planeta, Barcelona, 1984, p. 16; Víctor Díaz Cardiel *et al.*, *Madrid en huelga: enero 1976*, Ayuso, Madrid, 1976, pp. 91-150; *Cambio 16*, 19-25 de enero; *Guardian*, 5, 7, 8, 9, 14, 15 y 20 de enero; *Sunday Times*, 11 y 18 de enero; *Mundo Obrero*, 20 y 27 de enero de 1976; Martín Villa, *Al servicio*, p. 17; Areilza, anotación en su diario del 12 de enero de 1976, *Diario*, p. 51. Para una crítica de izquierdas a la huelga, véase *Cuadernos de Ruedo Ibérico*, n.os 51-53, mayo-octubre de 1976, pp. 127-178.

82. Areilza, anotación en su diario del 17 de enero de 1976, *Diario*, p. 54.

83. «Spain: Out on a Limb», *Newsweek*, 19 de abril de 1976.

84. Eaton, *The Forces*, p. 38.

85. *Mundo Obrero*, 4 y 11 de febrero; *Cambio 16*, 9-15 de febrero y 1-7 de marzo de 1976.

86. Salvador Sánchez-Terán, *De Franco a la Generalitat*, Planeta, Barcelona, 1988, pp. 47-55; *Mundo Obrero*, 25 de febrero de 1976; López Rodó, *Claves*, pp. 225-226; *La Vanguardia*, 21 de febrero de 1976; *El País*, 28 de mayo de 1976.

87. Carrillo, *Memorias*, p. 613.

88. Joaquín Bardavío, *Los silencios del Rey*, Strips Editores, Madrid, 1979, pp. 147-160; Prego, *Así se hizo*, pp. 374-381; Carrillo, *Memorias*, p. 617; Santiago Carrillo, *El año de la peluca*, Ediciones B, Barcelona, 1987, pp. 37-38; conversaciones del autor con Santiago Carrillo; *Mundo Obrero*, 28 de abril y 5 de mayo de 1976.

89. Mario Onaindía, *La lucha de clases en Euskadi (1939-1980)*, Haranburu Editor, San Sebastián, 1980, pp. 121-126; José María Portell, *Euskadi: amnistía arrancada*, Barcelona, 1977, pp. 37-42, 61-98.

90. Gasteiz, *Vitoria, de la huelga a la matanza*, Ruedo Ibérico, París, 1976, pp. 117-132, 185-202; Martín Villa, *Al servicio*, pp. 26-28; Prego, *Así se hizo*, p. 409.

91. Fraga, *En busca*, pp. 39-40, 52.

92. Fernández-Miranda, *Lo que el Rey*, pp. 128-147; Osorio, *Trayectoria*, pp. 75-85.

93. Fernández-Miranda, *Lo que el Rey*, pp. 170-172; Prego, *Así se hizo*, pp. 415-420; Bardavío, *Los silencios*, pp. 172-173.

94. Areilza, anotación en su diario del 29 de marzo de 1976, *Diario*, p. 122.

95. *Mundo Obrero*, 27 de enero, 4 y 11 de febrero de 1976; *Newsweek*, 19 de abril de 1976; Fernando Claudin, *Santiago Carrillo: crónica de un secretario general*, Planeta, Barcelona, 1983, pp. 231-234; Areilza, anotaciones en su diario del 29 de marzo, 5 y 8 de abril de 1976, *Diario*, pp. 122, 127, 133.

96. *Mundo Obrero*, 9 de abril de 1976; Osorio, *Trayectoria*, pp. 91-94; Areilza, anotación en su diario del 29 de marzo de 1976, *Diario*, p. 122.

97. Areilza, anotaciones en su diario del 2, 3 y 15 de abril de 1976, *Diario*, pp. 124-126, 146; Suárez, FOG/Toledo.

98. Areilza, anotaciones en su diario del 27, 29 de marzo, 9, 10, 15 y 23 de abril de 1976, *Diario*, pp. 119-120, 122, 136-138, 146, 153; Emilio Attard, *Vida y muerte de UCD*, Planeta, Barcelona, 1983, p. 49; Felipe González, FOG/Toledo. Fraga niega esto: *En busca*, pp. 44-46.

99. *Cambio 16*, 15-21 de marzo de 1976; Morán, *Suárez*, pp. 31-32; Osorio, *Trayectoria*, pp. 86-91; Gasteiz, *Vitoria*, pp. 117-132; Martín Villa, *Al servicio*, pp. 28-29; Prego, *Así se hizo*, pp. 411-414.

100. Figuero, *UCD*, pp. 23-26; Areilza, anotación en su diario del 30 de abril de 1976, *Diario*, p. 165; Antonio Izquierdo, *Yo, testigo de cargo*, Planeta, Barcelona, 1981, p. 41.

101. Suárez, FOG/Toledo.

102. *Ibid.*

103. Actas de la reunión de Coordinación Democrática celebrada el 9 de abril de 1976, Oposición Española, *Documentos secretos*, Madrid, 1976, pp. 108-112.

104. Suárez, FOG/Toledo.

105. Sainz Rodríguez, *Un reinado*, p. 318; Areilza, anotaciones en su diario del 8 y 24 de marzo de 1976, *Diario*, p. 105, 118.

106. Fernández-Miranda, *Lo que el Rey*, pp. 176-180.

107. Areilza, anotación en su diario del 8 de abril de 1976, *Diario*, p. 133; «Juan Carlos Looks Ahead», *Newsweek*, 26 de abril de 1976; Ricardo de la Cierva, *La lucha por el Poder. Así cayó Arias Navarro*, Eudema, Madrid, 1996, p. 158.

108. Areilza, anotaciones en su diario del 15, 27, 28, 29 de abril y 3 de mayo, *Diario*, pp. 146-148, 161-168; Fernández-Miranda, *Lo que el Rey*, pp. 159-161; Raymond Carr y Juan Pablo Fusi, *Spain. Dictatorship to Democracy*, George Allen & Unwin, Londres, 1979, p. 215.

109. Osorio, *Trayectoria*, p. 123.

110. Fernández-Miranda, *Lo que el Rey*, p. 181.

111. *El País*, 20, 21 y 22 de mayo; *La Vanguardia*, 21 de mayo de 1976.

112. Eaton, *The Forces*, pp. 38-39; Prego, *Así se hizo*, pp. 443-444.

113. Areilza, anotación en su diario del 12 de mayo, *Diario*, p. 178.

114. Eaton, *The Forces*, p. 40; Areilza, anotaciones en su diario de 2, 3, 4, 5, 6 de junio, *Diario*, pp. 188-199; Prego, *Así se hizo*, pp. 466-471.

115. Entrevista del autor con el periodista Herbert Spencer.

116. Suárez, FOG/Toledo; Prego, *Así se hizo*, pp. 474-483.

117. Areilza, anotaciones en su diario del 1, 2, y 3 de julio, *Diario*, pp. 214-217; Fraga, *En busca*, pp. 52-53; Osorio, *Trayectoria*, pp. 126-127; entrevista con Arias Navarro en Bayod, *Franco*, p. 313.

118. Fernández-Miranda, *Lo que el Rey*, pp. 23-24; Prego, *Así se hizo*, pp. 491-493.

119. Areilza, anotaciones en su diario del 14 y 15 de julio de 1976, José María de Areilza, *Cuadernos de la transición*, Planeta, Barcelona, 1983, pp. 23-26; *Guardian*, 3 de julio de 1976.

120. Fernández de la Mora, *Río arriba*, p. 255.
121. Silva Muñoz, *Memorias políticas*, pp. 334-335, 340.

8. Jugándose la Corona, 1976-1977

1. Laureano López Rodó, *Memorias IV: Claves de la transición*, Plaza y Janés/Cambio 16, Barcelona, 1991, p. 210; Federico Ysart, *¿Quién hizo el cambio?*, Argos Vergara, Barcelona, 1984, p. 57.
2. Pilar Fernández-Miranda Lozana y Alfonso Fernández-Miranda Campoamor, *Lo que el Rey me ha pedido. Torcuato Fernández-Miranda y la reforma política*, Plaza y Janés, Barcelona, 1995, pp. 191-202.
3. López Rodó, *Claves*, p. 260; Alfonso Osorio, *Trayectoria política de un ministro de la corona*, Planeta, Barcelona, 1980, p. 90.
4. *Cambio 16*, 12-18 y 19-25 de julio; *Mundo Obrero*, 14 de julio de 1976; Carlos Iniesta Cano, *Memorias y recuerdos*, Planeta, Barcelona, 1984, pp. 240-241; comentarios de Adolfo Suárez en un seminario cerrado celebrado en la sede de Toledo de la Fundación Ortega y Gasset en mayo de 1984 (en adelante FOG/Toledo).
5. Suárez, FOG/Toledo; José Oneto, *Anatomía de un cambio de régimen*, Plaza y Janés, Barcelona, 1985, pp. 155-159; Charles Powell, *El piloto del cambio. El rey, la Monarquía y la transición a la democracia*, Planeta, Barcelona, 1991, pp. 177-180.
6. *Mundo Obrero*, 7 de julio de 1976.
7. Manuel Fraga, *En busca del tiempo servido*, Planeta, Barcelona, 1987, p. 53.
8. Osorio, *Trayectoria*, pp. 127-136; Fernando Álvarez de Miranda, *Del «contubernio» al consenso*, Planeta, Barcelona, 1985, pp. 107-109.
9. *El País*, 6 y 21 de julio; *Cambio 16*, 12-18 de julio de 1976; Areilza, anotaciones en su diario de 4 y 5 de julio de 1976, *Cuadernos*, pp. 15-16; Suárez, FOG/Toledo; Osorio, *Trayectoria*, p. 136; Joaquín Bardavío, *El dilema: un pequeño caudillo o un gran Rey*, Strips Editores, Madrid, 1978, pp. 173-174; Javier Fernández López, *El Rey y otros militares. Los militares en el cambio de régimen político en España (1969-1982)*, Trotta, Madrid, 1998, pp. 87-88; Gabriel Cardona, *Franco y sus generales. La manicura del tigre*, Temas de Hoy, Madrid, 2001, p. 270.
10. Suárez, FOG/Toledo; Victoria Prego, *Así se hizo la Transición*, Plaza y Janés, Barcelona, 1995, pp. 507-508.
11. López Rodó, *Claves*, p. 268.
12. *ABC*, 24 de julio; *El País*, 25, 27, 28, 29 y 30 de julio de 1976.
13. Fernández López, *El Rey y otros militares*, pp. 88-89.
14. *Cambio 16*, 9-15 y 23-29 de agosto; *Mundo Obrero*, 26 de julio-2 de agosto y 1 de septiembre de 1976; Joaquín Bardavío, *Sábado Santo rojo*, Ediciones UVE, Madrid, 1980, pp. 42-44, 52; Gregorio Morán, *Adolfo Suárez: historia de una ambición*, Planeta, Barcelona, 1979, p. 337; López Rodó, *Claves*, p. 266.
15. José María Maravall, *The Transition to Democracy in Spain*, Croom

Helm, Londres, 1982, p. 13; J. A. Sagardoy y David León Blanco, *El poder sindical en España*, Planeta, Barcelona, 1982, p. 161.

16. *El País*, 7 de agosto de 1976.
17. *El País*, 14 de agosto de 1976.
18. *El País*, 10 de agosto de 1976.
19. *Cambio 16*, 26 de julio-1 de agosto y 16-22 de agosto de 1976; los comentarios de Felipe González en FOG/Toledo y en conversación con el autor; Ysart, *Quién*, pp. 83-84.
20. Bardavío, *Sábado*, pp. 51-58; Morán, *Suárez*, pp. 331-332; Osorio, *Trayectoria*, pp. 162-164; Suárez, FOG/Toledo.
21. Comentarios de Santiago Carrillo en FOG/Toledo y en conversación con el autor.
22. Fernández-Miranda, *Lo que el Rey*, pp. 222-234; pp. 80-91; Rodolfo Martín Villa, *Al servicio del Estado*, Planeta, Barcelona, 1984, pp. 52-53; Osorio, *Trayectoria*, pp. 176-177; Prego, *Así se hizo*, pp. 529-533.
23. López Rodó, *Claves*, p. 226
24. José Luis de Vilallonga, *El Rey. Conversaciones con D. Juan Carlos I de España*, Plaza y Janés, Barcelona, 1993, p. 125.
25. *El Alcázar*, 27 de octubre de 1976; Carlos Fernández, *Los militares en la transición política*, Argos Vergara, Barcelona, 1982, p. 63.
26. Javier Figuero, *UCD: La «empresa» que creó Adolfo Suárez*, Grijalbo, Barcelona, 1981, p. 40; Suárez, FOG/Toledo.
27. Vilallonga, *El Rey*, p. 124; Suárez, FOG/Toledo; Gonzalo Fernández de la Mora, *Río arriba. Memorias*, Planeta, Barcelona, 1995, pp. 261-262; Sabino Fernández Campo, «Prólogo», en Fernández López, *El Rey y otros militares*, pp. 16-18; Fernando Puell de la Villa, *Gutiérrez Mellado. Un militar del siglo XX (1912-1995)*, Biblioteca Nueva, Madrid, 1997, pp. 185-186; Prego, *Así se hizo*, pp. 536-538; Miguel Platón, *Hablan los militares. Testimonios para la historia*, Planeta, Barcelona, 2001, pp. 398-400.
28. Osorio, *Trayectoria*, pp. 183-186; Fernández, *Militares*, pp. 109-111; Colectivo Democracia, *Los Ejércitos... más allá del golpe*, Planeta, Barcelona, 1981, p. 63.
29. López Rodó, *Claves*, p. 276; Fernández de la Mora, *Río arriba*, pp. 272-273.
30. Osorio, *Trayectoria*, pp. 188-189; Fernández, *Militares*, pp. 111-113; Iniesta Cano, *Memorias*, pp. 242-250; Bardavío, *El dilema*, pp. 184-192; Cardona, *La manicura*, pp. 271-273.
31. *El Alcázar*, 23 y 27 de septiembre; *Cambio 16*, 4-10 y 11-17 de octubre de 1976.
32. *Mundo Obrero*, 15 de septiembre de 1976.
33. Osorio, *Trayectoria*, p. 206.
34. Areilza, apuntes en su diario del 22 de septiembre, 28 de noviembre y 6 de diciembre de 1976, *Cuadernos*, pp. 47-48, 71, 78.
35. Morán, *Suárez*, p. 334; Fernando Claudín, *Santiago Carrillo: crónica de*

un secretario general, Planeta, Barcelona, 1983, pp. 238-240; Eduardo Chamorro, *Felipe González: un hombre a la espera,* Planeta, Barcelona, 1980, pp. 133-136.

36. *El País,* 30 de octubre de 1976.

37. *Mundo Obrero,* 1-7 de noviembre de 1976.

38. Ana Romero, *Historia de Carmen. Memorias de Carmen Díez de Rivera,* Planeta, Barcelona, 2002, pp. 120-121.

39. *Mundo Obrero,* 1-7, 15-21 y 22 de noviembre; *Cambio 16,* 22-28 de noviembre y 5 de diciembre de 1976; Osorio, *Trayectoria,* pp. 208-209; Manuel P. Izquierdo, *De la huelga general a las elecciones generales,* Ediciones de la Torre, Madrid, 1977, pp. 29-30; Martín Villa, *Al servicio,* pp. 54-57.

40. *El País,* 11 de noviembre de 1976; Suárez, FOG/Toledo; Gonzalo Fernández de la Mora, *Los errores del cambio,* Plaza y Janés, Barcelona, 1986, p. 162; Prego, *Así se hizo,* pp. 555-556.

41. Fernández-Miranda, *Lo que el Rey,* pp. 234-242, 269-281; Miguel Primo de Rivera y Urquijo, *No a las dos Españas. Memorias políticas,* Plaza y Janés, Barcelona, 2002, pp. 177-194; Cardona, *La manicura,* p. 273.

42. *El País,* 18 y 19 de noviembre; *Cambio 16,* 22-28 de noviembre de 1976; Emilio Attard, *La Constitución por dentro,* Argos Vergara, Barcelona, 1983, p. 76; Suárez, FOG/Toledo.

43. Osorio, *Trayectoria,* pp. 230-246; José M.ª de Areilza, apunte en su diario del 25 de noviembre de 1976, *Cuadernos de la transición,* Planeta, Barcelona, 1992, p. 67; Raymond Carr y Juan Pablo Fusi, *Spain: Dictatorship to Democracy,* George Allen and Unwin, 1979, p. 222; Morán, *Suárez,* pp. 312-316.

44. *El País,* 17 y 23 de noviembre de 1976; Cardona, *La manicura,* p. 273.

45. *El País,* 28 de noviembre; *Mundo Obrero,* 6-12 de diciembre de 1976; López Rodó, *Claves,* pp. 286-287; Prego, *Así se hizo,* pp. 570-571.

46. *El País,* 7 de diciembre de 1976; Pilar Ortuño, *European Socialists and Spain. The Transition to Democracy, 1959-*77, Palgrave, Londres, 2002, pp. 180-181.

47. *Mundo Obrero,* 20-26 de diciembre de 1976.

48. *El País,* 14, 15, 16, 17 de diciembre de 1976; *Cambio 16,* 26 de diciembre de 1976 y 2 de enero de 1977; Osorio, *Trayectoria,* pp. 252-253; Felipe González, FOG/Toledo; Prego, *Así se hizo,* pp. 600-601.

49. Fernández-Miranda, *Lo que el Rey,* p. 200; Powell, *El piloto,* pp. 212-213; Jaime Peñafiel, *¡Dios salve... también al Rey!,* Temas de Hoy, Madrid, 1995, p. 138.

50. *El País,* 24 de diciembre; *El Alcázar,* 28 de diciembre de 1976; *Cambio 16,* 3-9 de enero de 1977; Martín Villa, *Al servicio,* p. 60; Fernández, *Los militares,* pp. 151-153; Cardona, *La manicura,* pp. 273-274; Fernández López, *El Rey y otros militares,* pp. 98-99; Santiago Segura y Julio Merino, *Las vísperas del 23-F,* Plaza y Janés, Barcelona, 1984, pp. 192-194. Sobre la autoría del discurso, entrevista del autor con el general Armada.

51. Armada, *Al servicio,* p. 150.

52. Powell, *El piloto,* pp. 219-220; Suárez, FOG/Toledo.

53. Manuel Durán, *Martín Villa*, Hordago Publikapenak, San Sebastián, 1979, *passim*.

54. *Mundo Obrero*, 20-26 de diciembre de 1976; Bardavío, *Sábado*, pp. 88-111; Osorio, *Trayectoria*, pp. 254-258; Claudín, *Carrillo*, pp. 2-9, 239-241; Romero, *Historia de Carmen*, pp. 127-129.

55. *El País*, 12 de diciembre de 1976; *Cambio 16*, 31 de enero-6 de febrero de 1977; Pío Moa Rodríguez, *De un tiempo y de un País*, Ediciones de la Torre, Madrid, 1982, pp. 217-233; Alejandro Muñoz Alonso, *El terrorismo en España*, Planeta, Barcelona, 1982, pp. 76-85; Durán, *Martín Villa*, p. 79; Osorio, *Trayectoria*, pp. 246-249.

56. *Mundo Obrero*, 31 de enero-6 de febrero de 1977; Bardavío, *Sábado*, pp. 142-147; Xavier Casals i Meseguer, *La tentación neofascista en España*, Plaza y Janés, Barcelona, 1998, p. 217; Romero, *Historia de Carmen*, pp. 144-148.

57. Morán, *Suárez*, pp. 43-44, 324-328; Osorio, *Trayectoria*, pp. 97-108, 190-197, 291-299.

58. *Cambio 16*, 27 de septiembre-3 de octubre y 18-24 de octubre de 1976; Areilza, apuntes en su diario del 13, 23 de septiembre y 22 de octubre de 1976, *Cuadernos*, pp. 43-44, 50, 56; Osorio, *Trayectoria*, pp. 200-205; Pedro J. Ramírez, *Así se ganaron las elecciones*, Planeta, Barcelona, 1977, pp. 92-108.

59. Suárez, FOG/Toledo.

60. Charles T. Powell, *Juan Carlos*, MacMillan, Londres, 1996, pp. 134-135.

61. Emilio Attard, *Vida y muerte de UCD*, Planeta, Barcelona, 1983, pp. 34-50; Osorio, *Trayectoria*, pp. 190-197; Álvarez de Miranda, *Del «contubernio»*, pp. 112-120.

62. *El País*, 25 de marzo; *Cambio 16*, 4-10 de abril de 1977; Areilza, apuntes en su diario del 6 de febrero, 19, 20, 21, 22 y 24 de marzo de 1977, *Cuadernos*, pp. 92-94, 108-123; Osorio, *Trayectoria*, pp. 300-302; Attard, *Vida y muerte*, pp. 39-40; Ramírez, *Elecciones*, pp. 29-31.

63. Attard, *Vida y muerte*, pp. 50-53; Figuero, *UCD*, pp. 57-61; Fernando Jáuregui y Manuel Soriano, *La otra historia de UCD*, Emiliano Escolar Editor, Madrid, 1980, pp. 61-64.

64. *Cambio 16*, 16-22 de mayo; *El País*, 6, 7 y 8 de mayo de 1977; *Diario 16*, 28 de enero de 1978; Figuero, *UCD*, pp. 232-234; Attard, *Vida y muerte*, p. 57; Ramírez, *Elecciones*, pp. 116-121, 139-149, 158-159; Álvarez de Miranda, *Del «contubernio»*, pp. 127-129.

65. *El País*, 1 de febrero; *Cambio 16*, 7-13 de febrero de 1977; Colectivo Democracia, *Los Ejércitos*, pp. 75-76; Fernández López, *El Rey y otros militares*, pp. 101-102.

66. Suárez, FOG/Toledo; Morán, *Suárez*, pp. 320-321; José Oneto, *Los últimos días de un presidente: de la dimisión al golpe de Estado*, Planeta, Barcelona, 1981, p. 86.

67. *Mundo Obrero*, 7-13 de marzo de 1977; Romero, *Historia de Carmen*, pp. 134-142, 150-152; Bardavío, *Sábado*, pp. 158-171.

68. *Mundo Obrero*, 21-27 de marzo y 4-10, 11-17 de abril; *Cambio 16*, 18-24 de abril de 1977; Claudín, *Carrillo*, pp. 245-248; Morán, *Suárez*, p. 338; Osorio, *Trayectoria*, pp. 286-287; Prego, *Así se hizo*, pp. 643-658; Romero, *Historia de Carmen*, pp. 160, 168, 201.

69. Entrevista del autor con Sabino Fernández Campo, y su «Prólogo» en Fernández López, *El Rey y otros militares*, pp. 18-19. Véase también Javier Fernández López, *Sabino Fernández Campo. Un hombre de Estado*, Planeta, Barcelona, 2000, p. 100.

70. Manuel Soriano, *Sabino Fernández Campo. La sombra del Rey*, Temas de Hoy, Madrid, 1995, pp. 157-159.

71. *Cambio 16*, 25 de abril-1 de mayo de 1977; Suárez, FOG/Toledo; Pilar Urbano, *Con la venia: yo indagué el 23 F*, Argos Vergara, Barcelona, 1982, pp. 14-15; Bardavío, *Sábado*, pp. 196-200; Colectivo Democracia, *Los Ejércitos*, pp. 64-68.

72. *El País*, 15 y 16 de abril; *ABC*, 14 de abril; *Cambio 16*, 2-8 de mayo de 1977; Osorio, *Trayectoria* pp. 287-291; Martín Villa, *Al servicio*, p. 66; Armada, *Al servicio*, p. 151; Platón, *Hablan los militares*, pp. 432-433; Fernández López, *El Rey y otros militares*, pp. 104-108; Prego, *Así se hizo*, pp. 658-665.

73. Colectivo Democracia, *Los Ejércitos*, pp. 68-70; Urbano, *Con la venia*, p. 16.

74. López Rodó, *Claves*, p. 327.

75. *Cambio 16*, 14-20, 21-27 de marzo, 23-29 de mayo y 30 de mayo-5 de junio de 1977; Portell, *Amnistía*, pp. 9-18, 168-239; Mario Onaindía, *La lucha de clases en Euskadi (1939-1980)*, L. Haranburu Editor, San Sebastián, 1980, pp. 131-134.

76. *El País*, 15 de mayo de 1977.

77. Platón, *Hablan los militares*, pp. 443-444; Cardona, *La manicura*, p. 279.

78. Pedro Sainz Rodríguez, *Un reinado en la sombra*, Planeta, Barcelona, 1981, pp. 266-267.

79. Primo de Rivera, *No a las dos Españas*, pp. 211-212, 223-225; Powell, *El piloto*, pp. 228-231; Powell, *Juan Carlos*, pp. 131-132.

80. *ABC*, 15 de mayo; *El País*, 15 de mayo; *El Alcázar*, 18 de mayo de 1977.

81. Bardavío, *Sábado Santo*, pp. 149-150.

82. *El País*, 1 de junio de 1977; José Luis Alcocer, *Fernández-Miranda: agonía de un Estado*, Planeta, Barcelona, 1986, pp. 120-126; Primo de Rivera, *No a las dos Españas*, pp. 222-223; Powell, *El piloto*, pp. 233-234; Fernández de la Mora, *Río arriba*, pp. 270-271.

83. Cardona, *La manicura*, pp. 279-280.

84. *Cambio 16*, 6-12 de junio de 1977. El autor asistió a numerosos mítines políticos en el transcurso de la campaña electoral.

85. Ramírez, *Elecciones*, pp. 52, 127-132, 228-244, 304-306.

86. *Cambio 16*, 13-19 de junio de 1977; observación personal del autor.

87. *Cambio 16*, 20-26 de junio y 27 de junio-3 de julio; *El País*, 15, 22 y 29 de mayo de 1977; Ramírez, *Elecciones*, pp. 208-211, 248-249, 284-290; Monica Threlfall, «Women and Political Participation», en Christopher Abel y Nissa Torrents, eds., *Spain: Conditional Democracy*, Croom Helm, Londres, 1984.

88. *El País*, 21 de febrero de 1982; Armada, *Al servicio*, pp. 210-214; Javier Fernández López, *Diecisiete horas y media. El enigma del 23-F*, Taurus, Madrid, 2000, p. 33; Fernández López, *Sabino Fernández Campo*, pp. 109-111; Soriano, *Sabino Fernández Campo*, pp. 151-167.

89. *El País*, 26 de junio de 1977.

9. Más responsabilidad, menos poder: la Corona y el golpismo, 1977-1980

1. Alfonso Osorio, *Trayectoria política de un ministro de la corona*, Planeta, Barcelona, 1980, pp. 327-336; Fernando Jáuregui y Manuel Soriano, *La otra historia de UCD*, Emiliano Escolar Editor, Madrid, 1980, pp. 86-87.

2. *El País*, 23 de julio de 1977; Julia Navarro, *Nosotros, la transición*, Temas de Hoy, Madrid, 1995, pp. 162 y 238.

3. *El País*, 17, 18 y 21 de agosto de 1977 y 17 de septiembre de 1979.

4. *El País*, 9 de junio de 1977.

5. *El País*, 28 de febrero de 1978.

6. Javier Fernández López, *El Rey y otros militares. Los militares en el cambio de régimen político en España (1969-1982)*, Trotta, Madrid, 1998, pp. 113-114; Ricardo Pardo Zancada, *23-F. La pieza que falta*, Plaza y Janés, Barcelona, 1998, p. 49.

7. *El País*, 29 de julio de 1977.

8. *Cambio 16*, 4-10 de julio de 1977; Natxo Arregi, *Memorias del KAS: 1975/1978*, Hordago Publikapenak, San Sebastián, 1981, pp. 285-298; Luciano Rincón, *ETA (1974-1984)*, Plaza y Janés, Barcelona, 1985, pp. 14, 46, 57 y 66.

9. *Cambio 16*, 18-24 de julio, 8-14, 15-21 de agosto, 22-28 de agosto y 5-11 de septiembre de 1977; *El País*, 11 de septiembre de 1977; Miguel Castells Arteche, *El mejor defensor el pueblo*, Ediciones Vascas, San Sebastián, 1978, pp. 78-88, 141-153.

10. *Cambio 16*, 24-30 de octubre de 1977.

11. *El País*, 29 de noviembre de 1977.

12. Entrevista del autor con el general Sabino Fernández Campo; Julio Busquets, *Militares y demócratas. Memorias de un fundador de la UMD y diputado socialista*, Plaza y Janés, Barcelona, 1999, pp. 277-279.

13. *El País*, 20 de septiembre; *Cambio 16*, 3-9 de octubre de 1977; Carlos Fernández, *Los militares en la transición política*, Argos Vergara, Barcelona, 1982, pp. 181-183; Colectivo Democracia, *Los Ejércitos... más allá del golpe*, Planeta, Barcelona, 1981, pp. 70-71; Amadeo Martínez Inglés, *La Transición vigilada. Del*

Sábado Santo «rojo» al 23-F, Temas de Hoy, Madrid, 1994, pp. 98-99; Gabriel Cardona, *Franco y sus generales. La manicura del tigre*, Temas de Hoy, Madrid, 2001, pp. 281-282; Pardo Zancada, *23-F*, pp. 53-54.

14. *El Alcázar*, 20 de septiembre de 1977; Juan Pla, *La trama civil del golpe*, Planeta, Barcelona, 1982, p. 85; Pilar Urbano, *Con la venia... yo indagué el 23-F*, Argos Vergara, Barcelona, 1982, p. 16; Alejandro Muñoz Alonso, *El terrorismo en España*, Planeta, Barcelona, 1982, pp. 245-246; Colectivo Democracia, *Los Ejércitos*, 2001, p. 96; Cardona, *La manicura*, p. 266.

15. *El País*, 1 de noviembre de 1977; *Cambio 16*, 24-30 de octubre, 14-20 de noviembre de 1977; entrevista mantenida por el autor en Madrid con el general Prieto en febrero de 1983; Alfonso Armada, *Al servicio de la corona*, Planeta, Barcelona, 1983, pp. 209-214; Manuel Soriano, *Sabino Fernández Campo. La sombra del Rey*, Temas de Hoy, Madrid, 1995, pp. 164-167; Fernández López, *El Rey y otros militares*, pp. 117-119; Fernández, *Los militares*, pp. 209-213.

16. Josep Tarradellas, *«Ja sóc aquí». Recuerdo de un retorno*, Planeta, Barcelona, 1990, pp. 34-39.

17. Osorio, *Trayectoria*, pp. 319-324; Salvador Sánchez-Terán, *De Franco a la Generalitat*, Planeta, Barcelona, 1988, pp. 282-283; Miguel Herrero de Miñón, *Memorias de estío*, Temas de Hoy, Madrid, 1993, p. 98; Rodolfo Martín Villa, *Al servicio del Estado*, Planeta, Barcelona, 1984, p. 176.

18. Tarradellas, *«Ja sóc aquí»*, pp. 90-105.

19. *El País*, 30 de junio de 1977; Sánchez-Terán, *De Franco a la Generalitat*, pp. 284-289; Tarradellas, *«Ja sóc aquí»*, pp. 112-159, 223-229; Laureano López Rodó, Memorias, IV, *Claves de la transición*, Plaza y Janés/Cambio 16, Barcelona, pp. 328-329. Para un brillante retrato de Coloma Gallegos, véase Cardona, *La manicura*, p. 254.

20. *Cambio 16*, 11-17 de julio y 10-16 de octubre de 1977; Suárez, FOG/Toledo.

21. *El País*, 7 de diciembre de 1977; Navarro, *Nosotros*, p. 74.

22. *Cambio 16*, 17-23 de octubre; *El País*, 4 y 11 de octubre de 1977; Manuel Gutiérrez Mellado, *Un soldado de España*, Argos Vergara, 1983, pp. 135-136; Cardona, *La manicura*, p. 282.

23. Información facilitada por Gabriel Cardona; Busquets, *Militares y demócratas*, pp. 105-108, 174, 190; Fernando Reinlein, *Capitanes rebeldes. Los militares españoles durante la transición: de la UMD al 23-F*, La Esfera de los Libros, Madrid, 2002, pp. 58-60, 117-118, 127-129 y 145.

24. José María de Areilza, *Diario de un ministro de la monarquía*, Planeta, Barcelona, 1977, p. 20.

25. José Ignacio Domínguez, *Cuando yo era un exiliado*, Cambio 16, Madrid, 1977, pp. 182-192; José Fortes y Luis Otero, *Proceso a nueve militares demócratas. Las Fuerzas Armadas y la UMD*, Argos Vergara, Barcelona, 1983, pp. 155-179; Colectivo Democracia, *Los Ejércitos*, pp. 60-62; Fernández, *Los militares*, pp. 70-79; Reinlein, *Capitanes rebeldes*, pp. 426-428.

26. *El País*, 7 de enero de 1978; Cardona, *La manicura*, p. 285; Fernández López, *El Rey y otros militares*, pp. 119-120. Franco, «Discurso de despedida en el cierre de la Academia General Militar», *Revista de Historia Militar*, año XX, n.º 40, 1976, pp. 335-337.

27. *El País*, 27 de abril de 1978; entrevista con el general Sabino Fernández Campo.

28. *Cambio 16*, 12-18 de diciembre de 1977, 26 de diciembre de 1977-1 de enero de 1978 y 9-15 de enero de 1978; Txiki Benegas, *Euskadi: sin la paz nada es posible*, Argos Vergara, Barcelona, 1984, pp. 80-82; Manuel Clavero Arévalo, *España, desde el centralismo a las autonomías*, Planeta, Barcelona, 1983, pp. 46-50.

29. Herrero de Miñón, *Memorias*, pp. 127-129; José Oneto, *Anatomía de un cambio de régimen*, Plaza y Janés, Barcelona, 1985, pp. 188-189; Manuel Fraga, *En busca del tiempo servido*, Planeta, Barcelona, 1987, pp. 112-113; López Rodó, *Claves*, pp. 366-369.

30. *Cambio 16*, 21-27 de noviembre de 1977; Emilio Attard, *La Constitución por dentro*, Argos Vergara, Barcelona, 1983, p. 111.

31. Federico Silva Muñoz, *Memorias políticas*, Planeta, Barcelona, 1993, p. 396

32. Attard, *La Constitución*, pp. 23-31, 77-90, 119-123 y 223; Soledad Gallego-Díaz y Bonifacio de la Cuadra, *Crónica secreta de la Constitución*, Tecnos, Madrid, 1989, pp. 27, 50, 90-93; Fernández López, *El Rey y otros militares*, pp. 137-138.

33. Gallego-Díaz y De la Cuadra, *Crónica secreta*, pp. 97-101; pp. 63-73; *El País*, 10 de mayo de 1978; Santiago Carrillo, *Memorias*, Planeta, Barcelona, 1993, pp. 674-676.

34. Herrero de Miñón, *Memorias*, p. 138; *El País*, 24 de enero de 1978.

35. Soriano, *Sabino Fernández Campo*, pp. 395-396; Javier Fernández López, *Sabino Fernández Campo*, Planeta, Barcelona, 2000, pp. 119-121, 127-128; Patricia Sverlo, *Un Rey golpe a golpe. Biografía no autorizada de Juan Carlos de Borbón*, Ardi Beltza, Pamplona, 2000, pp. 160-161.

36. *El País*, 30 de mayo de 1978; Sverlo, *Un Rey*, pp. 162-164; Gallego-Díaz y De la Cuadra, *Crónica secreta*, pp. 91-92; Powell, *Juan Carlos*, pp. 147, 153-154. Véase también Fernando Gracia, *Elena. Crónica de noviazgo real*, Temas de Hoy, Madrid, 1995, pp. 115-118.

37. Attard, *La Constitución*, pp. 92-107; Martín Villa, *Al servicio*, p. 86.

38. Fernández López, *El Rey y otros militares*, pp. 123-134; Cardona, *La manicura*, p. 288.

39. *Cambio 16*, 28 de mayo y 30 de julio de 1978; Gutiérrez Mellado, *Un soldado*, pp. 77-82, 98-99; José Luis Morales y Juan Celada, *La alternativa militar: el golpismo después de Franco*, Revolución, Madrid, 1981, pp. 39-41; Fernández, *Los militares*, pp. 218-220, 227-228; entrevista del autor con el general Prieto.

40. Fernández López, *El Rey y otros militares*, pp. 124-125; Fernández López, *Sabino Fernández Campo*, p. 125; Cardona, *La manicura*, pp. 288-289.

41. *El País*, 10 de junio de 1978.

42. *El Alcázar*, 22 de junio de 1978.

43. *El País*, 30 de julio de 1978.

44. *Tribuna*, 10 de febrero de 1992; *Informaciones*, 16 de agosto de 1978; José María Zavala, *Matar al Rey. La Casa Real en el punto de mira de ETA*, Alianza, Madrid, 1998, pp. 61-66.

45. *El País*, 30 de junio y 29 de julio; *Cambio 16*, 30 de julio; *El Imparcial*, 31 de agosto de 1978.

46. *Cambio 16*, 29 de octubre de 1978.

47. *El País*, 1 de noviembre de 1978; *Cambio 16*, 12 y 19 de noviembre de 1978; Luciano Rincón, *ETA (1974-1984)*, Plaza y Janés, Barcelona, 1985, pp. 21-22; Benegas, *Euskadi*, pp. 88-89.

48. *Fuerza Nueva*, 2 de noviembre de 1978.

49. *El País*, 7 de noviembre de 1978.

50. *El País*, 17, 19 y 21 de noviembre; *Cambio 16*, 3 de diciembre de 1978; Colectivo Democracia, *Los Ejércitos*, pp. 78-85; Morales y Celada, *La alternativa*, pp. 43-47; Cardona, *La manicura*, pp. 292-294; Martín Villa, *Al servicio*, pp. 148-150; Urbano, *Con la venia*, p. 19; Reinlein, *Capitanes rebeldes*, pp. 220-225; Pardo Zancada, *23-F*, pp. 68-70. Sobre Tejero, véase José Oneto, *La noche de Tejero*, Planeta, Barcelona, 1981, pp. 27-34; Antonio Izquierdo, *Claves para un día de febrero*, Planeta, Barcelona, 1982, pp. 28-29; Pilar Urbano, *Yo entré en el CESID*, Plaza y Janés, Barcelona, 1997, pp. 341-342.

51. José Luis de Vilallonga, *El Rey. Conversaciones con Don Juan Carlos I de España*, Plaza y Janés, Barcelona, 1993, p. 258.

52. *El País*, 26 de agosto y 28-29 de noviembre; *Cuadernos para el Diálogo*, 26 de agosto de 1978; Powell, *Juan Carlos*, p. 155.

53. *El País*, 28 de diciembre de 1978; Miguel Primo de Rivera y Urquijo, *No a las dos Españas. Memorias políticas*, Plaza y Janés, Barcelona, 2002, p. 242.

54. *El Alcázar*, 4 y 11 de enero; *El País*, 3, 4 y 5 de enero; *Cambio 16*, 14 de enero de 1979; José Luis Rodríguez Jiménez, *Reaccionarios y golpistas. La extrema derecha en España: del tardofranquismo a la consolidación de la democracia (1967-1982)*, Consejo Superior de Investigaciones Científicas, Madrid, 1994, pp. 278-279; Cardona, *La manicura*, pp. 295-296; Urbano, *Con la venia*, p. 20; Fernández López, *El Rey y otros militares*, pp. 140-141.

55. *Cambio 16*, 18 de marzo de 1979; Josep Melià, *Así cayó Adolfo Suárez*, Planeta, Barcelona, 1981, p. 29; Pedro J. Ramírez, *Así se ganaron las elecciones 1979*, Prensa Española, Madrid, 1979, pp. 179-263.

56. *Cambio 16*, 15 de abril de 1979; Cardona, *La manicura*, pp. 297-298.

57. *El País*, 4, 5 y 6 de abril; *Cambio 16*, 15 de abril de 1979; Suárez, FOG/Toledo.

58. *Cambio 16*, 22 de abril, 27 de mayo y 10 de junio de 1979.

59. Luis María Anson, *Don Juan*, Plaza y Janés, Barcelona, 1994, p. 415.

60. Silva Muñoz, *Memorias*, p. 375.

61. Oneto, *Anatomía*, p. 195.

62. *El País*, 8, 12 y 13 de diciembre de 1978; Julio Feo, *Aquellos años*, Ediciones B, Barcelona, 1993, pp. 83-84.

63. *El País*, 12 de mayo de 1979; Cardona, *La manicura*, pp. 298-299; Armada, *Al servicio*, pp. 215-216; Morales y Celada, *La alternativa*, pp. 51-53; Fernández López, *El Rey y otros militares*, pp. 145-147. Sobre la reacción del Rey, entrevista del autor con el general Sabino Fernández Campo.

64. *El País*, 26 de mayo de 1979.

65. *El País*, 27 y 29 de mayo; *El Alcázar*, 27 y 29 de mayo; *Cambio 16*, 10 de junio de 1979.

66. Urbano, *Con la venia*, p. 26.

67. *El País*, 6 y 10 de junio; *Cambio 16*, 10 de junio de 1979; Morales y Celada, *La alternativa*, pp. 43-49.

68. *Cambio 16*, 24 de junio, 1, 15, 22, 29 de julio, 5 de agosto de 1979; Emilio Attard, *Vida y muerte de UCD*, Planeta, Barcelona, 1983, pp. 70-72; Jáuregui y Soriano, *UCD*, pp. 129-130.

69. Urbano, *Con la venia*, pp. 21-22; Pardo Zancada, *23-F*, pp. 77-78.

70. *El Alcázar*, 21 de septiembre; *Cambio 16*, 7 de octubre de 1979.

71. Entrevista del autor con el general Sabino Fernández Campo.

72. Morales y Celada, *La alternativa*, pp. 74-77; Armada, *Al servicio*, pp. 216-217; Urbano, *Con la venia*, pp. 20-21; Reinlein, *Capitanes rebeldes*, pp. 225-228, 233-235; Pardo Zancada, *23-F*, pp. 75-77.

73. Urbano, *Con la venia*, pp. 20-23; Fernández López, *El Rey y otros militares*, pp. 150-152; Pardo Zancada, *23-F*, pp. 78-79, 392-393.

74. *El País*, 8 de enero de 1980; Fernández López, *El Rey y otros militares*, pp. 149-150.

75. *El Alcázar*, 20 de octubre de 1979; *El País*, 27 de enero; *Diario 16*, 25 de enero; *Cambio 16*, 10 de febrero de 1980; Colectivo Democracia, *Los Ejércitos*, pp. 85-91; Morales y Celada, *La alternativa*, pp. 57-61; Busquets, *Militares y demócratas*, pp. 272-275; Reinlein, *Capitanes rebeldes*, pp. 225-228, 233-238.

76. *Cambio 16*, 25 de noviembre de 1979; *El Alcázar*, 7 de mayo, 29 de junio, 3 y 9 de julio; *El País*, 13 de septiembre de 1980; Colectivo Democracia, *Los Ejércitos*, pp. 91-93; Javier Fernández López, *Diecisiete horas y media. El enigma del 23-F*, Taurus, Madrid, 2000, pp. 43-45.

77. *El Alcázar*, 11, 15, 18, 23 y 26 de abril de 1980; entrevista del autor con el general Prieto; Urbano, *Con la venia*, p. 29; Pla, *La trama civil*, p. 164; Reinlein, *Capitanes rebeldes*, pp. 244-255.

78. *Cambio 16*, 20 de enero, 3, 17 y 24 de febrero, 16, 23 y 30 de marzo; *El País*, 18 de febrero, 2, 3 y 22 de marzo de 1980; Martín Villa, *Al servicio*, p. 90.

79. *El País*, 25 de abril de 1980.

80. *Cambio 16*, 2 de marzo, 6 y 13 de abril, 18 y 25 de mayo, 21 de septiembre de 1980; Melià, *Así cayó*, p. 39; Jáuregui y Soriano, *UCD*, pp. 31-33.

81. *El País*, 29 de abril de 1980; Manuel Fraga, *En busca del tiempo servido*, Planeta, Barcelona, pp. 201-202.

82. Entrevista del autor con el que era a la sazón jefe de prensa de Suárez, Alberto Aza Arias.

83. *El País*, 3 y 4 de mayo; *Cambio 16*, 18 de mayo y 3 de agosto de 1980.

84. *El País*, 21-23 y 29-30 de mayo; *Cambio 16*, 16 de marzo y 1-8 de junio de 1980; Martín Villa, *Al servicio*, p. 94.

85. *Cambio 16*, 13 de julio y 17 de agosto de 1980; Melià, *Así cayó*, p. 42; Jáuregui y Soriano, *UCD*, pp. 15-20, 34-35.

86. *Cambio 16*, 17 y 31 de agosto de 1980; Urbano, *Con la venia*, pp. 31-32.

10. Luchando por la democracia, 1980-1981

1. *El País*, 22 de junio; *Cambio 16*, 13 y 20 de julio, 24 de agosto y 7 de septiembre de 1980; Luciano Rincón, *ETA (1974-1984)*, Plaza y Janés, Barcelona, 1985, p. 63.

2. *Cambio 16*, 17 de agosto de 1980.

3. *El País*, 10 de septiembre; *Cambio 16*, 21 de septiembre de 1980; Josep Melià, *Así cayó Adolfo Suárez*, Planeta, Barcelona, 1981, pp. 51-59.

4. *Cambio 16*, 5 y 12 de octubre de 1980; José Oneto, *Los últimos días de un presidente: de la dimisión al golpe de Estado*, Planeta, Barcelona, 1981, pp. 67-68.

5. *Cambio 16*, 12 y 19 de octubre; *El País*, 2 y 13 de octubre de 1980; Alejandro Muñoz Alonso, *El terrorismo en España*, Planeta, Barcelona, 1982, p. 227.

6. Santiago Segura y Julio Merino, *Vísperas del 23-F*, Plaza y Janés, Barcelona, 1984, pp. 297-301.

7. *El Alcázar*, 16 y 21 de septiembre y 2 de diciembre de 1980; conversaciones del autor con Felipe González; *Cambio 16*, 9 de marzo de 1981; Alfonso Armada, *Al servicio de la corona*, Planeta, Barcelona, 1983, pp. 216, 223-227; José Luis Morales y Juan Celada, *La alternativa militar: el golpismo después de Franco*, Revolución, Madrid, 1981, pp. 122-125; Pilar Urbano, *Con la venia: yo indagué el 23-F*, Argos Vergara, Barcelona, 1982, pp. 232-235. En 1996, Leopoldo Calvo Sotelo alegó que Reventós le había sugerido a Armada que asumiera él la presidencia del gobierno: *Diario 16*, 24 de febrero de 1966, y en Santos Juliá, Javier Pradera y Joaquín Prieto, coordinadores, *Memoria de la transición*, Taurus, Madrid, 1996, p. 522. Véase también Pilar Cernuda, Fernando Jáuregui y Manuel Ángel Menéndez, *23-F. La conjura de los necios*, Foca Ediciones, Madrid, 2000, pp. 8-10.

8. Manuel Fraga Iribarne, *En busca del tiempo servido*, Planeta, Barcelona, 1987, p. 226; Ricardo Pardo Zancada, *23-F: la pieza que falta. Testimonio de un protagonista*, Plaza y Janés, Barcelona, 1998, pp. 105-106; Josep Benet, *El President Tarradellas en els seus textos (1954-1988)*, Empúries, Barcelona, 1992, pp. 480-483.

9. Alfonso Osorio, *De orilla a orilla*, Plaza y Janés, Barcelona, 2000, pp. 384-385; Emilio Romero, *Tragicomedia de España. Unas memorias sin contemplaciones*, Planeta, Barcelona, 1985, p. 275; Javier Fernández López, *Sabino Fernández Campo. Un hombre de Estado*, Planeta, Barcelona, 2000, pp. 131-132.

10. *El País*, 24, 25 y 26 de octubre; *Cambio 16*, 3 de noviembre de 1980.

11. José Luis de Vilallonga, *El Rey. Conversaciones con D. Juan Carlos I de España*, Plaza y Janés, Barcelona, 1993, pp. 166-167; Jorge Semprún, *Federico Sánchez se despide de ustedes*, Tusquets, Barcelona, 1993, p. 194; entrevista del autor con Semprún.

12. *Cambio 16*, 10, 17 y 24 de noviembre; *El País*, 11 de noviembre de 1980; Txiki Benegas, *Euskadi: sin la paz nada es posible*, Argos Vergara, Barcelona, 1984, pp. 110-111; Alejandro Muñoz Alonso, *El terrorismo en España*, Planeta, Barcelona, 1982, pp. 229-231.

13. Morales y Celada, *La alternativa*, pp. 89-91, 122-125; *Cambio 16*, 17 de noviembre de 1980; Urbano, *Con la venia*, pp. 24-25.

14. Cernuda *et al.*, *La conjura*, pp. 29-36; Fernando Reinlein, *Capitanes rebeldes. Los militares españoles durante la transición: de la UMD al 23-F*, La Esfera de los Libros, Madrid, 2002, pp. 239-242; entrevista con Suárez en Juliá, Pradera y Prieto, *Memoria*, pp. 455-456.

15. Esta ingeniosa alegación de un «golpe de diseño» la hace Jesús Palacios, *23-F: El golpe del CESID*, Planeta, Barcelona, 2001, pp. 25-30 y Jesús Palacios, *23-F. El Rey y su secreto* (Madrid: Libros Libres, 2010) pp. 28-47. Para una reflexión más creíble sobre el papel de Cortina, véase Urbano, *Con la venia*, pp. 85-112; Pilar Urbano, *Yo entré en el CESID*, Plaza y Janés, Barcelona, 1997, pp. 40-41, 340-354; Reinlein, *Capitanes rebeldes*, pp. 250-262; Joaquín Bardavío, Pilar Cernuda y Fernando Jáuregui, *Servicios secretos*, Plaza y Janés, Barcelona, 2000, pp. 98-99, 211, 225-231; Javier Fernández López, *El Rey y otros militares. Los militares en el cambio de régimen político en España (1969-1982)*, Trotta, Madrid, 1998, pp. 166-167.

16. Fraga, *En busca*, pp. 223-224; Urbano, *Con la venia*, pp. 42-43.

17. *El País*, 27 de septiembre de 1980; Osorio, *De orilla*, pp. 385-387; Urbano, *Con la venia*, pp. 29-31, 49; Emilio Attard, *Vida y muerte de UCD*, Planeta, Barcelona, 1983, pp. 182-184.

18. Fernando Álvarez de Miranda, *Del «contubernio» al consenso*, Planeta, Barcelona, 1985, p. 145; Antxón Sarasqueta, *De Franco a Felipe*, Plaza y Janés, Barcelona, 1984, pp. 28-29.

19. Santiago Segura y Julio Merino, *Jaque al Rey: los «enigmas» y las «incongruencias» del 23-F*, Planeta, Barcelona, 1983, pp. 53-56; Pardo Zancada, *23-F*, pp. 174-175; Gabriel Cardona, *Las torres del honor. Un capitán del Ejército en la Transición y el golpe de Estado del 23-F* (Barcelona: Ediciones Destino, 2011) p. 194.

20. Armada, *Al servicio*, p. 225; Diego Carcedo, *23-F. Los cabos sueltos*, Temas de Hoy, Madrid, 2000, pp. 173-176, 178-183; Reinlein, *Capitanes rebeldes*, pp. 271-272.

21. *El País*, 7 de enero de 1981; Morales y Celada, *La alternativa*, pp. 125-126; Urbano, *Con la venia*, pp. 52-55; Sergio Vilar, *La década sorprendente, 1976-1986*, Planeta, Barcelona, 1986, pp. 98-99.

22. Segura y Merino, *Jaque al Rey*, pp. 57-59, 77-78; Urbano, *Con la*

venia, pp. 58-61; Pardo Zancada, *23-F*, p. 175; Reinlein, *Capitanes rebeldes*, pp. 272-273.

23. Pardo Zancada, *23-F*, pp. 177-181; Urbano, *Con la venia*, pp. 61-68; Javier Fernández López, *Diecisiete horas y media. El enigma del 23-F*, Taurus, Madrid, 2000, pp. 77-79; Reinlein, *Capitanes rebeldes*, pp. 262-263.

24. Entrevista del autor con el general Sabino Fernández Campo; Suárez, FOG/Toledo; Armada, *Al servicio*, p. 228. Véase también entrevista con Armada en Juliá, Pradera y Prieto, *Memoria*, pp. 493-494.

25. Melià, *Así cayó*, pp. 59-63; Oneto, *Los últimos días*, pp. 69-70; *Diario 16*, 12 de enero; *Cambio 16*, 26 de enero de 1981.

26. Attard, *Vida y muerte*, p. 189.

27. *El Alcázar*, 24 de enero; *Cambio 16*, 2 de febrero de 1981; Melià, *Así cayó*, pp. 13-19, 68-74.

28. Attard, *Vida y muerte*, pp. 190-191; Fernández López, *El Rey y otros militares*, p. 160.

29. *El País*, 30 de enero; *El Alcázar*, 30 de enero; *Diario 16*, 30 de enero; Oneto, *Los últimos días*, pp. 113, 119, 152; Melià, *Así cayó*, pp. 74-75; Leopoldo Calvo Sotelo, *Memoria viva de la transición*, Plaza y Janés/Cambio 16, Barcelona, 1990, pp. 24-32; Julia Navarro, *Nosotros, la Transición*, Temas de Hoy, Madrid, 1995, pp. 366-369; Victoria Prego, *Presidentes. Veinticinco años de historia narrada por los cuatro jefes de Gobierno de la democracia*, Plaza y Janés, Barcelona, 2000, pp. 105-110.

30. Esto es lo que sostiene de modo convincente Fernández López, *Diecisiete horas y media*, pp. 82-86.

31. Silvia Alonso-Castrillo, *La apuesta del centro. Historia de la UCD*, Alianza Editorial, Madrid, 1996, pp. 444-445.

32. *El País*, 31 de enero de 1981.

33. *El País*, 2 y 3 de febrero de 1981.

34. «Las tertulias de Madrid», *ABC*, 31 de enero de 1981.

35. Joaquín Prieto y José Luis Barbería, *El enigma del «Elefante». La conspiración del 23-F*, El País-Aguilar, Madrid, 1991, p. 123; Reinlein, *Capitanes rebeldes*, p. 292; Martín Prieto, *Técnica de un golpe de Estado: el juicio del 23-F*, Grijalbo, Barcelona, 1982, p. 93.

36. Reinlein, *Capitanes rebeldes*, p. 292.

37. Suplemento especial Fuerzas Armadas, *Diario 16*, 6 de enero de 1981, pp. 12-13; Reinlein, *Capitanes rebeldes*, pp. 247-249; Cernuda *et al.*, *La conjura*, pp. 90-91.

38. «Análisis político del momento militar», *El Alcázar*, 17 de diciembre de 1980.

39. «La hora de las otras instituciones», *El Alcázar*, 22 de enero de 1981.

40. «La decisión del Mando Supremo», *El Alcázar*, 1 de febrero de 1981.

41. Morales y Celada, *La alternativa*, pp. 127-130; Urbano, *Con la venia*, pp. 47-48; *Cambio 16*, 22 de junio de 1981; Juan Pla, *La trama civil del golpe*, Planeta, Barcelona, 1982, pp. 59-69; Pardo Zancada, *23-F*, pp. 151-155; Fernández

López, *Diecisiete horas y media*, pp. 238-243; Cernuda *et al.*, *La conjura*, pp. 54-56; Jesús Palacios, *23-F: el golpe del CESID*, Planeta, Barcelona, 2001, pp. 266-272.

42. *El País*, 5, 6 y 7 de febrero; *Cambio 16*, 16 de febrero de 1981; Benegas, *Euskadi*, pp. 132-134; Urbano, *Con la venia*, pp. 73-75; Fernández López, *El Rey y otros militares*, pp. 162-163.

43. *El País*, 17 de abril; *Cambio 16*, 16 y 23 de febrero y 27 de abril de 1981; Rincón, *ETA*, pp. 123-124, 172-176.

44. Fernández López, *Diecisiete horas y media*, pp. 92-93; Manuel Soriano, *Sabino Fernández Campo. La sombra del Rey*, Temas de Hoy, Madrid, 1995, pp. 367-368.

45. *El Alcázar*, 8 de febrero de 1981.

46. Miguel Herrero de Miñón, *Memorias de estío*, Temas de Hoy, Madrid, 1993, pp. 232-236; Leopoldo Calvo Sotelo, *Memoria viva*, pp. 59-65.

47. José Antich, *El Virrey. ¿Es Jordi Pujol un fiel aliado de la Corona o un caballo de Troya dentro de La Zarzuela?*, Planeta, Barcelona, 1994, p. 82; José Oneto, *La verdad sobre el caso Tejero*, Planeta, Barcelona, 1982, p. XIV.

48. Conversaciones del autor con Sabino Fernández Campo, Felipe González y Santiago Carrillo.

49. Armada, *Al servicio*, p. 210; Oneto, *La verdad*, p. XV; Urbano, *Con la venia*, p. 37; Fernández López, *Diecisiete horas y media*, pp. 98-100; Soriano, *Sabino Fernández Campo*, pp. 369-370.

50. Cernuda *et al.*, *La conjura*, pp. 190-192. Jesús Palacios presenta a Todman como uno de los patrocinadores del golpe de diseño, *23-F. El Rey y su secreto*, pp. 35, 57-8, 141.

51. Pardo Zancada, *23-F*, pp. 193-201; Fernández López, *Diecisiete horas y media*, pp. 100-103; Reinlein, *Capitanes rebeldes*, pp. 297-298.

52. *El País*, 21 y 22 de febrero, *Cambio 16*, 23 de febrero de 1981; Pla, *La trama civil*, pp. 46-50; Urbano, *Con la venia*, pp. 76-77.

53. *El País*, 2 de mayo de 1981.

54. Pardo Zancada, *23-F*, pp. 204-209, 215-226; Urbano, *Con la venia*, pp. 94-120; Reinlein, *Capitanes rebeldes*, pp. 298-299; Fernández López, *Diecisiete horas y media*, pp. 103-111.

55. Urbano, *Con la venia*, pp. 120-121, 130-132, 143-146; Oneto, *La verdad*, pp. 158-170; Martín Prieto, *Técnica*, pp. 104-111; Fernández López, *Diecisiete horas y media*, pp. 113-128; Cernuda *et al.*, *La conjura*, pp. 121-126.

56. Urbano, *Con la venia*, pp. 158-165, 174-179. Para una excelente exposición sobre esta especulación, véase Fernández López, *Diecisiete horas y media*, pp. 218-223.

57. Urbano, *Con la venia*, pp. 143, 365-367; Fernández López, *Diecisiete horas y media*, pp. 127-133, 140-143; Cernuda *et al.*, *La conjura*, pp. 126-130.

58. Entrevista del autor con Sabino Fernández Campo; Urbano, *Con la venia*, pp. 146-151; Fernández López, *Diecisiete horas y media*, pp. 136-137; Gabriel Cardona, *Franco y sus generales. La manicura del tigre*, Temas de Hoy, Madrid, 2001, pp. 317-319; Carcedo, *Los cabos sueltos*, pp. 262, 292.

59. Entrevista del autor con Anna Balletbò; Andreu Farràs y Pere Cullell, *El 23-F a Catalunya*, Planeta, Barcelona, 1998, pp. 36-38; Joaquín Bardavío, *Las claves del Rey. El laberinto de la transición*, Espasa-Calpe, Madrid, 1995, p. 193.

60. Pilar Urbano, *La Reina*, Plaza y Janés, Barcelona, 1996, pp. 291-293; Cernuda *et al.*, *La conjura*, pp. 195-198.

61. Palacios, *23-F. El Rey y su secreto*, en la p.19, afirma que el gobierno civil de secretarios de Estado y subsecretarios de Laína no tuvo un papel importante en el desarrollo de los acontecimientos.

62. Entrevista del autor con Sabino Fernández Campo; Reinlein, *Capitanes rebeldes*, pp. 319-320; Cernuda *et al.*, *La conjura*, pp. 135-136, 142-145.

63. Urbano, *Con la venia*, pp. 167-174; Fernández López, *Diecisiete horas y media*, pp. 133-135, 138-139; Cernuda *et al.*, *La conjura*, pp. 145-148.

64. Notas del general Quintana Lacaci, *El País*, 17 de febrero de 1991; Antich, *El Virrey*, p. 86; Farràs y Cullell, *El 23-F a Catalunya*, pp. 79-85.

65. Notas del general Quintana Lacaci, *El País*, 17 de febrero de 1991; José Luis de Vilallonga, *Le Roi. Entretiens*, Pixot, París, 1993, p. 186. Los comentarios de Juan Carlos sobre González del Yerro se omitieron en la versión española.

66. Notas del general Quintana Lacaci, *El País*, 17 de febrero de 1991; Fernández López, *Diecisiete horas y media*, pp. 147-154; Reinlein, *Capitanes rebeldes*, pp. 320-333; Prieto y Barbería, *El enigma del «Elefante»*, pp. 172-175; Amadeo Martínez Inglés, *La transición vigilada. Del Sábado Santo «rojo» al 23-F*, Temas de Hoy, Madrid, 1994, pp. 99-111.

67. Entrevista del autor con Sabino Fernández Campo; Vilallonga, *El Rey*, pp. 169-170; Armada, *Al servicio*, pp. 240-241; Fernández López, *El Rey y otros militares*, pp. 174-175; Cernuda *et al.*, *La conjura*, pp. 150-152. Palacios, *23-F. El Rey y su secreto*, pp. 63-65, afirma de forma no convincente que el rey estaba enterado de los planes de Armada y, hasta la intervención de Sabino, quiso que viniera a la Zarzuela.

68. Cernuda *et al.*, *La conjura*, pp. 200-202.

69. Entrevista del autor con Sabino Fernández Campo; Fernández López, *Diecisiete horas y media*, pp. 147-154.

70. Entrevista del autor con Eduardo Sotillos; Fernández López, *Diecisiete horas y media*, pp. 154-157, 165-166.

71. Amadeo Martínez Inglés, *23-F. El golpe que nunca existió*, Foca Ediciones, Madrid, 2000, pp. 191-197.

72. Soriano, *Sabino Fernández Campo*, p. 351; Carcedo, *Los cabos sueltos*, pp. 345-346; Prieto y Barbería, *El enigma del «Elefante»*, pp. 300-301. Palacios, *23-F. El Rey y su secreto*, p.212

73. Armada, *Al servicio*, pp. 241-243; Reinlein, *Capitanes rebeldes*, pp. 337-338; Fernández López, *Diecisiete horas y media*, pp. 159-165; Fernández López, *El Rey y otros militares*, p. 167, 175-177; Cernuda *et al.*, *La conjura*, pp. 153-158; Carcedo, *Los cabos sueltos*, pp. 349-351, 356-359; Palacios, *23-F. El Rey y su secreto*, pp. 215-219. Una versión desde dentro del ejército totalmente contraria

a la tesis del golpe del CESID expone las contradicciones del golpe; Cardona, *Las torres del honor*, pp. 248-99.

74. Pedro de Silva, *Las fuerzas del cambio*, Prensa Ibérica, Barcelona, 1996, pp. 204-205.

75. Entrevista del autor con Sabino Fernández Campo; Reinlein, *Capitanes rebeldes*, p. 319.

76. Segura y Merino, *Jaque al Rey*, p. 132; Pardo Zancada, *23-F*, pp. 328-330; Fernández López, *El Rey y otros militares*, p. 193; Palacios, *23-F. El Rey y su secreto*, p.225.

77. Pardo Zancada, *23-F*, pp. 330-332; Soriano, *Sabino Fernández Campo*, pp. 353-357; Cernuda *et al.*, *La conjura*, pp. 210, 216; Carcedo, *Los cabos sueltos*, pp. 371-372, 375-376.

78. Informe de Alberto Oliart al Congreso, *El País*, 18 de marzo de 1981; Pardo Zancada, *23-F*, pp. 340-365; Eduardo Fuentes Gómez de Salazar, *El pacto del capó. El testimonio clave de un militar sobre el 23-F*, Temas de Hoy, Madrid, 1994, pp. 105-136; Armada, *Al servicio*, pp. 246-247; Cernuda *et al.*, *La conjura*, pp. 159-161.

79. Entrevista del autor con Sabino Fernández Campo.

80. Pardo Zancada, *23-F*, pp. 368-370; Martínez Inglés, *El golpe que nunca existió*, pp. 191-197; Patricia Sverlo, *Un Rey golpe a golpe. Biografía no autorizada de Juan Carlos de Borbón*, Ardi Beltza, Pamplona, 2000, pp. 181-208; Palacios, *23-F. El Rey y su secreto*, *passim*.

81. Informe de Alberto Oliart al Congreso, *El País*, 18 de marzo de 1981.

82. José Luis de Vilallonga, *Le Roi*, p. 195. Esta frase fue eliminada de la edición española (y también de la inglesa).

83. Alonso-Castrillo, *La apuesta*, p. 437.

84. *El País*, 10 de noviembre de 1981.

85. Entrevista del autor con Santiago Carrillo; *El País*, 25 de febrero de 1981; Fraga, *En busca*, p. 235; Reinlein, *Capitanes rebeldes*, p. 344; Fernández López, *Diecisiete horas y media*, pp. 183-184.

86. *El País*, 26 de febrero de 1981.

87. *El País*, 28 de febrero de 1981.

88. *El País*, 1 de marzo de 1981; Fernández López, *El Rey y otros militares*, pp. 197-199.

89. *El País*, 8 de marzo de 1981.

90. Vilallonga, *El Rey*, p. 193.

11. La larga sombra del éxito, 1981-2002

1. Rodolfo Martín Villa, *Al servicio del Estado*, Planeta, Barcelona, 1984, p. 96.

2. *ABC*, 12 de abril; *Cambio 16*, 20 de abril de 1981; José Luis Morales y Juan Celada, *La alternativa militar: el golpismo después de Franco*, Revolución, Madrid, 1981, pp. 166-168.

3. *Cambio 16*, 23 de marzo; *El País*, 6, 7, 20, 21 y 22 de marzo de 1981.

4. *Cambio 16*, 30 de marzo de 1981.

5. *El País*, 5, 6, 8 y 9 de mayo; *Cambio 16*, 11 y 18 de mayo de 1981.

6. *El País*, 25 de junio de 1981; *Cambio 16*, 25 de mayo, 29 de junio y 6 de julio de 1981.

7. *El País*, 23 de julio de 1981.

8. PSOE, *El PSOE ante la situación política*, PSOE, Madrid, 1981; *Cambio 16*, 21 y 28 de septiembre de 1981.

9. *El País*, 14 y 16 de octubre de 1981.

10. Emilio Attard, *Vida y muerte de UCD*, Planeta, Barcelona, 1983, p. 270.

11. *El País*, 19 de noviembre de 1981.

12. *Cambio 16*, 7 de diciembre; *El País*, 7 y 8 de diciembre de 1981; Rodolfo Martín Villa, *Al servicio del Estado*, Planeta, Barcelona, 1984, pp. 100, 117.

13. *Cambio 16*, 3 y 31 de agosto de 1981; Fernando Reinlein, *Capitanes rebeldes. Los militares españoles durante la Transición: de la UMD al 23-F*, La Esfera de los Libros, Madrid, 2002, p. 178.

14. *El País*, 11 y 12 de diciembre; *Cambio 16*, 14 y 21 de diciembre de 1981 y 11 de octubre de 1982; Pilar Cernuda, Fernando Jáuregui y Manuel Ángel Menéndez, *23-F. La conjura de los necios*, Foca Ediciones, Madrid, 2001, pp. 252-255.

15. *El País*, 12 y 14 de diciembre de 1981.

16. *El País*, 14 y 15 de enero; *Times*, 15 de enero de 1982.

17. *El País*, 7 de enero de 1982.

18. *El País*, 2 de mayo de 1981.

19. *El País*, 29 de septiembre de 1981.

20. *El País*, 26 de agosto y 24 de octubre; *La Vanguardia*, 27 de agosto de 1981 y 10 de marzo de 1982; Javier Fernández López, *Diecisiete horas y media. El enigma del 23-F*, Taurus, Madrid, 2000, p. 99.

21. *El País*, 29 y 31 de mayo de 1982.

22. *Cambio 16*, 17, 24 y 31 de mayo de 1982; Martín Villa, *Al servicio*, p. 100.

23. *El País*, 4 y 5 de junio; *Cambio 16*, 31 de mayo, 7 y 14 de junio de 1982; Cernuda *et al.*, *La conjura*, pp. 245-246; Santiago Segura y Julio Merino, *Jaque al Rey: los «enigmas» y las «incongruencias» del 23-F*, Planeta, Barcelona, 1983, pp. 214-240; Fernández López, *Diecisiete horas y media*, pp. 195-198.

24. *El País*, 24 de diciembre de 1988.

25. *El País*, 31 de julio; *Cambio 16*, 26 de julio y 2 de agosto de 1982.

26. *El País*, 1, 26, 27 y 28 de agosto; *Cambio 16*, 9, 23 y 30 de agosto de 1982.

27. *El País*, 3, 4, 5, 6, 7 y 8 de octubre; *Cambio 16*, 11 y 18 de octubre de 1982; Cernuda *et al.*, *La conjura*, pp. 255-261.

28. *El País*, 14 de octubre; *El Alcázar*, 6 y 7 de octubre; *Cambio 16*, 22 de octubre de 1982.

29. *El País*, 14 de octubre de 1982.

30. *El País*, 29 y 30 de octubre; *Cambio 16*, 1 de noviembre de 1982. La mejor exposición sobre la campaña y sus resultados se encuentra en Alejandro Muñoz Alonso *et al.*, *Las elecciones del cambio*, Argos Vergara, Barcelona, 1984.

31. *El País*, 23 y 26 de noviembre de 1982.

32. Julio Feo, *Aquellos años*, Ediciones B, Barcelona, 1993, pp. 287-288; Cernuda *et al.*, *La conjura*, pp. 261-262.

33. *El País*, 20 de diciembre de 1984.

34. *El País*, 28 de diciembre de 1995.

35. *Egin*, 12 de enero de 1996.

36. Cernuda *et al.*, *La conjura*, pp. 262-263.

37. *El País*, 30 de enero de 1984.

38. *El País*, 9 de febrero de 1988.

39. *El País*, 3 de junio de 1989.

40. Charles T. Powell, *Juan Carlos. Self-Made Monarch*, Macmillan, Londres, 1996, pp. 185-186.

41. *El País*, 7 de enero de 1994; Powell, *Juan Carlos*, p. 190.

42. *El País*, 7, 8, 9 y 11 de enero de 1994.

43. *Interviú*, 21 de agosto de 1995; *Tiempo*, 30 de julio de 1996; *El País*, 22 de julio de 1995 y 4 de agosto de 1996.

44. *Tiempo*, 4 de agosto de 1986 y 24 de abril de 1989; Fernando Gracia, *Objetivo: matar al Rey*, Temas de Hoy, Madrid, 1996, pp. 133-162; José María Zavala, *Matar al Rey. La Casa Real en el punto de mira de ETA*, Alianza Editorial, Madrid, 1998, pp. 66-67.

45. *El País*, 15 y 19 de octubre de 1997.

46. *El País*, 12 de marzo, 3 y 4 de junio de 1996.

47. *El País*, 1, 3, 4 y 5 de abril y 3, 5 y 6 de octubre de 1997.

48. *El País*, 5, 16, 17 y 18 de mayo de 1985.

49. *El País*, 7 de enero de 1984 y 7 de enero de 1985.

50. «La consolidación de la democracia en España: la reforma militar», conferencia pronunciada en la London School of Economics, 26 de enero de 1999; conversaciones del autor con Narcís Serra.

51. *El País*, 17 de febrero de 1991 y 9 de diciembre de 1997.

52. Powell, *Juan Carlos*, pp. 191-205.

53. *El País*, 15 y 19 de abril de 1985.

54. *El País*, 28 de enero de 1989.

55. *El País*, 7 y 19 de noviembre de 1993.

56. Jaime Peñafiel, *¡Dios salve... también al Rey!*, Temas de Hoy, Madrid, 1995, pp. 200-201; Patricia Sverlo, *Un Rey golpe a golpe. Biografía no autorizada de Juan Carlos de Borbón*, Ardi Beltza, Pamplona, 2000, p. 278.

57. *El País*, 21 de enero de 1990 y 25 de enero de 1991; Manuel Soriano, *Sabino Fernández Campo. La sombra del Rey*, Temas de Hoy, Madrid, 1995, pp. 413-421; López Fernández, *Sabino Fernández Campo*, pp. 204-208.

58. *El País*, 20 y 21 de junio; *Época*, 6 de julio de 1992; Soriano, *Sabino Fernández Campo*, pp. 433-458; Peñafiel, *¡Dios salve... también al Rey!*, pp. 203-209.

59. *El País*, 26 de julio de 1992; Powell, *Juan Carlos*, pp. 188-189.

60. *Diario 16*, 20 de agosto; *El País*, 21 de agosto de 1992.

61. Ernesto Ekaizer, *Banqueros de rapiña. Crónica secreta de Mario Conde*, Plaza y Janés, Barcelona, 1994, pp. 330-336; Jesús Cacho, *M.C. Un intruso en el laberinto de los elegidos*, Temas de Hoy, Madrid, 1994, pp. 208-243, 358-361, 380-387, 474-477; Soriano, *Sabino Fernández Campo*, pp. 462-480, 485-498; Sverlo, *El Rey*, pp. 280-290.

62. *El País*, 7 y 8 de enero; *El Mundo*, 10 de enero de 1993; Soriano, *Sabino Fernández Campo*, pp. 491-516; Fernández López, *Sabino Fernández Campo*, pp. 224-229, 239-244, y sobre la biografía de Vilallonga, pp. 234-235; Peñafiel, *¡Dios salve… también al Rey!*, pp. 109-111; Jesús Cacho, *El negocio de la libertad*, Foca Ediciones, Madrid, 1999, pp. 413-416, 430-434; Sverlo, *Un Rey*, pp. 267-268.

63. *El País*, 19 de enero de 1993.

64. *El País*, 4 y 8 de abril de 1993; Rafael Borràs Betriu, *El Rey de los rojos. Don Juan de Borbón*, Los Libros de Abril, Barcelona, 1996, pp. 284-292.

65. *El País*, 10, 14 y 17 de noviembre de 1995; Cacho, *El negocio*, pp. 387-406, 434-438; Soriano, *Sabino Fernández Campo*, pp. 480-485; José Díaz Herrera e Isabel Durán, *El saqueo de España*, Temas de Hoy, Madrid, 1996, pp. 19-87; Sverlo, *Un Rey*, pp. 291-321.

12. Los peligros de la rutina o el auge del fénix

1. Abel Hernández, «El rey y la opinión pública, hoy», en José Antonio Escudero, ed., *El Rey: Historia de la monarquía*, Barcelona, Planeta, 2008, 3 vols. III, pp. 236-262.

2. Narcís Serra, *The Military Transition. Democratic Reform of the Armed Forces*, Cambridge, Cambridge University Press, 2010, pp. 70, 14???.

3. Abel Hernández, «El rey y la opinión pública, hoy», pp. 236-262.

4. *ABC*, 22 de abril de 2012, Pilar Urbano, *La reina muy de cerca* Barcelona, Planeta, 2008, pp. 102-103.

5. *El País*, 30 de diciembre de 2007, «Don Juan Carlos se defiende», *El País*, 22 de abril de 2012, «Horas difíciles para la monarquía», *ABC*, 18 de noviembre de 2004, «Realidad y virtud de la monarquía».

6. Josep Ramoneda, «La irresponsabilidad del presidente», *El País*, 11 de julio de 2012.

7. José ABC, *La Soledad del Rey. ¿Está la monarquía consolidada 25 años después de la Constitución?*, Madrid, La Esfera de los Libros, 2004 pp.30, 88-89.

8. ABC, *La Soledad del Rey*, pp. 95, 107.

9. *ABC*, 6 de febrero de 2010.

10. *El País*, 17 y 18 de enero de 2005; *ABC*, 17 y 18 de enero de 2005.

11. *ABC*, 6 de noviembre de 2007, 12 de agosto de 2010, 10 de mayo de 2011.

12. *El País*, 22 de abril de 2012; *ABC*, 24 de abril de 2006, 26 de mayo de 2008, 2009, 27 y 28 de octubre de 2011, 7 de febrero de 2012, 8 y 19 de abril de 2012.

13. *El País*, 22 de abril de 2012.
14. *El País*, 17 de noviembre de 2007, Santos Juliá, «El poder del Rey».
15. *El País*, 30 de diciembre de 2007.
16. *El País*, 22 de abril de 2012; *ABC*, 3 de marzo de 2012.
17. *ABC*, 2 y 3 de noviembre de 2003; *El País*, 6 de noviembre de 2003.
18. *El País*, 16 de diciembre de 2001; *ABC*, 23 de agosto de 2011.
19. *El País*, 16 de diciembre de 2001, Jaime Peñafiel, *Juan Carlos y Sofía, retrato de un matrimonio*, Madrid, La Esfera de los Libros, 2008, p. 224; *ABC*, *La Soledad del Rey*, pp. 438-439; Isidro Cunill, *Letizia Ortiz, una republicana en la Corte del Rey Juan Carlos*, Barcelona, Chronica, 2010, p.108.
20. Peñafiel, *Juan Carlos y Sofía*, pp. 213-14, 230-231; Cunill, *Letizia Ortiz*, p. 139; *El Mundo*, 24 de mayo de 2012; Urbano, *La reina muy de cerca*, pp. 77-79, 85, 88.
21. ABC, *La Soledad del Rey*, pp. 424-428; *ABC*, 2, 3 y 9 de noviembre de 2003.
22. *ABC*, 23 de mayo de 2004.
23. *El País*, 9 de mayo de 2005; *ABC*, 9 de mayo de 2005, 1 y 4 de noviembre de 2005 y 30 de abril de 2007.
24. *El País*, 30 de diciembre de 2007.
25. Carmen Enríquez, *Tras los pasos del Rey*, Madrid, Espejo de Tinta, 2007) pp. 274, 279 y 290.
26. *ABC*, 30 de septiembre de 2007; Paloma García Pelayo y Ángela Portero, *Leonor, la princesa inesperada*, Madrid, Espejo de Tinta, 2005; Pilar Eyre, *Secretos y mentiras de la familia real*, Madrid, La Esfera de los Libros, 2007.
27. ABC, *La Soledad del Rey*, p. 31.
28. *El País*, 6 de septiembre de 2005.
29. *El País*, 14 de marzo de 2010; *ABC*, 2 de mayo de 2010.
30. *ABC*, 2 de mayo de 2010. Manuel Ventero Velasco, *Los mensajes de Navidad del Rey*, Las Rozas, Madrid, La Ley, 2010, *passim*.
31. *El País*, 8 de marzo de 2001; *ABC*, 20 de noviembre de 2008, 28 de junio de 2010.
32. *ABC*, 21 de octubre de 2011, 26 de diciembre de 2011; *El País*, 25 de diciembre de 2011.
33. *ABC*, 18 y 25 de marzo de 2004, 28 de julio de 2004, 26 de diciembre de 2004, 12 de marzo de 2005.
34. *El País*, 24 de junio de 2003.
35. *El País*, 7 de diciembre de 2003.
36. *El País*, 22 de noviembre de 2005.
37. *El País*, 26 de diciembre de 2004; *ABC*, 26 de diciembre de 2004.
38. *ABC*, 26 de diciembre de 2005.
39. *ABC*, 26 de diciembre de 2006; *El País*, 30 de diciembre de 2007.
40. *El País*, 26 de diciembre de 2009; *ABC*, 26 de diciembre de 2009.
41. *El País*, 13 de octubre de 2008; *ABC*, 4 de agosto de 2011.
42. *ABC*, 16 de noviembre de 2008.
43. *ABC*, 9 de noviembre de 2004, 8 de diciembre de 2004, 24 de marzo de 2005, 7 de diciembre de 2006.
44. *El País*, 7 de diciembre de 2003.

45. *ABC*, 21 y 22 de julio de 2007, 14 de noviembre de 2007; *El País*, 30 de diciembre de 2007.

46. *ABC*, 22 de julio de 2007.

47. *El País*, 30 de diciembre de 2007; Hernández, «El rey y la opinión pública», pp. 247-248.

48. *El País*, 30 de diciembre de 2007.

49. *ABC*, 30 de septiembre de 2007.

50. *ABC*, 2 de octubre de 2007, «Jiménez, otra vez contra el Rey». Se informaba también de que el presidente del Consejo de Administración de la COPE, Coronel de Palma, no había querido pronunciarse sobre las palabras de Losantos. Ya el 28 de septiembre de 2007, *ABC* había titulado «El portavoz del episcopado elude apoyar a Don Juan Carlos», porque había dicho que «No hay comentarios», aunque se hablaba de «malestar» entre algunos obispos por lo que se decía desde la radio.

51. *ABC*, 25, 29 y 30 de septiembre de 2007, 5 de octubre de 2007, 5 de febrero de 2009.

52. *ABC*, 14 de noviembre de 2007, 31 de diciembre de 2007; *El País*, 13 de octubre de 2008; Enríquez, *Tras los pasos del Rey*, pp. 288-289.

53. *El País*, 30 de diciembre de 2007; *ABC*, 12 de octubre de 2007.

54. *El País*, 17 de noviembre de 2007.

55. *El País*, 2 de febrero de 2007, 3 de septiembre de 2007, 30 de diciembre de 2007; *ABC*, 14 de abril de 2007, 25 de noviembre de 2007.

56. *El País*, 3 de septiembre de 2007, 30 de diciembre de 2007; *ABC*, 17 de septiembre de 2007, 24 y 28 de agosto de 2008, 1 de octubre de 2010, 19 de septiembre de 2010.

57. *ABC*, 27 de abril de 2012.

58. *El País*, 30 de diciembre de 2007.

59. *El País*, 10 de mayo de 2010, 4 de septiembre de 2011, 22 de noviembre de 2011, 22 de abril de 2012; *ABC*, 1 de octubre de 2010, 12 de julio de 2011, 5, 6, 13 y 14 de septiembre de 2011, 22 y 23 de noviembre de 2011.

60. *ABC*, 1 de junio de 2011; *El País*, 8 de junio de 2011.

61. *ABC*, 21 de mayo de 2011; Hernández, «El rey y la opinión pública», p. 244.

62. *ABC*, 26 de diciembre de 2010, 30 de enero de 2011; *El País*, 25 de diciembre de 2011.

63. *El País*, 22 de abril de 2012.

64. *El País*, 14 de marzo de 2010.

65. *El País*, 12 de noviembre de 2011, 13 de diciembre de 2011; *ABC*, 30 de diciembre de 2011; *El Mundo*, 29 de diciembre de 2011.

66. Urbano, *La reina muy de cerca*, pp. 220-221.

67. *El País*, 24 de febrero de 2012.

68. *El País*, 24 de febrero de 2012; *El Mundo*, 7 de mayo de 2012.

69. *El Mundo*, 1 y 2 de diciembre de 2011.

70. *Público*, 5 de diciembre de 2011, «Hacienda cifra en más de 16 millones los cobros de la trama de Urdangarín», la siguiente en *El Mundo*, 29 de noviembre de 2011, «Urdangarín a ediles de Alcalá: "Al estar yo, van a entrar todas las empresas"».

71. *El País*, 24 de febrero de 2012.
72. *El Mundo*, 8 de junio de 2012.
73. *El Mundo*, 18 de noviembre de 2012.
74. *El Mundo*, 1 de diciembre de 2011; *El País*, 24 de febrero de 2012.
75. *Público*, 5 de diciembre de 2011, «Un palacete en Barcelona, cinco pisos en Palma y uno en Terrassa».
76. *Público*, 5 de diciembre de 2011; *El Mundo*, 18, 24 y 29 de noviembre de 2011, 4 y 15 de diciembre de 2011; *ABC*, 2 de enero de 2012, 26 de febrero de 2012.
77. *El Mundo*, 9 de diciembre de 2011, «Urdangarín planeaba desviar cinco millones más a Belice».
78. *El Mundo*, 12 de noviembre de 2011; *ABC*, 18 y 21 de diciembre de 2011, 11 de marzo de 2012.
79. *ABC*, 23 de abril de 2009, 2 de diciembre de 2011; *El País*, 12 de noviembre de 2011; *El Mundo*, 12 de noviembre de 2011.
80. *El País*, 10 y 13 de diciembre de 2011; *ABC*, 12 y 13 de noviembre de 2011, 11 de marzo de 2012.
81. *El País*, 12 y 24 de diciembre de 2011; *ABC*, 13 de noviembre de 2011, 11 de marzo de 2012; *El Mundo*, 13 de diciembre de 2011.
82. *El Mundo*, 28 de noviembre de 2011, 8 y 9 de diciembre de 2011; *El País*, 9 de noviembre de 2011.
83. *El País*, 13 de diciembre de 2011.
84. Antonio L. Bouza, *El rey y yo. Historia de una amistad con Juan Carlos I*, Madrid, La Esfera de los Libros, 2007, pp. 308-309.
85. *El País*, 25 de diciembre de 2011; *El Mundo*, 26 de diciembre de 2011; *ABC*, 27 de diciembre de 2011.
86. *ABC*, 25 y 26 de diciembre de 2011.
87. *ABC*, 14, 27 y 28 de diciembre de 2011; *Público*, 29 de diciembre de 2011; *El Mundo*, 27 de diciembre de 2011; *ABC*, 27 de diciembre de 2011.
88. *ABC*, 19 de enero de 2012.
89. *Público*, 15 de febrero de 2012.
90. *El País*, 8 de diciembre de 2011; *El Mundo*, 7 de diciembre de 2011.
91. *El País*, 24 de diciembre de 2011; *ABC*, 19 y 23 de diciembre de 2011.
92. *ABC*, 3 de abril de 2012, 29 y 30 de diciembre de 2011, 23 de febrero de 2012; *El País*, 22 de abril de 2012; *Público*, 30 de diciembre de 2011.
93. *El Mundo*, 24 de mayo de 2012.
94. *ABC*, 14 de diciembre de 2011.
95. *ABC*, 30 de diciembre de 2011.
96. *El País*, 4 de marzo de 2012.
97. *ABC*, 5 de enero de 2012, 6, 14, 25 y 29 de marzo de 2012; *El País*, 14 de marzo de 2012, 22 de abril de 2012.
98. *ABC*, 11 de marzo de 2012, 8 de abril de 2012.
99. *ABC*, 6 de enero de 2008.
100. Abel Hernández, «El rey y la opinión pública, hoy», en Escudero, José Antonio, ed., *El Rey: Historia de la monarquía*, Barcelona, Planeta, 2008, 3 vol., pp. 236-262, 243-244. José, *ABC*, *La Soledad del Rey. ¿Está la monarquía consolidada 25 años después de la Constitución?*, Madrid, La Esfera de los

Libros, 2004. p. 34, decía que «los españoles siguen privados del sentido monárquico».

101. *El País*, 22 de abril de 2012.
102. *El País*, 4 de marzo de 2012.
103. *ABC*, 14, 15, 16 y 18 de abril de 2012.
104. *El País*, 1 de noviembre de 2006, 18 de abril de 2012; *ABC*, 14 y 15 de abril de 2012; Urbano, *La reina muy de cerca*, pp. 142-143.
105. *ABC*, 3 y 12 de abril de 2012.
106. *El País*, 20 de abril de 2012.
107. *El País*, 22 de abril de 2012.
108. *El País*, 18 de abril de 2012; *ABC*, 16 y 19 de abril de 2012.
109. *ABC*, 16 y 18 de abril de 2012.
110. *El País*, 22 de abril de 2012.
111. Bouza, *El rey y yo*, pp. 216-217, 281.
112. Peñafiel, *Juan Carlos y Sofía*, pp. 53, 166-167, 170; *El Mundo*, entrevista a Peñafiel, 24 de mayo de 2012.
113. *ABC*, 18 de mayo de 2012.
114. *ABC*, 10 de abril de 2012.
115. *El País*, 14 de abril de 2012.
116. *ABC*, 14, 16 y 17 de abril de 2012; *El País*, 16 de abril de 2012.
117. *El Mundo*, 30 de mayo de 2012.
118. *El País*, 18 de abril de 2012.
119. José Antonio Zarzalejos, «Historia de cómo la Corona ha entrado en barrena». *El confidencial.com*, 15 de abril de 2012.
120. *El País*, 22 de abril de 2012; *ABC*, 18 de abril de 2012.
121. *El País*, 18 y 22 de abril de 2012; *ABC*, 18 de abril de 2012.
122. *ABC*, 18 de abril de 2012; *El País*, 18 de abril de 2012.
123. *ABC*, 19 y 22 de abril de 2012.
124. *ABC*, 22 de abril de 2012; *El País*, 18 y 22 de abril de 2012 («El rey desnudo» de Antonio Elorza).
125. *El confidencial.com*, 19 de abril de 2012.

BIBLIOGRAFÍA

ABEL, Christopher y Torrents, Nissa, eds. *Spain, Conditional Democracy*, Londres, Croom Helm, 1984.

ABELLÁN, José Luis, *Ortega y Gasset y los orígenes de la transición democrática*, Madrid, Espasa Calpe, 2000.

ACQUA, Gian Piero dell', *Spagna cronache della transizione*, Florencia, Vallecchi, 1978.

AGIRRE, Julen, Eva Forest. *Operación Ogro, como y por qué ejecutamos a Carrero Blanco*, París, Hendaya, 1974.

AGÜERO, Felipe, *Soldiers, Civilians and Democracy. Post-Franco Spain in Comparative Perspective*, Baltimore, Johns Hopkins University Press, 1995.

AGUILAR, Miguel Ángel, *El vértigo de la prensa*, Madrid, Editorial Mezquita, 1982.

AGUILAR FERNÁNDEZ, Paloma, *Memoria y olvido de la guerra civil española*, Madrid, Alianza Editorial, 1996.

—, *Memory and Amnesia. The Role of the Spanish Civil War in the Transition to Democracy*, Nueva York, Berghahn Books, 2002.

—, *Políticas de la memoria y memoria de la política*, Madrid, Alianza Editorial, 2008.

ALBA, Víctor, *La soledad del Rey*, Barcelona, Editorial Planeta, 1981.

ALCOCER, José Luis, *Fernández-Miranda, agonía de un Estado*, Barcelona, Editorial Planeta, 1986.

ALDERETE, Ramón de, *...y estos Borbones nos quieren gobernar*, París, Edición del autor, 1974.

ALONSO-CASTRILLO, Silvia, *La apuesta del centro. Historia de la UCD*, Madrid, Alianza Editorial, 1996.

ÁLVAREZ, Faustino F., *Agonía y muerte de Franco*, Madrid, Ediciones Naranco, 1975.

ALVAREZ DE MIRANDA, Fernando, *Del «contubernio» al consenso*, Barcelona, Editorial Planeta, 1985.

AMODIA, José, *Franco's Political Legacy. From Fascism to Façade Democracy*, Londres, Allen Lane, 1977.

ANSON, Luis María, *Don Juan*, Barcelona, Plaza y Janés, 1994.

ANTICH, José, *El Virrey*, Barcelona, Editorial Planeta, 1994.

APEZARENA, José, *El Príncipe*, Barcelona, Plaza y Janés, 2000.

—, *Todos los hombres del Rey*, Barcelona, Plaza y Janés, 1997.

ARANGUREN, José Luis, *La cruz de la monarquía española actual*, Madrid, Taurus, 1974.

AREILZA, José Maria de, *A lo largo del siglo: 1909-1991*, Barcelona, Editorial Planeta, 1992.

—, *Así los he visto*, Barcelona, Editorial Planeta, 1974.

—, *Crónica de libertad*, Barcelona, Editorial Planeta, 1985.

—, *Cuadernos de la transición*, Barcelona, Editorial Planeta, 1983.

—, *Diario de un ministro de la monarquía*, Barcelona, Editorial Planeta, 1977.

—, *Memorias exteriores 1947-1964*, Barcelona, Editorial Planeta, 1984.

ARESPACOCHAGA, Juan de, *Cartas a unos capitanes*, Madrid, Incipit Editores, 1994.

ARMADA, Alfonso, *Al servicio de la Corona*, Barcelona, Editorial Planeta, 1983.

ARMARIO, Diego, *El triangulo, el PSOE durante la transición*, Valencia, Fernando Torres Editor, 1981.

ARÓSTEGUI, Julio, *Don Juan de Borbón*, Madrid, Arlanza Ediciones, 2002.

ATTARD, Emilio, *La Constitución por dentro*, Barcelona, Argos Vergara, 1983.

—, *Vida y muerte de UCD*, Barcelona, Editorial Planeta, 1983.

BALANSÓ, Juan, *Los Borbones incómodos*, Barcelona, Plaza y Janés, 2000.

—, *La familia Real y la familia irreal*, Barcelona, Editorial Planeta, 1993.

—, *La familia rival*, Barcelona, Editorial Planeta, 1994.

—, *Por razón de Estado. Las bodas reales en España*, Barcelona, Plaza y Janés, 2002.

BALANSÓ, Juan, *Trio de Príncipes*, Barcelona, Plaza y Janés, 1995.

BALFOUR, Sebastian, y Preston, Paul, eds., *Spain and the Great Powers*, Londres, Routledge, 1999.

BALFOUR, Sebastian, editor, *The Politics of Contemporary Spain*, Londres, Routledge, 2005.

BALFOUR, Sebastian, y Quiroga, Alejandro, *The Reinvention of Spain. Nation and Identity Since Democracy*, Oxford, Oxford University Press, 2007.

BARDAVÍO, Joaquín, *Las claves del Rey. El laberinto de la transición*, Madrid, Espasa Calpe, 1995.

—, *La crisis, historia de quince dias*, Madrid, Ediciones Sedmay, 1974.

—, *El dilema, un pequeño caudillo o un gran Rey*, Madrid, Strips Editores, 1978.

—, *La rama trágica de los Borbones*, Barcelona, Plaza y Janés, 1989.

—, *Sábado santo rojo*, Madrid, Ediciones UVE, 1980.

—, *Los silencios del Rey*, Madrid, Strips Editores, 1979.

BARDAVÍO, Joaquín, y Sinova, Justino, *Todo Franco. Franquismo y antifranquismo de la A a la Z*, Barcelona, Plaza y Janés, 2000.

BAYOD, Ángel, ed., *Franco visto por sus ministros*, Barcelona, Editorial Planeta, 1981.

BEN AMI, Shlomo, *La revolucion desde arriba, España 1936-1979*, Barcelona, Ríopiedras Ediciones, 1980.

BENET, Josep, *El President Tarradellas en els seus textos, 1954-1988*, Barcelona, Empùries, 1992.

BERNÁLDEZ, José María, *El patrón de la derecha: biografía de Fraga*, Barcelona, Plaza y Janés, 1985.

—, *¿Ruptura o reforma?*, Barcelona, Plaza y Janés, 1984.

BLANCO, Juan, *23-F Crónica fiel de un golpe anunciado*, Madrid, Fuerza Nueva Editorial, 1995.

BLAYE, Edouard de, *Franco and the Politics of Spain*, Harmondsworth, Penguin, 1976.

BONMATI DE CODECIDO, Francisco, *El Príncipe Don Juan de España*, Valladolid, Librería Santarén, 1938.

BORBÓN, Alfonso de, *Las memorias de Alfonso de Borbón*, Barcelona, Ediciones B, 1990.

BORBÓN PARMA, María Teresa de, Clemente, Josep Carles, y Cubero Sánchez, Joaquín, *Don Javier, una vida al servicio de la libertad*, Barcelona, Plaza y Janés, 1997.

BORRÀS BETRIU, Rafael, et al., *El dia en que mataron a Carrero Blanco*, Barcelona, Editorial Planeta, 1974.

—, *El Rey de los cruzados. Juan Carlos I y la monarquía prodigiosa*, Barcelona, Flor del Viento Ediciones, 2007.

—, *El Rey de los Rojos. Don Juan de Borbón, una figura tergiversada*, Barcelona, Los Libros de Abril, 1996.

—, *El Rey perjuro. Alfonso XIII y la caída de la Monarquía*, Barcelona, Los Libros de Abril, 1997.

—, *Los últimos borbones. De Alfonso XIII al Príncipe Felipe*, Barcelona, Flor del Viento Ediciones, 1999.

BOUZA, Antonio L., *EL rey y yo. Historia de una amistad con Juan Carlos I*, Madrid, La Esfera de los Libros, 2007.

BRASSLOFF, Audrey, *Religion and Politics in Spain. The Spanish Church in Transition, 1962-96,* Londres, Macmillan, 1998.

BURNS MARAÑÓN, Tom, *Conversaciones sobre la derecha,* Barcelona, Plaza y Janés, 1997.

—, *Conversaciones sobre el Rey,* Barcelona, Plaza y Janés, 1995.

BUSQUETS, Julio, *Militares y demócratas. Memorias de un fundador de la UMD y diputado socialista,* Barcelona, Plaza y Janés Editores, 1999.

—, *Pronunciamientos y golpes de Estado en España,* Barcelona, Editorial Planeta, 1982.

BUSQUETS, Julio, Aguilar, Miguel Ángel y Puche, Ignacio, *El golpe, anatomía y claves del asalto al Congreso,* Barcelona, Ariel, 1981.

BUSQUETS, Julio y LOSADA, Juan Carlos, *Ruido de sables. Las conspiraciones militares en la España del siglo XX,* Barcelona, Editorial Crítica, 2003.

CACHO, Jesús, *Asalto al Poder. La revolución de Mario Conde,* Madrid, Ediciones Temas de Hoy, 1988.

—, *M.C. Un intruso en el laberinto de los elegidos,* Madrid, Ediciones Temas de Hoy, 1994.

—, *El negocio de la libertad,* Madrid, Foca Ediciones, 1999.

CALLEJA, Juan Luis, *Don Juan Carlos ¿por qué?,* Madrid, Editora Nacional, 1972.

CALVO SERER, Rafael, *La dictadura de los franquistas, El "affaire" del MADRID y el futuro politico,* París, Autor, 1973.

—, *Franco frente al rey,* París, Autor, 1972.

—, *¿Hacia la tercera República española? En defensa de la Monarquía democrática,* Barcelona, Plaza y Janés, 1977.

CALVO SERER, Rafael, *Mis enfrentamientos con el Poder,* Barcelona, Plaza y Janés, 1978.

—, *La solucion presidencialista,* Barcelona, Plaza y Janés, 1979.

CALVO SOTELO, Leopoldo, *Memoria viva de la transición,* Barcelona, Plaza y Janés, 1990.

CAMPO VIDAL, Manuel, *Información y servicios secretos en el atentado al Presidente Carrero Blanco,* Barcelona, Editorial Argos Vergara, 1983.

CAPARRÓS, Francisco, *La UMD, militares rebeldes,* Barcelona, Argos Vergara, 1983.

CARCEDO, Diego, *23-F. Los cabos sueltos,* Madrid, Ediciones Temas de Hoy, 2001.

CARDONA, Gabriel, *Franco y sus generales. La manicura del tigre,* Madrid, Ediciones Temas de Hoy, 2001.

—, *Las torres del honor. Un capitán del Ejército en la Transición y el golpe de Estado del 23-F,* Barcelona, Ediciones Destino, 2011.

CARLAVILLA, Mauricio, *Anti-España 1959, autores, cómplices y encubridores del communismo,* Madrid, Editorial Nos, 1959.

CAROL, Màrius, *Las anécdotas de Don Juan Carlos. El quinto rey de la baraja,* Barcelona, Editorial Planeta, 2000.

CARR, Raymond y Fusi, Juan Pablo, *Spain, Dictatorship to Democracy,* Londres, George Allen y Unwin, 1979.

CARRERO BLANCO, Almirante, *Discursos y escritos 1943-1973,* Madrid, Instituto de Estudios Políticos, 1974.

CARRILLO, Santiago, *El año de la Constitución,* Barcelona, Grijalbo, 1978.

—, *El año de la peluca,* Barcelona, Ediciones B, 1987.

—, *Demain l'Espagne,* París, Éditions du Seuil, 1974.

—, *Después de Franco, ¿Qué?,* París, Éditions Sociales, 1965.

—, *Libertad y Socialismo,* París, Éditions Sociales, 1971.

—, *Memorias,* Barcelona, Planeta, 1993.

—, *Memoria de la transición,* Barcelona, Grijalbo, 1983.

—, *Hacia el post-franquismo,* París, Éditions Sociales, 1974.

CASTELLANO, Pablo, *Por Dios, por la Patria y el Rey. Una vision crítica de la transición española,* Madrid, Ediciones Temas de Hoy, 2001.

—, *Yo sí me acuerdo. Apuntes e historias,* Madrid, Ediciones Temas de Hoy, 1994.

CASTELLS ARTECHE, Miguel, *El mejor defensor el pueblo,* San Sebastián, Ediciones Vascas, 1978.

—, *Radiografía de un modelo represivo,* San Sebastián, Ediciones Vascas, 1982.

CAVERO, José, *Poderes fácticos en la democracia,* Madrid, Espasa Calpe, 1990.

CEBRIAN, Juan Luis, *La España que bosteza,* Madrid, Taurus, 1981.

CERCAS, Javier, *Anatomía de un instante,* Barcelona, Mondadori, 2009 [trad. ing.: *The Anatomy of a Moment,* Londres, Bloomsbury, 2011.]

CERNUDA, Pilar, *30 días de noviembre. El mes que cambió la historia de España, las claves,* Barcelona, Editorial Planeta, 2000.

CERNUDA, Pilar, JÁUREGUI, Fernando y MENÉNDEZ, Manuel Ángel, *23-F. La conjura de los necios,* Madrid, Foca Ediciones, 2001.

CERNUDA, Pilar; *et al.*, *Todo un Rey,* Barcelona, Círculo de Lectores, 1981.

CHAMORRO, Eduardo, *Felipe González, un hombre a la espera,* Barcelona, Editorial Planeta, 1980.

—, *Viaje al centro de UCD,* Barcelona, Editorial Planeta, 1981.

—, *25 años sin Franco. La refundación de España,* Barcelona, Editorial Planeta, 2000.

CHAO, José, *La Iglesia en el franquismo*, Madrid, Ediciones Felmar, 1976.

CHAO, Ramón, *Après Franco, l'Espagne*, París, Éditions Stock, 1975.

CID Cañaveral, Ricardo, *et al.*, *Todos al suelo, la conspiración y el golpe*, Madrid, Editorial Punto Crítico, 1981.

CIERVA, Ricardo de la, *Crónicas de la transición*. *De la muerte de Carrero a la proclamación del Rey*, Barcelona, Editorial Planeta, 1975.

—, *La derecha sin remedio, 1801-1987.*, Barcelona, Plaza y Janés, 1987.

—, *Don Juan de Borbón, por fin toda la verdad*, Madrid, Editorial Fénix, 1997.

—, *Francisco Franco, biografía histórica* 6 vols, Barcelona, Editorial Planeta, 1982.

—, *Francisco Franco, un siglo de España*, 2 vols, Madrid, Editora Nacional, 1973.

—, *Historia del franquismo, I orígenes y configuración, 1939-1945*, Barcelona, Editorial Planeta, 1975.

—*Historia del franquismo, I. Aislamiento, transformación, agonía, 1945-1975*, Barcelona, Editorial Planeta, 1978.

—, *Juan Carlos I, misión imposible*, Madrid, Eudema, 1996.

—, *La lucha por el poder. Así cayó Arias Navarro*, Madrid, Eudema, 1996.

—, *No nos robarán nuestra historia. Nuevas mentiras, falsificaciones y revelaciones*, Madrid, Editorial Fénix, 1995.

CLARK, Robert P., *The Basques, The Franco Years and Beyond*, Reno, Nevada, University of Nevada Press, 1979.

CLAUDÍN, Fernando, *Santiago Carrillo, crónica de un secretario general*, Barcelona, Editorial Planeta, 1983.

CLAVERO ARÉVALO, Manuel, *España, desde el centralismo a las autonomías*, Barcelona, Editorial Planeta, 1983.

CLEMENTE, Josep Carles, *El pecado original de la Familia Real Española*, Barcelona, Styria, 2007.

CLOSA, Carlos, y Heywood, Paul M., *Spain and the European Union*, Londres, Palgrave Macmillan, 2004.

COLECTIVO DEMOCRACIA, *Los Ejércitos... más alla del golpe*, Barcelona, Editorial Planeta, 1981.

COVERDALE, John F., *The Political Transformation of Spain after Franco*, Nueva York, Praeger, 1979.

—, *Cuadernos de Ruedo Ibérico, Horizonte español 1966*, 2 vols, París, Ruedo Iberico, 1966.

—, *Cuadernos de Ruedo Ibérico, Horizonte español 1972*, 3 vols, París, Ruedo Ibérico, 1972.

CUNILL, Isidro, *Letizia Ortiz, una republicana en la Corte del Rey Juan Carlos*, Barcelona, Chronica, 2010.

DEBRAY, Laurence, *La forja de un rey. Juan Carlos I, de sucesor de Franco a Rey de España,* Sevilla, Fundación el Monte, 2000.

DELGADO, Julián, *Los grises. Víctimas y verdugos del franquismo,* Madrid, Ediciones Temas de Hoy, 2005.

DÍAZ, Elías, *Pensamiento español 1939-1973*, Madrid, Edicusa, 1974.

—, *Socialismo en España, el Partido y el Estado*, Madrid, Editorial Mezquita, 1982.

—, *La transición a la democracia. Claves ideológicas, 1976-1986*, Madrid, Eudema, 1987.

DÍAZ HERRERA, José, y Durán Doussinague, Isabel, *Aznar. La vida desconocida de un presidente,* Barcelona, Editorial Planeta, 1999.

—, *El saqueo de España*, Madrid, Ediciones Temas de Hoy, 1996.

—, *ETA. El saqueo de Euskadi,* Barcelona, Editorial Planeta, 2002.

—, *Los secretos del Poder. Del legado franquista al ocaso del felipismo, Episodios inconfesables,* Madrid, Ediciones Temas de Hoy, 1994.

DÍAZ SALAZAR, Rafael, *Iglesia, dictadura y democracia, Catolicismo y sociedad en España, 1953-1979*, Madrid, Ediciones HOAC, 1981.

DI ROBILANT, Olghina, *Sangue blu,* Milano, Arnoldo Mondadori Editore, 1991.

DUNTHORN, David J., *Britain and the Spanish Anti-Franco Opposition, 1940-1950,* Londres, Palgrave, 2000.

DURÁN, Manuel, *Martin Villa,* San Sebastián, Hordago Publikapenak, 1979.

EATON, Samuel, *The Forces of Freedom in Spain 1974-1979, A Personal Account,* Stanford, Hoover Institution Press, 1981.

EKAIZER, Ernesto, *Banqueros de rapiña. Crónica secreta de Mario Conde,* Barcelona, Plaza y Janés, 1994.

ENRÍQUEZ, Carmen, *Tras los pasos del Rey,* Madrid, Espejo de Tinta, 2007.

EQUIPO MUNDO, *Los noventa ministros de Franco*, Barcelona, Dopesa, 1970.

ESCUDERO, José Antonio, ed., *El Rey. Historia de la monarquía,* 3 tomos, Barcelona, Planeta, 2008.

ESTEBAN, Jorge de, *et al.*, *Desarrollo político y constitución española*, Barcelona, Ariel, 1973.

ESTEBAN, Jorge de y López Guerra, Luis, eds., *Las elecciones legislativas del 1 de marzo de 1979*, Madrid, Centro de Investigaciones Sociológicas, 1979.

—, *Los Partidos políticos en la España actual*, Barcelona, Editorial Planeta, 1982.

Estévez, Carlos, y Mármol, Francisco, *Carrero. Las razones ocultas de un asesinato,* Madrid, Ediciones Temas de Hoy, 1998.

FALCÓN, Lidia, *Viernes y trece en la Calle del Correo*, Barcelona, Editorial Planeta, 1981.

FARRÀS, Andreu, y Cullell, Pere, *El 23-F a Catalunya*, Barcelona, Editorial Planeta, 1998.

FEO, Julio, *Aquellos años*, Barcelona, Ediciones B, 1993.

FERNÁNDEZ, Carlos, *El Almirante Carrero*, Barcelona, Plaza y Janés, 1985.

—, *Los militares en la transición política*, Barcelona, Argos Vergara, 1982.

FERNÁNDEZ DE CASTRO, Ignacio, y Martínez, José, eds., *España hoy*, París, Ruedo Ibérico, 1963.

FERNÁNDEZ DE LA MORA, Gonzalo, *Los errores del cambio*, Barcelona, Plaza y Janés, 1986.

—, *Río arriba. Memorias*, Barcelona, Editorial Planeta, 1995.

FERNÁNDEZ-COPPEL, Jorge, *General Gavilán. Memorias. De enlace del general Mola a jefe de la Casa Militar de Franco*, Madrid, La Esfera de los Libros, 2005.

FERNÁNDEZ LÓPEZ, Javier, *Diecisiete horas y media. El enigma del 23-F*, Madrid, Taurus, 2000.

—, *El Rey y otros militares. Los militares en el cambio de régimen político en España, 1969-1982*, Madrid, Editorial Trotta, 1998.

—, *Militares contra Franco. Historia de la Unión Militar Democrática*, Zaragoza, Mira Editores, 2002.

—, *Sabino Fernández Campo. Un hombre de Estado*, Barcelona, Editorial Planeta, 2000.

FERNÁNDEZ-MIRANDA LOZANA, Pilar, y Fernández-Miranda Campoamor, Alfonso, *Lo que el Rey me ha pedido. Torcuato Fernández-Miranda y la reforma política*, Barcelona, Plaza y Janés, 1995.

FIGUERO, Javier, *UCD, la "empresa" que creó Adolfo Suárez*, Barcelona, Grijalbo, 1981.

FIGUERO, Javier y HERRERO, Luis, *La muerte de Franco jamás contada*, Barcelona, Editorial Planeta, 1985.

FONTÁN, Antonio, *1971-2001. Treinta años del cierre del diario MADRID. Una apuesta periodística por la democracia y la integración en Europa*, Madrid, Fundación Diario Madrid, 2001.

FOREST, Eva, *From a Spanish Jail*, Harmondsworth, Penguin Books, 1975.

—, *Información número 179. Testimonios de lucha y resistencia Yeserías 75-77*, San Sebastián, Hordago Publikapenak, 1979.

FORTES, José y OTERO, Luis, *Proceso a nueve militares demócratas, las Fuerzas Armadas y la UMD*, Barcelona, Argos Vergara, 1983.

FRAGA IRIBARNE, Manuel, *En busca del tiempo servido*, Barcelona, Editorial Planeta, 1987.

—, *Memoria breve de una vida política*, Barcelona, Editorial Planeta, 1980.

FRANCO BAHAMONDE, Pilar, *Cinco años después*, Barcelona, Editorial Planeta, 1981.

FRANCO SALGADO-ARAUJO, Francisco, *Mis conversaciones privadas con Franco*, Barcelona, Editorial Planeta, 1976.

FUENTE, Licinio de la, *"Valió la pena". Memorias*, Madrid, Editorial EDAF, 1998.

FUENTE, Ismael, *El caballo cansado. El largo adiós de Felipe González*, Madrid, Ediciones Temas de Hoy, 1991.

FUENTE, Ismael, GARCIA, Javier y PRIETO, Joaquín, *Golpe mortal, asesinato de Carrero y agonía del franquismo*, Madrid, El País, 1983.

FUENTES GÓMEZ DE SALAZAR, Eduardo, *El pacto del capó. El testimonio clave de un militar sobre el 23-F*, Madrid, Ediciones Temas de Hoy, 1994.

GALLEGO, Ferran, *El mito de la transición. La crisis del franquismo y los orígenes de la democracia, 1973-1977*, Barcelona, Editorial Crítica, 2008.

GALLEGO-DÍAZ, Soledad y Cuadra, Bonifacio de la, *Crónica secreta de la Constitución*, Madrid, Editorial Tecnos, 1989.

GARCÍA ABAD, José, *La Soledad del Rey. ¿Está la monarquía consolidada 25 años después de la Constitución?*, Madrid, La Esfera de los Libros, 2004.

GARCÍA DE CORTÁZAR, Fernando, y Azcona, José Manuel, *El nacionalismo vasco*, Madrid, Historia 16, 1991.

GARMENDIA, José Maria, *Historia de ETA*, 2 vols, San Sebastián, L.Haranburu Editor, 1980.

GARRIGA, Ramón, *La Señora de El Pardo*, Barcelona, Editorial Planeta, 1979.

GARRIGUES Y DIAZ-CAÑABATE, Antonio, *Diálogos conmigo mismo*, Barcelona, Editorial Planeta, 1978.

GASTEIZ, *Vitoria, de la huelga a la matanza*, París, Ruedo Ibérico, 1976.

GIL, Vicente, *Cuarenta años junto a Franco*, Barcelona, Editorial Planeta, 1981.

GIL ROBLES, José María. *La monarquía por la que yo luché, páginas de un diario 1941-1954*, Madrid, Taurus, 1976.

GILLESPIE, Richard, *The Spanish Socialist Party. A History of Factionalism*, Oxford, Clarendon Press, 1989.

GILMOUR, David, *The Transformation of Spain, From Franco to the Constitutional Monarchy*, Londres, Quartet, 1985.

GILMOUR, John, *Manuel Fraga Iribarne and the Rebirth of Spanish Conservatism, 1939-1990*, Lewiston, NY, Edwin Mellen Press, 1999.

GIMÉNEZ ARNAU, Joaquín, *Yo, Jimmy, mi vida entre los Franco*, Barcelona, Editorial Planeta, 1981.

GIMÉNEZ-ARNAU, José Antonio, *Memorias de memoria. Descifre vuecencia personalmente*, Barcelona, Ediciones Destino, 1978.

GIRÓN DE VELASCO, José Antonio, *Si la memoria no me falla*, Barcelona, Editorial Planeta, 1994.

GÓMEZ SANTOS, Marino, *Conversaciones con Leopoldo Calvo Sotelo*, Barcelona, Editorial Planeta, 1982.

GONZÁLEZ DE VEGA, Javier, *Yo, María de Borbón*, Madrid, El País-Aguilar, 1995.

GONZÁLEZ-DORIA, Fernando, *Don Juan de Borbón, el padre del Rey*, Madrid, Editorial Bitácora, 1990.

—, *¿Por qué la Monarquía?*, Madrid, Editorial Mirasierra, 1976.

GRACIA, Fernando, *Elena. Crónica de noviazgo real*, Madrid, Temas de Hoy, 1995.

—, *La madre del Rey. La vida de doña María de las Mercedes, una causa histórica*, Madrid, Temas de Hoy, 1994.

—, *Lo que nunca nos contaron de Don Juan*, Madrid, Grupo Libro 88, 1993.

—, *Objectivo matar al Rey*, Madrid, Temas de Hoy, 1996.

GRAHAM, Robert, *Spain, Change of a Nation*, Londres, Michael Joséph, 1984.

GRANADOS VÁZQUEZ, José Luis, *1975 El año de la instauración*, Madrid, Ediciones Giner, 1977.

GRIMALDOS, Alfredo, '*La CIA en España. Espionaje, intrigas y política al servicio de Washington*, Barcelona, Editorial Debate, 2006.

—, *La sombra de Franco en la Transición*, Madrid, Oberón, 2004.

GRIMAU, *¿Crimen o castigo? Documentos inéditos sobre Julián Grimau*, Madrid, 1963.

GUNTHER, Richard, Sani, Giacomo, y Shabad, Goldie, *Spain After Franco. The Making of a Competitive Party System*, Berkeley, California, University Press of California, 1986.

GURRIARÁN, José Antonio, *El Rey en Estoril. Don Juan Carlos y su familia en el exilio portugués*, Barcelona, Editorial Planeta, 2000.

GUTIÉRREZ MELLADO, Manuel, *Un Soldado para España*, Barcelona, Argos Vergara, 1983.

GUTIÉRREZ RAVÉ, José, *El Conde de Barcelona*, Madrid, Prensa Española, 1963.

HEINE, Hartmut, *La oposicion politica al franquismo*, Barcelona, Editorial Crítica, 1983.

HERNÁNDEZ GIL, Antonio, *El cambio político español y la Constitución*, Barcelona, Editorial Planeta, 1984.
HERRERO, Luis, *El ocaso del régimen. Del asesinato de Carrero a la muerte de Franco*, Madrid, Ediciones Temas de Hoy, 1995.
HERRERO DE MIÑÓN, Miguel, *Memorias de estío*, Madrid, Ediciones Temas de Hoy, 1993.
—, *El principio monárquico*, Madrid, Editorial Cuadernos para el Diálogo, 1972.
HEYWOOD, Paul, *The Government and Politics of Spain*, Londres, Macmillan, 1995.
HEYWOOD, Paul, editor, *Policy and Politics in Democratic Spain*, Londres, Frank Cass, 1999.
HOARE, Sir Samuel, *Ambassador on Special Mission*, Londres, Collins, 1946.
HOPKIN, Jonathan, *Party Formation and Democratic Transition in Spain. The Creation and Collapse of the Union of the Democratic Centre*, Londres, Macmillan, 1999.
HUNEEUS, Carlos, *La Unión de Centro Democrático y la transición a la democracia en España*, Madrid, Centro de Investigaciones Sociológicas, 1985.
INIESTA CANO, Carlos, *Memorias y recuerdos*, Barcelona, Editorial Planeta, 1984.
IZQUIERDO, Antonio, *Claves para un día de febrero*, Barcelona, Editorial Planeta, 1982.
—, *Yo, testigo de cargo*, Barcelona, Editorial Planeta, 1981.
JARAIZ FRANCO, Pilar, *Historia de una disidencia*, Barcelona, Editorial Planeta, 1981.
JAÚREGUI, Fernando y MENÉNDEZ, Manuel Ángel, *Lo que nos queda de Franco. Símbolos, personajes, leyes y costumbres, veinte años después*, Madrid, Ediciones Temas de Hoy, 1995.
JAÚREGUI, Fernando y SORIANO, Manuel, *La otra historia de UCD*, Madrid, Emiliano Escolar Editor, 1980.
JULIÁ, Santos, PRADERA, Javier y PRIETO, Joaquín, coord., *Memoria de la Transición*, Madrid, Taurus, 1996.
KRASIKOV, Anatoly, *From Dictatorship To Democracy, Spanish Reportage*, Oxford, Pergammon, 1984.
LAIZ, Consuelo, *La lucha final. Los partidos de izquierda radical durante la transición española*, Madrid, Los Libros de la Catarata, 1995.
LAMELAS, Antonio, *La transición en Abril. Biografía política de Fernando Abril Martorell*, Barcelona, Ariel, 2004.

LANNON, Frances, *Privilege, Persecution, and Prophecy, The Catholic Church in Spain 1875-1975*, Oxford, 1987.

LANNON, Frances y PRESTON, Paul, eds., *Elites and Power in Twentieth-Century Spain, Essays in Honour of Sir Raymond Carr*, Oxford, Clarendon Press, 1990.

LAOT, Françoise, *Juan Carlos y Sofía*, Madrid, Espasa Calpe, 1987.

LAVARDÍN, Javier, *Historia del último pretendiente a la corona de España*, París, Ruedo Ibérico, 1976.

LETAMENDIA Belzunce, Francisco, Ortzi, *Historia del nacionalismo vasco y de ETA 1, ETA en el franquismo, 1951-1976*, San Sebastián, R & B Ediciones, 1994.

—, *Historia del nacionalismo vasco y de ETA* 2, *ETA en la transición, 1976-1982*, San Sebastián, R & B Ediciones, 1994.

—, *Historia del nacionalismo vasco y de ETA* 3, *ETA y el Gobierno del PSOE, 1982-1992*, San Sebastián, R & B Ediciones, 1994.

LIEBERMAN, Sima, *The Contemporary Spanish Economy, A Historical Perspective*, Londres, George Allen & Unwin, 1982.

LINZ, Juan J., *et al.*, *Conflicto en Euskadi*, Madrid, Espasa Calpe, 1986.

—, *IV Informe FOESSA Volumen I, Informe sociológico sobre el cambio político en España, 1975-1981*, Madrid, Editorial Euramerica, 1981.

LÓPEZ PINTOR, Rafael, *La opinión pública española, del franquismo a la democracia*, Madrid, Centro de Investigaciones Sociológicas, 1982.

LÓPEZ RODÓ, Laureano, *Claves de la transición Memorias IV*, Barcelona, Plaza y Janés, 1993.

—, *El principio del fin, Memorias*, Barcelona, Plaza y Janés, 1992.

—, *La larga marcha hacia la monarquía*, Barcelona, Noguer, 1977.

—, *Memorias*, Barcelona, Plaza y Janés, 1990.

—, *Memorias, años decisivos*, Barcelona, Plaza y Janés, 1991.

—, *Política y desarrollo*, Madrid, Aguilar, 1970.

—, *Testimonio de una política de Estado*, Barcelona, Editorial Planeta, 1987.

MARAVALL, José María, *El desarrollo económico y la clase obrera*, Barcelona, Ariel, 970.

—, *Dictatorship and Political Dissent, Workers and Students in Franco's Spain*, Londres, Tavistock Publications, 1978.

—, *The Transition to Democracy in Spain*, Londres, Croom Helm, 1982.

MARÍAS, Julián, coord., *25 años de reinado de Juan Carlos I*, Barcelona, Planeta, 2000.

MARTÍN VILLA, Rodolfo, *Al servicio del Estado*, Barcelona, Editorial Planeta, 1984.

MARTÍNEZ INGLÉS, Amadeo, *23-F. El golpe que nunca existió*, Madrid, Foca Ediciones, 2001.
—, *La transición vigilada. Del Sábado Santo "rojo" al 23-F*, Madrid, Ediciones Temas de Hoy, 1994.
MATHEOPOULOS, Helena, *Juan Carlos I. El Rey de nuestro tiempo*, Madrid, Javier Vergara Editor, 1996.
MEDINA ORTEGA, Francisco, *23F, La verdad*, Barcelona, Plaza y Janés, 2006.
MELGAR, Francisco, *El noble final de la escisión dinástica*, Madrid, Cuadernos de Política e Historia, 1964.
MELIA, Josep, *Así cayó Adolfo Suárez*, Barcelona, Editorial Planeta, 1981.
MÉRIDA, María, *Un rey sin corte*, Barcelona, Editorial Planeta, 1993.
MEYER-STABLEY, Bertrand, *Juan Carlos El Rey*, Barcelona, Ediciones B, 1993.
MIGUEL, Amando de, *Sociología del franquismo*, Barcelona, Editorial Euros, 1975.
MÍGUEZ GONZÁLEZ, Santiago, *La preparación de la transición a la democracia en España*, Zaragoza, Universidad de Zaragoza, 1990.
MOA RODRÍGUEZ, Pío, *De un tiempo, y de un país*, Madrid, Ediciones de la Torre, 1982.
MOHEDANO, José Maria y PEÑA, Marcos, *Constitución, cuenta atrás ETA-Operación Galaxia y otros terrorismos*, Madrid, Editorial Casa de Campo, 1978.
MOLINERO, Carme, editora, *La transición, treinta años después. De la dictadura a la instauración y consolidación de la democracia*, Barcelona, Ediciones Península, 2006.
MORA, Francisco, *Ni heroes ni bribones, los personajes del 23-F*, Barcelona, Editorial Planeta, 1982.
MORALES, José Luis y CELADA, Juan, *La alternativa militar, el golpismo despues de Franco*, Madrid, Editorial Revolución, 1981.
MORÁN, Gregorio, *Adolfo Suárez, historia de una ambición*, Barcelona, Editorial Planeta, 1979.
—, *Adolfo Suárez. Ambición y destino*, Barcelona, Debate, 2009.
—, *Los españoles que dejaron de serlo, Euskadi, 1937-1981*, Barcelona, Editorial Planeta, 1982.
—, *El precio de transición*, Barcelona, Editorial Planeta, 1991.
—, *Testamento vasco. Un ensayo de interpretación*, Madrid, Espasa-Calpe, 1988.
MORODO, Raúl, *Atando cabos. Memorias de un conspirador moderado, I*, Madrid, Taurus, 2001.

—, *Por una sociedad democrática y progresista*, Madrid, Ediciones Turner, 1982.

—, *La transición política*, Madrid, Editorial Tecnos, 1984.

MOYA, Carlos, *Señas de Leviatán. Estado nacional y sociedad industrial, España 1936-1980*, Madrid, Alianza Editorial, 1984.

—, *El Poder económico en España, 1939-1970. Un análisis sociológico*, Madrid, Tucar Ediciones, 1975.

MUJAL Leon, Eusebio, *Communism and Political Change in Spain*, Bloomington, Indiana University Press, 1983.

MUÑOZ ALONSO, Alejandro, *et al.*, *Las elecciones del cambio*, Barcelona, Editorial Argos Vergara, 1984.

MUÑOZ ALONSO, Alejandro, *El terrorismo en España*, Barcelona, Editorial Planeta, 1982.

MURTAGH, Peter, *The Rape of Greece. The King, the Colonels and the Resistance*, Londres, Simon & Schuster, 1994.

NAVARRO, Julia, *Entre Felipe y Aznar 1982-1996*, Madrid, Ediciones Temas de Hoy, 1996.

—, *Nosotros, la transición*, Madrid, Ediciones Temas de Hoy, 1995.

—, *Señora Presidenta*, Barcelona, Plaza y Janés, 1999.

NAVARRO RUBIO, Mariano, *Mis memorias. Testimonio de una vida política truncada por el «Caso MATESA»*, Barcelona, Plaza y Janés/Cambio 16, 1991.

NOEL, Gerard, *Ena Spain's English Queen*, Londres, Constable, 1984.

NOTICIAS DEL PAIS VASCO, *Euskadi, el último estado de excepción*, París, Ruedo Ibérico, 1975.

NOURRY, Philippe, *Juan Carlos. Un rey para los republicanos*, Barcelona, Editorial Planeta, 1986.

ONETO, José, *Anatomía de un cambio de régimen*, Barcelona, Plaza y Janés, 1985.

—, *Arias entre dos crisis, 1973-1975*, Madrid, Cambio 16, 1975.

—, *100 días en la muerte de Francisco Franco*, Madrid, Ediciones Felmar, 1975.

—, *La noche de Tejero*, Barcelona, Editorial Planeta, 1981.

—, *El secuestro del cambio. Felipe año II*, Barcelona, Plaza y Janés, 1984.

—, *Los ultimos días de un presidente, de la dimisión al golpe de Estado*, Barcelona, Editorial Planeta, 1981.

—, *La verdad sobre el caso Tejero*, Barcelona, Editorial Planeta, 1982.

ORTUÑO, Pilar, *European Socialists and Spain. The Transition to Democracy, 1959-77*, Londres, Palgrave, 2002.

ORTZI, pseudonym of Francisco Letamendia, *Historia de Euskadi, el nacionalismo vasco y ETA*, París, Ruedo Ibérico, 1975.

OSORIO, Alfonso, *De orilla a orilla*, Barcelona, Plaza y Janés, 2000.

—, *Trayectoria política de un ministro de la corona*, Barcelona, Editorial Planeta, 1980.

—, *Palabras de su Alteza Real el Príncipe de Asturias Juan Carlos de Borbón y Borbón*, Madrid, Ediciones del Movimiento, 1974.

PALACIOS, Jesús, *Los papeles secretos de Franco. De las relaciones con Juan Carlos y Don Juan al protagonismo del Opus*, Madrid, Ediciones Temas de Hoy, 1996.

—, *23-F. El golpe del CESID*, Barcelona, Editorial Planeta, 2001.

—, *23-F. El Rey y su secreto*, Madrid, Libros Libres, 2010.

PALOMARES, Christina, *The Quest for Survival after Franco. Moderate Francoism and the Slow Journey to the Polls, 1964-1977*, Brighton, Sussex Academic Press, 2004.

PANIAGUA, F. Javier, *La ordenación del capitalismo avanzado en España, 1957-1963*, Barcelona, Editorial Anagrama, 1977.

PARDO ZANCADA, Ricardo, *23-F La pieza que falta. Testimonio de un protagonista*, Barcelona, Plaza y Janés, 1998.

PARICIO, Jesús M., *Para conocer a nuestros militares*, Madrid, Editorial Tecnos, 1983.

PEMÁN, José María, *Mis almuerzos con gente importante*, Barcelona, Dopesa, 1970.

—, *Mis encuentros con Franco*, Barcelona, Dopesa, 1976.

PEÑAFIEL, Jaime, *¡Dios salve a la Reina! Pequeña historia de una gran profesional*, Madrid, Temas de Hoy, 1993.

—, *¡Dios salve... también al Rey!*, Madrid, Temas de Hoy, 1995.

—, *El General y su tropa. Mis recuerdos de la familia Franco*, Madrid, Temas de Hoy, 1992.

—, *Juan Carlos y Sofía, retrato de un matrimonio*, Madrid, La Esfera de los Libros, 2008.

—, *Letizia en Palazio*, Madrid, La Esfera de los Libros, 2006.

—, *¿Y quién salva al Príncipe? Los secretos mejor guardados de Felipe de Borbón*, Madrid, Temas de Hoy, 1996.

PÉREZ DÍAZ, Víctor, *Spain at the Crossroads. Civil Society, Politics and the Rule of Law*, Cambridge, Mass, Harvard University Press, 1999.

PÉREZ MATEOS, Juan Antonio, *Juan Carlos. La infancia desconocida de un Rey*, Barcelona, Editorial Planeta, 1980.

—, *El Rey que vino del exilio*, Barcelona, Editorial Planeta, 1981.

—, *Un Rey bajo el sol. El duro camino de Juan Carlos I hacia el Trono,* Barcelona, Plaza y Janés, 1998.

PEROTE, Juan Alberto, *23-F. Ni Milans ni Tejero. El informe que se ocultó,* Madrid, Foca Ediciones, 2001.

PI, Ramón, *Joaquín Garrigues Walker,* Madrid, Cambio 16, 1977.

PLA, Juan, *La trama civil del golpe,* Barcelona, Editorial Planeta, 1982.

PLATÓN, Miguel, *Alfonso XIII. De Primo de Rivera a Franco. La tentación autoritaria de la Monarquía,* Barcelona, Plaza y Janés, 1998.

—, *Hablan los militares. Testimonios para la historia, 1939-1996,* Barcelona, Editorial Planeta, 2001.

PORCIOLES, José María de, *Mis memorias,* Barcelona, Editorial Prensa Ibérica, 1994.

POWELL, Charles T., *España en democracia, 1975-2000,* Barcelona, Plaza y Janés, 2001.

—, *Juan Carlos. Self-Made Monarch,* Londres, Macmillan, 1996.

—, *Juan Carlos. Un Rey para la democracia,* Barcelona, Ariel/Planeta, 1995.

—, *El piloto del cambio. El rey, la Monarquía y la transición a la democracia,* Barcelona, Editorial Planeta, 1991.

PREGO, Victoria, *Así se hizo la Transición,* Barcelona, Plaza y Janés, 1995.

—, *Diccionario de la Transición,* Barcelona, Plaza y Janés, 1999.

—, *Presidentes. Veinticinco años de historia narrada por los cuatro jefes de Gobierno de la democracia,* Barcelona, Plaza y Janés, 2000.

PRESTON, Paul, *Franco «Caudillo de España»,* Barcelona, Grijalbo-Mondadori, 1994.

—, coord., *España en crisis, evolución y decadencia del régimen franquista,* Madrid & México D.F., Fondo de Cultura Económica, 1978.

—, *Palomas de guerra. Cinco mujeres marcadas por el enfrentamiento bélico,* Barcelona, Plaza y Janés, 2001.

—, *La política de la venganza, el fascismo y el militarismo en la España del siglo* XX, Barcelona, Ediciones Península, 1997.

—, coord., *Spain in Crisis, Evolution and Decline of the Franco Regime,* Hassocks, Harvester Press, 1976.

—, *The Triumph of Democracy in Spain,* Londres and Nueva York, Methuen, 1986.

PRESTON, Paul y Smyth, Denis, *Spain, the EEC and NATO,* Londres, Routledge, Kegan & Paul, 1984.

PRIETO, Joaquín y BARBERÍA, José Luis, *El enigma del «Elefante». La conspiración del 23-F,* Madrid, El País-Aguilar, 1991.

PRIETO, Martín, *Técnica de un golpe de Estado, el juicio del 23-F,* Barcelona, Grijalbo, 1982.

PRIMO DE RIVERA Y URQUIJO, Miguel, *No a las dos Españas. Memorias políticas,* Barcelona, Plaza y Janés, 2002.

PUELL DE LA VILLA, Fernando, *Gutiérrez Mellado. Un militar del siglo XX, 1912-1995,* Madrid, Biblioteca Nueva, 1997.

RAMÍREZ, Luis, seudónimo de Luciano Rincón. *Franco, la obsesion de ser, la obsesión de poder,* París, Ruedo Ibérico, 1976.

RAMÍREZ, Pedro J., *Así se ganaron las elecciones,* Barcelona, Editorial Planeta, 1977.

—, *Así se ganaron las elecciones 1979,* Madrid, Editorial Prensa Española, 1979.

—, *El año que murió Franco,* Barcelona, Plaza y Janés, 1985.

RAYÓN, Fernando, *La Boda de Juan Carlos y Sofía. Claves y secretos de un enlace histórico,* Madrid, La Esfera de los Libros, 2002.

—, *Sofía de Grecia. La Reina,* Barcelona, Tibidabo Ediciones, 1993.

REINA Federica de Grecia, *Memorias,* Madrid, G. del Toro Editor, 1971.

REINLEIN, Fernando, *Capitanes rebeldes. Los militares españoles durante la Transición. De la UMD al 23-F,* Madrid, La Esfera de los Libros, 2002.

RESINA, Joan Ramón, ed., *Disremembering the Dictatorship, The Politics of Memory in the Spanish Transition to Democracy,* Amsterdam, Editions Rodopi B.V., 2000.

RIDRUEJO, Dionisio, *Casi unas memorias,* Barcelona, Editorial Planeta, 1976.

RINCÓN, Luciano, *ETA, 1974-1984,* Barcelona, Plaza y Janés, 1985.

ROA VENTURA, Agustín, *Agonia y muerte del franquismo, una memoria,* Barcelona, Barral Editores, 1978.

RODRÍGUEZ MARTÍNEZ, Julio, *Impresiones de un ministro de Carrero Blanco,* Barcelona, Editorial Planeta, 1974.

RODRÍGUEZ JIMÉNEZ, José Luis, *Reaccionarios y golpistas. La extrema derecha en España, del tardofranquismo a la consolidación de la democracia, 1967-1982,* Madrid, Consejo Superior de Investigaciones Científicas, 1994.

ROMERO, Ana, *Historia de Carmen. Memorias de Carmen Díez de Rivera,* Barcelona, Editorial Planeta, 2002.

ROMERO, Emilio, *Tragicomedia de España. Unas memorias sin contemplaciones,* Barcelona, Editorial Planeta, 1985.

RUIZ AYÚCAR, Ángel, *Crónica agitada de ocho años tranquilos, 1963-1970,* Madrid, Editorial San Martín, 1974.

RUIZ MORAGAS, Leandro Alfonso, *El bastardo real. Memorias del hijo no reconocido de Alfonso XIII,* Madrid, La Esfera de los Libros, 2002.

SAEZ ALBA, A, seudónimo de Alfonso Colodrón, *La otra cosa nostra, la Asociación Católica Nacional de Propagandistas y el caso de EL CORREO de Andalucía,* París, Ruedo Ibérico, 1974.

SAINZ RODRÍGUEZ, Pedro. *Un reinado en la sombra*, Barcelona, Editorial Planeta, 1981.

SALABERRI, Kepa, *El proceso de Euskadi en Burgos. El sumarísimo 31.69*, París, Ruedo Ibérico, 1971.

SALMADOR, Víctor, *Don Juan de Borbón. Grandeza y servidumbre del deber*, Barcelona, Editorial Planeta, 1976.

—, *Don Juan. Los secretos de un Rey sin trono*, Madrid, Ediciones Tiempo, 1993.

SÁNCHEZ SOLER, Mariano, *Los banqueros de Franco*, Madrid, Oberon, 2005.

—, *Los Franco, S.A. Ascensión y caída de la familia del último dictador de Oriente*, Madrid, Oberon, 2003.

—, *Los hijos del 20-N. Historia violenta del fascismo español*, Madrid, Ediciones Temas de Hoy, 1993.

—, *Ricos por la guerra de España. El enriquecimiento de la oligarquía franquista desde 1936 hasta la transición*, Madrid, Editorial Raíces, 2007.

—, *La transición sangrienta. Una historia violenta del proceso democrático en España, 1975-1983*, Barcelona, Ediciones Península, 2010.

—, *Villaverde, fortuna y caída de la casa Franco*, Barcelona, Editorial Planeta, 1990.

SÁNCHEZ-TERÁN, Salvador, *De Franco a la Generalitat*, Barcelona, Editorial Planeta, 1988.

—, *La transición. Síntesis y claves*, Barcelona, Editorial Planeta, 2008.

SAN MARTIN, José Ignacio, *Servicio especial*, Barcelona, Editorial Planeta, 1983.

SAN SEBASTIÁN, Isabel, *Los años de plomo. Memoria en carne viva de las víctimas*, Madrid, Ediciones Temas de Hoy, 2003.

SAN SEBASTIÁN, Isabel y GURRUCHAGA, Carmen, *El árbol y las nueces. La relación secreta entre ETA y PNV*, Madrid, Ediciones Temas de Hoy, 2000.

SARAQUETA, Antxón, *De Franco a Felipe*, Barcelona, Plaza y Janés, 1984.

SARTORIUS, Nicolás, y Alfaya, Javier, *La memoria insumisa. Sobre la Dictadura de Franco*, Madrid, Espasa Calpe, 1999.

SATRÚSTEGUI, Joaquín, *et al.*, ed., *Cuando la transición se hizo posible. El "contubernio de Munich"*, Madrid, Editorial Tecnos, 1993.

SEGURA, Santiago y Merino, Julio, *Jaque al Rey, los «enigmas» y las «incongruencias» del 23-F*, Barcelona, Editorial Planeta, 1983.

—, *Las vísperas del 23-F*, Barcelona, Plaza y Janés, 1984.

SEMPRÚN, Jorge, *Autobiografía de Federico Sánchez*, Barcelona, Editorial Planeta, 1977.

—, *Federico Sánchez se despide de ustedes,* Barcelona, Tusquets Editores, 1993.

SERRA, Narcís, *The Military Transition. Democratic Reform of the Armed Forces,* Cambridge, Cambridge University Press, 2010.

SILVA, Pedro de, *Las fuerzas del cambio. Cuando el Rey dudó el 23-F y otros ensayos sobre la transición,* Barcelona, Editorial Prensa Ibérica, 1996.

SILVA MUÑOZ, Federico, *Memorias políticas,* Barcelona, Editorial Planeta, 1993.

—, *La transicion inacabada,* Barcelona, Editorial Planeta, 1980.

SINOVA, Justino, *Historia de la transición. 10 años que cambiaron España 1973-1983,* 2 vols, Madrid, Información y Prensa, 1983-1984.

SOLÉ, Eulàlia, *Con y contra Suárez,* Barcelona, Ediciones Flor de Veinto, 2009.

SORIANO, Manuel, *Sabino Fernández Campo. La sombra del Rey,* Madrid, Ediciones Temas de Hoy, 1995

SORIANO, Ramón, *La mano izquierda de Franco,* Barcelona, Editorial Planeta, 1981.

SOTILLOS, Eduardo, *1982. El año clave,* Madrid, Aguilar, 2002.

SUÁREZ FERNÁNDEZ, Luis, *Francisco Franco y su tiempo,* 8 vols, Madrid, Fundación Nacional Francisco Franco, 1984.

—, *Franco, la historia y sus documentos,* 20 vols, Madrid, Urbión, 1986.

SUEIRO, Daniel y Díaz Nosty, Bernardo, *Historia del franquismo,* 2 vols, 2a edición, Barcelona, Argos Vergara, 1985.

SVERLO, Patricia, *Un Rey golpe a golpe. Biografía no autorizada de Juan Carlos de Borbón,* Pamplona, Ardi Beltza, 2000.

—, *Tácito,* Madrid, Ibérico Europea de Ediciones, 1975.

TARRADELLAS, Josep, *"Ja soc aqui" Recuerdo de un retorno,* Barcelona, Editorial Planeta, 1990.

TEZANOS, José Feliz, *et al.*, coord., *La transición democrática española,* Madrid, Editorial Sistema, 1989.

TEZANOS, José Feliz, *Sociología del socialismo español,* Madrid, Editorial Tecnos, 1983.

THRELFALL, Monica, ed., *Consensus Politics in Spain. Insider Perspectives,* Bristol, Intellect, 2000.

TIERNO GALVÁN, Enrique, *Cabos sueltos,* Barcelona, Bruguera, 1981.

TOQUERO, José María, *Don Juan de Borbón, el Rey padre,* Barcelona, Plaza y Janés/Cambio 16, 1992.

—, *Franco y Don Juan, La oposición monárquica al franquismo,* Barcelona, Plaza y Janés/Cambio 16, 1989.

TREMLETT, Giles, *Ghosts of Spain. Travels through a Country's Hidden Past,* Londres, Faber & Faber, 2006.

Tusell, Javier, con la colaboración de Genoveva García Queipo de Llano, *Carrero. La eminencia gris del régimen de Franco,* Madrid, Ediciones Temas de Hoy, 1993.

Tusell, Javier, *Fotobiografía de Juan Carlos I. Una vida en imágenes,* Barcelona, Editorial Planeta, 2000.

—, *Franco y los católicos, la política interior española entre 1945 y 1957,* Madrid, Alianza Editorial, 1984.

—, *Juan Carlos I. La restauración de la Monarquía,* Madrid, Ediciones Temas de Hoy, 1995.

—, *Juan Carlos I,* Madrid, Arlanza Ediciones, 2002.

—, *La oposición democrática al franquismo,* Barcelona, Editorial Planeta, 1977.

—, *La transición española a la democracia,* Madrid, Historia 16, 1991.

TUSELL, Javier y ÁLVAREZ CHILLIDA, Gonzalo, *Pemán. Un trayecto intelectual desde la extrema derecha hasta la democracia,* Barcelona, Editorial Planeta, 1998.

TUSELL, Javier y GARCÍA Queipo de Llano, Genoveva, *Tiempo de incertidumbre. Carlos Arias Navarro entre el franquismo y la transición, 1973-1976,* Barcelona, Editorial Crítica, 2003.

TUSELL, Javier y SOTO, Álvaro, eds., *Historia de la transición 1975-1986,* Madrid, Alianza Editorial, 1996.

UNIÓN MILITAR DEMOCRÁTICA, *Los militares y la lucha por la democracia,* Madrid, sin editor, 1976.

URBANO, Pilar, *Con la venia, yo indagué el 23 F,* Barcelona, Argos Vergara, 1982.

—, *La Reina,* Barcelona, Plaza y Janés, 1996.

—, *Yo entré en el CESID,* Barcelona, Plaza y Janés, 1997.

—, *La reina muy de cerca,* Barcelona, Planeta, 2008.

VÁZQUEZ MONTALBÁN, Manuel, *La Aznaridad. Por el imperio hacia Dios o por Dios hacia el imperio,* Barcelona, Mondadori, 2003.

—, *Cómo liquidaron el franquismo en dieciséis meses y un día,* Barcelona, Editorial Planeta, 1977.

—, *Crónica sentimental de España,* Barcelona, Editorial Planeta, 1971.

—, *Crónica sentimental de la transición,* Barcelona, Editorial Planeta, 1977.

VILÁ REYES, JUAN, *El atropello MATESA,* Barcelona, Plaza y Janés/ Cambio 16, 1992.

VILALLONGA, José Luis de, *A pleines dents,* París, Éditions Stock, 1973.

—, *La cruda y tierna verdad. Memorias no autorizadas,* Barcelona, Plaza y Janés, 2000.

—, *Franco y el Rey. La espera y la esperanza,* Barcelona, Plaza y Janés, 1998.
—, *El Rey. Conversaciones con D.Juan Carlos I de España,* Barcelona, Plaza y Janés, 1993.
VILAR, Sergio, *La década sorprendente 1976-1986,* Barcelona, Editorial Planeta, 1986.
—, *Historia del anti-franquismo 1939-1975,* Barcelona, Plaza y Janés, 1984.
—, *La oposición a la dictadura: protagonistas de la España democrática.* París, Ediciones Sociales/ Librería Española, 1968.
VILLACASTIN, Rosa y BENEYTO, María, *La noche de los transistores,* Madrid, Editorial San Martín, 1981.
VILLAMEA, Luis F., *Gutiérrez Mellado, Así se entrega una victoria,* Madrid, Fuerza Nueva Editorial, 1996.
VIÑAS, Ángel, *En las garras del águila. Los pactos con Estados Unidos, de Francisco Franco a Felipe González, 1945-1995,* Barcelona, Editorial Crítica, 2003.
WALTERS, Vernon A., *Silent Missions,* Nueva York, Doubleday, 1978.
WELLES, Benjamin, *Spain. The Gentle Anarchy,* Londres, Pall Mall Press, 1965.
WOODWORTH, Paddy, *Dirty War, Clean Hands. ETA, the GAL and Spanish Democracy,* Cork, Cork University Press, 2001.
YALE, *Los últimos cien días, crónica de una agonía,* Madrid, Prensa Económica, 1975.
YNFANTE, Jesús, *El Ejército de Franco y de Juan Carlos,* París, Ruedo Ibérico, 1976.
—, *La prodigiosa aventura del Opus Dei, génesis y desarrollo de la Santa Mafia,* París, Ruedo Ibérico, 1970.
—, *El santo fundador del Opus Dei. Biografía completa de Josemaría Escrivá de Balaguer,* Barcelona, Editorial Crítica, 2002.
YSART, Federico, *Quién hizo el cambio,* Barcelona, Argos Vergara, 1984.
ZAVALA, José María, *Don Jaime el trágico Borbón. La maldición del hijo sordomudo de Alfonso XIII,* Madrid, La Esfera de los Libros, 2006.
—, *Dos Infantes y un destino,* Barcelona, Plaza y Janés, 1998.
—, *Matar al Rey. La Casa Real en el punto de mira de ETA,* Madrid, Alianza Editorial, 1998.
ZIEGLER, Philip, ed., *From Shore to Shore. The Tour Diaries of Earl Mountbatten of Burma 1953-1979,* Londres, Collins, 1989.
ZIEGLER, Philip, *Mountbatten. The Official Biography,* Londres, Collins, 1985.
—, *Wilson. The Authorised Life of Lord Wilson of Rievaulx,* Londres, Weidenfeld & Nicolson, 1993.

ÍNDICE ALFABÉTICO

Abárzuza Oliva, Felipe, contralmirante, ministro de Marina, 195, 196, 198
ABC, diario, 62, 76, 84, 101, 115, 116, 174, 230, 253, 254, 289, 319, 338, 481, 503, 574, 581, 585, 593, 594
Abreu Loureiro, Joaquín, doctor, 125
Abril Martorell, Fernando, 501
vicepresidente para Asuntos Políticos, 441
vicepresidente para Asuntos Económicos, 474, 487, 488
Academia de Artillería de Segovia, 109
Academia de Aviación de San Javier, en Murcia, 156
Academia General Militar de Zaragoza, 96, 109, 119, 124, 127, 139, 143, 157, 389, 455, 495, 535-536
Acción Española, 31
Acebes, Ángel, 581
Acedo Colunga, Felipe, general, gobernador civil de Barcelona, 136
Acuerdos de las Bases con Estados Unidos, 292-293
Agencia Central de Inteligencia (CIA), 241, 298
Agrelo de Silva, Rosario, duquesa de Lécera, 15
Aguilar, José Manuel, cura dominico, 110
Aguilar, Miguel Ángel, director de *Diario 16*, 485
Aguilar Carmona, Ricardo, inspector general de la Policía Armada, 417
Aguirre Bellver, Joaquín, 506
Alba, duque de, 79, 168, 247
Alburquerque, duque de, 167, 215, 248
Alcalá Galiano, Félix, coronel, 521
Alcázar, El, periódico ultraderechista, 407, 409, 430, 433, 448, 464, 502, 505, 506
Alderete, Ramón de, 129
Alessandro Torlonia, príncipe, esposo de Beatriz de Borbón, 18, 20
Alexandra de Kent, princesa, 304
Alfaro Arregui, Emiliano, general, jefe de Estado Mayor de Aviación, 520
Alfaro Arregui, Ignacio, general, presidente de la JUJEM, 520, 525, 544
Alfonsín, Raúl, presidente argentino, 559
Alfonso XIII, rey, 14-15, 16, 17, 18, 19, 20, 22, 23, 25-26, 30, 34, 59, 62, 65, 90, 106, 107, 109, 111, 148, 185, 192, 247, 269, 285, 358, 418, 432
muerte de, 27-28, 78, 210, 224
Alfonso de Borbón, hijo de Alfonso XIII, 16, 17-18
Alfonso de Borbón, hijo de don Juan, 48, 83, 86, 91, 92, 98, 117, 124-125
muerte de, 125-127, 142
Alfonso de Borbón Dampierre, hijo de don Jaime, 82, 90, 107, 142-143, 156, 158, 206, 207, 213, 214, 217, 221, 231, 235-236, 237, 238, 249, 252, 262, 266, 415
como embajador en Suecia, 274, 285
matrimonio con María del Carmen Martínez-Bordiu, 302-303, 340
como duque de Cádiz, 304, 305-306, 322, 329, 330, 332, 354-355, 360, 440
Alfonso de Orleáns Borbón, príncipe, primo de Alfonso XIII, 15, 36, 168, 215
Alianza Apostólica Anticomunista (AAA), 445
Alianza Popular, 407, 413, 422, 424, 478, 487, 492-493, 541, 548, 549, 551
en las elecciones legislativas de 1977, 435
Allende y García Baxter, Tomás, ministro de Agricultura, 283
Almansa Moreno-Barreda, Fernando, jefe de la Casa del Rey, 564
Almendros, Colectivo, 505, 506
Alonso Manglano, Emilio, director general del CESID, 550
Alonso Vega, general Camilo, ministro de Gobernación, 180, 190, 194, 218, 222, 240, 247, 248, 249, 257-258, 260-261, 271, 283, 311, 318, 340
Álvarez Arenas, Félix, general, 447, 450, 480
ministro del Ejército, 369, 397, 428
Álvarez de Miranda, Fernando, 203, 383, 423, 496
Álvarez de Toledo, Alonso, 72, 75, 84
Alzaga, Óscar, cristianodemócrata, 543
Anasagasti, Iñaki, 555, 581
Andes, conde de los, jefe de la Casa de don Juan, 100, 104, 105
Ansaldo, Juan Antonio, aviador monárquico: *¿Para qué?*, 168
Anson, Luis María, 142, 161, 180, 224, 230, 253, 269, 319, 320, 343
Any, mademoiselle, institutriz suiza, 26
Añoveros, monseñor Antonio, obispo de Bilbao, 324-325, 329
Arafat, Yasser, líder de la OLP, 559

Aramburu Topete, José, general, director de la Guardia Civil, 521, 524, 527, 528
Aranda Mata, Antonio, general, 76-77, 415
Ardanza, José Antonio, *lehendakari* vasco, 553
Areilza, José María de, conde de Motrico, 44-45, 338, 346, 356, 396, 423, 424, 455, 512
embajador en Estados Unidos, 149-150
presidente del secretariado de don Juan, 225, 231, 248, 250, 252, 253, 270, 289
como ministro de Asuntos Exteriores, 370, 371, 372, 374, 381, 383, 386, 390, 394
Reivindicaciones de España, 45
Arévalo Pelluz, Luis, almirante, jefe de Estado Mayor de Marina, 520
Arias Navarro, Carlos, 395, 422, 435
como alcalde de Madrid, 294, 308-309
como ministro de Gobernación, 310-311, 313-314, 315, 316, 318, 319
como presidente del Gobierno, 320-326, 333, 334, 335, 342, 345, 348, 349, 350, 353-355, 358, 365, 368, 371-374, 378, 381, 383-390, 440, 488, 502
y el «espíritu del 12 de febrero», 323, 324, 327, 411
Arias Salgado, Gabriel, ministro de Información, 202
Arias Salgado, Rafael, ministro de la Presidencia, 490
Arión, duque de, 357, 455
Armada Comyn, Alfonso, general, 109-110, 161, 179, 349-350, 355, 357, 370, 375, 395, 481, 483, 491, 504
como secretario de Juan Carlos, 226, 251, 253, 254, 256, 259-260, 265, 339
como secretario general de la Casa del Rey, 418, 427-429, 432, 437, 449, 564
como gobernador militar de Lérida, 491-492, 497-501, 508-510
como segundo jefe del Estado Mayor, 501, 504
en el intento de golpe del 23-F, 511-516, 518, 521, 524, 526-532, 538, 546, 549
Armada y de los Ríos Enríquez, Luis, 109
Armero, José Mario, presidente de Europa Press, 402, 426
Arnoso, Bernardo, amigo portugués de Juan Carlos, 126, 182
Arrese, José Luis de, ministro secretario general del Movimiento, 131, 132, 134, 135, 141, 151, 240, 318, 322
Arrese Arizmendiarreta, Jaime, miembro de la UCD asesinado, 493
Arriba, periódico falangista, 93, 173, 213, 282, 326
Asamblea de Parlamentarios Catalanes, 452
Asociación Católica Nacional de Propagandistas, 283
Asociación Española de Banca Privada, 72
Atarés Peña, general, 468, 469, 480
Attard, Emilio, cristianodemócrata, 382, 423
como presidente de la Comisión Constitucional, 459
Aza, Alberto, 591
Aznar, José María, 573, 574, 575, 576
Aznar, Juan Bautista, almirante, presidente del Gobierno, 14
Azor, entrevista en el yate (1948), 58-60, 61, 62, 68, 77, 79, 80

Bach, Johann Sebastian, 85
Balduino, rey de los belgas, 166
Bai, Geroa, 592
Balletbò, Anna, diputada socialista, 518-519
Banesto, intervención estatal de, 566
Banzer, Hugo, general, presidente boliviano, 471
Barrera de Irimo, Antonio, ministro de Hacienda, 318, 321, 335
Barroso Sánchez-Guerra, Antonio, general, 133-134, 136, 141-142, 157, 162, 447
Beatriz, princesa de Sajonia-Coburgo, 15
Beatriz de Borbón, infanta, 18
Beethoven, Ludwig van, 85
Beltrán de Heredia, José, 158
Benjumea, Carlos, 84
Berlinguer, Enrico, secretario general del PCI, 426
Berlusconi, Silvio, presidente italiano, 564
Bernabéu, Santiago, 235, 383
Bernhardt, Johannes, 31
Bevin, Ernest, ministro de Exteriores británico, 57
Blanco y Negro, revista, 343
Borbón, dinastía, 13, 25, 106, 211, 272, 569
Borchgrave, Arnaud de, 385, 386
Borràs, Rafael, 128
Botella, Ana, 574
Bourgón López-Dóriga, José María, director general del CESID, 495
Boyer, Miguel, 382
Brandt, Willy, canciller alemán, 416
Bredimas, Elías, político griego, 210
Brigada Paracaidista (BRIPAC), 482, 483, 515
Brunete, *véase* División Acorazada Brunete

Buitrago, Ginés de, pseudónimo de Carrero Blanco, 289
Busquets, Julio, comandante, líder de la UMD, 454

Cabanas, Santiago, capitán, 450
Cabanillas Gallas, Pío, 253, 423
ministro de Información y Turismo, 321, 325, 326, 334-335
ministro de Estado adjunto al presidente, 490, 492
Cabello de Alba, Rafael, ministro de Hacienda, 355
Cabeza Calahorra, Manuel, general, 473, 500, 506
Caetano, Marcelo, primer ministro portugués, 146
Calvo Serer, Rafael, 36-37, 132, 135, 140, 142, 162, 202, 205, 248, 254, 325, 388
Calvo Sotelo, José, 16
Calvo Sotelo, Leopoldo:
ministro de Obras Públicas, 397
vicepresidente para Asuntos Económicos, 492
como presidente del Gobierno, 509, 512, 516, 532, 535, 537, 538, 541, 548, 549
Camacho, Marcelino, dirigente de Comisiones Obreras, 363, 381
Cambio 16, revista, 388
Campano López, Ángel, general, 244, 405, 447
director general de la Guardia Civil, 417
capitán general de Valladolid, 477, 523
Cano, Jacobo, secretario del Príncipe, 265, 322, 397
Cano Portal, Luis, general, 480
Cantalupo, Roberto, 115
Cantero Cuadrado, Pedro, arzobispo de Zaragoza, 356
Cardó, padre Carles, teólogo, 50
Cardona, Gabriel, capitán, 455
Carlavilla, Mauricio: *Anti-España 1959*, 167, 169
Carlos de Borbón-Dos Sicilias, infante, abuelo materno de Juan Carlos, 21, 81
Carlos de Borbón-Dos Sicilias, primo hermano de Juan Carlos, 72, 75, 84
Carlos Hugo de Borbón-Parma, 213-214, 223, 227, 240, 263
expulsión de España, 252
Carlos, príncipe de Gales, 541, 559, 566
Caro, Ignacio (Nachi), 518, 519
Carolo, Josefina, modista de María de las Mercedes, 126
Carrero Blanco, Luis:
capitán de navío, 37, 39-40, 42, 44, 53, 54-55
almirante, 135
como ministro subsecretario de la Presidencia, 135, 141, 155, 161, 168, 171, 173, 186, 190, 191, 194, 196, 205, 209, 218, 219, 221, 236, 240
como vicepresidente del Consejo de Ministros, 243, 244, 247, 248, 251, 256, 258, 259, 260, 263, 264, 269, 270, 271, 278, 282, 283, 286, 288, 294, 295, 305, 306, 307-308
como presidente del Consejo de Ministros, 308-312
asesinado por ETA, 312-314, 319-320, 321
Carriles, Eduardo, ministro de Hacienda, 397, 428
Carrillo, Santiago, secretario general del PCE, 325, 344, 357, 376, 377, 380, 395-396, 402, 405, 410, 419-420, 425-426, 436, 438, 460, 476, 491, 538, 569
en las elecciones de 1977, 434
en el intento de golpe del 23-F, 516, 532
Carro, Antonio, ministro de la Presidencia, 321, 323, 335, 358
Caruana y Gómez de Barreda, Luis, general, 480
gobernador militar de Valencia, 517, 530
capitán general de Zaragoza, 543
Carvajal, Juan, 73
Carvajal Fernández de Córdoba, Agustín, 72, 75, 82, 84
Carvajal y Urquijo, Jaime, 72, 75, 84, 91, 94, 95, 357
Casa Rojas, conde de, 90
Casinello Pérez, Andrés, coronel, 340, 451
Castañón de Mena, Juan, general:
jefe de la Casa militar de Franco, 207, 210, 250, 253
ministro del Ejército, 283, 298
Castedo, Fernando, director general de RTVE, 525
Castiella, Fernando María, ministro de Asuntos Exteriores, 149, 225, 246
Reivindicaciones de España, 44-45
Ceaucescu, Nicolae, presidente de Rumanía, 326, 376-377, 595
Centro Democrático, 423-424
Centro Democrático y Social, 549
Centro Superior de Información para la Defensa (CESID), 469, 484, 495, 496, 550, 551
Cervera, José María, 56
CESID, *véase* Centro Superior de Información para la Defensa
Chávez, Hugo, 576, 594
Chez, Heinz, ejecución de, 324

Chicago Tribune, 297, 298
Chicharro, general, 417
Ciano, conde Galeazzo, ministro de Exteriores italiano, 30, 31
Cierva, Ricardo de la, 397
Cisneros, Gabriel, 323, 481
Coalición Democrática, 512, 541
Código Penal, modificación del, 398, 405
Colegio de Huérfanos de la Armada de Madrid, 112
Coloma Gallegos, Francisco, general:
  ministro del Ejército, 353, 361, 369
  capitán general de Cataluña, 434, 447, 452-453, 462
Colón, Cristóbal, 152
Comillas, marqués de, 166, 191
Comisión Constitucional del Congreso, 459
Comisiones Obreras, 226
Companys, Lluís, presidente de la Generalitat, 451
Compañía de Jesús, 83
Comunidad Económica Europea (CEE), 542
Comunidad Europea, 358
Comunión Tradicionalista, 147, 197
Conde, Mario, banquero, 564, 565, 566
Confederación de Excombatientes, 469
Congreso (IV) del Movimiento Europeo, 202
Consejo de Regencia, 356, 358
Consejo del Reino, 41, 112, 151, 186, 187, 189, 206, 278, 316, 352, 365-366, 375, 379, 385
Consejo General Vasco, 458
Consejo Privado de don Juan, 162, 164, 168, 189, 199, 203, 210, 211, 220, 221, 224, 267, 270
  Boletín del Consejo Privado del conde de Barcelona, 190
Consejo Superior del Ejército, 40, 429, 478, 481
Consejo Supremo de Justicia Militar, 557
Constantino II, hermano de Sofía de Grecia:
  como príncipe, 181, 184, 197
  como rey de Grecia, 241-242
  en el exilio, 242, 285, 296
Constitución:
  redacción de la, 456, 458, 459-461
  aprobación en las Cortes, 466
  referéndum de la, 471-472
  y el Ejército, 480
Convergència i Unió, coalición, 487, 512
Coordinación Democrática (Platajunta), 380, 381, 384, 411
Correo de Andalucía, El, 335
Cortes, 366-367
  y la obtención del permiso para casarse del príncipe, 186, 187, 189
  y la Ley Orgánica del Estado, 231-233
  ceremonia de designación de Juan Carlos como sucesor (22 de julio de 1969), 272-273
  y la Ley para la Reforma Política, 413-414
  constituyentes, 402, 436-437, 438, 440, 442, 459, 461, 465, 466
  intento de golpe del 23-F en las, 516-531
Cortina, embajador en París, 307
Cortina Mauri, Pedro, ministro de Asuntos Exteriores, 320-321, 350
Cortina Prieto, José Luis, comandante del CESID, 495, 511, 513, 516
Cotoner y Cotoner, Nicolás de, conde de Tendilla, *véase* Mondéjar, marqués de
Crespo Cuspinera, Jesús, coronel de la DAC, 544, 550, 558
Crespo Cuspinera, José, teniente coronel, 550
Cristina de Borbón, infanta, 220, 556, 567, 587
Cristina de Borbón, infanta, hija de Alfonso XIII, 16
Cuadernos para el Diálogo, revista, 374
Cumbre para la Paz en Oriente Medio (1991), 559

DAC, *véase* División Acorazada Brunete
Dampierre Ruspoli, Emmanuela, esposa de Jaime de Borbón, 17, 82, 90
Danvila Rivera, Julio, 57, 58, 59, 60, 62, 65, 67, 71, 78, 79, 80, 83, 85, 87, 116, 153
Dávila, teniente general, 36, 47
De la Fuente, Licinio, 366
  ministro de Trabajo, 339
  en Alianza Popular, 422
De la Mata, Enrique, ministro de Relaciones Sindicales, 406
De la Rosa, Javier, financiero, 565, 566-567
De la Torre Pascual, Manuel, capitán general de Baleares, 523
De Santiago y Díaz de Mendívil, Fernando, general, 406-407, 408, 409, 446-447, 483, 506, 508-509
  ministro de Defensa, 369, 371, 397, 403, 404
Delgado Álvarez, Antonio, capitán general de Granada, 522
Descartes, René, 85
Diana, lady, 541, 559
Diario 16, 468, 504
Diario de Navarra, 490
Díez, Rosa, 597
Díez Alegría, Manuel, general, 222, 248, 326, 349, 353, 369
Díez de Rivera, Carmen, secretaria de Suárez, 411, 419, 421, 426

Díez de Rivera y Figueroa, Pedro, marqués de Someruelos, 109
División Acorazada Brunete (DAC), 417, 418, 431, 447, 470, 475, 482-483, 484, 485, 513, 514, 515, 517, 518
División Azul, 109, 417, 497
Doussinague, José María, embajador en Italia, 193, 213
Doval Mateos, Juan de Dios, miembro de la UCD asesinado, 493, 494
Duarte de Perón, María Eva (Evita), 56

Echevarría, Luis, presidente de México, 344
Eder, Richard, periodista del *New York Times*, 287
Eduardo de Inglaterra, 196, 571
Egin, periódico vasco, 554
Elena de Borbón, infanta, 214-215, 461, 567, 579, 583, 590, 591, 597
Elícegui Prieto, Antonio, capitán general de Zaragoza, 523
Eliseda, marqués de la, 19, 35
Elizabeth, princesa de Inglaterra, *véase* Isabel II, reina de Inglaterra
Elorriaga, Gabriel, jefe de gabinete de Fraga, 253, 254
Enrique y Tarancón, Vicente, cardenal arzobispo de Madrid, 325, 362
Eraso, Antonio, amigo de Alfonso de Borbón, 127
Escrivá de Balaguer, Josemaría, monseñor, 36, 83, 86, 113, 258
Escuela Naval de Marín, 124, 144
Espinosa San Martín, Juan José, ministro de Hacienda, 243-244, 246, 282
Esquerra Republicana de Catalunya, 376, 563, 582
Esquivias Franco, Manuel, general, gobernador militar de Sevilla, 523
Estatuto de Asociaciones Políticas, 337, 338
Estatuto de Autonomía de Cataluña, 452, 480
Estatuto de Guernica, 480, 481
Estoril:
- Bases de, 51
- Manifiesto de, 55

ETA:
- aparición en el País Vasco, 260
- actividad terrorista de, 281, 284, 293, 308, 377, 419, 443, 445, 462, 464, 479, 480, 486, 489, 508, 546, 556, 578
- y los juicios de Burgos (1970), 294, 295
- asesinato de Carrero Blanco (1973), 312, 313, 314
- sentencias de muerte contra, 341, 344
- conversaciones con (1976-1977), 431
- ofensiva de ETA-Militar, 445, 465, 471, 472, 477, 482, 489-490, 491, 493, 494, 539, 548, 554
- ofensiva de ETA Político-Militar, 489
- tregua de ETA Político-Militar, 538, 539

Euskadiko Ezkerra, 552
Euskal Telebista, 554
Evren, Kenan, general turco, 494

Fal Conde, Manuel, jefe carlista, 22
Falange, 28, 30, 32, 34, 103, 115, 116-117, 131, 133, 134, 141, 150-151, 156, 240, 243, 283
Falcó, Fernando, marqués de Cubas, 72, 75, 84
Federica, reina de Grecia, madre de Sofía, 21, 99, 181, 182, 184, 187, 192, 199, 203, 239, 241, 296
- muerte de, 508, 509, 510

Felipe, duque de Edimburgo, 362
Felipe de Borbón:
- nacimiento de, 246
- estudios, 49
- como príncipe de Asturias, 387, 431, 433, 465, 519, 563, 565, 576, 585

Fernández Campo, Sabino, coronel:
- subsecretario de Presidencia, 370
- subsecretario de Información, 408, 427
- como secretario general de la Casa del Rey, 438, 450, 460, 496, 498, 502-503, 507, 510, 518, 519, 520, 521, 524-526, 531, 547, 561
- como jefe de la Casa del Rey, 561, 562, 563, 564

Fernández Cuesta, Raimundo, 379
- ministro-secretario general del Movimiento, 111, 116, 131, 197, 214, 322

Fernández de Córdoba, Joaquín, general, 408
Fernández de la Mora, Gonzalo, 371, 391, 405, 407-408, 413, 448
- ministro de Obras Públicas, 126, 159, 160, 161, 162, 305, 320
- en Alianza Popular, 422, 433, 481, 506

Fernández-Miranda Hevia, Torcuato, 364, 365, 442, 569
- director general de Enseñanza Universitaria, 178-179, 242, 273, 274
- como ministro secretario general del Movimiento, 282, 287, 288, 290, 292, 297, 299, 301, 306, 307
- como vicepresidente del Consejo de Ministros, 309, 310, 313, 314, 315, 316, 317, 346-347
- como presidente de las Cortes y del Consejo del Reino, 347-348, 352-353, 357, 366, 368, 370, 371, 373,

378-379, 383, 385, 386, 389, 393, 395, 396, 399, 402, 412, 417, 423, 425, 426, 432, 433-434, 436
Fernández Monzón, Manuel, coronel, 495
Fernández Ordóñez, Francisco, 424, 487
ministro de Hacienda, 475
ministro de Justicia, 537, 541
ministro de Asuntos Exteriores, 562
Fernández Posse, Manuel, general, capitán general de Galicia, 515, 522
Fernández Sordo, Alejandro, ministro de Relaciones Sindicales, 357-358
Fernández Vallespín, Carlos, general, jefe del Estado Mayor, 350, 415
Ferrusola, Marta, esposa de Jordi Pujol, 509
Fidalgo, Feliciano, periodista de *El País*, 410-411
Follick, M., diputado laborista, 68
Fondo Monetario Internacional (FMI), 141
Fontán, Antonio, director de *Madrid*, 254, 359
Fontana Codina, Enrique, ministro de Comercio, 283
Fontanals Barón, Álvaro, capitán de corbeta, 110, 112
Fontanar, conde de, 36, 65, 72, 94, 95
Ford, Gerald, presidente de Estados Unidos, 341, 362, 388
Foreign Office, 289, 291
Fraga Iribarne, Manuel, 282, 283, 284, 293, 311, 316, 317, 318, 338, 346, 364, 396, 459
ministro de Información y Turismo, 201, 206, 207, 210, 211, 216, 219-220, 221, 243, 244, 253, 255
ministro del Interior, 370, 371, 372, 373, 375, 377-378, 380-383, 390, 394
en Alianza Popular, 407, 422, 429, 487, 492, 496, 532, 535, 538, 544
Franco Bahamonde, Francisco, general, 13, 14, 20, 81, 117, 457
y Alfonso XIII, 23-26, 28
y don Juan, 22-23, 29, 30-44, 45-46, 47, 51, 55-56, 57, 86, 87-90, 96, 97, 99-100, 102-106, 147, 149, 157, 204-205, 209, 222, 305
y el Opus Dei, 36, 37
y las Naciones Unidas, 52-53
y Juan Carlos, como sucesor, 55, 57, 60, 66-67, 74, 90, 103, 107, 113, 149, 158, 164-165, 167, 175, 191, 195, 206, 209, 212, 216, 224, 243-244, 248-249, 256-257, 260-261, 290, 299, 317, 343
entrevistas con don Juan, 58-60, 61, 62, 68, 77, 79, 80, 166-170
y don Jaime de Borbón, 82, 103, 107, 158
boda de su hija Carmen, 86
y la guerra fría, 86
y las «elecciones» municipales en Madrid (1954), 101-102
y la Falange, 111-112, 132-133, 141, 243, 283
y los asuntos románticos de Juan Carlos, 139, 140
salud de, 165, 216, 217, 243, 299, 305, 307, 308, 311, 327-333, 337, 345
y la boda de Juan Carlos, 187-188, 189-191, 193, 195, 197, 198-199
accidente de caza, 193-194, 203
visita de Juan Carlos y Sofía, 200-201
y el contubernio de Munich, 202, 203, 204
y la Ley Orgánica del Estado, 216, 218-219, 220, 230, 231-232
y la Iglesia católica, 241, 260
entrevista con Victoria Eugenia, 247
y la muerte de Victoria Eugenia, 259, 261
designación de Juan Carlos como sucesor, 265-266, 271, 274-275, 278
y la congregación de la plaza de Oriente (1970), 294-295
y los juicios de Burgos (1970), 294, 295
y el asesinato de Carrero Blanco, 312-313
y las sentencias de muerte de 1975, 344-345
última aparición pública, 345
últimos problemas de salud, 345-347, 350, 352, 354
muerte, 355
testamento político de, 355-356
funerales de, 358, 360-361
tumba en el Valle de los Caídos, 415, 435, 463, 469
Franco Bahamonde, Nicolás, 47, 80, 101, 102, 127, 146, 152, 186, 334
Franco Bahamonde, Pilar, 305, 399
Franco Iribarnegaray, Carlos, ministro del Aire, 428
Franco Martínez-Bordiu, Francisco, nieto de Franco, 104, 107, 360
Franco Pasqual de Pobil, Nicolás, sobrino de Franco, 264, 354, 357
Franco Polo, Carmen, hija del Caudillo, 86, 165, 200, 357, 360, 415
Franco Salgado-Araujo, Pacón, primo de Franco, 104, 107, 108, 115, 134, 140, 143, 144, 151, 155, 157, 165, 169, 172, 177, 195, 200, 205, 209, 216, 229, 239, 282, 294
FRAP, sentencias de muerte de miembros del, 344
Frente Popular, 20
Frente por la Paz, en el País Vasco, 494

Frías, duque de, jefe de la Casa del Príncipe, 163, 168, 172, 200, 201
Froilán, Felipe Juan, 597
Fuentes Gómez Salazar, Eduardo, teniente coronel, 531
Fuero de los Españoles, 42, 43, 202, 233
Fuertes de Villavicencio, Fernando, general, 156
Fuerza Nueva, 284, 293, 308, 443, 448, 467, 479, 550
Fuerza Nueva, 430

Gabeiras Montero, José, jefe del Estado Mayor del Ejército, 478-479, 480, 481, 511, 520, 521, 524, 525, 527, 530, 544-545
Galarza Sánchez, Felipe, general, 444
Gamazo Manglano, José María, 209, 251
 como ministro subsecretario de la Presidencia, 320
Gandhi, Indira, 201
Garaikoetxea, Carlos, líder del PNV, 454
 lehendakari vasco, 481, 491, 507, 553
Garchitorena Zalba, Ricardo, coronel, 540
García Carrés, Juan, ultraderechista, 408, 448, 485-486, 500, 509
García Conde, Emilio, comandante, 114, 128, 139, 188, 200, 207
García Hernández, José, ministro de Gobernación, 321, 333, 343
García Moncó Fernández, Faustino, ministro de Comercio, 282
García Rebull, Tomás, 244, 322
García Trevijano, Antonio, abogado, 248, 254, 270, 325, 381
García Valiño, Rafael, general, 222-223, 273
Garicano Goñi, Tomás:
 como gobernador civil de Barcelona, 242
 como ministro de Gobernación, 283, 284, 307, 308
Garrido Casanova, José:
 director del colegio de Las Jarillas, 73, 74, 81, 82
 director del colegio de Miramar, 84
Garrigues, Joaquín, 424, 487
Garrigues y Díaz Cañabate, Antonio, embajador en Estados Unidos, 201
 ministro de Justicia, 370, 372, 381
Gasca Quintín, Ignacio, comandante, 558
Gaulle, Charles de, general, 158, 292, 491
Gavilán y Ponce de León, José Ramón, general, segundo jefe de la Casa militar de Franco, 313, 318, 343
Gayá, Marta, 563
Gaydon, Mildred, novia de Alfonso de Borbón, 18
Generalitat de Cataluña, restauración de la, 452, 453
Gil, Vicente, médico personal de Franco, 313, 316, 318, 319, 327, 328
Gil Robles, José María, 36, 38, 44, 47, 51, 52, 55, 57, 59, 61, 63-64, 77, 78, 79, 80, 82, 93, 95, 98, 99, 100, 153, 202, 203, 386
Giménez-Arnau, José Antonio, diplomático, 113, 115
 embajador en Portugal, 267, 268-269, 277
Giornale d'Italia, Il, 175
Girón de Velasco, José Antonio, presidente de la Confederación de Excombatientes, 244, 264-265, 307, 309, 313, 314, 318, 321, 322, 328, 331, 338, 342, 360-361, 364-365, 374, 404, 404, 408, 448, 469, 544
Giscard d'Estaing, Valéry, 351, 361, 410
Gómez de Llano, Francisco, embajador en el Vaticano, 193
Gómez de Salazar, Federico, general, gobernador general de El Aaiún, 351, 469
Gómez Delgado, Aurora, profesora de francés de Miramar, 84, 85, 91, 92
Gómez Ortigüela, Luis, teniente general, 479
Gómez-Rico, Rafael, coronel, 523
Gómez Torres, Alfredo, 72, 84
González, Felipe:
 secretario general del PSOE, 335, 356, 357, 363, 382, 402, 416, 436, 487, 489, 491, 492, 496, 538, 569
 en las elecciones de 1977, 434
 y el rey Juan Carlos, 476, 486-487, 571, 573, 574
 en el intento de golpe del 23-F, 516, 532
 como presidente del Gobierno, 552, 558, 560, 563, 580
González de Suso, Andrés, general, 539
González del Yerro, Jesús, capitán general de Canarias, 478, 481, 522-523
González Martín, Marcelo, cardenal arzobispo de Toledo, 325
González Sevilla, Emilia, periodista de *Pueblo*, 252
González-Vallés Sánchez, Lorenzo, general, gobernador militar de Guipúzcoa, 482
Gonzalo de Borbón, hijo de Alfonso XIII, 17
Gonzalo de Borbón Dampierre, hijo de don Jaime, 82, 156
Göring, Hermann, mariscal, 30, 31
Graiño Abeille, Álvaro, coronel, 543
Grimau García, Julián, ejecución de, 210, 225, 324, 344
Grupos de Resistencia Antifascista Primero de Octubre (GRAPO), 420-421, 443, 465, 479, 490, 539
Gual Villalbí, Pedro, ministro sin cartera, 146

Guardia de Franco, 287-288
Güell, Juan Claudio, 104
Guerrero, Antonio, director de *Arriba*, 309
Guerrilleros de Cristo Rey, 284
Guillemé-Brulon, Jacques, periodista de *Le Figaro*, 176, 215, 225, 238
Gutiérrez Cano, Joaquín, ministro de Planificación y Desarrollo, 321
Gutiérrez Mellado, Manuel, general, 369, 403
como jefe del Estado Mayor, 404
como ministro de Defensa, 407, 409, 417, 420, 421, 428, 429, 430, 440, 444, 445, 448, 450, 456, 457, 462, 468, 472, 473
como vicepresidente para Seguridad Nacional y Defensa, 474, 477, 480, 495, 510, 511, 547
y el intento de golpe del 23-F, 516, 532

Haig, Alexander J., general, comandante en jefe de la OTAN, 401-402
Hardie, Keir, 571
Hassan II, rey de Marruecos, 345, 347, 351
Henderson, Nicko, número dos de la embajada británica, 227-228
Heraldo Español, revista de ultraderecha, 491
Hernández Gil, Antonio, presidente de las Cortes, 460
Herrera Hernández, José María, comandante, 472
Herrero Tejedor, Fernando:
fiscal jefe del Tribunal Supremo, 321
ministro secretario general del Movimiento, 339, 340, 342
Herrero Tejedor, Luis, 342
Herrero y Rodríguez de Miñón, Miguel, 543
secretario general técnico de Justicia, 403
Herri Batasuna, 473, 474, 475, 507, 536, 554-555
Herzog, Chaim, presidente israelí, 559
Hidalgo Huerta, Manuel, doctor, 329-330, 352, 354
Hitler, Adolf, 111, 193
Hola, revista, 592
Hoyos, padre Julio de, profesor de Juan Carlos, 49
Huétor de Santillán, Pura, amiga de Carmen Polo, 200
Hugo de Borbón-Parma, 147, 180, 196, 213
véase también Carlos Hugo de Borbón-Parma
Humberto II, rey exiliado de Italia, 114, 137, 181

Ibáñez Freire, Antonio, general, director general de la Guardia Civil, 417, 429
como capitán general de Cataluña, 462, 475
Ibáñez Inglés, Diego, coronel, 495, 500, 504, 512
Ibáñez Martín, José, embajador en Portugal, 152, 186, 188, 198, 267
Ibárruri, Dolores, la Pasionaria, 442
Iglesia católica, 241, 260, 283, 295, 312, 325
Iglesias, Pablo, fundador del PSOE, 363, 382
Imaz Martínez, Joaquín, jefe de policía de Pamplona, 445
Imparcial, El, 430, 465, 467
Iniesta Cano, Carlos, general, 322, 404, 407, 408, 409, 447, 456, 472, 500, 506
Instituto de Cultura Hispánica, 306
Instituto San Isidro de Madrid, 72, 84
Internacional Socialista, 416
Interviú, revista, 137
Irene de Grecia, 189, 554
Irene de Orange, princesa, esposa de Carlos Hugo, 213, 227, 240
Isabel II, reina de España, 42, 461
Isabel II, reina de Inglaterra, 57, 85, 362, 553
Isabel la Católica, 32
Iturmendi Bañales, Antonio, ministro de Justicia y presidente de la Cortes, 102, 133, 263, 269, 274
Izquierda Demócrata Cristiana, 341, 423
Izquierdo, Antonio, director de *El Alcázar*, 506

Jaime de Borbón, hijo de Alfonso XIII, 16-17, 21, 82, 90, 103, 107, 128-129, 143, 158, 167, 274, 302
Janssens, Jean-Baptiste, vicario general jesuita, 83
Jarillas, Las, colegio de, 71-76, 79, 80, 81
Jaúdenes, Luis, 323
Jáudenes Jordanas, Juan, coronel, 495
Javier de Borbón Parma, pretendiente carlista, 147, 156, 180, 197, 211, 214
expulsión de España, 252
Jiménez, Juan Ramón: *Platero y yo*, 74, 85
Johnson, Lyndon B., presidente de Estados Unidos, 239
Jorge V, rey de Inglaterra, 18
Juan de Borbón:
como príncipe de Asturias, 18-20, 22-23, 26
conde de Barcelona, 13, 14, 28
y Franco, 22-23, 29, 30-44, 45-46, 47, 55-56, 87-90, 95-96, 97, 99-100, 104-106, 117, 144-145, 147, 215

en Estoril, 46-47, 51, 154-155, 207
y la Ley de Sucesión, 54-55, 186, 187
entrevistas con Franco, 58-60, 61, 62, 68, 77, 79, 80, 166-170
relación con Juan Carlos, 92-93, 223-224, 248, 250, 258-259, 279-280
y la muerte de su hijo Alfonso, 127-128, 129, 149
y las relaciones amorosas de Juan Carlos, 137, 138, 140, 186-187
y su posible abdicación a favor de Juan Carlos, 146, 177, 195, 229, 272, 359
visita a Estados Unidos, 150, 151
y los Principios del Movimiento, 152
Consejo Privado de, 162, 164, 168, 189, 199, 203, 210, 211, 220, 221, 224, 267, 270
y el nacimiento de su nieta Elena, 214-215
y el nacimiento de su nieto Felipe, 246, 247
y la designación de Juan Carlos como sucesor, 262-263, 264, 266, 267-270, 271-272, 277, 353, 358
y Alfonso de Borbón Dampierre, 303-304
y la oposición democrática, 341-342
prohibición de entrar en España (1975), 342
y Areilza en el gobierno de Arias, 370
visita a La Zarzuela, 387-388
renuncia de sus derechos dinásticos (1977), 432-433
y la victoria socialista, 552
enfermedad y muerte de, 564, 565-566

Juan Carlos de Borbón:
nacimiento, 20-21
bautizo, 21
en Suiza, 46, 47, 48-50, 52, 56, 58, 62, 143
en Estoril, 52, 56, 61, 77, 79, 82, 259-260, 261-262
salud de, 58, 99, 197
como sucesor a la Corona, 55, 57, 60
educación de, 60, 62, 71-75, 80-81, 83-84, 94, 95-97, 99-100, 103, 112-113, 158, 162-164, 168, 169, 207
traslado a España, 64-65, 83
visitas a Franco, 66-68, 195, 342
en el Palacio de Miramar de San Sebastián, 83-86, 91-93
relación con su padre, don Juan, 92-93, 223-224, 248, 250, 257, 258-259, 262-263, 279-280
jura de bandera (1955), 119-120, 255, 266
relación con Franco, 120-121, 144, 204, 208, 209, 211, 229-230, 243-244, 254, 257, 278, 301, 331-332
en las academias militares, 120-122, 143, 144, 156-157, 349
y la muerte de su hermano Alfonso, 125-130, 136-137, 184
relaciones amorosas de, 136-139
visitas a Estados Unidos, 150, 151, 238-239, 296-297, 388, 542
y la Falange, 156-157, 281
estudios universitarios, 178, 179-180
noviazgo de, 85, 181, 182-187
compromiso matrimonial, 188-190
boda con Sofía, 197-198
en las inundaciones de Cataluña (1962), 205
residencia en el Palacio de La Zarzuela, 207, 208, 209
nacimiento de sus hijos, 214-215, 220, 246
y el golpe de los «coroneles» en Grecia, 241-242
entrevista en *Point de Vue*, 252-254
designación como sucesor, 265-268, 269, 271
juramento de las Leyes Fundamentales, 273-275, 276-277, 359, 366, 403, 433, 440, 443
y Carrero Blanco, 286-287, 289, 291
y la Guardia de Franco, 287-288
entrevistas con Richard Nixon, 293, 297
en la congregación de la plaza de Oriente (1970), 294-295
y los juicios de Burgos, 295, 296
visita a Inglaterra (1972), 304
y la futura monarquía democrática, 306
y el asesinato de Carrero Blanco, 312, 313
y la enfermedad de Franco, 327-328, 329, 331
como jefe de Estado interino, 329-332, 345, 347, 350
y la muerte de Franco, 355, 356-357
proclamación como rey, 359-360
misa de coronación en Los Jerónimos de Madrid, 361-363
y el gobierno de Arias Navarro, 368-369, 384-386, 440, 488, 502, 569
visita a Cataluña (1976), 375-376, 451
y Adolfo Suárez, 381, 383, 394-399, 423, 486-494, 498, 499, 501-503
visita a Galicia (1976), 399-400
y las amenazas del Ejército, 403-404, 417-419, 425, 428-429, 431, 434, 446, 447, 448-449, 469, 472-473, 477, 479-480, 482, 483-484, 494, 498, 508, 544-545, 557, 558
en el funeral del primer aniversario de la muerte del Caudillo, 415

y la legalización del PCE, 426-428
y las Cortes constituyentes, 436-438, 439, 442
y Josep Tarradellas, 453
y la Unión Militar Democrática, 454-456, 558
y la Constitución, 459-460-461
visitas a México y Argentina, 470-471, 559
y la desintegración de la UCD, 486-494
y Felipe González, 476, 486-487, 552
visita oficial al País Vasco (1981), 506-508
y el intento de golpe del 23-F, 511, 513, 514, 515, 516, 517-534, 546-548
y el terrorismo etarra, 555-556
relaciones internacionales, 558-560
relaciones públicas, 562-565
Juan III, rey, 77, 115, 174
véase también Juan de Borbón
Juan XXIII, papa, 193, 199, 210
Jubany, Narcís, cardenal, arzobispo de Barcelona, 375
Jueves, El, revista, 581
Julià, Santos, 576
Junta de Defensa Nacional, 444
Junta de Jefes de Estado Mayor (JUJEM), 444, 463, 465, 520, 544, 557
Junta Democrática, 325, 326, 341, 380
Juntas Patrióticas, 430
Juste Fernández, José, general, comandante de la DAC, 484, 513, 515, 517, 524
Juventud Universitaria Monárquica Española de Madrid, 180

KAS, alternativa, 489
Kennedy, John F., 201
Kent, duque de, 182
Kindelán, Alfredo, general, 33, 36, 40, 41, 45, 46, 47-48, 161-162
Kissinger, Henry, 292, 297, 351, 388
Kuwait Investment Office (KIO), 565, 567

Labouchere, sir George, embajador británico, 181, 191, 192, 212, 215
Lacalle Larraga, general José, ministro del Aire, 246
Lacalle Leloup, Álvaro, general, 488, 491
presidente de la JUJEM, 545, 547
Lafuente Estefanía, Marcial, 124
Laína García, Francisco, director de la Seguridad del Estado, 520, 521, 523, 532, 550
Lamo de Espinosa, Emilio, 366
Laot, Françoise, periodista francesa, 128, 252-253
Lausana, Manifiesto de (1945), 38, 40, 42, 51, 89, 168, 206, 266
Lavilla, Landelino, ministro de Justicia, 397, 459
como presidente de las Cortes, 490, 501, 510
Leal Maldonado, José Luis, 72, 75, 84
Ledesma, Román, gobernador civil de Valladolid, 523
Legión española, 110, 136, 463, 481
Leizaola, Jesús María de, presidente del gobierno vasco en el exilio, 453
Leonor, infanta, 577
Leopoldo III, rey de los belgas, 58, 166, 178, 196
Lequio, Francesco, embajador italiano en España, 29
Ley de la Jefatura del Estado (1939), 28
Ley de Principios Fundamentales del Movimiento Nacional, 150-151
Ley de Reforma Política, 402-403, 406, 413
Ley de Sucesión (1947), 53-54, 56, 88, 89, 106, 112, 131, 135, 143, 144, 145, 146, 147, 150, 154, 156, 170, 174, 186, 187, 189, 194, 206, 216, 236, 245, 328
Ley Orgánica de Armonización del Proceso Autonómico (LOAPA), 538
Ley Orgánica del Estado (1967), 155, 190, 216, 218-219, 230, 231-233, 235, 239, 242, 246, 337, 356, 448
referéndum sobre la, 234, 237
Ley Orgánica del Movimiento (1967), 240
Liaño, José Manuel, alcalde de La Coruña, 400
Life, revista, 173
Liniers Pidal, Tomás de, jefe del Estado Mayor, 463
Liñán, Fernando de, ministro de Información y Turismo, 310, 311, 320
Líster, Enrique, general republicano, 456
López Amo, Ángel, 86, 110
López, Patxi, 598
López Bravo, Gregorio, 379, 391, 422
ministro de Asuntos Exteriores, 264, 282, 286, 287, 291, 293, 295, 298, 300, 305, 307, 309, 316
López de Letona, José María, 353, 358, 365, 379
como ministro de Industria, 283, 320
López-Dóriga, Amalín, amiga de María de las Mercedes, 128
López Rodó, Laureano, 39, 133, 135, 140, 320, 322, 334, 340, 346, 349, 364, 371, 398, 407, 420, 453, 459
como secretario general técnico de la Presidencia, 141, 142, 143, 144, 147, 150, 151, 155, 161, 179, 186, 190, 191, 195, 196, 209, 210, 216, 217, 221, 223, 230, 231, 236, 239

como ministro de Planificación de Desarrollo, 245, 248, 251, 257, 258, 260, 261, 264, 265, 270, 271, 282, 283, 284, 287, 292, 299, 302
como ministro de Asuntos Exteriores, 309, 314
en Alianza Popular, 422, 481
Lora-Tamayo Martín, Manuel, ministro de Educación, 218, 223, 246
como presidente de las Cortes en funciones, 365
Lozano Villaplana, Juan, abogado católico, 344
Luca de Tena, Juan Ignacio, propietario de *ABC*, 24, 159, 173
embajador en Grecia, 193, 196, 204
Luca de Tena, Torcuato, director de *ABC*, 222, 273, 274

Macaya, Juan José, 72, 76, 84
Macmillan, Harold, primer ministro británico, 171
MacNair, Sheila, niñera escocesa de Sofía de Grecia, 183
Madariaga, Salvador de, 276, 278
Madrid, diario, 254
Mallet, sir Ivo, embajador británico en Madrid, 172
Mando Único Antiterrorista en el Ministerio del Interior, 539
Maquinaria Textil del Norte de España, Sociedad Anónima, *véase* Matesa, escándalo
Maragall, Pasqual, alcalde de Barcelona, 556, 566
Marchais, Georges, secretario general del PCF, 426
Margarita de Borbón, infanta, 26, 117, 215, 387, 554
María Cristina, reina, 78
María de las Mercedes, condesa de Barcelona, 18, 20-21, 48, 63, 81, 92, 99, 124, 126, 181, 188, 197, 215, 250, 258, 325, 565
y la muerte de su hijo Alfonso, 126-128
y la designación de Juan Carlos como sucesor, 264, 268, 270, 274
María Gabriela de Saboya, princesa, 114, 124, 137, 139, 140, 175, 181
Marías, Julián, filósofo, 460
Marichalar, Jaime de, duque de Lugo, 567, 583, 590, 591, 597
Marone-Cinzano, Maria Teresa, prima de Juan Carlos, 138
Martín Artajo, Alberto, presidente de Acción Católica, 40, 42, 43, 44, 47, 55
Martín-Gamero y González-Posada, Adolfo, ministro de Información, 386
Martín Villa, Rodolfo:
ministro de Relaciones Sindicales, 369, 378
ministro del Interior, 410, 412, 417, 419, 424, 427, 441, 472
ministro de Administración Territorial, 490, 492, 537
vicepresidente del Gobierno, 543
Martínez Campos, Angelita, 20, 26
Martínez Campos y Serrano, Carlos, general, duque de la Torre, consejero de don Juan, 46, 107-109, 110, 111, 112, 113-114, 119, 122, 128, 158-161, 162, 163, 178, 205, 215-216, 248, 564
Martínez de Merlo, capitán de la DAC, 525-526
Martínez Esteruelas, Cruz:
ministro del Plan de Desarrollo, 309
en Alianza Popular, 422
Martínez Nadal, Rafael, 55
Martínez-Bordiu y Franco, María del Carmen, nieta mayor de Franco, 237, 285, 304, 305, 332, 355
matrimonio con Alfonso de Borbón, 302-303, 340, 415
Martínez-Bordiu, doctor Cristóbal, marqués de Villaverde, 86, 104, 200, 212, 244, 303, 304, 308, 313, 318, 322, 328-329, 330, 331, 332, 333, 334, 342, 343, 345, 348, 350, 354-355, 360, 415
Mas Oliver, Pedro, teniente coronel, 486, 500, 502
Mas, Juan, Tito, capitán de Ingenieros, 454
Matesa, escándalo, 281-282, 283
Mateu Pla, Miguel, embajador español en París, 45, 46
Matheopoulos, Helena, escritora griega, 126
Mayalde, conde de, alcalde de Madrid, 111, 115
Medina, Isabel, 506
Medina, Tico, periodista, 235, 236
Megerle, Karl, periodista alemán, 29
Mejía Lequerica, Manuel María, general, gobernador militar de Valladolid, 523
Méndez, Carlos, 66
Méndez, Diego, arquitecto, 177
Mendo, Carlos, director de EFE, 254-255, 258, 259
Menéndez Vives, Camilo, 425
Mérida, María, columnista, 481
Merry del Val, Alfonso, embajador en Washington, 239
Merry Gordon, Pedro, general, 481
capitán general de Sevilla, 523
Milans del Bosch, Jaime, general, 407, 408, 417-418, 425, 431, 447, 550
como capitán general de Valencia, 447, 468, 478, 480, 481, 482, 485
y el intento de golpe del 23-F, 497-498,

499-500, 511, 512, 513, 515, 516-517, 520, 521-523, 524-531, 538, 543, 548
Milans del Bosch, Juan, capitán, 543
Millán Astray, José, general, 76
Miramar, colegio en el Palacio de, 83-86, 91
Mitterrand, François, presidente francés, 559
Moa, Pío, dirigente del GRAPO, 420
Modesto, Juan, general republicano, 456
Modou, mademoiselle, institutriz suiza, 26
Mola, Emilio, general, 16, 19-20, 505
Molière, Jean, 85
Monasterio, teniente general, 36
Monde, Le, 253
Mondéjar, marqués de, Nicolás de Cotoner y Cotoner, 81, 110, 114, 179, 204
como jefe de la Casa del príncipe Juan Carlos, 226, 253, 254, 265, 266, 339, 354, 357
como jefe de la Casa del Rey, 427, 453, 511, 519, 521, 533, 561, 564
Monreal Luque, Alberto, ministro de Hacienda, 283
Montellano, duques de, Manuel y Hilda, 81, 110
Morcillo, Casimiro, arzobispo de Madrid, 247
Moreno, almirante, 80
Morodo, Raúl, líder socialista, 248
Mortes Alfonso, Vicente, ministro de Vivienda, 283
Moscardó, capitán general de Cataluña, 3
Mountbatten, conde de, primo segundo de don Juan, 93, 182, 273, 291, 293
Mountbatten, Philip, teniente, 57
Movimento das Forças Armadas portugués, 350
Movimiento Nacional, 30, 39, 87, 89, 96, 131, 144, 153, 171, 206, 240, 242
Consejo Nacional del, 35, 134, 337, 372
prensa oficiosa del, 76, 93, 101-102, 120, 156-157, 168, 183, 188, 192, 213, 235, 243, 282, 339, 342, 359
Principios Fundamentales del, 150-151, 152, 164, 165, 231, 255, 289, 301, 373, 413
Ley Orgánica del, 240
asociaciones políticas dentro del, 299, 300, 301, 309, 337
Movimiento Patriótico Militar, 430
Múgica, Enrique, 492, 505
Muguiro, Ignacio de, 127
Mundo, El, diario, 563, 564
Mundo Obrero, periódico del PCE, 276, 377
Muñoz Alonso, Adolfo, jefe de la censura, 169
Muñoz Grandes, Agustín, general:
ministro del Ejército, 116, 119, 136, 141, 142
como jefe de Estado Mayor, 151, 194
como vicepresidente del Gobierno, 205, 219, 242
Muñoz Grandes Galilea, Agustín, comandante, ayudante del Rey, 530, 531
Muñoz Gutiérrez, Luis, coronel, 550
Murray, sir Ralph, embajador británico en Atenas, 197
Mussolini, Benito, 35, 193

Naciones Unidas, 43, 52-53, 344
Navarro Rubio, Mariano, 142, 219
Nehru, Pandit, 201
New York Times, The, 150, 157, 237, 253, 287, 288, 388
Newsweek, revista, 352, 386
Niarchos, Stavros, naviero griego, 199
Nicolás García, Mariano, director general de Seguridad, 417, 466
gobernador civil de Madrid, 521, 528
Nieto Antúnez, Pedro, almirante, ministro de Marina, 258, 294, 305, 315, 318, 319
Nixon, Richard, presidente de Estados Unidos, 292, 293, 296, 297
Nóos, Instituto, 587-590

Oggi, revista italiana, 137
Ogilvy, Angus, 304
Olghina, *véase* Robilant, Olghina Nicolis de
Oliart Saussol, Alberto, ministro de Defensa, 533, 537, 543, 544, 550, 557
Oneto, José, periodista, 458
Operación Cervantes, 550-551, 558
Operación De Gaulle, 491, 496, 501, 506
Operación Galaxia, 467, 469-470, 471, 480, 482, 485, 495, 502, 540
Operación Zalamea, 504
Operación Zambombazo, 558
Opus Dei, 36, 37, 83, 86, 133, 135, 140, 142, 254, 276, 282, 283, 285, 294
Orange, Casa de, 213
Oreja Aguirre, Marcelino:
ministro de Asuntos Exteriores, 397
como delegado del gobierno en el País Vasco, 493, 507
Organización del Tratado del Atlántico Norte (OTAN), 93, 539, 542, 548, 557
Organización Europea de Cooperación Económica, 141
Orgaz, teniente general, 36
Oriol, José María, marqués de Casa Oriol, 22
Oriol y Urquijo, Antonio María:
ministro de Justicia, 220, 246, 251, 274, 304, 420

secuestrado por los GRAPO, como presidente del Consejo de Estado, 420
Ortega y Díaz-Ambrona, Juan Antonio, 423
Ortín Gil, Constantino, general, gobernador militar de Madrid, 472, 479
Ortínez, Manuel, banquero catalán, 451
Ortiz, Manuel, gobernador civil de Barcelona, 452
Ortiz Rocasolano, Letizia, 576, 586
Osorio, Alfonso, 338, 441-442, 492, 496, 512, 541
ministro de la Presidencia, 370, 378, 381, 383, 387, 389, 395, 396, 397, 406, 419, 423, 428, 430, 451

Pablo I, rey de Grecia, 99, 140, 184, 187, 197, 207, 241
Pablo VI, papa, 258, 344
Pabón y Suárez de Urbina, Jesús, historiador monárquico, 94, 98, 221, 222, 247, 253, 265, 267
Pacelli, Eugenio, cardenal, 21
Pacte Democràtic, en Cataluña, 452
Pacto de La Moncloa, 461, 475, 491
Pacto de San Juan de Luz (1948), 61
Padilla, Ramón, secretario personal de don Juan, 167, 187
País, El, periódico, 400, 562, 584, 591, 594, 596
Palomino, Ángel, 506
Pamphili, familia, 26
Papadopoulos, Georgios, coronel, 241
Papandreu, Georgios, jefe de Gobierno griego, 241
Pardo Zancada, Ricardo, comandante, 472
en el intento de golpe del 23-F, 513, 514, 515, 517, 531, 549
Partido Comunista de España (marxista-leninista) (PCE m-l), 276
Partido Comunista de España, 61, 226, 325, 341, 380, 384, 409, 410, 416, 421, 458
y la designación de Juan Carlos como sucesor, 275-276
legalización del, 344, 377, 386, 398, 401, 405, 410, 411, 419, 425-428, 430, 446, 490
en las elecciones legislativas de 1977, 435
Partido Comunista de España (reconstituido), 421
Partido Conservador británico, 84
Partido Laborista británico, 304
Partido Nacionalista Vasco (PNV), 341, 453, 458, 507, 552, 555
Partido Popular, como parte de UCD, 423
Partido Popular Demócrata Cristiano, 423
Partido Socialista Obrero Español (PSOE), 58, 341, 382, 384, 458, 487, 493, 541, 549, 549
y la designación de Juan Carlos como sucesor, 276
XXVII Congreso del, 410
resultados electorales, 435, 473, 474
y la LOAPA, 538
victoria electoral de 1982, 551-552, 560
Partit Socialista de Catalunya (PSC), 452
Partit Socialista Unificat de Catalunya (PSUC), 452
Pascual Galmés, Antonio:
jefe de la División Acorazada Brunete, 447, 470
capitán general de Cataluña, 511, 522
Pasqual de Pobil, Isabel, mujer de Nicolás Franco, 101
Peces-Barba, Gregorio, 459, 471, 597
presidente de las Cortes, 552
Pemán, José María, 44, 56, 140, 300
como presidente del Consejo Privado de don Juan, 162, 163, 164, 165, 174, 177, 190, 203, 207, 216
Peña, Alfonso de la, cirujano, 99
Peñafiel, Jaime de, 563, 597
Pérez Embid, Florentino, editor de *El Alcázar*, 142, 159, 160, 161, 162
Pérez Llorca, José Pedro, ministro de Asuntos Exteriores, 542
Pérez Rodríguez, José Antonio, teniente coronel, 465
Pérez Viñeta, Alfonso, 244
Perote, Juan Alberto, agente del CESID, 567
Pery Junquera, Pascual, almirante, ministro de Marina, 430
Pilar de Borbón, infanta, hija de don Juan, 19, 79, 100, 126, 215, 387, 411, 564, 592
Pinochet, Augusto, general, 362, 471, 528
Piñar, Blas capitán, hijo del líder de Fuerza Nueva, 544
Piñar, Blas, líder de Fuerza Nueva, 284, 293, 312, 380, 404, 413, 425, 443, 448, 467, 469, 550
Pita da Veiga y Sanz, Gabriel, almirante, ministro de Marina, 353, 369, 371, 397, 405, 414, 428, 429
Pla y Deniel, cardenal primado de España, 44
Plataforma de Convergencia Democrática, 341, 380
Plataforma de Organismos Democráticos, 411, 414, 415
Platajunta, *véase* Coordinación Democrática
Point de Vue, revista, 252-253, 256, 258
Polanco Mejorada, Luis, capitán general de Burgos, 522
Polo de Franco, Carmen, esposa de Franco,

67, 101, 117, 127, 176, 177, 199, 200, 208, 244, 285, 294, 295, 301, 302, 307, 309, 313, 314, 357, 415, 463
Pompidou, Georges, 293
Ponte, teniente general, 36
Porcioles, José María de, alcalde de Barcelona, 230
Pozuelo, doctor Vicente, médico personal de Franco, 330, 331, 332, 350, 354, 355
Prada Canillas, general, capitán general de Burgos, 383
Prado y Colón de Carvajal, Manuel, íntimo amigo del Rey, 351, 362, 376, 519, 564, 565, 567
Prieto, Indalecio, 57, 61
Prieto López, Manuel, general, 450, 491
Primo de Rivera, José Antonio, 22, 73, 117, 156, 178, 248
Primo de Rivera, Miguel, general, 46, 132, 351
Primo de Rivera, Pilar, presidenta de la Sección Femenina, 115, 197, 294
Primo de Rivera y Urquijo, Miguel, alcalde de Jerez y amigo de Juan Carlos, 113, 197, 263, 413
Pueblo, diario del Movimiento, 156-157, 213, 231, 235, 245, 252
Puig Antich, Salvador, anarquista catalán, 324, 329
Puig de la Bellacasa, José Joaquín, diplomático, 338
secretario general de la Casa Real, 561-562
Pujol, Jordi:
líder de Convergència i Unió, 451, 452, 487, 492, 512
presidente de la Generalitat, 518, 522, 556, 563
Punto y Hora, semanario *abertzale*, 445

Queipo de Llano, Gonzalo, general, 19
Quintana Lacaci, Guillermo, capitán general de Madrid, 447, 478, 485, 516, 517-518, 521, 522, 523, 533, 554
Quintero Morente, Federico, coronel, agregado militar en Ankara, 470, 495

Rachmaninov, Sergei V., 85
Radiotelevisión Española (RTVE), 424
Rajoy, Mariano, 574
Ramírez, Pedro J., periodista, 435
Ranero, Luis Felipe de, embajador en Atenas, 186, 196
Reagan, Ronald, presidente de Estados Unidos, 542
Rego Vidal, Juan José, etarra, 465
Regueira Fernández, Rafael, armador gallego, 558
Reinlein, Fernando, oficial de la UMD, 485, 504
Renovación Española, 57
Requetés, milicia carlista, 490
Reventós, Joan, dirigente del PSC, 452, 492
Ribbentrop, Joachim von, ministro de Asuntos Exteriores nazi, 29
Ridruejo, Dionisio, poeta falangista, 143, 146, 202, 341
Ríos Capapé, Joaquín, capitán general de Valencia, 136
Rivas Cherif, Dolores de, viuda de Azaña, 470
Robilant, Olghina Nicolis de, condesa, 137-139, 180-181
Roca de Togores, Juan Luis, capitán, vizconde de Rocamora, 19, 64
Rocafort y Altuzarra, Marta, segunda esposa de Alfonso de Borbón, 17
Rockefeller, Nelson, vicepresidente de Estados Unidos, 362
Rodezno, conde de, 51, 65
Rodrigo Martínez, Miguel, capitán general de Madrid, 111
Rodrigues, Amalia, 101
Rodríguez, Julio, ministro de Educación, 309-310
Rodríguez Aranda, Juan, profesor de Miramar, 84
Rodríguez Román, Emilio, director general de Seguridad, 417
Rodríguez Sahagún, Agustín, ministro de Defensa, 474-475, 477, 478, 484, 485, 495, 516, 532
Rodríguez Valcárcel, Alejandro:
presidente de las Cortes y del Consejo del Reino, 288, 305, 313, 315, 316, 318, 328, 339, 346, 348, 350, 363-366
como jefe de Estado en funciones, 355, 356, 358, 359
Rodríguez-Vita, general, capitán general de Madrid, 222
Rodríguez Zapatero, José Luís, 37
Roldano de Tella, Heli, general disidente, 152
Romero, Emilio, periodista, 503-504, 505, 508
director de *Pueblo*, 245
Rosón, Juan José, ministro del Interior, 550
Rousseau, Jean-Jacques, 85
Rubio García-Mina, Jesús, ministro de Educación, 131, 158, 163, 178
Ruiseñada, conde de, 19, 110, 142, 148, 150, 153, 166
Operación Ruiseñada, 132, 134, 135, 136, 143

Ruiz Arias, Heliodoro, profesor de Las Jarillas, 73, 236
Ruiz Gallardón, Alberto, 555
Ruiz Gallardón, José María, 222
Ruiz-Giménez, Joaquín, 341, 374, 386
como ministro de Educación, 40, 110, 130
Ruiz-Jarabo y Baquero, Francisco, ministro de Justicia, 309, 321, 335
Rusell, sir John, embajador británico, 288, 289, 290, 291, 295, 296
Ryan, José María, ingeniero jefe de Lemóniz, 508

Sáenz de Santamaría, José, general, 489, 521, 528
Sáenz de Ynestrillas, Ricardo, capitán, 467, 468, 469
como comandante, 485, 540, 551, 558
Sáez Larumbe, Luis, general, 470
Sainz Rodríguez, Pedro, consejero de don Juan, 21, 29, 33, 38, 44, 51, 52, 55-56, 57, 63, 78, 79, 82, 95, 98, 126, 136, 147, 159, 160, 161, 162, 166, 168, 169, 172, 180, 231, 238, 250, 252, 265, 270, 302
Salas Larrazábal, Ángel, general de Aviación, 356
Salazar, António de Oliveira, 193, 290
Salazar Simpson, Luis Alberto, gobernador civil de Vizcaya, 466
Salgari, Emilio, 85
Saliquet, teniente general, 36
Sampedro y Lobato, Edelmira, primera esposa de Alfonso de Borbón, 16, 17
San Martín, José Ignacio, coronel:
jefe de Estado Mayor de la División Acorazada, 480, 482, 494, 495
en el intento de golpe del 23-F, 506, 514, 515, 517, 531
Sánchez, Encarna, periodista, 563
Sánchez, Juan Bautista, capitán general de Barcelona, 100, 132, 134, 135-136, 141, 148
Sánchez Bella, Alfredo:
embajador en Roma, 241
ministro de Información y Turismo, 288
Sánchez del Castillo, Miguel, actor, 26
Sánchez Mazas, Rafael, 115
Sánchez Ventura, José María, ministro de Justicia, 355, 358, 363
Sánchez-Ramos Izquierdo, Juan Manuel, general, 465
Sánchez-Terán, Salvador, gobernador civil de Barcelona, 375
Sannum, Eva, 576
Santa Cruz de Rivadulla, marqués de, 109
Santamaría, Carlos, profesor de matemáticas de Miramar, 85, 91
Sanz Pastor, José María, gobernador civil de Sevilla, 523
Satrústegui, Joaquín, 153-154, 155, 202, 203
Sayn-Wittgensteni, Corina zu, 596, 598
Scheel, Walter, presidente alemán, 361
Scott, Selina, periodista de la BBC, 564, 565
Sección Femenina, 114, 211
Semprún, Jorge, 494
Sentís, Carlos, líder de la UCD en Cataluña, 452
Serra i Serra, Narcís, ministro de Defensa, 552, 557, 558
Serrano Suñer, Ramón, 28, 31, 33, 172
Servicio de Documentación de la Presidencia del Gobierno, 284
Servicios de Inteligencia Militar, 102
Shepherd, lord, ministro británico, 362
Sicre Canut, Antonio, coronel, 540, 551
Silva Mitjans, Jaime de, duque de Lécera, 15
Silva Muñoz, Federico:
ministro de Obras Públicas, 240, 248, 260, 282, 287, 338, 364, 391-392
en Alianza Popular, 407-408, 422, 476, 506
Sindicato Español Universitario, 51
Siurana, Antoni, 492
Soares, Mario, presidente portugués, 566
Sofía, infanta, 577
Sofía de Grecia, 99, 203-204, 211, 224, 270, 402, 415, 442, 519, 542, 561
noviazgo de, 85, 181, 182-187
compromiso matrimonial de, 188-190, 193
boda con Juan Carlos, 197-199
primera visita a El Pardo, 199-201
y Carmen Polo, 199, 200, 208
nacimiento de Elena, 214-215
nacimiento de Cristina, 220
y el golpe de los «coroneles» en Grecia, 241-242
nacimiento de Felipe, 246
y los servicios de inteligencia del régimen, 300
y la muerte de Franco, 356-357
visita a Cataluña, 375
y la tragedia de Ortuella, 493, 507
y la posibilidad de un gobierno de militares, 499, 500, 517
véase también Constantino II de Grecia; Federica, reina; Pablo I, rey de Grecia
Solana, Luis, 357
Solchaga, teniente general, 36
Solé Tura, Jordi, diputado comunista catalán, 459, 511
Solís Ruiz, José, 411
ministro secretario general del Movimiento, 156, 158, 180, 190-191, 230,

235, 240, 244, 249, 271, 282, 282, 283, 322, 342, 347
ministro de Trabajo, 369, 371
Soriano, Ramón, doctor, 196
Sotillos, Eduardo, director general de Radio Nacional, 525
Sotomayor, duque de, José María Oriol, 57, 58, 60-61, 62, 64, 66, 76, 77, 79
Spellman, cardenal de Nueva York, 150
Spínola, Antonio, general portugués, 325
Stirling, sir Charles, embajador británico en Lisboa, 172
Stohrer, Eberhard von, embajador alemán en España, 29
Suárez González, Adolfo, 311, 548
como director de Televisión Española, 339, 340
y Juan Carlos, 342-343, 437-438, 501, 502-503, 569, 574
ministro secretario general del Movimiento, 371, 378, 381, 383, 387, 389, 391
presidente del gobierno, 72, 391, 394-405, 437, 440-441, 442-443, 486, 489, 492, 497
y el proyecto de reforma política, 404-405, 409, 410, 411, 412-414, 416
en las elecciones de 1977, 434-435
y Tarradellas, 450-452
y la autonomía catalana, 452
y la desintegración de la UCD, 486-487, 492
dimisión de, 502-503, 510
y el intento de golpe del 23-F, 516, 532-533
y el Centro Democrático y Social, 549
Suárez Verdeguer, Federico, 164, 165
Suñer, Luis, secuestro de, 508

Tácito, grupo, 396, 423
Tarradellas, Josep, presidente de la Generalitat, 450-452, 453, 488, 492, 504, 508
Tejero, Antonio, teniente coronel de la Guardia Civil, 449, 465-466, 467, 468, 469, 470, 480, 485-486
en el intento de golpe del 23-F, 500, 511, 512, 513, 514, 516, 521-522, 524, 526-529, 538, 546, 548
libertad para, 540
Tevar Saco, Guillermo, teniente coronel, 540
Theodorakis, Mikis, 554
Thomas de Carranza, Enrique: en Alianza Popular, 422
Tiedemann, Carlotte, 82
Tierno Galván, Enrique, 153
Time, revista, 222, 576
Times, The, 221, 253
Timón de Lara, José, inspector general de la Policía Armada, 417, 466, 468
Todman, Terence, embajador estadounidense, 511
Torre, duque de la, *véase* Martínez Campos, Carlos
Torres Rojas, Luis, general:
comandante de la DAC, 482, 483
como gobernador militar de La Coruña, 484-485, 491
en el intento de golpe del 23-F, 500, 513, 514, 515, 517, 518, 549

Ullastres Calvo, Alberto, ministro de Comercio, 142
Umbral, Francisco, 536
Unceta Barrenechea, Augusto, presidente de la Diputación de Vizcaya, 445, 449
Unión de Centro Democrático (UCD), 441, 458
formación de, 423-425
resultados electorales, 435, 452, 473, 474, 551
desintegración de la, 486-487, 492, 496, 538, 541-543, 546, 548
Congreso de, 509
y la LOAPA, 538
Unión del Centro, de Grecia, 241
Unión del Pueblo Español, 343, 422, 424
Unión Democrática Española, 423
Unión Española, 153, 155
Unión General de Trabajadores (UGT), 382
Unión Militar Democrática (UMD), 350, 369, 403, 432, 444, 454-456, 482, 485, 490, 558
Unión Militar Española, organización «ultra», 544
Unión Patriótica Militar, 430
Unión Social Demócrata Española, 341, 383
Universidad Católica de Lovaina, en Bélgica, 95
Universidad de Salamanca, 158-159, 160, 163
Urcelay Rodríguez, Antonio, capitán de navío, 313, 314, 315, 318
Urdangarín Liebaert, Iñaki, duque de Palma, 556, 567, 586, 594, 598
Urquijo, Alfonso, 66
Urrutia, Gustavo, general, 523
Utrera Molina, José, 448
ministro de Vivienda, 309, 310, 315
ministro secretario general del Movimiento, 321-322, 324, 326, 330, 333, 335, 337, 339

Valdecasa, señora, 26
Valdueza, marqués de, 72
Valencia Remón, coronel, 533
Valenzuela, Joaquín, comandante, 110
como general, jefe de la Casa Militar del Rey, 497-498, 519, 521, 540
Valiente, José María, presidente de la Comunión Tradicionalista, 197, 200
Valle, María Luz del, mujer de Arias Navarro, 311
Vallellano, conde de, 57, 134
Vanguardia, La, 387
Varela, general, 36
Vega Rodríguez, José, general, 483
jefe del Estado Mayor Conjunto, 418, 429, 456, 457, 462-463
Vegas Latapié, Eugenio, secretario político de don Juan y preceptor de Juan Carlos, 19, 31, 32, 39, 44, 50-51, 52, 55, 56, 58, 61, 62-64, 78, 82, 85, 109, 112, 160
Victoria, reina de Inglaterra, 15
Victoria Eugenia de Battenberg, reina, esposa de Alfonso XIII, 15, 18, 19, 21, 27, 50, 58, 62, 67, 68, 79, 143, 182, 192, 199, 203, 213, 215, 246, 247
muerte de, 259, 261
Vidal, Bernardo, comandante, 455
Videla, Jorge Rafael, general argentino, 471
Vigón Suerodíaz, Jorge, ministro de Obras Públicas, 19, 214
Vigón Suerodíaz, Juan, general, jefe del Estado Mayor, 28, 31, 102, 108
Vilá Reyes, Juan, presidente de Matesa, 281-282
Vilallonga, José Luis de, 96, 265, 275, 276, 364, 564-565
Villaescusa Quilis, general Emilio, presidente del Consejo Superior de Justicia Militar, 420

Walters, Vernon A., general, jefe adjunto de la CIA, 298-299, 351
Washington Star, 402
Washington Post, 388
Watt, Mary, profesora de inglés en Miramar, 84-85
Welles, Benjamin, corresponsal del *New York Times*, 157, 171, 172, 173, 213, 238-239
Welt am Sonntag, revista, 85
Williams, sir Alan, embajador británico, 247
Wilson, Harold, pimer ministro británico, 304, 362
World Wild Life Fund (ADENA), Consejo de, 291
Worsley, lady Katherine, 182
Württemberg, duques de, 181

Ximénez Henríquez, José, general, 463

Ya, diario católico, 116, 213, 289
Yusti Vázquez, Joaquín, general, 515

Zamanillo, José Luis, dirigente de la Comunión Tradicionalista, 197
Zaragoza, duque de, 64
Zayas, Carlos, líder socialista, 248
Zoitakis, general, regente griego, 242
Zulueta y Pereda de Vivanco, padre Ignacio de, preceptor de Juan Carlos, 74, 81, 82, 84, 85, 91

Créditos de las fotografías

Los créditos correspondientes se citan siguiendo las páginas correlativas sin numerar de los tres pliegos de fotos. La localización refiere directamente a la página y a su situación en ella: arriba (a), abajo (b), izquierda (i), derecha (d).

AFP: 30a.; AGE Fotostock: 6; Agencia EFE: 3a-d, 4a, 4b-i, 8a, 9a, 9b, 10a, 10b, 11a, 11b, 12a, 13, 15a, 17a, 19a, 20b, 23b, 24a, 27a, 28a, 28b, 31, 33b, 34b, 35a, 35b, 36a, 37a, 37b, 38a, 38b, 39a, 45b, 46b, 47b.; Agencia Europa Press: 3a-i, 3b, 5b, 7b, 8b, 14a, 19b, 22, 24b, 25a, 25b, 27b, 30b, 32a, 33a, 34a, 40a, 40b, 42a, 42b, 48a.; Archivo fotográfico de Plaza & Janés: 2a, 2b, 5a, 7a, 12b, 17b, 18, 20a, 21a, 21b, 23a, 29a, 32b, 36b, 41a.; Bettmann/Corbis: 15b, 16, 26a, 26b, 39b.; Corbis Sygma: 47a.; Cover: 41b, 43, 46a, 48b.; *El País*: 44a, 44b.; Foto Dalda: 45a.; Hulton-Deutsch Collection/Corbis: 1, 29b.; Prensa Española: 14b; Studio Patellani/Corbis: 4b-d.